法条速查
文书范本
系列

刑事诉讼

常见法律问题及疑难解决
法条速查与文书范本

法律出版社法规中心　编

法律出版社
LAW PRESS · CHINA

图书在版编目(CIP)数据

刑事诉讼常见法律问题及疑难解决法条速查与文书范本／法律出版社法规中心编. -- 2 版. -- 北京：法律出版社，2019
ISBN 978 - 7 - 5197 - 2023 - 0

Ⅰ. ①刑… Ⅱ. ①法… Ⅲ. ①刑事诉讼法－基本知识－中国②刑事诉讼法－法律文书－范文－中国 Ⅳ. ①D925.2②D926.13

中国版本图书馆 CIP 数据核字(2018)第 037402 号

刑事诉讼常见法律问题及疑难解决法条速查与文书范本
XINGSHI SUSONG CHANGJIAN FALÜ WENTI JI YINAN JIEJUE FATIAO SUCHA YU WENSHU FANBEN

法律出版社法规中心 编

责任编辑 麦 锐
装帧设计 李 瞻 臧晓飞

出版 法律出版社
总发行 中国法律图书有限公司
经销 新华书店
印刷 三河市龙大印装有限公司
责任印制 吕亚莉

编辑统筹 法规出版分社
开本 720 毫米×960 毫米 1/16
印张 35
字数 700 千
版本 2019 年 3 月第 2 版
印次 2019 年 3 月第 1 次印刷

法律出版社／北京市丰台区莲花池西里 7 号(100073)
网址／www. lawpress. com. cn
投稿邮箱／info@ lawpress. com. cn
举报维权邮箱／jbwq@ lawpress. com. cn
销售热线／010 - 83938336
咨询电话／010 - 63939796

中国法律图书有限公司／北京市丰台区莲花池西里 7 号(100073)
全国各地中法图分、子公司销售电话：
统一销售客服／400 - 660 - 6393
第一法律书店／010 - 83938334/8335　西安分公司／029 - 85330678　重庆分公司／023 - 67453036
上海分公司／021 - 62071639/1636　深圳分公司／0755 - 83072995

书号：ISBN 978 - 7 - 5197 - 2023 - 0　**定价**：88.00 元
(如有缺页或倒装，中国法律图书有限公司负责退换)

出版说明

“法条速查与文书范本系列”丛书自出版以来，得到了读者的认可与好评，本次修订，我们对丛书内容进行了全面梳理，调整了版式及体例，以便读者阅读时更为便利、顺畅。丛书根据常见法律问题，收录现行有效的相关法律法规和常用文书范本，并予以精要解读，以便广大读者充分利用法律文书实现自身合法权益。本丛书特点体现在如下几个方面：

①**法条速查**　选取法律法规的标准文本，根据常见法律问题标明条文主旨，并配以关联法规，收录相关法律法规、司法解释和部门规章等，方便读者快速检索相关条文。

②**条文注解**　根据常见法律问题编写条文注解，介绍相关法律法规的立法背景、实务要点，帮助读者理解和应用相关法条。

③**文书范本**　根据法律法规条文的有关规定，并结合相关规范性文件的具体要求，编辑整理法律文书示范文本或参考样本，使重点法条与文书范本关联配套。

④**应用指引**　从法律实务的实际需要出发，根据法律法规的具体规定，释明文书范本的基本格式、应用要点及其他注意事项，以便读者操作使用。

希望本丛书能够为您的工作与生活提供有益的帮助，不足之处，恳请读者批评指正。

法律出版社法规中心
2019 年 2 月于北京

范本索引

目　录

中华人民共和国刑事诉讼法

第四编 执　行

第五编　特别程序

附　　则

附　　录

中华人民共和国
刑 事 诉 讼 法

（1979年7月1日第五届全国人民代表大会第二次会议通过　根据1996年3月17日第八届全国人民代表大会第四次会议《关于修改〈中华人民共和国刑事诉讼法〉的决定》第一次修正　根据2012年3月14日第十一届全国人民代表大会第五次会议《关于修改〈中华人民共和国刑事诉讼法〉的决定》第二次修正　根据2018年10月26日第十三届全国人民代表大会常务委员会第六次会议《关于修改〈中华人民共和国刑事诉讼法〉的决定》第三次修正）

《中华人民共和国刑事诉讼法》适用提要[①]

一、2012 年修改

《全国人民代表大会关于修改〈中华人民共和国刑事诉讼法〉的决定》由中华人民共和国第十一届全国人民代表大会第五次会议于 2012 年 3 月 14 日通过(以下简称 2012 年《修改决定》)。修正后的《中华人民共和国刑事诉讼法》(以下简称《刑事诉讼法》)于 2013 年 1 月 1 日起施行。《刑事诉讼法》的修正是我国深化司法体制和工作机制改革的重大成果,是完善中国特色社会主义法律体系的重大进展,是中国依法治国征程上一个重要的里程碑。

《刑事诉讼法》是规范刑事诉讼活动的基本法律。我国现行《刑事诉讼法》制定于 1979 年,1996 年进行了首次修正,2012 年的修正是时隔 16 年之后《刑事诉讼法》的再次大修。1996 年修正后的《刑事诉讼法》,经过实践证明,其程序设计和职权配置总体上是科学的、合理的,基本能够适应惩罚犯罪和保障人权的实际需要。但是,中国与时俱进的改革和发展,社会管理模式的创新,也对刑事司法活动的规范性提出了更加严格的要求。在 1996 年到 2012 年的 16 年间,“依法治国、建设社会主义法治国家”和“国家尊重和保障人权”先后写入宪法。随着经济社会的快速发展、民主法治建设的不断推进和人民群众司法需求的日益增长,刑事诉讼制度在某些方面出现了一些不相适应的问题。并且十余年来,刑事司法方面的改革不胜枚举,也亟待进行统一和规范。

此次《刑事诉讼法》修改中注意坚持了以下原则:第一,从我国基本国情出发,循序渐进地推进我国刑事诉讼制度的完善;第二,统筹处理好惩治犯罪与保障人权的关系;第三,着力解决在惩治犯罪和维护司法公正方面存在的突出问题;第四,通过深入调查研究,加强与各有关方面的沟通协调,努力达成共识,解决司法实践中的突出问题。以社会主义法治理念为指导,推进和践行宽严相济的刑事政策,落实中央深化司法体制和工作机制改革的要求,积极回应新的历史条件下社会各个方面对刑事诉讼活动提出的新要求。适应新形势下惩罚犯罪和保护人民的需要,着力解决当前司法实践迫切需要解决的问题,并符合我国国情和实际。

---

① 适用提要为编者所加,仅供理解法律法规使用。

本次修改主要涉及以下几个方面:

(一)将"尊重和保障人权"写入总则

2012年《修改决定》第二条增加了"尊重和保障人权"的规定,一方面体现了与《宪法》的衔接,另一方面也起到了统领整个《刑事诉讼法》的作用。尊重和保障人权是我国宪法确立的一项重要原则,体现了社会主义制度的本质要求。《刑事诉讼法》在程序设置和具体规定中都贯彻了这一宪法原则。刑事诉讼制度事关公民的人身自由等基本权利,《刑事诉讼法》中明确规定"尊重和保障人权"既有利于司法机关在刑事诉讼程序中更好地遵循和贯彻这一宪法原则,也有利于更加充分地体现我国司法制度的社会主义性质,推进刑事诉讼制度进一步法制化、民主化和科学化。

(二)加强和完善证据制度

证据制度是刑事诉讼的基本制度,对于保证案件质量、正确定罪量刑具有关键作用。2012年《修改决定》中重点完善了非法证据排除制度,强化了证人出庭和保护制度。此次《刑事诉讼法》的修正,吸收了2010年最高人民法院、最高人民检察院、公安部、国家安全部、司法部出台的《关于办理死刑案件审查判断证据若干问题的规定》和《关于办理刑事案件排除非法证据若干问题的规定》的成果,将非法证据排除制度写进了法典,并且在严禁刑讯逼供的规定后,增加不得强迫任何人证实自己有罪的规定。"不强迫自证其罪"的规定体现了人权精神,也使证据更加准确和科学,为维护司法公正和刑事诉讼参与人的合法权利提供了保障。规范证人强制出庭制度,加大证人保护力度。同时考虑到基本人伦情感,将被告人的配偶、父母、子女排除在强制到庭的证人范围之外。为了更好地保障证人履行出庭作证义务,修正后的《刑事诉讼法》还明确规定了对证人作证补贴以及证人保护制度。这一系列举措,充分体现了对证人人权的尊重和保护,也体现出国家推进程序正义和加强对犯罪打击力度的决心。

(三)规范强制措施适用,保障公民权利

强制措施对于保障刑事诉讼活动的顺利进行具有重要作用。2012年《修改决定》重点完善了逮捕、监视居住的条件、程序和采取强制措施后通知家属的规定。具体包括:进一步明确逮捕条件和审查批准程序。2012年《修改决定》对"逮捕必要"进行了细化。同时,为保证人民检察院正确行使批准逮捕权,防止错误逮捕,2012年《修改决定》中增加规定了人民检察院审查批准逮捕时讯问犯罪嫌疑人和听取辩护律师意见的程序,以及在逮捕后对羁押必要性继续进行审查的程序。适当定位监视居住措施,明确规定适用条件。2012年《修改决定》中考虑到监视居住的特点和实际执行情况,将监视居住定位为减少羁押的替代措施,并规定了与取保候审不同的适用条件。为了应对刑事诉讼中的特殊犯罪,规定了在指定居所执行监视居住的制度。为防止这一措施在实践中被滥用,规定人民检察院对指定居所监视居住的决定和执行实行监督。严格限制采取强制措施后不通知家属的例外情形。考虑惩治犯罪和保护犯罪嫌疑人、被告人权利的需要,对采取强制措施后不通知家属的例外情形作出严格限制。

(四)完善辩护制度,提高有效辩护程度

辩护制度是刑事诉讼程序中保障犯罪嫌疑人、被告人依法行使辩护权的重要制度。2012年《修改决定》重点完善了辩护人在刑事诉讼中法律地位和作用的规定,扩大了法律援助的适用范围。明确犯罪嫌疑人在侦查阶段可以委托辩护人。与《中华人民共和国律师法》相衔接,完善律师会见程序。确保律师在刑事诉讼程序中阅卷权的时限。扩大法律援助的适用范围。为进一步保障犯罪嫌疑人、被告人的辩护权和其他权利,2012年《修改决定》中扩大了法律援助的适用对象和适用的程序范围,将法律援助适用程序扩展到侦查和审查起诉阶段。

(五)拓展侦查措施,规范侦查行为

2012年《修改决定》重点完善了讯问犯罪嫌疑人的程序,增加了必要的侦查措施,同时,强化对侦查措施的规范和监督,防止滥用。根据侦查取证工作的实际需要,2012年《修改决定》增加规定了口头传唤犯罪嫌疑人的程序,适当延长了特别重大、复杂案件传唤、拘传的时间,增加规定了询问证人的地点,完善人身检查的程序,在查询、冻结的范围中增加规定债券、股票、基金份额等财产。根据侦查工作的现实需要,规定了技术侦查措施。为保护相关诉讼参与人的合法权利,2012年《修改决定》增加了当事人和辩护人、诉讼代理人、利害关系人对司法机关及其工作人员违法采用侦查行为进行申诉、控告的权利及程序。

(六)改革审判程序,促进程序繁简分流,规范审判行为

审判是决定被告人是否构成犯罪和判处刑罚的关键阶段。2012年《修改决定》进一步完善了审判程序中的重要环节,对中级人民法院和基层人民法院的管辖分工进行了适当调整。根据审判工作实际,对第一审普通程序中的案卷移送制度,开庭前的准备程序,与量刑有关的程序,中止审理的程序,二审应开庭审理的范围,查封、扣押、冻结的财物及其孳息的处理程序,附带民事诉讼程序,审判监督程序等进行了补充完善,对发回重审作出了限制。特别值得注意的是,为了提高诉讼效率,实现繁简分流,更好地配置司法资源,2012年《修改决定》在保证司法公正的前提下,区别案件的不同情况,适用不同的审判程序,调整了简易程序的适用范围,并且为了增强对简易程序的监督,规定简易程序人民检察院也应当派员出庭支持公诉。为体现适用死刑的慎重,进一步保证死刑复核案件质量,加强对死刑复核程序的法律监督,完善了死刑复核程序,特别增加了最高人民法院复核死刑案件,可以讯问被告人,辩护律师提出要求的,应当听取辩护律师的意见的规定。同时,强化了检察机关对死刑复核程序的监督,规定在复核死刑案件过程中,最高人民检察院可以向最高人民法院提出意见。最高人民法院应当将死刑复核结果通报最高人民检察院。

(七)规范执行程序,强化执行监督

刑罚执行程序是惩罚和改造罪犯的重要规范。2012 年《修改决定》重点完善了暂予监外执行规定,强化人民检察院对减刑、假释、暂予监外执行的监督。严格规范暂予监外执行的适用。所谓暂予监外执行,是对符合法定条件的罪犯在监狱外执行刑罚的制度。为防止罪犯利用这一制度逃避刑罚,2012 年《修改决定》进一步严格规范了暂予监外执行的决定、批准和及时收监的程序,并增加了不计入执行刑期的情形,包括:不符合暂予监外执行条件的罪犯通过贿赂等非法手段被暂予监外执行的,其在监外执行的期间不计入执行刑期;罪犯在暂予监外执行期间脱逃的,脱逃的期间不计入执行刑期。总结多年来社区矫正的经验,将社区矫正纳入刑事执行程序。强化人民检察院对减刑、假释、暂予监外执行的监督。增加规定:监狱、看守所提出减刑、假释建议或者暂予监外执行的书面意见的,应当同时抄送人民检察院。人民检察院可以向人民法院或者批准机关提出书面意见。

(八)适应新情况,增设特别程序

根据刑事诉讼活动的实际情况和近年来各地积极探索的好的经验,针对未成年人刑事案件等特定案件和一些特殊情况,规定了特别的程序。2012 年《修改决定》增加了“特别程序”一编,设置专章规定了未成年刑事案件诉讼程序、公诉案件和解程序,并对有关程序作出专门规定,如犯罪嫌疑人、被告人逃匿、死亡案件违法所得的没收程序和依法不负刑事责任的精神病人的强制医疗程序。其中有多项制度均是首次写入《刑事诉讼法》。

为配合修改后的《刑事诉讼法》的实施,最高人民法院、最高人民检察院、公安部等部门相继修改相关司法解释和部门规章。具体来说,最高人民检察院于 2012 年 11 月 22 日公布新修订的《人民检察院刑事诉讼规则(试行)》;公安部于 2012 年 12 月 13 日公布修订后的《公安机关办理刑事案件程序规定》;最高人民法院于 2012 年 12 月 20 日公布了《关于适用〈中华人民共和国刑事诉讼法〉的解释》;最高人民法院、最高人民检察院、公安部、安全部、司法部、全国人大法工委于 2012 年 12 月 26 日公布了《关于实施刑事诉讼的若干问题的规定》;最高人民法院、最高人民检察院、公安部、司法部于 2013 年 2 月 4 日公布了《关于刑事诉讼法律援助工作的规定》;2014 年 4 月 24 日,第十二届全国人大常委会第八次会议首次公布了关于《刑事诉讼法》的三个法律解释。法律解释同法律具有同等效力。

二、2018 年修改

党的十八大以来,以习近平同志为核心的党中央协调推进“四个全面”战略布局,在深化国家监察体制改革、反腐败追逃追赃、深化司法体制改革等方面作出了一系列重大决策部署,取得了重大成果和进展。从刑事诉讼制度来看,应当及时调整跟进。一是为保障国家监察体制改革顺利进行,需要完善监察与刑事诉讼的衔接机制;二是为加强境外追逃工作力度和手段,需要建立刑事缺席审判制度;三是总结认罪认罚从宽制度、速裁程序试点工作经验,需要将可复制、可推广的行之有效做法上升为法律规范,在全国范围内实行。为此,中华人民共和国第十三届全国人民代表大会常务委员会第六次会议于2018年10月26日通过《关于修改〈中华人民共和国刑事诉讼法〉的决定》。

本次修改,主要涉及以下几个方面的内容:

(一)完善与监察法的衔接机制,调整人民检察院侦查职权

深化国家监察体制改革是以习近平同志为核心的党中央作出的重大决策部署。全国人大常委会于2016年12月、2017年11月先后作出在北京市、山西省、浙江省开展国家监察体制改革试点工作的决定和在全国各地推开国家监察体制改革试点工作的决定,暂时调整或者暂时停止适用刑事诉讼法关于检察机关对直接受理的案件进行侦查的有关规定。2018年3月,十三届全国人大一次会议审议通过了《宪法修正案》和《中华人民共和国监察法》(以下简称《监察法》)。为落实《宪法》有关规定,做好与《监察法》的衔接,保障国家监察体制改革顺利进行,对《刑事诉讼法》作以下修改补充:第一,删去人民检察院对贪污贿赂等案件行使侦查权的规定,保留人民检察院在诉讼活动法律监督中发现司法工作人员利用职权实施的非法拘禁、刑讯逼供、非法搜查等侵犯公民权利、损害司法公正的犯罪的侦查权。第二,相应修改有关程序规定,在《刑事诉讼法》关于侦查期间辩护律师会见经许可、指定居所监视居住、采取技术侦查措施的规定中,删去有关贪污贿赂犯罪的内容,并完善《刑事诉讼法》关于"侦查"定义的表述。第三,对人民检察院审查起诉监察机关移送的案件、留置措施与刑事强制措施之间的衔接机制作出规定。

(二)建立刑事缺席审判制度

党中央高度重视反腐败和国际追逃追赃工作及相关法律制度建设。党的十八大以来,国际追逃追赃工作取得重大进展,得到人民群众的广泛拥护。根据中央统一部署,2016年7月,法制工作委员会提出了关于建立刑事缺席审判制度的研究报告。中央纪委建议在配合监察体制改革修改《刑事诉讼法》时,对刑事缺席审判制度作出规定。对此,在《刑事诉讼法》第五编"特别程序"中增设"缺席审判程序"一章。主要规定的内容有:第一,建立犯罪嫌疑人、被告人潜逃境外的缺席审判程序。第二,规定犯罪嫌疑人、被告人潜逃境外的缺席审判的具体程序。第三,充分保障被告人的诉讼权利。第四,根据司法实践情况和需求,增加对被告人患有严重疾病中止审理和被告人死亡案件可以缺席审判的规定。

(三)完善刑事案件认罪认罚从宽制度和增加速裁程序

党的十八届四中全会提出,完善刑事诉讼中认罪认罚从宽制度。2014年6月,全国人大常委会作出授权最高人民法院、最高人民检察院在部分地区开展刑事案件速裁

程序试点工作的决定。2016年9月，又作出授权最高人民法院、最高人民检察院在部分地区开展刑事案件认罪认罚从宽制度试点工作的决定，速裁程序试点纳入新的试点继续进行。总结试点工作中行之有效的做法，对《刑事诉讼法》作以下修改补充：第一，在《刑事诉讼法》第一编第一章中明确刑事案件认罪认罚可以依法从宽处理的原则。第二，完善刑事案件认罪认罚从宽的程序规定。第三，增加速裁程序。第四，加强对当事人的权利保障。对诉讼权利告知、建立值班律师制度、明确将认罪认罚作为采取强制措施时判断社会危险性的考虑因素等作出规定。

（四）其他相关衔接规定

全国人大常委会已经通过的《中华人民共和国刑法修正案（九）》对有关刑罚制度和刑罚执行程序作了修改；根据建立终身禁止从事法律职业制度的要求，对《中华人民共和国律师法》《中华人民共和国公证法》等法律作了修改；并通过了《中华人民共和国人民陪审员法》。为与这些法律相衔接，对《刑事诉讼法》关于死缓执行、罚金执行、不得担任辩护人的情形、人民陪审员参加审判的有关规定作出相应修改。

2018年11月7日，最高人民法院发布《关于认真学习贯彻〈全国人民代表大会常务委员会关于修改《中华人民共和国刑事诉讼法》的决定〉的通知》，对坚决贯彻实施修改后《刑事诉讼法》提出以下要求：(1)妥善做好监察与刑事诉讼的衔接工作。修改后《刑事诉讼法》对人民检察院的侦查职权作出调整，对监察机关调查终结将案件移送到人民检察院进行审查起诉环节有关程序性机制作出衔接规定。要准确把握法律修改内容，依法审理相关案件，保障国家监察体制改革的顺利进行。要根据修改后《刑事诉讼法》和《监察法》第三十三条的规定，按照刑事审判关于证据的要求和标准，对监察机关收集的物证、书证、证人证言、被调查人供述和辩解、视听资料、电子数据等证据材料作出审查判断。(2)审慎办理刑事缺席审判案件。准确把握刑事缺席审判的适用范围，妥善审理符合缺席审判条件的刑事案件，促进反腐败国际追逃工作。依据修改后《刑事诉讼法》的规定，通过有关国际条约规定的或者外交途径提出的司法协助方式，或者被告人所在地法律允许的其他方式，将传票和人民检察院的起诉书副本送达被告人，保证被告人的知情权。人民法院缺席审判案件，要注重保护被告人的辩护权、被告人及其近亲属的上诉权等诉讼权利。对中止审理或者被告人死亡的案件，符合修改后《刑事诉讼法》第二百九十六条、第二百九十七条规定的，可以缺席审判。对辖区内第一起刑事缺席审判案件，要及时逐级向最高人民法院报告。(3)注重保护被告人的诉讼权利。对被告人没有委托辩护人、法律援助机构没有指派律师为其提供辩护的，及时告知被告人有权约见值班律师，并为被告人约见值班律师提供便利，真正实现刑事辩护或者法律帮助全覆盖。要严格依照修改后《刑事诉讼法》的规定，对被开除公职和被吊销律师、公证员执业证书的人，除系被告人的监护人、近亲属外，不得担任辩护人。(4)积极适用速裁程序和认罪认罚从宽制度。此前纳入改革试点的人民法院，要继续优化工作方法，没有纳入改革试点的人民法院，要立即着手实施。要准确掌握速裁程序和认罪认罚从宽制度的适用条件，坚持从快不降低标准、从简不减损权利，完善证据制度，健全诉讼权利告知程序，促进公正和效率双提升。(5)正确援引法律和适用有关规定。对于2018年10月26日以后作出的判决、裁定，应当适用修改后《刑事诉讼法》的规定，援引修改后《刑事诉讼法》的条文序号和内容。最高人民法院将抓紧对《关于适用〈中华人民共和国刑事诉讼法〉的解释》进行修订，保证修改后《刑事诉讼法》的正确、统一施行。在新的司法解释出台前，之前的司法解释、规范性文件，所依据的《刑事诉讼法》条文内容未作实质修改的，可以继续适用或者参照执行。

应当注意的是，由于修改后的《刑事诉讼法》条文序号有变动，会与相关规范性文件所涉原《刑事诉讼法》条文序号有不一致之处，敬请读者结合本书附录新旧条文序号对照表参考使用。

第一编 总 则

第一章 任务和基本原则

第一条 【立法目的】[①]**为了保证刑法的正确实施,惩罚犯罪,保护人民,保障国家安全和社会公共安全,维护社会主义社会秩序,根据宪法,制定本法。**

条文注解

本条是关于刑事诉讼法的立法宗旨与制定依据的规定。

刑事诉讼法的立法宗旨包括相互关联的三个方面:(1)保证刑法的正确实施。刑法是刑事诉讼法予以保障实施的实体法,刑事诉讼法通过一定的诉讼程序准确查明犯罪事实,公正追诉和惩罚犯罪人,使定罪量刑落到实处,并有效避免伤害无辜,从而完成保障刑法正确实施的使命。(2)惩罚犯罪,保护人民。通过合法有效的刑事诉讼活动,在准确、及时地查明案件事实真相的基础上,对构成犯罪的被告人正确地适用刑法,以抑制和惩罚犯罪,实现国家的刑罚权,进而实现保护人民生命财产安全的目的。惩罚犯罪与保护人民是刑事诉讼不可分割的两个方面,二者相互依存,贯穿于刑事诉讼程序的始终。(3)保障国家安全和社会公共安全,维护社会主义社会秩序。本法最直接的社会功能就是通过其所调整的刑事诉讼活动,准确、及时地惩罚犯罪、保护公民的合法权益,以维护国家安全和社会公共安全,维护正常、稳定的社会秩序。

宪法是国家的根本法。刑事诉讼法的制定,必须充分体现宪法的原则精神,不得背离宪法的原则。司法机关在适用本法时,也应同宪法规定的国家体制,人民法院、人民检察院组织体系,以及进行刑事诉讼活动所必须遵循的原则紧密结合起来。

第二条 【本法任务】中华人民共和国刑事诉讼法的任务,是保证准确、及时地查明犯罪事实,正确应用法律,惩罚犯罪分子,保障无罪的人不受刑事追究,教育公民自觉遵守法律,积极同犯罪行为作斗争,维护社会主义法制,尊重和保障人权,保

---

① 条文主旨为编者所加,下同。

护公民的人身权利、财产权利、民主权利和其他权利，保障社会主义建设事业的顺利进行。

条文注解

刑事诉讼法的首要任务就是要通过正确运用刑事诉讼程序，准确、及时地查明犯罪事实，正确适用法律惩罚犯罪分子，保护公民人身、财产、民主权利不受侵犯，并确保无罪的人不受刑事追究；刑事诉讼法的第二项任务就是教育公民自觉遵守法律，积极同犯罪行为作斗争。司法机关应当通过侦查、起诉、审判和执行等活动，对公民进行法制宣传教育，起到预防和减少犯罪的作用。同时，为了更有效地同犯罪作斗争，还必须依靠群众、发动群众，加强群众对司法工作的监督；刑事诉讼法的第三项任务是维护社会主义法制、尊重和保障人权，保护公民的人身权利、财产权利、民主权利和其他权利，保障社会主义建设事业的顺利进行。

"尊重和保障人权"是2012年修改最大的亮点。"尊重和保障人权"不仅与宪法的内容相衔接，同时也统领着整个刑事诉讼规范。"尊重和保障人权"表现为对被追诉人、被害人和其他诉讼参与人权利的尊重和保护。刑事诉讼法修改后加强了对被追诉人诉讼权利的保护，特别是对辩护权的保障力度，扩大了法律援助的范围，完善了被追诉人的知情权，确定了对被害人、证人的保护制度等，均从不同侧面和角度呼应了这个条款的精神。

第三条　【公检法职责分工】对刑事案件的侦查、拘留、执行逮捕、预审，由公安机关负责。检察、批准逮捕、检察机关直接受理的案件的侦查、提起公诉，由人民检察院负责。审判由人民法院负责。除法律特别规定的以外，其他任何机关、团体和个人都无权行使这些权力。

人民法院、人民检察院和公安机关进行刑事诉讼，必须严格遵守本法和其他法律的有关规定。

条文注解

本条第一款体现了职责原则；第二款体现了严格遵守法定程序原则。具体包括如下三个方面的内容：(1)侦查权、检察权和审判权作为国家权力的组成部分，具有专属性和排他性，只能由专门机关行使；(2)对刑事案件的侦查权、检察权和审判权，只能由各专门机关按照法律规定的分工分别行使，不能混淆和互相替代；(3)公、检、法三机关进行刑事诉讼活动，从立案、侦查、起诉、审判到执行，都必须严格依照刑事诉讼法和其他法律规定的程序进行。

第四条 【国家安全机关职权】国家安全机关依照法律规定，办理危害国家安全的刑事案件，行使与公安机关相同的职权。

条文注解

国家安全机关是指就特殊的治安领域承担治安保卫任务的国家机关，与公安机关的任务性质相同。它在办理刑事案件时，享有与公安机关相同的职权。根据国家安全法等法律、法规的规定，国家安全机关对境外机构、组织、个人实施或者指使、资助他人实施的，或者境内组织、个人与境外机构、组织、个人相互勾结实施的危害中华人民共和国国家安全的行为依法予以预防、制止和追究。

第五条 【独立行使审判权、检察权】人民法院依照法律规定独立行使审判权，人民检察院依照法律规定独立行使检察权，不受行政机关、社会团体和个人的干涉。

条文注解

人民法院依法独立行使审判权，人民检察院依法独立行使检察权，不受任何行政机关、社会团体和个人的干涉，是我国宪法确立的一项重要的司法原则。对于维护社会主义法制的统一和尊严，有着十分重要的意义。本原则包括以下三个方面的内容：(1)人民法院行使审判权，人民检察院行使检察权，在法律规定的职责范围内都是独立的，不受行政机关、社会团体和个人的干涉，但是仍需接受党的领导，接受各级人民代表大会及其常务委员会的监督，并应当自觉接受人民群众和社会舆论的监督，这就要求审判人员和检察人员坚持以事实为根据，以法律为准绳，坚决反对地方保护主义和部门保护主义。(2)人民法院行使审判权、人民检察院行使检察权，必须严格遵守宪法和法律的各项规定，按照法定程序和规则行事，坚决反对“以言代法”“以权代法”。(3)人民法院、人民检察院作为一个组织整体，集体对审判权、检察权的行使负责。人民法院、人民检察院依法独立行使审判权和检察权，并不意味着“法官独立”“检察官独立”，而是人民法院、人民检察院的独立。

第六条 【诉讼基本原则】人民法院、人民检察院和公安机关进行刑事诉讼，必须依靠群众，必须以事实为根据，以法律为准绳。对于一切公民，在适用法律上一律平等，在法律面前，不允许有任何特权。

条文注解

刑事诉讼法的三项基本原则是：依靠群众原则；以事实为根据、以法律为准绳原则；公民在适用法律上一律平等原则。

依靠群众原则，是指在刑事诉讼中，公、检、法三机关要坚持群众路线和群众观点，发挥群众的智慧和力量；要深入群众进行调查研究，收集证据；要发动群众、组织群众与犯罪行为作斗争；要采取宣传教育等工作方法，努力扩大办案的社会效果。

以事实为根据、以法律为准绳原则，是指处理案件应重证据、重调查研究，认定事实必须以查证属实的证据为根据，适用法律又必须以查明的事实为根据；司法人员对案件的程序问题和实体问题的处理，必须以刑事诉讼法和其他法律的有关规定为标准，以法律的规定作为评价已经查明的案件事实的尺度。

公民在适用法律上一律平等原则，是宪法原则"公民在法律面前一律平等"在刑事诉讼法中的体现，它是指对任何人的犯罪行为，无论其社会政治地位、出身、经济状况、受教育程度、宗教信仰、参加党派等如何，都必须严格依照法律规定定罪量刑，在适用法律上不允许有任何歧视或者特殊优待，坚持相同情况同样对待，不同情况不同对待。不允许任何人享有超越法律之外的特权。同时，对一切公民的合法权益都应平等地保护，包括对被告人和犯罪嫌疑人的合法权益也同样要平等保护。

第七条 【三机关相互关系】人民法院、人民检察院和公安机关进行刑事诉讼，应当分工负责，互相配合，互相制约，以保证准确有效地执行法律。

条文注解

在我国刑事诉讼中，公安机关和国家安全机关是国家侦查机关，代表国家行使侦查权；人民检察院是国家的法律监督机关，代表国家依法行使检察权，并严格依照刑事诉讼法第十九条规定的检察机关直接受理的案件的范围行使侦查权；人民法院是国家审判机关，代表国家依法行使审判权。人民法院、人民检察院、公安机关有明确的职权分工，各自只能在法定职权范围内行使职权，各负其责，各尽其职，不能相互混淆替代；各专门机关在各自履行职能的基础上要相互配合，使案件的处理过程衔接得当，共同实现刑事诉讼的最终目的；同时，公、检、法三机关还要在刑事诉讼活动中相互约束，防止权力滥用,防止可能发生的错误和偏差,并使已经发生的错误得以及时纠正。

第八条 【法律监督】人民检察院依法对刑事诉讼实行法律监督。

条文注解

人民检察院是国家的法律监督机关,在刑事诉讼活动中,有权对侦查机关的立案侦查、审判机关的审判活动和执行机关的执行活动是否合法进行监督。这种监督贯穿于刑事诉讼活动的始终,主要包括:(1)对公安机关的立案活动进行监督;(2)对公安机关侦查的案件进行审查,决定是否逮捕、起诉;(3)对公安机关的侦查活动是否合法,实行监督;(4)对刑事案件提起公诉、支持公诉;(5)对人民法院的审判活动是否合法,实行监督,对刑事案件判决、裁定的执行和监狱、公安机关及其下属的看守所、拘役所等执行机关的活动是否合法,实行监督。

第九条 【诉讼语言文字】各民族公民都有用本民族语言文字进行诉讼的权利。人民法院、人民检察院和公安机关对于不通晓当地通用的语言文字的诉讼参与人,应当为他们翻译。

在少数民族聚居或者多民族杂居的地区,应当用当地通用的语言进行审讯,用当地通用的文字发布判决书、布告和其他文件。

第十条 【两审终审】人民法院审判案件,实行两审终审制。

条文注解

两审终审是指一个案件至多经过两级人民法院审判即告终结的制度。具体来讲,地方各级人民法院按照第一审程序对案件审理后所作出的判决、裁定,在法定期限内,有上诉权的主体提出上诉,或者同级人民检察院提出抗诉,上一级人民法院就应当依法对上诉、抗诉案件进行审判,第二审人民法院作出的判决和裁定,除依法应予复核的死刑立即执行和死刑缓期两年执行的判决外,是终审的判决和裁定,立即发生法律效力。地方各级人民法院第一审案件的判决和裁定,如果在法定上诉期内,有上诉权的人不上诉,或者同级人民检察院不抗诉,除依法应予复核的死刑立即执行和死刑缓期两年执行的判决外,上诉、抗诉期满就是发生法律效力的判决和裁定。对于已经发生法律效力的判决和裁定,当事人仍不服的,不能再上诉,只能提出申诉。人民检察院、人民法院认为判决、裁定确有错误的,也只能按照审判监督程序处理。最高人民法院审判的第一审案件的判决和裁定，是终审判决和裁定，这是由最高人民法院是国家最高审判机关的法律地位所决定的。如果认为最高人民法院所作出的第一审判决、裁定确有错误，那么也只能由最高人民检察院或最高人民法院按照审判监督程序处理。

由此可见，并不是每一个刑事案件都必须或可能经过两次审理，有的案件只经过一审，其判决、裁定就发生了法律效力；而有的案件虽经过两次审理，其判决、裁定仍不能发生法律效力。理解两审终审制还应该注意以下四个问题：(1)两审终审制只适用于地方各级人民法院，不适用于最高人民法院；(2)合法的上诉或抗诉是第二审程序开始的前提条件；(3)判处死刑立即执行的案件，经过两审终审后还需经过死刑复核程序，其判决才能生效，才能交付执行；(4)二审终审的裁判如确有错误，需要按照审判监督程序处理。

第十一条　【审判公开及辩护原则】人民法院审判案件，除本法另有规定的以外，一律公开进行。被告人有权获得辩护，人民法院有义务保证被告人获得辩护。

条文注解

人民法院审理案件和宣告判决应当公开进行，允许公民到法庭旁听，允许新闻记者采访和报道，除休庭评议以外，法庭审理的全过程都应公之于众。凡是公开审理的案件，应当先期公布案由、被告人姓名、开庭时间和地点，定期宣判的案件应当先期公告。

本条所称的"本法另有规定的"，是指刑事诉讼法第一百八十八条、第二百八十五条规定的以下四类案件：有关国家秘密的案件；有关个人隐私的案件；有关未成年人的案件；有关商业秘密的案件。其中，前三类案件一律不公开审理，涉及商业秘密案件，依当事人的申请可以不公开审理。依法不公开审理的案件，与案件无关人员不得旁听。对于不公开审理的案件，应当当庭宣布不公开审理的理由，但判决仍要当庭宣布。

辩护权是被告人针对控诉进行申辩，说明自己无罪、罪轻或者应当减轻、免除处罚的情节，并提出相应的证明材料，以维护其合法权益的权利。辩护权是犯罪嫌疑人、被告人享有的一项最为基本、最为重要的诉讼权利，在任何情况下，对任何被告人(包括罪行特别严重、应当判处死刑的)，都不得限制和剥夺。当一个公民被控诉犯了罪，处于被告人的地位时，允许他充分陈述自己的意见、有利于人民法院全面了解情况、查明案件事实真相，作出正确的处理。如果不准他申辩，不仅不利于法律的正确执行，而且有悖于社会主义民主原则，有违公平原则。被告人依法可以自行辩护，也可以委托他人帮助其行使辩护权。

刑事诉讼法还明确规定，人民法院有义务保证被告人获得辩护。这是因为人民法院通过审判，将最终确定被告人是否应负刑事责任，关系到被告人实体利益的处分。人民法院既然承担了保证被告人获得辩护的义务，就应当为被告人提供进行辩护的条件，告知其可以委托辩护人辩护，或者在必要时为他指定辩护人。为了更好地保障被告人的辩护权，刑事诉讼法特别扩大了法律援助的范围。

第十二条 【未经法院判决不得确定有罪原则】未经人民法院依法判决，对任何人都不得确定有罪。

条文注解

未经法院判决对任何人不得确定有罪的原则，是坚持以事实为根据，在法院判决被告人有罪之前，不认其为罪犯，但也不排除其有犯罪嫌疑，而是实事求是地进行侦查，客观地收集有罪、无罪、罪重、罪轻的各种证据，根据事实确定犯罪的有无。该原则明确规定只有人民法院才有定罪权，除人民法院以外，其他任何机关和个人包括检察机关都无权行使该权力。在人民法院确定被告人有罪的判决、裁定发生法律效力之前，只能以提起公诉为界，将被追诉的人分别称为犯罪嫌疑人和被告人。控诉方承担证明犯罪嫌疑人、被告人有罪的责任，犯罪嫌疑人和被告人仅在极少数法律规定的情形下承担一定的证明推进责任，但始终没有证明自己有罪或无罪的义务，不得因被告人不能证明自己无罪就推定其有罪。在审判过程中，经过法定举证、质证程序，法官根据既有证据，综合考量，认定事实，如果认定被告人有罪的证据不足，则应依法宣告其无罪。

第十三条 【人民陪审制度】人民法院审判案件，依照本法实行人民陪审员陪审的制度。

条文注解

人民法院审判刑事案件依法组成合议庭，除指派审判员参加外，还通过一定的民主方式从普通公民中选出人民陪审员参加，由陪审员和审判员共同组成合议庭审判案件。我国的人民陪审制是一种参审式陪审制，它是将公民和职业法官结为一体，以合作方式进行审判，在认定事实和适用法律方面，公民与职业法官拥有相同的权限。

2018 年 4 月 27 日，十三届全国人民代表大会常务委员会第二次会议通过了人民陪审员法，将《全国人民代表大会常务委员会关于完善人民陪审员制度的决定》中的内容，在作必要的修改完善后纳入了该法。根据人民陪审员法的规定，人民陪审员依法参加人民法院的审判活动，除法律另有规定外，同法官有同等权利。人民法院审判第一审刑事、民事、行政案件，对于涉及群体利益、公共利益的，人民群众广泛关注或者其他社会影响较大的，案情复杂或者有其他情形，需要由人民陪审员参加审判的，由人民陪审员和法官组成合议庭进行。第一审刑事案件被告人、民事案件原告或者被告、行政案件原告申请由人民陪审员参加合议庭审判的，人民法院可以决定由人民陪审员和法官组成合议庭审判。人民陪审员和法官组成合议庭审判案件，由法官担任审判长，可以组成三人合议庭，也可以由法官三人与人民陪审员四人组成七人合议庭。此外，该法还对担任人民陪审员的条件，人民陪审员的名额确定，人民陪审员的选任、任期、权利义务、退出与惩戒、培训、待遇等作了规定。

第十四条 【保障诉讼权利】人民法院、人民检察院和公安机关应当保障犯罪嫌疑人、被告人和其他诉讼参与人依法享有的辩护权和其他诉讼权利。

诉讼参与人对于审判人员、检察人员和侦查人员侵犯公民诉讼权利和人身侮辱的行为，有权提出控告。

条文注解

本条第一款的“其他诉讼参与人”是指被害人、自诉人、附带民事诉讼原告人与被告人、法定代理人、诉讼代理人、辩护人、证人、鉴定人和翻译人员。诉讼参与人在刑事诉讼活动中由于参与的诉讼关系不同，所处的诉讼地位不同，享有的诉讼权利也不同。

2016年最高人民法院、最高人民检察院、公安部、国家安全部、司法部《关于推进以审判为中心的刑事诉讼制度改革的意见》要求健全当事人、辩护人和其他诉讼参与人的权利保障制度：依法保障当事人和其他诉讼参与人的知情权、陈述权、辩论辩护权、申请权、申诉权。犯罪嫌疑人、被告人有权获得辩护，人民法院、人民检察院、公安机关、国家安全机关有义务保证犯罪嫌疑人、被告人获得辩护。依法保障辩护人会见、阅卷、收集证据和发问、质证、辩论辩护等权利，完善便利辩护人参与诉讼的工作机制。

第十五条 【认罪认罚从宽原则】犯罪嫌疑人、被告人自愿如实供述自己的罪行，承认指控的犯罪事实，愿意接受处罚的，可以依法从宽处理。

条文注解

本条是2018年修改新增加的条文。认罪认罚从宽制度是宽严相济刑事政策的一个重要方面。本条可以从以下几个方面理解：

(1)认罪认罚从宽制度包括“认罪”和“认罚”两个方面的内容。所谓“认罪”,是指犯罪嫌疑人、被告人自愿如实供述自己的罪行,承认指控的犯罪事实。犯罪嫌疑人、被告人认罪,必须是一种积极主动的认罪,也就是说,必须自己如实供述自己的罪行,或者对侦查机关已经掌握并指出的犯罪事实,明确主动表示承认。对于实践中不供述自己的罪行,既不承认也不否认侦查机关已经掌握并指出其犯罪事实的,一般不宜认定为构成认罪认罚从宽制度中的“认罪”。所谓“认罚”,是指明确表示愿意接受司法机关给予的刑罚等处罚。在以往的司法实践中,也存在犯罪嫌疑人、被告人的“认罚”,也就是悔罪、愿意接受处罚。认罪认罚从宽制度的“认罚”有所不同,一般是指犯罪嫌疑人、被告人对司法机关根据其犯罪事实、情节,认罪、悔罪,赔偿或者和解等情况所给出的刑罚表示明确接受,特别是接受人民检察院提出的包括主刑、附加刑以及是否适用缓刑等的具体的量刑建议。

(2)对于认罪认罚的犯罪嫌疑人、被告人,可以依法从宽处理。这里的从宽处理,一方面是指在实体上的从宽。从实体法的规定来看,自首、坦白等都具有认罪的性质,因此,对于具有这些情节的,都应当根据刑法的规定,确定是否需要从宽处罚以及从宽的具体幅度。另一方面,从宽还包括程序上的从宽,也就是对认罪认罚的犯罪嫌疑人、被告人适用轻缓的强制措施,作出轻缓的程序性处理,或者适用更为便利的诉讼程序。

(3)要适用认罪认罚从宽制度,必须有“认罪”和“认罚”两个方面的态度和行为。有认罪或者认罚一个方面的因素,是可以根据刑法和刑事诉讼法规定从宽处罚的,但不构成本条规定的认罪认罚从宽原则中的“认罪认罚”。

第十六条 【不追究刑事责任情形】有下列情形之一的,不追究刑事责任,已经追究的,应当撤销案件,或者不起诉,或者终止审理,或者宣告无罪:

(一)情节显著轻微、危害不大,不认为是犯罪的;

(二)犯罪已过追诉时效期限的;

(三)经特赦令免除刑罚的;

(四)依照刑法告诉才处理的犯罪,没有告诉或者撤回告诉的;

(五)犯罪嫌疑人、被告人死亡的;

(六)其他法律规定免予追究刑事责任的。

条文注解

根据本条规定,刑事案件只要存在条文中所列六种情形中的任何一种,就不能追究犯罪嫌疑人、被告人的刑事责任。对于刑事诉讼开始前或者在立案审查阶段已经发现的,应作出不立案的决定。在侦查阶段发现的,侦查机关应当决定撤销案件。在审查起诉阶段发现的，检察机关应当作出不起诉处理。在审判阶段发现的，对于符合本条规定的第一种情形的，应判决宣告无罪；对于被告人死亡的，应裁定终止审理，对于根据已经查明的案件事实和认定的证据材料，能够确认被告人无罪的，应判决宣告无罪；对于符合其他四种情形的，应裁定终止审理。

本条应注意以下三项内容：

（1）对本条第二项“犯罪已过追诉时效期限的”规定的理解，根据刑法第八十八条的规定，在人民检察院、公安机关、国家安全机关立案侦查或者在人民法院受理案件以后，逃避侦查或者审判的，不受追诉期限的限制。被害人在追诉期限内提出控告，人民法院、人民检察院、公安机关应当立案而不予立案的，不受追诉期限的限制。

（2）本条第三项中“经特赦令免除刑罚的”系指根据宪法第六十七条第十七项规定，全国人民代表大会常务委员会有权决定特赦，特赦可以减轻或者免除罪犯的刑罚。当国家最高权力机关已经发布特赦令免除了某些犯罪分子的刑罚，如果对他尚未追究或正在追究之中，人民法院、人民检察院和公安机关就应当根据特赦令不再追究。

（3）本条第四项规定的“告诉才处理的犯罪”是指侮辱罪、诽谤罪、暴力干涉婚姻自由罪和虐待罪这四类犯罪，法律将这四类犯罪中被害人的告诉作为追究犯罪人刑事责任的条件，如果没有告诉或者告诉以后又撤诉的，就不能追究犯罪人的刑事责任。其中，侮辱、诽谤严重危害社会利益和国家利益的或者暴力干涉婚姻致人死亡及虐待致人死亡的除外。而且本条还强调，如果被害人因受强制、威吓无法告诉的，人民检察院和被害人的近亲属也可以告诉，对此应依法追究。

文书范本 ▶▶ 01 刑事裁定书（终止审理用）

________人民法院

刑事裁定书

（______）____刑____字第____号

公诉机关：________人民检察院。

被告人：________（写明姓名、性别、出生年月日、民族、出生地、文化程度、职业或者工作单位和职务）。

________人民检察院于________年____月____日以____检____诉[ ]____号起诉书，指控被告人________犯________罪，向本院提起公诉。在审理过程中，被告人________于________年____月____日死亡（或者犯罪已过追诉时效期限，并且不是必须追诉或者经特赦令免除刑罚的）。依照________________

(写明裁定的法律依据)的规定,裁定如下:

本案终止审理。

本裁定送达后即发生法律效力。

审判长:________

审判员:________

审判员:________

________年____月____日

(院印)

本件与原本核对无异

书记员:________

应用指引

终止审理裁定书,是指人民法院依照本条所规定的情形,裁定终止审理的法律文书。要注意裁定终止审理的适用情形。对于刑事诉讼开始前已经发现的,不应立案受理。在侦查阶段发现的,应当撤销案件。在审查起诉阶段发现的,应当作出不起诉的决定。在审判阶段发现的,对情节显著轻微、危害不大,不认为是犯罪的,应当作出判决,宣告无罪;对于告诉才处理,被害人撤回告诉的,用准许撤诉的裁定结案;对具有其他情形的案件,则裁定终止审理。

本范本是按公诉案件设计的,若适用于自诉案件,应当将"公诉机关"改写为"自诉人";将"________人民检察院"改写为"自诉人________";将"向本院提起公诉"改写为"向本院提起控诉"。本范本是按一审程序设计的,若适用于二审程序,则应当对首部有关各处作相应的改动。本范本是按一人一案的模式设计的。如果死亡的被告人是共同犯罪案件的成员,应当将"本案终止审理"改为"对被告人________终止审理"。被告人已死亡的,本裁定书应当向其法定代理人及其近亲属送达。

第十七条 【外国人刑事责任的处理】对于外国人犯罪应当追究刑事责任的,适用本法的规定。

对于享有外交特权和豁免权的外国人犯罪应当追究刑事责任的,通过外交途径解决。

条文注解

追究外国人刑事责任适用我国刑事诉讼法原则，明确了我国刑事诉讼法对外国人的效力，它体现了刑事诉讼法中的国家主权原则。我国是具有完全主权的社会主义国家，有权对我国领域内的一切人、事、物实行管辖，也有权对外国人在中国领域以外对中华人民共和国国家和公民的犯罪，按照我国法律程序，由我国的司法机关追究其刑事责任，以刑事管辖权保护国家和公民的利益。

对于享有外交特权和豁免权的外国人犯罪应当追究刑事责任的，应通过外交途径解决，而不是由我国的公安司法机关依照本法进行追究。对这些犯罪人，一般采取的方式有宣布其为不受欢迎的人、令其限期离境，建议派遣国依法处理或者宣布驱逐出境。这是依据国际惯例和国家之间平等互惠原则进行的，同时也体现了我国的主权原则。

第十八条　【刑事司法协助】根据中华人民共和国缔结或者参加的国际条约，或者按照互惠原则，我国司法机关和外国司法机关可以相互请求刑事司法协助。

条文注解

我国刑事司法协助的范围主要包括：代为送达司法文书和司法外文书；调查取证，包括听取当事人、犯罪嫌疑人的陈述，询问证人、被害人、鉴定人，进行鉴定、检查和司法勘验，收集其他证据；移交赃款、赃物，诉讼移管等。

第二章 管 辖

第十九条 【立案管辖】刑事案件的侦查由公安机关进行，法律另有规定的除外。

人民检察院在对诉讼活动实行法律监督中发现的司法工作人员利用职权实施的非法拘禁、刑讯逼供、非法搜查等侵犯公民权利、损害司法公正的犯罪，可以由人民检察院立案侦查。对于公安机关管辖的国家机关工作人员利用职权实施的重大犯罪案件，需要由人民检察院直接受理的时候，经省级以上人民检察院决定，可以由人民检察院立案侦查。

自诉案件，由人民法院直接受理。

条文注解

本条关于立案管辖的规定分为以下三个方面的内容：

1. 刑事案件的侦查，由公安机关进行的规定。对刑事案件进行侦查是公安机关的重要职责，因此，除法律另有规定的以外，所有刑事案件的侦查工作，都应由公安机关负责。其中“法律另有规定的”，主要是指本条第二款、本法第四条、第三百零八条的规定和监察法的有关规定。

2. 关于人民检察院自侦案件范围。根据 2018 年监察法的规定，监察委员会对涉嫌贪污贿赂、失职渎职等职务违法和职务犯罪进行调查，因此需要对刑事诉讼法涉及人民检察院侦查职权行使的有关规定作出相应调整。人民检察院立案侦查的案件主要是两大类：(1)检察机关在对诉讼活动实行法律监督中发现的司法工作人员利用职权实施的非法拘禁、刑讯逼供、非法搜查等侵犯公民权利、损害司法公正的犯罪。检察机关是国家法律监督机关，依法对诉讼活动实行法律监督是检察机关的重要职责。这里的司法工作人员，根据刑法第九十四条的规定，是指有侦查、检察、审判、监管职责的工作人员。这里的诉讼活动包括侦查、审判、执行的全过程。(2)对于公安机关管辖的国家机关工作人员利用职权实施的重大犯罪案件，需要由人民检察院直接受理的时候，经省级以上人民检察院决定，可以由人民检察院立案侦查。2018 年修改刑事诉讼法时，根据监察体制改革的精神作了文字修改，将案件范围明确为“公安机关管辖的国家机关工作人员利用职权实施的重大犯罪案件”。这样规定，一是与修改前人民检察院的“机动侦查权”的案件范围是一致的，即公安机关管辖的国家机关工作人员利用职务实施的重大犯罪案件,如国家机关工作人员利用职务实施的杀人、强奸等重大犯罪案件。其中“重大犯罪案件”指的是个案,而且是公安机关不便立案侦查,由人民检察院立案侦查更为适宜的个别案件;二是要经省(自治区、直辖市)人民检察院或者最高人民检察院决定,才可以由人民检察院立案侦查。

需要注意的是,上述两类案件“可以由人民检察院立案侦查”,不排除监察机关直接调查的可能。另外,检察机关在查办这些可能与“腐败型”犯罪有牵连的案件时,如果发现涉嫌“腐败型”职务犯罪线索的,应当及时将“腐败型”职务犯罪线索移送监察机关。

3. 自诉案件,由人民法院直接受理。这里所说的自诉案件,是指本法第二百一十条规定的三类案件:(1)告诉才处理的案件;(2)被害人有证据证明的轻微刑事案件;(3)被害人有证据证明对被告人侵犯自己人身、财产权利的行为应当依法追究刑事责任,而公安机关或者人民检察院不予追究被告人刑事责任的案件。

文书范本 ▶▶ 02 管辖异议申请书

管辖权异议申请书

申请人:________,系__________涉嫌__________罪一案__________的辩护人。通信地址:____

联系方式:____

申请事项:申请依法将本案移送至________管辖

事实和理由:

______________________________,认为____________办理的____________涉嫌____________罪一案没有管辖权,故提出管辖权异议。

理由如下:____

____

____

鉴于上述理由,为保障犯罪嫌疑人的诉讼权利,保证本案的公正审理,根据《中华人民共和国刑事诉讼法》________________之规定,申请依法将本案移送至______________管辖。

此致

____

辩护人:________

年　　月　　日

应用指引

《刑事诉讼法》对刑事管辖权有严格的规定，实践中也经常出现相关机关对案件没有管辖权的情况，这需要辩护人熟悉掌握管辖权有关规定，及时、准确识别出无管辖的情况，并提出管辖权异议。本异议书中的事实和理由主要包括：案件管辖机关所在地非犯罪行为发生地、犯罪结果发生地，亦非犯罪嫌疑人或被告人的主要居住地；或管辖机关违反了级别管辖、专门管辖的规定；或本案应适用优先管辖、移送管辖；或管辖机关因符合回避条件而不宜管辖等。

第二十条 【基层法院管辖】基层人民法院管辖第一审普通刑事案件，但是依照本法由上级人民法院管辖的除外。

条文注解

根据人民法院组织法的规定，我国的基层人民法院包括：县人民法院和不设区的市人民法院、自治县（旗）人民法院、市辖区人民法院以及某些基层人民法院的派出法庭。我国刑事案件有普通刑事案件和特殊刑事案件之分，普通刑事案件中判处有期徒刑及以下刑罚的案件为一般普通刑事案件，判处无期徒刑及死刑的案件为重大刑事案件。基层人民法院对特殊刑事案件和重大刑事案件均无管辖权，只管辖一般普通刑事案件。基层人民法院受理起诉后，如果认为是特殊刑事案件，或者是可能判处无期徒刑、死刑的案件，则应当将案件移送中级人民法院审判，或者退回起诉机关，由人民检察院按照级别管辖的规定，重新提起公诉。

第二十一条 【中级法院管辖】中级人民法院管辖下列第一审刑事案件：

（一）危害国家安全、恐怖活动案件；

（二）可能判处无期徒刑、死刑的案件。

条文注解

根据本条规定，中级人民法院管辖的刑事案件有以下两类：

1. 危害国家安全、恐怖活动案件。这里所规定的“危害国家安全”案件，主要是指刑法分则第一章规定的危害国家安全罪。恐怖活动案件主要是指实施恐怖活动，构成犯罪的案件。根据2015年12月全国人大常委会通过的反恐怖主义法第三条的规定，恐怖活动是指恐怖主义性质的下列行为：（1）组织、策划、准备实施、实施造成或者意图造成人员伤亡、重大财产损失、公共设施损坏、社会秩序混乱等严重社会危害的活动的;(2)宣扬恐怖主义,煽动实施恐怖活动,或者非法持有宣扬恐怖主义的物品,强制他人在公共场所穿戴宣扬恐怖主义的服饰、标志的;(3)组织、领导、参加恐怖活动组织的;(4)为恐怖活动组织、恐怖活动人员、实施恐怖活动或者恐怖活动培训提供信息、资金、物资、劳务、技术、场所等支持、协助、便利的;(5)其他恐怖活动。

2. 可能判处无期徒刑、死刑的案件。这类案件是指除危害国家安全案件和恐怖活动案件以外,依照我国刑法规定,可能判处无期徒刑或者死刑的刑事案件。上述案件,都是性质比较严重、案情重大或者影响较大、处罚较重的刑事案件,在审理时需要更加慎重。因此,刑事诉讼法列举这两类案件由中级人民法院进行第一审。

本条规定的中级人民法院,是指在省、自治区内按地区设立的中级人民法院,在直辖市内设立的中级人民法院,省、自治区辖市的中级人民法院和自治州中级人民法院。

第二十二条 【高级法院管辖】高级人民法院管辖的第一审刑事案件,是全省(自治区、直辖市)性的重大刑事案件。

条文注解

高级人民法院在地方各级人民法院体系中是最高一级的法院组织。高级人民法院的大量工作是审理上诉案件、死刑复核案件、死刑缓期两年执行的核准案件,同时还要对全省(自治区、直辖市)性的重大刑事案件的审判工作进行监督。

第二十三条 【最高人民法院管辖】最高人民法院管辖的第一审刑事案件,是全国性的重大刑事案件。

条文注解

根据宪法和人民法院组织法的规定,最高人民法院是全国最高审判机构,只有全国性的重大刑事案件才属于最高人民法院第一审管辖范围。这是因为最高人民法院的主要职责为:进行审判理论和实践研究,制定有关法律适用问题的通知、批复,对现行法律作司法解释,解答有关疑难案件的问题,监督和指导地方各级人民法院、专门人民法院的审判工作,复核死刑案件。所以它只能担负具有全国性重大影响的少数刑事案件的一审审判。

第二十四条 【级别管辖变通】上级人民法院在必要的时候,可以审判下级人民法院管辖的第一审刑事案件;下级人民法院认为案情重大、复杂需要由上级人民法院审判的第一审刑事案件,可以请求移送上一级人民法院审判。

条文注解

根据本条规定,人民法院对属于自己管辖的第一审刑事案件,在必要的时候可以改变案件管辖,即所谓管辖权的转移,它实际上是把案件从有管辖权的下级人民法院上移给本来无管辖权的上级人民法院,从而使上级人民法院取得管辖权。需要注意的是,管辖权的转移,只能是"从下往上",而不能"从上往下",这主要是为了保证对复杂、疑难案件的审判能够做到正确地认定事实和适用法律。

这种变通具体来讲有两种情况:(1)上级人民法院指导监督下级人民法院审判工作时,发现下级人民法院管辖的刑事案件案情复杂、涉及面广、影响大,下级人民法院没有足够的力量来审判或者下级人民法院对法律政策的适用界限不清、难以认定,审判有困难的,那么上级人民法院就可以把案件提上来由自己审判,以保证办案的质量。上级人民法院认为有必要审理下级人民法院管辖的第一审刑事案件,应当向下级人民法院下达改变管辖决定书,并书面通知同级人民检察院、被告人的羁押场所和当事人。(2)下级人民法院对自己管辖的第一审刑事案件,认为案情复杂、重大,自己没有足够力量审判或者审判有阻力、有困难,或者对法律政策的适用把握不准等,需要由上级人民法院审判的时候,可以在案件审理期限届满十五日前,书面请求移送至上一级人民法院审判,由上级人民法院决定是否同意。

第二十五条 【审判地域管辖】刑事案件由犯罪地的人民法院管辖。如果由被告人居住地的人民法院审判更为适宜的,可以由被告人居住地的人民法院管辖。

条文注解

地域管辖,是指不同地区的同级人民法院在第一审刑事案件上的审判权限的分工,它所要解决的是某一刑事案件应由同级中的哪一地区的法院进行第一审审判的问题。一般情况下,地域管辖实行以犯罪地人民法院管辖为主的原则。这里所说的犯罪地,是指犯罪行为发生地和犯罪结果发生地。但是对被告人流窜作案的案件,主要犯罪地难以确定,而其居住地群众更了解案件的情况,或者可能对被告人适用缓刑、管制或者单独适用剥夺政治权利等刑罚,需要在其居住地执行的,或者有其他表明由被告人居住地的人民法院管辖更为适宜的情况的，可以由被告人居住地的人民法院管辖，即所谓地域管辖以居住地管辖为辅原则。

第二十六条 【共同管辖处理】几个同级人民法院都有权管辖的案件，由最初受理的人民法院审判。在必要的时候，可以移送主要犯罪地的人民法院审判。

条文注解

本条所说的“主要犯罪地”，是指案件涉及多个地点时对该犯罪的成立起主要作用的地点（包括一人犯数罪时主要罪行的实行地）。这里的“必要的时候”，主要是指对审判工作的顺利进行来讲，存在特殊需要的时候。在司法实践中，对于共同犯罪的被告人，在地域管辖上适用就主不就从的原则，即主犯归哪个法院管辖，整个案件就归那个法院管辖。

第二十七条 【指定管辖】上级人民法院可以指定下级人民法院审判管辖不明的案件，也可以指定下级人民法院将案件移送其他人民法院审判。

条文注解

本条规定主要是针对可能出现的管辖不明或因管辖权问题在法院之间可能发生的争相管辖或者互相推诿的情况，以及有管辖权的法院不适宜管辖的情况而规定的。所谓“管辖不明”，主要是指该案的管辖在法律中没有明确规定或者对该案件应由谁管辖存在争议。根据本条规定，几个同级法院就同一案件的管辖问题发生争议时，首先应当协商解决，协商不成时由最初受理案件的人民法院在审限内报争议各方共同上一级人民法院指定管辖。上级人民法院有权指定下级人民法院审理该案件，也可以直接指令已经受理该案的人民法院将案件移送其他人民法院审判。此外，当有管辖权的法院不宜行使管辖权时，也可以由上级人民法院以指定的方式确定案件由哪个法院管辖。在指定管辖的程序上，上级人民法院应当在开庭前将指定管辖决定书分别送达被指定管辖的人民法院及其他对管辖权有争议的人民法院。原受理的人民法院不再行使管辖权的，收到上级人民法院指定管辖的决定书后，对公诉案件应当将全部案卷材料退回提起公诉的人民检察院并书面通知当事人；对自诉案件，将全部案卷材料移送被指定管辖的人民法院，并书面通知当事人。

第二十八条 【专门管辖】专门人民法院案件的管辖另行规定。

条文注解

专门管辖,是指各专门人民法院在审判第一审刑事案件范围上的分工。它既包括专门人民法院与普通人民法院之间审判第一审刑事案件范围上的分工,同时也包括各专门人民法院之间在受理刑事案件范围上的分工,以及每一专门人民法院系统内部在受理第一审刑事案件上的分工。

目前,在我国依照法律规定设立的专门人民法院有军事法院、海事法院、知识产权法院、金融法院等。本法并未具体规定专门人民法院管辖的案件范围。根据本条规定,专门人民法院的管辖另行规定,既包括专门人民法院对案件的管辖范围另行由法律规定,也包括在法律没有规定前由最高人民法院通过司法解释来规定。目前,法律对军事法院的管辖还没有专门的规定,军事法院的管辖范围主要在有关司法解释中予以明确。关于海事法院的管辖,《全国人民代表大会常务委员会关于在沿海港口城市设立海事法院的决定》规定,海事法院管辖第一审海事案件和海商案件,不受理刑事案件和其他民事案件。关于知识产权法院的管辖,《全国人民代表大会常务委员会关于在北京、上海、广州设立知识产权法院的决定》规定,知识产权法院管辖有关专利、植物新品种、集成电路布图设计、技术秘密等专业技术性较强的第一审知识产权民事和行政案件。关于金融法院的管辖,《全国人民代表大会常务委员会关于设立上海金融法院的决定》规定,上海金融法院专门管辖其设立之前由上海市的中级人民法院管辖的金融民商事案件和涉金融行政案件。

第三章 回 避

第二十九条 【回避事由和方式】审判人员、检察人员、侦查人员有下列情形之一的,应当自行回避,当事人及其法定代理人也有权要求他们回避:

(一)是本案的当事人或者是当事人的近亲属的;

(二)本人或者他的近亲属和本案有利害关系的;

(三)担任过本案的证人、鉴定人、辩护人、诉讼代理人的;

(四)与本案当事人有其他关系,可能影响公正处理案件的。

条文注解

刑事诉讼中的回避,是指根据刑事诉讼法和有关法律的规定,同案件有利害关系或者同案件当事人有其他特殊关系可能影响案件公正处理的侦查、检察、审判人员等,不得参与该案诉讼活动的一项诉讼制度。规定回避制度的目的是保证公正客观地处理案件,防止先入为主和徇私舞弊。对于当事人及其法定代理人来说,提出回避申请、是法律赋予他们保护自己合法权益的一项诉讼权利。

回避的适用人员,是指在法定回避情形下应当回避的办案人员,根据本条和相关法律、法规,具体包括侦查人员、检察人员(含检察委员会委员)、审判人员(含审判委员会委员)以及参与侦查、起诉、审判活动的人民陪审员、书记员、翻译人员和鉴定人。回避的种类有三种:第一种是自行回避;第二种是申请回避。依照法律规定,侦查、检察、审判人员具有法定回避情形之一的应当自行主动地要求回避,这是自行回避。案件的当事人和法定代理人认为侦查、检察、审判人员中具有法定回避情形的,有权向公安司法机关提出申请,要求他们回避,这是申请回避。此外,应当回避的人员,本人没有自行回避,当事人和法定代理人也没有申请其回避的,本部门的负责人可以决定其回避,即指令回避。

无论是自行回避还是申请回避,都必须有回避的理由,即本条所规定的四种情形,只要存在其中一种情形,有关的侦查、检察、审判人员就应当自行回避,当事人及其法定代理人也可以申请其回避。以上回避的适用人员在遇到法律规定的四种情形以及本法第三十条规定的情形时,应当主动向所在机关或聘请、指派机关提出回避申请。已经参加过本案侦查、起诉的侦查、检察人员不能再担任本案的审判人员;参加过本案侦查的侦查人员,不能担任本案的检察人员;在一个审判程序中参与过本案审判工作的合议庭组成人员、法庭书记员、翻译人员和鉴定人,不能再参与本案其他程序的审判。

本条规定的第一项情形所指的“本案的当事人”,具体指本案的被害人、自诉人、犯罪嫌疑人、被告人、附带民事诉讼的原告人和被告人;“当事人的近亲属”是指同上述本案当事人有夫妻、父母子女或同胞兄弟姊妹关系的人。第二项情形中所指的“利害关系”,是指案件的处理过程,特别是处理结果会对本人或者其近亲属的利益产生某种影响。第三项情形对“担任过本案的证人、鉴定人、辩护人、诉讼代理人的”要求回避,主要是为了防止这些人员先入为主,主观臆断,以利于客观全面地收集和判断其他证据,公正处理案件。第四项情形中所谓“与本案当事人有其他关系”,法律没有作具体规定,它是一项弹性所指,意即本条第一款第一、二、三项所规定以外的所有可能影响案件公正处理的关系。

文书范本 ▶▶ 03 回避申请书

回避申请书

申请人:________ 通信地址:________

联系方式:________

被申请人:________

申请事项:________

事实和理由:________

____

____

____

此致

____

申请人:________

年 月 日

应用指引 ▶▶

根据《刑事诉讼法》第二十九条规定,当相关人员是本案的当事人或者是当事人的近亲属,本人或者他的近亲属和本案有利害关系的,担任过本案的证人、鉴定人、辩护人、诉讼代理人的,与本案当事人有其他关系,可能影响公正处理案件时,应当回避。此外,根据《刑事诉讼法》第三十条规定,相关人员如果接受当事人及其委托的人的请客送礼，或违反规定会见当事人及其委托的人时，除应当依法追究其法律责任，当事人及其法定代理人也有权要求他们回避。

第三十条 【办案人员行为之禁止】审判人员、检察人员、侦查人员不得接受当事人及其委托的人的请客送礼，不得违反规定会见当事人及其委托的人。

审判人员、检察人员、侦查人员违反前款规定的，应当依法追究法律责任。当事人及其法定代理人有权要求他们回避。

第三十一条 【回避的决定及效力】审判人员、检察人员、侦查人员的回避，应当分别由院长、检察长、公安机关负责人决定；院长的回避，由本院审判委员会决定；检察长和公安机关负责人的回避，由同级人民检察院检察委员会决定。

对侦查人员的回避作出决定前，侦查人员不能停止对案件的侦查。

对驳回申请回避的决定，当事人及其法定代理人可以申请复议一次。

条文注解

第三十一条规定了回避的决定权主体及回避决定的效力。

当事人及其法定代理人对审判人员、检察人员和侦查人员提出回避申请，或者有关人员自己提出回避要求，是否具备法定的情形、是否准许，必须经过一定程序的审查，必须经过有权决定的个人或组织的同意。在未经同意前，应当回避的人员不能擅自回避。所以本条第一款规定了回避的决定权由谁来行使的问题。根据本条规定，审判人员、检察人员、侦查人员的回避，分别由院长、检察长、公安机关负责人决定。院长的回避，应经本院审判委员会按照少数服从多数的原则决定。检察长和公安机关负责人的回避，由同级人民检察院检察委员会决定。审判委员会、检察委员会讨论院长、检察长回避时，由副院长、副检察长主持，院长、检察长本人不得参加。需要注意的是，针对已经出庭支持公诉的检察人员提出的回避申请，人民法院应当通知指派该检察人员出庭的人民检察院，由该院检察长或者检察委员会决定。

根据侦查机关办案活动的特点和办理刑事案件的需要，为了保证侦查活动顺利进行，防止犯罪嫌疑人逃跑、证据灭失或侦查线索中断，第三十一条第二款规定对侦查人员的回避作出决定前，侦查人员不能停止对案件的侦查。被决定回避的公安机关负责人、侦查人员，在回避决定作出以前所进行的诉讼活动是否有效，由作出决定的机关根据案件情况决定。被决定回避的检察人员，在回避决定作出以前所取得的证据和进行诉讼行为是否有效，由检察委员会或者检察长根据案件具体情况决定。

根据第三十一条第三款的立法精神，对于当事人及其法定代理人提出回避申请的,公安司法机关应当将是否同意回避的决定和理由告知当事人及其法定代理人。当事人及其法定代理人对驳回申请回避的决定不服,可以申请复议一次。对复议的处理决定,应及时告知提请复议的当事人及其法定代理人。在审查复议申请期间,一般不应影响诉讼程序的重新开始和继续进行。

第三十二条 【其他人员的回避】本章关于回避的规定适用于书记员、翻译人员和鉴定人。

辩护人、诉讼代理人可以依照本章的规定要求回避、申请复议。

条文注解

本条规定书记员、翻译人员和鉴定人也要依法实行回避,主要是考虑这三种工作也关系到案件的公正处理,应客观中立进行,实行回避有利于保护当事人的合法权益,防止在办案过程中出现徇私舞弊现象。根据有关法律法规,书记员、翻译人员和鉴定人的回避,一般应当按照诉讼进行的阶段,分别由公安机关负责人、检察长或院长决定。但协助公诉人出庭支持公诉的检察院书记员的回避,由该院检察长决定。

根据有关规定,公安机关侦查阶段被决定回避的鉴定人、记录人和翻译人员,在回避决定作出以前所进行的诉讼活动是否有效,由作出决定的机关根据案件情况决定。被决定回避的检察院书记员,在回避决定作出以前所取得的证据和进行的诉讼行为是否有效,由检察长根据案件的具体情况决定。

辩护人的范围包括:律师、人民团体或者犯罪嫌疑人、被告人所在单位推荐的人,犯罪嫌疑人、被告人的监护人、亲友等,但是正在被执行刑罚或者依法被剥夺、限制人身自由的人除外;诉讼代理人包括公诉案件的被害人及其法定代理人委托代为参加诉讼的人和附带民事诉讼的当事人及其法定代理人、自诉案件的自诉人及其法定代理人委托代为参加诉讼的人。

第四章 辩护与代理

第三十三条 【自行辩护与委托辩护】犯罪嫌疑人、被告人除自己行使辩护权以外,还可以委托一至二人作为辩护人。下列的人可以被委托为辩护人:

(一)律师;

(二)人民团体或者犯罪嫌疑人、被告人所在单位推荐的人;

(三)犯罪嫌疑人、被告人的监护人、亲友。

正在被执行刑罚或者依法被剥夺、限制人身自由的人,不得担任辩护人。

被开除公职和被吊销律师、公证员执业证书的人,不得担任辩护人,但系犯罪嫌疑人、被告人的监护人、近亲属的除外。

条文注解

本条规定了以下四层意思:

1. 犯罪嫌疑人、被告人除有权自行辩护外,还有权委托法律规定的其他人为自己辩护,这种委托权是辩护权中一个不可分割的部分。

2. 明确了犯罪嫌疑人、被告人可以委托的辩护人的人数,即每个犯罪嫌疑人、被告人只能委托一人或二人担任辩护人。在共同犯罪案件中,不同的犯罪嫌疑人、被告人可以分别聘请一人或二人作为自己的辩护人。

3. 规定了犯罪嫌疑人、被告人可以聘请以下三种人担任辩护人:(1)律师,是指依法取得律师执业证书,接受委托或者指定,为当事人提供法律服务的执业人员;(2)人民团体或者犯罪嫌疑人、被告人所在单位推荐的人;(3)犯罪嫌疑人、被告人的监护人、亲友。"监护人"是指承担对未成年人、精神病人的人身、财产以及其他合法权利进行监督、保护职责的人,如未成年人的父母、精神病患者的配偶等。"亲友"的含义比较广泛,是指犯罪嫌疑人、被告人的亲属和朋友,这里的亲属不仅指近亲属,也包括其他亲属。规定"亲友"可以作为辩护人,主要是考虑到这些人与委托人有一定关系,是犯罪嫌疑人、被告人信赖的人。

4. 规定了不得担任辩护人的两种情形。(1)正在被执行刑罚或者依法被剥夺、限制人身自由的人,不得担任辩护人;(2)被开除公职和被吊销律师、公证员执业证书的人,不得担任辩护人,但系犯罪嫌疑人、被告人的监护人、近亲属的除外。其中"正在被执行刑罚"的人,是指经人民法院的生效判决判处死刑缓期执行的和被判处无期徒刑、有期徒刑、拘役、管制、剥夺政治权利的人以及判处罚金未缴纳的人。“依法被剥夺、限制人身自由的人”,是指依照法律对其采取拘留、逮捕、监视居住、取保候审的刑事强制措施和依照法律被治安拘留、强制隔离戒毒等人身自由被剥夺或者受到限制的人。犯罪嫌疑人、被告人的“近亲属”是指本法第一百零八条规定的,犯罪嫌疑人、被告人的配偶、父母、子女、同胞兄弟姊妹关系的人。需要指出的是,这里规定的是“正在”被执行刑罚或者被剥夺、限制人身自由的人,曾经被判处刑罚或者治安拘留等处罚已执行完毕,或者采取刑事强制措施已被解除的不在此限。“被开除公职”的人是指因各种违法违纪行为,开除所担任公职的人。“被吊销律师、公证员执业证书的人”,是指因违反律师法、公证法等规定,被主管部门吊销律师执业证书、公证员执业证书的人。

文书范本 ▶▶ 04 刑事委托合同

________涉嫌/被指控________罪一案

刑事委托合同

【　　】____第____号

甲方(委托方):____________________

身份证号/统一社会信用代码:____________

电话:____________邮箱:____________

地址:____________________

乙方(受托方):____________律师事务所

电话:____________邮箱:____________

地址:________________________

甲方因________涉嫌/被指控____________罪一案,委托乙方为________提供____________刑事法律服务。经甲、乙双方充分协商,达成以下协议:

第一条　乙方接受甲方委托,指派______律师、______律师作为____________的辩护人,提供法律服务。

第二条　甲方向乙方支付律师费的方式及数额按下列第____项执行。

一、计件收费:人民币________圆(________元)具体计算方案如下:

1. 所含阶段:侦查□　审查起诉□　审判阶段(一审□　二审□　再审□　死刑复核□)。

2. 所含:________罪,共________起。如控方指控超出上述罪数,每增加一罪/起按________标准另行支付律师费人民币__________圆(__________元)。

其他:____

____

____

____

3. 所含金额:

(1)现甲方确认,签订本合同时本案涉案金额折合人民币________元,如涉案金额增加人民币________元,则甲方另行向乙方支付律师费人民币________圆(__________元);

(2)现甲方确认,签订本合同时甲方应支付的赔偿(损失)金额折合人民币________元,如赔偿(损失)金额降低人民币________元,则甲方另行向乙方支付律师费人民币__________圆(__________元)。

其他:____

____

____

____

二、计时收费:共计人民币__________圆(__________元)。具体计算方案如下:

1. 甲乙双方确认,本案乙方律师工作时长预计不超过________小时,如超出预计工作时长,甲乙双方另行协商律师费。未另行协商或协商不成的,甲方不再向乙方另行支付律师费。

2. 甲乙双方根据律师执业所在地的收费标准确认辩护人办理本案的计时收费标准,具体如下:

(1)______律师计费标准为:工作时间人民币______元/小时,非工作时间人民币______元/小时;

(2)______律师计费标准为:工作时间人民币______元/小时,非工作时间人民币______元/小时。

3. 乙方律师应及时与甲方确认本合同所约定法律服务的工作量和工作时长,以便双方及时核定。

其他:____

____

____

____

第三条 甲方应于本合同签订之日起____日内(一次性□ 分期□)向乙方支付律师费人民币__________圆(__________元)。分期支付律师费的,______

____

乙方开户单位:______________________________

乙方开户银行:______________________________

账　　　号:______________________________

第四条 乙方律师在办理甲方委托法律服务过程中发生的______(省/市)以外的差旅费(异地办案)、翻译费、鉴定费、公证费、查询费、评估费及其他必须开支的费用,由甲方支付。

第五条 甲方不按合同约定支付律师费及第四条所列费用的,乙方有权单方解除合同,已收的费用不予退还,并有权按合同约定追索未付的费用及违约金。未付费用的违约金按每日____分之____的标准计算。

甲方擅自提前解约的,乙方已收取的费用不予退还。

第六条 乙方接受委托后,若发现甲方委托事项违法、捏造事实、隐瞒案情、弄虚作假、利用律师提供的服务从事违法活动,以及甲方提出其他不合理要求,致使乙方律师无法正常履行职务,乙方有权解除合同,已收取的费用不予退还,由此引起的法律后果由甲方承担。

第七条 乙方律师应认真负责,依法维护犯罪嫌疑人/被告人的合法权益,乙方指派的律师因故不能履行上述法律事务时,乙方可另行指派律师。

第八条 乙方就该案讨论过程中对案件结果的预判,是基于甲方提供的案件情况所作出的初步判断,该判断不代表乙方对该案件处理结果的保证,对此,甲方明确知悉并无异议。

第九条 本委托合同有效期自双方签订之日起至本案________终结止。

案件办理过程中,无论案件何时何阶段以何种方式结案(包括但不限于:解除委托;撤销案件;不起诉;终止审理;无罪释放;判决或裁定;调解;和解;撤诉;移送其他机关处理等)均视为乙方已履行完毕本合同。

第十条 甲、乙双方因履行合同发生争议,应友好协商解决。协商不成,同意将争议提交____________人民法院/________________仲裁委员会解决。(如选择仲裁,则按该仲裁委员会现行有效的仲裁规则予以仲裁,仲裁裁决是终局的,对双方均具有约束力。)

第十一条 补充条款：____

____

____

____

第十二条 本合同正本一式____份，甲方执____份，乙方执____份，每份文本具有同等法律效力。本合同签署于__________事务所。

甲方（签章/捺印）： 乙方（签章）：

年 月 日 年 月 日

附：

________签署刑事委托合同告知书

敬告委托人：

______市律师协会要求律师事务所与委托人签署刑事委托合同前，承办案件律师应告知委托人如下事项：

一、贵方委托的案件具有法律风险，贵方的请求/申请/辩护，部分或全部有被驳回的可能；

二、由于客观原因（如涉及案件的新证据资料的出现等），或由于贵方主张的证据/理由不足，亦可能导致贵方的主张不被采纳；

三、律师办案进程受到侦查、检察、审判等部门及有关当事方的制约；

四、承办案件律师不得以与经办案件的法官、检察官、侦查人员或他们的上级领导相熟为理由或为前提承接贵方案件，亦不得以保证贵方案件必然无罪为前提承接贵方的案件；

五、贵方支付的律师代理费应支付给律师事务所并由律师事务所开具正式发票；

六、除合同约定的费用外，承办案件律师不得以与经办法官、检察官、侦查人员或他们的上级领导沟通为由另行收取贵方费用，贵方亦不得另行给付承办案件律师费用要求律师通过非正常途径与经办法官、检察官、侦查人员或他们的上级领导沟通。

请贵方在确定律师已告知上述事宜后才签署诉讼委托合同。

委托人确认：

律师已告知我方上述事项,我方已了解告知书中所提示的内容。

委托人:________

年 月 日

文书范本 05 刑事授权委托书

刑事授权委托书
(刑事案件专用)

【 】____第____号

委托人______________(________证件号码:________________________)根据《中华人民共和国刑事诉讼法》《中华人民共和国律师法》之规定,特聘请________________律师事务所________________________律师为__________________________________罪一案犯罪嫌疑人/被告人______________的辩护人。

本委托书有效期限自即日起至________________________止。

委托人(签字/捺印):

年 月 日

律师姓名:________电话:________________执业证号:________________
实习律师姓名:________电话:________________实习证号:________________
地址:____________________________________
电话:________________邮箱:________________

应用指引

《刑事授权委托书》是证明律师具有代理某行为或事项的证权文书,也是律师在办理案件时必须向办案机关出具的程序性文书。委托书应写明委托人和被委托人的身份信息及委托事项,由委托人签字或盖章。委托书一式三份,由委托人、律师事务所各执一份,交公安机关、人民检察院或人民法院一份。

文书范本 ▶▶ **06 撤销和变更委托确认书**

________涉嫌______罪一案
撤销和变更委托确认书

【　　】____第____号

________：

委托人原委托________律师事务所____律师为__________罪一案犯罪嫌疑人的辩护律师，现决定撤销对上述律师的委托。自即日起由________律师事务所________律师担任其辩护人。

特此确认。

确认人：________
年　　月　　日

应用指引 ▶▶

如有撤销或变更委托情况，应由原委托人填写本确认书，律所对终止委托的事由进行书面说明并存档。

第三十四条 【委托辩护人的时间】犯罪嫌疑人自被侦查机关第一次讯问或者采取强制措施之日起，有权委托辩护人；在侦查期间，只能委托律师作为辩护人。被告人有权随时委托辩护人。

侦查机关在第一次讯问犯罪嫌疑人或者对犯罪嫌疑人采取强制措施的时候，应当告知犯罪嫌疑人有权委托辩护人。人民检察院自收到移送审查起诉的案件材料之日起三日以内，应当告知犯罪嫌疑人有权委托辩护人。人民法院自受理案件之日起三日以内，应当告知被告人有权委托辩护人。犯罪嫌疑人、被告人在押期间要求委托辩护人的，人民法院、人民检察院和公安机关应当及时转达其要求。

犯罪嫌疑人、被告人在押的，也可以由其监护人、近亲属代为委托辩护人。

辩护人接受犯罪嫌疑人、被告人委托后，应当及时告知办理案件的机关。

条文注解 ▶▶

2012 年，本条在原条文的基础上作了较大幅度的修改：

(1)本条第一款取消了原条文对公诉案件被告人和自诉案件被告人在可以委托辩护人的时间上的区别,即规定都“有权随时委托辩护人”。同时,本条第一款还将犯罪嫌疑人有权委托辩护人的时间由原审查起诉阶段(“自案件移送审查之日起”)提前至侦查阶段(“自被侦查机关第一次讯问或者采取强制措施之日起”),以有效保护被羁押的犯罪嫌疑人的人身权利和诉讼权利。另外,本条第一款规定了“在侦查期间,只能委托律师作为辩护人”,排除了侦查期间由其他人员作为辩护人的可能,也明确了律师在侦查阶段介入刑事诉讼的身份,解决了1996年刑事诉讼法修正时侦查阶段律师身份不明的遗留问题。

(2)本条第二款增加了关于“侦查机关在第一次讯问犯罪嫌疑人或者对犯罪嫌疑人采取强制措施的时候,应当告知犯罪嫌疑人有权委托辩护人”的规定,由此赋予了侦查机关“诉讼关照义务”。

(3)本条第二款“人民法院自受理案件之日起三日以内,应当告知被告人有权委托辩护人”,取消了原条文“自诉案件”的限定,是前款规定的配套修改。本条第二款“犯罪嫌疑人、被告人在押期间要求委托辩护人的,人民法院、人民检察院和公安机关应当及时转达其要求”和第三款“犯罪嫌疑人、被告人在押的,也可以由其监护人、近亲属代为委托辩护人”是新增加的条文内容。这主要是考虑到在犯罪嫌疑人、被告人被采取羁押措施的情况下,自己委托辩护人有时存在一定的困难,为进一步保障其辩护权的行使,应增加可以由其监护人、近亲属代为委托辩护人的规定。

第三十五条 【指定辩护】犯罪嫌疑人、被告人因经济困难或者其他原因没有委托辩护人的,本人及其近亲属可以向法律援助机构提出申请。对符合法律援助条件的,法律援助机构应当指派律师为其提供辩护。

犯罪嫌疑人、被告人是盲、聋、哑人,或者是尚未完全丧失辨认或者控制自己行为能力的精神病人,没有委托辩护人的,人民法院、人民检察院和公安机关应当通知法律援助机构指派律师为其提供辩护。

犯罪嫌疑人、被告人可能被判处无期徒刑、死刑,没有委托辩护人的,人民法院、人民检察院和公安机关应当通知法律援助机构指派律师为其提供辩护。

条文注解 ▶▶

刑事诉讼中的指派辩护是通过法律援助的方式实现的。2012年修改的主要内容包括:

(1)指派辩护(法律援助)的起始时段由“审判阶段”提前到“侦查阶段”。人民法院、人民检察院和公安机关有义务通知法律援助机构为符合法定条件,但没有委托辩护人的犯罪嫌疑人、被告人指派律师提供辩护。

（2）指派辩护（法律援助）的适用对象扩大。本条第二款和第三款是对强制指派辩护适用范围的规定。综合刑事诉讼中的相关规定，刑事诉讼中强制指派辩护（法律援助）的对象包括：犯罪嫌疑人、被告人是盲、聋、哑人，未成年人，尚未完全丧失辨认或者控制自己行为能力的精神病人，可能被判处无期徒刑、死刑的，没有委托辩护人的。与依申请所进行的指派辩护（法律援助）不同的是，犯罪嫌疑人、被告人符合法定情形的，不需要其本人或者其近亲属提出申请，而是由负责不同诉讼阶段的专门机关与法律援助机构联络，完成指派辩护事宜。

本条第一款规定的是依申请而进行的指派辩护（法律援助）。有权提出法律援助申请的主体为经济困难或者其他原因没有委托辩护人的犯罪嫌疑人、被告人本人及其近亲属。他们需要向法律援助机构作出明确的意思表示，即提出法律援助的申请。法律援助机构对申请进行审查后，对于符合条件的，法律援助机构有义务为其指派律师提供法律援助。

（3）法律援助机构负责指派律师为犯罪嫌疑人、被告人提供辩护。此方面也与1996年《刑事诉讼法》不同，不管指派辩护（法律援助）发生在侦查、审查起诉还是审判阶段，指派律师提供辩护的责任都由法律援助机构承担。

第三十六条　【值班律师】法律援助机构可以在人民法院、看守所等场所派驻值班律师。犯罪嫌疑人、被告人没有委托辩护人，法律援助机构没有指派律师为其提供辩护的，由值班律师为犯罪嫌疑人、被告人提供法律咨询、程序选择建议、申请变更强制措施、对案件处理提出意见等法律帮助。

人民法院、人民检察院、看守所应当告知犯罪嫌疑人、被告人有权约见值班律师，并为犯罪嫌疑人、被告人约见值班律师提供便利。

条文注解

2018年修改刑事诉讼法，总结实践经验，并合理借鉴外国的做法，增加了本条关于值班律师的规定。可以从以下几个方面理解：

1. 值班律师的派驻，由法律援助机构负责。“派驻”和“值班”的形式是多样的，可以根据具体情况确定。

2. 派驻值班律师的场所包括人民法院、看守所等场所。一般来说，看守所作为关押犯罪嫌疑人的场所，人民法院作为开庭审判的场所，是需要值班律师的。人民检察院等部门在进行刑事诉讼过程中，有的案件也需要值班律师参与，如在审查起诉案件中犯罪嫌疑人认罪认罚的，在签署具结书时，如果犯罪嫌疑人没有委托辩护人，就需要值班律师在场。对于在哪些场所派驻值班律师,可由法律援助机构与人民法院、人民检察院、公安机关、看守所根据诉讼的需要确定。

3. 值班律师为犯罪嫌疑人提供法律帮助的条件是犯罪嫌疑人、被告人没有委托辩护人,或者法律援助机构没有指派律师为其提供辩护的。

4. 值班律师的职责,是为犯罪嫌疑人、被告人提供法律咨询、程序选择建议、申请变更强制措施、对案件处理提出意见等法律帮助。(1)提供法律咨询,包括介绍刑法和刑事诉讼法等法律规定,使其正确理解自己涉嫌犯罪的性质和法律后果,知道有关的诉讼程序。(2)程序选择建议,是指对于采取何种诉讼程序处理案件,在向犯罪嫌疑人、被告人说明程序的法律规定和法律结果的基础上,向犯罪嫌疑人、被告人提出选择意见。(3)"申请变更强制措施",即犯罪嫌疑人被采取强制措施的,值班律师可以为其向有关司法机关申请予以变更,如犯罪嫌疑人被拘留、逮捕的,值班律师可以申请将拘留、逮捕变更为取保候审、监视居住;犯罪嫌疑人被监视居住的,值班律师可以申请将监视居住变更为取保候审等。(4)"对案件处理提出意见"既包括对犯罪嫌疑人、被告人如何进行刑事诉讼,在诉讼中如何供述等程序问题提出意见;也包括对是否构成犯罪,是否有自首、立功、坦白等情节,人民检察院的量刑建议中的主刑、附加刑以及是否适用缓刑等问题,为犯罪嫌疑人、被告人向人民法院、人民检察院、公安机关提出处理意见。

第三十七条 【辩护人的责任】辩护人的责任是根据事实和法律,提出犯罪嫌疑人、被告人无罪、罪轻或者减轻、免除其刑事责任的材料和意见,维护犯罪嫌疑人、被告人的诉讼权利和其他合法权益。

条文注解

本条明确并区分了辩护人的双重责任:一是实体性辩护,即辩护人应"根据事实和法律,提出犯罪嫌疑人、被告人无罪、罪轻或者减轻、免除其刑事责任的材料和意见"。辩护人的实体性辩护责任,系围绕犯罪嫌疑人、被告人定罪量刑等实体问题而展开;二是程序性辩护,即辩护人应"维护犯罪嫌疑人、被告人的诉讼权利和其他合法权益",包括为犯罪嫌疑人申请取保候审、申请变更解除强制措施、申请排除非法证据以及代为提起上诉等。

第三十八条 【辩护律师侦查期间的权利】辩护律师在侦查期间可以为犯罪嫌疑人提供法律帮助；代理申诉、控告；申请变更强制措施；向侦查机关了解犯罪嫌疑人涉嫌的罪名和案件有关情况，提出意见。

条文注解

与1996年刑事诉讼法第九十六条相比，辩护律师在侦查期间的辩护活动空间除了“为犯罪嫌疑人提供法律帮助”“代理申诉、控告”“向侦查机关了解犯罪嫌疑人涉嫌的罪名和案件有关情况”以外，2012年修改增加了“申请变更强制措施”“提出意见”的权利，尽管并未确定辩护律师在此阶段拥有阅卷权和调查取证权，包括向犯罪嫌疑人核实有关证据的权利，但辩护律师的权利主体地位已有所提升，权能已有所扩大，这有利于实践中辩护律师顺利地行使辩护权。

本条既然规定辩护律师“可以”向侦查机关了解犯罪嫌疑人涉嫌的罪名和案件有关情况，这就意味着这是辩护律师的一项权利，即了解指控信息的知悉权，相应的，侦查机关就有应辩护律师的要求而告知其案件基本信息的义务。当然，基于侦查保密原则的要求，辩护律师在侦查阶段有权知悉的指控信息，应限于案件的基本信息，包括涉嫌罪名、采取强制措施的情况，即种类、时间和地点等。

第三十九条 【辩护人会见通信权】辩护律师可以同在押的犯罪嫌疑人、被告人会见和通信。其他辩护人经人民法院、人民检察院许可，也可以同在押的犯罪嫌疑人、被告人会见和通信。

辩护律师持律师执业证书、律师事务所证明和委托书或者法律援助公函要求会见在押的犯罪嫌疑人、被告人的，看守所应当及时安排会见，至迟不得超过四十八小时。

危害国家安全犯罪、恐怖活动犯罪案件，在侦查期间辩护律师会见在押的犯罪嫌疑人，应当经侦查机关许可。上述案件，侦查机关应当事先通知看守所。

辩护律师会见在押的犯罪嫌疑人、被告人，可以了解案件有关情况，提供法律咨询等；自案件移送审查起诉之日起，可以向犯罪嫌疑人、被告人核实有关证据。辩护律师会见犯罪嫌疑人、被告人时不被监听。

辩护律师同被监视居住的犯罪嫌疑人、被告人会见、通信，适用第一款、第三款、第四款的规定。

条文注解

理解本条第一款应注意，虽然律师辩护人和非律师辩护人均有同在押的犯罪嫌疑人、被告人会见和通信的权利，但是非律师辩护人需要经过人民法院或者人民检察院的许可才能行使。第二款吸收了律师法的内容，一般情况下辩护律师持三证即可会见在押的犯罪嫌疑人、被告人。“三证”为律师执业证书、律师事务所证明和委托书或者法律援助公函。辩护律师要求会见的，看守所有义务及时安排。

本条第三款是关于特定案件辩护律师会见在押的犯罪嫌疑人需经侦查机关许可的规定。2018年修改删去了“特别重大贿赂犯罪”案件的规定。据此，本款规定的辩护律师会见需经侦查许可的案件包括两类：(1)危害国家安全犯罪。这主要是指刑法分则第一章规定的危害国家安全罪和刑法分则其他章节中规定的危害国家安全的犯罪，如泄露国家重要秘密的犯罪等。(2)恐怖活动犯罪。这包括组织、领导、参加恐怖活动组织罪，帮助恐怖活动罪，准备实施恐怖活动罪，宣扬恐怖主义、极端主义、煽动实施恐怖活动罪，利用极端主义破坏法律实施罪，强制穿戴宣扬恐怖主义、极端主义服饰、标志罪，非法持有宣扬恐怖主义、极端主义物品罪，投放虚假危险物质罪，编造、故意传播虚假恐怖信息罪，以及以制造社会恐慌、危害公共安全或者胁迫国家机关、国际组织为目的而实施的放火、爆炸、投放危险物质、破坏交通工具、破坏电力设备、劫持航空器等恐怖活动犯罪。根据本款规定，对于上述案件，在侦查期间辩护律师会见在押的犯罪嫌疑人，应当经侦查机关许可。侦查机关应当根据案情和侦查工作的进展情况，对辩护律师提出会见要求的，既可以立即许可会见，也可以经过一段时间后再许可会见，在特殊情况下也可以不许可会见。本款还同时规定，上述案件，侦查机关应当事先通知看守所。

本条第四款明确辩护律师会见犯罪嫌疑人、被告人时不被监听。这里的“不被监听”既包括不被利用技术手段、设备等进行监听，也包括不允许侦查机关派员在场，确保真正意义上的律师与当事人谈话内容的保密性。

根据前述四款规定，辩护律师可以同被监视居住的犯罪嫌疑人、被告人会见、通信，除危害国家安全犯罪、恐怖活动犯罪、特别重大贿赂犯罪案件，在侦查期间辩护律师会见被监视居住的犯罪嫌疑人，应当经侦查机关许可以外，辩护律师会见被监视居住的犯罪嫌疑人、被告人不需经有关机关许可或者批准；辩护律师会见被监视居住的犯罪嫌疑人、被告人，可以了解有关案件情况，提供法律咨询等；自案件移送审查起诉之日起，可以向犯罪嫌疑人、被告人核实有关证据。辩护律师会见被监视居住的犯罪嫌疑人、被告人时不被监听。

文书范本 07 会见申请书

会见申请书

申请人：________，________律师事务所律师系________涉嫌__________罪一案__________的辩护人。通信地址：______________联系方式：_____________

申请事项：申请会见涉嫌__________罪一案犯罪嫌疑人________，现羁押于__________看守所

事实和理由：

________年____月____日，犯罪嫌疑人______因涉嫌________罪被________采取刑事拘留强制措施（并于________年____月____日被____________决定批准逮捕），现羁押于____________________看守所。申请人接受犯罪嫌疑人______近亲属______的委托（或接受________________法律援助机构的指派），担任犯罪嫌疑人______的辩护人。为维护犯罪嫌疑人______的诉讼权利和其他合法权益，现拟会见犯罪嫌疑人______。根据《中华人民共和国刑事诉讼法》第三十七条、第三十九条之规定，特向贵局提出申请，请予以许可。

此致

____

申请人：________

______律师事务所（印章）

年　　月　　日

应用指引

会见申请书仅用于《刑事诉讼法》第三十九条规定的两种特殊案件，即“危害国家安全犯罪、恐怖活动犯罪”。此两类案件的侦查期间，经侦查机关许可方可进行会见。如遇到犯罪嫌疑人本身涉嫌的罪名并不属于上述两类案件，或者侦查机关禁止会见存在错误等情形，应当在会见申请书中详细说明应予安排会见的事实和理由。对于违法限制会见的情形，在向侦查机关递交会见申请书的同时，还应当依法向有关部门反映，维护犯罪嫌疑人的合法权益。

第四十条 【辩护人查阅摘抄复制权】辩护律师自人民检察院对案件审查起诉之日起,可以查阅、摘抄、复制本案的案卷材料。其他辩护人经人民法院、人民检察院许可,也可以查阅、摘抄、复制上述材料。

条文注解

理解本条应注意,辩护人阅卷的时间从人民检察院对案件审查起诉之日起,这就意味着侦查阶段,辩护律师无此权限。辩护人阅卷的方式可以为查阅、摘抄、复制。辩护人阅卷的范围包括本案的案卷材料。即侦查机关移送人民检察院和人民检察院移送人民法院的案卷中的各种材料,包括其中的证明犯罪嫌疑人、被告人是否有罪、犯罪情节轻重的所有证据材料、诉讼文书等。此外,非律师辩护人需要经过人民法院或者人民检察院的许可才能行使上述权利。

第四十一条 【辩护人申请调取证据权】辩护人认为在侦查、审查起诉期间公安机关、人民检察院收集的证明犯罪嫌疑人、被告人无罪或者罪轻的证据材料未提交的,有权申请人民检察院、人民法院调取。

条文注解

本条应注意的是,根据本条规定,辩护人有权申请调取的证据仅限于"在侦查、审查起诉期间公安机关、人民检察院收集的证明犯罪嫌疑人、被告人无罪或者罪轻的证据材料未提交的",即公安机关、人民检察院在侦查、审查起诉期间已经收集到,却并未提交、对辩方有利的证据,由于诉讼进程的承接关系,因而辩护人需要向人民检察院、人民法院提出申请。

文书范本 **08 调取证明被告人无罪、罪轻证据材料申请书**

调取证明被告人无罪、罪轻证据材料申请书

申请人:________,________律师事务所律师系________被指控________罪一案________的辩护人。通信地址:________________

联系方式:________________

申请事项:申请贵院依法调取证明被告人________无罪(或罪轻)的证据材料

事实和理由:

鉴于辩护人发现(侦查机关/检察机关)________在(侦查/审查起诉)________期间收集的证明被告人________无罪(或罪轻)的下列证据材料未提交:____

____

____

为查清案件事实,依法公正裁判,申请人根据《中华人民共和国刑事诉讼法》第四十一条之规定,申请贵院调取上述证据。望予以准许。

此致

________人民法院

申请人:________

________律师事务所(印章)

年　月　日

第四十二条 【辩护人证据展示义务】辩护人收集的有关犯罪嫌疑人不在犯罪现场、未达到刑事责任年龄、属于依法不负刑事责任的精神病人的证据,应当及时告知公安机关、人民检察院。

条文注解

本条需要注意的是,辩护人应当展示的证据仅限于犯罪嫌疑人不在犯罪现场、未达到刑事责任年龄及属于依法不负刑事责任的精神病人三类证据。由于该三类证据是关系犯罪嫌疑人有罪与否以及刑事诉讼有无必要继续进行的关键证据,且辩护方更容易知悉及获得该三类证据,因此,该三类证据属于依法应转移证明责任的积极辩护主张。故立法要求辩护人一旦收集到该三类证据,应当立即向公安机关、人民检察院告知,以便公安机关、人民检察院在核实证据后作出是否终止刑事诉讼的决定。值得注意的是,该条规定并不有违本法第十二条的无罪推定精神,且这种证明责任的特殊分配对辩护方证明的要求低于控方。

第四十三条 【律师调查取证权】辩护律师经证人或者其他有关单位和个人同意，可以向他们收集与本案有关的材料，也可以申请人民检察院、人民法院收集、调取证据，或者申请人民法院通知证人出庭作证。

辩护律师经人民检察院或者人民法院许可，并且经被害人或者其近亲属、被害人提供的证人同意，可以向他们收集与本案有关的材料。

条文注解

律师调查取证权包括自行调查取证和申请调查取证。需要注意的是，本条规定的诉讼权利，是辩护律师特有的，其他辩护人没有这样的调查取证的权利。

本条第一款首先规定的是辩护律师可以向证人或者有关单位和个人收集与本案有关的材料，但是辩护律师在收集与本案有关的材料时必须经过证人或有关单位和个人的同意。这表明了辩护律师在调查取证时不得强迫，如果证人或者有关单位的个人不同意，即使他们有直接影响对犯罪嫌疑人、被告人定罪量刑的重要证据，辩护律师也不得强迫他们提供。为了避免因证人或者有关单位和个人拒绝与律师合作，使案件得不到公正、正确的处理，法律又进一步规定，辩护律师也可以申请人民检察院、人民法院收集、调取证据或者申请人民法院通知证人出庭作证。

本条第二款规定的是辩护律师向被害人及其近亲属、被害人提供的证人收集证据材料的诉讼权利。辩护律师可以向被害人及其近亲属、被害人提供的证人收集证据材料，但有两个方面的限制，首先必须经过人民检察院、人民法院的许可；其次必须经被害人及其近亲属、被害人提供的证人同意。未经人民检察院、人民法院的许可和被害人及其近亲属、被害人提供的证人的同意，辩护律师不得擅自、强行收集有关证据材料，否则就是违法；即使收集到了有关材料，也不能在法庭上使用。

文书范本 **09 调查取证申请书（由办案机关收集、调取）**

由办案机关收集、调取证据申请书

申请人：________，________律师事务所律师系________涉嫌__________罪一案__________的辩护人。通信地址：______________________________________

联系方式：______________________________________

申请事项：申请贵院向____________________收集、调取________________

事实和理由：

作为________涉嫌________罪一案的辩护人，认为__________________了解的案件情况或掌握的证据材料对本案定罪、量刑有重要作用，需向其收集、调取。

由于__________等原因,申请人无法自行收集、调取。根据《中华人民共和国律师法》第三十五条第一款、《中华人民共和国刑事诉讼法》第四十三条第一款,可以申请人民检察院、人民法院收集、调取证据的规定,特申请贵院予以收集、调取。

此致

____

申请人:________

年 月 日

附:

单位名称:__________________

地址、联系方法:__________________

收集、调取证据名称、内容:__________________

应用指引

案件处于审查起诉阶段,上述申请书的申请对象是人民检察院;案件处于审判阶段,上述申请书的申请对象是人民法院。申请调查证据种类为《刑事诉讼法》规定的物证、书证、证人证言等。

文书范本 10 调查取证申请书(由辩护人调取)

辩护人调查取证申请书

申请人:________,________律师事务所律师系________涉嫌________罪一案________的辩护人。通信地址:__________________联系方式:__________________

申请事项:许可申请人向被害人________(身份证号________)就________涉嫌______罪一案案发现场情况进行询问

事实和理由:

申请人作为________涉嫌______罪一案的辩护人,因案情需要,申请人拟向被害人________收集与本案有关的材料。根据《中华人民共和国刑事诉讼法》第四十三条第二款,特此申请,请予许可。

此致

____

申请人:________

年 月 日

应用指引

案件处于审查起诉阶段,上述申请书的申请对象是人民检察院,案件处于审判阶段,上述申请书的申请对象是人民法院。申请事项按记叙格式,说明人物、时间、地点和事情。《刑事诉讼法》第四十三条第二款规定:"辩护律师经人民检察院或者人民法院许可,并且经被害人或者其近亲属、被害人提供的证人同意,可以向他们收集与本案有关的材料。"因此,如果辩护律师向被害人调查取证的,应取得检察机关或者审判机关的许可,且经过被害人或者其近亲属、被害人提供的证人同意,才能向他们调查取证。

第四十四条 【辩护人行为禁止】辩护人或者其他任何人,不得帮助犯罪嫌疑人、被告人隐匿、毁灭、伪造证据或者串供,不得威胁、引诱证人作伪证以及进行其他干扰司法机关诉讼活动的行为。

违反前款规定的,应当依法追究法律责任,辩护人涉嫌犯罪的,应当由办理辩护人所承办案件的侦查机关以外的侦查机关办理。辩护人是律师的,应当及时通知其所在的律师事务所或者所属的律师协会。

条文注解

本条第一款是关于不得干扰司法机关诉讼活动的规定。2012 年修改后,适用主体范围由 1996 年刑事诉讼法第三十八条规定的"辩护律师和其他辩护人"修改为"辩护人或者其他任何人",使得该条款不再成为专门针对辩护人的"歧视性"条款,所谓"其他任何人",当然也包括公安机关、检察院、法院等机关工作人员在内;同时,本条款删除了 1996 年刑事诉讼法第三十八条"证人改变证言"这一不规范的表述,因为实践中证人改变证言即所谓翻证的情况比较复杂,如果证人之前作伪证,后来翻证还原事实真相,那么这是法律允许并鼓励的行为;而如果证人违背事实翻证,那么这本身就是一种伪证行为,后文已有禁止性规定,此处不用重复赘述。

本条第二款是关于违反不得干扰司法机关诉讼活动追究法律责任的规定。首先本条款明确肯定了依法追究的原则。同时,为了确保案件侦办的公正性,防止打击报复,本条款规定,辩护人涉嫌犯罪的案件,应当由办理辩护人所代理案件的侦查机关以外的侦查机关办理。并且对于辩护人是律师的情况,侦查机关还应当将律师受到追诉的情况及时告知其所在的律师事务所和所属的律师协会,以保障律师权益。

第四十五条 【被告人拒绝与更换辩护人】在审判过程中,被告人可以拒绝辩护人继续为他辩护,也可以另行委托辩护人辩护。

条文注解

犯罪嫌疑人和被告人是辩护权的主体,辩护人的辩护权派生于犯罪嫌疑人、被告人的辩护权,因而犯罪嫌疑人和被告人有权随时终止这种委托,并决定自行辩护或者委托其他辩护人辩护。依本条规定,被告人的拒绝是无条件的,只要有明确的意思表示就具有法律效力,辩护人就应该立即终止辩护,解除委托辩护合同,退出诉讼。被告人提出另行委托辩护人的,也是其行使辩护权的另外一种表现形式,但变更辩护人不应影响审判的正常进行。需要注意的是,对于符合强制指派辩护的情形,即被告人是盲、聋、哑人,尚未完全丧失辨认或者控制自己行为能力的精神病人,开庭审理时不满十八周岁的未成年人以及可能判处无期徒刑、死刑的,其有权拒绝法律援助机构为其指派的辩护律师。但该被告人需要另行委托辩护人,或者由人民法院通知法律援助机构另行为其指派辩护律师。

第四十六条 【诉讼代理】公诉案件的被害人及其法定代理人或者近亲属,附带民事诉讼的当事人及其法定代理人,自案件移送审查起诉之日起,有权委托诉讼代理人。自诉案件的自诉人及其法定代理人,附带民事诉讼的当事人及其法定代理人,有权随时委托诉讼代理人。

人民检察院自收到移送审查起诉的案件材料之日起三日以内,应当告知被害人及其法定代理人或者其近亲属、附带民事诉讼的当事人及其法定代理人有权委托诉讼代理人。人民法院自受理自诉案件之日起三日以内,应当告知自诉人及其法定代理人、附带民事诉讼的当事人及其法定代理人有权委托诉讼代理人。

条文注解

刑事诉讼代理,是指在刑事诉讼中,代理人接受公诉案件的被害人及其法定代理人或者近亲属、自诉案件的自诉人及其法定代理人、附带民事诉讼的当事人及其法定代理人的委托,在委托授权范围内以被代理人的名义参加诉讼,由被代理人承担代理行为法律后果的一项诉讼活动。由此可见,诉讼代理人参加刑事诉讼,是基于委托授权,其参加诉讼的目的是给被代理人提供法律帮助,维护被代理人的合法权益。诉讼代理人参加诉讼的时间,与辩护人参加诉讼的时间相同,即公诉案件自案件移送审查起诉之日起,自诉案件自人民法院受理起诉之日起。诉讼代理人参加诉讼也享有一定的诉讼权利、承担一定的诉讼义务,但法律没有具体规定。根据诉讼代理人的诉讼地位,诉讼代理人也必须与辩护人一样依据事实和法律进行代理活动,不得进行干扰司法机关诉讼活动的行为,否则也应当承担相应的法律责任。从诉讼地位上看,刑事诉讼中的代理人是以被代理人的名义参加诉讼的,其代理活动必须根据被代理人的意志,在授权范围内进行诉讼,超越授权范围进行诉讼活动产生的后果,除非得到被代理人的追认,否则被代理人不予承担。需要注意的是,在自诉案件中,被告人依法有权提起反诉,反诉的当事人同样可以委托代理人。反诉案件的代理人一般都具有双重身份,既是被告人的辩护人,又是反诉的诉讼代理人,因此必须办理双重委托手续,明确代理权限。此外,在刑事申诉活动中,当事人及其法定代理人、近亲属也有权聘请代理人。

第四十七条 【诉讼代理人的范围】委托诉讼代理人,参照本法第三十三条的规定执行。

第四十八条 【辩护律师的保密义务】辩护律师对在执业活动中知悉的委托人的有关情况和信息,有权予以保密。但是,辩护律师在执业活动中知悉委托人或者其他人,准备或者正在实施危害国家安全、公共安全以及严重危害他人人身安全的犯罪的,应当及时告知司法机关。

条文注解

应当注意的是,第四十八条中的所谓“在执业活动中知悉的委托人的有关情况和信息”,不仅是指委托人的个人隐私、商业秘密等,还应包括案件情况本身。所谓“应当予以保密”,不仅应理解为是向社会大众保密,还应当理解为向公安司法机关保密,即使公安司法机关要求其作证,律师也有权免予作证或拒绝作证。当然,根据第四十八条规定,“律师在执业活动中知悉委托人或者其他人,准备或者正在实施危害国家安全、公共安全以及严重危害他人人身安全的犯罪的”除外,即在上述情形中,律师有义务将真实情况及时告知公安司法机关。

第四十九条 【辩护人、诉讼代理人申诉控告权】辩护人、诉讼代理人认为公安机关、人民检察院、人民法院及其工作人员阻碍其依法行使诉讼权利的,有权向同级或者上一级人民检察院申诉或者控告。人民检察院对申诉或者控告应当及时进行审查,情况属实的,通知有关机关予以纠正。

条文注解

本条规定了辩护人、诉讼代理人的申诉控告权,这是辩护人、诉讼代理人行使其诉讼权利的保障机制。如果辩护人、诉讼代理人在刑事诉讼活动中,认为公安、司法机关及其工作人员有阻碍其依法行使诉讼权利的,可以向同级或者上一级人民检察院申诉或者控告。人民检察院有义务对申诉或者控告进行审查,对于情况属实的,要通知有关机关予以纠正。人民检察院对辩护人、诉讼代理人申诉或者控告的审查过程,也是对各专门机关刑事诉讼活动进行监督的一个环节和途径。

文书范本 11 申诉书

申 诉 书

申诉人:________________通信地址:________________________________

联系方式:________________________

被申诉人:________________________,系________________________

申诉事项:纠正上述被申诉人阻碍申诉人依法行使________________诉讼权利的违法行为

事实和理由:

因被申诉人__________违法阻碍申诉人依法行使________________________________的诉讼权利,故申诉人根据《中华人民共和国刑事诉讼法》第四十九条之规定,申请贵机关通知其纠正上述违法行为。

此致

____

申诉人:________

年　　月　　日

应用指引

本文书应注意以下问题:(1)本文书用于刑事公诉、刑事自诉、刑事附带民事诉讼、没收程序、强制医疗程序案件,向同级或者上一级人民检察机关提交。(2)当事人权利被侵害的,申诉人可以是当事人或者其法定代理人,也可以是辩护人。辩护人权利被侵害的,辩护人可以提出申诉。(3)当事人根据《刑事诉讼法》第一百八十一条(不起诉)原因提出申诉的,只能以被不起诉人名义提出,辩护人可以代为书写。(4)对于权利被侵害后没有造成实质损害后果的,可以选择使用申诉的方式维护权利。对于造成实质损害后果的,可选择控告的方式维护权利。

文书范本 12 控告书

控 告 书

控告人:________通信地址:________

联系方式:________

被控告人:________,系________

控告事项:________

事实和理由:________

____

____

此致

____

控告人:________

年 月 日

应用指引

本文书应注意以下问题:(1)当事人权利被侵害的,控告人可以是当事人或者其法定代理人,也可以是辩护人。辩护人权利被侵害的,辩护人可以提出控告。(2)对于权利被侵害后没有造成实质损害后果的,可以选择使用控告的方式维护权利;对于造成实质损害后果的,可选择控告的方式维护权利。

第五章 证 据

第五十条 【证据及种类】可以用于证明案件事实的材料，都是证据。

证据包括：

（一）物证；

（二）书证；

（三）证人证言；

（四）被害人陈述；

（五）犯罪嫌疑人、被告人供述和辩解；

（六）鉴定意见；

（七）勘验、检查、辨认、侦查实验等笔录；

（八）视听资料、电子数据。

证据必须经过查证属实，才能作为定案的根据。

条文注解

2012年修改时，本条把“可以用于证明案件事实的材料”作为证据的定义，即将“证据”概念由“事实说”改为“材料说”，增加了“证据”内涵的科学性。为了在司法实践中便于区分，本条第二款根据证据的外部形式和证明方式把证据分成八大类，这八大类是证据在法律上的分类，是证据的法定形式。应该注意的是，本条将鉴定结论改为鉴定意见，以更贴合该证据的特性；同时，从实践需要出发增设了“辨认笔录”、“侦查实验笔录”和“电子数据”为法定证据种类。

在证据的八大种类中，物证是以其外在特征、存在状态或物质属性来证明案件真实情况的物品和痕迹；书证是以其记载的内容或反映的思想来证明案件真实情况的书面材料或其他物质材料；证人证言是证人就其所了解的案件情况向公安司法机关所作的陈述；被害人陈述是被害人就其受害情况和其他与案件有关的情况向公安司法机关所作的陈述；犯罪嫌疑人、被告人的供述和辩解是犯罪嫌疑人、被告人就有关案件的情况向公安司法机关所作的陈述；鉴定意见是公安司法机关指派或聘请的人对案件中某些专门性问题进行鉴定后制作的书面意见；勘验、检查、辨认、侦查实验笔录是办案人员对与犯罪有关的场所、物品、尸体等进行勘验、检查、辨认、实验后所作的记录；视听资料和电子证据是以录音、录像、计算机或其他高科技设备存储的信息证明案件真实情况的材料。不论何种形式的证据都必须经过查证属实,才能作为定案的根据。

第五十一条 【举证责任】公诉案件中被告人有罪的举证责任由人民检察院承担,自诉案件中被告人有罪的举证责任由自诉人承担。

条文注解

本条规定了刑事诉讼中被告人有罪证明的责任承担。在刑事公诉案件中,证明责任分配的一般规则是公诉人承担证明责任。在审判中,公诉人要向法庭提供充分的证据证明其指控的犯罪事实成立,而且其证明要达到法定的标准,否则法院应宣布被告人无罪,辩方在审判中享有证明被告人无罪或罪轻的权利,该权利可以行使也可以放弃,而且不能仅仅因为其不行使辩护权就得到对被告人不利的事实认定或判决后果;在刑事自诉案件中,证明责任一般由自诉人承担,这也是司法活动中“谁主张,谁举证”原则的体现。如果自诉人不能用充分的证据证明其指控的犯罪事实,在开庭审判之前,法官应当说服自诉人撤诉,或者用裁定驳回其起诉;经开庭审理之后,法官则应当判决被告人无罪。也就是说,自诉人举证不能或不充分,就要承担败诉的风险。

正确理解和适用本条的规定,需注意以下几点:一是规定被告人有罪的举证责任由人民检察院承担,并不是要求检察院只提供证明被告人有罪的证据。二是不能否定法院客观全面审查证据的义务。为确保法院公正作出判决,人民法院不能只消极审查人民检察院提出的证据,在法庭审理过程中,合议庭对证据有疑问的,也可以宣布休庭对证据进行调查核实。三是规定被告人不负举证责任,并不是说犯罪嫌疑人、被告人不能向司法机关提出证据。例如,本法第四十一条规定,辩护人认为在侦查、审查起诉期间公安机关、人民检察院收集的证明犯罪嫌疑人、被告人无罪或者罪轻的证据材料未提交的,有权申请人民检察院、人民法院调取。第四十二条规定,辩护人收集的有关犯罪嫌疑人、被告人不在犯罪现场、未达到刑事责任年龄、属于不负刑事责任的精神病人的证据,应当及时告知公安机关、人民检察院。当事人及其辩护人还可以要求司法机关进行调查,收集与本案有关的材料。

第五十二条 【证据的收集】审判人员、检察人员、侦查人员必须依照法定程序,收集能够证实犯罪嫌疑人、被告人有罪或者无罪、犯罪情节轻重的各种证据。严禁刑讯逼供和以威胁、引诱、欺骗以及其他非法方法收集证据,不得强迫任何人证实自己有罪。必须保证一切与案件有关或者了解案情的公民,有客观地充分地提供证据的条件,除特殊情况外,可以吸收他们协助调查。

条文注解

收集证据是相关机关根据法律规定的范围和程序,发现、提取、固定、检验和保管与案件有关的证据材料的诉讼活动。收集证据是运用证据的前提和基础。工作人员要严格依照法律规定的程序收集证据,严禁以非法的方法收集证据,尤其禁止以刑讯逼供或者威胁、引诱、欺骗等非法方法收集证据。根据有关规定,以刑讯逼供或者威胁、引诱、欺骗等非法方法获取的证人证言、被害人陈述、犯罪嫌疑人、被告人供述不能作为定案的根据。物证、书证的取得明显违反法律规定,可能影响公正审判的,应当予以补正或者作出合理解释,否则,该物证、书证不能作为定案的根据。

取证必须保证一切与案件有关或了解案情的公民,有客观地、充分地提供证据的条件,除特殊情况外,还可以吸收他们协助调查。这里所说的"特殊情况",主要是指一些可能妨碍诉讼顺利进行的情形,如可能导致泄露国家秘密、犯罪嫌疑人逃跑或者造成串供、毁灭、隐匿证据等情况。

第五十三条 【办案机关法律文书的证据要求】公安机关提请批准逮捕书、人民检察院起诉书、人民法院判决书,必须忠实于事实真象。故意隐瞒事实真象的,应当追究责任。

条文注解

提请批准逮捕书、起诉意见书、起诉书、判决书分别是公安机关、检察机关、审判机关代表国家追究犯罪、行使法定职权在法律文书上的集中体现,具有特定的法律效力和意义。因此,司法人员在制作这些法律文书时必须忠于事实真相,不但要查清犯罪嫌疑人、被告人是否构成犯罪、构成何种犯罪以及罪行中的有关事实、情节,而且要有充分证据予以佐证。

第五十四条 【取证主体、对象及妨碍取证的法律责任】人民法院、人民检察院和公安机关有权向有关单位和个人收集、调取证据。有关单位和个人应当如实提供证据。

行政机关在行政执法和查办案件过程中收集的物证、书证、视听资料、电子数据等证据材料,在刑事诉讼中可以作为证据使用。

对涉及国家秘密、商业秘密、个人隐私的证据,应当保密。

凡是伪造证据、隐匿证据或者毁灭证据的,无论属于何方,必须受法律追究。

条文注解

在刑事诉讼中，为了查明案件真实情况，人民法院、人民检察院和公安机关有权向有关单位和个人收集、调取证据。有关单位和个人应当如实提供证据。根据有关规定，辩护律师可以自行取证或者申请人民检察院、人民法院调查取证。只有公安司法人员和律师才有权收集证据，其他任何机关、企事业单位、人民团体和公民个人，都无权收集和调取证据。如果他们在特殊情况下做了收集证据的工作，也必须经过有权主体依照法定程序审核确认后，才能作为证据使用。有些证据涉及国家秘密，为了维护国家利益和公共利益，对这类证据应当保密。同时，为了保障刑事诉讼的顺利进行，严惩妨碍诉讼的行为，对伪造证据、隐匿证据或者毁灭证据的行为人，应当依法追究法律责任。本条第二款规定行政执法机关在行政执法过程中所收集的物证、书证等证据材料自始即具有证据能力，无须再经过所谓证据“转化”即可作为定案根据。另外，为满足实际需要，本条第三款明确了对涉及“商业秘密”和“个人隐私”证据的保密性规定。

第五十五条　【重调查、不轻信口供】对一切案件的判处都要重证据，重调查研究，不轻信口供。只有被告人供述，没有其他证据的，不能认定被告人有罪和处以刑罚；没有被告人供述，证据确实、充分的，可以认定被告人有罪和处以刑罚。

证据确实、充分，应当符合以下条件：

（一）定罪量刑的事实都有证据证明；

（二）据以定案的证据均经法定程序查证属实；

（三）综合全案证据，对所认定事实已排除合理怀疑。

条文注解

本条第一款规定了口供审查与判断的基本准则。口供是一种重要的直接证据，但由于犯罪嫌疑人、被告人与案件处理结果有着直接的利害关系，口供的内容必然也会受到其诉讼地位和复杂心理活动的影响，虚假的可能性也比较大，对口供的真实性应当严格审查，对口供的采信也应当慎之又慎。为此，本款要求对一切案件的判处都要重证据，重调查研究，不轻信口供。仅有被告人的供述，没有其他证据的，不能认定被告人有罪和处以刑罚；反过来，即便没有口供，但其他证据确实充分，足以证明被告人有罪的，可以认定被告人有罪和处以刑罚。

本条第二款是2012年修改时增加的内容。本条和本法其他条文规定的“证据确实、充分”，都要适用本款规定的条件予以认定。根据本款的规定，认定证据确实、充分，应当符合三个条件：(1)定罪量刑的事实都有证据证明。这是指作为认定犯罪嫌疑人、被告人犯罪、犯何种罪，决定是否对其判处刑罚，判处何种刑罚的依据的事实，包括构成某种犯罪的各项要件和影响量刑的各种情节，都有办案机关经法定程序收集的证据证明。这是认定“证据确实、充分”的基础。(2)据以定案的证据均经法定程序查证属实。这是指经过侦查机关、人民检察院、人民法院按照法律规定的程序，包括关于修改刑事诉讼法的决定新增加的非法证据排除程序的查证，作为定案根据的证据被认定属实。这一条件侧重于认定证据“确实”的方面。(3)综合全案证据，对所认定事实已排除合理怀疑。这是指办案人员在每一证据均查证属实的基础上，经过对证据的综合审查，运用法律知识和逻辑、经验进行推理、判断，对认定的案件事实达到排除合理怀疑的程度。“排除合理怀疑”是指对于认定的事实，已没有符合常理的、有根据的怀疑，实际上达到确信的程度。只有对案件已经不存在合理的怀疑，形成内心确信，才能认定案件“证据确实、充分”。本条使用“排除合理怀疑”这一提法，并不是修改了我国刑事诉讼的证明标准，而是从另一角度进一步明确了“证据确实、充分”的含义，便于把握。

第五十六条 【非法证据排除规则】采用刑讯逼供等非法方法收集的犯罪嫌疑人、被告人供述和采用暴力、威胁等非法方法收集的证人证言、被害人陈述，应当予以排除。收集物证、书证，不符合法定程序，可能严重影响司法公正的，应当予以补正或者作出合理解释；不能补正或者作出合理解释的，对该证据应当予以排除。

在侦查、审查起诉、审判时发现有应当排除的证据的，应当依法予以排除，不得作为起诉意见、起诉决定和判决的依据。

条文注解

本条第一款首先对非法言词证据的范围作了规定，即采用刑讯逼供等非法方法取得的犯罪嫌疑人、被告人供述和采用暴力、威胁等非法方法取得的证人证言、被害人陈述。由于在司法实践中，“威胁”“引诱”“欺骗”的含义及标准不好界定，很多询问技巧、策略很难与之区分开来，如果这些讯问法被一味地排除，将给侦查工作带来较大冲击。因此，对此问题应根据案情作具体处理。如果采用“威胁”“引诱”“欺骗”的方法严重违反了法律的规定，使得被告人被迫作出供述，并且严重损害了口供的客观真实性，应当予以排除。对于违反法律规定获取的书证、物证，如经法庭审查认为会严重干扰司法公正的，不能作为定案的证据。此处的“违反法律规定收集”主要是指未经合法批准或授权而滥用权力，采用非法搜查、扣押等手段获取。此时，除非侦查机关能够予以补正或者作出合理的解释，比如能够证明该搜查、扣押是在“紧急情况下”，为了收集犯罪证据、查获犯罪人而实施的。

本条明确规定采用非法手段取得的实物证据属于非法证据，并且可能被排除，其原因就是非法的取证手段侵犯了公民最基本的人权,直接违背了宪法的规定。也正是从这个意义上讲,勘验、检查笔录和鉴定结论的制作不存在侵犯人权的可能,因此不属于非法证据排除规则的适用范围,而视听资料属于广义的实物证据,如采取本条规定的非法手段获取,可能影响公正审判的,也应当予以补正或者作出合理解释,否则不能作为定案的根据。应注意,就"排除"而论,对于非法言词证据应绝对排除,不存在例外规定;而对于非法实物证据,则应实行裁量排除。另外,本规定所要排除的仅是非法言辞和实物证据本身,不包括它们的派生证据。

本条第二款确定了公安机关、检察机关、审判机关如果分别在侦查、审查起诉和审判过程中发现有第一款规定的应当排除的证据的,必须依法予以排除,而不能将其作为起诉意见、起诉决定和判决等相应文书的依据。该款事实上是将非法证据排除规则适用于整个刑事诉讼过程,有助于进一步严格规范侦查、检察、审判各机关的取证行为,充分保障犯罪嫌疑人、被告人的合法权益,也有助于维护国家法律的统一正确实施。

需要强调的是,在司法实践中,检察机关要对侦查人员的刑讯逼供行为提起公诉,通常需要以情节严重、造成严重后果为前提,在这种情况下获取的供述应当予以排除。但是,确立非法言词证据规则的主要功能在于维护司法尊严,保障基本人权,因此,即使刑讯逼供行为没有达到情节严重的程度,没有构成犯罪,但如果其侵害了公民的宪法性权利,影响了被告人供述的真实性和自愿性,也应当予以排除。

第五十七条 【检察机关调查核实排除非法证据职责】人民检察院接到报案、控告、举报或者发现侦查人员以非法方法收集证据的,应当进行调查核实。对于确有以非法方法收集证据情形的,应当提出纠正意见;构成犯罪的,依法追究刑事责任。

第五十八条 【非法证据调查程序】法庭审理过程中,审判人员认为可能存在本法第五十六条规定的以非法方法收集证据情形的,应当对证据收集的合法性进行法庭调查。

当事人及其辩护人、诉讼代理人有权申请人民法院对以非法方法收集的证据依法予以排除。申请排除以非法方法收集的证据的,应当提供相关线索或者材料。

条文注解

在法庭审理过程中,人民法院对于非法证据的调查有两种方式:(1)审判人员依职权调查,即审判人员认为可能存在本法第五十六条规定的以非法方法收集证据的情形的,应当主动启动程序对证据收集的合法性进行调查;(2)依申请而为的调查,即辩护人在开庭审理前或者庭审中,提出被告人审判前供述是非法取得的,法庭在公诉人宣读起诉书之后,应当进行当庭调查。

第五十八条第二款赋予了当事人及其辩护人、诉讼代理人以明显轻于检察官的举证责任。由于在刑讯逼供等非法取证案件中辩方举证的困难性,辩方抗辩时无须承担举证责任,仅需通过陈述意见、提供线索或材料等方式,起到初始证明推动作用即可。

文书范本 ▶▶ 13 非法证据排除申请书(审查起诉阶段适用)

非法证据排除申请书

申请人:________,________律师事务所律师系________涉嫌__________罪一案__________的辩护人。通信地址:________________________________

联系方式:________________________________

申请事项:申请排除下列非法证据,不作为支持案件公诉的证据材料移交法院:________________________________

____

____

事实和理由:________________________________

____

____

申请排除此份证据的相关线索、材料有:________________________________

____

____

基于上述事实和理由,根据《中华人民共和国刑事诉讼法》之规定,申请贵院排除上述非法证据,不能作为认定事实的依据。同时建议检察院召集侦查人员和辩护人并主持召开非法证据排除审查会议,请予准许。

此致

________人民检察院

申请人:________

________律师事务所(印章)

年 月 日

文书范本 ▶▶ 14 非法证据排除申请书(审判阶段适用)

非法证据排除申请书

申请人:________,________律师事务所律师系________被指控________罪一案________的辩护人。通信地址:________

联系方式:________

申请事项:申请对以非法方法收集的________证据依法予以排除

事实和理由:________

申请人认为:本案中的________证据是以________的非法方法收集的

相关线索、材料如下:________

____

____

____

鉴于此,申请人根据《中华人民共和国刑事诉讼法》第五十六条、第五十八条等之规定,申请对上述证据依法予以排除。

此致

________人民法院

申请人:________

________律师事务所(印章)

年 月 日

应用指引 ▶▶

可适用的法律规定包括《刑事诉讼法》《最高人民法院关于适用〈中华人民共和国刑事诉讼法〉的解释》《人民检察院刑事诉讼规则(试行)》《最高人民法院、最高人民检察院、公安部、国家安全部、司法部关于办理刑事案件严格排除非法证据若干问题的规定》。

第五十九条 【证据合法性证明】在对证据收集的合法性进行法庭调查的过程中,人民检察院应当对证据收集的合法性加以证明。

现有证据材料不能证明证据收集的合法性的,人民检察院可以提请人民法院通知有关侦查人员或者其他人员出庭说明情况;人民法院可以通知有关侦查人员或者其他人员出庭说明情况。有关侦查人员或者其他人员也可以要求出庭说明情况。经人民法院通知,有关人员应当出庭。

条文注解

本条明确了对非法证据的排除实行举证责任倒置原则。

本条第一款规定,人民检察院承担证明证据收集合法的举证责任,而被告方仅需提出抗辩,尽到"争点形成责任"义务即可,而由检察机关承担证明其证据收集合法的举证责任。为此,应同步建立起侦查人员或者其他人员出庭作证制度。

本条第二款是关于侦查人员或者其他人员出庭说明情况的规定。与前款相联系,当人民检察院运用现有证据材料不能证明证据收集合法性问题时,就可以提请人民法院传召在侦查程序收集相关证据的人员,包括侦查人员和其他人员出庭说明情况。一经人民法院通知,侦查人员和其他相关人员就有出庭作证的义务。

第六十条 【严格排除原则】对于经过法庭审理,确认或者不能排除存在本法第五十六条规定的以非法方法收集证据情形的,对有关证据应当予以排除。

条文注解

人民法院依照本法第五十八条、第五十九条的规定对证据收集的合法性进行调查后,应当根据调查的结果,区分情况,对有关证据作出处理:(1)确认存在本法第五十六条规定的非法取证情形的,包括确认存在非法收集言词证据的情形和确认存在收集实物证据不符合法定程序,可能严重影响司法公正,不能补正或者作出合理解释的情形,对有关证据应当予以排除,不得作为判决的依据。(2)不能排除存在本法第五十六条规定的非法取证情形的,即检察机关对证据收集的合法性的证明不能排除存在非法取证的可能,审判人员对是否存在本法第五十六条规定的以非法方法收集证据情形仍有疑问的情况。人民法院对有关证据也应当予以排除,不得作为判决的依据。(3)如果经过法庭调查和人民检察院举证,法庭确认不存在本法第五十六条规定的非法取证情形的,有关证据属于合法取得的证据,可以在对定罪量刑事实的法庭调查中使用,经查证属实的,可以作为定案的根据。

第六十一条 【证言的审查判断】证人证言必须在法庭上经过公诉人、被害人和被告人、辩护人双方质证并且查实以后,才能作为定案的根据。法庭查明证人有意作伪证或者隐匿罪证的时候,应当依法处理。

条文注解

本条共讲了以下两层意思:

1. 证人证言必须要经过法庭质证、查实后才能作为定案的根据。这是证人证言作为定案根据的必经程序。本条规定的这一必经程序有两个方面:(1)证人提供的证言必须要经过公诉人、被害人和被告人、辩护人双方的质证。也就是说,无论是公诉人、被害人一方提出的证人,还是被告人、辩护人一方提出的证人都要经过双方的质证。质证的方式包括控辩双方就证人提供证言的具体内容或者就本方想要了解的情况对证人进行提问,通过提问,让证人全面深入地陈述证词,暴露虚假或者不可靠的证言中的矛盾,便于法庭审查;还包括针对对方提出的证人证言中存在的疑点提出问题和意见,或者答复对方的疑问,提出反驳的意见。对于证人未出庭的,双方也应对宣读的证言笔录进行质证。(2)证言要经查实,才能作为定案的根据。"查实"证言,主要是指在法庭调查中通过质证,确定证人具有举证资格,确定证言的收集程序合法,并运用全案的其他证据,包括物证、书证、其他证人的证言、被害人陈述、被告人的供述和辩解等进行综合分析,排除疑点,确认证言的可信性。

2. 法庭查明证人有意作伪证或者隐匿罪证的,应依法处理。其中"作伪证"主要有两种情况:一种是歪曲事实,没有提供案件的真实情况,如在行为、时间、重要情节等方面作虚假陈述;另一种是捏造事实,包括通过诬陷无罪的人有犯罪行为,或者为有罪的人开脱。"隐匿罪证"是指证人明知被告人有犯罪行为而故意隐瞒的行为,如证人在陈述斗殴过程时,明知某人在场并参与殴斗而故意不讲等。"依法处理"是指除不采用该证人证言外,对证人的行为构成伪证罪、包庇罪等犯罪的,应当移送公安机关依法追究刑事责任。

第六十二条 【证人的资格与义务】凡是知道案件情况的人,都有作证的义务。

生理上、精神上有缺陷或者年幼,不能辨别是非、不能正确表达的人,不能作证人。

条文注解

依照本条第一款的规定,在一般情况下,凡是知道案件情况的人,都有作证的义务，无论其性别、职业、宗教信仰是什么，以及是否与案件有利害关系，都可以成为证人，承担作证的义务并享有法定的权利。证人之所以为证人，是因为其对案情的亲身感知，因此，证人只能是自然人而不能是单位。也因为证人资格的根源在于证人对案情的感知，因此诉讼中的证人身份一经形成就具有不可替代性，在本案诉讼中不能再担任侦查人员、检察人员、审判人员、鉴定人和翻译人员。

本条第二款表明，因生理上、精神上有缺陷或者年幼而不能辨别是非、不能正确表达的人，由于其不能向公安司法机关提供对查清案件事实有价值的情况，故不能作证人。需要注意的是，即便生理上、精神上有缺陷或者年幼，但能够辨别是非并且能正确表达自己所了解到的案情的，可以作为证人提供证言。判断一个人能否作证，关键是看其能否辨别是非、正确表达，对此公安司法机关在必要时可以进行审查或者鉴定。

第六十三条 【证人及其近亲属的保护】人民法院、人民检察院和公安机关应当保障证人及其近亲属的安全。

对证人及其近亲属进行威胁、侮辱、殴打或者打击报复，构成犯罪的，依法追究刑事责任；尚不够刑事处罚的，依法给予治安管理处罚。

第六十四条 【特殊保护措施】对于危害国家安全犯罪、恐怖活动犯罪、黑社会性质的组织犯罪、毒品犯罪等案件，证人、鉴定人、被害人因在诉讼中作证，本人或者其近亲属的人身安全面临危险的，人民法院、人民检察院和公安机关应当采取以下一项或者多项保护措施：

（一）不公开真实姓名、住址和工作单位等个人信息；

（二）采取不暴露外貌、真实声音等出庭作证措施；

（三）禁止特定的人员接触证人、鉴定人、被害人及其近亲属；

（四）对人身和住宅采取专门性保护措施；

（五）其他必要的保护措施。

证人、鉴定人、被害人认为因在诉讼中作证，本人或者其近亲属的人身安全面临危险的，可以向人民法院、人民检察院、公安机关请求予以保护。

人民法院、人民检察院、公安机关依法采取保护措施，有关单位和个人应当配合。

条文注解

根据第六十四条的规定，承担特殊保护义务的机关是人民法院、人民检察院和公安机关。予以特殊保护的对象包括证人、鉴定人、被害人及其近亲属。需要提供特殊保护的条件是:(1)案件属于危害国家安全犯罪、恐怖活动犯罪、黑社会性质的组织犯罪、毒品犯罪等性质;(2)相关主体因在诉讼中作证导致其本人或者近亲属人身安全面临危险。采用特殊保护的程序有两种:(1)依申请进行,证人、鉴定人、被害人本人及其近亲属有申请保护的权利;(2)依职权进行,各专门机关有义务采取措施对身处危险之中的相关人员给予保护。特殊保护措施可以是下述方法中的一项或者是多项:不公开真实姓名、住址和工作单位等个人信息;采取不暴露外貌、真实声音等出庭作证措施;禁止特定的人员接触证人、鉴定人、被害人及其近亲属;对人身和住宅采取专门性保护措施;其他必要的保护措施。

第六十五条 【证人作证补助制度】证人因履行作证义务而支出的交通、住宿、就餐等费用,应当给予补助。证人作证的补助列入司法机关业务经费,由同级政府财政予以保障。

有工作单位的证人作证,所在单位不得克扣或者变相克扣其工资、奖金及其他福利待遇。

第六章 强制措施

第六十六条 【拘传、取保候审、监视居住的概括性规定】人民法院、人民检察院和公安机关根据案件情况,对犯罪嫌疑人、被告人可以拘传、取保候审或者监视居住。

条文注解

拘传,是人民法院、人民检察院或公安机关为使犯罪嫌疑人、被告人及时到案接受讯问,对经合法传唤无正当理由拒不到案,或者根据案件情况应强制到案的犯罪嫌疑人、被告人所采取的一种强制措施。取保候审是人民法院、人民检察院或公安机关责令犯罪嫌疑人、被告人缴纳保证金或提出保证人,并出具保证书,保证其不逃避或妨碍侦查、起诉和审判,并随传随到的一种强制措施。监视居住是人民法院、人民检察院或公安机关为防止犯罪嫌疑人、被告人逃避侦查、起诉和审判,而限定其活动区域和住所,监视其行动的一种强制措施。适用监视居住的条件和取保候审基本相同,当犯罪嫌疑人、被告人不能提供保证人时,则可适用监视居住措施。

根据本条规定,拘传、取保候审、监视居住的适用权力属于人民法院、人民检察院和公安机关,其他任何机关、团体和个人均无此项权力。人民法院、人民检察院和公安机关可以根据犯罪行为的严重程度、犯罪嫌疑人或被告人的个人情况等案情,选择适用拘传、取保候审和监视居住三种强制措施。

第六十七条 【取保候审的条件与执行】人民法院、人民检察院和公安机关对有下列情形之一的犯罪嫌疑人、被告人,可以取保候审:

(一)可能判处管制、拘役或者独立适用附加刑的;

(二)可能判处有期徒刑以上刑罚,采取取保候审不致发生社会危险性的;

(三)患有严重疾病、生活不能自理,怀孕或者正在哺乳自己婴儿的妇女,采取取保候审不致发生社会危险性的;

(四)羁押期限届满,案件尚未办结,需要采取取保候审的。

取保候审由公安机关执行。

条文注解

取保候审，是专门机关责令犯罪嫌疑人、被告人提供保证人或者交纳保证金，保证不逃避或妨碍刑事诉讼，并随传随到的一种强制措施。综合本法及相关法律法规和司法解释的规定，取保候审的适用主要针对如下情形：犯罪嫌疑人、被告人罪行较轻，可能判处的刑罚不重或虽然所犯罪行较重，且有可能被判处较重刑罚，但由于其逃避侦查、实施妨碍刑事诉讼活动的可能性不大或人身危险性不大的；应当逮捕的犯罪嫌疑人、被告人因患有严重疾病、生活不能自理等特殊原因，或者女性犯罪嫌疑人、被告人怀孕或者正在哺乳自己的婴儿，采取取保候审不致发生社会危险性的；犯罪嫌疑人、被告人被羁押的案件，不能在法定的侦查、审查起诉、第一审、第二审期限内办结的；第二审期间，被告人被羁押的时间已到第一审人民法院对其判处的刑期的；因进行司法鉴定而尚未审结的案件，法律规定的期限届满的；第一审人民法院判处管制或者缓刑以及单独适用附加刑，判决尚未发生法律效力，但被告人在押的；持有有效护照和有效出入境证件，可能出境逃避侦查，但不需要逮捕的。

人民法院、人民检察院和公安机关等专门机关在各自所处的诉讼阶段均有权决定采取取保候审措施，不论是哪个机关作出的决定，均由公安机关负责执行。但国家安全机关决定取保候审的，以及人民检察院、人民法院在办理国家安全机关移送的犯罪案件时决定取保候审的，由国家安全机关执行。

文书范本 15 取保候审申请书

取保候审申请书

申请人：________，________律师事务所律师系__________涉嫌__________罪一案__________的辩护人。通信地址：______________________________

联系方式：______________________________

申请事项：申请依法对犯罪嫌疑人__________变更强制措施为取保候审

事实和理由：______________________________

____

____

此致

____

申请人：________

________律师事务所(印章)

年　月　日

应用指引

《取保候审申请书》的受理机关是当前案件负责的司法机关,可以多次向侦查机关、检察院、法院提交。实践中如果符合取保候审的条件,且在不同阶段出现有利于变更强制措施的新情况出现,都可以及时向司法机关申请。

第六十八条 【取保候审的保证方式】人民法院、人民检察院和公安机关决定对犯罪嫌疑人、被告人取保候审,应当责令犯罪嫌疑人、被告人提出保证人或者交纳保证金。

条文注解

根据本条规定,办案机关决定对犯罪嫌疑人、被告人适用取保候审的,应当责令犯罪嫌疑人、被告人提出保证人或者缴纳保证金。由此可见,取保候审的保证方式有两种:(1)保证人保证方式,又称人保,即犯罪嫌疑人、被告人提出保证人并出具保证书,由保证人承担保证该犯罪嫌疑人、被告人不逃避或妨碍侦查、起诉和审判并随传随到的义务。(2)保证金保证方式,又称财保,即犯罪嫌疑人、被告人向公安司法机关交纳一定数额的保证金并以此保证该犯罪嫌疑人、被告人不逃避或妨碍侦查、起诉和审判并随传随到。保证金的起点数额为一千元,具体数额应由办案机关综合考虑被取保候审人的社会危险性、案件性质及严重程度、具体案情、被取保候审人的经济状况等作出决定。保证金应以人民币交纳,由县级以上执行机关统一收取和管理。需要注意的是,对同一被取保候审人,人保和财产保不能同时适用。

第六十九条 【保证人的条件】保证人必须符合下列条件:

(一)与本案无牵连;

(二)有能力履行保证义务;

(三)享有政治权利,人身自由未受到限制;

(四)有固定的住处和收入。

条文注解

保证人应当具备一定的条件,才能恰当履行取保候审监督义务。办案机关应当严格审查保证人条件,只有经审查合格的,才有资格做保证人。本条规定保证人的条件共有四项,其中“与本案无牵连”是指保证人不能是本案的当事人,即被害人、自诉人、犯罪嫌疑人、被告人、附带民事诉讼的原告人和被告人、同时也不能是本案的证人、鉴定人和翻译人员。“有能力履行保证义务”是指保证人有能力履行本法第六十八条规定的义务。保证人是否有能力履行保证义务，在司法实践中应综合考虑。首先，保证人应具有完全民事行为能力，未成年人、精神病人等无民事行为能力人或限制民事行为能力人是无法履行保证人义务的；其次，保证人不能有足以影响其履行保证义务的身体缺陷及其他缺陷；最后，保证人的言行对被保证人即犯罪嫌疑人、被告人具有一定的影响力，能够确实起到保证该犯罪嫌疑人、被告人不逃避或妨碍侦查、起诉和审判的作用。

第七十条 【保证人的义务及法律责任】保证人应当履行以下义务：

（一）监督被保证人遵守本法第七十一条的规定；

（二）发现被保证人可能发生或者已经发生违反本法第七十一条规定的行为的，应当及时向执行机关报告。

被保证人有违反本法第七十一条规定的行为，保证人未履行保证义务的，对保证人处以罚款，构成犯罪的，依法追究刑事责任。

第七十一条 【被取保候审人的义务】被取保候审的犯罪嫌疑人、被告人应当遵守以下规定：

（一）未经执行机关批准不得离开所居住的市、县；

（二）住址、工作单位和联系方式发生变动的，在二十四小时以内向执行机关报告；

（三）在传讯的时候及时到案；

（四）不得以任何形式干扰证人作证；

（五）不得毁灭、伪造证据或者串供。

人民法院、人民检察院和公安机关可以根据案件情况，责令被取保候审的犯罪嫌疑人、被告人遵守以下一项或者多项规定：

（一）不得进入特定的场所；

（二）不得与特定的人员会见或者通信；

（三）不得从事特定的活动；

（四）将护照等出入境证件、驾驶证件交执行机关保存。

被取保候审的犯罪嫌疑人、被告人违反前两款规定，已交纳保证金的，没收部分或者全部保证金，并且区别情形，责令犯罪嫌疑人、被告人具结悔过，重新交纳保证金、提出保证人，或者监视居住、予以逮捕。

对违反取保候审规定，需要予以逮捕的，可以对犯罪嫌疑人、被告人先行拘留。

条文注解

第七十一条第一款和第二款是关于被取保候审人法定义务的规定。该义务分成两个部分:第一部分为固定义务,即所有的被取保候审人均应当遵守的义务,具体包括:未经执行机关批准不得离开所居住的市、县;住址、工作单位和联系方式发生变动的,在二十四小时以内向执行机关报告;在传讯的时候及时到案;不得以任何形式干扰证人作证;不得毁灭、伪造证据或者串供。除此之外,本条第二款还规定了被取保候审人的附随性义务。取保候审的决定机关可以根据案件及犯罪嫌疑人或者被告人的实际情况,责令被取保候审人遵守其中的一项或者几项。决定机关要求被取保候审人遵守的,就成为其在被取保候审期间应当遵守的义务之一,未要求其遵守的,则不是其义务。第二部分为附随性义务,可以是:不得进入特定的场所;不得与特定的人员会见或者通信;不得从事特定的活动;将护照等出入境证件、驾驶证件交执行机关保存。

第七十二条 【保证金的确定及缴纳】取保候审的决定机关应当综合考虑保证诉讼活动正常进行的需要,被取保候审人的社会危险性,案件的性质、情节,可能判处刑罚的轻重,被取保候审人的经济状况等情况,确定保证金的数额。

提供保证金的人应当将保证金存入执行机关指定银行的专门账户。

第七十三条 【退还保证金】犯罪嫌疑人、被告人在取保候审期间未违反本法第七十一条规定的,取保候审结束的时候,凭解除取保候审的通知或者有关法律文书到银行领取退还的保证金。

条文注解

取保候审保证金的数额要由决定机关进行综合考虑,考虑的内容包括:诉讼活动正常进行的需要、被取保候审人的社会危险性、案件的性质、情节、可能判处的刑罚以及被取保候审人的经济状况等。取保候审保证金应当存入执行机关指定银行的专门账户。县级以上执行机关应当在其指定的银行设立取保候审保证金专用账户。取保候审保证金由县级以上执行机关统一收取和管理。

取保候审保证金的性质在于"保证",通过金钱方式对被取保候审人的行为进行约束。因此当被取保候审人遵守了相关义务规定,取保候审结束时,应当按照取保候审的相关规则退还保证金。所谓"取保候审结束的时候"主要是指案件审结、交付执行或者案件虽未审结,但公安司法机关依法解除或变更取保候审措施的情形。

第七十四条 【监视居住的条件】人民法院、人民检察院和公安机关对符合逮捕条件,有下列情形之一的犯罪嫌疑人、被告人,可以监视居住:

(一)患有严重疾病、生活不能自理的;

(二)怀孕或者正在哺乳自己婴儿的妇女;

(三)系生活不能自理的人的唯一扶养人;

(四)因为案件的特殊情况或者办理案件的需要,采取监视居住措施更为适宜的;

(五)羁押期限届满,案件尚未办结,需要采取监视居住措施的。

对符合取保候审条件,但犯罪嫌疑人、被告人不能提出保证人,也不交纳保证金的,可以监视居住。

监视居住由公安机关执行。

条文注解

监视居住同取保候审类似,都是限制犯罪嫌疑人、被告人人身自由的强制措施,但限制自由的程度有所不同。取保候审的要义仅在于保证人或保证金的提供,而监视居住则是对犯罪嫌疑人活动区域及行动的严格监控,很显然后者更为严厉。另外,需要指出的是,本条之所以规定被监视居住的对象必须"符合逮捕条件",是因为监视居住本身就是逮捕的一种变通执行方式,即罪该逮捕但因为特殊原因(疾病、生产等)而变更强制措施的情形。具体包括:患有严重疾病、生活不能自理的;怀孕或者正在哺乳自己婴儿的妇女;系生活不能自理的人的唯一扶养人;因为案件的特殊情况或者办理案件的需要,采取监视居住措施更为适宜的;羁押期限届满,案件尚未办结,需要采取监视居住措施的;对符合取保候审条件,但犯罪嫌疑人、被告人不能提出保证人,也不缴纳保证金的。

文书范本 16 监视居住申请书

监视居住申请书

申请人:________,________律师事务所律师系__________涉嫌__________罪一案__________的辩护人。通信地址:__________________________________

联系方式:________________________________

申请事项:申请依法对犯罪嫌疑人____________变更强制措施为监视居住

事实和理由:____

____

____

此致

________公安局/人民检察院

申请人:________

________律师事务所(印章)

年 月 日

应用指引

本申请书的受理机关是当前案件负责的司法机关,可以提交多次,可以向侦查机关、检察院、法院提交。在实践中如果符合监视居住的条件,且在不同阶段出现有利于变更强制措施的新情况出现,都可以及时向司法机关申请。在监视居住期间,若部分地区存在犯罪嫌疑人日常起居、律师会见及获得合法讯问等无法保障的问题,被监视居住的犯罪嫌疑人真实状态可能不如在看守所羁押,此时申请监视居住应慎重。

第七十五条 【监视居住的执行】监视居住应当在犯罪嫌疑人、被告人的住处执行;无固定住处的,可以在指定的居所执行。对于涉嫌危害国家安全犯罪、恐怖活动犯罪,在住处执行可能有碍侦查的,经上一级公安机关批准,也可以在指定的居所执行。但是,不得在羁押场所、专门的办案场所执行。

指定居所监视居住的,除无法通知的以外,应当在执行监视居住后二十四小时以内,通知被监视居住人的家属。

被监视居住的犯罪嫌疑人、被告人委托辩护人,适用本法第三十四条的规定。

人民检察院对指定居所监视居住的决定和执行是否合法实行监督。

条文注解

2012年修改刑事诉讼法时,对指定居所监视居住的适用案件范围、执行处所、通知家属、委托律师以及人民检察院的监督等作了规定。2018年修改刑事诉讼法时,对本条作了修改,删去了对"特别重大贿赂犯罪",经"上一级人民检察院"批准可以在指定居所监视居住的内容。监视居住主要有两种执行场所:在犯罪嫌疑人、被告人的住处执行和在指定的居所执行。对于被监视居住的犯罪嫌疑人、被告人,一般应当在其住处执行。这里规定的"住处",是指犯罪嫌疑人、被告人在办案机关所在地的市、县内学习、生活、工作的合法住所。对于指定居所执行监视居住的,本款规定限于两种情形:一是没有固定住所的,也就是犯罪嫌疑人、被告人在办案机关所在地的市、县内没有合法住所的;二是涉嫌危害国家安全犯罪、恐怖活动犯罪,在住处执行可能有碍侦查的,经上一级公安机关批准的。

第七十六条 【监视居住期限的折抵】指定居所监视居住的期限应当折抵刑期。被判处管制的,监视居住一日折抵刑期一日;被判处拘役、有期徒刑的,监视居住二日折抵刑期一日。

条文注解

监视居住是逮捕的一种变通执行方式,无论是指定居所监视居住,还是在住处监视居住,被监视居住人都被限制基本人身自由,因此,原则上监视居住都应当可以折抵刑期。但考虑到指定居所监视居住对于被监视人基本人身自由的限制程度大于在住处监视居住的,故只规定了指定居所监视居住的期限应当折抵刑期。这种规定从刑事诉讼需要和公民人权保护的角度,对于监视居住措施进行了重新定位,既有利于发挥这一措施保证诉讼正常进行的作用,也体现了人道主义原则和对公民人身权利的维护和保障。

第七十七条 【被监视居住人的义务】被监视居住的犯罪嫌疑人、被告人应当遵守以下规定:

(一)未经执行机关批准不得离开执行监视居住的处所;

(二)未经执行机关批准不得会见他人或者通信;

(三)在传讯的时候及时到案;

(四)不得以任何形式干扰证人作证;

(五)不得毁灭、伪造证据或者串供;

(六)将护照等出入境证件、身份证件、驾驶证件交执行机关保存。

被监视居住的犯罪嫌疑人、被告人违反前款规定,情节严重的,可以予以逮捕;需要予以逮捕的,可以对犯罪嫌疑人、被告人先行拘留。

条文注解

本条第一款规定了被监视居住的犯罪嫌疑人、被告人的义务,其中前五项是1996年刑事诉讼法第五十七条中已有、2012年修改时略作完善的内容;第六项是根据社会发展的现实需要于2012年增补的内容。本条第二款规定了被监视居住人违反义务的法律后果,其中“需要予以逮捕的,可以对犯罪嫌疑人、被告人先行拘留”是2012年新增的内容，这是考虑到当发现犯罪嫌疑人、被告人在被监视居住期间所实施的行为已证明其有逃避侦查、起诉和审判的迹象，有继续发生危害的可能，采取监视居住已不足以防止其社会危险性的发生，即有必要逮捕，然而逮捕程序来不及完成时，可对其先行拘留以控制事态恶化。

第七十八条 【监视居住监控方式】执行机关对被监视居住的犯罪嫌疑人、被告人，可以采取电子监控、不定期检查等监视方法对其遵守监视居住规定的情况进行监督；在侦查期间，可以对被监视居住的犯罪嫌疑人的通信进行监控。

条文注解

本条中规定的"不定期检查"等监视方法，除了指执行机关人员亲临访视外，还应包括电话查访等。同时，本条特别规定了对于在侦查期间可以对被监视居住人的通信方式进行监控。但是，对通信监控的方式要严格限定于在侦查期间，一旦诉讼进入审查起诉或者审判程序，则不允许对被监视居住人采用通信监控。

不管是电子监控，还是不定期检查等监视方式均对传统的监视居住执行方式进行了较大的改进，通过监控的灵活性、不定时性来促进监视居住执行的实效性和可操作性。需要注意的是，对于被监视对象在监督方式的选择上，既要以犯罪嫌疑人、被告人涉嫌罪行的性质、轻重等区别对待，也应注意"度"的把握，尽量采取对当事人及其家属权益影响较小的监督方式，故本条采用授权性规范模态词"可以"，而不是"必须"，以便根据实际需要进行调节。

第七十九条 【取保候审和监视居住的期限和解除】人民法院、人民检察院和公安机关对犯罪嫌疑人、被告人取保候审最长不得超过十二个月，监视居住最长不得超过六个月。

在取保候审、监视居住期间，不得中断对案件的侦查、起诉和审理。对于发现不应当追究刑事责任或者取保候审、监视居住期限届满的，应当及时解除取保候审、监视居住。解除取保候审、监视居住，应当及时通知被取保候审、监视居住人和有关单位。

条文注解

为保障人权和案件审理的时效性，在取保候审和监视居住期间，不得中断对案件的侦查、起诉和审判。如果遇有必须中断对案件的侦查、起诉和审判的情况，如被告人潜逃或犯罪嫌疑人患有严重疾病等，必须首先解除取保候审或监视居住的适用。同时，为了进一步保障被取保候审和监视居住的犯罪嫌疑人、被告人的合法权益，本条还规定了解除取保候审和监视居住的两种情况：其一，发现具有本法第十五条规定的情况，不应追究刑事责任的；其二，取保候审、监视居住的期限届满的。此时，无论案件是否终结，被告人的刑事责任能否确定，都要因期限届满这一法律事实，而必须解除取保候审、监视居住的适用。取保候审、监视居住的解除决定由原决定适用的机关作出，解除适用的决定作出后，应及时通知被取保候审人、被监视居住人以及负责执行的有关单位。

第八十条 【逮捕的权限划分】逮捕犯罪嫌疑人、被告人，必须经过人民检察院批准或者人民法院决定，由公安机关执行。

条文注解

本条应当分为两个层面去理解：

第一个层面，关于逮捕的批准、决定权，这主要有两种情况：1. 公安机关提请人民检察院审查批准逮捕的。根据宪法和人民检察院组织法的规定，人民检察院行使逮捕的批准权。公安机关对于侦查过程中发现的需要逮捕的犯罪嫌疑人，应当写出提请批准逮捕决定书，报请人民检察院审查批准逮捕。这就是说，公安机关在侦查中认为需要逮捕犯罪嫌疑人时，应当将案件材料报请人民检察院审查批准，公安机关不能自行决定逮捕。2. 人民检察院或者人民法院决定逮捕的。主要有以下几种情况：(1)人民检察院决定逮捕的情况。主要包括两种情形：一是公安机关没有采取逮捕措施，在移送审查起诉后人民检察院认为应当采取逮捕措施的，或者在审查起诉阶段因为情形变化不再符合取保候审、监视居住条件而需要逮捕的；二是人民检察院自侦案件中需要逮捕的。(2)人民法院决定逮捕的情况。主要有两种：一是在审判阶段，对人民检察院提起公诉的案件中尚未逮捕的被告人认为应依法逮捕的，以及人民法院决定对被告人采取取保候审、监视居住措施后因为被告人违反规定等情形而不再符合取保候审、监视居住条件，需要逮捕的；二是人民法院对自诉案件的被告人认为有逮捕必要的。

第二个层面，关于逮捕的执行权，根据本条的规定，人民法院虽然有逮捕决定权，人民检察院虽然有逮捕审查批准权和自侦案件的逮捕决定权，但是逮捕只能由公安机关执行，人民法院、人民检察院不能自己执行。也就是说，无论是检察院批准逮捕的，还是人民检察院或者人民法院决定逮捕的，应当将批准或者决定逮捕的文书送公安机关，由公安机关执行。公安机关应当立即执行，并将执行情况及时通知批准或者决定逮捕的人民检察院或者人民法院。

第八十一条 【逮捕的条件】对有证据证明有犯罪事实，可能判处徒刑以上刑罚的犯罪嫌疑人、被告人，采取取保候审尚不足以防止发生下列社会危险性的，应当予以逮捕：

（一）可能实施新的犯罪的；

（二）有危害国家安全、公共安全或者社会秩序的现实危险的；

（三）可能毁灭、伪造证据，干扰证人作证或者串供的；

（四）可能对被害人、举报人、控告人实施打击报复的；

（五）企图自杀或者逃跑的。

批准或者决定逮捕，应当将犯罪嫌疑人、被告人涉嫌犯罪的性质、情节，认罪认罚等情况，作为是否可能发生社会危险性的考虑因素。

对有证据证明有犯罪事实，可能判处十年有期徒刑以上刑罚的，或者有证据证明有犯罪事实，可能判处徒刑以上刑罚，曾经故意犯罪或者身份不明的，应当予以逮捕。

被取保候审、监视居住的犯罪嫌疑人、被告人违反取保候审、监视居住规定，情节严重的，可以予以逮捕。

条文注解

本条第一款是对一般逮捕条件的规定。2012 年修改刑事诉讼法，对逮捕条件中社会危险性的情形作了进一步明确规定。根据本款的规定，逮捕应同时具备三个条件，才应依法逮捕：第一，证据要件，即“有证据证明有犯罪事实”。这里所说的“有证据证明有犯罪事实”，一般是指同时具备下列情形：（1）有证据证明发生了犯罪事实；（2）有证据证明犯罪事实是犯罪嫌疑人实施的。“有证据证明有犯罪事实”，并不要求查清全部犯罪事实。其中“犯罪事实”既可以是单一犯罪行为的事实，也可以是数个犯罪行为中任何一个犯罪行为的事实。第二，罪行要件，即对犯罪嫌疑人、被告人所实施的犯罪行为有可能判处徒刑以上刑罚。第三，社会危险性要件。这里所说的社会危险性，是指犯罪嫌疑人、被告人实施对社会造成危害的行为的可能。本款明确规定了五种社会危险性的情形。

本条第二款是批准或者决定逮捕时评估社会危险性和考虑因素的规定，这是 2018 年修改时新增加的内容。本条第一款第一项至第五项主要是从应予防止发生的社会危险性的情形的角度对逮捕条件作出了规定。本款则是将犯罪嫌疑人、被告人已经实施的犯罪事实的客观情况，以及犯罪后认罪认罚的情况等，明确作为评估是否发生社会危险性的考虑因素。社会危险性是确定是否逮捕的重要条件,评估是否存在社会危险性,即评估是否可能造成新的社会危害、是否会妨碍诉讼的顺利进行,如前款规定的实施新的犯罪,毁灭、伪造证据等情况,应当考虑犯罪嫌疑人、被告人已经实施的犯罪情况及犯罪后的态度,是否认罪认罚等。根据本款规定,批准或者决定逮捕,应当将犯罪嫌疑人、被告人涉嫌犯罪的性质、情节,认罪认罚等情况,作为是否可能发生社会危险性的考虑因素。这里规定的犯罪的性质、情节即是对犯罪嫌疑人、被告人已经实施的犯罪情况的客观判断,犯罪的性质主要指是什么类型的犯罪、侵犯何种客体,以及可能适用的罪名等情况,犯罪的情节包括犯罪本身的情节轻重以及是否具有相关法定或酌定量刑情节的情况,如是否具有自首情节、有无立功、犯罪的一贯表现等。认罪认罚的情况,包括犯罪嫌疑人是否自愿认罪,能否如实供述自己的罪行,是否同意量刑建议和程序适用、愿意接受处罚等。根据本款规定,批准或者决定逮捕时,在考虑犯罪嫌疑人、被告人涉嫌犯罪的性质、情节,认罪认罚等情况后,对于不致发生社会危险性的犯罪嫌疑人、被告人,可以取保候审或者监视居住。

本条第三款是对犯罪嫌疑人、被告人可以径行逮捕的特殊规定。本款规定的应当逮捕,主要包括三种情况:一是有证据证明有犯罪事实,可能判处十年有期徒刑以上刑罚的情况。二是有证据证明有犯罪事实,可能判处徒刑以上刑罚,曾经故意犯罪的犯罪嫌疑人、被告人。三是有证据证明有犯罪事实,可能判处徒刑以上刑罚,身份不明的犯罪嫌疑人、被告人。

本条第四款是对违反取保候审、监视居住规定的犯罪嫌疑人、被告人采取逮捕措施的条件规定。这一规定,是与本法第七十一条、第七十七条的规定相衔接的规定。2014 年 4 月 24 日,第十二届全国人民代表大会常务委员会第八次会议通过了《关于〈中华人民共和国刑事诉讼法〉第七十九条第三款的解释》,对本款即 2018 年修改前刑事诉讼法第七十九条第三款关于违反取保候审、监视居住规定情节严重可以逮捕的规定,是否适用于可能判处徒刑以下刑罚的犯罪嫌疑人、被告人的问题,作出了规定:对于被取保候审、监视居住的可能判处徒刑以下刑罚的犯罪嫌疑人、被告人,违反取保候审、监视居住规定,严重影响诉讼活动正常进行的,可以予以逮捕。

第八十二条 【拘留的条件】公安机关对于现行犯或者重大嫌疑分子,如果有下列情形之一的,可以先行拘留:

(一)正在预备犯罪、实行犯罪或者在犯罪后即时被发觉的;

(二)被害人或者在场亲眼看见的人指认他犯罪的;

(三)在身边或者住处发现有犯罪证据的;

（四）犯罪后企图自杀、逃跑或者在逃的；
（五）有毁灭、伪造证据或者串供可能的；
（六）不讲真实姓名、住址，身份不明的；
（七）有流窜作案、多次作案、结伙作案重大嫌疑的。

条文注解

本条表明，公安机关采取强制措施必须具备两个条件：(1)拘留的对象必须是正预备犯罪、实行犯罪或者犯罪后被及时发觉的现行犯或者是有一定的证据证明很可能是实施犯罪行为的重大嫌疑分子；(2)必须有法定的紧急情况。如果不具有紧急情况，就应当报请检察院批准逮捕或者在查清犯罪事实后采取其他强制措施。应注意的是，拘留的后果有很大可能导致正式逮捕，因此本条有关适用拘留的用语是“先行拘留”。

第八十三条　【异地执行拘留、逮捕】公安机关在异地执行拘留、逮捕的时候，应当通知被拘留、逮捕人所在地的公安机关，被拘留、逮捕人所在地的公安机关应当予以配合。

条文注解

对于异地执行拘留、逮捕的，执行地公安机关应当持“拘留证”、“逮捕证”、办案协作函件及执行人员的工作证件与协作地县级以上公安机关联系。协作地公安机关接到要求配合的协作函件之后，应当对其进行认真审查，对于手续合法、证件确实的，应当派员协助执行拘留、逮捕。如果由于情况紧急，犯罪嫌疑人有逃跑、自杀可能，执行地公安机关派员到异地执行拘留、逮捕在时间上来不及的，或者犯罪嫌疑人经常在异地生活、工作的，执行地县级以上公安机关可以将“拘留证”、“逮捕证”、办案协作函件送达协作地公安机关，委托协作地公安机关对犯罪嫌疑人执行拘留、逮捕。协作地公安机关在抓获犯罪嫌疑人后，应当立即通知委托地公安机关。由委托地公安机关立即携带正式法律文书提解，并且提解的侦查人员不得少于二人。

第八十四条　【公民扭送】对于有下列情形的人，任何公民都可以立即扭送公安机关、人民检察院或者人民法院处理：
（一）正在实行犯罪或者在犯罪后即时被发觉的；
（二）通缉在案的；

（三）越狱逃跑的；

（四）正在被追捕的。

条文注解

公民扭送，是指公民将具有法定情形的人强制移送公、检、法机关处理的行为。公民扭送的规定体现了刑事诉讼法鼓励公民自觉与犯罪作斗争，帮助专门机关及时制止和查获犯罪分子的精神，对于处理在同犯罪作斗争中出现的报捕来不及、拘留也不可能的十分紧迫的情况十分有益，对于调动广大人民群众与犯罪分子作斗争的积极性，也有着非常重要的意义，是我国刑事诉讼中专门机关和群众路线相结合原则的重要体现。本条规定对于四种人可以立即扭送。公、检、法机关对被扭送的人，不管是否属于自己管辖的范围，都应当接受并立即讯问。需要采取紧急措施的，应当先采取紧急措施。对不属自己管辖的，应将人犯连同讯问笔录、物证等移送主管机关处理。

需要注意的是，公民扭送在性质上只是公民配合专门机关工作的一种辅助手段，尽管具有一定的强制性，但不是法律规定的强制措施，也不允许公民以扭送之名，以殴打、侮辱或其他非法方法处置被扭送人。

第八十五条 【拘留的执行】公安机关拘留人的时候，必须出示拘留证。

拘留后，应当立即将被拘留人送看守所羁押，至迟不得超过二十四小时。除无法通知或者涉嫌危害国家安全犯罪、恐怖活动犯罪通知可能有碍侦查的情形以外，应当在拘留后二十四小时以内，通知被拘留人的家属。有碍侦查的情形消失以后，应当立即通知被拘留人的家属。

条文注解

拘留是在紧急情况下依法临时剥夺某些现行犯或者重大嫌疑分子人身自由的一种强制措施，其适用必须严格限制。在程序控制方面，本条要求，公安机关在拘留人时，必须经过县级以上公安机关负责人批准，签发拘留证，而且在执行拘留时必须出示拘留证。符合拘留条件，但因情况紧急来不及办理拘留手续的，应当在将犯罪嫌疑人带至公安机关后立即办理法律手续。

本条第二款于2012年作了较大幅度的修改。原条文规定：拘留后，除有碍侦查或者无法通知的情形外，应当在二十四小时以内把拘留的原因和羁押的处所通知被拘留人的家属或者他所在的单位。其中，“有碍侦查”情形的界限比较模糊。综合考虑惩治犯罪和保护犯罪嫌疑人、被告人权利的需要，有必要对采取拘留措施后不通知家属的例外情形作出严格限制。故本款将拘留后因有碍侦查不通知家属的情形,仅限于涉嫌危害国家安全犯罪、恐怖活动犯罪,并规定有碍侦查的情形消失以后,应当立即通知被拘留人的家属。人民检察院决定拘留的案件,由人民检察院负责通知。"有碍侦查"是指"同案的犯罪嫌疑人可能逃跑,隐匿、毁弃或者伪造证据"等情形,"无法通知"是指"犯罪嫌疑人不讲真实姓名、住址,身份不明"等情形。

第八十六条 【拘留后案件的办理】公安机关对于被拘留的人,应当在拘留后的二十四小时以内进行讯问。在发现不应当拘留的时候,必须立即释放,发给释放证明。

条文注解

拘留后及时讯问的重要目的之一,是进一步确定拘留是否正确,是否应当拘留犯罪嫌疑人。因此,公安机关应当在在拘留后二十四小时内进行首次讯问。讯问应当按照本法第二编第二章第二节的规定进行。经讯问,发现不应当拘留的,应当立即释放。

本条于2012年修改时删掉了原第六十五条的后半段内容,即"对需要逮捕而证据还不充足的,可以取保候审或者监视居住",原因在于取保候审和监视居住本为独立的强制措施,有其法定的适用条件,区别于逮捕。对于需要逮捕而证据不足的即不符合逮捕条件的,不能作"降格化"处理,转处监视居住或取保候审。

第八十七条 【提请批准逮捕】公安机关要求逮捕犯罪嫌疑人的时候,应当写出提请批准逮捕书,连同案卷材料、证据,一并移送同级人民检察院审查批准。必要的时候,人民检察院可以派人参加公安机关对于重大案件的讨论。

条文注解

公安机关要求逮捕犯罪嫌疑人,不能自行决定,必须报同级人民检察院审查批准。公安机关要求人民检察院批准逮捕的案件,必须写出"提请批准逮捕书"。提请批准逮捕书要写明被逮捕人的基本情况、主要犯罪事实和证据以及要求逮捕的理由,经公安机关负责人批准后,连同案卷材料、证据一并移送同级人民检察院审查。人民检察院直接侦查的案件,则由其侦查部门填写"逮捕犯罪嫌疑人意见书",连同案卷证据材料一并移送本院刑事检察部门审查。

对于某些重大疑难、社会影响极大的案件,人民检察院认为需要参加讨论或者经公安机关要求、人民检察院同意的,检察机关可以派员参与讨论。参加讨论的检察人员在充分了解案情的基础上,应当对侦查活动提出意见和建议。值得注意的是,人民检察院派员参与重大案件讨论的目的是及时准确地了解案情,并监督侦查活动的合法进行,而不是立即决定是否逮捕,如果公安机关要求逮捕犯罪嫌疑人,仍要按正常的审查批准逮捕程序进行。

文书范本 17 不予提请批准逮捕的辩护意见

不予提请批准逮捕的辩护意见

________市公安局____分局:

________律师事务所依法接受犯罪嫌疑人________家属的委托,指派我作为________涉嫌________罪一案的辩护人。通过会见犯罪嫌疑人和走访现场,结合本案事实和相关证据,提出辩护意见如下:

辩护人认为,____________________________________

具体如下:

一、本案不符合"有证据证明有犯罪事实"的提请批准逮捕法定条件。

二、基于案件事实,如犯罪嫌疑人行为构成犯罪,非常可能被判处管制、拘役,或缓刑,不符合"可能判处有期徒刑以上刑罚"的批准逮捕条件。

三、犯罪嫌疑人不具有"社会危险性",不符合批准逮捕条件。

综上所述,本案犯罪嫌疑人________不符合逮捕条件,对犯罪嫌疑人______提请批准逮捕可能会造成错捕的严重后果;同时为了本案能够得到妥善处理,建议对犯罪嫌疑人________变更强制措施为取保候审,彰显司法的公平、公正。

以上意见,诚望贵局予以采纳!

辩护人:________

________律师事务所(印章)

年　　月　　日

应用指引

本辩护意见提交对象为侦查机关,提交时间为侦查机关提请检察机关批准逮捕前阶段。本辩护意见目的在于,将辩护策略贯穿到刑事诉讼的每一个环节,说明不予提请逮捕理由,引导侦查方向从而维护犯罪嫌疑人合法权益。该辩护意见将附卷,能让检察官第一时间了解辩护人的意见,了解案件问题点。

第八十八条 【审查批准逮捕程序】人民检察院审查批准逮捕,可以讯问犯罪嫌疑人;有下列情形之一的,应当讯问犯罪嫌疑人:

(一)对是否符合逮捕条件有疑问的;

(二)犯罪嫌疑人要求向检察人员当面陈述的;

(三)侦查活动可能有重大违法行为的。

人民检察院审查批准逮捕,可以询问证人等诉讼参与人,听取辩护律师的意见;辩护律师提出要求的,应当听取辩护律师的意见。

条文注解

本条第一款是关于人民检察院审查批准逮捕过程中讯问犯罪嫌疑人的规定。这个程序中的讯问分为"应当讯问"和"可以讯问"两种。当遇有是否符合逮捕条件有疑问的、犯罪嫌疑人要求向检察人员当面陈述的,以及侦查活动可能有重大违法行为的情况时,人民检察院必须讯问犯罪嫌疑人。除此之外,人民检察院有权根据案件情况决定是否讯问犯罪嫌疑人。

本条第二款是关于人民检察院审查批准逮捕过程中听取相关人员意见的规定。为保证人民检察院正确行使批准逮捕权,防止错误逮捕,人民检察院在审查批准逮捕的过程中,有权决定是否询问证人等诉讼参与人以及是否听取辩护律师意见。但是,如果辩护律师要求检察院听取其意见的,人民检察院有义务听取辩护律师意见。这一规定进一步强化了辩护律师的诉讼权利。

文书范本 18 不予批准逮捕的辩护意见

不予批准逮捕的辩护意见

________市____区人民检察院:

________律师事务所依法接受犯罪嫌疑人________家属的委托,指派我作为________涉嫌________罪一案的辩护人。该案现已由____区公安局提请贵院批准逮捕。辩护人已会见________,并与办案单位沟通案情,现辩护人结合相关法律法规、司法解释及相关指导案例,提出辩护意见如下:

辩护人认为,________________________________

具体如下:

一、本案不符合"有证据证明有犯罪事实"的批准逮捕法定条件。

二、基于本案事实,如犯罪嫌疑人________行为构成犯罪,也非常可能被判处管制、拘役,或缓刑,不符合批准逮捕条件。

三、犯罪嫌疑人________不具有社会危险性，不符合批准逮捕条件。

四、犯罪嫌疑人________符合《中华人民共和国刑事诉讼法》规定的取保候审的法定情形。

以上意见，诚望贵院予以采纳！

辩护人：________

________律师事务所（印章）

年　　月　　日

应用指引

本辩护意见适用情形是侦查机关已经向检察机关提请批准逮捕，案件进入"捕中阶段"。本辩护意见提交对象为检察机关（审查批捕部门），提交时间为检察机关审查批准逮捕期间，一般要尽早提交，在批捕检察官形成是否批准倾向性意见之前提交。

第八十九条　【批捕权】人民检察院审查批准逮捕犯罪嫌疑人由检察长决定。重大案件应当提交检察委员会讨论决定。

条文注解

审查逮捕是人民检察院一项重要的职权，也是其重要的一种刑事诉讼活动。审查逮捕分为审查批准逮捕和审查决定逮捕。前者是指人民检察院对公安机关、国家安全机关、军队保卫部门和监狱提请批准逮捕的犯罪嫌疑人，审查是否批准逮捕的活动；后者是指人民检察院对于直接立案侦查的案件的犯罪嫌疑人，审查决定是否逮捕的活动。审查批准逮捕由人民检察院审查逮捕部门办理，审查逮捕部门应当在受理同级公安机关（包括国家安全机关、军队保卫部门和监狱）提请批准逮捕的案件时，查明提请批准逮捕书及案卷材料是否齐备；不齐备的，可以不受理该案。审查逮捕部门受理案件后，应当指定办案人员进行审查。办案人员应当认真审阅全部案卷材料后，制作阅卷笔录，提出审查意见，即认为是否批准逮捕犯罪嫌疑人的意见。办案人员提出的审查意见，先报经审查逮捕部门负责人审核，再由部门负责人报请检察长批准；重大案件，检察长应当提交检察委员会讨论决定。

第九十条 【审查批捕】人民检察院对于公安机关提请批准逮捕的案件进行审查后,应当根据情况分别作出批准逮捕或者不批准逮捕的决定。对于批准逮捕的决定,公安机关应当立即执行,并且将执行情况及时通知人民检察院。对于不批准逮捕的,人民检察院应当说明理由,需要补充侦查的,应当同时通知公安机关。

条文注解

本条有以下有三层意思:

(1)人民检察院对公安机关提请批准逮捕的案件进行审查后,应当根据情况分别作出批准逮捕或者不批准逮捕两种决定。对于符合本法第八十一条规定的逮捕条件的,应当依法作出批准逮捕的决定,制作批准逮捕书;对于不符合本法第八十一条规定的逮捕条件或者具有本法第十六条规定的不追究刑事责任的情形之一的,应当作出不批准逮捕的决定,制作不批准逮捕书。另外,人民检察院办理审查逮捕案件,发现应当逮捕而公安机关未提请批准逮捕的犯罪嫌疑人的,也应当建议公安机关提请批准逮捕。公安机关认为建议正确的,应当立即提请批准逮捕;认为建议不正确的,应当将不提请批准逮捕的理由通知人民检察院。

(2)对于人民检察院批准逮捕的决定,公安机关应当立即执行,并应当将执行回执及时送达作出批准逮捕的人民检察院。如果未能执行,也应当将回执送达人民检察院,并写明未能执行的原因。

(3)人民检察院对于不批准逮捕的决定,应当向公安机关说明不批准的理由。对于人民检察院不批准逮捕的决定,公安机关在收到不批准逮捕决定书后,应当立即释放在押的犯罪嫌疑人或者变更强制措施,并将执行回执按照规定送达作出不批准逮捕决定的人民检察院。对于证据不足,需要补充侦查的,人民检察院应当在作出不批准逮捕决定的同时,通知提请批准逮捕的公安机关补充侦查,并附补充侦查提纲,列明需要查清的事实和需要收集、核实的证据。对人民检察院补充侦查提纲中所列的事项,公安机关应当及时进行侦查、核实,并逐一作出说明。公安机关补充侦查完毕,认为符合逮捕条件的,可以重新提请批准逮捕,但不能未经侦查和说明,以相同材料再次提请批准逮捕。

第九十一条 【提请批捕及对其审查处理】公安机关对被拘留的人,认为需要逮捕的,应当在拘留后的三日以内,提请人民检察院审查批准。在特殊情况下,提请审查批准的时间可以延长一日至四日。

对于流窜作案、多次作案、结伙作案的重大嫌疑分子,提请审查批准的时间可以延长至三十日。

人民检察院应当自接到公安机关提请批准逮捕书后的七日以内，作出批准逮捕或者不批准逮捕的决定。人民检察院不批准逮捕的，公安机关应当在接到通知后立即释放，并且将执行情况及时通知人民检察院。对于需要继续侦查，并且符合取保候审、监视居住条件的，依法取保候审或者监视居住。

条文注解

根据本条第一款、第二款的规定，公安机关对已被拘留的现行犯和重大嫌疑分子，经审查后认为有逮捕必要的，应当在拘留后的三日内，写出“提请批准逮捕书”，连同案卷材料、证据一并移送同级人民检察院审查。考虑到有些重大、复杂案件或者对案情争议较大的情况，法律允许公安机关将提请人民检察院审查批准的时限再延长一日至四日。另外，流窜作案、多次作案、结伙作案的案件因涉及地区广、调查取证量多、取证难度大，为适应实际工作的需要，对这几种特殊嫌疑分子的提请批捕时间可以延长至拘留后的三十日内。

本条第二款是关于人民检察院审查批准逮捕时限的规定。人民检察院应当自接到公安机关提请批准逮捕书后的七日以内，作出批准逮捕或者不批准逮捕的决定。人民检察院不批准逮捕的，公安机关接到决定后，无论同意与否，应当立即将在押的人释放，并且将执行情况通知检察院。这既有利于保护公民的合法权益，也有利于检察机关进行监督。对于人民检察院未批准逮捕的犯罪嫌疑人，公安机关仍需要继续对案件进行侦查，且犯罪嫌疑人符合取保候审或者监视居住条件的，公安机关有权依法对犯罪嫌疑人采取其他强制措施。

第九十二条 【不批捕的复议、复核】公安机关对人民检察院不批准逮捕的决定，认为有错误的时候，可以要求复议，但是必须将被拘留的人立即释放。如果意见不被接受，可以向上一级人民检察院提请复核。上级人民检察院应当立即复核，作出是否变更的决定，通知下级人民检察院和公安机关执行。

条文注解

根据本条规定，公安机关收到人民检察院不批准逮捕的决定以后，如果认为有错误，可以要求人民检察院复议。人民检察院经过复议，采纳了公安机关的意见，作出批准逮捕决定的，公安机关应当立即执行。如果公安机关要求复议的意见不被接受，也就是同级人民检察院维持了不批准逮捕的决定的，公安机关可以向上一级人民检察院提请复核。上一级人民检察院应当作出是否变更的决定，通知下级人民检察院和公安机关执行。这里应当注意的是，本法第九十一条已经规定，人民检察院不批准逮捕的，公安机关应当在接到通知后立即释放，并将执行情况及时通知人民检察院。对于需要继续侦查，并且符合取保候审、监视居住条件的，依法取保候审、监视居住。因此，检察机关作出不批准逮捕的决定，公安机关不能有异议提出了复议或者复核就不执行，或者拖延到复议或者复核完成才执行。在提请复议的时候，应当先将犯罪嫌疑人释放或者变更为其他强制措施。为防止拖延的时间过长，本条又规定，上一级人民检察院应当立即复核，并决定是维持原不批准逮捕决定，还是将原不批准逮捕的决定改变为批准逮捕的决定，并通知下级人民检察院和公安机关。下级人民检察院和公安机关对于上一级人民检察院的复核决定，无论是否有意见都应当执行。

第九十三条　【逮捕的执行】公安机关逮捕人的时候，必须出示逮捕证。

逮捕后，应当立即将被逮捕人送看守所羁押。除无法通知的以外，应当在逮捕后二十四小时以内，通知被逮捕人的家属。

条文注解

逮捕是剥夺人身自由的一种强制措施，在执行时必须严格遵守法律程序。公安机关执行逮捕，应当在接到人民检察院"批准逮捕决定书"后，由县级以上公安机关负责人签发"逮捕证"，立即执行。执行时，执行人员应当向被逮捕人出示"逮捕证"和工作证件。根据有关规定，人民检察院、人民法院决定逮捕时，人民检察院、人民法院可以协助公安机关执行。

逮捕后，应当立即将被逮捕人送看守所羁押。除无法通知的情形以外，公安机关应当把逮捕原因和羁押处所，在二十四小时以内通知被逮捕人的家属。这一规定主要是为了防止实践中"秘密拘捕"和"超期羁押"现象的发生。"无法通知"主要是指犯罪嫌疑人不讲真实姓名、住址、身份不明等情形。根据相关法律、法规，对没有在二十四小时内通知的，应当在逮捕通知书中注明原因。

第九十四条　【逮捕后案件的办理】人民法院、人民检察院对于各自决定逮捕的人，公安机关对于经人民检察院批准逮捕的人，都必须在逮捕后的二十四小时以内进行讯问。在发现不应当逮捕的时候，必须立即释放，发给释放证明。

条文注解

为了迅速、及时地收集证据，防止和纠正发生错捕事件，本条规定人民法院、人民检察院对于各自决定逮捕的人，公安机关对于经人民检察院批准逮捕的人，都必须在逮捕后的二十四小时内进行讯问。发现不应当逮捕的，对于人民检察院批准逮捕的案件，经县级以上公安机关负责人批准发给释放证明书，立即释放，并将释放的书面理由通知原批准逮捕的人民检察院；对于人民检察院、人民法院决定逮捕的案件，则报请检察长、院长批准签发"决定释放通知书"，立即交公安机关依法予以释放，并发给释放证明。所谓"不应当逮捕的"是指不符合本法第八十一条规定的条件，具体指被逮捕人没有犯罪行为；有犯罪行为但罪行轻微，不能判处徒刑以上刑罚或依本法第十六条规定不予追究的。由此可见，不应逮捕的人并不都是没有犯罪行为的人，因而对于某些不应逮捕的人，公安司法机关仍可继续追究其刑事责任或作出其他处理决定。

第九十五条 【羁押必要性审查】犯罪嫌疑人、被告人被逮捕后，人民检察院仍应当对羁押的必要性进行审查。对不需要继续羁押的，应当建议予以释放或者变更强制措施。有关机关应当在十日以内将处理情况通知人民检察院。

条文注解 ▶▶

本条规定了羁押必要性审查制度。所谓"羁押的必要性"，应从两个方面来判断：一是实体上逮捕还有无必要，若犯罪嫌疑人和被告人不再具有本法第八十一条规定的"社会危险性"，即不再具有羁押必要性；二是从程序上判断证据有无重大变化，若证据有重大变化，对犯罪嫌疑人、被告人是否羁押也需要重新判定。根据本条规定，逮捕犯罪嫌疑人、被告人后，人民检察院有对羁押必要性进行审查的职责。这种审查应当具有动态性和跟踪性。人民检察院认为对犯罪嫌疑人、被告人不需要继续羁押的，有权建议逮捕决定机关变更或者解除逮捕措施。收到检察机关建议的机关应当在十日内将处理情况通报给人民检察院。这一规定，可以看作对捕后羁押的司法审查，加强了对被羁押人的人权保障力度。同时也是强化人民检察院对强制措施适用监督的重要举措。

文书范本 ▶▶ 19 羁押必要性审查申请书

羁押必要性审查申请书

申请人：________，________律师事务所律师系________涉嫌__________罪一案__________的辩护人。通信地址：______________________________________

联系方式：______________________________

申请事项：申请对______号《批准逮捕通知书》所逮捕犯罪嫌疑人________启

动羁押必要性审查程序,予以释放/变更强制措施

事实和理由:

犯罪嫌疑人______因涉嫌____________________罪一案,于_________年____月____日经_________人民检察院批准(或决定)逮捕羁押。经辩护人对本案的了解和研究,认为犯罪嫌疑人______已没有继续羁押的必要,具体理由如下:_________

____

____

____

鉴于前述事实和理由及根据__________的相关法律规定,申请人作为犯罪嫌疑人______的辩护人,期望______人民检察院高度关注本案,依法启动羁押必要性审查程序,在查实相关事实与证据的前提下,请予解除对犯罪嫌疑人________采取的羁押强制措施,如需要继续查证,请予变更强制措施。

此致

________人民检察院

申请人:________

________律师事务所(印章)

年　　月　　日

应用指引

羁押必要性审查案件由办案机关对应的同级人民检察院刑事执行检察部门统一办理,侦查监督、公诉、侦查、案件管理、检察技术等部门予以配合。根据案情分析是否属于检察机关依犯罪嫌疑人、被告人的辩护人之申请启动审查程序的情形,具体包括如下几大类:

1. 根据犯罪嫌疑人、被告人的犯罪性质、犯罪情节、主观恶性、认罪态度、积极退赃或主动赔偿损失、悔罪表现、身体健康状况、监护条件等相关情况,综合评价犯罪嫌疑人、被告人有无继续羁押必要性:(1)犯罪嫌疑人、被告人为涉嫌犯罪情节较轻的在校学生、未成年人、妇女、老年人、残疾人等;(2)犯罪嫌疑人、被告人有认罪、悔罪、坦白、自首、立功、积极退赃、赔偿被害人、与被害人达成和解协议等情节;(3)犯罪嫌疑人、被告人系初犯、偶犯、过失犯、预备犯、中止犯、未遂犯、从犯、胁从犯;(4)犯罪嫌疑人、被告人患有严重疾病、生活不能自理、系怀孕或者正在哺乳婴儿的妇女及其他特殊情形,采取取保候审不致发生社会危险性的;(5)在本地有固定居所,工作单位和家庭情况等均具备取保候审、监视居住条件的,等等。

2. 羁押的必要性，主要体现在防止犯罪嫌疑人、被告人“实施新的犯罪”；防止“危害国家安全、公共安全或者社会秩序的现实危险”的发生；避免出现“毁灭、伪造证据，干扰证人作证或者串供的”的情形。根据案情分析犯罪嫌疑人、被告人实际上已不存在上述情形：(1)属于经济犯罪或过失犯罪等非暴力犯罪，犯罪嫌疑人、被告人实施新的犯罪，毁灭、伪造证据，干扰证人作证，串供，对被害人、举报人、控告人实施打击报复，自杀或者逃跑等的可能性已经可以排除；(2)涉及本案的其他犯罪嫌疑人、被告人基本上已解除羁押或变更了强制措施，说明本案的犯罪嫌疑人、被告人均不具备实施“新的犯罪”，导致“危害国家安全、公共安全或者社会秩序的现实危险”发生的条件的，等等。

3. 犯罪事实清楚，证据确实充分，结合案件进展情况及法律政策适用的变化，采取取保候审、监视居住等措施不致发生社会危险性的前提下，可以视为不具有继续羁押必要性：(1)案件经过两次补充侦查，案件事实基本查清，涉及犯罪嫌疑人、被告人的犯罪证据已经收集固定，符合取保候审或者监视居住条件的；(2)未成年人犯罪、在校学生犯罪案件，在逮捕时不具备监管条件，但现在已经具备的；(3)交通肇事、轻伤害案件，逮捕时没有达成刑事和解现在已经和解并实际履行完毕的；(4)案件事实或者情节发生变化，犯罪嫌疑人、被告人可能被证明无罪或者被判处缓刑、管制、拘役、独立适用附加刑、免予刑事处罚的；(5)犯罪嫌疑人、被告人依法可能判处三年以下有期徒刑，已经羁押的期限与可能判处的刑期基本相当的；(6)羁押期限届满或者超期羁押，案件尚未办结，需要采取取保候审的；(7)犯罪嫌疑人、被告人近亲属生活不能自理，其系唯一抚(扶)养人的，对其采取取保候审、监视居住不致再危害社会的；(8)因为案件的特殊情况或者办理案件的需要，变更强制措施更为适宜的，等等。

第九十六条 【不当强制措施的变更与撤销】人民法院、人民检察院和公安机关如果发现对犯罪嫌疑人、被告人采取强制措施不当的，应当及时撤销或者变更。公安机关释放被逮捕的人或者变更逮捕措施的，应当通知原批准的人民检察院。

条文注解

为了防止强制措施的滥用，人民法院、检察院、公安机关在适用强制措施时，应当根据所掌握的犯罪事实及证据，严格依法作出决定，并且根据案情的发展变化，随时变更或撤销原来决定的强制措施。如果发现对犯罪嫌疑人、被告人采取的强制措施不当的，应及时撤销或者变更。这里的“采取强制措施不当”，是指适用强制措施错误或不适宜。所谓强制措施的“撤销”，是指因为案情的发展变化或司法机关的决定失当，原强制措施的适用根据已经消失，而使其失去效力的决定。所谓强制措施的“变更”，是指因案情发展变化,用其他较轻或较重强制措施取代原强制措施的做法。

变更或撤销强制措施时,应由原决定机关的负责人批准。公安机关释放被逮捕的人或者变更逮捕措施的,应当通知原批准的人民检察院。人民检察院认为公安机关的决定有错误的,有通知公安机关予以纠正的权力。

第九十七条 【变更强制措施申请权】犯罪嫌疑人、被告人及其法定代理人、近亲属或者辩护人有权申请变更强制措施。人民法院、人民检察院和公安机关收到申请后,应当在三日以内作出决定;不同意变更强制措施的,应当告知申请人,并说明不同意的理由。

条文注解

有权申请变更强制措施的主体为:犯罪嫌疑人、被告人本人,他们的法定代理人、近亲属以及辩护人。应注意的是,与1996年刑事诉讼法相比,将辩护人增列为有权申请变更强制措施的主体。申请的范围由1996年刑事诉讼法仅限于申请变更取保候审一种强制措施,扩大为对所有强制措施变更均可提出申请。

第九十八条 【羁押期限届满的强制措施变更】犯罪嫌疑人、被告人被羁押的案件,不能在本法规定的侦查羁押、审查起诉、一审、二审期限内办结的,对犯罪嫌疑人、被告人应当予以释放;需要继续查证、审理的,对犯罪嫌疑人、被告人可以取保候审或者监视居住。

条文注解

拘留和逮捕作为完全限制人身自由的强制措施,在期限届满之时,无论被羁押人所犯的罪行是否查清,其社会危险性是否存在,都应立即释放,超期羁押是违法的。所以2012年修改后本法规定,犯罪嫌疑人、被告人被羁押的案件,不能在本法规定的侦查羁押、审查起诉、一审、二审期限内办结的,对犯罪嫌疑人、被告人应当予以释放。如果确需继续查证、审理的,则应立即变更强制措施,对犯罪嫌疑人、被告人可以取保候审或者监视居住,同时不能中断对案件的侦查、起诉和审判。

第九十九条 【超期强制措施的变更与解除】人民法院、人民检察院或者公安机关对被采取强制措施法定期限届满的犯罪嫌疑人、被告人,应当予以释放、解除取保候审、监视居住或者依法变更强制措施。犯罪嫌疑人、被告人及其法定代理人、

近亲属或者辩护人对于人民法院、人民检察院或者公安机关采取强制措施法定期限届满的，有权要求解除强制措施。

条文注解

本条有以下两层意思：

1. 司法机关对采取强制措施法定期限届满的如何处理，规定了两种办法：(1)对于犯罪嫌疑人、被告人在押的，应当予以释放，如果需要继续查证、审理的，可以将逮捕变更为取保候审或者监视居住。对于监视居住的犯罪嫌疑人、被告人，可以依法变更为取保候审，但是不得未经依法变更就转为取保候审，不能中止对案件的侦查。(2)对于取保候审十二个月期限届满或者监视居住六个月期限届满的，应当解除取保候审、监视居住。如果拘传了犯罪嫌疑人、被告人，一般情况下传唤时间已经达到十二小时的，或者案情重大、复杂的情况下已经达到二十四小时的，应当停止传唤或者拘传。

2. 犯罪嫌疑人、被告人及其法定代理人、近亲属或者辩护人对于公检法机关采取强制措施法定期限届满的，有权要求解除强制措施。其中，"法定代理人"是指犯罪嫌疑人、被告人的父母、养父母、监护人和负有保护责任的机关、团体的代表；"近亲属"是指犯罪嫌疑人、被告人的夫、妻、父、母、子、女、同胞兄弟姊妹；"辩护人"是指受犯罪嫌疑人、被告人委托为其辩护的律师，人民团体或者犯罪嫌疑人、被告人所在单位推荐的人或者受犯罪嫌疑人、被告人委托为其辩护的监护人、亲友，以及受法律援助机构指派为犯罪嫌疑人、被告人提供法律援助的律师；"法定期限届满"是指对在押的犯罪嫌疑人、被告人的关押时间已经达到本法规定的侦查羁押、审查起诉、一审、二审的办案期限，对不在押的犯罪嫌疑人、被告人，取保候审的时间累计已经达到十二个月或者监视居住的时间累计已经达到六个月，或者拘传已经达到十二个小时或二十四小时的。

第一百条 【侦查监督】人民检察院在审查批准逮捕工作中，如果发现公安机关的侦查活动有违法情况，应当通知公安机关予以纠正，公安机关应当将纠正情况通知人民检察院。

条文注解

在审查批准逮捕工作中，检察机关了解侦查活动是否合法，主要通过以下几种形式进行：一是审查案卷材料等。根据本法第八十七条的规定，公安机关要求逮捕犯罪嫌疑人的时候，应当写出提请批准逮捕书，连同案卷材料、证据，一并移送同级人民检察院审查批准。二是根据本法第八十七条的规定，在必要的时候，人民检察院可以派人参加公安机关对于重大案件的讨论。在讨论过程中发现侦查机关侦查活动有违反法律规定情形的，也应当提出纠正意见。三是通过讯问犯罪嫌疑人、询问证人和听取辩护律师意见等发现。根据本法第八十八条的规定，人民检察院审查批准逮捕，可以讯问犯罪嫌疑人。对是否符合逮捕条件有疑问，犯罪嫌疑人要求向检察人员当面陈述或者侦查活动可能有重大违法行为的等情况下，应当讯问犯罪嫌疑人；可以询问证人等诉讼参与人，听取辩护律师的意见。在这些工作过程中如果发现侦查机关侦查活动违法的，检察机关应当通知公安机关予以纠正。另外，根据本法第一百一十七条的规定，当事人、辩护人、诉讼代理人、利害关系人对于司法机关及其工作人员侵犯其合法权益的，有权进行申诉或者控告。对于申诉、控告的处理不服的，可以向同级人民检察院申诉；人民检察院直接受理的案件，可以向上一级人民检察院申诉。因此，人民检察院也可以通过审查申诉、控告等方式对侦查活动是否违法进行审查。如果发现侦查机关的侦查活动违法的，也可以在审查批准逮捕中提出。

第七章 附带民事诉讼

第一百零一条 【附带民诉的提起】被害人由于被告人的犯罪行为而遭受物质损失的，在刑事诉讼过程中，有权提起附带民事诉讼。被害人死亡或者丧失行为能力的，被害人的法定代理人、近亲属有权提起附带民事诉讼。

如果是国家财产、集体财产遭受损失的，人民检察院在提起公诉的时候，可以提起附带民事诉讼。

条文注解

本条是关于附带民事诉讼的请求范围和有权提起附带民事诉讼主体的规定，共有两款：

首先，本条第一款明确了附带民事诉讼的请求范围仅限于由于被告人犯罪行为而造成的“物质损失”。所谓物质损失，是相对于精神损失而言的，是指因被害人的人身、财产遭受犯罪行为的侵害而产生的可以用金钱计算的损失。被害人因犯罪行为遭受的物质损失只能是直接损失，包括已经遭受的实际损失和必然遭受的损失。前者指已经实际发生的损失，如犯罪行为导致的财物丧失、损坏的损失，被害人人身受侵害发生的医疗费用、营养费等，这种损失又称为积极损失；后者指被害人将来必然遭受的物质利益的损失，如因伤残减少的劳动收入、今后继续医疗的费用等，这种损失又称为消极损失。但不包括被害人今后通过努力可能取得的物质利益的损失。在犯罪过程中，因被害人自己的过错造成的损失，则不应由被告人承担。对于被害人因犯罪行为遭受精神损失而提起附带民事诉讼的，人民法院不予受理。

其次，本条第一款规定了能够提起附带民事诉讼主体的范围，包括被害人、被害人的法定代理人和已死亡被害人的近亲属。被害人包括被犯罪行为直接侵害的个人和单位，其当然有权提起附带民事诉讼。但有些情况下，被害人无法或不能提起附带民事诉讼，因而2012年修改时吸收了相关司法解释中的内容，增加了被害人的法定代理人、近亲属有权提起附带民事诉讼的规定。被害人为无行为能力人或限制行为能力人，或者因为犯罪行为侵害而丧失行为能力，其无法自己提起附带民事诉讼的，应当由其法定代理人代为提起附带民事诉讼。如果被害人已死亡的，其近亲属应当承接其当事人的资格作为附带民事诉讼的原告提起附带民事诉讼。

本条第二款是关于检察机关提起附带民事诉讼的规定。当国家、集体财产因犯罪行为侵害而遭受损失时，检察机关作为国家公共利益的代表，有权提起附带民事诉讼。检察机关虽然不是因犯罪行为遭受损失的直接利害关系人，但基于保护公共利益的需要由法律赋予其附带民事诉讼主体资格。

文书范本 ▶▶ 20 刑事附带民事诉状

刑事附带民事诉状

附带民事诉讼原告人：____

____

____________（写明姓名、性别、出生年月日、民族、出生地、职业或者工作单位和职务、住址、联系方式）。

附带民事诉讼被告人：____

____

________________________（写明姓名、性别、出生年月日、民族、出生地、职业或者工作单位和职务、住址、联系方式，对被告人的出生年月日确实不知的，可写其年龄）。

诉讼请求：

____

______________________________________（写明具体的诉讼请求事项）。

事实与理由：

____

____。

证人姓名和住址，其他证据名称、来源：

____

____。

此致

________人民法院

附带民事诉讼原告人：________（签章）

________年____月____日

附：本诉状副本______份。

应用指引

刑事附带民事诉状是公诉案件的被害人及其法定代理人、近亲属或自诉案件的自诉人就被告人的犯罪行为造成的损害要求赔偿而向人民法院起诉时使用的一种法律文书。

附带民事诉讼,是指人民法院在当事人及其他诉讼参与人的参加下,在依法追究被告人的刑事责任的同时,附带解决由于被告人的犯罪行为而使被害人遭受物质损失的赔偿问题所进行的诉讼活动。附带民事诉讼的提起,必须是在刑事诉讼的进行过程中,前提是被告人的犯罪行为直接造成了被害人的物质损失,二者之间存在因果关系。

一般来说,附带民事诉讼的原告人应是因犯罪行为遭受物质损失的被害人,已死亡的被害人的近亲属,或者无行为能力、限制行为能力被害人的法定代理人。此情形下,提起附带民事诉讼适用本范本。但是,如果国家、集体财产遭受损失,而损失单位没有提起附带民事诉讼的,为保护公共财产和社会利益,人民检察院可以代为提出诉讼。此情形下,适用下面介绍的范本21。

文书范本 **21 刑事附带民事起诉书**

________人民检察院
刑事附带民事起诉书

______检____诉[　　]____号

被告人:________(写明姓名、性别、年龄、民族、职业或者工作单位和职务、住址、是否刑事案件被告人等)。

(对于被告单位,写明单位名称、住所地、是否刑事案件被告单位、法定代表人姓名、职务等)。

被害单位:________(写明单位名称、所有制性质、住所地、法定代表人姓名、职务等)。

诉讼请求:

____

____

____(写明具体的诉讼请求)。

事实证据和理由:

____

____

________(写明检察机关审查认定的导致国家、集体财产损失的犯罪事实及有关证据)。

本院认为，________________(概括叙述被告人应承担民事责任的理由)，根据________________(引用被告人应承担民事责任的法律条款)的规定，应当承担赔偿责任。因被告人______的上述行为构成______罪，依法应当追究刑事责任，本院已于______年___月___日以___检___诉[ ]___号起诉书向你院提起公诉。现根据《中华人民共和国刑事诉讼法》______的规定，提起附带民事诉讼，请依法裁判。

此致

______人民法院

检察员：______

______年___月___日

(院印)

附：1. 刑事附带民事起诉书副本一式___份。

2. 主要证据复印件已移送。

3. 其他需附注的事项。

应用指引

本范本供各级人民检察院向人民法院提起附带民事诉讼时用。当自然人犯罪、单位犯罪并存时，在叙写被告单位、被告人情况时，应先叙述被告单位、法定代表人及有关属于责任人员的情况，再叙述一般的自然人的情况；同时，起诉的理由和根据部分，也按照先单位犯罪、后自然人犯罪的顺序书写。

第一百零二条 【附带民诉的保全措施】人民法院在必要的时候，可以采取保全措施，查封、扣押或者冻结被告人的财产。附带民事诉讼原告人或者人民检察院可以申请人民法院采取保全措施。人民法院采取保全措施，适用民事诉讼法的有关规定。

条文注解

财产保全是民事诉讼中的一种诉讼保障制度，是指在诉讼前或诉讼过程中，依据当事人的申请或法院依职权对当事人争议的财产或与本案有关的财物采取强制性措施,以保证将来生效的判决能够执行。财产保全制度对于维护当事人的合法权益、增强裁判结果的执行性、维护法院的权威具有重要作用。民事诉讼中的财产保全包括诉前财产保全和诉讼中的财产保全。附带民事诉讼是一种特殊的民事诉讼,目的在于在刑事案件的审理中一并解决因犯罪而造成的民事损失的赔偿问题。因而在附带民事诉讼中确立财产保全制度,对于切实维护被害人的合法权益、增强裁判结果的可执行性具有重要意义。2012 年刑事诉讼法修改时明确提出了人民法院在审理附带民事诉讼案件中可以采取财产保全措施,而非仅仅是查封、扣押被告人财产。附带民事诉讼的原告人、检察机关也可以申请人民法院采取财产保全措施。人民法院在附带民事诉讼中依职权或依申请采取财产保全措施,适用民事诉讼法的相关规定。

第一百零三条 【附带民诉的调解与裁判】人民法院审理附带民事诉讼案件,可以进行调解,或者根据物质损失情况作出判决、裁定。

条文注解

法院调解,是指在人民法院的主持下,通过说服、劝导使双方当事人就民事权利、义务的确定达成协议,从而解决民事纠纷的活动。作为一种诉讼中当事人合意解决纠纷的制度,法院调解对于体现当事人的意思自治、提高诉讼的效率、实现纠纷解决的多效性具有积极的意义。附带民事诉讼在本质上是民事诉讼,其解决的是因犯罪造成的物质损失赔偿问题,仍属于私权争议,因而私权的可处分性决定了附带民事诉讼中可以适用法院调解。调解应当坚持自愿和合法原则。所谓自愿,即是否调解、调解协议的内容取决于当事人的自愿。所谓合法,即调解活动的进行和调解协议的内容应当符合刑事诉讼法和民事实体及程序法的有关规定。经法院调解达成协议的,人民法院制作的调解书与判决具有相同的效力;经调解无法达成协议的,人民法院应当根据物质损失的情况及时裁判,不能久调不决。

第一百零四条 【附带民诉的审判组织】附带民事诉讼应当同刑事案件一并审判,只有为了防止刑事案件审判的过分迟延,才可以在刑事案件审判后,由同一审判组织继续审理附带民事诉讼。

条文注解

附带民事诉讼与刑事案件分别审判时需要注意:(1)前提是为了防止刑事诉讼过

分迟延，否则应当同时审判。(2)只能先审刑事部分，后审民事部分。(3)民事部分须由审理刑事部分的同一审判组织进行，不得另行组成合议庭。特殊情况下，如审判组织成员丧失行为能力、死亡、调任其他岗位、辞退职等，只能更换审判组织成员，另行组成合议庭。(4)附带民事判决中对事实的认定不得与先行的刑事判决相抵触。(5)附带民事部分的延期审理一般不影响刑事判决的生效。

文书范本 ▶▶ 22 刑事附带民事判决书(一审公诉案件用)

________人民法院

刑事附带民事判决书

(______) ____刑初字第____号

公诉机关：________人民检察院。

附带民事诉讼原告人：________(写明姓名、性别、出生年月日、民族、出生地、职业或者工作单位和职务、住址等)。

被告人：________(写明姓名、性别、出生年月日、民族、出生地、职业或者工作单位和职务、住址、因本案所受强制措施情况等，现羁押处所)。

辩护人：________(写明姓名、工作单位和职务)。

________检察院以____检____诉[　　]____号起诉书指控被告人________犯________罪，于________年____月____日向本院提起公诉。在诉讼过程中，附带民事诉讼原告人向本院提起附带民事诉讼。本院依法组成合议庭，公开(或者不公开)开庭进行了合并审理。________检察院指派检察员________出庭支持公诉，附带民事诉讼原告人________及其法定(诉讼)代理人________，被告人________及其法定代理人________、辩护人________，证人________，鉴定人________，翻译人员________等到庭参加诉讼。现已审理终结。

________检察院指控________________(概述人民检察院指控被告人犯罪的事实、证据和适用法律的意见)。附带民事诉讼原告人诉称____________(附带民事诉讼原告人的诉讼请求和有关证据)。

被告人________辩称________(被告人对人民检察院指控的犯罪事实和附带民事诉讼原告人诉讼请求进行供述、辩解的意见和有关证据)。辩护人________提出的辩护意见是________________(概述辩护人的辩护意见和有关证据)。

经审理查明，____

____

______________________________(首先写明法庭审理查明的事实，既要写明经法庭查明的全部犯罪事实，又要写明由于被告人的犯罪行为使被害人遭受经济损失的事实；其次写明据以定案的证据及其来源；最后对控辩双方有异的事实、证据进行分析、认证）。

本院认为，____（根据查证属实的事实、证据和法律规定，论证公诉机关指控的犯罪是否成立，被告人的行为是否构成犯罪，犯的什么罪，应否追究刑事责任；论证被害人是否由于被告人的犯罪行为而遭受经济损失，被告人对被害人的经济损失应否负民事赔偿责任；应否从轻、减轻、免除处罚或者从重处罚。对于控辩双方关于适用法律方面的意见，应当有分析地表示是否予以采纳，并阐明理由）。依照________________（写明判决的法律依据）的规定，判决如下：

____[写明判决结果。分四种情况：

第一，定罪判刑并应当赔偿经济损失的，表述为：

“一、被告人________犯________罪，____________（写明主刑、附加刑）。

（刑期从判决执行之日起计算。判决执行以前先行羁押的，羁押一日折抵刑期一日，即自________年____月____日起至________年________月________日止）。

二、被告人________赔偿附带民事诉讼原告人____________（写明受偿人的姓名、赔偿的金额和支付的日期）。”

第二，定罪免刑并应当赔偿经济损失的，表述为：

“一、被告人________犯________罪，免予刑事处罚；

二、被告人________赔偿附带民事诉讼原告人____________（写明受偿人的姓名、赔偿的金额和支付的日期）。”

第三，宣告无罪但应当赔偿经济损失的，表述为：

“一、被告人________无罪；

二、被告人________赔偿附带民事诉讼原告人____________（写明受偿人的姓名、赔偿的金额和支付的日期）。”

第四，宣告无罪且不赔偿经济损失的，表述为：

“一、被告人________无罪；

二、被告人________不承担民事赔偿责任。”]

如不服本院判决，可在接到判决书的第二日起十日内，通过本院或者直接向

________人民法院提出上诉。书面上诉的,应当提交上诉状正本一份,副本____份。

审判长:________
审判员:________
审判员:________
________年____月____日
(院印)

本件与原本核对无异

书记员:________

应用指引

本范本是第一审人民法院审理公诉案件,在确定被告人是否承担刑事责任的同时,附带解决被告人对于被害人所遭受的物质损失(即经济损失)是否承担民事赔偿责任时使用。

附带民事诉讼如系被害人提起的,应在"附带民事诉讼原告人"项内的"单位和职务、住址"之后,续写"系本案被害人";如果被害人是无行为能力或者限制行为能力的人,应当在第一项"附带民事诉讼原人________"之后,列第二项"法定代理人________",并注明其与被害人的关系;如果被害人已经死亡,经更换当事人,由他的近亲属提起附带民事诉讼的,应当将其近亲属列为"附带民事诉讼原告人________",并注明其与死者的关系。

附带民事诉讼如系公诉机关提起的,本范本应作如下改动:(1)删去首部的"附带民事诉讼原告人"项。(2)将案件审判经过段的"犯________罪……提起附带民事诉讼",改为"犯________罪,同时致使……"(写明受损失单位的名称或者被害人的姓名)遭受经济损失一案,向本院提起刑事附带民事诉讼;并将"附带民事诉讼原告人________"从到庭参加诉讼的人员中删去。(3)在控方指控项中增加有关附带民事诉讼的意见,并把"概述附带民事诉讼原告人的诉讼请求和有关证据"的内容删去。

刑事附带民事诉讼如有除"被告人"以外的"附带民事诉讼被告人"的,应当在"被告人"项后单独列项,并在文书的相应部分增加有关内容。

刑事附带民事诉讼不同于单纯的刑事诉讼,它要在刑事诉讼过程中依照民事诉讼程序附带解决民事赔偿问题。因此,在制作这种判决书时,应当注意在首部、事实、理由和判决结果部分完整地反映出刑事附带民事诉讼这一特点。

文书范本 23 刑事附带民事判决书(一审自诉案件用)

________人民法院
刑事附带民事判决书

(______)刑____字第____号

自诉人暨附带民事诉讼原告人:________(写明姓名、性别、出生年月日、民族、出生地、文化程度、职业或者工作单位和职务、住址等)。

诉讼代理人:________(写明姓名、工作单位和职务)。

被告人:________(写明姓名、性别、出生年月日、民族、出生地、文化程度、职业或者工作单位和职务、住址等)。

辩护人:________(写明姓名、工作单位和职务)。

自诉人________以被告人________犯________罪,并由此造成经济损失为由,于________年____月____日向本院提起控诉。本院受理后,依法实行独任审判(或者组成合议庭),公开(或者不公开)开庭审理了本案。自诉人________及其诉讼代理人________、被告人________及其辩护人________等到庭参加诉讼。现已审理终结。

自诉人________诉称____________(概述自诉人指控被告人犯罪和由此造成经济损失的事实、证据和诉讼请求)。

被告人________辩称____________(概述被告人对自诉人的指控予以供述、辩解、自行辩护的意见和有关证据)。辩护人________提出的辩护意见是____________(概述辩护人的辩护意见和有关证据)。

经审理查明,____________(首先写明经法庭审理查明的被告人的犯罪事实包括由此造成被害人经济损失的事实;其次写明据以定案的证据及其来源;最后对控辩双方有异议的事实、证据进行分析、认证)。

本院认为,____

____

____________________________(写明根据查证属实的事实、证据和法律规定,论证自诉人暨附带民事诉讼原告人的指控是否成立,被告人的行为是否构成犯罪,应如何处罚,被告人的行为是否给被害人造成经济损失和应否承担民事赔偿责任。对于控辩双方有关适用法律方面的意见,应当有分析地表示是否予以采纳,并阐明理由)。依照________________(写明判决的法律依据)的规定,判决如下:

____

____

____[写明判决结果。分四种情况：

第一，定罪判刑并应当赔偿经济损失的，表述为：

“一、被告人________犯________罪，……（写明判处的刑罚）；

（刑期从判决执行之日起计算。判决执行以前先行羁押的，应当依法折抵刑期，即自________年____月____日起至________年____月____日止。）

二、被告人________赔偿自诉人________……（写明赔偿的金额和支付日期）。”

第二，定罪免刑并应当赔偿经济损失的，表述为：

“一、被告人________犯________罪，免予刑事处罚；

二、被告人________赔偿自诉人____________（写明赔偿的金额和支付日期）。”

第三，宣告无罪但应当赔偿经济损失的，表述为：

“一、被告人________无罪；

二、被告人________赔偿自诉人____________（写明赔偿的金额和支付日期）。”

第四，宣告无罪并且不赔偿经济损失的，表述为：

“一、被告人________无罪；

二、被告人________不承担民事赔偿责任。”]

如不服本判决，可在接到判决书的第二日起十日内，通过本院或者直接向________人民法院提出上诉。书面上诉的，应当提交上诉状正本一份，副本____份。

审判员：________

________年____月____日

（院印）

本件与原本核对无异

书记员：________

应用指引

本范本供基层人民法院审理刑事自诉并提起附带民事诉讼案件的过程中，在确定被告人是否承担刑事责任的同时，附带解决被告人对于被害人所遭受的物质损失（即经济损失）是否承担民事赔偿责任时使用。

文书范本 ▶▶ 24 刑事附带民事裁定书(二审发回重审用)

________人民法院
刑事附带民事裁定书

(______) ____刑终字第____号

上诉人(原审被告人):________(写明姓名、性别、出生年月日、民族、籍贯、职业或工作单位和职务、住址等)。

辩护人:________(写明姓名、性别、工作单位和职务)。

原审自诉人兼附带民事诉讼原告人:________(写明姓名、性别、出生年月日、民族、籍贯、职业或工作单位和职务、住址等)。

委托代理人:________(写明姓名、性别、工作单位和职务)。

________人民法院审理自诉人兼附带民事诉讼原告人________控诉被告人____________(写明案由)一案,于________年____月____日作出(______)____刑初字第____号刑事附带民事判决,认定被告人________犯________罪,判处__________(简写判处的刑事和附带民事内容)。被告人不服,以__________(简写上诉的主要理由)为由,提出上诉。本院依法组成合议庭审理了本案(经过开庭审理的,写为公开或不公开开庭审理了本案等)。

本院认为,____________________(简述原判事实不清,证据不足,或者严重违反法律程序的情况)。依照____(写明裁定所依据的法律条款项)的规定,裁定如下:

一、撤销________人民法院(______)____刑初字第____号刑事附带民事判决;

二、发回________人民法院重新审判。

审判长:________
审判员:________
审判员:________
________年____月____日
(院印)

本件与原本核对无异

书记员:________

应用指引

本范本供第二审人民法院在受理当事人不服第一审人民法院刑事附带民事判决提出上诉，或者人民检察院提出抗诉的案件后，发现一审违反法定程序而撤销原判、发回重审时使用(注意应当修改相应部分)。

文书范本 25 刑事附带民事裁定书(二审维持原判决用)

________人民法院
刑事附带民事裁定书

(______) ____刑终字第____号

原公诉机关:________人民检察院。

上诉人(原审被告人):________(写明姓名、性别、出生年月日、民族、籍贯、职业或工作单位和职务、住址和因本案所受强制措施情况等,现羁押处所)。

辩护人:________(写明姓名、工作单位和职务)。

原审附带民事诉讼原告人:________(写明姓名、性别、出生年月日、民族、籍贯、职业或工作单位和职务、住址等)。

________人民法院审理________人民检察院指控原审被告人________犯________罪、原审附带民事诉讼原告人________提起附带民事诉讼一案,于________年____月____日作出(______) ____刑初字第____号刑事附带民事判决,原审被告人________不服,提出上诉。本院依法组成合议庭,公开(或者不公开)开庭审理了本案。________人民检察院指派检察员________出庭履行职务。上诉人(原审被告人)________及其辩护人________、附带民事诉讼原告人________及其诉讼代理人________等到庭参加诉讼。现已审理终结。

经审理查明,____(首先写明经二审审理查明的事实;其次写明二审据以定案的证据;最后针对上诉理由中与原判认定的事实、证据有异议的问题进行分析、认证)。

本院认为,____(根据二审查明的事实、证据和有关法律规定,论证原审法院认定事实、证据和适用法律包括判处被告人赔偿经济损失是正确的。对于上诉人、辩护人或者出庭履行职务的检察人员等在适用法律、定性处理方面的意见,应当逐一进行回答,说明不予采纳的理由)。依照________(写明裁定的法律依据)的规定,裁定如下：

驳回上诉，维持原判。

本裁定为终审裁定。

审判长：________

审判员：________

审判员：________

________年____月____日

（院印）

本件与原本核对无异

书记员：________

应用指引

本范本供第二审人民法院在受理当事人不服第一审人民法院刑事附带民事判决提出上诉，或者人民检察院提出抗诉的案件后，经审理查明原判决在认定事实和适用法律方面没有错误，量刑和责令赔偿经济损失均无不当，决定驳回上诉，维持原判时使用。本范本是按原审被告人不服原判决提出上诉的模式设计的。如果条件变化，首部各项和其他相关各处如何改动，可参阅二审改判用的刑事附带民事判决书范本及其说明。对于只对第一审刑事附带民事判决中附带民事部分判决不服提出上诉（或抗诉），第二审判决结果是驳回上诉（抗诉），维持原判的，文书名称仍使用“刑事附带民事裁定书”。

文书范本 **26 刑事附带民事判决书（二审改判用）**

________人民法院

刑事附带民事判决书

（______）____刑终字第____号

原公诉机关：________人民检察院。

上诉人（原审被告人）：________（写明姓名、性别、出生年月日、民族、籍贯、职业或工作单位和职务、住址和因本案所受强制措施情况等，现羁押处所）。

辩护人：________（写明姓名、工作单位和职务）。

原审附带民事诉讼原告人：________（写明姓名、性别、出生年月日、民族、籍贯、职业或者工作单位和职务、住址等）。

委托代理人：________（写明姓名、性别、工作单位和职务）。

________人民法院审理________人民检察院指控原审被告人________犯________罪、原审附带民事诉讼原告人________提起附带民事诉讼一案，于________年____月____日作出（______）____刑初字第____号刑事附带民事判决，原审被告人________不服，提出上诉。本院依法组成合议庭，公开（或者不公开）开庭审理了本案。________人民检察院指派检察员________出庭履行职务。上诉人（原审被告人）________及其辩护人________、附带民事诉讼原告人________及其诉讼代理人________等到庭参加诉讼。现已审理终结。

____（首先概述原判决认定的事实、证据、理由和判处结果；其次概述上诉、辩护的意见；最后概述人民检察院和原审附带民事诉讼原告人在二审中提出的新意见）。

经审理查明，____（首先写明经二审审理查明的事实；其次写明二审据以定案的证据；最后针对上诉理由中与原判认定的事实、证据有异议的问题进行分析、认证）。

本院认为，____（根据二审查明的事实、证据和有关法律规定，论证原审法院认定事实、证据和适用法律包括判处被告人赔偿经济损失是否正确。对于上诉人、辩护人或者出庭履行职务的检察人员等在适用法律、定性处理方面的意见，应当逐一进行回答，说明不予采纳的理由）。依照________（写明裁定的法律依据）的规定，判决如下：

____［写明判决结果。分两种情况：

第一，全部改判的，表述为：

“一、撤销________人民法院（______）____刑初字第____号刑事附带民事判决；

二、上诉人(原审被告人)________________(写明改判的刑事和附带民事的内容)。”

第二,部分改判的,表述为:

“一、维持________人民法院(______) ____刑初字第____号刑事附带民事判决的第__项,即________(写明维持的具体内容);

二、撤销________人民法院(______) ____刑初字第____号刑事附带民事判决的第____项,即________(写明撤销的具体内容);

三、上诉人(原审被告人)________________(写明部分改判的刑事和附带民事的具体内容)。”]

本判决为终审判决。

审判长:________

审判员:________

审判员:________

________年____月____日

(院印)

本件与原本核对无异

书记员:________

应用指引

本范本供第二审人民法院在受理当事人对第一审人民法院的刑事附带民事判决的刑事或者民事部分不服,提出上诉,或者公诉机关提出抗诉的案件之后,经审理查明,原判决在适用法律上有错误,或者量刑、责令赔偿损失不当,或者事实不清、证据不足,经二审查清事实后予以改判时使用。本范本是按对刑事和附带民事部分都提出上诉的模式设计的;如果只对其中一部分提出上诉,应按不同情况作相应改动。

第八章 期间、送达

第一百零五条 【期间】期间以时、日、月计算。

期间开始的时和日不算在期间以内。

法定期间不包括路途上的时间。上诉状或者其他文件在期满前已经交邮的，不算过期。

期间的最后一日为节假日的，以节假日后的第一日为期满日期，但犯罪嫌疑人、被告人或者罪犯在押期间，应当至期满之日为止，不得因节假日而延长。

条文注解

刑事诉讼期间一般由法律规定，有些情况下也可以由公安司法机关指定。依据本条，我国刑事诉讼期间的计算单位为时、日、月。期间计算的基本规则是：(1)期间开始的时和日不计算在期间内。例如，被告人不服一审判决上诉的期间为十日，这十日的上诉期应当从其收到判决书的第二日起算。对于以月为计算单位的期间，开始的日也不应计算在期间内。(2)对于法定期间的计算不包括路途上的时间。上诉状或者其他文件在期满前已经交邮的，不算过期。需要注意的是，这里的路途上的时间并不仅限于上诉状或其他文件在邮寄过程的时间，也包括人在路途上的时间。也就是说在计算法定期间时，人在路途上的时间不计算在内。例如，本法规定公安机关执行拘留后二十四小时内对被拘留人进行讯问，若公安机关异地执行拘留后带回本地，则返回途中所需的时间不能计算在内。(3)2012 年修改时增加了一款关于期间届满之日为节假日时期间计算的特别规定。一般情况下，期间的最后一日为节假日的，因为公安司法机关和当事人、其他诉讼参与人不方便进行正常的刑事诉讼活动，所以期间届满之日顺延至节假日后的第一日。但对于犯罪嫌疑人、被告人或罪犯的在押期间，应当至期间届满之日为止，不能因为节假日而延长在押期间。

第一百零六条 【期间的耽误与恢复】当事人由于不能抗拒的原因或者有其他正当理由而耽误期限的，在障碍消除后五日以内，可以申请继续进行应当在期满以前完成的诉讼活动。

前款申请是否准许，由人民法院裁定。

条文注解

期间的耽误，是指司法机关、诉讼参与人没有在法定期限内完成应当进行的诉讼行为。发生了期间的耽误，就意味着司法机关或诉讼参与人就无权再进行相应的诉讼行为。例如，检察机关耽误了抗诉期就无权再提出抗诉，被告人耽误了上诉期就无权再提出上诉。刑事诉讼中，期间的耽误是客观存在的。考虑到实践中有些情况下当事人耽误期间有正当理由，因此，为了充分保护当事人的合法权益，刑事诉讼法又规定了对耽误的期间予以恢复的制度。其适用的条件是：(1)当事人耽误期间具备法定事由。即当事人耽误期间非因为主观怠慢，而是由于不可抗拒的原因或有其他正当理由。例如，发生地震、洪水、台风、火灾、战争等当事人本身无法抗拒的自然和社会现象或当事人突发疾病等特殊情况，确实无法正常实施某种诉讼行为。(2)当事人申请补救期间在法定时间内。当事人须在障碍消除的五日内向法院申请恢复期间。(3)期间的恢复由法院裁定。对于当事人恢复期间的申请，人民法院要审查其是否具备法定事由、在法定期限内提出，进而裁定是否准许当事人的申请。

第一百零七条 【送达】送达传票、通知书和其他诉讼文件应当交给收件人本人；如果本人不在，可以交给他的成年家属或者所在单位的负责人员代收。

收件人本人或者代收人拒绝接收或者拒绝签名、盖章的时候，送达人可以邀请他的邻居或者其他见证人到场，说明情况，把文件留在他的住处，在送达证上记明拒绝的事由、送达的日期，由送达人签名，即认为已经送达。

条文注解

刑事诉讼中的送达，是指人民法院、人民检察院和公安机关依照法定程序和方式，将诉讼文件送交当事人、其他诉讼参与人、有关机关和单位的诉讼活动。诉讼文件依法送达能够保障公安司法机关正确履行职责，保障当事人和其他诉讼参与人及时行使诉讼权利，保障刑事诉讼活动顺利进行。依据本条，公安司法机关送达诉讼文件首先应当采用直接送达的方式，将诉讼文件直接交给受送达人本人签收，如其不在，其同住的成年家属或所在单位负责人代为签收，亦视为直接送达。在直接送达时，如果受送达人本人或代收人拒绝签收时，则可以采用留置送达的方式，即邀请他的邻居或者其他见证人到场，说明情况，把文件留在他的住处，在送达证上记明拒绝的事由、送达的日期，由送达人签名，即认为已经送达。诉讼文件的留置送达与直接送达具有相同的法律效力。需要注意的是，调解书只能直接送达给当事人本人，而且调解书不适用留置送达。送达调解书时，如果当事人拒绝签收，视为翻悔，不能留置送达。

第九章 其他规定

第一百零八条 【有关用语的解释】本法下列用语的含意是:

(一)“侦查”是指公安机关、人民检察院对于刑事案件,依照法律进行的收集证据、查明案情的工作和有关的强制性措施;

(二)“当事人”是指被害人、自诉人、犯罪嫌疑人、被告人、附带民事诉讼的原告人和被告人;

(三)“法定代理人”是指被代理人的父母、养父母、监护人和负有保护责任的机关、团体的代表;

(四)“诉讼参与人”是指当事人、法定代理人、诉讼代理人、辩护人、证人、鉴定人和翻译人员;

(五)“诉讼代理人”是指公诉案件的被害人及其法定代理人或者近亲属、自诉案件的自诉人及其法定代理人委托代为参加诉讼的人和附带民事诉讼的当事人及其法定代理人委托代为参加诉讼的人;

(六)“近亲属”是指夫、妻、父、母、子、女、同胞兄弟姊妹。

第二编　立案、侦查和提起公诉

第一章　立　　案

第一百零九条　【立案侦查】公安机关或者人民检察院发现犯罪事实或者犯罪嫌疑人，应当按照管辖范围，立案侦查。

条文注解

本条规定的立案是刑事诉讼活动开始的标志。本条规定包含以下几层意思：

(1)立案是特定机关的职权行为。发现犯罪事实或者犯罪嫌疑人的，应当由公安机关或者人民检察院立案侦查。此外，根据本法第四条、第三百零八条的规定，国家安全机关、军队保卫部门、中国海警局和监狱在行使法律授予的侦查职权时，也有侦查立案权。

(2)立案必须按照法律规定的管辖范围进行。刑事诉讼法根据公安机关和人民检察院职能的不同，对其各自负责立案侦查的刑事案件管辖范围进行了分工。根据本法第十九条规定，一般的刑事案件，由公安机关负责立案侦查；人民检察院在对诉讼活动实行法律监督中发现的司法工作人员利用职权实施的非法拘禁、刑讯逼供、非法搜查等侵犯公民权利、损害司法公正的犯罪，可以由人民检察院立案侦查。对于公安机关管辖的国家机关工作人员利用职权实施的重大犯罪案件，需要由人民检察院直接受理的时候，经省级以上人民检察院决定，可以由人民检察院立案侦查。公安、检察机关立案侦查刑事案件，必须按照法律规定的案件管辖范围进行。

(3)立案应当根据法定条件进行。根据本条规定，侦查机关对具有以下两种情形之一的，即应立案：一是发现犯罪事实，二是发现犯罪嫌疑人，并不要求二者都具备。有关侦查机关发现犯罪事实或者犯罪嫌疑人，且在自己管辖范围内的，必须立案侦查，不得推诿、拖延。

第一百一十条　【接受立案材料】任何单位和个人发现有犯罪事实或者犯罪嫌疑人，有权利也有义务向公安机关、人民检察院或者人民法院报案或者举报。

被害人对侵犯其人身、财产权利的犯罪事实或者犯罪嫌疑人，有权向公安机关、人民检察院或者人民法院报案或者控告。

公安机关、人民检察院或者人民法院对于报案、控告、举报，都应当接受。对于不属于自己管辖的，应当移送主管机关处理，并且通知报案人、控告人、举报人；对于不属于自己管辖而又必须采取紧急措施的，应当先采取紧急措施，然后移送主管机关。

犯罪人向公安机关、人民检察院或者人民法院自首的，适用第三款规定。

条文注解

立案材料来源，是指立案阶段案件线索来源和有关案件的证据来源。依据本法第一百零九条和第一百一十条，立案材料来源于以下四个方面：(1)公安机关或人民检察院发现的犯罪事实或犯罪嫌疑人。公安机关是刑事诉讼中的侦查机关；检察机关对于依法直接受理的案件承担侦查职责。(2)单位或者个人的报案或举报。报案和举报的区别在于是否有明确的犯罪嫌疑人。报案一般针对犯罪事实的发生，往往嫌疑人并不明确；而举报的内容则不仅有犯罪事实的发生，通常还有明确的嫌疑人。(3)被害人的报案或者控告。报案和控告的区别和前述报案和举报的区别是一样的，即报案仅针对犯罪事实的发生，而控告的内容则包括犯罪事实及犯罪嫌疑人。控告和举报的内容都是向公安司法机关揭露、告发犯罪事实和犯罪嫌疑人，二者的区别在于，控告是由遭受犯罪行为直接侵害的被害人提出的，而举报一般是由与案件无直接利害关系的单位或个人提出的。(4)犯罪人的自首。刑法规定，犯罪以后自动投案，如实供述自己的罪行的是自首。犯罪人的自首是立案材料的来源之一。此外，正在被采取强制措施的犯罪嫌疑人、被告人、正在执行刑罚的罪犯如实向公安司法机关供述尚未被掌握的他的其他罪行的，也构成自首，其提供的材料也是立案材料的来源之一。

第一百一十一条 【报案、控告、举报的形式、要求及保护措施】报案、控告、举报可以用书面或者口头提出。接受口头报案、控告、举报的工作人员，应当写成笔录，经宣读无误后，由报案人、控告人、举报人签名或者盖章。

接受控告、举报的工作人员，应当向控告人、举报人说明诬告应负的法律责任。但是，只要不是捏造事实，伪造证据，即使控告、举报的事实有出入，甚至是错告的，也要和诬告严格加以区别。

公安机关、人民检察院或者人民法院应当保障报案人、控告人、举报人及其近亲属的安全。报案人、控告人、举报人如果不愿公开自己的姓名和报案、控告、举报的行为，应当为他保守秘密。

第一百一十二条 【对立案材料的处理】人民法院、人民检察院或者公安机关对于报案、控告、举报和自首的材料，应当按照管辖范围，迅速进行审查，认为有犯罪事实需要追究刑事责任的时候，应当立案；认为没有犯罪事实，或者犯罪事实显著轻微，不需要追究刑事责任的时候，不予立案，并且将不立案的原因通知控告人。控告人如果不服，可以申请复议。

条文注解

根据本法第一百一十二条，刑事立案的条件是：(1)认为有犯罪事实发生。即公安司法机关通过对立案材料的审查认为有刑法规定的构成犯罪的行为发生。至于对有犯罪事实发生的证明标准本法并未规定。鉴于立案是刑事诉讼的开始程序，侦查活动尚未开始，因而不要求案件事实清楚、嫌疑人明确，只要有初步证据证明有触犯刑法之行为发生即可。(2)需要追究刑事责任。认为有犯罪事实发生并不一定导致立案，还要具备需要追究刑事责任这一要件。刑事诉讼的目的是追诉犯罪，实现国家刑罚权。因此，虽然有犯罪事实发生，但不需要追究刑事责任的，也不能立案。依据本法第十六条规定，有下列情形之一的，依法不需要追究刑事责任，不应立案：(1)情节显著轻微、危害不大，不认为是犯罪的；(2)犯罪已过追诉时效期限的；(3)经特赦令免除刑罚的；(4)依照刑法告诉才处理的犯罪，没有告诉或者撤回告诉的；(5)犯罪嫌疑人、被告人死亡的；(6)其他法律规定免予追究刑事责任的。此外，立案机关决定立案应当符合刑事诉讼法关于管辖的规定，对不属于自己管辖范围的案件不能立案。

第一百一十三条 【立案监督】人民检察院认为公安机关对应当立案侦查的案件而不立案侦查的，或者被害人认为公安机关对应当立案侦查的案件而不立案侦查，向人民检察院提出的，人民检察院应当要求公安机关说明不立案的理由。人民检察院认为公安机关不立案理由不能成立的，应当通知公安机关立案，公安机关接到通知后应当立案。

条文注解

检察机关是国家的法律监督机关，在刑事诉讼中既承担公诉职能亦对整个刑事诉讼活动实施法律监督。立案是刑事诉讼的开始程序，当然也应当纳入检察监督的范围。依据本条，检察机关对公安机关立案监督的材料来源主要有两个方面，即自己主动发现和接受被害人的投诉。检察机关或被害人认为公安机关应当立案而不立案的，检察机关应当要求公安机关说明不立案的理由。依据相关司法解释、法规，对于人民检察院要求说明不立案理由的案件，公安机关应当在收到通知书后七日内作出书面说明，回复人民检察院。对该理由审查后，检察机关认为公安机关不立案的理由不能成立的，应当通知公安机关立案，公安机关接到通知后应当在十五日内决定立案，并将立案决定书复印件送达人民检察院。

第一百一十四条 【自诉案件的提起】对于自诉案件，被害人有权向人民法院直接起诉。被害人死亡或者丧失行为能力的，被害人的法定代理人、近亲属有权向人民法院起诉。人民法院应当依法受理。

文书范本 ▶▶ 27 刑事自诉状

刑事自诉状

自诉人：________（姓名、性别、出生年月日、民族、籍贯、职业、工作单位和职务、住址等）。

被告人：________（姓名、性别、出生年月日、民族、籍贯、职业、工作单位和职务、住址等情况，出生年月日不详者可写其年龄）。

案由：____________（被告人被控告的罪名）。

诉讼请求：____

________（写明具体的诉讼请求）。

事实与理由：____

________（被告人犯罪的时间、地点、侵害的客体、动机、目的、情节、手段及造成的后果，理由应阐明被告人构成犯罪的罪名和法律依据）。

证据和证据来源，证人姓名和住址：________________________

____

________（主要证据及其来源，证人姓名和住址。如证据、证人在事实部分已经写明，此处只需点明证据名称、证人详细住址）。

此致

________人民法院

自诉人:________
代书人:________
________年____月____日

附:本诉状副本____份。

应用指引

本诉状供刑事自诉案件起诉用。"自诉人""被告人"栏,均应写明姓名、性别、出生年月日、民族、籍贯、职业或者工作单位和职务、住址等项。对被告人的出生年月日确实不知的,可写其年龄。"案由和诉讼请求"栏,应当写明控告的罪名和具体的诉讼请求。自诉状副本的份数应当按被告人的人数提交。

文书范本 28 刑事反诉状

刑事反诉状

反诉人(本诉被告人):________(写明姓名、性别、出生年月日、民族、籍贯、职业或工作单位和职务、住址等)。

被反诉人(本诉自诉人):________(写明姓名、性别、出生年月日、民族、籍贯、职业或工作单位和职务、住址等)。

反诉请求:____________(写明追究被反诉人的刑事责任)。

事实与理由:____(写明被反诉人犯罪行为的时间、地点、手段、情节和危害后果等案件情况。要针对案情,根据法律规定和政策精神及犯罪构成原理,分析被反诉人行为的性质,说明应该如何处理)。

证人姓名和住址,其他证据名称、来源:________________(写明证明被反诉人犯罪的证据名称、件数、来源等)。

此致

________人民法院

反诉人:________
________年____月____日

附:本反诉状副本____份。

应用指引

反诉是被告人的一项诉讼权利，是在已经开始的诉讼程序中，被告向本诉的原告提出的，目的在于抵销或吞并本诉原告的诉讼请求的一种独立的反请求。因此，它具有起诉的性质。反诉状就是为反诉而使用的法律文书。

应当注意以下问题：(1)只有本诉的被告才能提起反诉，反诉的对象是本诉的原告。(2)反诉的提起必须以本诉的存在为前提条件，如果没有本诉，反诉就无从谈起。(3)反诉的目的在于吞并、抵销原告提出的诉讼请求，而且只能在一审判决前提出。(4)反诉应当向本诉人民法院提出。(5)反诉有其独立性，反诉提出之后，如果本诉撤诉，不影响反诉的继续审理。

文书范本 29 刑事答辩状

刑事答辩状

答辩人：________（写明姓名、性别、出生年月日、民族、籍贯、职业或工作单位和职务、住址等）。

答辩人因________一案，提出答辩如下：

____

____

____________________________（要针对自诉人的指控进行辩解，可写明自诉状中陈述的事实和依据的证据的不实之处，提出相反的事实和证据；可写明答辩人的行为合法，或虽违法但不犯罪；可写明自诉人起诉程序不合法，或举证不合法，或不属自诉案件范围。提出答辩理由，要实事求是，要提供证据）。

答辩请求：

____

____

____________________________（要符合法律规定，针对自诉人的诉讼请求。可列举有关法律规定，论证自己主张的正确性，请求人民法院保护自己的合法权益，主要有以下几项：

1. 要求人民法院驳回起诉；

2. 要求人民法院否定自诉人请求之一或全部；

3. 要求与自诉人和解；

4. 提出反诉请求。）

证据和证据来源：________________（写明证据的名称、件数、来源；有证人的，应写明证人的姓名、住址）。

此致

________人民法院

答辩人:________

________年____月____日

附:本答辩状副本____份。

第二章 侦 查

第一节 一般规定

第一百一十五条 【侦查的任务】公安机关对已经立案的刑事案件，应当进行侦查，收集、调取犯罪嫌疑人有罪或者无罪、罪轻或者罪重的证据材料。对现行犯或者重大嫌疑分子可以依法先行拘留，对符合逮捕条件的犯罪嫌疑人，应当依法逮捕。

条文注解

本条规定的核心内容是公安机关对已经立案的刑事案件应当开展侦查活动。“侦查”是侦查机关在办理刑事案件过程中，依法进行的专门调查工作和有关的强制性措施。侦查的目的在于收集、调取证据材料，以查清案件事实。这里所规定的“证据材料”是指能够反映案件事实的物品、文件、痕迹以及犯罪嫌疑人的口供，被害人的陈述等。这些证据材料必须通过各种侦查手段提取，以作为认定案件事实的根据，即案件证据。为了保证侦查任务的完成，本条还明确规定，对符合拘留条件的现行犯、重大嫌疑分子可以先行拘留，对于符合逮捕条件的犯罪嫌疑人，应当依法逮捕。

文书范本 30 侦查阶段诉讼权利义务告知书

侦查阶段诉讼权利义务告知书

______先生/女士：

本所接受________（性别__，身份证号码：__________________）的委托，指派我所________律师担任您的辩护人。根据我国法律规定，犯罪嫌疑人在侦查阶段的主要权利、义务如下：

权利

一、各民族公民都有用本民族语言文字进行诉讼的权利。不通晓当地通用的语言文字，有权要求配备翻译人员，有权使用本民族语言文字进行诉讼。（《中华人民共和国刑事诉讼法》第九条）

二、对侦查人员在讯问过程中侵犯公民的诉讼权利或者进行人身侵害、侮辱的行为，有权提出控告。（《中华人民共和国刑事诉讼法》第十四条）

三、对于侦查人员、鉴定人、翻译人员有下列情形之一的,当事人及其法定代理人有权申请回避:(《中华人民共和国刑事诉讼法》第二十九、第三十一条、第三十二条)

(一)是本案的当事人或者是当事人的近亲属的;

(二)本人或者他的近亲属和本案有利害关系的;

(三)担任过本案的证人、鉴定人、辩护人、诉讼代理人的;

(四)与本案当事人有其他关系,可能影响公正处理案件的。

对驳回申请回避的决定,可以申请复议一次。

四、为自己辩护的权利。(《中华人民共和国刑事诉讼法》第三十三条)

五、犯罪嫌疑人在被侦查机关第一次讯问后或者采取强制措施之日起,可以聘请律师为其提供法律咨询、代理申诉、控告。犯罪嫌疑人被逮捕的,聘请的律师可以为其申请变更强制措施。人民法院、人民检察院和公安机关收到申请后,应当在三日以内作出决定;不同意变更强制措施的,应当告知申请人,并说明不同意的理由。(《中华人民共和国刑事诉讼法》第三十四条、第九十七条)

六、犯罪嫌疑人、被告人及其法定代理人、近亲属或者辩护人对于人民法院、人民检察院或者公安机关采取强制措施法定期限届满的,有权要求解除强制措施。(《中华人民共和国刑事诉讼法》第九十八条、第九十九条)

七、有权拒绝回答与本案无关的问题,不得强迫自证其罪。(《中华人民共和国刑事诉讼法》第五十一条、第五十二条)

八、有权核对讯问笔录。犯罪嫌疑人没有阅读能力的,侦查人员应当向其宣读。如果记载有遗漏或者差错,犯罪嫌疑人可以提出补充或者改正。犯罪嫌疑人有权自行书写供述。(《中华人民共和国刑事诉讼法》第一百二十二条)

九、犯罪嫌疑人在被侦查机关第一次讯问后或者采取强制措施之日起,可以聘请律师为其提供法律咨询、代理申诉、控告。犯罪嫌疑人被逮捕的,聘请的律师可以为其申请取保候审。(《中华人民共和国刑事诉讼法》第三十四条、第九十七条)

十、有权知道用作证据的鉴定意见的内容,可以申请补充鉴定或重新鉴定。(《中华人民共和国刑事诉讼法》第一百四十八条)

十一、侦查监督部门依法讯问的权利。按照相关规定,检察院侦查监督部门审查批准逮捕期间,依法可以讯问犯罪嫌疑人,听取意见;有下列情形之一的,应当讯问犯罪嫌疑人:(《中华人民共和国刑事诉讼法》第八十八条等)

(一)对是否符合逮捕条件有疑问的;

(二)犯罪嫌疑人要求向检察人员当面陈述的;

(三)侦查活动可能有重大违法行为的;

（四）案情重大疑难复杂的；

（五）犯罪嫌疑人系未成年人的；

（六）犯罪嫌疑人是盲、聋、哑人或者是尚未完全丧失辨认或者控制自己行为能力的精神病人的。

十二、向侦查监督部门提出听取犯罪嫌疑人意见的权利。在审查批准逮捕中侦查监督部门决定对被拘留的犯罪嫌疑人不予讯问的，应当送达听取犯罪嫌疑人意见书，由犯罪嫌疑人填写后及时收回审查并附卷。侦查监督部门经审查发现应当讯问犯罪嫌疑人的，应当及时讯问。（《人民检察院刑事诉讼规则（试行）》第三百零六条）

十三、监督、控告检察员讯问合法性的权利。讯问犯罪嫌疑人时，检察人员不得少于两人，应当在看守所内进行。讯问时，检察人员应当依法告知犯罪嫌疑人的诉讼权利和义务，听取其供述和辩解，有检举揭发他人犯罪线索的，应当予以记录，并依照有关规定移送有关部门处理。

讯问犯罪嫌疑人应当制作讯问笔录，并交犯罪嫌疑人核对或者向其宣读，经核对无误后逐页签名、盖章或者捺手印并附卷。犯罪嫌疑人请求自行书写供述的，应当准许，但不得以自行书写的供述代替讯问笔录。

检察人员讯问时如果没有按照上述规定进行，犯罪嫌疑人可以要求检察人员按照规定进行或者提出控告。（《中华人民共和国刑事诉讼法》第十四条、第一百一十八条、第一百二十二条）

十四、申请检察人员回避的权利。检察人员有下列情形之一的，犯罪嫌疑人有权要求他们回避：（《中华人民共和国刑事诉讼法》第二十九条、第三十条、第三十一条）

（一）是本案的当事人或者是当事人的近亲属的；

（二）本人或者他的近亲属和本案有利害关系的；

（三）担任过本案的证人、鉴定人、辩护人、诉讼代理人的；

（四）与本案当事人有其他关系，可能影响公正处理案件的；

（五）接受当事人及其委托的人的请客送礼或者违反规定会见当事人及其委托的人。

对于驳回申请回避的决定，可以申请复议一次。

十五、对错误拘留、逮捕可获得国家赔偿的权利。（《中华人民共和国国家赔偿法》第十七条）

十六、批捕后及时接受讯问的权利。人民法院、人民检察院对于各自决定逮捕的人，公安机关对于经人民检察院批准逮捕的人，都必须在逮捕后的二十四小

时以内进行讯问。在发现不应当逮捕的时候,必须立即释放,发给释放证明。(《中华人民共和国刑事诉讼法》第九十四条)

十七、提出羁押必要性审查的权利。犯罪嫌疑人可以申请人民检察院进行羁押必要性审查。申请时应当说明不需要继续羁押的理由。有相关证据或者其他材料的,应当提供。刑事执行检察部门在收到材料后的三个工作日内决定是否立案。立案后十个工作日以内决定是否提出释放或者变更强制措施的建议。案件复杂的,可以延长五个工作。(《中华人民共和国刑事诉讼法》第九十五条)

十八、获知羁押必要性审查结果的权利。对于依申请立案审查的案件,人民检察院办结后,应当将有关结果及时书面告知申请人(所提出的建议、办案机关处理情况、有继续羁押必要的审查意见和理由);应当将所提出的建议、办案机关处理情况,或者有继续羁押必要的审查意见和理由书面告知当事人。(《中华人民共和国刑事诉讼法》第九十七条、第九十八条、第九十九条)

义务

一、对侦查人员的合法讯问,应当如实回答。(《中华人民共和国刑事诉讼法》第一百二十条)

二、依法接受拘传、取保候审、监视居住、拘留、逮捕等强制措施和人身检查、搜查、扣押、鉴定等侦查措施。(《中华人民共和国刑事诉讼法》第六十六条、第六十八条、第七十一条、第七十四条、第七十七条)

法律提示

本案所涉及的法律条文为:________________

相关的司法解释为:______________________

立案标准为:__________________________

承办律师:__________

________律师事务所(印章)

年 月 日

第一百一十六条 【预审】公安机关经过侦查,对有证据证明有犯罪事实的案件,应当进行预审,对收集、调取的证据材料予以核实。

条文注解

预审是公安机关的一项职权。侦查本质上也是一种调查,经过一系列专门的调查活动，对于有证据证明有犯罪事实的案件，公安机关有义务对收集、调取证据材料进行审查、核实，按照证据的“三性”（客观性、关联性及合法性）对证据材料进行审查，并注意区分不同证据材料证明力的大小及强弱，以此对案件进行全面、系统的了解和认识。

第一百一十七条 【申诉控告情形】当事人和辩护人、诉讼代理人、利害关系人对于司法机关及其工作人员有下列行为之一的，有权向该机关申诉或者控告：

（一）采取强制措施法定期限届满，不予以释放、解除或者变更的；

（二）应当退还取保候审保证金不退还的；

（三）对与案件无关的财物采取查封、扣押、冻结措施的；

（四）应当解除查封、扣押、冻结不解除的；

（五）贪污、挪用、私分、调换、违反规定使用查封、扣押、冻结的财物的。

受理申诉或者控告的机关应当及时处理。对处理不服的，可以向同级人民检察院申诉；人民检察院直接受理的案件，可以向上一级人民检察院申诉。人民检察院对申诉应当及时进行审查，情况属实的，通知有关机关予以纠正。

条文注解

根据本条第一款的规定，在侦查过程中享有申诉控告权的主体为：当事人、辩护人、诉讼代理人、利害关系人。本条第二款规定了对申诉控告的处理。对当事人、辩护人、诉讼代理人、利害关系人的申诉控告由侵犯其合法权益的司法机关先行处理。申诉人或者控告人对处理意见不服的，或者司法机关没有依法予以处理的，还可以向同级人民检察院提出申诉，以进一步救济自己的权益。如果案件本身就是由人民检察院直接受理的，申诉人或者控告人对处理意见不服时，可以向上一级人民检察院提出申诉。受理相关主体申诉的人民检察院也应当及时进行审查并处理。若认定申诉或者控告情况属实的，人民检察院应当通知有关机关纠正。人民检察院受理相关申诉并进行审查，增加了人民检察院对侦查行为进行监督的途径，加大了侦查监督的力度。

第二节 讯问犯罪嫌疑人

第一百一十八条 【讯问主体和地点】讯问犯罪嫌疑人必须由人民检察院或者公安机关的侦查人员负责进行。讯问的时候，侦查人员不得少于二人。

犯罪嫌疑人被送交看守所羁押以后，侦查人员对其进行讯问，应当在看守所内进行。

条文注解

本条第一款是关于讯问主体的规定。讯问犯罪嫌疑人是重要的侦查措施。讯问由享有侦查权的机关在各自的职权范围内进行,但需是侦查人员。非法定的侦查机关、法定的侦查机关非在其职权范围内,或者虽是侦查机关工作人员,但非侦查人员均不是合法、适格的讯问主体。为了确保讯问人员的人身安全,讯问程序及讯问结果的正当性,讯问时侦查人员人数不得少于二人。

本条第二款是关于被羁押犯罪嫌疑人讯问地点的规定。犯罪嫌疑人被拘留或者逮捕的,按照法律规定应送交看守所进行羁押。一旦犯罪嫌疑人被送交看守所羁押后,讯问只能在看守所内进行。即羁押后对犯罪嫌疑人进行讯问合法地点只能是看守所。

第一百一十九条 【讯问地点、时间】对不需要逮捕、拘留的犯罪嫌疑人,可以传唤到犯罪嫌疑人所在市、县内的指定地点或者到他的住处进行讯问,但是应当出示人民检察院或者公安机关的证明文件。对在现场发现的犯罪嫌疑人,经出示工作证件,可以口头传唤,但应当在讯问笔录中注明。

传唤、拘传持续的时间不得超过十二小时;案情特别重大、复杂,需要采取拘留、逮捕措施的,传唤、拘传持续的时间不得超过二十四小时。

不得以连续传唤、拘传的形式变相拘禁犯罪嫌疑人。传唤、拘传犯罪嫌疑人,应当保证犯罪嫌疑人的饮食和必要的休息时间。

条文注解

传唤,是司法机关通知诉讼当事人于指定的时间、地点到案所采取的一种措施。传唤的目的是保证刑事诉讼活动的顺利进行。传唤必须使用"传票",传票应先期送达被传唤人。受传唤人应按传票要求准时到案。无正当理由拒绝到案的,要承担法律责任。对经依法传唤而拒绝到案的犯罪嫌疑人,侦查机关可以依法采取拘传措施,强制犯罪嫌疑人到案。需要拘留或者逮捕犯罪嫌疑人的,也可以在拘传后变更强制措施。

根据本条第一款的规定,传唤的适用对象为不需要拘留或者逮捕的犯罪嫌疑人。传唤的主要目的在于要求其到指定地点接受讯问。使用传唤方式讯问犯罪嫌疑人,讯问的地点可以是犯罪嫌疑人所在市、县内的指定地点或者到他的住处。讯问时,侦查人员需要向被讯问人(即被传唤人)表明身份,出示人民检察院或者公安机关的证明文件。

侦查机关的传唤除了书面形式,还可以采用口头形式。与书面传唤不同,口头传唤采用相对简易、灵活。但是该种传唤只适用于在犯罪现场发现犯罪嫌疑人的情况。

这意味着当时的情况具有紧迫性,不及时进行讯问将贻误战机。口头传唤时,讯问人必须出示工作证件,表明身份,并且讯问也要符合其他讯问程序的相关规则。采用口头方式传唤的,应当在讯问笔录中注明。

本条第二款规定了传唤和拘传的时限。一般情况下,从犯罪嫌疑人到案时开始计算,传唤或者拘传的时间最长为十二小时。需要注意的是,本条款中延长了特殊情况下传唤和拘传的时限。特殊情况主要是指案情特别重大、复杂,需要采取拘留或者逮捕强制措施的,传唤和拘传的持续时间最长可以延长至二十四小时。

传唤和拘传都是为了进行讯问,因此只要是犯罪嫌疑人到案接受了讯问,传唤或者拘传的目的就达到了。连续传唤或者拘传不仅有悖于传唤和拘传的初衷,也侵犯了被传唤或拘传人的合法权益。所以根据本条第三款的规定,任何形式的变相拘禁都应当禁止。侦查机关有义务保障在此期间被传唤或者拘传人的基本权益。

第一百二十条 【讯问程序】侦查人员在讯问犯罪嫌疑人的时候,应当首先讯问犯罪嫌疑人是否有犯罪行为,让他陈述有罪的情节或者无罪的辩解,然后向他提出问题。犯罪嫌疑人对侦查人员的提问,应当如实回答。但是对与本案无关的问题,有拒绝回答的权利。

侦查人员在讯问犯罪嫌疑人的时候,应当告知犯罪嫌疑人享有的诉讼权利,如实供述自己罪行可以从宽处理和认罪认罚的法律规定。

条文注解

2018 年修改刑事诉讼法,为了与完善认罪认罚从宽制度和增加速裁程序相衔接,在 2012 年修改的基础上,在本条第二款中增加规定侦查人员在讯问犯罪嫌疑人的时候,应当“告知犯罪嫌疑人享有的诉讼权利”和告知“认罪认罚的法律规定”两项要求。

在该条第二款的理解适用中,还需要注意以下两个方面的问题:(1)对于侦查人员而言,在讯问时告知罪嫌疑人享有的诉讼权利,如实供述自己罪行可以从宽处理和认罪认罚的法律规定,是必须履行的法定义务。如果侦查人员在讯问时,没有履行告知义务,即违反了法律规定。(2)对于犯罪嫌疑人而言,在侦查人员告知认罪认罚的法律规定后,有选择是否认罪认罚的权利,如果其认罪认罚,既可以按照本法的有关规定,履行相应的程序之后,可以获得从宽处理。如果其拒绝认罪认罚,不影响侦查和诉讼程序正常进行,并不会因此被加重处罚。

第一百二十一条 【讯问聋、哑人的要求】讯问聋、哑的犯罪嫌疑人，应当有通晓聋、哑手势的人参加，并且将这种情况记明笔录。

第一百二十二条 【讯问笔录与书面供词】讯问笔录应当交犯罪嫌疑人核对，对于没有阅读能力的，应当向他宣读。如果记载有遗漏或者差错，犯罪嫌疑人可以提出补充或者改正。犯罪嫌疑人承认笔录没有错误后，应当签名或者盖章。侦查人员也应当在笔录上签名。犯罪嫌疑人请求自行书写供述的，应当准许。必要的时候，侦查人员也可以要犯罪嫌疑人亲笔书写供词。

条文注解

讯问笔录是对讯问过程和内容的书面记录形式。同时也是固定犯罪嫌疑人陈述的重要方式。讯问笔录要力求准确、全面，忠于犯罪嫌疑人的本意。因此，讯问结束后侦查机关应当将讯问笔录交由犯罪嫌疑人本人核对；若犯罪嫌疑人没有阅读能力，则侦查机关有义务将笔录内容向其宣读后征求其意见。犯罪嫌疑人了解笔录内容后，如果认为笔录记载有遗漏、差错，或者与自己陈述的意思不一致的，均有权提出补充或者改正。犯罪嫌疑人认为笔录没有错、漏后，应当依法在笔录中签名或者盖章。讯问犯罪嫌疑人的侦查人员也应当在笔录中签名。

第一百二十三条 【录音录像】侦查人员在讯问犯罪嫌疑人的时候，可以对讯问过程进行录音或者录像；对于可能判处无期徒刑、死刑的案件或者其他重大犯罪案件，应当对讯问过程进行录音或者录像。

录音或者录像应当全程进行，保持完整性。

条文注解

本条中应注意：(1)“可能判处无期徒刑、死刑的案件”，是指应当适用的法定刑或者量刑档次包含无期徒刑、死刑的案件。(2)“其他重大犯罪案件”，是指致人重伤、死亡的严重危害公共安全犯罪、严重侵犯公民人身权利犯罪，以及黑社会性质组织犯罪、严重毒品犯罪等重大故意犯罪案件。

第三节 询 问 证 人

第一百二十四条 【询问地点与个别询问】侦查人员询问证人，可以在现场进行，也可以到证人所在单位、住处或者证人提出的地点进行，在必要的时候，可以通知证人到人民检察院或者公安机关提供证言。在现场询问证人，应当出示工作证件，到证人所在单位、住处或者证人提出的地点询问证人，应当出示人民检察院或者公安机关的证明文件。

询问证人应当个别进行。

条文注解

询问时应当出示相关证明文件是2012年修改时新增加的内容。询问是法定主体的职权，但是作为被询问对象的证人有权利了解询问人员的身份等信息，以便更好地保护其合法权益，履行法定义务。为了保障证人的知悉权，现场询问证人时，由于事件可能具有突发性，因此只要出示工作证件，表明其合法身份即可；到证人所在单位、住处或者证人提出的地点询问时应当出示侦查机关的证明文件。

第一百二十五条 【询问前的告知】询问证人，应当告知他应当如实地提供证据、证言和有意作伪证或者隐匿罪证要负的法律责任。

条文注解

询问证人、被害人等应当首先告知其权利和义务，以便被询问人对自己的行为有正确的认知。侦查机关要为被询问人不受干扰地提供证言创造条件。为了确保证人提供证言的真实性和客观性，侦查机关在询问时不得向被询问人泄露案件信息，注意自己的言行和表达方法，保持立场的中立性。更不能使用非法方法强迫被询问人在非自愿和理性的情况下作证，包括使用暴力、威胁等非法的方法。

证人证言是案件证据的重要来源。每个证人都有如实作证的义务。刑法第三百零五条规定："在刑事诉讼中，证人、鉴定人、记录人、翻译人对与案件有重要关系的情节，故意作虚假证明、鉴定、记录、翻译，意图陷害他人或者隐匿罪证的，处三年以下有期徒刑或者拘役；情节严重的，处三年以上七年以下有期徒刑。"侦查机关在询问证人时应当明确告知被询问人两个方面的问题：一是被询问人的义务；二是违反义务的法律后果。

文书范本 31 证人权利义务告知书

证人权利义务告知书

________先生/女士：

按照有关法律规定，当您以证人身份，参与刑事诉讼活动时，有以下权利和义务：

【权利】

一、当您受到询问时，您有权要求询问人出示证件、说明情况。

二、您如果是聋、哑人，可以要求有通晓聋、哑手势的人参加询问。

三、您如果是未成年人，可以要求您的法定代理人到场。

四、当询问涉及您的个人隐私或者其他不愿公开的个人事项，您有权要求询问人保密。

五、当您因作证受到威胁，有权拒绝继续作证，并向人民检察院、公安机关申请采取措施，保障您及您的近亲属的安全。

六、您有权书面回答询问，有权阅读询问笔录，对记载有遗漏或者有误的，可以提出补充或改正。

七、对于侵犯您诉讼权利和人格侮辱的行为，有权提出控告。

【义务】

一、就您知道的案件情况，应当客观、如实地提供证据，不得作伪证或者隐匿、毁灭罪证，否则应负法律责任。

二、经您核对无误的询问记录、自行书写的证明材料，应当签名或者盖章。

三、允许询问人对您提供的不便搬运、不易保存的书证、物证，拍摄原物照片或者录像。

签名：________

年 月 日

第一百二十六条 【询问笔录与书面证言】本法第一百二十二条的规定，也适用于询问证人。

条文注解

询问笔录的制作方法和要求与讯问笔录一致。即询问过程应当由侦查人员制作询问笔录,询问结束时应将询问笔录交给被询问人核对,如果被询问人没有阅读能力,要向被询问人宣读。被询问人有权对其中记载有误之处提出修改和补正。笔录核对无误后,被询问人应当在笔录上签名或盖章,拒绝签名或盖章的,侦查人员应当在笔录上注明。询问人也应当在笔录上签名或者盖章。询问的过程同样可以根据需要进行录音和录像。被询问人可以自己要求书写相关证词,侦查机关应当允许。必要时,侦查机关也可以要求被询问人自行书写证言。

第一百二十七条 【询问被害人】询问被害人,适用本节各条规定。

第四节 勘验、检查

第一百二十八条 【勘验、检查的主体与对象】侦查人员对于与犯罪有关的场所、物品、人身、尸体应当进行勘验或者检查。在必要的时候,可以指派或者聘请具有专门知识的人,在侦查人员的主持下进行勘验、检查。

条文注解

勘验、检查是侦查机关的专门调查活动之一,因此,侦查人员有权使用这些方法。勘验、检查适用的对象为与犯罪有关的场所、物品、人身和尸体。勘验的对象为无生命客体,如场所、物品、尸体等;检查的对象为有生命客体,如人身。有些勘验、检查工作,侦查人员即可进行,但是有些勘验检查活动,比较复杂,或者需要更强的专业知识,因此,在必要的时候,侦查机关可以指派或者聘请有专门知识的人进行勘验或者检查。但是,为了确保勘验检查工作的有序性,以及能够适应整体侦查工作的需要,勘验、检查工作仍需要在侦查人员的主持和组织之下进行。

文书范本 32 鉴定/勘验/检查/提取/侦查实验申请书

鉴定/勘验/检查/提取/侦查实验申请书

申请人:________,________律师事务所律师系________涉嫌__________罪一案__________的辩护人。通信地址:______________________________联系方式:______________________________

申请事项:进行鉴定/勘验/检查/提取/侦查实验

事实和理由：

作为__________罪一案中__________的辩护人，发现本案关于____________________存在以下问题：________________为查清案件事实，确保依法公正裁判，申请人依据《中华人民共和国刑事诉讼法》__________之规定，特申请对________________进行____________。望予以准许。

此致

____

申请人：________

________律师事务所（印章）

年　月　日

应用指引

本申请书用于辩护人认为侦查机关鉴定、勘验、检查、提取或侦查实验存在遗漏或错误的情形，可向侦查机关、审查起诉机关、审判机关提交。辩护人认为侦查机关鉴定、勘验、检查、提取或侦查实验存在遗漏或错误的，可对异议部分撰写辩护意见，并与本申请书一同提交。

文书范本 33 重新做鉴定/勘验/检查/提取/侦查实验申请书

重新做鉴定/勘验/检查/提取/侦查实验申请书

申请人：________，________律师事务所律师系________涉嫌________罪一案________的辩护人。通信地址：________________联系方式：________________

申请事项：申请重新做鉴定、勘验、检查、提取、侦查实验

事实和理由：

作为________涉嫌________罪一案中犯罪嫌疑人________的辩护人，发现本案关于________________存在以下问题：________________

____

为查清案件事实，确保依法公正裁判，申请人依据《中华人民共和国刑事诉讼法》__________之规定，特申请对__________进行____________。望予以准许。

此致

____

申请人:________

________律师事务所(印章)

年 月 日

第一百二十九条 【现场保护】任何单位和个人,都有义务保护犯罪现场,并且立即通知公安机关派员勘验。

条文注解

犯罪现场,就是实施犯罪行为的地点,也包括遗留了与案件有关的痕迹和物品的一切场所。在犯罪现场的保护中,首先应当根据案件具体情况,划定犯罪现场保护范围,通过设置警戒线和告示牌的方式进行明示,除了抢救伤员、紧急排险等特殊情况外,禁止无关人员进入现场。犯罪现场的保护要遵循保持原样原则,因此,即便是进行伤员救治,紧急排险等特殊处置,原则上也不得触动现场中的痕迹、物品和尸体。确有必要必须触动现场时,应尽量避免破坏现场。负责保护现场的人民警察,应当对现场的原始情况进行拍照或者录像,包括必要时对现场的触动等情况进行记录,以便更好进行现场保全。现场保护过程中,对于可能因为自然因素或者人为因素遭到破坏的痕迹、物品和实体等采取适宜的保护措施。

第一百三十条 【持证勘验、检查】侦查人员执行勘验、检查,必须持有人民检察院或者公安机关的证明文件。

第一百三十一条 【尸体解剖】对于死因不明的尸体,公安机关有权决定解剖,并且通知死者家属到场。

条文注解

尸体解剖是进行尸体检验的一种方式。公安机关对于死因不明的尸体有决定解剖的权力,该权力的行使并不以取得死者家属同意为前提,即不管死者家属是否同意,只要公安机关认为有必要都可以决定进行尸体解剖。但是公安机关也有义务将尸体解剖的决定告知死者家属，并且在解剖时通知死者家属到场。死者家属无正当理由拒不到场或者拒绝签名、盖章的，不影响解剖，但是应当在笔录中注明。对于重大、疑难、复杂的案件，可能引起争议的案件，或者死者家属无正当理由拒不到场或者拒绝签名、盖章的案件，为确保取得良好的社会效果，公安机关在进行尸体解剖、开棺检验、死因鉴定时，应当进行全程录音录像，商请检察机关派员到场，并邀请与案件无关的第三方或者死者家属聘请的律师到场见证。

第一百三十二条 【人身检查】为了确定被害人、犯罪嫌疑人的某些特征、伤害情况或者生理状态，可以对人身进行检查，可以提取指纹信息、采集血液、尿液等生物样本。

犯罪嫌疑人如果拒绝检查，侦查人员认为必要的时候，可以强制检查。

检查妇女的身体，应当由女工作人员或者医师进行。

条文注解

应注意本条第二款特别规定了强制检查。强制检查是人身检查的一种特例，是侦查机关的一项权力。强制检查的对象仅为犯罪嫌疑人，但并非对所有的犯罪嫌疑人都需要强制检查。适用强制检查需要同时满足以下两个条件：(1)犯罪嫌疑人拒绝侦查人员进行人身检查；(2)侦查人员认为对犯罪嫌疑人的人身检查有必要。

需要说明的是，人身检查与人身搜查同为针对人身的侦查措施，但是二者仍有以下主要区别：第一，目的不同，人身检查是为了确定被害人、犯罪嫌疑人的某些生理特征和状态，搜查是为了收集可能隐藏于人身的犯罪证据；第二，主体不同，人身检查可由侦查人员或者受指派、聘请的医师进行，而搜查只能由侦查人员进行；第三，人身检查笔录可以直接作为证据使用，在人身搜查中，笔录只是侦查人员依法履行职责的记载和凭证，其本身并不用于证明案件事实，而在搜查中获取的物证、书证等则可以作为案件相关证据使用。

第一百三十三条 【勘验、检查笔录】勘验、检查的情况应当写成笔录，由参加勘验、检查的人和见证人签名或者盖章。

条文注解

勘验、检查作为专门的调查工作，是侦查机关收集案件证据的重要环节。根据法律规定勘验、检查的过程和情况需要进行记录，包括写成笔录，勘验、检查笔录是法定证据的一种，经过质证后，将成为认定案件事实的重要依据。无论是对现场、物品、人身还是对尸体的勘验、检查都应当逐项记载清楚发现相关物证的时间、地点、场景、数量、性状等，必要时可以通过绘制图样、照片、录像等其他形式更好地记载相关情况。勘验、检查笔录不认真、不仔细将使某些物证由于难以说明来源而无法作为定案的依据。为了确保勘验、检查的客观性，勘验、检查过程中需要有见证人在场。勘验、检查结束后，应当由参加勘验、检查的人和见证人在勘验、检查笔录上签名或者盖章。

第一百三十四条 【复验、复查】人民检察院审查案件的时候，对公安机关的勘验、检查，认为需要复验、复查时，可以要求公安机关复验、复查，并且可以派检察人员参加。

条文注解

复验、复查可以进一步巩固对刑事案件现场的认识，确保现场勘验、检查的系统、全面和深入。但是复验、复查毕竟要多耗费诉讼资源，因此只有在必要的情形之下才进行。需要对现场进行复验、复查的情况包括案件办理本身的原因，如案情重大、现场情况复杂的，以及侦查工作需要从现场进一步收集信息、获取证据的。同时也考虑了侦查监督工作的需要，当人民检察院审查案件时认为需要复验、复查的，也应当复验、复查。而且，也考虑了当事人诉求的问题，当当事人提出不同意见时，公安机关认为有必要复验、复查的，就可以启动复验、复查程序。条文的最后一项是概括式规定，以便适应实际办案工作中各种复杂的情形出现。

第一百三十五条 【侦查实验】为了查明案情，在必要的时候，经公安机关负责人批准，可以进行侦查实验。

侦查实验的情况应当写成笔录，由参加实验的人签名或者盖章。

侦查实验，禁止一切足以造成危险、侮辱人格或者有伤风化的行为。

条文注解

侦查实验，是为了确定与案件有关的某一事件或者某种事实在特定条件下能否发生或者怎样发生而模拟原来的条件，将该事件或事实重演或者进行试验的侦查活动。侦查实验的目的是查明案件情况。侦查实验并非是侦查程序的必经环节，只有在有必要的情况下才能使用。具体而言，侦查实验可以是为了印证下列某一情况：确定在一定条件下能否听到或者看到；确定在一定时间内能否完成某一行为；确定在什么条件下能够发生某种现象;确定在某种条件下某种行为和某种痕迹是否吻合;确定在某种条件下使用某种工具可能或者不可能留下某种痕迹;确定某种痕迹在什么条件下会发生变异;确定某种事件是怎样发生的。但是,无论怎样,如果有可能造成危害,或者有侮辱人格或者有伤风化的,则侦查实验不能进行。侦查实验的进行,就程序上而言,要经过侦查机关负责人的批准。

侦查实验笔录是对侦查实验过程、内容和结果的记载。侦查实验笔录既是侦查实验过程再现的宝贵资料,也是对侦查实验进行审查的重要依据。因此,需要认真、细致地对侦查实验过程进行记载。必要的时候,可以拍照、绘图或者录音录像作为辅助记载手段。侦查实验笔录需要由参加实验的人员签名或盖章。

第五节 搜　　查

第一百三十六条 【搜查的对象】为了收集犯罪证据、查获犯罪人,侦查人员可以对犯罪嫌疑人以及可能隐藏罪犯或者犯罪证据的人的身体、物品、住处和其他有关的地方进行搜查。

条文注解

搜查,是指侦查人员对与犯罪有关的人员或其他相关对象进行的搜索、查验的侦查活动。根据本条规定,搜查的直接目的在于收集犯罪证据,查获犯罪人。有权实施搜查的主体为侦查人员。搜查的对象为犯罪嫌疑人和案件有关的客体,包括可能隐藏罪犯或者犯罪证据的人的身体、物品、住处和其他有关的地方,但是依法免受搜查的地方除外,如《外交特权与豁免条例》第四条第二款就明确规定:使馆的馆舍、设备及馆舍内其他财产和使馆交通工具免受搜查。

第一百三十七条 【协助义务】任何单位和个人,有义务按照人民检察院和公安机关的要求,交出可以证明犯罪嫌疑人有罪或者无罪的物证、书证、视听资料等证据。

条文注解

根据本条规定,协助侦查机关获取证据材料义务的主体是不特定的单位和个人。这就意味着凡是知道、了解相关案件情况的单位和个人,凡是持有有助于查清案件事实的物证、书证、视听资料等证据材料的单位和个人均应当积极履行该项义务,向侦查机关交出相关材料。本条中规定的相关证据材料不仅包括能够证明犯罪嫌疑人的行为构成犯罪的证据材料,还包括证明其罪轻、从轻、减轻或者免除处罚的证据材料。而对于持有与案件相关的证据材料,又拒不交出的,侦查机关可以依法对其住处或者人身进行搜查,隐匿重要证据情节严重的,依法予以处罚。

第一百三十八条 【搜查证】进行搜查,必须向被搜查人出示搜查证。

在执行逮捕、拘留的时候,遇有紧急情况,不另用搜查证也可以进行搜查。

条文注解

搜查证是表明侦查人员搜查合法性的唯一有效凭证。一般情况下,侦查机关进行搜查应当持有搜查证,且在搜查的时候需要向被搜查人出示搜查证。因此,通常情况下,任何公民均有权拒绝无证搜查。执行搜查的侦查人员不得少于二人。

本条第二款是关于无证搜查的规定。无证搜查只适用于执行逮捕、拘留时,并遇到紧急情况的条件下。如可能随身携带凶器的;可能隐藏爆炸、剧毒等危险物品的;可能隐匿、毁弃、转移犯罪证据的;可能隐匿其他犯罪嫌疑人的;以及其他突然发生的紧急情况。但是搜查后,仍应当及时报告,补办搜查证。亦即,即便是无证搜查,并非意味着自始至终均无搜查证,而是仅指搜查的当时因情况紧急来不及办理搜查证。

第一百三十九条 【搜查要求】在搜查的时候,应当有被搜查人或者他的家属,邻居或者其他见证人在场。

搜查妇女的身体,应当由女工作人员进行。

条文注解

搜查是对特定地点或者人身的搜索和检查,为了确保搜查程序和结果的客观性,需要有见证人在场。这既是一种必要的监督方式,同时也是增加搜查公信力必不可少的环节。搜查中的见证人要么是被搜查人信任的人,要么是与案件无牵连的中立的第三方,在侦查机关搜查的时候在场。

第一百四十条 【搜查笔录】搜查的情况应当写成笔录,由侦查人员和被搜查人或者他的家属,邻居或者其他见证人签名或者盖章。如果被搜查人或者他的家属在逃或者拒绝签名、盖章,应当在笔录上注明。

第六节 查封、扣押物证、书证

第一百四十一条 【查封、扣押的对象】在侦查活动中发现的可用以证明犯罪嫌疑人有罪或者无罪的各种财物、文件,应当查封、扣押;与案件无关的财物、文件,不得查封、扣押。

对查封、扣押的财物、文件,要妥善保管或者封存,不得使用、调换或者损毁。

条文注解

查封、扣押物证、书证是刑事诉讼的侦查措施。其并不必然附属于勘验和搜查行为,因而本条在表述的时候,将该种侦查行为的使用时间进一步扩展为"在侦查活动中"。查封、扣押物证、书证是侦查机关依法强制封存、扣留与案件有关的财物、文件的侦查行为。只要是在侦查活动中发现的,对于案件有证明作用的财物和文件,都属于该种侦查行为的适用对象。因此本条款在表述查封、扣押对象时将原来的"物品和文件"改为"财物和文件",即在原来的基础上将财产纳入该种侦查行为的适用范围。

侦查机关查封、扣押财物和文件的基本原则是"与案件有关",并不局限于有罪证据,能够证明犯罪嫌疑人无罪、罪轻、从轻、减轻或者免除处罚的财物和文件也属于"与案件有关"的范围。对于不能立即查明是否与案件有关的可疑的文件、资料和其他物品,财产也可以扣押,但是应当及时审查。经查明确实与案件无关的,应当及时退还。另外,对于在侦查活动中发现的违禁品,不管是否与案件有关,侦查机关均有权查封、扣押。查封、扣押物证、书证作为一种侦查行为,其必然是以国家强制力为后盾的。因此当遇到财物、文件持有人拒绝交出时,侦查机关有权强制查封、扣押。

侦查机关查封、扣押的财物和文件是重要的案件证据材料,往往需要随案移送或者备查。对于属于其他合法持有人的财物和文件,还涉及返还等问题。由于查封、扣押的财物和文件从法理的角度上而言属于特定物,而非种类物,因此一旦灭失或者损毁将无法弥补。另外,侦查机关查封、扣押措施对于特定财物和文件而言只是一种暂时性的保全和固定方式,因此,使用、调换或者毁损都将是对法定物权的侵害。妥善保管或者封存,严禁使用、调换或者毁损查封、扣押的财物和文件是侦查机关的法定义务。

第一百四十二条 【查封、扣押清单】对查封、扣押的财物、文件,应当会同在场见证人和被查封、扣押财物、文件持有人查点清楚,当场开列清单一式二份,由侦查人员、见证人和持有人签名或者盖章,一份交给持有人,另一份附卷备查。

条文注解

查封、扣押财物和文件需要制作清单，由实施查封、扣押行为的侦查人员会同在场见证人和被查封、扣押财物的持有人共同查验清楚，当场开列清单，写明财物或者文件的名称、型号、规格、数量、重量、质量、颜色、新旧程度和缺损特征等，由侦查人员、见证人和持有人签名或者盖章，一份交给持有人，另一份附卷备查。如果持有人拒绝签名或者盖章的，应当在扣押物品清单上记明。对于查封、扣押的金银珠宝、文物、名贵字画、违禁品以及其他不易辨别真伪的贵重物品，应当当场密封，并由扣押人员、见证人和被扣押物品持有人在密封材料上签名或者盖章。对于应当扣押但是不便提取的物品，经拍照或者录像后，可以交被扣押物品持有人保管，并且单独开具扣押物品清单一式二份，在清单上注明该物品已经拍照或者录像，物品持有人应当妥善保管，不得转移、变卖、毁损，由侦查人员、见证人和持有人签名或者盖章，一份交给物品持有人，另一份连同照片或者录像带附卷备查。

第一百四十三条 【扣押邮件电报】侦查人员认为需要扣押犯罪嫌疑人的邮件、电报的时候，经公安机关或者人民检察院批准，即可通知邮电机关将有关的邮件、电报检交扣押。

不需要继续扣押的时候，应即通知邮电机关。

条文注解

基于侦查犯罪的需要，侦查人员对犯罪嫌疑人的邮件、电报、电子邮件有权通知邮电部门或者网络服务单位检交扣押。但是必须经过法定程序，需要由公安机关或者人民检察院批准。犯罪嫌疑人的邮件、电报、电子邮件既包括其犯罪嫌疑人作为发件人的，也包括其作为收件人的。但是当对被扣押的邮件、电报、电子邮件不需要继续扣押的时候，应当及时通知有关机关解除扣押。“不需要继续扣押的时候”主要是指邮件、电报、电子邮件所涉及的有关情况已经查清，该邮件、电报、电子邮件不再作为证据使用。

第一百四十四条 【查询、冻结财产】人民检察院、公安机关根据侦查犯罪的需要，可以依照规定查询、冻结犯罪嫌疑人的存款、汇款、债券、股票、基金份额等财产。有关单位和个人应当配合。

犯罪嫌疑人的存款、汇款、债券、股票、基金份额等财产已被冻结的，不得重复冻结。

条文注解

查询、冻结是侦查机关查明犯罪嫌疑人财产的一种手段。查询和冻结是侦查机关职权中的一部分,是一种侦查措施。但是,仅仅侦查机关单方面的努力是难以完成任务的,侦查机关需要有关单位和个人的配合。因此,2012 年特别增加了有关单位和个人对侦查机关查询和冻结侦查行为的配合义务。有关单位包括银行、其他金融机构、有关机关等。若犯罪嫌疑人的存款、汇款、债券、股票、基金份额等财产已被冻结的,不得重复冻结。

第一百四十五条 【查封、扣押、冻结的解除】对查封、扣押的财物、文件、邮件、电报或者冻结的存款、汇款、债券、股票、基金份额等财产,经查明确实与案件无关的,应当在三日以内解除查封、扣押、冻结,予以退还。

第七节 鉴　　定

第一百四十六条 【鉴定的启动】为了查明案情,需要解决案件中某些专门性问题的时候,应当指派、聘请有专门知识的人进行鉴定。

条文注解

鉴定的目的是解决案件中专门性问题。根据法律规定和司法实践经验,侦查机关常用的专门性鉴定包括:(1)法医类鉴定,包括法医病理鉴定、法医临床鉴定、法医精神病鉴定(即对人的精神状态、责任能力进行鉴别判断的活动)、法医物证鉴定(即对与案件有关的尸体、人身、分泌物、排泄物、胃内物、毛发等进行鉴别判断的活动)和法医毒物鉴定。(2)物证类鉴定,包括文书鉴定、痕迹鉴定(即对指纹、脚印、字迹、弹痕等进行的鉴别判断活动)和微量鉴定。(3)声像资料鉴定,包括对录音带、录像带、磁盘、光盘、图片等载体上记录的声音、图像信息的真实性、完整性及其所反映的情况过程进行的鉴定和对记录的声音、图像中的语言、人体、物体作出种类或者同一认定。(4)环境损害司法鉴定,包括污染物性质鉴别、地表水和沉积物环境损害鉴定、空气污染环境损害鉴定、土壤与地下水环境损害鉴定等。此外,把握办理案件的需要,有的案件还需进行会计鉴定(即对账目、表册、单据、发票、支票等书面材料进行的鉴别判断活动)、技术问题鉴定(即对涉及工业、交通、建筑等方面的科学技术进行鉴别判断活动)等。

第一百四十七条 【鉴定的程序与要求】鉴定人进行鉴定后，应当写出鉴定意见，并且签名。

鉴定人故意作虚假鉴定的，应当承担法律责任。

条文注解

鉴定人，是指取得鉴定人资格，在鉴定机构中从事法医类、物证类、声像资料、司法会计鉴定以及心理测试等工作的专业技术人员。鉴定人应当依法履行下列义务：严格遵守法律、法规和鉴定工作规章制度；保守案件秘密；妥善保管送检的检材、样本和资料；接受委托单位与鉴定有关问题的咨询；出庭接受质证；法律、法规规定的其他义务。只有出现鉴定人"故意作虚假鉴定"的情况时，才应当对其追究法律责任，这是因为鉴定人故意作虚假鉴定已经严重违反了鉴定人的法定义务。鉴定人故意作虚假鉴定，构成伪证罪、受贿罪等犯罪的，依法追究刑事责任；尚不够刑事处罚的，依法予以行政处分。

第一百四十八条 【鉴定意见的告知及异议】侦查机关应当将用作证据的鉴定意见告知犯罪嫌疑人、被害人。如果犯罪嫌疑人、被害人提出申请，可以补充鉴定或者重新鉴定。

条文注解

侦查机关有将作为证据的鉴定意见告知犯罪嫌疑人和被害人的义务。该项义务主要是为了确保当事人知情权的实现，并以此为基础更好地制定诉讼策略。履行该项义务的主体是侦查机关；义务的内容是告知拟作为证据使用的鉴定意见，若虽然经过鉴定，但是侦查机关并不打算将该鉴定意见用于诉讼证明，则无须告知当事人。告知的对象是犯罪嫌疑人和被害人。被害人死亡或者没有诉讼行为能力的，应当告知其法定代理人、近亲属或诉讼代理人。

重新鉴定和补充鉴定有两种启动方式：一种启动方式为依申请。犯罪嫌疑人、被害人及其近亲属或者诉讼代理人有申请重新鉴定和补充鉴定的权利。他们可以向侦查机关提出重新鉴定和补充鉴定的申请，经侦查机关负责人同意后，可以开展重新鉴定或者补充鉴定，但是费用需要由申请人负担。另一种启动方式为依职权。

办案部门或者侦查人员认为鉴定意见本身存在疏漏或者鉴定程序存在问题的，经县级以上侦查机关负责人批准，应当补充鉴定或者重新鉴定。并且依照刑事诉讼法的规定，人民检察院在对侦查工作进行监督的过程中，如果对鉴定意见有疑问，也可以要求侦查机关重新鉴定或者补充鉴定。为了确保重新鉴定或者补充鉴定基本的中立性立场,侦查机关需要重新指派或者聘请鉴定人进行鉴定。曾经参与过先前鉴定工作的人员应当回避。

文书范本 34 补充鉴定申请书

补充鉴定申请书

申请人:________,________律师事务所律师系________涉嫌__________罪一案__________的辩护人。通信地址:____________________________________

联系方式:______________________________

申请事项:申请补充鉴定

事实和理由:

作为___________罪一案中____________的辩护人,发现本案关于____________________________存在以下问题:______________________

为查清案件事实,依法公正裁判,特申请对___________________________进行补充鉴定。望予以准许。

此致

____

申请人:________

________律师事务所(印章)

年 月 日

应用指引

《公安机关鉴定规则》第四十二条规定:“对有关人员提出的补充鉴定申请,经审查,发现有下列情形之一的,经县级以上公安机关负责人批准,应当补充鉴定:(一)鉴定内容有明显遗漏的;(二)发现新的有鉴定意义的证物的;(三)对鉴定证物有新的鉴定要求的;(四)鉴定意见不完整,委托事项无法确定的;(五)其他需要补充鉴定的情形。经审查,不存在上述情形的,经县级以上公安机关负责人批准,作出不准予补充鉴定的决定,并在作出决定后三日以内书面通知申请人。”因此,辩护人如发现原鉴定出现如上问题的,可申请补充鉴定。

第一百四十九条 【精神病鉴定的期间】对犯罪嫌疑人作精神病鉴定的期间不计入办案期限。

条文注解

司法精神病鉴定属于法医类鉴定，是应用精神病学技术，以国家法律和有关规定为准则，协助公安和司法部门，解决案件审理中有关精神病学问题的措施。刑事案件中，精神疾病司法鉴定包括：确定被鉴定人是否患有精神疾病，患何种精神疾病，实施危害行为时的精神状态，精神疾病和所实施危害行为之间的关系，以及有无刑事责任能力；确定被鉴定人在诉讼过程中的精神状态以及有无诉讼能力；确定被鉴定人在服刑期间的精神状态以及对应当采取的法律措施的建议。司法精神病鉴定是一个复杂的过程。司法精神病鉴定的结果有可能直接影响刑事追诉活动是否继续进行。

需要注意的是，只有依法进行的精神病鉴定不计入办案期限，进行其他鉴定的，依然要计入办案期限内。如果因为鉴定期限过长，导致办案期限届满仍不能终结的案件，也不能因此作为延长羁押期限的理由，而是应当及时对被羁押的犯罪嫌疑人或者被告人变更强制措施，改为取保候审或者监视居住。

第八节　技术侦查措施

第一百五十条 【技术侦查措施的范围和批准手续】公安机关在立案后，对于危害国家安全犯罪、恐怖活动犯罪、黑社会性质的组织犯罪、重大毒品犯罪或者其他严重危害社会的犯罪案件，根据侦查犯罪的需要，经过严格的批准手续，可以采取技术侦查措施。

人民检察院在立案后，对于利用职权实施的严重侵犯公民人身权利的重大犯罪案件，根据侦查犯罪的需要，经过严格的批准手续，可以采取技术侦查措施，按照规定交有关机关执行。

追捕被通缉或者批准、决定逮捕的在逃的犯罪嫌疑人、被告人，经过批准，可以采取追捕所必需的技术侦查措施。

条文注解

本条第一款是关于公安机关适用技术侦查措施案件范围的规定。根据本条款的规定，公安机关有权适用技术侦查措施的案件为：危害国家安全犯罪、恐怖活动犯罪、黑社会性质的组织犯罪、重大毒品犯罪或者其他严重危害社会的犯罪案件。技术侦查措施是专门的刑事侦查措施。技术侦查是发现、控制和防范隐蔽的犯罪活动、获取犯罪证据必不可少的重要手段。技术侦查措施要遵循严格的法定主义原则，只能在刑事案件立案之后才能适用。并且根据刑事诉讼中的比例原则，该项措施只能在确有必要的情况下采用。为了更好地规范技术侦查措施，侦查机关采用技术侦查措施需要经过严格的审批手续。

本条第二款是关于检察机关可以采取技术侦查措施的案件范围及程序的规定。2018 年修改刑事诉讼法对本款作了修改，删去了人民检察院对"重大的贪污、贿赂犯罪案件"可以采取技术侦查措施的规定。本款规定包括以下五个方面的内容：(1)人民检察院采取技术侦查措施必须是在立案以后。(2)人民检察院可以采取技术侦查措施的案件范围是利用职权实施的严重侵犯公民人身权利的重大犯罪案件。这里规定的"利用职权实施的严重侵犯公民人身权利的重大犯罪案件"，是指本法第十九条规定的人民检察院直接立案侦查的案件中"利用职权实施的严重侵犯公民人身权利的重大犯罪案件"，即人民检察院在对诉讼活动实行法律监督中发现的司法工作人员利用职权实施的非法拘禁、刑讯逼供、非法搜查等侵犯公民权利、损害司法公正的犯罪中"严重侵犯公民人身权利的重大犯罪"。(3)人民检察院对上述案件是否采取技术侦查措施要"根据侦查犯罪的需要"。(4)要经过严格的批准手续。(5)对本款规定的案件采取技术侦查措施，要按照规定交有关机关执行，检察机关不能自己执行。

本条第三款是关于追捕所必需的技术侦查措施的规定。刑事诉讼中，为了满足追捕被通缉的，或者批准、决定逮捕的在逃的犯罪嫌疑人、被告人的需要，经过严格的审批手续，技术侦查措施也可以用于追捕工作。根据追捕工作的需要，本款没有对涉嫌犯罪的种类作出规定。本款所称"批准"，主要是指侦查机关负责人批准。此种情形下的技术侦查措施的执行主体也是公安机关。

第一百五十一条 【技术侦查措施期限】批准决定应当根据侦查犯罪的需要，确定采取技术侦查措施的种类和适用对象。批准决定自签发之日起三个月以内有效。对于不需要继续采取技术侦查措施的，应当及时解除；对于复杂、疑难案件，期限届满仍有必要继续采取技术侦查措施的，经过批准，有效期可以延长，每次不得超过三个月。

条文注解 ▶▶

批准适用技术侦查措施必须根据侦查犯罪的实际需要，并且严格贯彻侦查行为的比例原则，仅当必要且必须，并履行严格的审批手续后才能适用。批准适用技术侦查措施的决定中必须载明技术侦查措施的具体种类、适用对象和期限。一个批准适用技术侦查措施的决定有效期为三个月，自签发之日起有效。虽然如此，但并不意味着，批准适用之后，一定要用到批准决定书失效时为止，在三个月期间内，如果认为已经不需要继续采取技术侦查措施的，包括案件情况发生变化不再符合适用技术侦查措施的条件，或者已经取得相关证据，无须继续采用技术侦查手段的，均应当及时解除技术侦查措施。

第一百五十二条 【技术侦查措施的执行和保密义务】采取技术侦查措施，必须严格按照批准的措施种类、适用对象和期限执行。

侦查人员对采取技术侦查措施过程中知悉的国家秘密、商业秘密和个人隐私，应当保密；对采取技术侦查措施获取的与案件无关的材料，必须及时销毁。

采取技术侦查措施获取的材料，只能用于对犯罪的侦查、起诉和审判，不得用于其他用途。

公安机关依法采取技术侦查措施，有关单位和个人应当配合，并对有关情况予以保密。

条文注解

本条第一款是关于严格执行技术侦查措施的规定。通常而言，技术侦查措施以实施对象为标准可以分为三类：(1)以犯罪嫌疑人的通信工具为实施对象的技术侦查措施，如电话侦听、网络侦控等；(2)以人为实施对象的技术侦查措施，如秘密跟踪、密拍密录等；(3)以物为实施对象的技术侦查措施，如秘密搜查、秘密检查等。由于技术侦查措施具有特殊性，因此需要严格遵循重罪、必要、特定和书面许可的原则。严格按照审批的种类、对象和期限执行，禁止任意泛化适用和扩展适用。

本条第二款是关于侦查人员保密义务的规定。在适用技术侦查措施的过程中，侦查人员不可避免地会了解到一些不宜公开的秘密，他们对于因此而知晓的国家秘密、商业秘密和个人隐私均应当严格保密，禁止泄露。对于因采用技术侦查措施而取得的与案件无关的信息和资料，为了防止泄密及侵犯隐私权，侦查人员也应当及时进行销毁处理。

本条第三款是关于采用技术侦查手段获取材料使用范围的规定。技术侦查措施是刑事侦查程序中的专门调查方法，运用该种侦查方法是为了查明案件情况的需要。因此，对于采用该种方式而获取的相关资料，只能用于刑事追诉，即对犯罪的侦查、起诉和审判，而严禁用于其他诸如行政管理、民事纠纷调处解决、商业事务等用途。

本条第四款是关于有关单位和个人的配合及保密义务的规定。虽然技术侦查措施是侦查中的专门调查方法，但是这些方法的运用往往需要有相关的专门行业、领域和个人进行配合才能实施，如电话运营商、网络服务商等。相关单位和个人负有配合义务。同时，他们对于在与侦查机关配合过程中知悉的一些情况，也要负责保密，否则将影响技术侦查措施采用的效果，进而影响证据的取得和犯罪的追诉。

第一百五十三条 【隐匿身份侦查、控制下交付】为了查明案情，在必要的时候，经公安机关负责人决定，可以由有关人员隐匿其身份实施侦查。但是，不得诱使他人犯罪，不得采用可能危害公共安全或者发生重大人身危险的方法。

对涉及给付毒品等违禁品或者财物的犯罪活动，公安机关根据侦查犯罪的需要，可以依照规定实施控制下交付。

条文注解

本条第一款是关于隐匿身份实施侦查的规定。本款规定了以下内容：(1)“为了查明案情，在必要的时候”可以隐匿身份实施侦查。这是采取隐匿身份实施侦查的条件。其中“为了查明案情”是隐匿身份实施侦查的目的条件；“在必要的时候”是指在采取其他的侦查手段难以获取犯罪证据的情况下。由于隐匿侦查具有危险性，如可采取其他侦查手段取证的，不应采取该种侦查方式。“隐匿身份”是指隐匿其有关侦查的身份。实践中，这种侦查手段主要是用于侦查毒品犯罪、有组织犯罪等。(2)规定了实施隐匿身份侦查要“经公安机关负责人决定”。也就是说，批准权由县级以上各级公安机关负责人行使。这种侦查不同于技术侦查，不涉及公民有关权利，且这种化装侦查，从侦查人员安全角度考虑，知道的人越少越好。因此，本款规定由公安机关负责人批即可。(3)实施隐匿身份侦查的主体是有关人员。“有关人员”，既包括公安机关的侦查人员，也包括侦查机关指派的适宜进行隐匿身份实施侦查的其他人员。(4)在实施隐匿身份侦查过程中，不得诱使他人犯罪，不得采取可能危害公共安全或者发生重大人身危险的方法。“不得诱使他人犯罪”，主要是指不得诱使他人产生犯罪意图。“不得采用可能危害公共安全或者发生重大人身危险的方法”，是指实施隐匿身份侦查，打入犯罪集团内部，不可避免地要与犯罪分子一起实施一些违法犯罪行为，以获取犯罪分子的信任，从而获取犯罪证据，但参与违法犯罪行为有个界限，就是不得危害公共安全，不得造成他人重大的人身危险。

本条第二款是关于控制下交付的规定。控制下交付主要是指侦查机关在发现非法或可疑交易的物品后，在对物品进行秘密监控的情况下，允许非法或可疑物品继续流转，从而查明参与该项犯罪的人员，彻底查明该案件。根据本款规定，实施控制下交付主要是针对涉及给付毒品等违禁品或者财物的犯罪活动。实践中主要是在侦破诸如毒品、走私、假币等犯罪中使用。是否实施控制下交付,应当由侦查机关根据侦查犯罪的需要决定。

第一百五十四条 【证据转化】依照本节规定采取侦查措施收集的材料在刑事诉讼中可以作为证据使用。如果使用该证据可能危及有关人员的人身安全,或者可能产生其他严重后果的,应当采取不暴露有关人员身份、技术方法等保护措施,必要的时候,可以由审判人员在庭外对证据进行核实。

条文注解

技术侦查措施是法定的侦查手段,因此依法采用技术侦查措施收集的材料能够在刑事诉讼中作为证据使用。但是,由于技术侦查措施本身具有隐秘性,采用该种手段所获得的证据一般是通过其他公开途径不易获得或者不能获得的材料。也正是因此,这样的资料如果公开使用可能多有不便,甚至可能会危及相关人员的人身安全或者产生其他严重后果。如果存在这样的危险性,在使用相关证据材料时应当注意采取相应的保护措施,不暴露有关人员的身份,获取证据的技术方法等。必要的时候,可以不在法庭上审查核实证据,而是由审判人员在庭外对证据进行核实。

第九节 通 缉

第一百五十五条 【通缉】应当逮捕的犯罪嫌疑人如果在逃,公安机关可以发布通缉令,采取有效措施,追捕归案。

各级公安机关在自己管辖的地区以内,可以直接发布通缉令;超出自己管辖的地区,应当报请有权决定的上级机关发布。

条文注解

通缉适用于应当逮捕的犯罪嫌疑人在逃的,以及越狱逃跑的犯罪嫌疑人、被告人或者罪犯。有权发布通缉令的机关为县级以上的公安机关,其他任何机关、团体、单位、组织和个人都无权发布。人民检察院在办理自侦案件过程中,需要追捕在逃的犯罪嫌疑人时,经检察长批准,有权作出通缉决定,但仍需交由公安机关发布通缉令。有权发布通缉令的机关只能在自己管辖的区域范围内直接发布通缉令,一旦超出自己管辖的地区,则应当报请有权决定的上级机关发布。

第十节 侦 查 终 结

第一百五十六条 【一般侦查羁押期限及其延长】对犯罪嫌疑人逮捕后的侦查羁押期限不得超过二个月。案情复杂、期限届满不能终结的案件,可以经上一级人民检察院批准延长一个月。

条文注解

本条中所讲的侦查羁押期限,是指犯罪嫌疑人被逮捕之后剥夺人身自由的期限。我国刑事诉讼法对刑事案件的侦办时间并无严格的规定,这与刑事案件的难易、复杂程度差异有关。但是不能因为刑事案件的侦办就长时间地剥夺或者限制犯罪嫌疑人的人身自由,这有损于犯罪嫌疑人的基本人权。但是规定了侦查羁押期限并不意味着限定侦查程序必须在此时间段内完成,法定侦查羁押期限届满后,侦查机关仍可以继续侦查,只是不能再对犯罪嫌疑人采用羁押性的强制措施,可以变更为取保候审、监视居住等非羁押性的强制措施。为此,刑事诉讼法中特别对逮捕后的侦查羁押期限进行了限定。逮捕后对犯罪嫌疑人的侦查羁押期限一般最长为二个月。期限届满,不能侦查终结的,需要由侦查机关的上一级检察机关批准延长,可以延长一个月。检察系统逐级上报申请延长即可,公安机关,则需要先履行内部审批手续,并在期限届满前七日书面呈报延长羁押期限案件的主要案情和延长羁押期限的具体理由于侦查机关同级的检察机关,并由该检察机关报送上一级检察机关审批延长。

第一百五十七条 【特殊侦查羁押期限】因为特殊原因,在较长时间内不宜交付审判的特别重大复杂的案件,由最高人民检察院报请全国人民代表大会常务委员会批准延期审理。

条文注解

本条所讲的"特殊原因",是指关系国家政治、外交等方面,涉及整个国家安全、利益的重大问题,此类案件不能随意扩大解释。此种情形是较为特殊的情况,不仅要具备特殊原因,并且要由于特殊原因导致案件较长时间不适宜交付审判,同时,案件还应具有特别重大复杂的特点。以上三个条件同时具备时,由最高人民检察院报请全国人民代表大会常委会批准可以延期审理。

第一百五十八条 【重大复杂案件侦查羁押期限的延长】下列案件在本法第一百五十六条规定的期限届满不能侦查终结的，经省、自治区、直辖市人民检察院批准或者决定，可以延长二个月：

（一）交通十分不便的边远地区的重大复杂案件；

（二）重大的犯罪集团案件；

（三）流窜作案的重大复杂案件；

（四）犯罪涉及面广，取证困难的重大复杂案件。

条文注解

刑事诉讼法第一百五十六条规定，一般情况下，对犯罪嫌疑人逮捕后的侦查羁押期限不得超过二个月。但是案情复杂、期限届满不能终结的案件，可以经上一级人民检察院批准延长一个月，此乃第一次延长侦查羁押期限。但是实践中，有些刑事案件错综复杂，当遇有交通十分不便的边远地区的重大复杂案件、重大的犯罪集团案件、流窜作案的重大复杂案件犯罪，以及犯罪涉及面广，取证困难的重大复杂的案件时，侦查机关可以再次申请延长逮捕后的侦查羁押期限。对于第二次延长侦查羁押期限有审批权的是省、自治区、直辖市人民检察院，再次延长的期限最长为二个月。

第一百五十九条 【重刑案件侦查羁押期限的延长】对犯罪嫌疑人可能判处十年有期徒刑以上刑罚，依照本法第一百五十八条规定延长期限届满，仍不能侦查终结的，经省、自治区、直辖市人民检察院批准或者决定，可以再延长二个月。

条文注解

通常情况下，按照罪刑法定原则，罪行和刑罚是成正比的。根据我国刑法的相关规定，如果犯罪嫌疑人涉嫌的罪名可能判处十年以上有期徒刑，则属于罪行较严重的类型。案件中出现错综复杂情况的可能性也大大增加，为此，如果依照刑事诉讼法的规定，经过两次延长侦查羁押期限后，仍不能侦查终结的，公安机关侦查的案件，以及基层人民检察院和州、市人民检察院直接立案侦查的案件，经省、自治区、直辖市人民检察院批准，省级人民检察院直接立案侦查的案件可以直接决定，再延长侦查羁押期限二个月，此乃逮捕后侦查羁押期限的第三次延长。需要注意的是，根据刑事诉讼法的原则和精神，每次侦查期限延长的时限“二个月”为可以延长的最长时限，并不意味着每次必须延长到“二个月”，审批机关可以根据案件的情况决定延长的具体期限。

本条中“可能判处十年有期徒刑以上刑罚”是指根据犯罪嫌疑人的主要犯罪行为

及已取得的证据,依照刑法的规定,可能被判处十年有期徒刑以上刑罚。“依照本法第一百五十八条规定延长期限届满”,是指除本法第一百五十六条规定的一般案件二个月,经上一级人民检察院批准可以延长一个月共三个月以外,又依照第一百五十八条的规定再延长二个月的基础上,对“可能判处十年有期徒刑以上刑罚”的,可以再延长二个月,此类案件对犯罪嫌疑人逮捕后的侦查羁押期限最长为七个月。

第一百六十条 【侦查羁押期限计算的两种特殊情形】在侦查期间,发现犯罪嫌疑人另有重要罪行的,自发现之日起依照本法第一百五十六条的规定重新计算侦查羁押期限。

犯罪嫌疑人不讲真实姓名、住址,身份不明的,应当对其身份进行调查,侦查羁押期限自查清其身份之日起计算,但是不得停止对其犯罪行为的侦查取证。对于犯罪事实清楚,证据确实、充分,确实无法查明其身份的,也可以按其自报的姓名起诉、审判。

条文注解

本条第一款是关于重新计算逮捕后侦查羁押期限的规定。本条款中的“另有重大罪行”是指与逮捕时的罪行不同种类的重大犯罪,或者虽然种类相同,但将影响罪名认定、量刑档次的重大犯罪。侦查机关在侦查期间发现犯罪嫌疑人另有重大罪行的,自发现之日起按照刑事诉讼法第一百五十六条的规定重新计算逮捕后的侦查羁押期限。

本条第二款是关于特殊情况下逮捕后侦查羁押期限起算点的规定。侦查过程中,首先要搞清楚的就是犯罪嫌疑人的身份信息,只有这样才能准确查明犯罪嫌疑人涉嫌罪行的情况。当犯罪嫌疑人不讲真实姓名、住址,身份不明时,侦查羁押期限从查清犯罪嫌疑人身份之日起计算。同时,侦查机关也要积极对犯罪嫌疑人的身份进行调查,但是侦查机关不得因为犯罪嫌疑人的身份问题停止对其涉嫌犯罪行为的调查工作。犯罪嫌疑人的身份不明不影响对他的起诉和审判。当案件达到侦查终结的条件——犯罪事实清楚,证据确实充分时,侦查机关可以按照其自己报告的姓名移送起诉和审判。

第一百六十一条 【辩护律师意见听取】在案件侦查终结前,辩护律师提出要求的,侦查机关应当听取辩护律师的意见,并记录在案。辩护律师提出书面意见的,应当附卷。

条文注解

根据刑事诉讼法第三十四条的规定,犯罪嫌疑人在侦查期间有权委托律师为其进行辩护,辩护律师在侦查阶段亦担当着保障犯罪嫌疑人合法权益的任务。同时,刑事诉讼法第三十八条规定,辩护律师有向侦查机关提出意见的权利。本条是该项权利的具体落实。当刑事案件即将结束侦查程序时,辩护律师提出要求的,侦查机关应当听取辩护律师的意见并记录在案。如果辩护律师提出书面意见的,侦查机关也应当将此意见附卷留存。

文书范本 35 侦查阶段辩护意见

辩护意见

________市公安局____分局:

________律师事务所依法接受犯罪嫌疑人____家属的委托,指派我作为________涉嫌________罪一案的辩护人。辩护人通过会见、查阅法律法规、与贵局办案人员沟通,认为对________涉嫌________案应当____________,理由如下,供贵局参考:____

____

____

____

以上意见,诚望贵局予以采纳。

辩护人:________

________律师事务所(印章)

年 月 日

应用指引

本辩护意见提交对象为侦查机关;提交时间为侦查终结之前。辩护人应当在此文中充分发表辩护意见,分析证据和事实,列明法律依据,提出无罪或罪轻的辩护观点:(1)根据案件情况,提出无罪辩护意见,说服侦查机关撤销案件;(2)提出罪轻辩护意见,说服侦查机关以较轻的罪名移送至检察机关,为之后辩护工作做铺垫。

第一百六十二条 【移送审查起诉】公安机关侦查终结的案件，应当做到犯罪事实清楚，证据确实、充分，并且写出起诉意见书，连同案卷材料、证据一并移送同级人民检察院审查决定；同时将案件移送情况告知犯罪嫌疑人及其辩护律师。

犯罪嫌疑人自愿认罪的，应当记录在案，随案移送，并在起诉意见书中写明有关情况。

条文注解

根据本条规定，公安机关侦查终结的案件，应当具备以下条件：(1)犯罪事实清楚。侦查终结的首要条件是"犯罪事实清楚"，就是已经查明犯罪行为是否存在，犯罪行为是否为犯罪嫌疑人实施，实施犯罪行为的时间、地点、手段、动机、目的、情节、手段和危害结果以及其他情节，是否存在法定从重、从轻、减轻、免除处罚情节以及是否有其他共同犯罪人员等情况。(2)证据确定、充分。这是指证明案件真实情况的事实经过查证属实，并足以证明犯罪事实。具体见本法第五十五条的规定。(3)应当写出起诉意见书，连同案卷材料、证据一并移送同级人民检察院审查决定。公安机关在侦查终结的审查过程中，如果发现有应当排除的证据的，应当依法予以排除，不得作为起诉意见的依据。(4)将案件移送情况告知犯罪嫌疑人及其辩护律师。

本条第二款是关于自愿认罪案件在侦查终结时的特殊规定。为保障犯罪嫌疑人认罪认罚的自愿性、真实性、合法性，进一步完善认罪认罚程序性规定，2018 年修改时增加了本款规定。根据本款规定，对于犯罪嫌疑人自愿认罪的案件，公安机关除依照本条第一款的规定办理之外，还需要进行以下工作：第一，将犯罪嫌疑人自愿认罪的情况记录在案。所谓"犯罪嫌疑人自愿认罪"，是指犯罪嫌疑人自愿如实供述自己的犯罪事实。对于犯罪嫌疑人自愿认罪的案件，公安机关的侦查人员应当将犯罪嫌疑人认罪的有关情况详细记录下来。第二，随案移送。公安机关对于需要移送起诉的案件，应当在案件移送人民检察院起诉时，将犯罪嫌疑人自愿认罪的有关情况和材料随案移送给有管辖权的同级人民检察院。第三，在起诉意见书中写明有关情况。公安机关在案件侦查终结后，对于需要移送起诉的案件，应当在起诉意见书中写明犯罪嫌疑人认罪的有关情况。

第一百六十三条 【撤销案件】在侦查过程中，发现不应对犯罪嫌疑人追究刑事责任的，应当撤销案件；犯罪嫌疑人已被逮捕的，应当立即释放，发给释放证明，并且通知原批准逮捕的人民检察院。

条文注解

撤销案件，是指侦查机关对立案侦查的案件，发现具有某种法定情形，或者经过侦查否定了原来的立案根据，从而结束刑事追诉程序的决定。经过侦查，发现具有下列情形之一的，应当撤销案件：(1)没有犯罪事实的；(2)情节显著轻微、危害不大，不认为是犯罪的；(3)犯罪已过追诉时效期限的；(4)经特赦令免除刑罚的；(5)犯罪嫌疑人死亡的；(6)其他依法不追究刑事责任的。应注意的是，对于经过侦查，发现有犯罪事实需要追究刑事责任，但不是被立案侦查的犯罪嫌疑人实施的，或者共同犯罪案件中部分犯罪嫌疑人不够刑事处罚的，应当对有关犯罪嫌疑人终止侦查，并对该案件继续侦查。

对于检察机关侦查的案件，符合法定条件的，应当报请检察长或检委会决定撤销案件。检察机关实行双重监督体制，下级检察机关要受到上级检察机关的监督，并有义务执行上级检察机关的决定。在撤销案件问题上亦然。下级检察机关决定撤销案件的，需要依照法定程序报请上一级检察机关审查，上一级检察机关同意撤销案件的，则案件撤销，解除原涉案犯罪嫌疑人的强制措施，告知案件相关人员。上一级检察机关不同意撤销案件的，则下级检察机关应当执行上一级检察机关的决定。

撤销案件应当制作撤销案件报告，并且由县级以上公安机关负责人批准。对于已经被逮捕的犯罪嫌疑人，应当立即释放，并通知原批准逮捕的人民检察院，以便人民检察院对侦查活动进行监督。采取的其他强制措施也应当立即解除，需要进行行政处理的，则依法进行处理或者移交给其他相关机关或者部门，对涉案财物采取的查封、扣押、冻结等措施亦应同时解除。

第十一节　人民检察院对直接受理的案件的侦查

第一百六十四条　【自侦案件的法律适用】人民检察院对直接受理的案件的侦查适用本章规定。

条文注解

2018年修改刑事诉讼法对本条未作修改，但人民检察院对直接受理的案件的侦查的范围已作了调整，贪污贿赂犯罪、国家工作人员的渎职犯罪等已不再由人民检察院立案侦查，而是由监察机关调查。

本条所规定的“人民检察院对直接受理的案件的侦查适用本章规定”，是指人民检察院在侦查直接受理的案件中可以适用本法第二编第二章“侦查”中的规定，即适用对侦查的一般规定；讯问犯罪嫌疑人、询问证人的规定；勘验、检查，搜查，查封、扣押物证、书证,鉴定,通缉等的规定。本条中“对直接受理的案件的侦查”是指依照本法第十九条第二款的规定受理的案件,即人民检察院在对诉讼活动实行法律监督中发现的司法工作人员利用职权实施的非法拘禁、刑讯逼供、非法搜查等侵犯公民权利、损害司法公正的犯罪,可以由人民检察院立案侦查。对于公安机关管辖的国家机关工作人员利用职权实施的重大犯罪案件,需要由人民检察院直接受理的时候,经省级以上人民检察院决定,可以由人民检察院立案侦查。对于上述案件人民检察院在进行刑事侦查时,可以适用本章的规定。“适用本章规定”不仅指人民检察院对自侦案件进行侦查时可以依照本章的规定采取必要的侦查措施,而且还包括人民检察院在自侦案件的侦查中必须遵守本章规定的程序与要求,如出示证明文件,不得非法收集证据,要经过相关的审批程序,对依法定程序决定采取技术侦查措施的要依照规定交有关机关执行等。

第一百六十五条 【自侦案件中的拘留、逮捕】人民检察院直接受理的案件中符合本法第八十一条、第八十二条第四项、第五项规定情形,需要逮捕、拘留犯罪嫌疑人的,由人民检察院作出决定,由公安机关执行。

条文注解

根据本条规定,人民检察院直接受理的案件中符合本法第八十一条、第八十二条第四项、第五项规定情形,需要逮捕、拘留犯罪嫌疑人的,由人民检察院作出决定,由公安机关执行。本条规定的符合本法第八十一条规定情形,是指对人民检察院直接受理的案件中有证据证明有犯罪事实,可能判处徒刑以上刑罚的犯罪嫌疑人,采取取保候审尚不足以防止发生该条所列明的社会危险性,应当予以逮捕的情形,人民检察院可以决定逮捕。2018 年修改刑事诉讼法时对批准或者决定逮捕的条件作了进一步明确,规定“批准或者决定逮捕,应当将犯罪嫌疑人、被告人涉嫌犯罪的性质、情节,认罪认罚等情况,作为是否可能发生社会危险性的考虑因素”。本条所说的符合本法“第八十二条第四项、第五项规定情形”,是指人民检察院直接受理的案件犯罪嫌疑人犯罪后企图自杀、逃跑或者在逃以及有毁灭、伪造证据或者串供可能的,对有以上情况的犯罪嫌疑人,人民检察院可以决定先行拘留。

第一百六十六条 【自侦案件中对被拘留人的处理】人民检察院对直接受理的案件中被拘留的人,应当在拘留后的二十四小时以内进行讯问。在发现不应当拘留的时候,必须立即释放,发给释放证明。

条文注解

人民检察院对自己侦办案件中被拘留的犯罪嫌疑人的首次讯问应当在拘留后的二十四小时之内进行。同时,人民检察院还应当在二十四小时以内,通知被拘留人的家属或者他的所在单位。因有碍侦查,不能在二十四小时以内通知的,应当经检察长批准,并将原因写明附卷;无法通知的,应当向检察长报告,并将原因写明附卷。有碍侦查的情形消失后,应当立即通知被拘留人的家属。被拘留人经讯问后,发现不应当拘留的,应当立即释放,并发给释放证明。“不应当拘留”主要是指拘留不符合法定条件,主要有以下两种情况:(1)由于案件来源、信息、判断等错误原因,拘错了人,对于这种情况对被拘留人必须讲明原因,立即释放,发给释放证明;(2)指被拘留的人实施的行为,情节显著轻微、危害不大的,不认为是犯罪等。

本条在2012年修改时删除了原条文中“对需要逮捕而证据还不充足的,可以取保候审或者监视居住”的规定。这是因为原来条文可能会造成一种误导,即取保候审和监视居住有可能成为想要逮捕但是证据不足的后备性强制措施而采用。根据刑事诉讼法规定的精神,是否需要逮捕以及是否能够逮捕,应当严格依照本法第八十一条的规定执行。

第一百六十七条 【自侦案件中逮捕的时限】人民检察院对直接受理的案件中被拘留的人,认为需要逮捕的,应当在十四日以内作出决定。在特殊情况下,决定逮捕的时间可以延长一日至三日。对不需要逮捕的,应当立即释放;对需要继续侦查,并且符合取保候审、监视居住条件的,依法取保候审或者监视居住。

条文注解

刑事诉讼中的拘留是用来处理紧急状况的临时性的强制措施。因此,拘留犯罪嫌疑人后,经过审查,有继续侦查的必要的,就需要将拘留变更为其他强制措施。符合取保候审、监视居住条件的,依法变更为相应的强制措施;若采用取保候审、监视居住尚不足以防止社会危险发生的,则可以提交检察机关审查逮捕部门进行审查。具体而言,由侦查部门填写逮捕犯罪嫌疑人意见书,连同案卷材料一并送交本院审查逮捕部门审查。人民检察院审查逮捕部门受理本院侦查部门移送审查逮捕的案件,应当查明逮捕犯罪嫌疑人意见书及案卷材料是否齐备。对本院侦查部门移送审查逮捕的案件,应当在十四日以内作出决定,特殊情况下,决定逮捕的时间可以延长一至三日。据此,人民检察院直接受理案件的决定逮捕的时间从原来的最长十四日,变为现在的最长十七日。

第一百六十八条 【自侦案件侦查终结的处理】人民检察院侦查终结的案件，应当作出提起公诉、不起诉或者撤销案件的决定。

条文注解

人民检察院侦查终结的案件，根据案件的情况有三种处理方式：(1)提起公诉。经过侦查，认为犯罪事实清楚，证据确实、充分，依法应当追究刑事责任的案件，侦查人员应当写出侦查终结报告，并且制作起诉意见书。(2)不起诉。对于犯罪情节轻微，依照刑法规定不需要判处刑罚或者免除刑罚的案件，侦查人员应当写出侦查终结报告，并且制作不起诉意见书。(3)撤销案件。侦查过程中，发现具有刑事诉讼法第十六条规定情形之一的，应当由检察人员写出撤销案件意见书，经侦查部门负责人审核后，报请检察长或者检察委员会决定撤销案件。对于共同犯罪的案件，如有符合本条规定情形的犯罪嫌疑人，应当撤销对该犯罪嫌疑人的立案。

第三章 提起公诉

第一百六十九条 【公诉权】凡需要提起公诉的案件，一律由人民检察院审查决定。

条文注解

刑事诉讼中的起诉根据行使追诉权主体的不同，可以分为公诉和自诉。公诉，是指由国家设立的专门机关及其人员依法向法院提出诉讼，要求法院通过审判追究被告人刑事责任的一种诉讼活动。自诉，是指由被害人及其法定代理人或法律规定的享有起诉权的人直接向法院起诉要求追究被告人刑事责任的诉讼活动。我国采用以公诉为主、自诉为辅的刑事起诉模式。公诉权是指法律规定具有公诉职能的机关代表国家为追究被告人的刑事责任向审判机关提起诉讼的权力。在我国，检察机关是唯一行使公诉权的国家机关。依据本条和本法的相关规定，在刑事诉讼中，除了人民法院直接受理的告诉才处理和其他不需要进行侦查的轻微的刑事案件外，其他案件均由人民检察院提其公诉。我国公诉权的主要内容包括：审查起诉、决定起诉或不起诉、提起公诉、派员出席法庭支持公诉。

文书范本 **36 刑事起诉书**

样式一：普通程序案件适用

________人民检察院

起 诉 书

____检____诉[____]____号

被告人：________（写明姓名、性别、出生年月日、身份证号码、民族、文化程度、职业或者工作单位及职务、住址、曾受到行政处罚、刑事处罚的情况和因本案采取强制措施的情况等）。

本案由________（侦查机关）侦查终结，以被告人________涉嫌________罪，于________年____月____日向本院移送审查起诉。本院受理后，于________年

____月____日已告知被告人有权委托辩护人，________年____月____日已告知被害人及其法定代理人(或者近亲属)、附带民事诉讼的当事人及其法定代理人有权委托诉讼代理人，依法讯问了被告人，听取了被害人的诉讼代理人________和被告人的辩护人________的意见，审查了全部案件材料。________(写明退回补充侦查、延长审查起诉期限等情况)。

[对于侦查机关移送审查起诉的需变更管辖权的案件，表述为："本案由________(侦查机关)侦查终结，以被告人________涉嫌________罪，于________年____月____日向________人民检察院移送审查起诉。________人民检察院于________年____月____日转至本院审查起诉。本院受理后，于________年____月____日已告知被告人有权……"。

对于本院侦查终结并审查起诉的案件，表述为："被告人________涉嫌________罪一案，由本院侦查终结。本院于________年____月____日已告知被告人有权……"。

对于其他人民检察院侦查终结的需变更管辖权的案件，表述为："本案由________人民检察院侦查终结，以被告人________涉嫌________罪，于________年____月____日向本院移送审查起诉。本院受理后，于________年____月____日已告知被告人有权……"]

经依法审查查明：____

____

____

____________________________(写明经检察机关审查认定的犯罪事实，包括犯罪时间、地点、经过、手段、目的、动机、危害后果等与定罪有关的事实要素；应当根据具体案件情况，围绕刑法规定的该罪构成要件叙写)。

认定上述事实的证据如下：

____

____

____

________________(针对上述犯罪事实，分列相关证据)。

本院认为，______________________(概括论述被告人行为的性质、危害程度、情节轻重)，其行为触犯了《中华人民共和国刑法》第________条(引用罪状、法定刑条款)，犯罪事实清楚，证据确实充分，应以________罪追究其刑事责任。根据《中华人民共和国刑事诉讼法》第________条的规定，提起公诉，请依法判处。

此致

________人民法院

检察员：________

________年____月____日

（院印）

附：

1. 被告人现在处所。具体包括在押被告人的羁押场所和监视居住、取保候审的处所。

2. 证据目录、证人名单和主要证据复印件，并注明数量。

3. 有关涉案款物情况。

4. 被害人（单位）附带民事诉讼的情况。

5. 其他需要附注的事项。

样式二：单位犯罪案件适用

________人民检察院

起　诉　书

____检____诉[____]____号

被告单位：________（写明单位名称、住所地、法定代表人姓名、职务等）。

诉讼代表人：________（写明性别、年龄、工作单位、职务）。

被告人：________（写明直接负责的主管人员、其他直接责任人员的姓名、性别、出生年月日、身份证号码、民族、文化程度、职业或者工作单位及职务、住址、曾受到行政处罚、刑事处罚的情况和因本案采取强制措施的情况等）。

本案由________（侦查机关）侦查终结，以被告单位________涉嫌________罪，于________年____月____日向本院移送审查起诉。本院受理后，于________年____月____日已告知被告单位和被告人有权委托辩护人，________年____月____日已告知被害人及其法定代理人（或者近亲属）（被害单位及其诉讼代表人）、附带民事诉讼的当事人及其法定代理人有权委托诉讼代理人，依法讯问了被告人，听取了被害人的诉讼代理人________和被告单位的辩护人________、被告人的辩护人________的意见，审查了全部案件材料。________（写明退回补充侦查、延长审查起诉期限等情况)。

[对于侦查机关移送审查起诉的需变更管辖权的案件,表述为:“本案由________(侦查机关)侦查终结,以被告单位________涉嫌________罪,被告人________涉嫌________罪,于________年____月____日向________人民检察院移送审查起诉。________人民检察院于________年____月____日转至本院审查起诉。本院受理后,于________年____月____日已告知被告人有权……”。

对于本院侦查终结并审查起诉的案件,表述为:“被告单位________涉嫌________罪,被告人________涉嫌________罪一案,由本院侦查终结。本院于________年____月____日已告知被告人有权……”。

对于其他人民检察院侦查终结的需变更管辖权的案件,表述为:“本案由________人民检察院侦查终结,以被告单位________涉嫌________罪,被告人________涉嫌________罪,于________年____月____日向本院移送审查起诉。本院受理后,于________年____月____日已告知被告人有权……”]

经依法审查查明:____

____

____________________________(写明经检察机关审查认定的犯罪事实,包括犯罪时间、地点、经过、手段、目的、动机、危害后果等与定罪有关的事实要素;应当根据具体案件情况,围绕刑法规定的该罪构成要件叙写)。

认定上述事实的证据如下:

____

________________________(针对上述犯罪事实,分列相关证据)。

本院认为,____________________________(分别概括论述被告单位、被告人行为的性质、危害程度、情节轻重),其行为触犯了《中华人民共和国刑法》第________条(引用罪状、法定刑条款),犯罪事实清楚,证据确实充分,应以________罪追究其刑事责任。根据《中华人民共和国刑事诉讼法》第________条的规定,提起公诉,请依法判处。

此致

________人民法院

检察员:________

________年____月____日

(院印)

附:

1. 被告人现在处所。具体包括在押被告人的羁押场所和监视居住、取保候审的处所。

2. 证据目录、证人名单和主要证据复印件,并注明数量。

3. 有关涉案款物情况。

4. 被害人(单位)附带民事诉讼的情况。

5. 其他需要附注的事项。

样式三:简易程序案件适用

________人民检察院

起 诉 书

____检____诉[____]____号

被告人:________(写明姓名、性别、出生年月日、身份证号码、民族、文化程度、职业或者工作单位及职务、住址、曾受到行政处罚、刑事处罚的情况和因本案采取强制措施的情况等)。

本案由________(侦查机关)侦查终结,以被告人________涉嫌________罪,于________年____月____日向本院移送审查起诉。本院受理后,于________年____月____日已告知被告人有权委托辩护人,________年____月____日已告知被害人及其法定代理人(或者近亲属)、附带民事诉讼的当事人及其法定代理人有权委托诉讼代理人,依法讯问了被告人,听取了被害人的诉讼代理人________和被告人的辩护人________的意见,审查了全部案件材料。________(写明退回补充侦查、延长审查起诉期限等情况)。

[对于侦查机关移送审查起诉的需变更管辖权的案件,表述为:"本案由________(侦查机关)侦查终结,以被告人________涉嫌________罪,于________年____月____日向________人民检察院移送审查起诉。人民检察院于________年____月____日转至本院审查起诉。本院受理后,于________年____月____日已告知被告人有权……"。

对于本院侦查终结并审查起诉的案件,表述为:"被告人________涉嫌________罪一案,由本院侦查终结。本院于________年____月____日已告知被告人有权……"。

对于其他人民检察院侦查终结的需变更管辖权的案件,表述为:"本案由

________人民检察院侦查终结，以被告人________涉嫌________罪，于________年____月____日向本院移送审查起诉。本院受理后，于________年____月____日已告知被告人有权……”]

经依法审查查明：____(写明经检察机关审查认定的犯罪事实，包括犯罪时间、地点、经过、手段、目的、动机、危害后果等与定罪有关的事实要素；应当根据具体案件情况，围绕刑法规定的该罪构成要件叙写)。

认定上述事实的证据如下：

____(针对上述犯罪事实，分列相关证据)。

本院认为，________________________(概括论述被告人行为的性质、危害程度、情节轻重)，其行为触犯了《中华人民共和国刑法》第________条(引用罪状、法定刑条款)，犯罪事实清楚，证据确实充分，应以________罪追究其刑事责任。________(概括写明具体量刑情节)，________依照刑法第________条，应当(或者可以)________。根据《中华人民共和国刑事诉讼法》第________条的规定，提起公诉，请依法判处。

此致

________人民法院

检察员：________

________年____月____日

(院印)

附：

1. 被告人现在处所。具体包括在押被告人的羁押场所和监视居住、取保候审的处所。

2. 全部案卷和证据材料。

3. 有关涉案款物情况。

4. 被害人(单位)附带民事诉讼的情况。

5. 其他需要附注的事项。

应用指引

上列起诉书的范本供各级人民检察院依法将公诉案件的被告人向人民法院提起公诉时选用。

注意事项：

一、在写被被告人（被告单位）的基本情况时，同案被告人有二人以上的，按照主从关系的顺序叙写。

二、案件事实部分，是起诉书的重点。叙写案件事实，应当注意以下几点：

1. 对起诉书所指控的所有犯罪事实，无论是一人一罪、多人一罪，还是一人多罪、多人多罪，都必须逐一列举。

2. 叙述案件事实，要按照合理的顺序进行。一般可按照时间先后顺序；一人多罪的，应当按照各种犯罪的轻重顺序叙述，把重罪放在前面，把次罪、轻罪放在后面；多人多罪的，应当按照主犯、从犯或者重罪、轻罪的顺序叙述，突出主犯、重罪。

3. 叙写案件事实时，可以根据案件事实的不同情况，采取相应的表述方式，具体应当把握以下原则：

（1）对重大案件、具有较大影响的案件、检察机关直接受理立案侦查的案件，都必须详细写明具体犯罪事实的时间、地点，实施行为的经过、手段、目的、动机、危害后果和被告人案发后的表现及认罪态度等内容，特别要将属于犯罪构成要件或者与定罪量刑有关的事实要素列为重点。既要避免发生遗漏，也要避免将没有证据证明或者证据不足，以及与定罪量刑无关的事项写入起诉书，做到层次清楚、重点突出。

（2）对一般刑事案件，通常也应当详细写明案件事实，但对其中作案多起但犯罪手段、危害后果等方面相同的案件事实，可以先对相同的情节进行概括叙述，然后再逐一列举出每起事实的具体时间、结果等情况，而不必详细叙述每一起犯罪事实的过程。

4. 对共同犯罪案件中有同案犯在逃的，应在其后写明“另案处理”字样。

三、对于证据部分，应当在起诉书中指明主要证据的名称、种类，但不必对证据与事实、证据与证据之间的关系进行具体的分析、论证。其中的“主要证据”，是指《人民检察院刑事诉讼规则》所规定的证据。叙写证据时，一般应当采取“一事一证”的方式，即在每一起案件事实后，写明据以认定的主要证据。对于作案多起的一般刑事案件，如果案件事实是概括叙述的，证据的叙写也可以采取“一罪一证”的方式，即在该种犯罪后概括写明主要证据的种类，而不再指出认定每一起案件事实的证据。

四、适用简易程序的案件，对于量刑情节的认定，应当遵循如下原则：

1. 对于具备轻重不同的法定量刑情节的，应当在起诉书中作出认定。

2. 对于酌定量刑情节，可以根据案件的具体情况，从有利于出庭支持公诉的角度出发，决定是否在起诉书中作出认定。

五、起诉书应当署具体承办案件公诉人的法律职务和姓名。

六、当自然人犯罪、单位犯罪并存时，在叙写被告单位、被告人情况时，应先叙述被告单位、法定代表人及有关属于责任人员的被告人的情况，再叙述一般的自然人被告人情况；同时，在起诉的理由和根据部分，也按照先单位犯罪、后自然人犯罪的顺序书写。

第一百七十条 【监察机关移送起诉案件的处理】人民检察院对于监察机关移送起诉的案件，依照本法和监察法的有关规定进行审查。人民检察院经审查，认为需要补充核实的，应当退回监察机关补充调查，必要时可以自行补充侦查。

对于监察机关移送起诉的已采取留置措施的案件，人民检察院应当对犯罪嫌疑人先行拘留，留置措施自动解除。人民检察院应当在拘留后的十日以内作出是否逮捕、取保候审或者监视居住的决定。在特殊情况下，决定的时间可以延长一日至四日。人民检察院决定采取强制措施的期间不计入审查起诉期限。

条文注解

为了做好与监察法的衔接，2018年修改刑事诉讼法对人民检察院对监察委员会移送审查起诉案件的审查起诉程序和退回监察机关补充调查、必要时的自行补充侦查程序等作出了衔接性的规定，同时规定对监察委员会已经采取留置措施的犯罪嫌疑人应当采取先行拘留措施以及决定采取有关的强制性措施的程序。

第一款规定人民检察院对于监察机关移送起诉的案件，依照本法和监察法的有关规定进行审查。人民检察院经审查，认为需要补充核实的，应当退回监察机关补充调查，必要时可以自行补充侦查。一般而言，检察机关认为监察机关移送的案件定罪量刑的基本犯罪事实已经查清，但具有下列情形之一的，可以自行补充侦查：一是证人证言、犯罪嫌疑人供述和辩解、被害人陈述的内容中主要情节一致，个别情节不一致且不影响定罪量刑的。二是书证、物证等证据材料需要补充鉴定的。三是其他由检察机关查证更为便利、更有效率、更有利于查清案件事实的情形。

第二款规定的是对于监察委员会移送审查起诉的已经采取留置措施的犯罪嫌疑人，人民检察院如何采取强制性措施的规定。监察法第四十七条第一款规定，对于监察机关移送的案件，人民检察院依照《中华人民共和国刑事诉讼法》对被调查人采取强制措施。刑事诉讼法本款即是与监察法相衔接的规定。根据本款规定，对于监察机关移送起诉的已采取留置措施的案件，人民检察院应当对犯罪嫌疑人先行拘留，留置措施自动解除。关于监察机关采取留置措施的条件，监察法第二十二条中规定，被调查人涉嫌贪污贿赂、失职渎职等严重职务违法或者职务犯罪，监察机关已经掌握其部分违法犯罪事实及证据，仍有重要问题需要进一步调查，并有下列情形之一的，经监察机关依法审批，可以将其留置在特定场所：(1)涉及案情重大、复杂的；(2)可能逃跑、自杀的；(3)可能串供或者伪造、隐匿、毁灭证据的；(4)可能有其他妨碍调查行为的。对涉嫌行贿犯罪或者共同职务犯罪的涉案人员，监察机关可以依照前款规定采取留置措施。从上述规定可以看出，监察机关已经采取留置措施的案件，通常是重大复杂或者是有特殊情况的案件。对于监察机关已采取留置措施的案件，检察机关应当对犯罪嫌疑人先行拘留，拘留措施生效时，监察机关的留置措施自动解除，而不再需要经过一定的批准解除程序。这里的先行拘留是一种临时、过渡性质的强制措施，目的是将犯罪嫌疑人从监察调查程序转入刑事诉讼程序。

第一百七十一条 【审查起诉的内容】人民检察院审查案件的时候，必须查明：

（一）犯罪事实、情节是否清楚，证据是否确实、充分，犯罪性质和罪名的认定是否正确；

（二）有无遗漏罪行和其他应当追究刑事责任的人；

（三）是否属于不应追究刑事责任的；

（四）有无附带民事诉讼；

（五）侦查活动是否合法。

条文注解

审查起诉，是指人民检察院对于侦查终结、移送起诉的案件受理后，依法进行审查，以决定是否对犯罪嫌疑人提起公诉的诉讼活动。依据相关规定，人民检察院审查起诉的内容包括：(1)犯罪嫌疑人身份状况是否清楚，包括姓名、性别、国籍、出生年月日、职业和单位等；单位犯罪的，单位的相关情况是否清楚。(2)犯罪事实、情节是否清楚；实施犯罪的时间、地点、手段、犯罪事实、危害后果是否明确。(3)认定犯罪性质和罪名的意见是否正确；有无法定的从重、从轻、减轻或者免除处罚的情节及酌定从重、从轻情节；共同犯罪案件的犯罪嫌疑人在犯罪活动中的责任的认定是否恰当。(4)证明犯罪事实的证据材料包括采取技术侦查措施的决定书及证据材料是否随案移送；证明相关财产系违法所得的证据材料是否随案移送；不宜移送的证据的清单、复制件、照片或者其他证明文件是否随案移送。(5)证据是否确实、充分，是否依法收集，有无应当排除非法证据的情形。(6)侦查的各种法律手续和诉讼文书是否完备。(7)有无遗漏罪行和其他应当追究刑事责任的人。(8)是否属于不应当追究刑事责任的。(9)有无附带民事诉讼；对于国家财产、集体财产遭受损失的，是否需要由人民检察院提起附带民事诉讼。(10)采取的强制措施是否适当，对于已经逮捕的犯罪嫌疑人，有无继续羁押的必要。(11)侦查活动是否合法。(12)涉案款物是否查封、扣押、冻结并妥善保管,清单是否齐备;对被害人合法财产的返还和对违禁品或者不宜长期保存的物品的处理是否妥当,移送的证明文件是否完备。人民检察院通过审查,对那些犯罪事实清楚,证据确实、充分,依法应当追究刑事责任的犯罪嫌疑人提起公诉,交付审判,以实现国家刑罚权;对侦查活动进行补正和监督,补正遗漏罪行和遗漏犯罪嫌疑人;对案件进行过滤,终结不应起诉和不必起诉之案件。

第一百七十二条 【审查起诉的期限】人民检察院对于监察机关、公安机关移送起诉的案件,应当在一个月以内作出决定,重大、复杂的案件,可以延长十五日;犯罪嫌疑人认罪认罚,符合速裁程序适用条件的,应当在十日以内作出决定,对可能判处的有期徒刑超过一年的,可以延长至十五日。

人民检察院审查起诉的案件,改变管辖的,从改变后的人民检察院收到案件之日起计算审查起诉期限。

条文注解

2018年修改刑事诉讼法对本条第一款作了三处修改:一是增加关于监察机关移送案件审查起诉期限的规定。这是与监察体制改革配套和与监察法相衔接的修改。监察法第三条中规定,监察委员会是行使国家监察职能的专责机关,依照该法对所有行使公权力的公职人员进行监察,调查职务违法和职务犯罪。第四十五条第四项规定,对涉嫌职务犯罪的,监察机关经调查认为犯罪事实清楚,证据确实、充分的,制作起诉意见书,移送人民检察院审查起诉。2018年修改,增加规定监察委员会移送案件的审查起诉期限,既是落实监察体制改革成果的需要,也是与监察法相衔接的需要。二是对速裁案件审查起诉的期限作出专门规定。三是将本条中“半个月”的表述修改为“十五日”。

第二款是关于对人民检察院审查起诉的案件改变管辖的,如何计算审查起诉期限的规定。改变管辖,主要是指人民检察院在审查起诉的过程中,发现案件不属于其管辖范围,或者案件需要依法调整管辖的情况。如果发生人民检察院将案件移送有关人民检察院重新审查起诉的情形,接收案件的人民检察院自收到案件之日起,按照第一款的规定计算办案期限,即应当在一个月以内作出决定,重大、复杂的案件,可以延长十五日。

第一百七十三条 【审查起诉的程序】人民检察院审查案件，应当讯问犯罪嫌疑人，听取辩护人或者值班律师、被害人及其诉讼代理人的意见，并记录在案。辩护人或者值班律师、被害人及其诉讼代理人提出书面意见的，应当附卷。

犯罪嫌疑人认罪认罚的，人民检察院应当告知其享有的诉讼权利和认罪认罚的法律规定，听取犯罪嫌疑人、辩护人或者值班律师、被害人及其诉讼代理人对下列事项的意见，并记录在案：

（一）涉嫌的犯罪事实、罪名及适用的法律规定；

（二）从轻、减轻或者免除处罚等从宽处罚的建议；

（三）认罪认罚后案件审理适用的程序；

（四）其他需要听取意见的事项。

人民检察院依照前两款规定听取值班律师意见的，应当提前为值班律师了解案件有关情况提供必要的便利。

条文注解

2018 年修改刑事诉讼法，在总结实践经验的基础上，对本条作了四处修改：一是，增加规定人民检察院审查案件，如果犯罪嫌疑人没有辩护人的，应当听取值班律师的意见，值班律师提出书面意见的，应当附卷。二是，增加规定犯罪嫌疑人认罪认罚的，人民检察院应当告知其享有的诉讼权利和认罪认罚的法律规定。三是，对认罪认罚案件人民检察院听取犯罪嫌疑人、辩护人或者值班律师、被害人及其诉讼代理人意见的情形作了具体明确的规定，同时还规定应当记录在案。四是，增加人民检察院听取值班律师意见的，应当提前为值班律师了解案件提供必要的便利的规定。

第一款是关于一般案件审查起诉讯问和听取意见的规定。根据本款的规定，人民检察院审查案件，应当按照以下要求进行：第一，讯问犯罪嫌疑人。"讯问犯罪嫌疑人"应当参照侦查中讯问犯罪嫌疑人的规定，讯问犯罪嫌疑人是否有犯罪行为，让其陈述有罪的情节或无罪的辩解，讯问时，检察人员不得少于二人，讯问应当按照法定程序制成笔录。第二，听取辩护人或者值班律师、被害人及其诉讼代理人的意见。这主要包含两层意思：一是听取辩护人或者值班律师、被害人及其诉讼代理人对案件处理情况的意见，如对案件事实的认定的意见，包括辩护人或者值班律师就犯罪嫌疑人是否有罪以及罪行轻重，是否有从轻、减轻处罚的情节的意见；被害人对自己受侵害情况的意见、附带民事诉讼的提起、赔偿的要求等实体性意见。二是听取对侦查活动是否合法等程序性的意见，包括侦查活动中有无违法情况、采取强制措施是否合法、是否需要补充侦查调取新证据等发表的意见。第三，有关情况应当记录在案，对有书面意见的应当附卷。

第二款是关于认罪认罚案件审查起诉时告知义务及听取意见的规定。对于犯罪嫌疑人认罪认罚案件,人民检察院在审查时,还应当做到以下要求:第一,告知犯罪嫌疑人享有的诉讼权利和认罪认罚的法律规定。这里的"诉讼权利"是指刑事诉讼法和其他法律规定的,犯罪嫌疑人在刑事诉讼中享有的程序性的权利,如有权委托辩护人,符合条件的可以向法律援助机构申请提供辩护,约见值班律师为其提供法律咨询、申请变更强制措施、对案件处理提出意见等法律帮助的权利,申请回避的权利等。"认罪认罚的法律规定"是指刑法和刑事诉讼法有关认罪认罚从宽处理及其他实体性和程序性的规定,如对有关犯罪的刑罚,从轻、减轻、免除刑罚,自首和立功等;犯罪嫌疑人如实供述自己的罪行,承认指控的犯罪事实,愿意接受处罚的,可以依法从宽处理;认罪认罚的要签署具结书;适用简易程序或速裁程序等。第二,明确有关事项必须听取犯罪嫌疑人、辩护人或者值班律师、被害人及其诉讼代理人的意见,并记录在案。

第三款是关于人民检察院应当为值班律师了解案情提供便利。根据本款规定,人民检察院依照规定需要听取值班律师意见的,应当提前为值班律师了解案件有关情况提供必要的便利。根据本法第三十六条的规定,值班律师需要为犯罪嫌疑人提供法律咨询、程序选择建议、申请变更强制措施、对案件处理提出意见等法律帮助。

文书范本 ▶▶ 37 审查起诉阶段辩护意见

辩护意见

________人民检察院:

________律师事务所依法接受犯罪嫌疑人________近亲属的委托并经本人同意,指派______律师担任__________一案中犯罪嫌疑人________的辩护人。

接受委托后,辩护人会见了__________,听取了__________及其家属的意见,分析了委托人提供的相关材料,认真审查了与本案案卷材料,并________________________。现发表以下辩护意见供审查起诉时审慎考量并希望采纳:

事实和理由:

(对事实有异议的情况)

(对事实无异议的情况)

处理意见或建议(含量刑建议和处理程序,如认罪认罚从宽):

辩护人:________

________律师事务所(印章)

年 月 日

附：

1. 质证意见
2. 举证目录
3. 法律依据
4. 不同认识的主流学术观点
5. 相关案例

第一百七十四条　【签署认罪认罚具结书】犯罪嫌疑人自愿认罪，同意量刑建议和程序适用的，应当在辩护人或者值班律师在场的情况下签署认罪认罚具结书。

犯罪嫌疑人认罪认罚，有下列情形之一的，不需要签署认罪认罚具结书：

（一）犯罪嫌疑人是盲、聋、哑人，或者是尚未完全丧失辨认或者控制自己行为能力的精神病人的；

（二）未成年犯罪嫌疑人的法定代理人、辩护人对未成年人认罪认罚有异议的；

（三）其他不需要签署认罪认罚具结书的情形。

条文注解

认罪认罚具结书是犯罪嫌疑人自愿如实供述犯罪事实，承认自己的罪行，对指控的犯罪事实没有异议，愿意接受处罚而签署的法律文书。根据本款规定，签署认罪认罚具结书必须具备以下条件：第一，犯罪嫌疑人必须是自愿认罪的。也就是犯罪嫌疑人是自愿如实供述自己的犯罪事实，承认自己所犯罪行，对检察机关指控的犯罪事实没有异议，并且自愿接受法庭的审判，这些意思表示都是自愿的而不是出于被胁迫等因素。第二，犯罪嫌疑人同意量刑建议和程序适用的。第三，犯罪嫌疑人应当在辩护人或者值班律师在场的情况下签署认罪认罚具结书。

文书范本　38　认罪认罚具结书

认罪认罚具结书

一、被告人身份信息

本人姓名______，性别____，民族____，出生日期________年____月____日，身份证号码：______________________，住址：__________________________

二、权利知悉

本人已阅读《认罪认罚从宽制度告知书》，且理解并接受其全部内容，本人自愿适用认罪认罚从宽制度,同意适用速裁程序/简易程序/普通程序。

三、认罪认罚内容

本人知悉并认可如下内容:

1. 人民检察院指控本人______的犯罪事实,构成犯罪。

2. 人民检察院提出的______量刑建议。

3. 本案适用速裁程序/简易程序/普通程序。

四、自愿签署声明

本人学历______,可以阅读和理解汉语(如不能阅读和理解汉语,已获得翻译服务,且通过翻译可以完全清楚理解本文内容)。

本人就第三条的内容已经获得辩护人/值班律师的法律援助并听取法律意见,知悉认罪认罚可能导致的法律后果。

本《认罪认罚具结书》,是本人在知情和自愿的情况下签署,未受任何暴力、威胁或任何其他形式的非法影响,亦未有受任何可能损害本人理解力和判断力的毒品、药物或酒精物质的影响,除了本《认罪认罚具结书》载明的内容,本人未获得其他任何关于案件处理的承诺。

本人已阅读、理解并认可本《认罪认罚具结书》的每项内容,上述内容真实、准确、完整。

本人签名:________

年　　月　　日

本人是被告人______的辩护人/值班律师。本人证明,被告人______已经阅读了《认罪认罚具结书》及《认罪认罚从宽制度告知书》,根据本人所掌握和知晓的情况,被告人______系自愿签署了上述《认罪认罚具结书》。

签名:________

年　　月　　日

第一百七十五条　【补充侦查】人民检察院审查案件,可以要求公安机关提供法庭审判所必需的证据材料;认为可能存在本法第五十六条规定的以非法方法收集证据情形的,可以要求其对证据收集的合法性作出说明。

人民检察院审查案件，对于需要补充侦查的，可以退回公安机关补充侦查，也可以自行侦查。

对于补充侦查的案件，应当在一个月以内补充侦查完毕。补充侦查以二次为限。补充侦查完毕移送人民检察院后，人民检察院重新计算审查起诉期限。

对于二次补充侦查的案件，人民检察院仍然认为证据不足，不符合起诉条件的，应当作出不起诉的决定。

条文注解

本条第一款是关于人民检察院可以要求公安机关补充审判所必需的证据材料的规定。因为在庭审中，公诉人需要举证证明被告人犯有被指控的罪行，因此，如果人民检察院在审查起诉时，发现公安机关提供的证据不足以支持检察机关提起控诉，可以要求其补充审判所必需的证据材料。此外，2012 年修改时增加了人民检察院在审查起诉时如果认为公安机关提供的证据可能以非法方式收集的，可以要求公安机关对证据收集的合法性作出说明的规定。这是本法第五十六条确立的非法证据排除规则在审查起诉阶段的应用和体现。对于公安机关不能提供合理解释的，人民检察院应当对该证据予以排除，不得作为起诉决定的依据。

本条第二款是关于补充侦查的方式的规定。人民检察院审查起诉部门对本院侦查部门移送审查起诉的案件进行审查后，认为存在犯罪事实不清、证据不足或者遗漏罪行、遗漏同案犯罪嫌疑人等情形，需要补充侦查的，应当向侦查部门提出补充侦查的书面意见，连同案卷材料一并退回侦查部门补充侦查；人民检察院也可以自行侦查，必要时可以要求公安机关提供协助。

本条第四款是关于补充侦查后仍然证据不足如何处理的规定。案件经过补充侦查，证据仍然不足，达不到法定的起诉条件的，人民检察院可以作出不起诉的决定。包括两种情形：(1)对于需要补充侦查的案件，经过一次补充侦查，人民检察院认为证据不足、不符合起诉条件的，可以作出不起诉的决定或退回第二次补充侦查。(2)对于经过两次补充侦查的案件，仍然证据不足、不符合起诉条件的，人民检察院应当作出不起诉的决定。

第一百七十六条 【提起公诉的条件和程序、提出量刑建议】人民检察院认为犯罪嫌疑人的犯罪事实已经查清，证据确实、充分，依法应当追究刑事责任的，应当作出起诉决定，按照审判管辖的规定，向人民法院提起公诉，并将案卷材料、证据移送人民法院。

犯罪嫌疑人认罪认罚的，人民检察院应当就主刑、附加刑、是否适用缓刑等提出量刑建议，并随案移送认罪认罚具结书等材料。

条文注解

依据本条，提起公诉的条件是：

1. 犯罪事实已经查清，证据确实、充分。具有下列情形之一的，可以确认犯罪事实已经查清：(1)属于单一罪行的案件，查清的事实足以定罪量刑或者与定罪量刑有关的事实已经查清，不影响定罪量刑的事实无法查清的；(2)属于数个罪行的案件，部分罪行已经查清并符合起诉条件，其他罪行无法查清的；(3)无法查清作案工具、赃物去向，但其他证据足以对被告人定罪量刑的；(4)证人证言、犯罪嫌疑人供述和辩解、被害人陈述的内容中主要情节一致，只有个别情节不一致且不影响定罪的。对于符合第(2)项情形的，应当以已经查清的罪行起诉。

2. 依法应当追究刑事责任。即经过审查起诉，人民检察院认为犯罪嫌疑人不但构成犯罪，而且依法应当追究刑事责任。人民检察院向人民法院提起诉讼的目的即为要求人民法院通过审判确定被告人的刑事责任，因而如果犯罪嫌疑人的行为虽然构成犯罪，但具有法定的不追究刑事责任的情形的，则没有交付审判的必要。而且，对于具有本法第十六条规定的不需要追究刑事责任的六种情形之一的，人民检察院应当作出不起诉的决定。

3. 符合审判管辖的规定。即人民检察院应当依据刑事诉讼法关于审判管辖的有关规定向有管辖权的人民法院提起公诉。各级人民检察院提起公诉的案件，还应当与人民法院审判管辖相适应。

第一百七十七条 【不起诉的条件和程序】犯罪嫌疑人没有犯罪事实，或者有本法第十六条规定的情形之一的，人民检察院应当作出不起诉决定。

对于犯罪情节轻微，依照刑法规定不需要判处刑罚或者免除刑罚的，人民检察院可以作出不起诉决定。

人民检察院决定不起诉的案件，应当同时对侦查中查封、扣押、冻结的财物解除查封、扣押、冻结。对被不起诉人需要给予行政处罚、处分或者需要没收其违法所得的，人民检察院应当提出检察意见，移送有关主管机关处理。有关主管机关应当将处理结果及时通知人民检察院。

条文注解

本条第一款是关于绝对不起诉的规定。这包括两种情况:(1)犯罪嫌疑人没有犯罪事实的。没有犯罪事实是指犯罪事实非犯罪嫌疑人所为,或犯罪嫌疑人的行为依法不构成犯罪。犯罪嫌疑人没有犯罪事实的,就不应该再对其进行追诉,但是在程序上应该如何处理,1996 年刑事诉讼法未作明确规定。因而,2012 年刑事诉讼法明确了此种情况下,人民检察院应当作出不起诉决定。(2)犯罪嫌疑人具有本法第十六条规定的情形之一的。这属于法定的不追究刑事责任的情况,因而人民检察院应当作出不起诉的决定。

本条第二款是关于酌定不起诉的规定。酌定不起诉适用于犯罪情节轻微,依照刑法规定不需要判处刑罚或者免除刑罚的情况。其中"不需要判处刑罚"是指刑法第三十七条规定的情形,即对于犯罪情节轻微不需要判处刑罚的,可以免予刑事处罚;"免除刑罚"则是指刑法中关于自首、立功、未成年人犯罪、犯罪中止、正当防卫、紧急避险等规定中免除处罚的规定。在该种情形下,人民检察院享有不起诉裁量权,是否起诉由人民检察院根据案件具体情况而定。故而本条规定,人民检察院"可以"作出不起诉决定。

本条第三款是关于被不起诉人的处理。在人民检察院作出不起诉决定后,被不起诉人在法律上处于无罪的地位,但这并不意味着被不起诉人不需要承担任何法律责任。人民检察院决定不起诉的案件,可以根据案件的不同情况,对被不起诉人予以训诫或责令具结悔过、赔礼道歉、赔偿损失。对被不起诉人需要给予行政处罚、处分或需要没收其违法所得的,人民检察院应当提出检察意见,移送有关主管机关处理。有关主管机关应当将处理结果及时通知人民检察院。同样,由于刑事追诉程序的终结,查封、扣押、冻结的财物也就没有了法律依据,故而应当解除。

第一百七十八条 【不起诉决定书的宣布和送达】不起诉的决定,应当公开宣布,并且将不起诉决定书送达被不起诉人和他的所在单位。如果被不起诉人在押,应当立即释放。

条文注解

不起诉决定的公开宣布,是指将人民检察院不起诉决定以一定的形式向社会公开宣告。这具体包括:凡是决定不起诉的案件,人民检察院应当公开向被不起诉人宣布不起诉决定并应当将"不起诉决定书"送达被不起诉人及其所在单位,如果没有单位的,可以送给他所在的居委会或者村委会;对公安机关移送起诉的案件决定不起诉的,同时应将"不起诉决定书"送达公安机关,该案有被害人的,还应送达被害人。应当注意的是,不起诉的决定必须经过公开宣布的程序,不起诉决定书自公开宣布之日起生效,具有终结诉讼的效力,故不能以单纯的文书送达替代公开宣布。

人民检察院作出不起诉决定后，刑事追诉程序结束。因此，如果被不起诉人在押的，应当在宣布决定时立即释放；对于被不起诉人所采取的其他强制措施也应当解除。即使公安机关认为不起诉决定有错误，也应先行释放被不起诉人，然后再按法定程序提请复议、复核。

第一百七十九条 【公安机关对不起诉决定的异议】对于公安机关移送起诉的案件，人民检察院决定不起诉的，应当将不起诉决定书送达公安机关。公安机关认为不起诉的决定有错误的时候，可以要求复议，如果意见不被接受，可以向上一级人民检察院提请复核。

条文注解

公安机关、人民检察院、人民法院三机关应分工负责、互相配合、互相制约，故对于公安机关移送起诉的案件，人民检察院决定不起诉的，公安机关如果认为不起诉决定有错误，可以要求复议。如果意见不被接受的，还可以提请上一级人民检察院复核。上一级人民检察院应当认真进行复核，并及时将复核结果告知提请复核的公安机关，同时抄送同级公安机关和下级人民检察院。对于需要撤销不起诉决定的，既可以告知下级人民检察院撤销，也可以自己直接撤销，并交由下级人民检察院执行。人民检察院的复议或复核决定均应在收到复议意见书或复核意见书的三十日内作出。需要指出的是，公安机关提请复议、复核期间，不停止对不起诉决定的执行，不能以复议、复核为由继续羁押被不起诉人。

2018 年通过的监察法对监察机关认为人民检察院不起诉的决定有错误如何处理作了规定。即对于监察机关移送起诉的案件，人民检察院决定不起诉的，应当将不起诉决定书送达监察机关，根据监察法第四十七条第四款规定，监察机关认为不起诉的决定有错误的，可以向上一级人民检察院提请复议。这与公安机关可以要求人民检察院复议、复核的规定是不同的。

第一百八十条 【被害人对不起诉决定的异议】对于有被害人的案件，决定不起诉的，人民检察院应当将不起诉决定书送达被害人。被害人如果不服，可以自收到决定书后七日以内向上一级人民检察院申诉，请求提起公诉。人民检察院应当将复查决定告知被害人。对人民检察院维持不起诉决定的，被害人可以向人民法院起诉。被害人也可以不经申诉，直接向人民法院起诉。人民法院受理案件后，人民检察院应当将有关案件材料移送人民法院。

条文注解

人民检察院决定不起诉的案件，如果有被害人的，人民检察院有义务将不起诉决定书送达被害人，如被害人对不起诉决定不服，可通过申诉或自行起诉两种途径行使自己的诉讼权利。申诉途径，是指被害人对不起诉决定不服，可以在收到不起诉决定书后的七日内向上一级人民检察院的控告申诉部门提出申诉，请求人民检察院改变原决定并作出提起公诉的决定。上级人民检察院接到申诉后应立案复查，并应将复查决定通知被害人。如果经复查作出起诉决定的，应由控告申诉部门代表人民检察院提起公诉或撤销下级人民检察院的不起诉决定，交由下级人民检察院提起公诉，并将复查决定抄送移送审查起诉的公安机关。自行起诉途径，是指被害人经过提出申诉后，对人民检察院复查维持原决定不服的，可以向有管辖权的人民法院起诉；被害人也可以不经申诉程序，直接向人民法院起诉。由于人民检察院的不起诉决定是一种无罪的、终结案件的处理决定，因此被害人起诉后，公诉案件转成了自诉案件，被害人负有举证的责任。

第一百八十一条 【酌定不起诉被不起诉人的申诉】对于人民检察院依照本法第一百七十三条第二款规定作出的不起诉决定，被不起诉人如果不服，可以自收到决定书后七日以内向人民检察院申诉。人民检察院应当作出复查决定，通知被不起诉的人，同时抄送公安机关。

条文注解

本法第一百七十七条第一款和第二款分别规定了不起诉的两种形式，即绝对不起诉和相对（酌定）不起诉。绝对不起诉的前提是认定犯罪嫌疑人无罪或者依法不应追究其刑事责任，故此类不起诉不存在被不起诉人申诉的问题；而相对（酌定）不起诉是认为犯罪嫌疑人有罪，只是由于其犯罪情节轻微等原因，人民检察院在行使起诉自由裁量权后作出不起诉的决定。由于相对（酌定）不起诉涉及被不起诉人的名誉以及应否获得司法赔偿等问题，故法律规定被不起诉人对酌定不起诉享有申诉权。

第一百八十二条 【符合特殊条件的撤销案件、不起诉】犯罪嫌疑人自愿如实供述涉嫌犯罪的事实，有重大立功或者案件涉及国家重大利益的，经最高人民检察院核准，公安机关可以撤销案件，人民检察院可以作出不起诉决定，也可以对涉嫌数罪中的一项或者多项不起诉。

根据前款规定不起诉或者撤销案件的，人民检察院、公安机关应当及时对查封、扣押、冻结的财物及其孳息作出处理。

条文注解

2018年修改刑事诉讼法，将2016年最高人民法院、最高人民检察院、公安部、国家安全部、司法部发布的《关于在部分地区开展刑事案件认罪认罚从宽制度试点工作的办法》中的有关规定，经适当调整后吸收进刑事诉讼法。需要注意的是，根据监察法和这次修改后的刑事诉讼法的规定，人民检察院直接立案侦查的案件范围发生了变化。涉嫌贪污贿赂、失职渎职等职务违法和职务犯罪由监察委员会进行调查。人民检察院对在诉讼活动实行法律监督中发现的司法工作人员利用职权实施的非法拘禁、刑讯逼供、非法搜查等侵犯公民权利、损害司法公正的犯罪，可以立案侦查。因此，由监察机关负责的涉嫌职务犯罪的人在被调查阶段和由人民检察院自行立案侦查的犯罪嫌疑人在被侦查阶段，不适用本条的规定。但是，当监察机关将负责调查的案件移送人民检察院依法审查起诉，以及人民检察院自行立案侦查的案件进入审查起诉阶段的，可以对符合条件的犯罪嫌疑人适用本条的规定。

第一款即是关于犯罪嫌疑人符合特殊条件的，公安机关可以撤销案件，人民检察院可以不起诉或者部分不起诉的规定。这些特殊条件是：(1)犯罪嫌疑人自愿如实供述涉嫌犯罪的事实。(2)犯罪嫌疑人要有重大立功或者案件涉及国家重大利益的情形。这里的“重大立功”，是指犯罪嫌疑人有检举、揭发司法机关尚未掌握或者尚未完全掌握的其他犯罪嫌疑人的重大犯罪行为，提供侦破其他重大案件的重要线索，阻止他人重大犯罪活动，协助司法机关抓捕其他重大犯罪嫌疑人等。(3)需经最高人民检察院核准。

第三编 审 判

第一章 审判组织

第一百八十三条 【合议庭组成】基层人民法院、中级人民法院审判第一审案件,应当由审判员三人或者由审判员和人民陪审员共三人或者七人组成合议庭进行,但是基层人民法院适用简易程序、速裁程序的案件可以由审判员一人独任审判。

高级人民法院审判第一审案件,应当由审判员三人至七人或者由审判员和人民陪审员共三人或者七人组成合议庭进行。

最高人民法院审判第一审案件,应当由审判员三人至七人组成合议庭进行。

人民法院审判上诉和抗诉案件,由审判员三人或者五人组成合议庭进行。

合议庭的成员人数应当是单数。

条文注解

2018年4月27日全国人大常委会审议通过了人民陪审员法,明确了人民陪审员与审判员组成三人或者七人合议庭审判案件的相关规定。因此,2018年修改刑事诉讼法对人民法院合议庭人员构成作出了相应修改,以与人民陪审员法相衔接。同时,全国人大常委会总结认罪认罚从宽和速裁程序试点的经验,在2018年修改刑事诉讼法时新增加了速裁程序,本条也在独任审判适用情形中作了相应衔接。

第一百八十四条 【合议庭评议原则】合议庭进行评议的时候,如果意见分歧,应当按多数人的意见作出决定,但是少数人的意见应当写入笔录。评议笔录由合议庭的组成人员签名。

条文注解

合议庭行使审判权最核心和最集中的表现,就是合议庭评议案件并作出裁判。在合议庭评议出现意见分歧时,按照民主集中制的原则,实行少数人的意见服从多数人的意见。对于少数人的意见也应当记入到评议笔录中。评议笔录是对合议庭评议过程的客观记录，由合议庭所有人员审阅确认无误后签名。合议庭评议情况应当保密。审判公开原则要求人民法院审理案件应当公开进行，对审判的过程和审判的结果都应当向当事人和社会公开。但这并不意味着所有的审判活动都必须置于公众监督之下。为了防止合议庭评议受任何外部力量的干扰，维护司法的权威，合议庭评议一律秘密进行。

第一百八十五条 【审判委员会】合议庭开庭审理并且评议后，应当作出判决。对于疑难、复杂、重大的案件，合议庭认为难以作出决定的，由合议庭提请院长决定提交审判委员会讨论决定。审判委员会的决定，合议庭应当执行。

条文注解

本条规定了以下三层意思：(1)“合议庭开庭审理并且评议后，应当作出判决”。这是指合议庭受理的案件经开庭审理、评议后，对一般案件都应当独立作出被告人是否有罪、罪行轻重、适用刑罚的判决。(2)“对于疑难、复杂、重大的案件，合议庭认为难以作出决定的，由合议庭提请院长决定提交审判委员会讨论决定”。对于特殊案件提交审判委员会，必须在开庭审理后，即合议庭经过评议，难以作出决定的才提交审判委员会研究决定。其中，“审判委员会”是人民法院负责审判工作的常设组织，其成员由同级人民代表大会常务委员会任免。审判委员会的任务是总结审判经验，讨论重大的或者疑难的案件和其他有关审判工作的问题。各级人民法院审判委员会会议由院长主持。审判委员会讨论案件时采取少数服从多数的原则，多数委员的意见形成审判委员会的决定。(3)“审判委员会的决定，合议庭应当执行”。这是指审判委员会对疑难、复杂、重大的案件经过讨论，作出的对案件的处理决定，合议庭应当执行。

第二章 第一审程序

第一节 公 诉 案 件

第一百八十六条 【公诉案件的庭前审查】人民法院对提起公诉的案件进行审查后，对于起诉书中有明确的指控犯罪事实的，应当决定开庭审判。

条文注解

人民法院是我国的审判机关，审理刑事案件是人民法院审判权中的一部分。人民检察院对公诉案件提起公诉，人民法院对案件进行审理，这也是刑事诉讼中专门机关分工负责、互相配合、互相制约原则的具体体现之一。根据本条的规定，人民法院对检察机关提起公诉的案件要进行审查，但审查的内容仅限于查看起诉书中是否有明确的指控犯罪事实；如果有，就意味着人民检察院的特定公诉请求具备了形式要件和实质要件，人民法院有义务对案件进行开庭审理。

第一百八十七条 【开庭前准备】人民法院决定开庭审判后，应当确定合议庭的组成人员，将人民检察院的起诉书副本至迟在开庭十日以前送达被告人及其辩护人。

在开庭以前，审判人员可以召集公诉人、当事人和辩护人、诉讼代理人，对回避、出庭证人名单、非法证据排除等与审判相关的问题，了解情况，听取意见。

人民法院确定开庭日期后，应当将开庭的时间、地点通知人民检察院，传唤当事人，通知辩护人、诉讼代理人、证人、鉴定人和翻译人员，传票和通知书至迟在开庭三日以前送达。公开审判的案件，应当在开庭三日以前先期公布案由、被告人姓名、开庭时间和地点。

上述活动情形应当写入笔录，由审判人员和书记员签名。

条文注解

人民法院在决定对案件开庭审理后，应当做好以下工作：(1)确定合议庭组成人员。合议庭是人民法院审理刑事案件的最基本的审判组织形式。(2)送达起诉书副本给被告人和辩护人。被告人及其辩护人对人民法院的审判活动享有知情权。因此，人民法院决定开庭审理公诉案件后，应向被告人及其辩护人送达起诉书副本，使其了解起诉的内容和理由，以便他们有针对性地准备辩护。(3)开庭前听取有关程序问题的意见。在开庭前听取有关程序问题的意见的程序中，审判人员召集公诉人、当事人和辩护人、诉讼代理人到场，对与审判相关的三项主要程序问题(即回避、出庭证人名单、非法证据排除等问题)，了解情况，听取意见。需要注意的是，此时并非解决证据是否非法，以及应否排除的问题，这些需要依本法第五十四条、第五十六条、第五十八条等的规定进行。(4)人民法院开庭的日期确定后，应当最晚在开庭前三日将通知书和传唤书送达给各方主体，以便他们及时做好安排，按时参加庭审。(5)公开审判案件，应当在开庭三日以前先期公布案由、被告人姓名、开庭时间和地点，以便社会公众旁听案件审理。(6)开庭前准备工作笔录。

文书范本 ▶▶ 39 召开庭前会议申请书

召开庭前会议申请书

申请人:________,________律师事务所律师系________被指控__________罪一案__________的辩护人。通信地址:________________________________联系方式:________________________________

申请事项:请求贵院依法召开庭前会议

事实和理由:

鉴于________被指控________罪一案具有以下情形:______________________________。为提高本案庭审效率，申请人根据《中华人民共和国刑事诉讼法》第一百八十七条之规定，申请贵院召开庭前会议，对与本案相关的问题了解情况，听取意见。望予以准许。

此致

________人民法院

申请人:________

__________律师事务所(印章)

年　　月　　日

第一百八十八条 【审判公开原则及例外】人民法院审判第一审案件应当公开进行。但是有关国家秘密或者个人隐私的案件,不公开审理;涉及商业秘密的案件,当事人申请不公开审理的,可以不公开审理。

不公开审理的案件,应当当庭宣布不公开审理的理由。

条文注解

人民法院审理案件以公开审理为一般原则,允许公民旁听,允许新闻采访和报道。公开审理既是一种诉讼民主的形式,同时也是社会公众对审判活动进行监督的一种途径,还是对社会进行法制宣传和教育的有益形式。但并不是所有的案件都适宜公开审理。刑事诉讼法中规定了两种不公开审理的类型:一种为依法不公开;另一种为依申请不公开。所谓"依法不公开",是指直接依照法律规定不公开审理,该类案件包括有关国家秘密或者个人隐私的案件,以及刑事诉讼法第二百八十五条规定的不满十八周岁的未成年人刑事案件。所谓"依申请不公开",主要是指涉及商业秘密的案件,当事人认为不适宜公开审理的,可以向人民法院提出申请,人民法院也可以决定不公开审理。对于该种情况,当事人必须先提出申请,然后由人民法院综合案件情况后确定。对此,法条中使用的是"可以"二字,即意味着并非当事人提出不公开审理的申请,人民法院必然应允。人民法院对依申请不公开的情况享有自由裁量权。人民法院不公开审理的案件,应当当庭宣布不公开审理的原因。

文书范本 40 不公开审理申请书

不公开审理申请书

申请人:________,________律师事务所律师系________被指控__________罪一案__________的辩护人。通信地址:______________________________联系方式:______________________________

申请事项:申请贵院依法对被告人__________被指控________________罪一案予以不公开审理

事实和理由:

鉴于被告人________被指控____________一案,涉及__________________。申请人现根据《中华人民共和国刑事诉讼法》第一百八十八条之规定,申请贵院对本案予以不公开审理。

此致

________人民法院

申请人:________

________律师事务所(印章)

年 月 日

第一百八十九条 【出庭支持公诉】人民法院审判公诉案件,人民检察院应当派员出席法庭支持公诉。

条文注解

根据本条的规定,对公诉案件,无论是否适用简易程序、速裁程序审理,人民检察院都应当派员出席法庭支持公诉。本条中"支持公诉"是指人民法院开庭审判时,人民检察院派员出席法庭支持和维护人民检察院代表国家提起的公诉。检察人员出席法庭支持公诉前要认真阅卷,熟悉案情和与本案有关的法律规定,制作公诉词。公诉人在法庭审理过程中,要通过宣读起诉书、讯问被告人、询问证人、出示物证和法庭辩论,控诉犯罪,证实犯罪,分析犯罪的根源,揭露犯罪的社会危害性,提高人民群众遵纪守法的自觉性和同违法犯罪行为作斗争的积极性。根据本法第二百零一条的规定,当人民法院经审理认为量刑建议明显不当,或者被告人、辩护人对量刑建议提出异议的,人民检察院可以调整量刑建议。承担调整量刑建议工作的也应是人民检察院的公诉人。

第一百九十条 【开庭】开庭的时候,审判长查明当事人是否到庭,宣布案由;宣布合议庭的组成人员、书记员、公诉人、辩护人、诉讼代理人、鉴定人和翻译人员的名单;告知当事人有权对合议庭组成人员、书记员、公诉人、鉴定人和翻译人员申请回避;告知被告人享有辩护权利。

被告人认罪认罚的,审判长应当告知被告人享有的诉讼权利和认罪认罚的法律规定,审查认罪认罚的自愿性和认罪认罚具结书内容的真实性、合法性。

条文注解

人民法院开庭后,整个庭审活动就应当在审判长的指挥之下进行。因此,下列活动都是由审判长完成的,具体包括:(1)审判长宣布开庭后应当查明当事人是否到庭。刑事案件中的被告人必须到庭,否则人民法院不能对案件进行审理。被害人、诉讼代理人、证人、鉴定人经人民法院传唤或者通知未到庭,不影响开庭审判的,人民法院可以开庭审理。(2)宣布案由。(3)宣布合议庭的组成人员、书记员、公诉人、辩护人、诉讼代理人、鉴定人和翻译人员的名单。(4)告知当事人有权对合议庭组成人员、书记员、公诉人、鉴定人和翻译人员申请回避。(5)告知被告人享有辩护权利。

本条第二款是关于认罪认罚案件,审判长在开庭的时候应当告知被告人权利和审查相关事项的规定。本款是2018年修改刑事诉讼法时增加的,主要是明确对于认罪认罚案件,审判长应当向被告人告知相应的权利和法律规定,审查认罪认罚的自愿性和认罪认罚具结书内容的真实性与合法性。对于本款规定,实践中需注意两个问题:(1)根据本条的规定,审判长在开庭的时候应当审查认罪认罚案件中被告人认罪认罚的自愿性和认罪认罚具结书内容的真实性、合法性。但是如果在法庭调查、辩论等庭审过程中发现存在被告人违背意愿认罪认罚等导致认罪认罚存有疑问的情况,审判长需要重新审查认罪认罚的相关事项。因此,对被告人认罪认罚的自愿性、认罪认罚具结书内容的真实性和合法性的审查应贯穿于法庭审理的全过程,以充分保障司法公正。(2)对于认罪认罚案件中被告人是未成年人的,审判长在告知相应权利、法律规定以及审查认罪认罚自愿性的时候,需要充分考虑到未成年的被告人在智力认知和表达能力上的不足。人民法院在依法适用"未成年人刑事案件诉讼程序"的特别程序的同时,应注意刑事诉讼法第二百二十三条第二项规定,被告人是未成年人的不适用速裁程序。

第一百九十一条 【法庭调查】公诉人在法庭上宣读起诉书后,被告人、被害人可以就起诉书指控的犯罪进行陈述,公诉人可以讯问被告人。

被害人、附带民事诉讼的原告人和辩护人、诉讼代理人,经审判长许可,可以向被告人发问。

审判人员可以讯问被告人。

条文注解

根据本条第一款的规定,公诉人在审判庭上宣读起诉书后,被告人和被害人可以分别就起诉书指控的犯罪进行陈述。公诉人和被害人虽然同属于控诉方,但公诉人不能完全代表被害人的利益和主张,因此实践中要注意对被害人相关诉讼权利的尊重和保障。为了实现公诉人的控诉职能,同时也为了更好地查明案件情况,公诉人可以讯问被告人,讯问的主要内容应限定于其指控的犯罪。讯问的主要目的是让审判人员当庭听取被告人的供述或者辩解,弄清案件事实。

本条第二款与第三款分别规定了发问和询问。不同的诉讼主体有不同的诉讼地位,具有与之相应的诉讼权利和义务,其向被告人提问,均是为了证明自己的主张,澄清问题。但是,由于发问的主体数量较多,为了保证庭审有序顺利进行,这些发问应当经审判长许可,经许可方可发问。在各方提问后,审判人员仍对某些情况有疑问的,有权直接讯问被告人。

第一百九十二条 【证人、鉴定人出庭作证义务】公诉人、当事人或者辩护人、诉讼代理人对证人证言有异议,且该证人证言对案件定罪量刑有重大影响,人民法院认为证人有必要出庭作证的,证人应当出庭作证。

人民警察就其执行职务时目击的犯罪情况作为证人出庭作证,适用前款规定。

公诉人、当事人或者辩护人、诉讼代理人对鉴定意见有异议,人民法院认为鉴定人有必要出庭的,鉴定人应当出庭作证。经人民法院通知,鉴定人拒不出庭作证的,鉴定意见不得作为定案的根据。

条文注解

凡是知道案件情况的人都有作证的义务。但并非所有的证人都应当出庭作证,这既无必要,也不经济。证人出庭作证需要符合以下条件:(1)控方或者辩方对证人证言有异议。(2)该证人证言对案件定罪量刑有重大影响。所谓对"定罪量刑有重大影响",包括直接目击案件的发生,是案件主要甚至唯一的证人,对于印证其他重要证据具有重要意义等。(3)人民法院认为证人有出庭作证的必要。证人是否应当出庭应由人民法院综合全案情况予以考虑。这三个条件分别从基础性、重要性和必要性方面对证人应当出庭给出了充足的理由。符合条件的证人有义务出庭作证。警察作为证人时,主要证明其在执行职务过程中目击的犯罪情况。条件与普通证人出庭作证的一致。

文书范本 41 通知出庭申请书

通知(证人/被害人/侦查人员/见证人/鉴定人/勘验人/检查人)出庭申请书

申请人:________,________律师事务所律师系________被指控__________罪一案__________的辩护人。通信地址:____________________________________

联系方式:____________________________________

申请事项:申请通知____________________出庭作证

事实和理由:

________系被告人__________被指控__________________罪一案的证人/被害人/侦查人员/见证人/鉴定人/勘验人/检查人,为查清案件事实、依法公正裁判,申请人认为需要其出庭作证,故根据《中华人民共和国刑事诉讼法》第____条之规定,提出申请,望予以准许。

此致

________人民法院

申请人:________

________律师事务所(印章)

年 月 日

第一百九十三条 【强制作证及拒绝作证的责任承担】经人民法院通知,证人没有正当理由不出庭作证的,人民法院可以强制其到庭,但是被告人的配偶、父母、子女除外。

证人没有正当理由拒绝出庭或者出庭后拒绝作证的,予以训诫,情节严重的,经院长批准,处以十日以下的拘留。被处罚人对拘留决定不服的,可以向上一级人民法院申请复议。复议期间不停止执行。

条文注解

刑事诉讼法第六十二条规定,凡是知道案件情况的人,都有作证的义务。而且证人证言必须在法庭上经过公诉人、被害人和被告人、辩护人质证并且查证属实以后,才能作为定案的根据。因此,符合刑事诉讼法第一百九十二条规定并经人民法院通知的证人就应当出庭作证。若无正当理由拒不出庭作证的,人民法院有权强制其到庭作证。但是,人民法院对于一些特殊主体,主要是本条第一款中所指的被告人的配偶、父母和子女,不能适用强制到庭方式要求其作证。

本条第二款是关于证人无正当理由拒不出庭或者出庭后拒绝作证的处罚规定。证人无正当理由拒绝出庭或者虽然出庭但拒绝作证的,人民法院可以对其进行训诫;情节严重的,经过人民法院院长的批准,可以对该证人处以十日以下的拘留(此拘留为司法拘留)。被处罚人对拘留决定不服的,可以通过向上一级人民法院申请复议的方式对权利进行救济。但是为了确保庭审活动的顺利进行,复议期间不停止拘留决定的执行。

第一百九十四条 【证人、鉴定人作证程序】证人作证，审判人员应当告知他要如实地提供证言和有意作伪证或者隐匿罪证要负的法律责任。公诉人、当事人和辩护人、诉讼代理人经审判长许可，可以对证人、鉴定人发问。审判长认为发问的内容与案件无关的时候，应当制止。

审判人员可以询问证人、鉴定人。

条文注解

证人有如实作证的义务，审判人员应当在证人作证之前明确告知其该项义务，以及故意作伪证或者隐匿重要犯罪证据应当承担的法律责任，以便让证人更好地履行作证义务。刑事诉讼法第五十四条第四款规定："凡是伪造证据、隐匿证据或者毁灭证据的，无论属于何方，必须受法律追究。"刑法中对伪证罪也有明确的规定。询问证人、鉴定人应当在审判长的主持下进行。先由提请传唤的一方进行；发问完毕后，对方经审判长准许，也可以发问。公诉人、当事人和辩护人、诉讼代理人经过审判长的许可，均有权向证人、鉴定人提出与案件有关联的问题。询问证人、鉴定人时，不得以诱导方式提问；不得威胁证人；不得损害证人的人格尊严。审判长认为提问的内容与本案件无关或者发问的方式不当的，应当制止。对于控辩双方认为对方发问的内容与本案无关或者发问的方式不当并提出异议的，审判长应当判明情况予以支持或者驳回。

第一百九十五条 【出示物证和宣读证据性文书】公诉人、辩护人应当向法庭出示物证，让当事人辨认，对未到庭的证人的证言笔录、鉴定人的鉴定意见、勘验笔录和其他作为证据的文书，应当当庭宣读。审判人员应当听取公诉人、当事人和辩护人、诉讼代理人的意见。

第一百九十六条 【休庭调查】法庭审理过程中，合议庭对证据有疑问的，可以宣布休庭，对证据进行调查核实。

人民法院调查核实证据，可以进行勘验、检查、查封、扣押、鉴定和查询、冻结。

条文注解

一般而言，庭审过程中，合议庭主要根据控辩双方提交的证据对案件进行审查和判断。但是，当合议庭对控方或者辩方提交的证据的客观性、关联性和合法性产生疑问，而控辩双方又不能对证据材料的证据资格和证明力提供强有力的佐证的情况下，合议庭就可以宣布休庭，自行对证据材料进行调查核实，以便正确地认识案件事实。

需要注意的是，调查核实证据是人民法院的权利，而非义务。通常情况下，刑事公诉案件由控方承担举证责任，否则将承担败诉的风险；而人民法院不承担举证责任。

第一百九十七条 【调取新证据】法庭审理过程中，当事人和辩护人、诉讼代理人有权申请通知新的证人到庭，调取新的物证，申请重新鉴定或者勘验。

公诉人、当事人和辩护人、诉讼代理人可以申请法庭通知有专门知识的人出庭，就鉴定人作出的鉴定意见提出意见。

法庭对于上述申请，应当作出是否同意的决定。

第二款规定的有专门知识的人出庭，适用鉴定人的有关规定。

条文注解

当事人、辩护人、诉讼代理人申请新证人到庭、调取新的物证、申请重新鉴定或者勘验的，应当提供证人的姓名、证据的存放地点，说明所要证明的案件事实，以及要求重新鉴定或者勘验的理由。审判人员根据具体情况，认为可能影响案件事实认定的，应当同意该申请，并宣布延期审理；不同意的，应当告知理由并继续审理。延期审理的时间不得超过一个月，延期审理的时间不计入审理期限。

第一百九十八条 【法庭辩论和最后陈述】法庭审理过程中，对与定罪、量刑有关的事实、证据都应当进行调查、辩论。

经审判长许可，公诉人、当事人和辩护人、诉讼代理人可以对证据和案件情况发表意见并且可以互相辩论。

审判长在宣布辩论终结后，被告人有最后陈述的权利。

条文注解

法庭辩论是在法庭调查的基础上，对与案件有关的问题进行争论和辩驳的活动，该程序的范围包括事实和证据两个部分，事实部分又包括定罪事实和量刑事实两个方面。法庭辩论应当在审判长的主持下进行，公诉人、当事人和辩护人、诉讼代理人均有权对证据和案件情况发表意见并且可以互相辩论。法庭辩论按照下列顺序进行：公诉人发言；被害人及其诉讼代理人发言；被告人自行辩护；辩护人辩护；控辩双方进行辩论。附带民事诉讼部分的辩论应当在刑事诉讼部分的辩论结束后进行。先由附带民事诉讼原告人及其诉讼代理人发言，然后由被告人及其诉讼代理人答辩。在法庭辩论过程中，审判长对于控辩双方与案件无关、重复或者互相指责的发言应当制止。如果合议庭发现新的事实，认为有必要进行调查时，审判长可以宣布暂停辩论，恢复法庭调查，待该事实查清后继续法庭辩论。

被告人最后陈述权是被告人自行辩护权的重要组成部分。审判长宣布法庭辩论终结后，合议庭应当保证被告人充分行使最后陈述的权利。如果被告人在最后陈述中多次重复自己的意见，审判长可以制止；如果陈述内容是蔑视法庭、公诉人，损害他人及社会公共利益或者与本案无关的，应当制止；在公开审理的案件中，被告人最后陈述的内容涉及国家秘密或者个人隐私的，也应当制止。被告人在最后陈述中提出了新的事实、证据，合议庭认为可能影响正确裁判的，应当恢复法庭调查；如果被告人提出新的辩解理由，合议庭认为确有必要的，可以恢复法庭辩论。

第一百九十九条 【违反法庭秩序的处理】在法庭审判过程中，如果诉讼参与人或者旁听人员违反法庭秩序，审判长应当警告制止。对不听制止的，可以强行带出法庭；情节严重的，处以一千元以下的罚款或者十五日以下的拘留。罚款、拘留必须经院长批准。被处罚人对罚款、拘留的决定不服的，可以向上一级人民法院申请复议。复议期间不停止执行。

对聚众哄闹、冲击法庭或者侮辱、诽谤、威胁、殴打司法工作人员或者诉讼参与人，严重扰乱法庭秩序，构成犯罪的，依法追究刑事责任。

第二百条 【评议、判决】在被告人最后陈述后，审判长宣布休庭，合议庭进行评议，根据已经查明的事实、证据和有关的法律规定，分别作出以下判决：

（一）案件事实清楚，证据确实、充分，依据法律认定被告人有罪的，应当作出有罪判决；

（二）依据法律认定被告人无罪的，应当作出无罪判决；

（三）证据不足，不能认定被告人有罪的，应当作出证据不足、指控的犯罪不能成立的无罪判决。

条文注解

人民法院负责对刑事案件进行审理并依法作出判决。根据合议制的基本原则，对案件的判决应当由合议庭进行评议。合议庭的评议活动不公开进行，并按照少数服从多数的原则进行判决。根据证据裁判原则，合议庭应当以经过质证和辩论的证据为基础，认定案件事实，并根据相关法律作出判决。具体而言，合议庭可以根据案件情况作出两类判决：有罪判决和无罪判决。有罪判决适用于案件事实清楚，证据确实、充分，依据法律认定被告人有罪的案件。所谓“证据确实、充分”，是指符合刑事诉讼法第五十五条的规定:定罪量刑的事实都有证据证明;据以定案的证据均经法定程序查证属实;综合全案证据,对所认定事实已排除合理怀疑。应依上述标准确定是否符合证据确实、充分的条件。

第二百零一条 【认罪认罚案件采纳检察院指控罪名和量刑意见】对于认罪认罚案件,人民法院依法作出判决时,一般应当采纳人民检察院指控的罪名和量刑建议,但有下列情形的除外:

(一)被告人的行为不构成犯罪或者不应当追究其刑事责任的;

(二)被告人违背意愿认罪认罚的;

(三)被告人否认指控的犯罪事实的;

(四)起诉指控的罪名与审理认定的罪名不一致的;

(五)其他可能影响公正审判的情形。

人民法院经审理认为量刑建议明显不当,或者被告人、辩护人对量刑建议提出异议的,人民检察院可以调整量刑建议。人民检察院不调整量刑建议或者调整量刑建议后仍然明显不当的,人民法院应当依法作出判决。

条文注解

2018年修改刑事诉讼法,将认罪认罚从宽制度经试点后成熟的部分,吸收进刑事诉讼法。根据本款的规定,人民法院审理认罪认罚案件,依法作出判决时,原则上应采纳人民检察院指控的罪名和量刑建议。这样规定,是对认罪认罚案件在程序上从简、实体上从宽的重要体现。这里包含了三层意思:一是,在认罪认罚案件中,司法机关鼓励和引导犯罪嫌疑人认罪认罚有程序性保障,是一以贯之的。二是,在认罪认罚案件的适用程序上,提升了人民检察院提出量刑建议的效率。2018年新修改的刑事诉讼法第一百七十六条增加一款,人民检察院对于认罪认罚案件,在向人民法院提起公诉时,应当在起诉书中就主刑、附加刑、是否适用缓刑等提出量刑建议。由于在认罪认罚案件的起诉书中一并提出量刑建议,人民检察院在起诉阶段可以不再制作量刑建议书,从而简化了司法程序,提高了司法效率。三是,在认罪认罚案件中,提升了人民检察院量刑建议的法律效果。

本条第二款是关于人民法院如何处理人民检察院不当的量刑建议的规定。这里有两层意思:(1)人民检察院可以调整量刑建议。人民检察院调整量刑建议的前提,是人民法院经审理认为量刑明显不当,或者被告人、辩护人对量刑建议提出异议。这里“明显不当”是指刑罚的主刑选择错误,刑罚的档次、量刑幅度畸重或者畸轻,适用附加刑错误,适用缓刑错误等。认罪认罚案件在审理过程中,被告人、辩护人同样有权对量刑再提出异议，比如能否适用缓刑等，人民检察院可以就此调整量刑建议。（2）人民法院对量刑具有最终裁判权，体现了以审判为中心的原则。

第二百零二条 【判决的宣告与送达】宣告判决，一律公开进行。

当庭宣告判决的，应当在五日以内将判决书送达当事人和提起公诉的人民检察院；定期宣告判决的，应当在宣告后立即将判决书送达当事人和提起公诉的人民检察院。判决书应当同时送达辩护人、诉讼代理人。

第二百零三条 【判决书】判决书应当由审判人员和书记员署名，并且写明上诉的期限和上诉的法院。

文书范本 ▶▶ 42 刑事判决书（一审公诉案件用）

样式一：普通程序案件适用

________人民法院
刑事判决书

（______）____刑____字第____号

公诉机关：________人民检察院。

被告人：________（写明姓名、性别、出生年月日、民族、出生地、文化程度、职业或者工作单位和职务、住址和因本案所受强制措施情况等，现羁押处所）。

辩护人：________（写明姓名、工作单位和职务）。

________人民检察院以____检____诉［　　］____号起诉书指控被告人________犯________罪，于________年____月____日向本院提起公诉。本院依法组成合议庭，公开（或者不公开）开庭审理了本案。________人民检察院指派检察员________出庭支持公诉，被害人________及其法定代理人________、诉讼代理人________，被告人________及其法定代理人________、辩护人________，证人________，鉴定人________，翻译人员________等到庭参加诉讼。现已审理终结。

________人民检察院指控________（概述人民检察院指控被告人犯罪的事实、证据和适用法律的意见）。

被告人________辩称____________________________（概述被告人对指控的犯罪事实予以供述、辩解、自行辩护的意见和有关证据）。辩护人________提出的辩护意见是________(概述辩护人的辩护意见和有关证据)。

经审理查明,____

____

____

________(首先写明经庭审查明的事实;其次写明经举证、质证定案的证据及其来源;最后对控辩双方有异议的事实、证据进行分析、认证)。

本院认为,____

____

____

________(根据查证属实的事实、证据和有关法律规定,论证公诉机关指控的犯罪是否成立,被告人的行为是否构成犯罪,犯的什么罪,应否从轻、减轻、免除处罚或者从重处罚。对于控辩双方关于适用法律方面的意见,应当有分析地表示是否予以采纳,并阐明理由)。依照________(写明判决的法律依据)的规定,判决如下:

____

____

____

____[写明判决结果。分三种情况:

第一,定罪判刑的,表述为:

"一、被告人　　　犯____罪,判处________(写明主刑、附加刑)。

(刑期从判决执行之日起计算。判决执行以前先行羁押的,羁押一日折抵刑期一日,即自____年__月__日起至____年__月__日止。)

二、被告人________(写明决定追缴、退赔或者发还被害人、没收财物的名称、种类和数额)。"

第二,定罪免刑的,表述为:

"被告人____犯____罪,免予刑事处罚(如有追缴、退赔或者没收财物的,续写第二项)。"

第三,宣告无罪的,无论是适用《中华人民共和国刑事诉讼法》第____条第__项还是第__项,均应表述为:

"被告人____无罪。"]

如不服本判决,可在接到判决书的第二日起十日内,通过本院或者直接向

________人民法院提出上诉。书面上诉的,应当提交上诉状正本一份,副本____份。

审判长:________
审判员:________
审判员:________
________年____月____日
(院印)

本件与原本核对无异

书记员:________

应用指引

本样式供第一审人民法院对于公诉案件按照第一审普通程序审理终结后,根据已经查明的事实、证据,依据有关法律规定,作出被告人有罪或者无罪,犯的什么罪,判处什么刑罚或者免除处罚,或者宣告无罪等处理决定时使用。

判决书中事实部分特别重要,是判决理由和判决结果的根据。制作判决书,首先要把事实叙述清楚。书写判决事实时,应当注意以下几点:

第一,按照样式规定,事实部分包括四个方面的内容:人民检察院指控被告人犯罪的事实和证据;被告人的供述、辩解和辩护人的辩护意见;经法庭审理查明的事实和据以定案的证据,并分四个自然段书写,以充分体现控辩式的审理方式。

第二,叙述事实时,应当写明案件发生的时间、地点,被告人的动机、目的、手段,实施行为的过程、危害结果和被告人在案发后的表现等内容,并以是否具备犯罪构成要件为重点,兼叙影响定性处理的各种情节。依法公开审理的案件,案件事实未经法庭公开调查的,不能认定。

第三,叙述事实要层次清楚,重点突出。一般按时间先后顺序叙述;一人犯数罪的,应当按罪行主次的顺序叙述;一般共同犯罪案件,应当以主犯为主线进行叙述;集团犯罪案件,可以先综述集团的形成和共同的犯罪行为,再按首要分子、主犯、从犯、胁从犯或者罪重、罪轻的顺序分别叙述各个被告人的犯罪事实。

第四,认定事实的证据必须做到:(1)依法公开审理的案件,除无需举证的事实外,证明案件事实的证据必须经法庭公开举证、质证,才能认证;未经法庭公开举证、质证的,不能认证。(2)特别要注意通过对证据的具体分析、认证来证明判决所确认的犯罪事实。防止并杜绝用“以上事实,证据充分,被告也供认不讳,足以认定”的抽象、笼统的说法或者用简单的罗列证据的方法,来代替对证据的具体分析、认证。法官认证和采信证据的过程应当在判决书中充分体现出来。(3)证据要尽可能写得明确、具体。证据的写法,应当因案而异。案情简单或者控辩双方没有异议的,可以集中表述;案情复杂或者控辩双方有异议的,应当进行分析、认证;一人犯数罪或者共同犯罪案件,还可以分项或者逐人逐罪叙述证据或者对证据进行分析、认证。对控辩双方没有争议的证据,在控辩主张中可不予叙述,而只在“经审理查明”的证据部分具体表述,以避免不必要的重复。

第五,叙述证据时,应当注意保守国家秘密,保护报案人、控告人、举报人、被害人、证人的安全和名誉。

理由是判决的灵魂,是将犯罪事实和判决结果有机联系在一起的纽带。其核心内容是针对案情特点,运用法律规定、政策精神和犯罪构成理论,阐述公诉机关的指控是否成立,被告人的行为是否构成犯罪,犯的什么罪,依法应当如何处理,为判决结果打下基础。

样式二:单位犯罪案件适用

________人民法院

刑事判决书

(____)____刑____字第____号

公诉机关:________人民检察院。

被告单位:________(写明单位名称、住所地)。

诉讼代表人:________(写明姓名、工作单位和职务)。

辩护人:________(写明姓名、工作单位和职务)。

被告人:________(写明直接负责的主管人员、其他直接责任人员姓名、性别、出生年月日、民族、出生地、文化程度、职业或者工作单位和职务、住址和因本案所受强制措施情况等,现羁押处所)。

辩护人:________(写明姓名、工作单位和职务)。

人民检察院以____检____诉[   ]____号起诉书指控被告单位________犯________罪,被告人________犯________罪,于________年____月____日向本院提起公诉。本院依法组成合议庭,公开(或者不公开)开庭审理了本案。________

人民检察院指派检察员________出庭支持公诉,被害人________及其法定代理人________、诉讼代理人________,被告单位的诉讼代表人________及其辩护人________,证人________,被告人________及其法定代理人________、辩护人________,证人________,鉴定人________,翻译人员________等到庭参加诉讼。现已审理终结。

________人民检察院指控________________(概述人民检察院指控被告人犯罪的事实、证据和适用法律的意见)。

被告单位________辩称____________________(概述被告单位对指控的犯罪事实予以供述、辩解、自行辩护的意见和有关证据)。辩护人________提出的辩护意见是________________(概述辩护人的辩护意见和有关证据)。

被告人________辩称________________(概述被告人对指控的犯罪事实予以供述、辩解、自行辩护的意见和有关证据)。辩护人________提出的辩护意见是________________(概述辩护人的辩护意见和主要证据)。

经审理查明,____(首先写明经庭审查明的有关被告单位犯罪的事实和被告人犯罪的事实;其次写明据以定案的证据及其来源;最后对控辩双方有异议的事实、证据进行分析、认证)。

本院认为,____(根据查证属实的事实、证据和有关法律规定,论证公诉机关指控的单位犯罪是否成立,被告单位及其直接负责的主管人员、其他直接责任人员的行为是否构成犯罪,犯的什么罪,应否实行"双罚制",应否从轻、减轻、免除处罚或者从重处罚。对于控辩双方关于适用法律方面的意见,应当有分析地表示是否予以采纳,并阐明理由)。依照________(写明判决的法律依据)的规定,判决如下:

____

____[写明判决结果。分三种情况:

第一,定罪判刑的,表述为:

"一、被告单位________犯________罪,判处罚金________元,________________(写明缴纳期限);

二、被告人________犯________罪，判处________________（写明主刑、附加刑）。

（刑期从判决执行之日起计算。判决执行以前先行羁押的，羁押一日折抵刑期一日，即自________年____月____日起至________年____月____日止。）

（如有追缴、退赔或者发还被害人、没收财物的，应在以上各项之后续项写明。）”

第二，定罪免刑的，表述为：

“一、被告单位________犯________罪，免予刑事处罚；

二、被告人________犯________罪，免予刑事处罚。

（如有追缴、退赔或者发还被害人、没收财物的，应在以上各项之后续项写明。）”

第三，宣告无罪的，无论是适用《中华人民共和国刑事诉讼法》第________条第____项还是第____项，均应表述为：

“一、被告单位________无罪；

被告人________无罪。”]

如不服本判决，可在接到判决书的第二日起十日内，通过本院或者直接向________人民法院提出上诉。书面上诉的，应当提交上诉状正本一份，副本____份。

审判长：________
审判员：________
审判员：________
________年____月____日
（院印）

本件与原本核对无异

书记员：________

应用指引

本样式供第一审人民法院对于实行“双罚制”的单位犯罪的公诉案件，按照第一审普通程序审理终结后，根据已经查明的事实、证据，依据有关法律规定，作出被告单位和被告人有罪或者无罪，犯的什么罪，判处什么刑罚或者免除刑罚，或者宣告无罪等处理决定时使用。对于刑法规定只实行“单罚制”的单位犯罪,即单位犯罪只处罚直接负责的主管人员和其他直接责任人员的案件,不适用本样式。对于单位犯罪案件中有附带民事诉讼内容的,除文书名称替换为“刑事附带民事判决书”外,其他相关部分均应作相应的修改或者补充。

样式三:简易程序案件适用

________人民法院
刑事判决书

(______)____刑初字第____号

公诉机关:________人民检察院。

被告人:________(写明姓名、性别、出生年月日、民族、出生地、文化程度、职业或者工作单位和职务、住址和因本案所受强制措施情况等,现羁押处所)。

辩护人:________(写明姓名、工作单位和职务)。

________人民检察院以____检____诉[ ]____号起诉书指控被告人________犯________罪,于________年____月____日向本院提起公诉。本院依法适用简易程序,实行独任审判,公开(或者不公开)开庭审理了本案。________人民检察院指派检察员________出庭支持公诉,被告人________、辩护人________等到庭参加诉讼。现已审理终结。

________人民检察院指控________________(概述人民检察院指控被告人犯罪的事实和适用法律的意见)。

被告人________的供述、辩解和辩护人____________________的意见____________________(予以概述)。

经审理查明,____(首先写明经庭审查明的被告人的犯罪事实和据以定案的证据)。

本院认为,____(写明判决的理由)。依照(写明判决的法律依据)的规定,判决如下:

被告人________犯________罪,判处________________(写明判处的具体内容)。

(刑期从判决执行之日起计算。判决执行以前先行羁押的,羁押一日折抵刑期一日,即自________年____月____日起至________年____月____日止。)

如不服本判决,可在接到判决书的第二日起十日内,通过本院或者直接向________人民法院提出上诉。书面上诉的,应当提交上诉状正本一份,副本____份。

审判长:________
审判员:________
审判员:________
________年____月____日
(院印)

本件与原本核对无异

书记员:________

应用指引

本样式供基层人民法院对于公诉案件按照第一审简易程序审理终结后,作出处理决定时使用。(1)对公诉人、辩护人没有出庭的,删去文书样式中相应的内容。(2)对有附带民事诉讼内容且控辩双方没有异议的,可以参阅刑事附带民事判决书样式,在本样式的相应部分增加有关内容。(3)人民法院对公诉案件的被告人可能判处免予刑事处罚的,可以适用简易程序。对这类案件制作判决书时,判决理由和判决结果部分的表述应当作相应改动。(4)审理单位犯罪案件不适用简易程序,因而也不适用本样式。

第二百零四条 【延期审理】在法庭审判过程中,遇有下列情形之一,影响审判进行的,可以延期审理:

(一)需要通知新的证人到庭,调取新的物证,重新鉴定或者勘验的;

(二)检察人员发现提起公诉的案件需要补充侦查,提出建议的;

(三)由于申请回避而不能进行审判的。

条文注解

延期审理,是指人民法院开庭时,由于出现法定原因,另定日期对案件进行审理的制度。延期审理只能发生在开庭审理阶段,延期审理前已进行的诉讼行为,对延期后的审理仍然有效。根据本条规定,遇到以下情形影响审判进行的,人民法院有权决定延期审理。具体包括:需要通知新的证人到庭,调取新的物证,重新鉴定或者勘验的;检察人员发现提起公诉的案件需要补充侦查,提出建议的(该种情况延期审理的次数不能超过两次,且法庭宣布延期审理后,人民检察院在补充侦查的期限内没有提请人民法院恢复法庭审理的,人民法院应当决定按人民检察院撤诉处理);由于申请回避而不能进行审判的。

文书范本 **43 延期/中止审理申请书**

延期/中止审理申请书

申请人:________,________律师事务所律师,系________被指控________罪的辩护人。

申请事项:申请对贵院受理的案号为______的一案予以延期、中止审理

事实和理由:____

____

____

为查清案件事实,依法公正裁决,申请人认为________被指控________罪一案需向证人(有关单位、个人)______________________收集、调取证据。鉴于此,申请人根据《中华人民共和国刑事诉讼法》第四十一条、第四十三条、第二百零四条之规定,申请贵院对本案予以延期、中止审理。

此致

________人民法院

申请人:________

__________律师事务所(印章)

年 月 日

第二百零五条 【法庭审理中的补充侦查】依照本法第二百零四条第二项的规定延期审理的案件,人民检察院应当在一个月以内补充侦查完毕。

条文注解

人民检察院在庭审期间因补充侦查提请人民法院延期审理的，需要具备以下几个条件：(1)必须是在法庭审判过程中。(2)必须是检察人员发现提起公诉的案件需要补充侦查，自己向法庭提出建议的情况。(3)有时间限制。人民检察院对自己申请补充侦查的案件，应当在一个月以内补充侦查完毕。

公诉人在法庭审理过程中遇到以下情形应当要求法庭延期审理：发现事实不清、证据不足，或者遗漏罪行、遗漏同案犯罪嫌疑人，需要补充侦查或者补充提供证据的；发现遗漏罪行或者遗漏同案犯罪嫌疑人，虽然不需要补充侦查和补充提供证据，但需要提出追加或者变更起诉的；需要通知开庭前未向人民法院提供名单的证人、鉴定人或者经人民法院通知而未到庭的证人出庭陈述的；法庭对被告人审判前供述取得的合法性有疑问，公诉人当庭不能举证的。人民检察院在庭审期间进行补充侦查的，应当在一个月以内进行完毕。因补充侦查申请延期审理的，人民检察院可以书面要求公安机关或本院侦查部门提供法庭审判所必需的证据材料；或者退回公安机关或本院侦查部门补充侦查，也可以自行收集证据。人民检察院在法庭审理期间申请补充侦查的次数不得超过二次。并且法庭宣布延期审理后，人民检察院在补充侦查的期限内没有提请人民法院恢复法庭审理的，人民法院应当决定按人民检察院撤诉处理。

第二百零六条 【中止审理】在审判过程中，有下列情形之一，致使案件在较长时间内无法继续审理的，可以中止审理：

（一）被告人患有严重疾病，无法出庭的；

（二）被告人脱逃的；

（三）自诉人患有严重疾病，无法出庭，未委托诉讼代理人出庭的；

（四）由于不能抗拒的原因。

中止审理的原因消失后，应当恢复审理。中止审理的期间不计入审理期限。

第二百零七条 【法庭笔录】法庭审判的全部活动，应当由书记员写成笔录，经审判长审阅后，由审判长和书记员签名。

法庭笔录中的证人证言部分，应当当庭宣读或者交给证人阅读。证人在承认没有错误后，应当签名或者盖章。

法庭笔录应当交给当事人阅读或者向他宣读。当事人认为记载有遗漏或者差错的，可以请求补充或者改正。当事人承认没有错误后，应当签名或者盖章。

第二百零八条 【审理期限】人民法院审理公诉案件,应当在受理后二个月以内宣判,至迟不得超过三个月。对于可能判处死刑的案件或者附带民事诉讼的案件,以及有本法第一百五十八条规定情形之一的,经上一级人民法院批准,可以延长三个月;因特殊情况还需要延长的,报请最高人民法院批准。

人民法院改变管辖的案件,从改变后的人民法院收到案件之日起计算审理期限。

人民检察院补充侦查的案件,补充侦查完毕移送人民法院后,人民法院重新计算审理期限。

条文注解

第二百零八条第一款是关于人民法院审理公诉案件一般期限及期限延长的规定。一般情况下,人民法院适用第一审普通程序审理公诉案件的,应当在受理案件后的二个月内宣判,最迟不得超过三个月。如果是案件比较重大或者复杂的,如可能判处死刑的案件或者附带民事诉讼的案件,以及属于交通十分不便的边远地区的重大复杂案件、重大的犯罪集团案件、流窜作案的重大复杂案件、犯罪涉及面广而且取证困难的重大复杂案件的,经过上一级人民法院批准,审理期限可以延长三个月。因特殊情况还需要延长的,审理法院要报请最高人民法院批准。

第二百零九条 【人民检察院对审判活动的监督】人民检察院发现人民法院审理案件违反法律规定的诉讼程序,有权向人民法院提出纠正意见。

条文注解

人民法院在审理案件中可能出现的违反法律规定的诉讼行为主要包括:(1)人民法院对刑事案件的受理违反管辖规定的;(2)人民法院审理案件违反法定审理和送达期限的;(3)法庭组成人员不符合法律规定的;(4)法庭审理案件违反法定程序的;(5)侵犯当事人和其他诉讼参与人的诉讼权利和其他合法权利的;(6)法庭审理时对有关程序问题所作的决定违反法律规定的;(7)其他违反法律规定的审理程序的行为。

人民检察院是我国专门的法律监督机关。人民检察院派员出席法庭,一方面代表国家支持公诉,另一方面也履行法律监督的职能。人民检察院有权对人民法院违反诉讼程序的行为提出纠正意见,要求人民法院改正。人民检察院认为人民法院在审理案件过程中,有违反法定诉讼程序情况的,应当在庭审后提出书面纠正意见,人民法院认为正确的,应当采纳。

第二节　自诉案件

第二百一十条　【自诉案件范围】自诉案件包括下列案件：

（一）告诉才处理的案件；

（二）被害人有证据证明的轻微刑事案件；

（三）被害人有证据证明对被告人侵犯自己人身、财产权利的行为应当依法追究刑事责任，而公安机关或者人民检察院不予追究被告人刑事责任的案件。

条文注解

根据本条规定，刑事诉讼中的自诉案件包括三类：

1. 告诉才处理的案件。即指刑法分则中明确规定为“告诉才处理的犯罪”。告诉才处理的案件包括：侮辱、诽谤案（严重危害社会秩序和国家利益的除外）；暴力干涉婚姻自由案（未造成被害人死亡的）；虐待案（未造成被害人重伤、死亡的）；侵占案。告诉才处理的案件，需被害人及其法定代理人或者近亲属向人民法院告诉；没有告诉的，或者撤回告诉的，则人民法院不予追究和处理。

2. 被害人有证据证明的轻微刑事案件。此类案件需同时满足轻微刑事案件和被害人有证据证明这两个条件才能被人民法院作为自诉案件受理。所谓“轻微刑事案件”，是指故意伤害案（轻伤）；重婚案；遗弃案；妨害通信自由案；非法侵入他人住宅案；生产、销售伪劣商品案件（严重危害社会秩序和国家利益的除外）；侵犯知识产权案件（严重危害社会秩序和国家利益的除外）；属于刑法分则第四、五章规定的，对被告人可以判处三年有期徒刑以下刑罚的其他轻微刑事案件。虽然案件性质属于“轻微”之列，但是被害人并无证据加以证明的，则人民法院可以将案件移送公安机关处理，被害人也可以向公安机关进行控告，公安机关有责任受理。公安机关受理案件后，该案件将按照公诉案件程序进行追诉。

3. 被害人有证据证明对被告人侵犯自己人身、财产权利的行为应当依法追究刑事责任，而公安机关或者人民检察院不予追究被告人刑事责任的案件。该种情形之下的自诉，其实质是对被害人权利的一种救济。这类案件本质上为公诉案件，但是由于公安机关或者人民检察院应当追究而不予追究被告人的刑事责任，才转而由被害人个人进行追究。这种案件又被称为“公诉转自诉”案件。人民法院受理此类自诉案件需要同时满足以下三个条件：（1）被害人有证据证明被告人实施了侵犯自己人身权、财产权的行为；（2）被告人的行为应当追究刑事责任；（3）有证据证明曾经提出控告，而公安机关或人民检察院不予追究被告人刑事责任。

第二百一十一条 【自诉案件的受理、审理程序】人民法院对于自诉案件进行审查后,按照下列情形分别处理:

(一)犯罪事实清楚,有足够证据的案件,应当开庭审判;

(二)缺乏罪证的自诉案件,如果自诉人提不出补充证据,应当说服自诉人撤回自诉,或者裁定驳回。

自诉人经两次依法传唤,无正当理由拒不到庭的,或者未经法庭许可中途退庭的,按撤诉处理。

法庭审理过程中,审判人员对证据有疑问,需要调查核实的,适用本法第一百九十六条的规定。

条文注解

人民法院对自诉案件的审查具有实质性。根据《最高人民法院关于人民法院登记立案若干问题的规定》,人民法院对第一审自诉案件的受理实行立案登记制。对自诉,人民法院应当一律接收诉状,出具书面凭证并注明收到日期。对符合法律规定的自诉,人民法院应当当场予以登记立案。对不符合条件的自诉,应当予以释明。人民法院对自诉案件要认真进行审查,对符合刑事诉讼法规定的,应当在收到自诉状或口头告诉之日起十五日内立案,书面通知自诉人,并开庭审理该案件;对不符合立案条件的,应在十五日内书面通知自诉人并说明不予受理的原因。自诉人坚持告诉的,人民法院应当裁定驳回起诉。缺乏罪证的自诉案件,如果自诉人提不出补充证据,应当说服自诉人撤回自诉,或者裁定驳回。

撤诉,是指在人民法院受理案件之后,宣告判决之前,自诉人要求撤回其起诉的行为。撤诉包括申请撤诉和按撤诉处理两种。申请撤诉,即积极撤诉,是自诉人在法院立案受理后,进行宣判前,以书面或口头形式向人民法院提出撤回其起诉的要求。按撤诉处理,是一种推定撤诉,即自诉人虽然没有提出撤诉申请,但其在诉讼中的一定行为已经表明他不愿意继续进行诉讼,因而,法院依法决定注销案件不予审理的行为。根据本条第二款的规定,以下两种情形之下人民法院会按照撤诉处理:第一,自诉人经两次依法传唤,无正当理由拒不到庭的;第二,自诉人未经法庭许可中途退庭的。

文书范本 44 刑事判决书(一审自诉案件用)

________人民法院
刑事判决书

(______)____刑初字第____号

自诉人:________(写明姓名、性别、出生年月日、民族、出生地、文化程度、职业或者工作单位和职务、住址等)。

诉讼代理人:________(写明姓名、工作单位和职务)。

被告人:________(写明姓名、性别、出生年月日、民族、出生地、文化程度、职业或者工作单位和职务、住址等)。

辩护人:________(写明姓名、工作单位和职务)。

自诉人________以被告人__________犯__________罪,于________年____月____日向本院提起控诉。本院受理后,依法实行独任审判(或者组成合议庭),公开(或者不公开)开庭审理了本案。自诉人________及其诉讼代理人________、被告人________及其辩护人________等到庭参加诉讼。现已审理终结。

自诉人________诉称________________(概述自诉人指控被告人犯罪的事实、证据和诉讼请求)。

被告人________辩称________________________(概述被告人对自诉人的指控予以供述、辩解、自行辩护的意见和有关证据)。辩护人________________提出的辩护意见是________________(概述辩护人的辩护意见和有关证据)。

经审理查明,________________(首先写明经法庭审理查明的事实;其次写明据以定案的证据及其来源;最后对控辩双方有异议的事实、证据进行分析、认证)。

本院认为,____(写明根据查证属实的事实、证据和法律规定,论证自诉人的指控是否成立,被告人的行为是否构成犯罪,犯的什么罪,是否从轻、减轻、免除处罚或者从重处罚。对于控辩双方有关适用法律方面的意见,应当有分析地表示是否予以采纳,并阐明理由)。依照________(写明判决的法律依据)的规定,判决如下:

____[写明判决结果。分三种情况:

第一,定罪判刑的,表述为:

“被告人________犯________罪,判处________(写明判处的刑罚)。

（刑期从判决执行之日起计算。判决执行以前先行羁押的，羁押一日折抵刑期一日，即自________年____月____日起至________年____月____日止。）”

第二，定罪免刑的，表述为：

“被告人________犯________罪，免予刑事处罚。”

第三，宣告无罪的，表述为：“被告人________无罪。”]

如不服本判决，可在接到判决书的第二日起十日内，通过本院或者直接向________人民法院提出上诉。书面上诉的，应当提交上诉状正本一份，副本____份。

审判长：________

审判员：________

审判员：________

________年____月____日

（院印）

本件与原本核对无异

书记员：________

应用指引

本范本供基层人民法院对直接受理的自诉案件审理终结后，根据已经查明的事实、证据，依据有关法律的规定，作出处理决定时使用。（1）自诉人如有诉讼代理人的，应当在“自诉人”项后另起一行列项书写；自诉人、被告人如系未成年人，其法定代理人同样应在各自的项后另起一行列项书写。（2）对于《刑事诉讼法》规定的“被害人有证据证明对被告人侵犯自己人身、财产权利的行为应当依法追究刑事责任，而公安机关或者人民检察院不予追究被告人刑事责任”的诉讼案件，人民法院在审理终结制作本判决书时，应当按照《刑事诉讼法》的规定，将公安机关或者人民检察院作出不予追究的书面决定的内容在“案件由来”部分表述清楚。（3）判决结果中“宣告无罪”的表述，是按经开庭审理后决定宣告无罪设计的；如果在开庭前的审查阶段即确认被告人无罪的，则应当制作驳回起诉的刑事裁定书。

文书范本 ▶▶ 45 刑事判决书(一审自诉、反诉并案审理用)

________人民法院
刑事判决书

(______)____刑初字第____号

自诉人(反诉被告人):________(写明姓名、性别、出生年月日、民族、籍贯、职业或工作单位和职务、住址等)。

诉讼代理人(辩护人):________(写明姓名、性别、工作单位和职务)。

被告人(反诉自诉人):________(写明姓名、性别、出生年月日、民族、籍贯、职业或工作单位和职务、住址等)。

辩护人(诉讼代理人):________(写明姓名、性别、工作单位和职务)。

自诉人________以被告人________犯________罪向本院提起控诉。被告人________于________年____月____日以自诉人________犯________罪提起反诉。本院受理后,依法组成合议庭(或者实行独任审判),公开(或者不公开)开庭进行了合并审理。自诉人(反诉被告人)________及其诉讼代理人(辩护人)________、被告人(反诉自诉人)________________及其辩护人(委托代理人)________、证人________等到庭参加诉讼。本案现已审理终结。

自诉人________诉称____(概述自诉人指控被告人犯罪的事实、证据和诉讼请求)。

被告人________辩称________________(概述被告人对自诉人的指控予以供述、辩解、自行辩护的意见和有关证据)。辩护人________提出的辩护意见是____(概述辩护人的辩护意见和有关证据)。

反诉自诉人________诉称____(概述反诉自诉人指控反诉被告人犯罪的事实、证据和诉讼请求)。

反诉被告人________辩称____(概述反诉被告人对反诉自诉人的指控予以供述、辩解、自行辩护的意见和有关证据)。辩护人________提出的辩护意见是____

____________(概述辩护人的辩护意见和有关证据)。

经审理查明,____

____

____________(首先写明经法庭审理查明的事实;其次写明据以定案的证据及其来源;最后对控辩双方有异议的事实、证据进行分析、认证)。

本院认为,____

____

____________(写明根据查证属实的事实、证据和法律规定,论证自诉人、反诉自诉人的指控是否成立,被告人或者反诉被告人或者双方的行为是否构成犯罪,犯的什么罪,应当如何处罚。对于控辩双方有关适用法律方面的意见,应当有分析地表示是否予以采纳,并阐明理由)。依照________(写明判决的法律依据)的规定,判决如下:

____

____

____[写明判决结果。分四种情况:

第一,被告人构成犯罪,反诉被告人无罪的,表述为:

"一、被告人________犯________罪,________(写明判决结果);

二、反诉被告人________无罪。"

第二,被告人无罪,反诉被告人构成犯罪的,表述为:

"一、被告人________无罪;

二、反诉被告人________犯________罪,________(写明判决结果)。"

第三,双方都构成犯罪的,表述为:

"一、被告人________犯________罪,________(写明判决结果);

二、反诉被告人________犯________罪,________(写明判决结果)。"

第四,双方都不构成犯罪的,表述为:

"一、被告人________无罪

二、反诉被告人________无罪。"]

如不服本判决,可在接到判决书的第二日起十日内,通过本院或者直接向____人民法院提出上诉。书面上诉的,应当提交上诉状正本一份,副本____份。

审判长:________

审判员:________

审判员:________

______年____月____日

（院印）

本件与原本核对无异

书记员：________

应用指引

本范本供基层人民法院在受理自诉案件之后，被告人又提起反诉，经审查反诉能够成立，通过并案审理，作出处理决定时使用。本判决书范本，适用于有附带民事诉讼内容的自诉案件时，应当作如下改动：第一，将文书名称中的“刑事判决书”改为“刑事附带民事判决书”。第二，在当事人称谓、控辩主张、审理查明的事实、判决理由和判决结果部分相应增加有关附带民事的内容。

第二百一十二条　【自诉案件的调解、和解和撤诉】人民法院对自诉案件，可以进行调解；自诉人在宣告判决前，可以同被告人自行和解或者撤回自诉。本法第二百一十条第三项规定的案件不适用调解。

人民法院审理自诉案件的期限，被告人被羁押的，适用本法第二百零八条第一款、第二款的规定；未被羁押的，应当在受理后六个月以内宣判。

条文注解

调解、和解和撤诉均是当事人意思自治的表现形式。但是，自诉案件的此种特殊审理方式只能适用于“纯粹的自诉案件”，即告诉才处理的案件和被害人有证据证明的轻微刑事案件。而公诉转自诉的案件，即被害人有证据证明被告人侵犯自己的人身权和财产权的行为应当追究刑事责任，但是公安机关或者人民检察院不予追究的情况，本质上仍属于公诉案件，因此当事人不能通过合意的方式进行处理，人民法院也只能严格依法处理，不允许调解，也不允许自诉人随意撤诉。

文书范本 46 刑事附带民事调解书(一审自诉案件用)

________人民法院
刑事附带民事调解书

(______) ____刑初字第____号

自诉人暨附带民事诉讼原告人:________(写明姓名、性别、出生年月日、民族、出生地、文化程度、职业或者工作单位和职务、住址等)。

被告人:________(写明姓名、性别、出生年月日、民族、出生地、文化程度、职业或者工作单位和职务、住址等)。

自诉人________以被告人________犯________罪,并造成经济损失为由,于________年____月____日向本院提起控诉。本院受理后,依法实行独任审判(或者组成合议庭),公开(或者不公开)开庭进行了审理。

经审理查明,________________(概述经法庭审理查明的事实),双方当事人________________(写明对认定的事实没有异议或者基本上没有意见的情况)。

在本院主持调解下,________________(概述被告人认错,愿意承担民事赔偿责任和双方互相谅解的情况)。双方当事人自愿达成如下协议:

一、被告人________向自诉人________赔礼道歉;

二、自诉人________自愿放弃对被告人________的指控;

三、被告人________赔偿自诉人________________(写明赔偿数额、支付方式和给付期限)。

上述协议不违反有关法律规定,本院予以确认。

本调解书经双方当事人签收后即具有法律效力。

审判员:________

________年____月____日

(院印)

本件与原本核对无异

书记员:________

应用指引

本范本供基层人民法院在审理一审自诉案件过程中,对于告诉才处理和被害人有证据证明的轻微刑事或者刑事附带民事诉讼案件,经法院主持调解,双方当事人达成协议时使用。经调解达成协议的自诉案件,也可以不制作刑事调解书,只制作调解笔录,由当事人阅读后盖章(或者签字),并由审判人员署名后存卷。

(1)自诉人如有诉讼代理人的,应在"自诉人"项后另起一行列项续写;被告人如有辩护人的,应在"被告人"项后另起一行列项续写;自诉人、被告人如系未成年人的,其法定代理人同样应在各该项后另起一行列项续写。上述人员的基本情况应写明姓名、工作单位和职务。(2)对于没有附带民事诉讼的刑事自诉案件,经调解,需要制作调解书时,应作如下改动:第一,将"刑事附带民事调解书"改为"刑事调解书";第二,在案由和协议条款中只写明有关刑事部分的内容。(3)法院认为有必或者当事人要求在刑事调解书上写明控辩主张及其证据和法院定案的证据的,可以概括表述。

第二百一十三条 【反诉】自诉案件的被告人在诉讼过程中,可以对自诉人提起反诉。反诉适用自诉的规定。

条文注解

反诉,是指在一个已经开始的自诉(诉讼法上称为本诉)程序中,本诉的被告人以本诉的自诉人为被告,向受诉法院提出的与本诉有牵连的独立的反请求。反诉需要在诉讼的过程中提起,反诉的内容应当是与本案有关的行为。反诉虽然与本诉有牵连,但是仍然是一个独立的诉讼。因此,反诉也应当属于人民法院可以受理的自诉案件的范围,而且能够提起反诉的只能是"纯粹的自诉案件",即告诉才处理的案件和被害人有证据证明的轻微刑事案件。

第三节 简易程序

第二百一十四条 【简易程序的适用范围】基层人民法院管辖的案件,符合下列条件的,可以适用简易程序审判:

(一)案件事实清楚、证据充分的;

(二)被告人承认自己所犯罪行,对指控的犯罪事实没有异议的;

(三)被告人对适用简易程序没有异议的。

人民检察院在提起公诉的时候,可以建议人民法院适用简易程序。

条文注解

本条第一款是从实体角度对简易程序适用条件的规定。首先,从审理法院上看,简易程序只适用于基层人民法院管辖的案件。根据刑事诉讼管辖的规定,简单且轻微的案件多由基层人民法院管辖。其次,从案件情况上看,需要同时符合以下三个方面的条件:(1)案件事实清楚,证据充分;(2)被告人承认自己所犯罪行,对起诉书指控的犯罪事实没有异议;(3)被告人对适用简易程序没有异议。案情相对简明是适用简易程序的前提,而案情是否清楚主要是由证据决定的。案件事实清楚和证据充分是一个问题的两个方面,相辅相成。2012 年本法修改,不再以案件可能判处的刑期作为适用简易程序的条件,取而代之的主要是被告人认罪和被告人同意适用简易程序进行审理。

本条第二款规定了人民检察院对适用简易程序的建议权。在刑事诉讼中,各个专门机关在分工负责的基础上,还要协调配合,共同完成刑事追诉任务。人民检察院经过审查起诉,对案件的情况以及当事人的意愿都有相当程度的了解,因此人民检察院认为案件符合适用简易程序的条件时,有权向人民法院提出建议。

第二百一十五条 【不适用简易程序的情形】有下列情形之一的,不适用简易程序:

(一)被告人是盲、聋、哑人,或者是尚未完全丧失辨认或者控制自己行为能力的精神病人的;

(二)有重大社会影响的;

(三)共同犯罪案件中部分被告人不认罪或者对适用简易程序有异议的;

(四)其他不宜适用简易程序审理的。

第二百一十六条 【简易程序审理公诉案件】适用简易程序审理案件,对可能判处三年有期徒刑以下刑罚的,可以组成合议庭进行审判,也可以由审判员一人独任审判;对可能判处的有期徒刑超过三年的,应当组成合议庭进行审判。

适用简易程序审理公诉案件,人民检察院应当派员出席法庭。

条文注解

人民法院适用简易程序审理刑事案件的审判组织形式有两种:合议庭和独任庭。这一规定基本上颠覆了原来的简易程序通常由一人独任审判的认识。简易程序的审判组织形式以三年有期徒刑为界限,可能判处三年以上有期徒刑的,由于可能会较长时间剥夺被告人的人身自由，故需要更加慎重，因此审判组织采用合议庭；对于可能判处三年有期徒刑以下刑罚的案件，审判组织形式有两种选择，合议庭和独任庭均可，各人民法院根据实际情况确定。

第二百一十七条 【简易程序询问被告意见】适用简易程序审理案件，审判人员应当询问被告人对指控的犯罪事实的意见，告知被告人适用简易程序审理的法律规定，确认被告人是否同意适用简易程序审理。

条文注解

本法第二百一十四条明确被告人认罪和同意适用简易程序，是决定人民法院能否适用简易程序的前提条件。为此，2012 年修改时增加了相应的询问程序。人民法院在正式审理案件之前需要对以上情况进行确认。需要注意的是，本条中使用的是“询问”，而非“讯问”，显然审判人员在此处的提问对被告人不具有强制性。被告人可以回答，也可以不回答。首先，审判人员要询问被告人对起诉书指控的犯罪事实的意见，以了解被告人是否认罪。其次，审判人员在告知被告人适用简易程序的法律规定后，询问被告人是否同意适用简易程序。审判人员在此处的告知旨在确保被告人接下来所作的意思表示系真实、自愿和理性的选择。上述两个询问均获得肯定性答复之后，审判人员才能开始适用简易程序审理该案件。

第二百一十八条 【简易程序法庭辩论】适用简易程序审理案件，经审判人员许可，被告人及其辩护人可以同公诉人、自诉人及其诉讼代理人互相辩论。

条文注解

法庭辩论是对案件事实、证据、法律适用等问题进行争辩、论争的过程。其目的在于更加准确地认定案件事实和适用法律。辩护权是被追诉人的基本诉讼权利，即便是在简易程序中亦不可有所削减或者限制。因此，本条明确规定，在适用简易程序审理案件时，被告人有权针对指控进行陈述和辩护。法庭辩论应当在审判人员的组织和主持下进行，因而控辩双方的互相辩论应当征得审判人员的许可。

第二百一十九条 【简易程序的程序简化】适用简易程序审理案件，不受本章第一节关于送达期限、讯问被告人、询问证人、鉴定人、出示证据、法庭辩论程序规定的限制。但在判决宣告前应当听取被告人的最后陈述意见。

条文注解

本条是关于适用简易程序审理案件有关程序事项的特别规定。适用简易程序审理刑事案件可以不按照普通程序的规定进行。但是不管审理程序如何简化,审判程序必须保障被告人能够充分行使辩护权。为此,本条特别强调判决宣告前听取被告人的最后陈述,亦即意味着即便是在简易程序中,被告人的最后陈述程序也不能省略和简化,被告人的最后陈述权必须得到保障。

第二百二十条 【简易程序的审限】适用简易程序审理案件,人民法院应当在受理后二十日以内审结;对可能判处的有期徒刑超过三年的,可以延长至一个半月。

条文注解

由于2012年修改后的刑事诉讼法取消了对适用简易程序案件可能判处刑罚的限制,因而,经由简易程序审理的案件中,有些案件可能判处的刑期较长,并且根据本法第二百一十六条的规定,对可能判处三年以上有期徒刑的案件采用合议庭进行审理,因而审理的时间较之可能判处三年有期徒刑以下刑罚的案件要长一些,故针对可能判处三年以上有期徒刑的情况,本条增加了简易程序审限延长的规定,即审理期限最长为一个半月。从理论上讲,这“一个半月”为法定不可变期间,不能再予以延长。

第二百二十一条 【简易程序转普通程序】人民法院在审理过程中,发现不宜适用简易程序的,应当按照本章第一节或者第二节的规定重新审理。

条文注解

已经决定适用简易程序审理案件,就应当适用该程序直至作出第一审判决。在案件审理的过程中,人民法院发现案件不符合简易程序适用条件,或者发现案情复杂而适用简易程序难以完成审理任务,或者出现被告人在庭审中拒不认罪等不宜适用简易程序的情况的,就应当按照公正优于效率的原则转为适用普通程序重新审理。

文书范本 ▶▶ **47　适用普通程序建议书**

适用普通程序建议书

建议人:________,________律师事务所律师,系________被指控________罪的辩护人。

建议事项:建议对__________被指控__________________罪一审一案适用普通程序审判

事实和理由:____
____
____

________被指控____________________罪一案,具有以下不应适用简易程序的情形:__________________________(被告人的行为可能不构成犯罪/被告人可能不负刑事责任/案件事实不清、证据不足/不应当或者不宜适用简易程序的其他情形)。本人作为被告人的辩护人,根据《中华人民共和国刑事诉讼法》第二百一十五条之规定,建议贵院对本案适用普通程序审判。

此致

________人民法院

建议人:________

________律师事务所(印章)

年　　月　　日

第四节　速 裁 程 序

第二百二十二条　【速裁程序的适用范围和条件】基层人民法院管辖的可能判处三年有期徒刑以下刑罚的案件,案件事实清楚,证据确实、充分,被告人认罪认罚并同意适用速裁程序的,可以适用速裁程序,由审判员一人独任审判。

人民检察院在提起公诉的时候,可以建议人民法院适用速裁程序。

条文注解 ▶▶

本条第一款是关于速裁程序适用的案件范围和条件、审判组织的规定。对于速裁程序适用的案件范围和条件,可以从三个方面把握:第一,基层人民法院管辖的可能判处三年有期徒刑以下刑罚的案件。这一规定从管辖法院和可能判处的刑期上对适用速裁程序的案件范围作了限定。管辖的法院限于基层人民法院，排除了中级、高级、最高人民法院管辖的案件。可能判处的刑期限于三年有期徒刑以下刑罚。这里规定的"可能判处"，是指根据被告人犯罪的事实、性质、情节和危害程度，根据刑法有关规定的具体量刑幅度确定的刑罚。第二，案件事实清楚，证据确实、充分。即人民法院根据起诉书指控的事实，认为案件事实明确，定罪量刑的证据客观全面。对于"证据确实、充分"的含义，还可以结合刑事诉讼法第五十五条第二款的规定来理解。速裁程序的庭审程序比简易程序还要简化，一般不进行法庭调查、法庭辩论，为确保司法公正，人民法院在决定适用速裁程序前应当对案件的证据情况进行实质性审查，确认证据确实、充分。第三，被告人认罪认罚并同意适用速裁程序。

本条第二款是关于人民检察院建议适用速裁程序的规定。2018 年修改刑事诉讼法，同时增加了人民检察院对犯罪嫌疑人认罪认罚的案件就有关事项听取意见、组织签署认罪认罚具结书、提出量刑建议的规定。对于犯罪嫌疑人在审查起诉阶段已经认罪认罚，人民检察院认为符合适用速裁程序适用条件的案件，人民检察院可以在提起公诉时建议人民法院适用速裁程序。对于最终是否适用速裁程序审理，由人民法院根据本条第一款的规定，结合案件情况和被告人的意愿作出决定。

第二百二十三条 【不适用速裁程序的情形】有下列情形之一的，不适用速裁程序：

（一）被告人是盲、聋、哑人，或者是尚未完全丧失辨认或者控制自己行为能力的精神病人的；

（二）被告人是未成年人的；

（三）案件有重大社会影响的；

（四）共同犯罪案件中部分被告人对指控的犯罪事实、罪名、量刑建议或者适用速裁程序有异议的；

（五）被告人与被害人或者其法定代理人没有就附带民事诉讼赔偿等事项达成调解或者和解协议的；

（六）其他不宜适用速裁程序审理的。

条文注解

本条规定了以下情形不适用速裁程序：(1)被告人是盲、聋、哑人，或者是尚未完全丧失辨认或者控制自己行为能力的精神病人的。基于同样考虑，根据刑事诉讼法第二百一十五条规定，这些人员也不适用简易程序。(2)被告人是未成年人的。刑事诉讼法对未成年人诉讼程序作了特别规定，如对犯罪的未成年人实行教育、感化、挽救的方针,坚持教育为主、惩罚为辅的原则,并规定了社会调查、合适成年人到场、附条件不起诉、犯罪记录封存等特别的诉讼制度。同时应注意,这里规定的"被告人是未成年人的",应当以审判时的年龄来认定。(3)案件有重大社会影响的。这里规定的"重大社会影响",一般是指案件社会关注度高、反映强烈。同样道理,案件有重大社会影响的,也不适用简易程序。(4)共同犯罪案件中部分被告人对指控的犯罪事实、罪名、量刑建议或者适用速裁程序有异议的。对于共同犯罪的案件,只有全案所有的被告人都对指控的犯罪事实、罪名、量刑建议或者和速裁程序没有异议,才能适用速裁程序审理。需要说明的是,共同犯罪案件中部分被告人认罪认罚,但因为其他被告人有异议未能适用速裁程序审理的,对于认罪认罚的被告人,还是应当按照刑法和刑事诉讼法的规定给予从宽处理。(5)被告人与被害人或者其法定代理人没有就附带民事诉讼赔偿等事项达成调解或者和解协议的。这里规定的"附带民事诉讼赔偿等事项",具体来说就是速裁程序试点办法提到的赔偿损失、恢复原状、赔礼道歉等事项。"调解协议"是被告人与被害人一方在司法机关主持就附带民事诉讼进行调解的程序中达成的协议,"和解协议"是被告人与被告人一方自行达成的协议。(6)其他不宜适用速裁程序审理的。

第二百二十四条 【速裁程序案件的法庭审理规则】适用速裁程序审理案件,不受本章第一节规定的送达期限的限制,一般不进行法庭调查、法庭辩论,但在判决宣告前应当听取辩护人的意见和被告人的最后陈述意见。

适用速裁程序审理案件,应当当庭宣判。

条文注解

2018 年修改刑事诉讼法增设速裁程序,目的是在 2012 年刑事诉讼法规定的简易程序的基础上,进一步简化诉讼程序,以贯彻宽严相济的刑事政策,优化司法资源配置,实现案件繁简分流。根据刑事诉讼法第三编第二章第三节的规定,与普通程序相比较,在案件审理的具体程序上,2012 年规定的简易程序主要在以下几个方面进行了简化:一是在开庭前准备的期限上,不受刑事诉讼法关于普通程序的规定中关于送达期限的限制,即送达有关法律文书和开庭审判之间的间隔可以更短。二是在庭审过程中,对讯问被告人、询问证人、鉴定人、出示证据、法庭辩论等程序,可以进行简化,但不能完全省略。2018 年修改刑事诉讼法,对速裁程序的制度设计,就是要在这些规定的基础上继续进行制度创新,进一步简化有关程序,以达到提高审判效率、实现简案快审的目标。同时,为了守住司法公正的底线,庭审程序中的一些基本要素不能简化或者省略,否则就难以维护犯罪嫌疑人、被告人和其他诉讼参与人基本的诉讼权利。这主要是在判决宣告前应当听取辩护人的意见和被告人的最后陈述意见。

第二百二十五条 【速裁程序审理期限】适用速裁程序审理案件,人民法院应当在受理后十日以内审结;对可能判处的有期徒刑超过一年的,可以延长至十五日。

第二百二十六条 【速裁程序转普通程序或简易程序】人民法院在审理过程中,发现有被告人的行为不构成犯罪或者不应当追究其刑事责任、被告人违背意愿认罪认罚、被告人否认指控的犯罪事实或者其他不宜适用速裁程序审理的情形的,应当按照本章第一节或者第三节的规定重新审理。

条文注解

理解第二百二十六条,需要注意以下几个方面:(1)速裁程序转换为普通程序或者简易程序的时间,是人民法院在审理案件的过程中。对于案件还没有到法院审理过程中的案件,不存在转化的问题。根据本条规定,在案件审理过程中,人民法院只要发现存在不宜适用速裁程序的情形,都要转换为普通程序或者简易程序进行审理,无论审理已经进行了多长时间或者进行到哪一个阶段。(2)不宜适用速裁程序审理的案件,均属于须转换的案件。被告人的行为不构成犯罪或者不应当追究其刑事责任、被告人违背意愿认罪认罚、被告人否认指控的犯罪事实或者其他不宜适用速裁程序审理的案件,属于不宜适用速裁程序审理的案件。(3)人民法院在审理过程中,发现不宜适用速裁程序审理的,应当按照本章第一节关于普通程序或者第三节关于简易程序的规定重新审理。应注意的是,结合本法第二百二十一条,如果是自诉案件适用简易程序,在审理过程中发现不宜适用简易程序的,应当转换为刑事诉讼法规定的自诉案件的审理程序,而速裁程序只适用于公诉案件,因此也只能转换为公诉案件的普通程序或者简易程序。

第三章 第二审程序

第二百二十七条 【上诉的提起】被告人、自诉人和他们的法定代理人,不服地方各级人民法院第一审的判决、裁定,有权用书状或者口头向上一级人民法院上诉。被告人的辩护人和近亲属,经被告人同意,可以提出上诉。

附带民事诉讼的当事人和他们的法定代理人,可以对地方各级人民法院第一审的判决、裁定中的附带民事诉讼部分,提出上诉。

对被告人的上诉权,不得以任何借口加以剥夺。

条文注解

本条第一款、第二款是关于上诉权的规定。我国的审级制度是两审终审制,因而对于地方各级人民法院作出的一审裁判,刑事诉讼的当事人不服或检察机关认为有错误的,在法定期限内,可以向上一级人民法院提出上诉或抗诉,上一级人民法院适用第二审程序对案件进行审理和裁判。根据本条,依法享有上诉权的主体包括两类:一是被告人、自诉案件的自诉人、附带民事诉讼的当事人和他们的法定代理人。这类主体与法院的判决有直接利害关系,因而独立地享有上诉权。二是被告人的辩护人和近亲属,这类主体只有经被告人同意和授权才可以代为提起上诉。之所以作这样的规定,主要是考虑到被告人对上诉往往存有顾虑,而且通常又被羁押,允许辩护人和近亲属代为上诉可以更好地保护被告人的合法权益。根据本条,可以上诉的对象是地方各级人民法院作出的一审未生效刑事判决、裁定及附带民事诉讼部分。

本条第三款规定了对被告人上诉权的保障。上诉权是刑事诉讼中被告人享有的一项基本权利,任何机关和个人不得以任何借口加以剥夺。为了保障被告人上诉权的充分行使,我国立法对上诉理由不加任何限制,当事人在上诉期内提出上诉无须任何理由。被告人可以在上诉状中阐述上诉理由,至于其理由是否合法、充分,甚至明显不能成立,均不影响其上诉的效力。

文书范本 48 刑事上诉状

刑事上诉状

上诉人:________(刑事案件被告人、刑事自诉案件自诉人、刑事附带民事案件原告人或被告人；写明姓名、性别、出生年月日、民族、籍贯、职业或工作单位和职务、住址等基本情况）。

被上诉人：________（刑事自诉案件自诉人或被告人、刑事附带民事案件原告人或被告人，刑事公诉案件被告人提出上诉则不列被上诉人；写明姓名、性别、出生年月日、民族、籍贯、职业或工作单位和职务、住址等基本情况）。

上诉人因____________一案，不服________人民法院________年____月____日（____）字第____号刑事判决（或裁定），现提出上诉。

上诉请求：

____

____

________（写明具体的上诉请求）。

上诉理由：

____

____

________（写明对一审判决或裁定不服的具体内容，阐明上诉的理由和法律依据）。

此致

________人民法院

上诉人：________

代书人：________

________年____月____日

应用指引

本上诉状供刑事案件被告人、自诉人、附带民事诉讼的当事人及其法定代理人对一审刑事判决、裁定不服提出上诉使用。“上诉人”一栏，应当写明姓名、性别、出生年月日、民族、出生地、文化程度、职业或者工作单位和职务、住址等。

第二百二十八条 【抗诉的提起】地方各级人民检察院认为本级人民法院第一审的判决、裁定确有错误的时候，应当向上一级人民法院提出抗诉。

条文注解

对于地方各级人民法院作出的一审未生效裁判，检察机关认为确有错误的，可以提出抗诉，由二审法院对案件再进行审理。依据本条规定，有权提出抗诉的主体只能是与第一审法院同级的人民检察院，具有特定性和单一性。还应注意，本法对上诉权无任何限制，但对抗诉权则有所限制，检察机关提出抗诉必须具有法定的理由和采用特定的形式，从而确保国家权力的正当使用。

第二百二十九条　【公诉案件被害人请求抗诉】被害人及其法定代理人不服地方各级人民法院第一审的判决的，自收到判决书后五日以内，有权请求人民检察院提出抗诉。人民检察院自收到被害人及其法定代理人的请求后五日以内，应当作出是否抗诉的决定并且答复请求人。

条文注解

为了保护被害人的合法权益，维护其切身利益，协调被害人利益与国家利益可能存在的矛盾，立法赋予了被害人申请抗诉的权利。依据本条，被害人及其法定代理人不服地方各级人民法院第一审判决、裁定的，有权请求人民检察院提出抗诉。被害人申请抗诉的法定期限为自其收到判决书后的五日内。人民检察院收到被害人及其法定代理人的请求后，应当在五日内作出是否抗诉的决定，并且要答复请求人。

文书范本　**49　抗诉请求书**

抗诉请求书

申请人：________（写明姓名、性别、年龄、民族、籍贯、工作单位、住址等。如系被害人的法定代理人提出请求的，还应写明申请人与被害人的身份关系）。

因不服________人民法院（______）____刑____字第____号刑事判决书，特提请贵院提出抗诉，理由如下：

____

____

____。

此致

________人民检察院

申请人:________

________年____月____日

附:1. 物证____份。

2. 书证____份。

3. 证人证言____份。

4. 证人姓名、工作单位、住址。

应用指引

本范本供刑事公诉案件中的被害人及其法定代理人因不服人民法院的判决,请求人民检察院向上一级人民法院提出抗诉时使用。

第二百三十条 【上诉、抗诉的期限】不服判决的上诉和抗诉的期限为十日,不服裁定的上诉和抗诉的期限为五日,从接到判决书、裁定书的第二日起算。

条文注解

本条应注意的是,对附带民事判决、裁定的上诉、抗诉期限,按照刑事部分的上诉、抗诉期限确定。如果附带民事部分没有与刑事部分一并判决而是另行审判的,也应当按照刑事诉讼法规定的期限确定。

第二百三十一条 【上诉的程序】被告人、自诉人、附带民事诉讼的原告人和被告人通过原审人民法院提出上诉的,原审人民法院应当在三日以内将上诉状连同案卷、证据移送上一级人民法院,同时将上诉状副本送交同级人民检察院和对方当事人。

被告人、自诉人、附带民事诉讼的原告人和被告人直接向第二审人民法院提出上诉的,第二审人民法院应当在三日以内将上诉状交原审人民法院送交同级人民检察院和对方当事人。

条文注解

根据本条,上诉既可以向原审法院提出,也可以直接向第二审法院提出。规定上诉可以直接向第二审法院提出可以打消上诉人上诉的顾虑,切实维护其合法权益。由于我国刑事诉讼奉行的是对上诉权无任何限制,因而上一级人民法院在受理上诉时,对上诉的审查限于是否符合法律的规定，比如是否在法定期限内提出上诉，提出上诉的主体有无上诉权，上诉的对象是否为地方各级人民法院的第一审裁判，上诉状的制作是否符合要求。至于上诉理由能否成立、上诉请求是否合理则在所不问。

第二百三十二条 【抗诉的程序】地方各级人民检察院对同级人民法院第一审判决、裁定的抗诉，应当通过原审人民法院提出抗诉书，并且将抗诉书抄送上一级人民检察院。原审人民法院应当将抗诉书连同案卷、证据移送上一级人民法院，并且将抗诉书副本送交当事人。

上级人民检察院如果认为抗诉不当，可以向同级人民法院撤回抗诉，并且通知下级人民检察院。

条文注解

本条第一款规定了地方各级人民检察院对一审裁判提出抗诉的程序。依据本条及相关司法解释的规定，抗诉应当通过原审法院提出，而不能直接向第二审法院提出。检察机关通过原审法院提出抗诉的，应当将抗诉书抄送上一级人民检察院。原审人民法院应当在抗诉期满后的三日内将抗诉书连同案卷、证据移送上一级人民法院，并且将抗诉书副本送交当事人。

本条第二款规定了上级人民检察院对下级人民检察院行使抗诉权的监督。上一级人民检察院对下级人民检察院按照第二审程序提出抗诉的案件，认为抗诉正确的，应当支持抗诉；认为抗诉不当的，应当向同级人民法院撤回抗诉，并且通知下级人民检察院。下级人民检察院如果认为上一级人民检察院撤回抗诉不当的，可以提请复议。上一级人民检察院应当复议，并将复议结果通知下级人民检察院。上一级人民检察院在上诉、抗诉期限内，发现下级人民检察院应当提出抗诉而没有提出抗诉的，可以指令下级人民检察院依法提出抗诉。可见，与上诉主体的独立性不同，抗诉的主体具有不完全独立的特征。上级人民检察院对下级人民检察院的抗诉实施监督，并有决定权。

第二百三十三条 【第二审的全面审查】第二审人民法院应当就第一审判决认定的事实和适用法律进行全面审查，不受上诉或者抗诉范围的限制。

共同犯罪的案件只有部分被告人上诉的，应当对全案进行审查，一并处理。

条文注解

本条是关于全面审查原则的规定。第一款规定第二审实行全面审查，不受上诉、抗诉范围的限制;第二款强调共同犯罪案件中部分被告人上诉的,第二审的审查不限于已上诉部分。目前,绝大多数国家都实行部分审查,在对法律适用问题进行普遍救济的基础上,对事实问题的认定与救济略有差别。我国则实行全面审查原则,二审的审理范围不限于上诉或抗诉请求。二审法院既要审查原审裁判认定事实是否正确,还要审查适用法律有无错误;既要审查已经上诉或抗诉的部分,又要审查未上诉、抗诉的部分以及共同犯罪案件中涉及未上诉被告人的部分。对附带民事诉讼部分提出上诉的,既要审查附带民事诉讼部分,也要审查刑事诉讼部分,以正确认定民事责任。

第二百三十四条 【第二审审理的方式和开庭地点】第二审人民法院对于下列案件,应当组成合议庭,开庭审理:

(一)被告人、自诉人及其法定代理人对第一审认定的事实、证据提出异议,可能影响定罪量刑的上诉案件;

(二)被告人被判处死刑的上诉案件;

(三)人民检察院抗诉的案件;

(四)其他应当开庭审理的案件。

第二审人民法院决定不开庭审理的,应当讯问被告人,听取其他当事人、辩护人、诉讼代理人的意见。

第二审人民法院开庭审理上诉、抗诉案件,可以到案件发生地或者原审人民法院所在地进行。

第二百三十五条 【第二审公诉人阅卷和出庭】人民检察院提出抗诉的案件或者第二审人民法院开庭审理的公诉案件,同级人民检察院都应当派员出庭。第二审人民法院应当在决定开庭审理后及时通知人民检察院查阅案卷。人民检察院应当在一个月以内查阅完毕。人民检察院查阅案卷的时间不计入审理期限。

第二百三十六条 【第二审后的处理】第二审人民法院对不服第一审判决的上诉、抗诉案件,经过审理后,应当按照下列情形分别处理:

(一)原判决认定事实和适用法律正确、量刑适当的,应当裁定驳回上诉或者抗诉,维持原判;

(二)原判决认定事实没有错误,但适用法律有错误,或者量刑不当的,应当改判;

（三）原判决事实不清楚或者证据不足的，可以在查清事实后改判；也可以裁定撤销原判，发回原审人民法院重新审判。

原审人民法院对于依照前款第三项规定发回重新审判的案件作出判决后，被告人提出上诉或者人民检察院提出抗诉的，第二审人民法院应当依法作出判决或者裁定，不得再发回原审人民法院重新审判。

条文注解

第二百三十六条第一款是关于二审人民法院对上诉、抗诉案件的处理规定。根据本款规定，第二审人民法院对上诉、抗诉案件，经过审理后，应当按照以下情况分别处理：(1)原判决认定事实和适用法律正确、量刑适当的，应当裁定驳回上诉或者抗诉，维持原判。(2)原判决认定事实没有错误，但适用法律有错误或者量刑不当的，应当改判。“适用法律有错误”，是指根据被告人的情况和犯罪事实，一审判决中适用的有关法律规定不正确、不恰当，主要是对案件的定性错误。“量刑不当”，是指根据犯罪情节、被告人的情况和法律规定，对被告人判刑过重或者过轻。“改判”，是指二审人民法院直接作出判决，改变一审判决的内容。(3)原判决事实不清楚或者证据不足的，可以在查清事实后改判；也可以裁定撤销原判，发回原审人民法院重新审判。具体而言，第二审人民法院既可以依职权，通过审理或者调查核实证据等方式，自己查清事实，直接依法改判；也可以裁定撤销原判，发回原审人民法院重新审判。发回重审的案件，原审人民法院应当另行组成合议庭审理，按第一审程序进行审理，对其判决、裁定仍可提出上诉或者抗诉。

第二百三十六条第二款是关于二审人民法院不得再发回重审的规定。2012 年修改刑事诉讼法在本条中增加了本款规定，确立了二审案件发回重审仅限于一次的原则。根据本款规定，原审人民法院对于二审人民法院因原判决事实不清楚或者证据不足裁定撤销原判，发回其重新审判的案件，应当按照本法规定的一审程序进行审判后，作出判决或裁定。被告人对此判决或者裁定仍不服的，可以再提出上诉，人民检察院也可以提出抗诉。第二审人民法院对被告人的再次上诉或人民检察院的抗诉必须受理，并依法作出判决。依据本款规定，此判决或者裁定是终审的判决或者裁定，二审人民法院不得再发回原审人民法院重新审判。

文书范本 50 刑事判决书(二审改判用)

________人民法院
刑事判决书

(______)____刑终字第____号

原公诉机关:________人民检察院。

上诉人(原审被告人):________(写明姓名、性别、出生年月日、民族、籍贯、职业或工作单位和职务、住址和因本案所受强制措施情况等,现羁押处所)。

辩护人:________(写明姓名、工作单位和职务)。

人民法院审理________人民检察院指控原审被告人________犯________罪一案,于________年____月____日作出(______)____刑初字第____号刑事判决,原审被告人________不服,提出上诉。本院依法组成合议庭,公开(或者不公开)开庭审理了本案。________人民检察院指派检察员________出庭履行职务。上诉人(原审被告人)________及其辩护人________等到庭参加诉讼。现已审理终结。

____(首先概述原判决认定的事实、证据、理由和判处结果;其次概述上诉、辩护的意见;最后概述人民检察院在二审中提出的新意见)。

经审理查明,____(首先写明经二审审理查明的事实;其次写明二审据以定案的证据;最后针对上诉理由中与原判认定的事实、证据有异议的问题进行分析、认证)。

本院认为,____(根据二审查明的事实、证据和有关法律规定,论证原审法院认定事实、证据和适用法律是否正确的。对于上诉人、辩护人或者出庭履行职务的检察人员等在适用法律、定性处理方面的意见,应当有分析地表示是否予以采纳,并阐明理由)。依照________________(写明裁定的法律依据)的规定,判决如下:

____[写明判决结果。分两种情况:

第一,全部改判的,表述为:

"一、撤销________人民法院(______)____刑初字第____号刑事判决;

二、上诉人(原审被告人)________________(写明改判的刑事和附带民事的内容)。"

第二,部分改判的,表述为:

"一、维持________人民法院(______)____刑初字第____号刑事判决的第____项,即________(写明维持的具体内容);

二、撤销________人民法院(______)____刑初字第____号刑事判决的第________项,即________(写明撤销的具体内容);

三、上诉人(原审被告人)________________(写明部分改判的具体内容)。"]

本判决为终审判决。

审判长:________

审判员:________

审判员:________

________年____月____日

(院印)

本件与原本核对无异

书记员:________

应用指引

本范本供第二审人民法院在受理当事人不服一审判决提出上诉或者公诉机关提出抗诉的刑事案件后,经审理查明原判决在适用法律上有错误或者量刑不当,或者原判决事实不清、证据不足,经二审查清事实后予以改判时使用。

文书范本 51 刑事裁定书(二审维持原判决用)

____人民法院
刑事裁定书

(____)____刑终字第____号

原公诉机关:____人民检察院。

上诉人(原审被告人):____(写明姓名、性别、出生年月日、民族、籍贯、职业或工作单位和职务、住址和因本案所受强制措施情况等,现羁押处所)。

辩护人:____(写明姓名、工作单位和职务)。

____人民法院审理____人民检察院指控原审被告人____犯____罪一案,于____年____月____日作出(____)____刑初字第____号刑事附带民事判决,原审被告人____不服,提出上诉。本院依法组成合议庭,公开(或者不公开)开庭审理了本案。____人民检察院指派检察员____出庭履行职务。上诉人(原审被告人)____及其辩护人____等到庭参加诉讼。现已审理终结。

____________(首先概述原判决认定的事实、证据、理由和判决结果;其次概述上诉、辩护的意见;最后概述人民检察院在二审中提出的新意见)。

经审理查明,____________(首先写明经二审审理查明的事实;其次写明二审据以定案的证据;最后针对上诉理由中与原判认定的事实、证据有异议的问题进行分析、认证)。

本院认为,____________(根据二审查明的事实、证据和有关法律规定,论证原审法院认定事实、证据和适用法律包括判处被告人赔偿经济损失是正确的。对于上诉人、辩护人或者出庭履行职务的检察人员等在适用法律、定性处理方面的意见,应当逐一进行回答,说明不予采纳的理由)。依照____(写明裁定的法律依据)的规定,裁定如下:

驳回上诉,维持原判。

本裁定为终审裁定。

审判长:________

审判员:________

审判员:________

________年____月____日

(院印)

本件与原本核对无异

书记员:________

应用指引

本范本供第二审人民法院在受理当事人不服第一审人民法院判决提出上诉,或者公诉机关提出抗诉的案件后,经审理查明原判决在认定事实和适用法律方面没有错误,量刑适当,决定驳回上诉,维持原判时使用。制作本裁定书主要应当针对上诉、抗诉等提出的意见,进行分析、论证,阐明原判认定的事实、证据和适用法律、定性处理为什么正确,上诉、抗诉的理由为什么不能成立。驳回的理由应当具体、充分,有理有据,说服力强。

第二百三十七条 【上诉不加刑及其限制】第二审人民法院审判被告人或者他的法定代理人、辩护人、近亲属上诉的案件,不得加重被告人的刑罚。第二审人民法院发回原审人民法院重新审判的案件,除有新的犯罪事实,人民检察院补充起诉的以外,原审人民法院也不得加重被告人的刑罚。

人民检察院提出抗诉或者自诉人提出上诉的,不受前款规定的限制。

条文注解

上诉不加刑,是指第二审人民法院审判被告人一方上诉的案件,不得以任何理由加重被告人刑罚的一项审判原则。根据本条规定,上诉不加刑原则的内容包括:(1)适用的案件。只适用于被告人及其法定代理人、辩护人、近亲属上诉的案件。人民检察院提出抗诉或者自诉人提出上诉的案件,则不适用这一原则。(2)不加刑的范围。这具体包括:同一刑种不得加重刑罚的数量、不得将较轻的执行刑罚方法改为较重的刑罚执行方法、不得在主刑上增加附加刑、不得将较轻的刑种改变为较重的刑种、不得加重数罪并罚案件的宣告刑、不得加重共同犯罪中未提起上诉和未被提起抗诉的被告人的刑罚。(3)适用的程序。只适用于第二审程序和死缓复核程序以及发回重审程序。此外,在发回重审程序中,如果关于犯罪事实的认定没有变化,检察机关也未补充起诉的,也适用上诉不加刑原则。

第二百三十八条 【第一审程序违法导致的重审】第二审人民法院发现第一审人民法院的审理有下列违反法律规定的诉讼程序的情形之一的,应当裁定撤销原判,发回原审人民法院重新审判:

(一)违反本法有关公开审判的规定的;

(二)违反回避制度的;

(三)剥夺或者限制了当事人的法定诉讼权利,可能影响公正审判的;

(四)审判组织的组成不合法的;

(五)其他违反法律规定的诉讼程序,可能影响公正审判的。

条文注解

根据本条,发现第一审人民法院的审理有下列违反法律规定的诉讼程序的情形之一的,应当裁定撤销原判,发回原审人民法院重新审判:(1)违反本法有关公开审判规定的;(2)违反回避制度的;(3)剥夺或者限制了当事人的法定诉讼权利,可能影响公正审判的;(4)审判组织的组成不合法的;(5)其他违反法律规定的诉讼程序,可能影响公正审判的。上述五种情形中,有第(1)、(2)、(4)种情形的,应当一律发回原审法院重新审判。因为公开审判制度、回避制度、合议制度是刑事诉讼中最基本的诉讼制度,如果有违反,必然影响案件的公正审理。有第(3)、(5)种情形的,是否发回重审要视情况而定。

第二百三十九条 【重审程序】原审人民法院对于发回重新审判的案件,应当另行组成合议庭,依照第一审程序进行审判。对于重新审判后的判决,依照本法第二百二十七条、第二百二十八条、第二百二十九条的规定可以上诉、抗诉。

条文注解

本条所规定的"发回重新审判的案件"包括两种案件:(1)本法第二百三十六条规定的第二审人民法院对上诉、抗诉案件,经过审理后,认为原判决事实不清楚或者证据不足的，裁定撤销原判，发回原审人民法院重新审判的案件。(2)本法第二百三十八条规定的第二审人民法院发现第一审人民法院的审理有违反法律规定的诉讼程序的情形的，裁定撤销原判，发回原审人民法院重新审判的案件。

对于因为原判决事实不清楚或者证据不足发回重审的公诉案件，原审人民法院不能将案件退回人民检察院补充侦查，但根据本法第一百九十六条的规定，对于个别证据不清楚，有疑问的，合议庭可以对证据进行调查核实；检察人员认为案件需要补充侦查，根据本法第二百零四条的规定提出建议的，原审人民法院可以决定延期审理。经过合议庭调查核实或者人民检察院补充侦查后仍然事实不清楚或者证据不足，不能认定被告人有罪的，根据本法第二百条的规定，应当作出证据不足、指控的犯罪不能成立的无罪判决。对于因为原判决事实不清楚或者证据不足发回重审的自诉案件，应当依照本法第三编第二章第二节“自诉案件”的程序进行审判，根据本法第二百一十一条的规定，合议庭对证据有疑问的，可以对证据进行调查核实，自诉人也可以提出补充证据。对于第二审人民法院发现第一审人民法院的审理有违反法律规定的诉讼程序的情形撤销原审，发回重审的案件，新的合议庭在重新开始的一审程序中，应当切实纠正原审违反法律规定的诉讼程序的情形。依据本条规定重新审判后的判决，仍然是一审判决，被告人、自诉人和他们的法定代理人，附带民事诉讼的当事人和他们的法定代理人可以依照本法第二百二十七条的规定提出上诉；同级人民检察院可以依照本法第二百二十八条的规定提出抗诉；被害人及其法定代理人有权依照本法第二百二十九条的规定请求人民检察院提出抗诉。

第二百四十条 【对裁定的第二审】第二审人民法院对不服第一审裁定的上诉或者抗诉，经过审查后，应当参照本法第二百三十六条、第二百三十八条和第二百三十九条的规定，分别情形用裁定驳回上诉、抗诉，或者撤销、变更原裁定。

条文注解

裁定是人民法院在审理案件过程中对有关诉讼程序和部分实体问题所作的一种处理决定。裁定虽然不涉及案件审判的最终结果，但也会对当事人的权利义务产生影响。根据本条规定，第二审人民法院对不服第一审裁定的上诉或者抗诉案件，组成合议庭进行审查后，应当参照本章关于审理不服第一审判决的上诉或者抗诉案件的有关规定，根据不同情形分别处理：

(1)参照本法第二百三十六条的规定，原裁定认定事实和适用法律正确的，应当裁定驳回上诉或者抗诉，维持原裁定；原裁定认定事实没有错误，但适用法律有错误的，应当以裁定形式变更原裁定；原裁定事实不清楚或者证据不足的，可以在查清事实后以裁定形式变更原裁定，也可以裁定撤销原裁定，发回原审人民法院重新审判。

（2）参照本法第二百三十八条的规定，第二审人民法院发现第一审人民法院的审理有违反本法有关公开审判的规定；违反回避制度；剥夺或者限制了当事人的法定诉讼权利，可能影响公正审判；审判组织的组成不合法或者其他违反法律规定的诉讼程序，可能影响公正审判的情形的，应当裁定撤销原裁定，发回原审人民法院重新审判。

（3）参照本法第二百三十九条的规定，原审人民法院对于发回重新审判的案件，应当另行组成合议庭，依照第一审程序进行审判，重新作出裁定。对于重新审判后的裁定，被告人、自诉人和他们的法定代理人，附带民事诉讼的当事人和他们的法定代理人可以依照本法第二百二十七条的规定提出上诉；同级人民检察院可以依照本法第二百二十八条的规定提出抗诉；被害人及其法定代理人有权依照本法第二百二十九条的规定请求人民检察院提出抗诉。

第二百四十一条 【重审的期限计算】第二审人民法院发回原审人民法院重新审判的案件，原审人民法院从收到发回的案件之日起，重新计算审理期限。

第二百四十二条 【第二审的其他程序规定】第二审人民法院审判上诉或者抗诉案件的程序，除本章已有规定的以外，参照第一审程序的规定进行。

条文注解

第二审人民法院对于上诉或者抗诉案件，应当在控辩双方参与下，对一审判决所认定的事实、适用的法律和诉讼程序进行全面的审查。第二审与第一审都是对案件的事实和证据进行审查，确定被告人是否犯罪、犯什么罪、应当如何判处刑罚的审判活动。因此，根据本条规定，除上述规定外，第二审人民法院开庭审理上诉或者抗诉案件，应参照刑事诉讼法规定的第一审程序进行。

此外，应当注意第二审程序和第一审程序的区别。根据本章规定和其他有关规定，第二审程序不同于第一审程序的主要有以下几点：(1)不能适用简易程序；(2)合议庭只能由审判员组成，人民陪审员不能作为合议庭的组成人员；(3)可以开庭审理，也可以不开庭审理，可以到案件发生地或者原审人民法院所在地进行审理；(4)人民检察院派员出庭的案件，通知人民检察院阅卷；(5)通过二审程序对一审判决或者裁定进行全面审查，查明一审判决或者裁定认定事实和适用法律是否正确；(6)对被告方提出上诉的案件，不能加重被告人的刑罚；(7)所作的判决、裁定是终审判决、裁定，不能再上诉或者抗诉，等等。

第二百四十三条 【第二审期限】第二审人民法院受理上诉、抗诉案件,应当在二个月以内审结。对于可能判处死刑的案件或者附带民事诉讼的案件,以及有本法第一百五十八条规定情形之一的,经省、自治区、直辖市高级人民法院批准或者决定,可以延长二个月;因特殊情况还需要延长的,报请最高人民法院批准。

最高人民法院受理上诉、抗诉案件的审理期限,由最高人民法院决定。

第二百四十四条 【终审判决、裁定】第二审的判决、裁定和最高人民法院的判决、裁定,都是终审的判决、裁定。

条文注解

"终审的判决、裁定"是指一经人民法院宣布,即发生法律效力的判决、裁定,对于这种判决、裁定,应当立即依法交付执行。它表示人民法院对案件的审理宣告终结。根据我国刑事诉讼法的规定,对于终审的判决、裁定,即已经发生法律效力的判决、裁定,不能再提出上诉、抗诉。如果该判决、裁定确有错误,只能通过审判监督程序进行纠正。我国刑事诉讼法规定了两审终审制的原则,第二审人民法院的判决和裁定是终审的判决、裁定,一经宣布即发生法律效力。在我国,最高人民法院是全国的最高审判机关,最高人民法院作出的判决、裁定,无论是按照第一审程序还是按照第二审程序进行审理的,都是终审的判决、裁定,都立即发生法律效力。

还应当注意的是,二审判处死刑立即执行和死刑缓期执行的案件,其判决或者裁定虽然也不能再提出上诉、抗诉,但在宣告后并不立即发生法律效力,而是必须依照本法第三编第四章"死刑复核程序"的规定报最高人民法院或者高级人民法院核准后才能发生法律效力,依法交付执行。

第二百四十五条 【查封、扣押、冻结财物及其孳息的保管与处理】公安机关、人民检察院和人民法院对查封、扣押、冻结的犯罪嫌疑人、被告人的财物及其孳息,应当妥善保管,以供核查,并制作清单,随案移送。任何单位和个人不得挪用或者自行处理。对被害人的合法财产,应当及时返还。对违禁品或者不宜长期保存的物品,应当依照国家有关规定处理。

对作为证据使用的实物应当随案移送,对不宜移送的,应当将其清单、照片或者其他证明文件随案移送。

人民法院作出的判决,应当对查封、扣押、冻结的财物及其孳息作出处理。

人民法院作出的判决生效以后，有关机关应当根据判决对被查封、扣押、冻结的财物及其孳息进行处理。对被查封、扣押、冻结的赃款赃物及其孳息，除依法返还被害人的以外，一律上缴国库。

司法工作人员贪污、挪用或者私自处理查封、扣押、冻结的财物及其孳息的，依法追究刑事责任；不构成犯罪的，给予处分。

条文注解

本条第一款所说的查封、扣押、冻结的犯罪嫌疑人、被告人的财物和孳息，主要是指公安机关、人民检察院、人民法院依据本法第二编第二章第六节“查封、扣押物证、书证”的规定以及本法第一百九十六条的规定，查封、扣押的证明犯罪嫌疑人、被告人有罪无罪的各种物品、文件以及根据侦查需要冻结的犯罪嫌疑人、被告人的存款、汇款、股票、证券、基金份额等财产。

第四章 死刑复核程序

第二百四十六条 【死刑核准权】死刑由最高人民法院核准。

条文注解

死刑，是指剥夺犯罪人生命的刑罚，是刑法所规定的刑种中最为严厉的，也称极刑。我国立法一方面将死刑作为惩治犯罪的有力武器，另一方面也强调要严格控制死刑的适用。死刑复核程序就是慎用死刑在程序法中的体现。本条规定了死刑复核权专属于最高人民法院。这里的“死刑”指的是死刑立即执行，不包括死刑缓期执行。死刑立即执行由最高人民法院核准，其他法院均无此权。

第二百四十七条 【死刑核准程序】中级人民法院判处死刑的第一审案件，被告人不上诉的，应当由高级人民法院复核后，报请最高人民法院核准。高级人民法院不同意判处死刑的，可以提审或者发回重新审判。

高级人民法院判处死刑的第一审案件被告人不上诉的，和判处死刑的第二审案件，都应当报请最高人民法院核准。

条文注解

报请最高人民法院核准的死刑案件，主要有四种情况，应当分别处理：(1)中级人民法院判处死刑的第一审案件未上诉或抗诉的。中级人民法院应当在上诉、抗诉期满后十日内报请高级人民法院复核。高级人民法院同意判处死刑的，应当在作出裁定后十日内报请最高人民法院核准；最高人民法院不同意判处死刑的，应当提审或者发回重新审判。(2)中级人民法院判处死刑的第一审案件提出上诉或抗诉的。高级人民法院作为第二审法院对案件进行审理后，终审裁定维持死刑判决的，应当在作出裁定后十日内报请最高人民法院核准；如果高级人民法院经第二审程序不同意判处死刑的而改为死刑缓期执行的，既为终审程序，也为核准程序，不再报请最高人民法院复核。(3)高级人民法院判处死刑的第一审案件未上诉或抗诉的。高级人民法院在上诉、抗诉期满后十日内报请最高人民法院核准。(4)被判处死刑缓期二年执行的罪犯，在死刑缓期执行期间，如果故意犯罪，经查证属实，应当恢复执行死刑的，由高级人民法院报请最高人民法院核准。

第二百四十八条 【死缓核准权】中级人民法院判处死刑缓期二年执行的案件，由高级人民法院核准。

条文注解

根据本条规定，中级人民法院判处死刑缓期二年执行的案件，由高级人民法院核准。对于中级人民法院判处死刑缓期二年执行的案件，在法定期限内被告人、自诉人和他们的法定代理人、被告人的辩护人和近亲属没有提出上诉，同级人民检察院没有提出抗诉的，高级人民法院应当组成合议庭进行复核，经复核认为原判决正确的，应当核准中级人民法院判决，通知中级人民法院执行；如果认为原判决有错误而不同意判处死刑缓期执行的，应当撤销原判，发回原审中级人民法院重新审判，或者由高级人民法院提审，予以改判。对于中级人民法院判处死刑缓期二年执行的案件，在法定期限内被告人、自诉人和他们的法定代理人、被告人的辩护人和近亲属提出上诉或者同级人民检察院提出抗诉的，高级人民法院应当按照第二审程序对案件进行审理。高级人民法院按照第二审程序进行审理后维持原死刑缓期二年执行判决的案件，应当另行组成合议庭进行复核。

在理解和执行本条的规定时还应当注意，高级人民法院核准死刑缓期二年执行的案件，应当作出核准或者不核准的决定，不能加重被告人的刑罚。高级人民法院核准死刑缓期二年执行的案件，认为原判刑罚过重的，可以直接提审改判，也可以发还原审人民法院重审，但是，认为原判刑罚过轻的，不得直接提审改判，应当发回原审人民法院重审，以保障被告人的上诉权。

第二百四十九条 【死刑复核的合议庭】最高人民法院复核死刑案件，高级人民法院复核死刑缓期执行的案件，应当由审判员三人组成合议庭进行。

条文注解

无论是最高人民法院复核死刑案件，还是高级人民法院复核死刑缓期执行案件，都应当组成合议庭审理，而非独任制；应当由审判员组成合议庭，陪审员不能参加；应当由审判员三人组成合议庭，这是人数上的限制。

第二百五十条 【死刑复核处理结果】最高人民法院复核死刑案件,应当作出核准或者不核准死刑的裁定。对于不核准死刑的,最高人民法院可以发回重新审判或者予以改判。

条文注解

本条规定有两层意思:(1)最高人民法院复核死刑案件只能作出核准或者不核准的裁定。对于原判认定事实和适用法律正确、量刑适当、诉讼程序合法的,应当作出核准死刑的裁定;对于事实不清、证据不足,或者原判认定事实正确,但依法不应当判处死刑,或者原审人民法院违反法定诉讼程序,可能影响公正审判的案件,应当作出不核准死刑的裁定。最高人民法院核准或者不予核准死刑的,应当说明理由。(2)最高人民法院不核准死刑的案件,可以发回重新审判或者予以改判。"发回重新审判"是指最高人民法院对于不核准死刑的案件,可以根据案件具体情形发回第二审人民法院或者第一审人民法院重新审判。下级人民法院依照第一审或者第二审程序重新审理,可以改变原来的死刑判决,也可以维持原来的死刑判决,依法报请最高人民法院核准。"改判"是指通过死刑复核程序对案件进行改判,对于死刑复核的案件,最高人民法院认为原判事实清楚,证据确实、充分,但是依法不应当判处死刑的,可以直接改判。对于原判认定的某一事实或者引用的法律条款等不完全准确、规范的,最高人民法院也可以不发回重新审判,直接在查清事实的基础上改判。

第二百五十一条 【死刑复核程序】最高人民法院复核死刑案件,应当讯问被告人,辩护律师提出要求的,应当听取辩护律师的意见。

在复核死刑案件过程中,最高人民检察院可以向最高人民法院提出意见。最高人民法院应当将死刑复核结果通报最高人民检察院。

条文注解

最高人民法院复核死刑案件,应当讯问被告人,辩护律师提出要求的,应当听取辩护律师的意见。死刑复核程序虽然包括在审判程序之中,但其性质显然不同于第一审和第二审程序。高级人民法院复核或核准死刑,唯一的必经程序就是提审被告人,而不必开庭审理,亦不必听取辩护人、诉讼代理人的意见,而完全以书面的形式进行核准,复核与核准实际上是一种行政方式,而非诉讼方式。

最高人民法院复核死刑案件并不必须听取辩护人意见,但是当辩护人要求最高人民法院听取其意见时,最高人民法院就应当听取辩护律师意见。这对于贯彻落实尊重和保障人权原则、保证死刑核准权的正确适用、完善死刑核准的程序、体现诉讼民主和文明无疑是一种进步。为此,最高人民法院于 2014 年出台了《关于办理死刑复核案件听取辩护律师意见的办法》,以切实保障死刑复核案件被告人的辩护律师依法行使辩护权,确保死刑复核案件质量。

在复核死刑案件过程中,最高人民检察院可以向最高人民法院提出意见。该意见最高人民法院应当接受,作为复核案件的重要参考,但非必须按其意见执行。最高人民法院应当将死刑复核的结果通报最高人民检察院。检察机关对死刑复核案件的介入,增强了死刑复核案件的外部监督和制约,有利于保证死刑案件复核的质量、完善死刑复核的程序和贯彻落实慎杀、少杀原则。

第五章　审判监督程序

第二百五十二条　【申诉人的范围及申诉的效力】当事人及其法定代理人、近亲属，对已经发生法律效力的判决、裁定，可以向人民法院或者人民检察院提出申诉，但是不能停止判决、裁定的执行。

条文注解

审判监督程序，是指人民法院、人民检察院对已经发生法律效力的判决和裁定，发现在认定事实或者适用法律上确有错误，依法提起并对案件进行重新审理的程序。生效裁判具有确定性，非经法定程序任何国家机关和个人都不能任意变更或撤销，否则有损国家法律的权威和社会秩序的稳定。但司法实践中，由于各种原因，裁判中的错误在所难免，司法的正当性、权威性受到极大的挑战。因而为了使生效裁判在正确性的基础上获得更多的正当性，在诉讼制度的主体结构中确立了对无法避免的司法错误进行事后补救的程序，作为通常诉讼程序的补充与救济手段，审判监督程序即属于此。

申诉有两种情况：第一，诉讼中的申诉，即刑事、民事诉讼当事人或其他公民对司法机关的决定或者已经发生法律效力的判决、裁定不服时，可以向人民法院或人民检察院提出申诉，请求重新处理。第二，非诉讼的申诉，是指国家工作人员和政党、社团成员对所受到的纪律处分不服时，可以向原机关或上级机关申述理由，请求重新处理。本条中的“申诉”指的是前者。依据本条，有权提起申诉的主体包括刑事诉讼中的当事人及其诉讼代理人、近亲属。申诉的对象是各级法院已经发生法律效力的判决、裁定，即本法第二百五十九条规定的三种判决、裁定：(1)已过法定期限没有上诉、抗诉的判决和裁定；(2)终审的判决和裁定；(3)最高人民法院核准的死刑的判决和高级人民法院核准的死刑缓期二年执行的判决。接受申诉的机关是人民法院或者人民检察院。此外，只有当申诉引起人民法院对案件进行再审并改变原判决、裁定的，才能停止原判决、裁定的执行。

此外，还应注意2012年《最高人民检察院关于办理不服人民法院生效刑事裁判申诉案件若干问题的规定》和2014年《人民检察院复查刑事申诉案件规定》《人民检察院受理控告申诉依法导入法律程序实施办法》等的具体规定。

第二百五十三条 【因申诉而重新审判的事由】当事人及其法定代理人、近亲属的申诉符合下列情形之一的,人民法院应当重新审判:

(一)有新的证据证明原判决、裁定认定的事实确有错误,可能影响定罪量刑的;

(二)据以定罪量刑的证据不确实、不充分、依法应当予以排除,或者证明案件事实的主要证据之间存在矛盾的;

(三)原判决、裁定适用法律确有错误的;

(四)违反法律规定的诉讼程序,可能影响公正审判的;

(五)审判人员在审理该案件的时候,有贪污受贿,徇私舞弊,枉法裁判行为的。

第二百五十四条 【提起再审的主体、理由】各级人民法院院长对本院已经发生法律效力的判决和裁定,如果发现在认定事实上或者在适用法律上确有错误,必须提交审判委员会处理。

最高人民法院对各级人民法院已经发生法律效力的判决和裁定,上级人民法院对下级人民法院已经发生法律效力的判决和裁定,如果发现确有错误,有权提审或者指令下级人民法院再审。

最高人民检察院对各级人民法院已经发生法律效力的判决和裁定,上级人民检察院对下级人民法院已经发生法律效力的判决和裁定,如果发现确有错误,有权按照审判监督程序向同级人民法院提出抗诉。

人民检察院抗诉的案件,接受抗诉的人民法院应当组成合议庭重新审理,对于原判决事实不清楚或者证据不足的,可以指令下级人民法院再审。

条文注解

启动审判监督程序的主体包括人民法院和人民检察院。启动审判监督程序的途径有两种:法院决定再审和检察院抗诉再审。各级人民法院审判委员会对本院生效裁判有权决定再审。最高人民法院对地方各级人民法院、上级人民法院对下级人民法院的生效裁判有权决定再审或指令下级人民法院再审。最高人民检察院对地方各级人民法院、上级人民检察院对下级人民法院的生效裁判认为有错误的,有权向同级人民法院提出抗诉。但地方各级人民检察院发现同级人民法院和上级人民法院生效裁判有错误的,无权提出抗诉,只能报请上级检察院决定是否抗诉。人民检察院的抗诉一经提出,即具有法律效力,人民法院必须再审。因抗诉决定再审的案件,人民法院必须组成合议庭审理,对原判事实认定有问题的可以指令下级人民法院再审。

文书范本 52 刑事裁定书(上级法院决定提审用)

________人民法院
刑事裁定书

(______)____刑监字第____号

原审被告人________(写明姓名和案由)一案,________人民法院于________年____月____日以(______)____刑____字第____号刑事判决(或裁定),认定被告人________犯________罪,判处____________(写明判处内容)。判决(或裁定)已经发生法律效力。____(此处写明引起本院决定提审的来由和理由)。依照____________(写明裁定所依据的法律条款项)的规定,裁定如下:

本案由本院进行提审。

院长:________

________年____月____日

(院印)

本件与原本核对无异

书记员:________

应用指引

本范本适用于最高人民法院对各级人民法院已经发生法律效力的判决和裁定,上级人民法院对下级人民法院已经发生法律效力的判决和裁定,发现确有错误,决定提审时使用。

文书范本 53 刑事裁定书(上级法院指令再审用)

________人民法院
刑事裁定书

(______) ____刑监字第____号

原审被告人________(写明姓名和案由)一案,________人民法院于________年____月____日以(______)____刑____字第____号刑事判决(或裁定),认定被告人________犯________罪,判处____________(写明判处内容)。判决(或裁定)已经发生法律效力。____________(此处写明引起本院指令再审的来由和理由)。依照________(写明裁定所依据的法律条款项)的规定,裁定如下:

指令________人民法院另行组成合议庭对本案进行再审。

院长:________
________年____月____日
(院印)

本件与原本核对无异

书记员:________

应用指引

本范本适用于最高人民法院对各级人民法院已经发生法律效力的判决和裁定,上级人民法院对下级人民法院已经发生法律效力的判决和裁定,发现确有错误,指令下级人民法院再审时使用。

第二百五十五条 【再审法院】上级人民法院指令下级人民法院再审的,应当指令原审人民法院以外的下级人民法院审理;由原审人民法院审理更为适宜的,也可以指令原审人民法院审理。

条文注解

根据本法第二百五十四条第二、三、四款,有以下四种情况的,人民法院可以指令再审:(1)最高人民检察院适用审判监督程序提出抗诉的案件,接受抗诉的最高人民法院可以指令下级人民法院再审；(2)上级人民检察院适用审判监督程序提出抗诉的案件，接受抗诉的同级人民法院可以指令下级人民法院再审；(3)最高人民法院对下级人民法院生效裁判决定再审的，可以指令下级人民法院再审；(4)上级人民法院对下级人民法院生效裁判决定再审的，可以指令下级人民法院再审。由原审人民法院审理实际上是自己纠正自己的错误，因而一般情况下，相对于原审人民法院而言，其他法院的立场能够更加客观、公正一些，而且也可以解决诸如地方保护主义等问题。所以，本法规定指令再审时，应当指令原审人民法院以外的下级人民法院审理。同时，考虑到有些情况下，案件确实由原审人民法院审理更为合适，那么也可以指令原审人民法院审理。即指令再审以指令其他下级人民法院审理为原则，以指令原审人民法院审理为补充。

第二百五十六条　【再审的程序】人民法院按照审判监督程序重新审判的案件，由原审人民法院审理的，应当另行组成合议庭进行。如果原来是第一审案件，应当依照第一审程序进行审判，所作的判决、裁定，可以上诉、抗诉；如果原来是第二审案件，或者是上级人民法院提审的案件，应当依照第二审程序进行审判，所作的判决、裁定，是终审的判决、裁定。

人民法院开庭审理的再审案件，同级人民检察院应当派员出席法庭。

条文注解

本条第一款是关于再审案件的审判组织和审理程序的规定，有三层意思：(1)由原审人民法院再审的，应当另行组成合议庭进行审判；由原审人民法院以外的人民法院再审的，也应当组成合议庭进行审判。对于原审是适用简易程序进行审理的案件，考虑到再审的案件是原审判决、裁定可能存在错误的案件，为了保证案件重新审判的质量，也应当另行组成合议庭进行审判。原来合议庭的审判员、人民陪审员，适用简易程序审理案件的独任审判员都不得作为另行组成的合议庭的组成人员。如果适用一审程序审判，应依照本法关于一审合议庭组成的规定组成合议庭；如果适用二审程序审判，则应依照本法关于二审合议庭组成的规定组成合议庭。对于上级人民法院指令原审人民法院以外的下级人民法院再审的，鉴于再审程序的目的在于纠正原审判决、裁定的错误，应当慎重进行，也应当组成合议庭进行审判。(2)原来是第一审案件，应当依照第一审程序进行审判，所作的判决、裁定，被告人、自诉人和他们的法定代理人，附带民事诉讼的当事人和他们的法定代理人可以依照本法第二百二十七条的规定提出上诉；同级人民检察院可以依照本法第二百二十八条的规定提出抗诉；被害人及其法定代理人有权依照本法第二百二十九条的规定请求人民检察院提出抗诉。(3)如果原来是第二审案件，或者是上级人民法院按照审判监督程序提审的案件，应当依照第二审程序进行审判，所作的判决、裁定，是终审的判决、裁定。被告人、自诉人和他们的法定代理人，附带民事诉讼的当事人和他们的法定代理人不能上诉，同级人民检察院不能抗诉，被害人及其法定代理人也不能申请人民检察院提出抗诉。

本条第二款规定人民法院开庭审理的再审案件，同级人民检察院应当派员出席法庭。这里所说的“同级人民检察院”，是指与审理再审案件的人民法院同级的人民检察院。

此外，人民法院按照审判监督程序重新审判的案件，应当对原判决、裁定认定的事实、证据和适用法律进行全面审查。对按照审判监督程序提出抗诉的案件，人民检察院认为人民法院再审作出的判决、裁定仍然确有错误的，仍然可以依照法律规定提出抗诉。

文书范本 ▶▶ 54 刑事判决书（按二审程序再审改判用）

________人民法院

刑事判决书

（______）____刑再终字第____号

原公诉机关：________人民检察院。

原审上诉人（原审被告人）：________（写明姓名、性别、出生年月日、民族、籍贯、职业或工作单位和职务、住址等，现羁押处所）。

辩护人：________（写明姓名、性别、工作单位和职务）。

________人民检察院指控被告人________犯________罪一案，________人民法院于________年____月____日作出（______）____刑初字第____号刑事判决（或者裁定）。上述裁判发生法律效力后，________（写明提起再审的根据）。本院依法（另行）组成合议庭，公开（或不公开）开庭审理了本案。________人民检察院检察员________出庭履行职务，被害人________、原审被告人________及其辩护人________等到庭参加诉讼。本案现已审理终结。

____（概述原判认定的事实、证据、判决的理由和判决结果）。

____（概述再审中原审被告人的辩解和辩护人的辩护意见。对人民检察院在再审中提出的意见，应当一并写明）。

经再审查明，____

____

__________（写明再审认定的事实和证据，并就诉讼双方对原判有异议的事实、证据作出分析、认证）。

本院认为，____

____

__________（根据再审查明的事实、证据和有关法律规定，对原判和诉讼各方主要意见作出分析，阐明改判的理由）。依照______________（写明判决的法律依据）的规定，判决如下：

____

____

____［写明判决结果。分六种情况：

第一，原系一审结案，提审后全部改判的，表述为：

"一、撤销________人民法院（______）____刑初字第____号刑事判决；

二、被告人________________（写明改判的内容）。"

第二，原系一审结案，提审后部分改判的，表述为：

"一、维持________人民法院（______）____刑初字第____号刑事判决的第____项，即____________（写明维持的具体内容）；

二、撤销________人民法院（______）____刑初字第____号刑事判决的第____项，即____________（写明撤销的具体内容）；

三、被告人________________（写明部分改判的内容）。"

第三，原系二审维持原判结案，再审后全部改判的，表述为：

"一、撤销________人民法院（______）____刑初字第____号刑事判决和本院（______）____刑终字第____号刑事裁定；

二、被告人________________（写明改判的内容）。"

第四，原系二审维持原判结案，再审后部分改判的，表述为：

"一、维持________人民法院（______）____刑初字第____号刑事判决的第____项和本院（______）____刑终字第____号刑事裁定中第____项，即________（写明维持的具体内容）；

二、撤销________人民法院（______）____刑初字第____号刑事判决的第____项和本院（______）____刑终字第____号刑事裁定的第____项，即________（写明撤销的具体内容）；

三、被告人________________（写明部分改判的内容）。"

第五,原系二审改判,再审后全部改判的,表述为:

"一、撤销________人民法院(______)____刑初字第____号刑事判决和本院(______)____刑终字第____号刑事判决;

二、被告人________________(写明改判的内容)。"

第六,原系二审改判结案,再审后部分改判的,表述为:

"一、维持本院(______)____刑终字第____号刑事判决的第____项,即________(写明维持的具体内容);

二、撤销本院(______)____刑终字第____号刑事判决的第____项,即________(写明撤销的具体内容);

三、被告人________________(写明改判的内容)。"]

本判决为终审判决。

审判长:________

审判员:________

审判员:________

________年____月____日

(院印)

本件与原本核对无异

书记员:________

应用指引

本范本供中级以上人民法院对下级人民法院和本院已经发生法律效力的裁判,经提起再审程序后,组成合议庭或者另行组成合议庭,就案件的实体问题进行再审,确认原判在认定事实上或者适用法律上确有错误,决定予以改判时使用。

文书范本 55 刑事判决书(按一审程序再审改判用)

________人民法院

刑事判决书

(______)____刑再初字第____号

原公诉机关:________人民检察院。

原审被告人:________(写明姓名、性别、出生年月日、民族、籍贯、职业或工作单位和职务、住址等,现羁押处所)。

辩护人:________(写明姓名、性别、工作单位和职务)。

________人民检察院指控被告人________犯________罪一案,本院于________年____月____日作出(______)____刑初____字第____号刑事判决。该判决发生法律效力后,________(写明提起再审的根据)。本院依法(另行)组成合议庭,公开(或不公开)开庭审理了本案。________人民检察院检察员________出庭履行职务,被害人________、原审被告人________及其辩护人________等到庭参加诉讼。现已审理终结。

____

____

____________(概述原审判决认定的事实、证据、判决的理由和判决结果)。

____

____

____________(概述再审中原审被告人的辩解和辩护人的辩护意见。对人民检察院在再审中提出的意见,应当一并写明)。

经再审查明,____

____

____

____________(写明再审认定的事实和证据,并就诉讼双方对原判有异议的事实、证据作出分析、认证)。

本院认为,____

____

____

____________(根据再审查明的事实、证据和有关法律规定,对原判和诉讼各方主要意见作出分析,阐明改判的理由)。依照________(写明判决的法律依据)的规定,判决如下:

____

____

____

____[写明判决结果。分两种情况:

第一,全部改判的,表述为:

"一、撤销本院(______)____刑初字第____号刑事判决;

二、原审被告人________(写明改判的内容)。"

第二,部分改判的,表述为:

"一、维持本院(____)____刑初字第____号刑事判决的第____项,即________(写明维持的具体内容);

二、撤销本院(____)____刑初字第____号刑事判决的第____项,即________(写明撤销的具体内容);

三、原审被告人________(写明部分改判的内容)。"]

如不服本判决,可在接到判决书的第二日起十日内,通过本院或者直接向________人民法院提出上诉。书面上诉的,应当提交上诉状正本一份,副本____份。

审判长:________

审判员:________

审判员:________

________年____月____日

(院印)

本件与原本核对无异

书记员:________

应用指引

本范本供各级人民法院对本院已经发生法律效力的一审判决,经提起再审程序后,另行组成合议庭,就案件的实体问题进行再审,确认原判在认定事实上或者适用法律上确有错误,决定予以改判时使用。

本判决书的理由部分,应当根据不同情况有针对性地论述改判的理由:

(1)宣告无罪的,分为两种情况:①依据法律认定被告人无罪的,应当根据再审认定的事实、证据和有关法律规定,通过分析论证,说明被告人的行为不构成犯罪,原判错误;并针对被告人及其辩护人的辩护意见表示是否予以采纳。②证据不足,不能认定被告人有罪的,应当根据再审认定的事实、证据和有关法律规定,阐明原判认定被告人构成犯罪的证据不足,犯罪不能成立。

(2)定罪正确,量刑不当的,应当根据再审认定的事实、证据和有关法律规定,通过分析论证,说明原判定性正确,但量刑不当,以及对被告人为什么应当从轻、减轻、免除处罚或者从重处罚,并针对被告人的辩解及其辩护人的辩护意见,表示是否予以采纳。

(3)变更罪名的,应当根据再审认定的事实、证据和有关法律规定,通过分析论证,说明原判定性有误,但被告人的行为仍构成犯罪,以及犯何罪,是否应当从轻、减轻、免除处罚或者从重处罚;并针对被告人的辩解及其辩护人的辩护意见,表示是否予以采纳。

文书范本 ▶▶ 56 刑事判决书(再审后的上诉、抗诉案件二审改判用)

________人民法院

刑事判决书

(______)____刑再终字第____号

原公诉机关:________人民检察院。

上诉人(原审被告人):________(写明姓名、性别、出生年月日、民族、籍贯、职业或工作单位和职务、住址等,现羁押处所)。

辩护人:________(写明姓名、性别、工作单位和职务)。

________人民检察院指控被告人________犯________罪一案,人民法院于________年____月____日作出(______)____刑再初字第____号刑事判决(或者裁定)。被告人________不服,提出上诉。本院依法组成合议庭,公开(或不公开)开庭审理了本案。________人民检察院检察员________出庭履行职务,被害人________、上诉人(原审被告人)________及其辩护人________等到庭参加诉讼。现已审理终结。

__________[概述一审法院的再审判决(或者裁定)认定的事实、证据、判决的理由和判决结果]。

__________(概述上诉人、辩护人的主要意见。对人民检察院在二审中提出的意见,应当一并写明)。

经审理查明,____

____

__________(写明二审认定的事实和证据,并就诉讼双方对原判有异议的事实、证据作出分析、认证)。

本院认为,____

__________(根据二审查明的事实、证据和有关法律规定,对原判和诉讼各方主要意见作出分析,阐明改判的理由)。依照________(写明判决的法律依据)的规定,判决如下:

____

____

________[写明判决结果。分四种情况：

第一，一审法院再审裁定维持原判，二审全部改判的，表述为：

"一、撤销________人民法院（______）____刑再初字第____号刑事裁定和________人民法院（______）____刑初字第____号刑事判决；

二、被告人________________（写明改判的内容）。"

第二，一审法院再审裁定维持原判，二审部分改判的，表述为：

"一、维持________人民法院（______）____刑再初字第____号刑事裁定和________人民法院（______）____刑初字第____号刑事判决中________（写明维持的具体内容）；

二、撤销________人民法院（______）____刑再初字第____号刑事裁定和________人民法院（______）____刑初字第____号刑事判决中________（写明撤销的具体内容）；

三、被告人________________（写明部分改判的内容）。"

第三，一审法院再审撤销原判，二审又全部撤销再审判决的，表述为：

"一、撤销________人民法院（______）____刑再初字第____号刑事判决和________人民法院（______）____刑初字第____号刑事判决；

二、被告人________________（写明改判的内容）。"

第四，一审法院再审撤销原判，二审部分维持、部分撤销再审判决的，表述为：

"一、维持________人民法院（______）____刑再初字第____号刑事判决的第____项，即________（写明维持的具体内容）；

二、撤销________人民法院（______）____刑再初字第____号刑事判决的第____项，即________（写明撤销的具体内容）；

三、被告人________________（写明部分改判的内容）。"]

本判决为终审判决。

审判长：________

审判员：________

审判员：________

________年____月____日

（院印）

本件与原本核对无异

书记员：________

应用指引

本范本供第二审人民法院在收到不服第一审人民法院的再审裁定或者判决提出上诉或者抗诉的刑事案件后，按照第二审程序审理查明第一审人民法院的再审裁定或者判决，在认定事实上或者适用法律上仍有错误，或者仍然事实不清，经进一步查证属实后，决定依法改判时使用。人民检察院抗诉的，事实部分应当首先写明人民检察院的抗诉意见，然后再写明被告人的辩解和辩护人的辩护意见。

文书范本 57 刑事裁定书（再审后的上诉、抗诉案件二审维持原判用）

________人民法院
刑事裁定书

（______）____刑再终字第____号

原公诉机关：________人民检察院。

上诉人（原审被告人）：________（写明姓名、性别、出生年月日、民族、籍贯、职业或工作单位和职务、住址等，现羁押处所）。

辩护人：________（写明姓名、性别、工作单位和职务）。

________人民检察院指控被告人________犯________罪一案，人民法院于________年____月____日作出（______）____刑再初字第____号刑事判决（或者裁定）。被告人________不服，提出上诉。本院依法组成合议庭，公开（或不公开）开庭审理了本案。____人民检察院检察员________出庭履行职务，被害人________、上诉人（原审被告人）________及其辩护人________等到庭参加诉讼。现已审理终结。

____________［概述一审法院的再审判决（或者裁定）认定的事实、证据、判决的理由和判决结果］。

____________（概述上诉人、辩护人的主要意见。对人民检察院在二审中提出的意见，应当一并写明）。

经审理查明，____

____

____________（写明二审认定的事实和证据，并就诉讼双方对原判有异议的事实、证据作出分析、认证）。

本院认为，____

____

__________(根据二审查明的事实、证据和有关法律规定，通过分析论证，具体写明原判定罪准确，量刑适当，应予维持，上诉理由不能成立，辩护意见不予采纳的理由)。依照__________(写明裁定的法律依据)的规定，裁定如下：

____

____

____[写明裁定结果。分两种情况：

第一，一审法院再审系裁定维持原判的，表述为：

"驳回上诉，维持________人民法院(______)____刑再初字第____号刑事裁定和________人民法院(______)____刑初字第________号刑事判决。"

第二，一审法院再审系判决改变原判的，表述为：

"驳回上诉，维持________人民法院(______)____刑再初字第____号刑事判决。"]

本裁定为终审裁定。

审判长：________

审判员：________

审判员：________

________年____月____日

(院印)

本件与原本核对无异

书记员：________

应用指引

本范本供第二审人民法院在收到不服第一审人民法院的再审裁定或者判决提出上诉或者抗诉的刑事案件后，按照第二审程序审理查明第一审人民法院的再审裁定或者判决，在认定事实上和适用法律上没有错误，决定维持原判时使用。人民检察院抗诉的，事实部分应当首先写明人民检察院的抗诉意见，然后再写明原审被告人的辩解和辩护人的辩护意见。

第二百五十七条 【再审强制措施】人民法院决定再审的案件，需要对被告人采取强制措施的，由人民法院依法决定；人民检察院提起抗诉的再审案件，需要对被告人采取强制措施的，由人民检察院决定。

人民法院按照审判监督程序审判的案件，可以决定中止原判决、裁定的执行。

第二百五十八条 【再审期限】人民法院按照审判监督程序重新审判的案件，应当在作出提审、再审决定之日起三个月以内审结，需要延长期限的，不得超过六个月。

接受抗诉的人民法院按照审判监督程序审判抗诉的案件，审理期限适用前款规定；对需要指令下级人民法院再审的，应当自接受抗诉之日起一个月以内作出决定，下级人民法院审理案件的期限适用前款规定。

第四编 执 行

第二百五十九条 【执行依据】判决和裁定在发生法律效力后执行。

下列判决和裁定是发生法律效力的判决和裁定：

（一）已过法定期限没有上诉、抗诉的判决和裁定；

（二）终审的判决和裁定；

（三）最高人民法院核准的死刑的判决和高级人民法院核准的死刑缓期二年执行的判决。

条文注解

刑事执行，是指法定的执行机关依法将已经发生法律效力的判决、裁定所确定的内容付诸实施，以实现国家刑罚权，并解决实施中的特定问题的诉讼活动。我国的刑事执行机关包括人民法院、公安机关、监狱等机构。人民法院负责执行死刑、罚金刑、没收财产刑、无罪判决和免除刑罚判决以及附带民事诉讼判决的执行。公安机关负责管制、拘役、缓刑、假释、监外执行等的执行。监狱、看守所等机构负责有期徒刑、无期徒刑、死刑缓期二年执行的执行。执行的根据是已经发生法律效力的判决和裁定。

第二百六十条 【无罪、免除刑事处罚的判决的执行】第一审人民法院判决被告人无罪、免除刑事处罚的，如果被告人在押，在宣判后应当立即释放。

条文注解

无罪判决，是指人民法院经过审理，认为被告人的行为不构成犯罪，或因证据不足、罪名难以成立而宣告无罪的判决。免除刑事处罚，是指人民法院经过审理，认为被告人的行为虽然构成犯罪，应当追究刑事责任，但根据刑法规定，不需要判处刑罚的，作出免除刑罚处罚的判决。依据本条，第一审人民法院判决被告人无罪、免除刑事处罚的，如果被告人在押，在宣判后应当立即释放。第一审判决宣告后，虽然未生效，但是内容为无罪、免除刑罚的，为了保障公民的人身权利和自由，刑事诉讼法仍规定应当立即释放。第二审法院宣告判决无罪、免除刑罚的，因为第二审判决为终审判决，宣告后立即生效，因而应当立即执行判决的全部内容和相关事项。不仅对在押的被告人立即释放，还应该依判决内容对查封、扣押、冻结的财物及其孳息妥善处理。对于被宣告无罪、免除刑罚的被告人，在立即释放时，应当发给释放证明，同时做好善后工作，及时恢复公民的名誉，并告知其有申请国家赔偿的权利等。

第二百六十一条 【死刑令签发及死缓执行】最高人民法院判处和核准的死刑立即执行的判决，应当由最高人民法院院长签发执行死刑的命令。

被判处死刑缓期二年执行的罪犯，在死刑缓期执行期间，如果没有故意犯罪，死刑缓期执行期满，应当予以减刑的，由执行机关提出书面意见，报请高级人民法院裁定；如果故意犯罪，情节恶劣，查证属实，应当执行死刑的，由高级人民法院报请最高人民法院核准；对于故意犯罪未执行死刑的，死刑缓期执行的期间重新计算，并报最高人民法院备案。

条文注解

2018 年修改刑事诉讼法对本条第二款作了修改：对死刑缓期执行的罪犯执行死刑的条件增加“情节恶劣”限制性规定，将死刑缓期执行期间“如果故意犯罪，查证属实”修改为“如果故意犯罪，情节恶劣，查证属实”。增加规定“对于故意犯罪未执行死刑的，死刑缓期执行的期间重新计算，并报最高人民法院备案”。修改后的第二款共规定了以下三层含义：

（1）结合刑法的规定，被判处死刑缓期二年执行的罪犯缓刑期满后的处理有两种：一是在考验期满后应当减刑的；二是因故意犯罪被执行死刑。

（2）在考验期内是否故意犯罪是决定被判处死缓的罪犯在缓刑期满后如何执行的法定条件。罪犯只要在死刑缓期执行期间没有故意犯罪，即使有抗拒改造的行为甚至过失犯罪，应当予以减刑。如果被判处死刑缓期二年执行的罪犯，在死刑缓期执行期间故意犯罪，情节恶劣，查证属实，应当执行死刑。这里所说的“故意犯罪”，依照刑法第十四条的规定，是指明知自己的行为会发生危害社会的结果，并且希望或者放任这种结果发生，因而构成犯罪的。

（3）关于报请减刑、执行死刑的程序，根据本款规定，被判处死刑缓期二年执行的罪犯，在死刑缓期执行期间，如果没有故意犯罪，符合减刑条件的，考验期满，由所在监狱提出减刑建议，报经省、自治区、直辖市监狱管理机关审核后，报请当地高级人民法院裁定；如果故意犯罪，情节恶劣，应当依照法定程序，经监狱侦查终结后根据本法第二百七十三条的规定移送人民检察院处理，并经人民法院查证属实，由当地高级人民法院报请最高人民法院核准执行死刑。最高人民法院核准后，由院长签发执行死刑命令，交付执行。

第二百六十二条 【死刑交付执行及执行停止】下级人民法院接到最高人民法院执行死刑的命令后,应当在七日以内交付执行。但是发现有下列情形之一的,应当停止执行,并且立即报告最高人民法院,由最高人民法院作出裁定:

(一)在执行前发现判决可能有错误的;

(二)在执行前罪犯揭发重大犯罪事实或者有其他重大立功表现,可能需要改判的;

(三)罪犯正在怀孕。

前款第一项、第二项停止执行的原因消失后,必须报请最高人民法院院长再签发执行死刑的命令才能执行;由于前款第三项原因停止执行的,应当报请最高人民法院依法改判。

条文注解

在执行前发现判决可能有错误,应暂时停止执行死刑,以防错杀。"可能有错误"包括下列情形:(1)罪犯可能有其他犯罪的;(2)共同犯罪的其他犯罪嫌疑人归案,可能影响罪犯量刑的;(3)共同犯罪的其他罪犯被暂停或者停止执行死刑,可能影响罪犯量刑的;(4)判决、裁定可能有影响定罪量刑的其他错误的。

在执行前罪犯揭发重大犯罪事实或者有其他重大立功表现,可能需要改判的。这种情况下,说明罪犯具有了减轻刑罚的情节和悔罪表现,不是非杀不可,有改判的可能性,因此需要等对其揭发的犯罪事实及其他重大立功表现进行查证属实后,再决定是否改判。如果不改判的,需要重新签发死刑执行命令才能执行。

依法已停止执行死刑的案件,依照下列情形分别处理:(1)确认罪犯怀孕的,应当改判;(2)确认罪犯有其他犯罪,依法应当追诉的,应当裁定不予核准死刑,撤销原判,发回重新审判;(3)确认原判决、裁定有错误或者罪犯有重大立功表现,需要改判的,应当裁定不予核准死刑,撤销原判,发回重新审判;(4)确认原判决、裁定没有错误,罪犯没有重大立功表现,或者重大立功表现不影响原判决、裁定执行的,应当裁定继续执行死刑,并由院长重新签发执行死刑的命令。

第二百六十三条 【死刑执行程序】人民法院在交付执行死刑前,应当通知同级人民检察院派员临场监督。

死刑采用枪决或者注射等方法执行。

死刑可以在刑场或者指定的羁押场所内执行。

指挥执行的审判人员，对罪犯应当验明正身，讯问有无遗言、信札，然后交付执行人员执行死刑。在执行前，如果发现可能有错误，应当暂停执行，报请最高人民法院裁定。

执行死刑应当公布，不应示众。

执行死刑后，在场书记员应当写成笔录。交付执行的人民法院应当将执行死刑情况报告最高人民法院。

执行死刑后，交付执行的人民法院应当通知罪犯家属。

第二百六十四条 【死缓、无期、有期徒刑、拘役的执行】罪犯被交付执行刑罚的时候，应当由交付执行的人民法院在判决生效后十日以内将有关的法律文书送达公安机关、监狱或者其他执行机关。

对被判处死刑缓期二年执行、无期徒刑、有期徒刑的罪犯，由公安机关依法将该罪犯送交监狱执行刑罚。对被判处有期徒刑的罪犯，在被交付执行刑罚前，剩余刑期在三个月以下的，由看守所代为执行。对被判处拘役的罪犯，由公安机关执行。

对未成年犯应当在未成年犯管教所执行刑罚。

执行机关应当将罪犯及时收押，并且通知罪犯家属。

判处有期徒刑、拘役的罪犯，执行期满，应当由执行机关发给释放证明书。

第二百六十五条 【暂予监外执行】对被判处有期徒刑或者拘役的罪犯，有下列情形之一的，可以暂予监外执行：

(一)有严重疾病需要保外就医的；

(二)怀孕或者正在哺乳自己婴儿的妇女；

(三)生活不能自理，适用暂予监外执行不致危害社会的。

对被判处无期徒刑的罪犯，有前款第二项规定情形的，可以暂予监外执行。

对适用保外就医可能有社会危险性的罪犯，或者自伤自残的罪犯，不得保外就医。

对罪犯确有严重疾病，必须保外就医的，由省级人民政府指定的医院诊断并开具证明文件。

在交付执行前，暂予监外执行由交付执行的人民法院决定；在交付执行后，暂予监外执行由监狱或者看守所提出书面意见，报省级以上监狱管理机关或者设区的市一级以上公安机关批准。

条文注解

2014年《全国人民代表大会常务委员会关于〈中华人民共和国刑事诉讼法〉第二百五十四条第五款、第二百五十七条第二款的解释》作出以下规定：罪犯在被交付执行前，因有严重疾病、怀孕或者正在哺乳自己婴儿的妇女、生活不能自理的原因，依法提出暂予监外执行的申请的，有关病情诊断、妊娠检查和生活不能自理的鉴别，由人民法院负责组织进行。根据本法第二百六十八条第二款的规定，对人民法院决定暂予监外执行的罪犯，有本法第二百六十八条第一款规定的情形，依法应当予以收监的，在人民法院作出决定后，由公安机关依照本法第二百六十四条第二款的规定送交执行刑罚。

关于暂予监外执行，还应注意2014年最高人民法院、最高人民检察院、公安部、司法部等联合发布的《暂予监外执行规定》的相关要求。

第二百六十六条 【暂予监外执行的监督】监狱、看守所提出暂予监外执行的书面意见的，应当将书面意见的副本抄送人民检察院。人民检察院可以向决定或者批准机关提出书面意见。

条文注解

本条规定了人民检察院对决定或批准暂予监外执行的事前监督。1996年刑事诉讼法只规定了对于暂予监外执行的决定，人民检察院认为不当的，有权提出书面意见，要求决定、批准暂予监外执行的机关重新审核。这是一种事后监督，只能对纠正不当的暂予监外执行裁定起到一定作用。而本条规定则是一种事前监督，检察机关接到监狱、看守所提出适用暂予监外执行的书面意见后，依法进行审查，认为不符合暂予监外执行的法定条件的，可以向决定或者批准机关提出书面意见，从而有利于避免不当暂予监外执行决定的产生。

第二百六十七条 【不当监外执行的监督】决定或者批准暂予监外执行的机关应当将暂予监外执行决定抄送人民检察院。人民检察院认为暂予监外执行不当的，应当自接到通知之日起一个月以内将书面意见送交决定或者批准暂予监外执行的机关，决定或者批准暂予监外执行的机关接到人民检察院的书面意见后，应当立即对该决定进行重新核查。

条文注解

决定或者批准暂予监外执行的机关应当将暂予监外执行决定抄送人民检察院，接受人民检察院的监督。本法于2012年增加了人民法院对交付执行前的罪犯适用暂予监外执行的规定,所以本款较1996年刑事诉讼法在条文上也作了相应修改,检察机关对适用暂予监外执行的监督不仅包括批准机关还包括决定机关。人民检察院接到批准或者决定对罪犯暂予监外执行的通知后,应当进行审查。审查的内容包括:是否符合本法第二百六十五条规定的条件;办理暂予监外执行是否符合法定程序。检察人员可以向罪犯所在单位和有关人员调查,可以向有关机关调阅有关材料。经审查认为暂予监外执行不当,应当自接到通知之日起一个月以内,报经检察长批准,向批准或者决定暂予监外执行的机关提出书面纠正意见的,由检察长决定。人民检察院向批准或者决定暂予监外执行的机关送交不同意暂予监外执行的书面意见后,批准或者决定暂予监外执行的机关应当立即进行重新核查。

第二百六十八条 【监外执行的终止】对暂予监外执行的罪犯,有下列情形之一的,应当及时收监:

(一)发现不符合暂予监外执行条件的;

(二)严重违反有关暂予监外执行监督管理规定的;

(三)暂予监外执行的情形消失后,罪犯刑期未满的。

对于人民法院决定暂予监外执行的罪犯应当予以收监的,由人民法院作出决定,将有关的法律文书送达公安机关、监狱或者其他执行机关。

不符合暂予监外执行条件的罪犯通过贿赂等非法手段被暂予监外执行的,在监外执行的期间不计入执行刑期。罪犯在暂予监外执行期间脱逃的,脱逃的期间不计入执行刑期。

罪犯在暂予监外执行期间死亡的,执行机关应当及时通知监狱或者看守所。

第二百六十九条 【社区矫正】对被判处管制、宣告缓刑、假释或者暂予监外执行的罪犯,依法实行社区矫正,由社区矫正机构负责执行。

条文注解

根据刑法和刑事诉讼法的规定,社区矫正主要适用于三类服刑人员:(1)罪行比较轻微的罪犯。包括被判处管制、宣告缓刑的服刑人员。(2)罪行虽然比较严重,但是经过改造证明确有悔改,不致再危害社会的服刑人员,如被假释的服刑人员。(3)有特殊情况,如暂予监外执行的服刑人员。

根据《社区矫正实施办法》的规定,人民法院对符合社区矫正适用条件的被告人、罪犯依法作出判决、裁定或者决定。人民检察院对社区矫正各执法环节依法实行法律监督。公安机关对违反治安管理规定和重新犯罪的社区矫正人员及时依法处理。县级司法行政机关社区矫正机构对社区矫正人员进行监督管理和教育帮助。司法所承担社区矫正日常工作。社会工作者和志愿者在社区矫正机构的组织指导下参与社区矫正工作。有关部门、村(居)民委员会、社区矫正人员所在单位、就读学校、家庭成员或者监护人、保证人等协助社区矫正机构进行社区矫正。

第二百七十条 【剥夺政治权利的执行】对被判处剥夺政治权利的罪犯,由公安机关执行。执行期满,应当由执行机关书面通知本人及其所在单位、居住地基层组织。

条文注解

根据刑法第五十四条的规定,剥夺政治权利是指剥夺犯罪分子下列四项权利:(1)选举权和被选举权;(2)言论、出版、集会、结社、游行、示威自由的权利;(3)担任国家机关职务的权利;(4)担任国有公司、企业、事业单位和人民团体领导职务的权利。剥夺政治权利可单独判处或附加判处。独立适用剥夺政治权利的,其刑期从判决确定之日起计算并执行;附加剥夺政治权利的,从主刑执行完毕或者假释之日起执行附加剥夺政治权利。依据本条规定,对于被判处剥夺政治权利的罪犯,由公安机关执行。监狱在主刑执行完毕或者罪犯假释时,应将其剥夺政治权利的起止期限在释放证或者假释证上注明,连同人民法院的判决书一并转交其居住地公安机关,公安机关应当在其居住地公布。

第二百七十一条 【罚金刑的执行】被判处罚金的罪犯,期满不缴纳的,人民法院应当强制缴纳;如果由于遭遇不能抗拒的灾祸等原因缴纳确实有困难的,经人民法院裁定,可以延期缴纳、酌情减少或者免除。

条文注解

本条规定了两层意思:一是关于强制缴纳的规定,被判处罚金的罪犯,应当在判决规定的期限内主动向人民法院缴纳罚金。如果判决规定期限届满仍不缴纳的,人民法院应当强制缴纳。所谓"强制缴纳",是指人民法院可以采取查封、拍卖其财产,冻结、扣划存款,扣留工资或者其他收入等办法,强制其缴纳罚金。二是关于延期缴纳、酌情减少或者免除罚金的规定。犯罪分子由于遭遇不能抗拒的灾祸等原因缴纳罚金确实有困难的，经人民法院裁定，可以延期缴纳、酌情减少或者免除。所谓“不能抗拒的灾祸等原因”，就是通常所说的“天灾人祸”，如遭遇火灾、水灾、地震等自然灾害或者罪犯及其家属重病、伤残等，以及其他一些导致缴纳罚金确实有困难的情形。对存在这些情形的，可以延期缴纳、酌情减少或者免除。“延期缴纳”，是指期满不能缴纳或者不能全部缴纳的，给予一定的延长期限缴纳罚金。具体延长多长时间，由人民法院根据犯罪分子的犯罪情节、经济状况、缴纳困难原因预期消除的时间等因素进行裁定。延期缴纳罚金、酌情减少罚金或者免除罚金，均涉及对原判决的变更，程序上应当严格。

文书范本 ▶▶ 58 刑事裁定书(减、免罚金用)

________人民法院

刑事裁定书

(______) ____刑执字第____号

罪犯________(写明姓名和案由)一案，已经本院审理终结，本院于________年____月____日作出(______) ____刑____字第____号刑事判决(或者裁定)，其中对罪犯________判处罚金人民币________(写明具体数额)。在执行期间，罪犯______________(写明罪犯申请减、免罚金的事由和罚金的数额)。本院查证，罪犯________________(扼要写明查证的事实)，缴纳罚金确有困难。依照________(写明裁定的法律依据)的规定，裁定如下：

____

____

____________(写明对罪犯________减少罚金的数额和“余额继续追缴”或者免除罚金的具体数额)。

本裁定送达后即发生法律效力。

审判长：________

审判员：________

审判员：________

________年____月____日

(院印)

本件与原本核对无异

书记员：________

应用指引

本范本供各级人民法院在执行单处罚金刑或者附加判处罚金刑的判决、裁定期间,对由于遭遇不能抗拒的灾祸缴纳罚金确有困难的罪犯,减少或者免除罚金时使用。

罚金在判决规定的期限内一次或者分期缴纳。期满无故不缴纳的,人民法院应当强制缴纳。经强制缴纳仍不能全部缴纳的,人民法院在任何时候,包括在判处的主刑执行完毕后,发现被执行人有可以执行的财产的,应当随地追缴。因此,对于裁定减少罚金数额后,依法仍应追缴的余额,应当在裁定结果中写明。本裁定书由作出发生法律效力的判决或者裁定的人民法院制作。

第二百七十二条 【没收财产刑的执行】没收财产的判决,无论附加适用或者独立适用,都由人民法院执行;在必要的时候,可以会同公安机关执行。

条文注解

没收财产是将犯罪分子个人所有财产的一部或者全部强制无偿地收归国有的刑罚方法。没收财产也是一种财产刑,但它不同于罚金,是适用于罪行严重的犯罪分子的刑罚方法。依据刑法的有关规定,没收财产是没收犯罪分子个人所有财产的一部或者全部。没收全部财产的,应当对犯罪分子个人及其扶养的家属保留必需的生活费用。在判处没收财产的时候,不得没收属于犯罪分子家属所有或者应有的财产。没收财产以前犯罪分子所负的正当债务,需要以没收的财产偿还的,经债权人请求,应当偿还。没收财产以前犯罪分子所负的正当债务,是指犯罪分子在判决生效前所负他人的合法债务。没收财产的执行由人民法院进行,在必要的时候,可以会同公安机关执行。

第二百七十三条 【新罪、漏罪的追诉及减刑、假释】罪犯在服刑期间又犯罪的,或者发现了判决的时候所没有发现的罪行,由执行机关移送人民检察院处理。

被判处管制、拘役、有期徒刑或者无期徒刑的罪犯,在执行期间确有悔改或者立功表现,应当依法予以减刑、假释的时候,由执行机关提出建议书,报请人民法院审核裁定,并将建议书副本抄送人民检察院。人民检察院可以向人民法院提出书面意见。

条文注解

新罪,是指罪犯在服刑期间实施了触犯刑法,依法应当追究刑事责任的行为。漏罪,是指在罪犯服刑期间发现了其在判决宣告前实施的尚未被判决的罪行。无论是又犯新罪还是发现漏罪,都应当依法追究,由监狱或负责执行的公安机关进行侦查,侦查终结后,移送人民检察院审查决定,向有管辖权的法院提起公诉。

减刑是对于被判处管制、拘役、有期徒刑、无期徒刑的犯罪分子,在执行期间确有悔改或者立功表现的,适当减轻其原判刑罚的制度。假释,是对被判处有期徒刑、无期徒刑的犯罪分子,在执行一定刑期后,因其遵守监规,接受教育和改造,确有悔改表现,不致再危害社会,而附条件地将其予以提前释放的制度。依据刑法、刑事诉讼法本条及相关司法解释的规定,减刑、假释适用的对象是被判处管制、拘役、有期徒刑或者无期徒刑的罪犯。适用的条件是罪犯在服刑期间确有悔改表现或立功表现。

人民法院审理减刑、假释案件,应当一律予以公示。公示地点为罪犯服刑场所的公共区域。有条件的地方,应面向社会公示,接受社会监督。人民法院审理减刑、假释案件,应当组成合议庭,可以采用书面审理的方式,但下列案件应当开庭审理:(1)因罪犯有重大立功表现提请减刑的;(2)提请减刑的起始时间、间隔时间或者减刑幅度不符合一般规定的;(3)社会影响重大或者社会关注度高的;(4)公示期间收到投诉意见的;(5)人民检察院有异议的;(6)有必要开庭审理的其他案件。

此外,还应注意2012年《最高人民法院关于罪犯因漏罪、新罪数罪并罚时原减刑裁定应如何处理的意见》、2014年《最高人民法院关于减刑、假释案件审理程序的规定》《人民检察院办理减刑、假释案件规定》、2016年《最高人民法院关于办理减刑、假释案件具体应用法律的规定》的相关规定。

文书范本 ▶▶ 59 刑事裁定书(减刑、假释用)

________人民法院

刑事裁定书

(______)____刑执字第____号

罪犯:________[写明姓名、性别、出生年月日(或年龄)、民族、籍贯和服刑处所]。

_______________人民法院于________年____月____日作出了(______)____刑初字第____号刑事判决,以被告人________犯________罪,判处________(写明主刑的刑种、刑期和附加剥夺政治权利及其刑期)等。________(此处写明上诉、抗诉后二审法院的裁判结果。未经二审的写"判决发生法律效力后")交付执行。________(此处续写执行中的刑种、刑期变更情况;没有的可不写)。

执行机关________(写明机关名称)于________年____月____日以该犯在服刑期间确有悔改表现(或立功表现或有特殊情节),提出减刑(或假释)意见书,报送本院审理。本院依法组成合议庭,对该犯在服刑期间的表现进行了审核,现已审理终结。

经审理查明，__________（若是减刑，则写明确认罪犯在服刑期间确有悔改表现或者立功、重大立功表现的具体事实和证据；若是假释，则写明确认罪犯在服刑期间确有悔改表现，假释后不致再危害社会或者有特殊情况的具体事实和证据）。

本院认为，____（写明该犯在服刑期间的具体悔改、立功表现或其他特殊情节，以及减刑或假释的理由）。依据__________（写明裁定所依据的法律条款项）的规定，裁定如下：

____（写明罪犯姓名和对其减刑的具体内容或宣告假释）。

本裁定送达后即发生法律效力。

审判长：________
审判员：________
审判员：________
________年____月____日
（院印）

本件与原本核对无异

书记员：________

应用指引

本范本供中级以上人民法院对于在服刑期间确有悔改或者立功、重大立功表现的被判处管制、拘役、有期徒刑、无期徒刑的犯罪分子予以减刑；或是供人民法院对于在服刑期间确有悔改表现，假释后不致再危害社会，或者具有特殊情况的罪犯依法予以假释时使用。制作刑事裁定书（减刑、假释用）时需要写明罪犯的刑种、刑期以及在服刑期间内发生的符合减刑、假释条件的具体表现情况。

第二百七十四条 【对减刑、假释的监督】人民检察院认为人民法院减刑、假释的裁定不当，应当在收到裁定书副本后二十日以内，向人民法院提出书面纠正意见。人民法院应当在收到纠正意见后一个月以内重新组成合议庭进行审理，作出最终裁定。

第二百七十五条 【错判及申诉的处理】监狱和其他执行机关在刑罚执行中，如果认为判决有错误或者罪犯提出申诉，应当转请人民检察院或者原判人民法院处理。

条文注解

监狱和其他执行机关，如果发现原判有错误，应当全面收集证据，整理好材料，提出意见，直接转送人民检察院或者原判人民法院处理。如果认为案情重大，需要由上级司法机关处理，也可以经主管机关审查同意后，转送相应的人民检察院、人民法院处理。正在服刑的罪犯如果认为生效裁判有错误的，有权提出申诉。对罪犯提出的控告、检举材料，监狱应当及时处理或者转送公安机关或者人民检察院处理，不得扣压。公安机关或者人民检察院应当将处理结果通知监狱。

人民检察院、人民法院应当对执行机关转送的材料和意见，或者罪犯的申诉，进行审查，认为符合审判监督程序规定的条件的，应当提出抗诉或决定再审。经审查，认为不符合抗诉或重新审判条件的，可以不予受理。监狱在执行刑罚过程中，根据罪犯的申诉，认为判决可能有错误的，应当提请人民检察院或者人民法院处理，人民检察院或者人民法院应当自收到监狱提请处理意见书之日起六个月内将处理结果通知监狱。

第二百七十六条 【执行的监督】人民检察院对执行机关执行刑罚的活动是否合法实行监督。如果发现有违法的情况，应当通知执行机关纠正。

条文注解

根据2015年《最高人民检察院关于全面加强和规范刑事执行检察工作的决定》，刑事执行检察的主要职责是：(1)对人民法院、公安机关和监狱、看守所、社区矫正机构等执行机关执行刑罚活动和人民法院执行没收违法所得及其他涉案财产的活动是否合法实行监督；(2)对减刑、假释、暂予监外执行的提请、审理、裁定、决定、执行活动是否合法实行监督；(3)对监管被刑事拘留、逮捕和指定居所监视居住的犯罪嫌疑人、被告人的活动是否合法实行监督；(4)对犯罪嫌疑人、被告人的羁押期限是否合法实行监督；(5)对被逮捕后的犯罪嫌疑人、被告人进行羁押必要性审查；(6)对强制医疗执行活动是否合法实行监督；(7)对刑事执行机关的监管活动是否合法实行监督；(8)查办和预防刑事执行活动中的职务犯罪；(9)对罪犯又犯罪案件审查逮捕、审查起诉、出庭公诉，对罪犯又犯罪案件的立案、侦查、审判活动是否合法实行监督；(10)受理刑事被执行人及其法定代理人、近亲属、辩护人、诉讼代理人的控告、举报和申诉；(11)其他事项。

第五编 特 别 程 序

第一章 未成年人刑事案件诉讼程序

第二百七十七条 【未成年人犯罪审理原则】对犯罪的未成年人实行教育、感化、挽救的方针,坚持教育为主、惩罚为辅的原则。

人民法院、人民检察院和公安机关办理未成年人刑事案件,应当保障未成年人行使其诉讼权利,保障未成年人得到法律帮助,并由熟悉未成年人身心特点的审判人员、检察人员、侦查人员承办。

条文注解

未成年人案件包括未成年人涉嫌犯罪的案件和案件中涉及未成年人权益保护的案件两类。因案件中涉及未成年人,他们与成年人在诸多方面存在差异,因此要求公安、检察、人民法院等专门机关负有更多的照顾义务,充分考虑未成年人的身心发展特点,结合案件办理的具体情况,充分保障他们的合法权益。现在,我国已经有很多人民法院设立了专门审理未成年人案件的少年法庭,以便更好地满足未成年人刑事案件审理的需要。结合本章内容,还应注意《公安机关办理未成年人违法犯罪案件的规定》《人民检察院办理未成年人刑事案件的规定》《最高人民法院关于审理未成年人刑事案件具体应用法律若干问题的解释》《检察机关加强未成年人司法保护八项措施》《最高人民检察院关于进一步加强未成年人刑事检察工作的决定》《最高人民法院关于进一步加强少年法庭工作的意见》《未成年犯管教所管理规定》等的相关规定。

第二百七十八条 【法律援助】未成年犯罪嫌疑人、被告人没有委托辩护人的,人民法院、人民检察院、公安机关应当通知法律援助机构指派律师为其提供辩护。

条文注解

犯罪嫌疑人、被告人系未成年人,同时其本人及其近亲属没有为其委托辩护人的,属于本条规定的强制指定辩护的情形。刑事诉讼中的辩护以委托辩护为主,指定辩护为辅。委托辩护以双方合意为基础,更能体现当事人的选择。由于未成年被追诉人年龄的原因,往往影响其辩护权行使的充分性,进而影响辩护的效果。为此,法律将未成年被追诉人纳入法律援助的范围,作为强制指定辩护的帮助对象,旨在对未成年人的利益给予特殊保护。

第二百七十九条 【社会调查程序】公安机关、人民检察院、人民法院办理未成年人刑事案件,根据情况可以对未成年犯罪嫌疑人、被告人的成长经历、犯罪原因、监护教育等情况进行调查。

第二百八十条 【逮捕措施慎用原则】对未成年犯罪嫌疑人、被告人应当严格限制适用强制措施。人民检察院审查批准逮捕和人民法院决定逮捕,应当讯问未成年犯罪嫌疑人、被告人,听取辩护律师的意见。

对被拘留、逮捕和执行刑罚的未成年人与成年人应当分别关押、分别管理、分别教育。

条文注解

未成年被追诉人由于其年龄的原因决定了其主观恶性、社会危害性等相对较小,因而按照强制措施适用的比例性原则,理应对未成年被追诉人限制适用强制措施。另外,适用强制措施本身会对未成年被追诉人的身心造成影响,并且可能会中断未成年人的学习生活,因而严格限制适用强制措施的举措也是对未成年被追诉人的特殊性保护。该条第一款特别强调了对未成年人适用逮捕措施的程序性规则。逮捕是我国刑事诉讼强制措施中最为严厉的一种,是持续时间较长的未决羁押性强制措施,对未成年人适用逮捕措施尤其要特别慎重。根据我国法律的授权,人民检察院和人民法院是逮捕的批准或者决定机关。在审查或者决定是否要对特定的未成年被追诉人适用逮捕措施时,各专门机关及其人员必须要讯问未成年犯罪嫌疑人、被告人,以直接考察特定对象是否符合逮捕的条件,考量其是否具有逮捕的必要性,并且要听取辩护律师的意见,以便更加客观、公正地决定逮捕措施的适用。

第二百八十一条 【适当成年人在场制度】对于未成年人刑事案件,在讯问和审判的时候,应当通知未成年犯罪嫌疑人、被告人的法定代理人到场。无法通知、法定代理人不能到场或者法定代理人是共犯的,也可以通知未成年犯罪嫌疑人、被告人的其他成年亲属,所在学校、单位、居住地基层组织或者未成年人保护组织的

代表到场,并将有关情况记录在案。到场的法定代理人可以代为行使未成年犯罪嫌疑人、被告人的诉讼权利。

到场的法定代理人或者其他人员认为办案人员在讯问、审判中侵犯未成年人合法权益的,可以提出意见。讯问笔录、法庭笔录应当交给到场的法定代理人或者其他人员阅读或者向他宣读。

讯问女性未成年犯罪嫌疑人,应当有女工作人员在场。

审判未成年人刑事案件,未成年被告人最后陈述后,其法定代理人可以进行补充陈述。

询问未成年被害人、证人,适用第一款、第二款、第三款的规定。

条文注解

适当成年人在场制度主要适用于两种情况:第一,讯问时;第二,审判时。负责讯问和审判的国家专门机关及其工作人员承担通知与未成年被追诉人相关的适当成年人到场出席相应诉讼活动的义务。需要强调的是,本条第一款中使用的是"应当通知",与律师法的规定相一致,即表明对于专门机关而言通知适当成年人在场的义务是强制性的,不能免除。另外,根据本条款的规定,当讯问或者审判未成年犯罪嫌疑人或者被告人时,必须有适当成年人在场,这是确保讯问或者审判正当性的必要条件之一,否则讯问或者审判违法。适当成年人在场制度中首选的在场成年人为未成年犯罪嫌疑人、被告人的法定代理人。当法定代理人无法通知、不能到场,或者法定代理人是共犯的,也可以通知未成年犯罪嫌疑人、被告人的其他成年亲属,所在学校、单位或者居住地的村民委员会、居民委员会、未成年人保护组织的代表到场。专门机关需要将适当成年人在场情况记录在案。适当成年人在讯问或者审判时在场,能够对相应的诉讼活动起到见证和监督的作用,从而更加充分地保障未成年被追诉人的合法权益。鉴于未成年被追诉人的自身状况,以及法定代理人与未成年人之间的亲密关系,本条款允许到场的法定代理人代为行使未成年犯罪嫌疑人、被告人的诉讼权利,以便强化未成年被追诉人的诉讼行为能力。

还应注意的是,本条第四款创设了一项新的权利,即未成年被告人法定代理人最后陈述补充权。该项权利的享有主体是未成年被告人的法定代理人,权利行使的时间是在未成年人案件审理程序中,未成年被告人最后陈述之后。未成年被告人法定代理人补充陈述的目的在于补足未成年被告人最后陈述的不足和疏漏,为未成年被告人最大限度地争取对其有利的判决。结合该条款的规定,未成年被告人案件的法庭审理可以分为开庭、法庭调查、法庭辩论、被告人最后陈述、被告人法定代理人补充陈述、评议和宣判六个阶段。

本条第五款明确规定，适当成年人在场制度、在场适当成年人权利及对女性未成年人的特殊保护均适用于未成年被害人和证人。未成年刑事案件不仅包括被追诉人为未成年人的情况，同时也包括案件中的被害人、证人是未成年人的情形。由于最后陈述权是刑事案件被告人的特殊权利，对被害人和证人并不适用，因此，本条的第四款对未成年被害人和证人并不适用。该条款说明我国对刑事诉讼中的未成年人保护是全面和系统的。

第二百八十二条 【附条件不起诉制度】对于未成年人涉嫌刑法分则第四章、第五章、第六章规定的犯罪，可能判处一年有期徒刑以下刑罚，符合起诉条件，但有悔罪表现的，人民检察院可以作出附条件不起诉的决定。人民检察院在作出附条件不起诉的决定以前，应当听取公安机关、被害人的意见。

对附条件不起诉的决定，公安机关要求复议、提请复核或者被害人申诉的，适用本法第一百七十九条、第一百八十条的规定。

未成年犯罪嫌疑人及其法定代理人对人民检察院决定附条件不起诉有异议的，人民检察院应当作出起诉的决定。

条文注解

本条第一款是关于对未成年犯罪嫌疑人附条件不起诉的规定。对于未成年犯罪嫌疑人适用附条件不起诉需要具备以下条件：(1)所涉嫌罪名为刑法分则第四章、第五章和第六章所规定的犯罪，即侵犯公民人身权利、民主权利罪；侵犯财产罪；妨害社会管理秩序罪。(2)可能判处一年有期徒刑以下刑罚，包括独立适用拘役、管制等刑罚种类的。从刑罚种类及期限上能够看出，其罪行较为轻微。(3)达到起诉条件。(4)有悔罪表现。值得注意的是，附条件不起诉是人民检察院裁量权的一部分，人民检察院有权根据案件情况，以及涉案当事人的情况进行综合权衡，以决定是否适用。人民检察院在作出附条件不起诉决定之前，还需要听取公安机关和被害人的意见。

本条第二款规定的是公安机关和被害人对附条件不起诉决定的异议权及程序。应当注意的是，2014 年《全国人民代表大会常务委员会关于〈中华人民共和国刑事诉讼法〉第二百七十一条第二款的解释》对该条款作出了以下新规定：人民检察院办理未成年人刑事案件，在作出附条件不起诉的决定以及考验期满作出不起诉的决定以前，应当听取被害人的意见。被害人对人民检察院对未成年犯罪嫌疑人作出的附条件不起诉的决定和不起诉的决定，可以向上一级人民检察院申诉，不适用本法第一百八十条关于被害人可以向人民法院起诉的规定。

第二百八十三条　【附条件不起诉监督考察】在附条件不起诉的考验期内，由人民检察院对被附条件不起诉的未成年犯罪嫌疑人进行监督考察。未成年犯罪嫌疑人的监护人，应当对未成年犯罪嫌疑人加强管教，配合人民检察院做好监督考察工作。

附条件不起诉的考验期为六个月以上一年以下，从人民检察院作出附条件不起诉的决定之日起计算。

被附条件不起诉的未成年犯罪嫌疑人，应当遵守下列规定：

（一）遵守法律法规，服从监督；

（二）按照考察机关的规定报告自己的活动情况；

（三）离开所居住的市、县或者迁居，应当报经考察机关批准；

（四）按照考察机关的要求接受矫治和教育。

第二百八十四条　【附条件不起诉的撤销情形】被附条件不起诉的未成年犯罪嫌疑人，在考验期内有下列情形之一的，人民检察院应当撤销附条件不起诉的决定，提起公诉：

（一）实施新的犯罪或者发现决定附条件不起诉以前还有其他犯罪需要追诉的；

（二）违反治安管理规定或者考察机关有关附条件不起诉的监督管理规定，情节严重的。

被附条件不起诉的未成年犯罪嫌疑人，在考验期内没有上述情形，考验期满的，人民检察院应当作出不起诉的决定。

条文注解

导致附条件不起诉决定撤销的情形首先是严重违反附条件不起诉考验期内的相关规定。第二百八十四条第一款第二项将违反治安管理规定的行为单独提出，旨在特别提醒未成年犯罪嫌疑人，在附条件不起诉考验期内，一般违法行为也是被禁止的，以敦促其彻底规范自己的行为，改过自新。实施后有可能导致附条件不起诉决定的撤销。根据第二百八十四条第一款第一项的规定，未成年犯罪嫌疑人的其他犯罪行为也是导致附条件不起诉决定撤销的原因。“其他犯罪行为”包括未成年犯罪嫌疑人在考验期内实施的新罪行和专门机关发现的其在附条件不起诉决定之前实施的其他罪行。未成年犯罪嫌疑人在附条件不起诉考验期内仍实施犯罪行为，显然违反了“遵守法律、行政法规、服从监督”的义务，同时也反映出其没有很好地接受矫治，故而应当撤销附条件不起诉决定。第二种情况下，犯罪行为是在附条件不起诉决定之前实施的，被附条件不起诉的未成年犯罪嫌疑人并未违反考验期内的相关规定，但是新发现的罪行和原来未成年犯罪嫌疑人涉嫌的罪名加在一起有可能不再符合对本法第二百八十二条规定的适用附条件不起诉的条件，故也应予以撤销。

第二百八十五条 【不公开审理】审判的时候被告人不满十八周岁的案件，不公开审理。但是，经未成年被告人及其法定代理人同意，未成年被告人所在学校和未成年人保护组织可以派代表到场。

条文注解

与1996年刑事诉讼法不同，2012年修改后不再根据未成年被告人的年龄进行区分。本条中所规定的"十八周岁"为刑事案件被告人审判时候的年龄。有些刑事案件中，被告人犯罪时尚未年满十八周岁，但是案件经过一系列的刑事诉讼程序，进入审判时被告人已经年满十八周岁，即不能再依据本条规定的理由不公开审理。

第二百八十六条 【犯罪记录封存】犯罪的时候不满十八周岁，被判处五年有期徒刑以下刑罚的，应当对相关犯罪记录予以封存。

犯罪记录被封存的，不得向任何单位和个人提供，但司法机关为办案需要或者有关单位根据国家规定进行查询的除外。依法进行查询的单位，应当对被封存的犯罪记录的情况予以保密。

条文注解

本条第一款是关于适用犯罪记录封存制度条件的规定。适用犯罪记录封存制度的条件有两个：一为犯罪时的年龄。本条款规定，要求被适用对象犯罪的时候应当尚未年满十八周岁。二为刑期条件。本条款要求涉嫌犯罪的未成年犯罪嫌疑人被判处的刑罚应当为五年以下有期徒刑。犯罪记录封存制度是指对符合法定条件的未成年人犯罪记录予以保密的制度。该项制度的确立旨在促进未成年罪犯更好地回归社会。

本条第二款是关于犯罪记录封存具体内容的规定。符合法定条件的未成年罪犯的犯罪记录根据本条第一款的规定是被封存的，除非因司法机关办理案件的需要或者有关单位依据国家规定进行的查询外，被封存的犯罪记录不能因任何原因和理由向任何单位和个人泄露或者提供。依法进行查询的单位同时承担对被封存的犯罪记录情况保密的义务。根据中央综治委预防青少年违法犯罪工作领导小组、最高人民法院、最高人民检察院、公安部、司法部、共青团中央发布的《关于进一步建立和完善办理未成年人刑事案件配套工作体系的若干意见》的相关规定，封存的内容包括未成年被追诉人被刑事立案、采取刑事强制措施、不起诉或因轻微犯罪被判处刑罚的记录。

第二百八十七条 【其他规定】办理未成年人刑事案件，除本章已有规定的以外，按照本法的其他规定进行。

条文注解

各个专门机关办理未成年人刑事案件首先要适用本章的规定，本章对于未成年人刑事案件的办理而言属于“特别法”，适用的时候优先于“普通法”。但是仅依照本章中的若干条文是远远不能满足办理未成年人刑事案件的需要的，因此本章对其他相关问题没有规定的，仍需要依照本法中其他条款所确定的原则和程序办理。

第二章 当事人和解的公诉案件诉讼程序

第二百八十八条 【和解情形】下列公诉案件,犯罪嫌疑人、被告人真诚悔罪,通过向被害人赔偿损失、赔礼道歉等方式获得被害人谅解,被害人自愿和解的,双方当事人可以和解:

(一)因民间纠纷引起,涉嫌刑法分则第四章、第五章规定的犯罪案件,可能判处三年有期徒刑以下刑罚的;

(二)除渎职犯罪以外的可能判处七年有期徒刑以下刑罚的过失犯罪案件。

犯罪嫌疑人、被告人在五年以内曾经故意犯罪的,不适用本章规定的程序。

条文注解

本条仅仅适用于公诉案件当事人和解问题。根据本法第二百一十二条的规定,自诉案件中的当事人可以通过和解的方式解决纠纷,故而并不适用本条款。根据本条第一款的规定,公诉案件当事人和解程序的适用对涉嫌的罪名和可能判处的刑期都有严格的限定,原则上犯罪性质恶劣、社会危害严重的公诉案件不宜适用和解方式予以处理。

另外,根据本条规定,有两种情况不能适用公诉案件和解程序:第一种情形为渎职犯罪。虽然渎职犯罪属于过失犯罪,刑期也可能不超过七年有期徒刑,但是由于其侵害的客体的特殊性,因而不能适用和解方式解决。第二种情形为五年内曾经故意犯罪的。根据本条第二款的规定,此种情况有两个条件必须同时满足:一是故意犯罪;二是前罪和本罪间隔时间不超过五年。

理解本章,还应注意《最高人民检察院关于办理当事人达成和解的轻微刑事案件的若干意见》《最高人民法院关于深化多元纠纷解决机制改革意见》《最高人民法院关于进一步推进案件繁简分流优化司法资源配置的若干意见》等的相关规定。

第二百八十九条 【和解协议书】双方当事人和解的,公安机关、人民检察院、人民法院应当听取当事人和其他有关人员的意见,对和解的自愿性、合法性进行审查,并主持制作和解协议书。

文书范本 60　刑事和解协议

刑事和解协议

甲方(犯罪嫌疑人):________性别:______出生日期:________,身份证号:__________,联系方式____________,住址________________________________

乙方(被害人/近亲属):__________性别______出生日期____________,身份证号:______________,联系方式______________住址____________________

关于__________涉嫌__________罪一案,被害人对犯罪嫌疑人真诚悔罪态度予以认可,并表示谅解。双方在______主持下,就民事赔偿和刑事谅解以及其他相关事宜自愿达成如下协议:

一、甲方自愿赔偿乙方(包括但不限于医疗费、误工费、护理费、住院伙食补助费等)损失共计人民币____元(大写:________圆整)。乙方另行出具收到赔偿款的收据。

付款方式及付款时间:______________________________

二、本协议为本次损害赔偿的终结性赔偿协议,乙方不得就本次的损害赔偿事宜再次向甲方或者其他个人、组织、单位提出赔偿要求。

三、甲方全额支付赔偿款项给乙方后,乙方当场出具《撤回刑事附带民事诉讼申请书》,由乙方签字按捺手印;一份交甲方代理人,另一份由乙方邮寄至______________________________,办理撤回刑事附带民事诉讼事宜。

四、乙方在收到上述赔偿款的同时,同意对甲方的违法犯罪行为进行谅解,并出具谅解书,向司法机关提出从轻、减轻追究甲方刑事责任的意见。

五、上述内容均为甲、乙双方自愿真实的意思表示。

六、本协议自甲、乙双方签字后生效。双方对本协议有保密的义务,双方承诺不向无关的任何第三方披露本协议内容。

七、本协议一式____份,甲持有____份,呈____份;乙方持有____份。

犯罪嫌疑人:________(签名捺印)
年　　月　　日

被害人/近亲属:________(签名捺印)
年　　月　　日

应用指引

应注意以下问题:(1)对于达成和解协议的案件,公安机关可以向人民检察院提出从宽处理的建议。人民检察院可以向人民法院提出从宽处罚的建议。对于犯罪情节轻微,不需要判处刑罚的,可以作出不起诉的决定。人民法院可以依法对被告人从宽处罚。(2)刑事和解协议主要内容包括双方关于刑事附带民事部分的调解意见,被害人对犯罪嫌疑人犯罪行为的谅解情况,以及被害人对犯罪嫌疑人不再受到追诉、惩处的意愿。从内容上看,刑事和解协议与刑事调解协议内容基本一致。(3)和解协议以犯罪嫌疑人真诚悔罪,真诚赔偿损失、赔礼道歉,以及被害人自愿接受,真诚原谅犯罪嫌疑人及其犯罪行为为前提。

第二百九十条 【和解协议书的效力】对于达成和解协议的案件,公安机关可以向人民检察院提出从宽处理的建议。人民检察院可以向人民法院提出从宽处罚的建议;对于犯罪情节轻微,不需要判处刑罚的,可以作出不起诉的决定。人民法院可以依法对被告人从宽处罚。

条文注解

和解反映的是双方当事人的意愿。对于符合和解条件的公诉案件,双方当事人可以在自愿、合法的基础上进行协商。但是刑事和解协议与民事和解协议的性质是不同的,刑事和解协议需要经国家专门机关确认才能发生法律效力。各专门机关,包括公安机关、人民检察院、人民法院对双方当事人达成和解协议的,仍需要听取双方当事人及其他有关人员的意见,认真审查和解协议的自愿性和合法性,对符合法律规定的刑事和解协议,在专门机关的主持下制作和解协议书。该和解协议书是刑事公诉案件双方达成和解协议的标志。和解协议是载明加害方和被害方共同意愿的法律文书。总体而言,刑事公诉案件的当事人和解是以被追诉人(加害方)认罪为前提的,同时被追诉人还要在认罪的基础上悔罪,并基于以上情势通过向被害人赔礼道歉、赔偿损失等方式取得被害人的谅解,以此才能促成和解的达成。由于被害方的侵权损害已经通过合意的方式获得了赔偿,因此附带民事诉讼的请求就没有提出的必要,若已经提起的,予以撤回。达成的和解协议中,要写明被害人同意或者请求对被追诉人依法从宽处理。这也是被害人方谅解加害方的一个重要表现,若不能对此达成一致,则和解协议并未达成。需要注意的是,被害方请求或者同意对被追诉人依法从宽处罚的意思表示,对人民法院并无必然的约束力。

第三章 缺席审判程序

第二百九十一条 【缺席审判的案件范围、条件和管辖】对于贪污贿赂犯罪案件,以及需要及时进行审判,经最高人民检察院核准的严重危害国家安全犯罪、恐怖活动犯罪案件,犯罪嫌疑人、被告人在境外,监察机关、公安机关移送起诉,人民检察院认为犯罪事实已经查清,证据确实、充分,依法应当追究刑事责任的,可以向人民法院提起公诉。人民法院进行审查后,对于起诉书中有明确的指控犯罪事实,符合缺席审判程序适用条件的,应当决定开庭审判。

前款案件,由犯罪地、被告人离境前居住地或者最高人民法院指定的中级人民法院组成合议庭进行审理。

条文注解

根据本条第一款的规定,缺席审判适用于两类案件:(1)贪污贿赂犯罪案件。贪污贿赂犯罪是指由监察机关调查的刑法分则第八章规定的国家工作人员犯罪,以及其他章节中明确规定按照刑法分则第八章贪污贿赂罪的规定定罪处罚的犯罪。对于贪污贿赂犯罪案件适用刑事缺席审判不需要经过最高人民检察院核准。对于犯罪嫌疑人、被告人在境外的贪污贿赂犯罪案件,实践中还是应当尽可能地依法通过引渡、遣返、劝返等方式,使其回国接受审判,而不能因为有缺席审判程序,就不尽力追逃,只是缺席审判。(2)严重危害国家安全犯罪、恐怖活动犯罪案件。危害国家安全犯罪主要是指刑法分则第一章规定的危害国家安全罪。根据反恐怖主义法第三条的规定,恐怖活动犯罪是指通过暴力、破坏、恐吓等手段,制造社会恐慌、危害公共安全、侵犯人身财产,或者胁迫国家机关、国际组织,以实现其政治、意识形态等目的,构成犯罪的行为。不仅包括组织、领导、参加恐怖组织罪,帮助恐怖活动罪,准备实施恐怖活动罪,宣扬恐怖主义、极端主义、煽动实施恐怖活动罪等刑法明确规定的恐怖活动犯罪,还包括具有恐怖主义性质的放火、爆炸、投放危险物质、破坏交通工具、破坏电力设备、劫持航空器等恐怖活动犯罪。同时,这两类案件适用刑事缺席审判需要进一步判断条件,应当是"严重"危害国家安全犯罪、恐怖活动犯罪案件,案件需要及时进行审判,程序上需要经过最高人民检察院核准。是否需要及时进行审判,应当根据实际情况进行判断。对于这两类案件公安机关移送起诉,人民检察院认为犯罪事实已经查清,证据确实、充分,依法应当追究刑事责任,拟向人民法院提起公诉的,应当先报经最高人民检察院核准,经核准后依法提起公诉。

根据本条规定，缺席审判适用于贪污贿赂犯罪案件，以及需要及时进行审判，经最高人民检察院核准的严重危害国家安全犯罪、恐怖活动犯罪案件的“犯罪嫌疑人、被告人在境外”的情形。“在境外”是需要证明的条件，人民检察院在提起公诉时应当有证据确认犯罪嫌疑人、被告人“在境外”，才符合适用缺席审判的条件。还需要注意的是，对于犯罪嫌疑人、被告人因逃匿不能到案，但没有在境外的，不适用缺席审判程序。这种情况下，如果案件久拖不决，有涉案财物需要先行处置的，可以根据2012年修改刑事诉讼法增加的违法所得没收程序规定，对符合条件的适用该程序，对涉案财物作出判决。

缺席审判案件办理的程序是：(1)缺席审判案件由监察机关、公安机关移送起诉。(2)人民检察院提起公诉。(3)人民法院决定缺席审判。对于人民检察院提起公诉的缺席案件，人民法院要进行审查判断，以决定是否开庭审理：第一，对起诉书审查是否具有明确的指控犯罪事实；第二，是否符合缺席审判条件，包括是否属于法律规定的缺席审判案件范围、是否经过最高人民检察院核准、被告人是否在境外、传票和人民检察院的起诉书副本是否通过国际刑事司法协助等法律规定的方式予以送达被告人等。对于符合上述条件的，人民法院应当决定开庭审判。决定开庭审判的，人民法院应当依法组成合议庭。

第二百九十二条 【向被告人送达起诉书副本】人民法院应当通过有关国际条约规定的或者外交途径提出的司法协助方式，或者被告人所在地法律允许的其他方式，将传票和人民检察院的起诉书副本送达被告人。传票和起诉书副本送达后，被告人未按要求到案的，人民法院应当开庭审理，依法作出判决，并对违法所得及其他涉案财产作出处理。

条文注解

根据本条规定，对于经送达，被告人未按要求到案的，人民法院应当开庭审理，依法作出判决，并对违法所得及其他涉案财产作出处理。根据本法第二百九十一条的规定，人民法院应当组成合议庭进行开庭审理，依法作出判决。由于审判时被告人缺席，具体审判程序还需要在实践中总结经验，将来进一步明确，原则上应当参照第一审普通程序进行，但也有一些地方会有不同，如被告人不能依照一般程序规定当庭进行自我辩护和陈述。需要注意的是，缺席审判案件是否作出有罪判决，需要根据刑事诉讼法的规定，对事实、证据作出认定，这与对席审判的要求标准是一样的。人民法院在认定事实、审查判断证据时，由于被告人缺席，应当更为审慎审理。对于案件事实清楚，证据确实、充分，依据法律认定被告人有罪的，应当作出有罪判决。除了判处刑罚外，还应当对被告人犯罪所得，以及犯罪工具、被害人合法财产等涉案财物作出处置。对于刑罚执行、涉案财物处理需要进行国际刑事司法协助的，可以按照国际刑事司法协助法、引渡法的规定，提出有关请求，促使缺席判决得到执行。

第二百九十三条　【委托辩护、指定辩护】人民法院缺席审判案件，被告人有权委托辩护人，被告人的近亲属可以代为委托辩护人。被告人及其近亲属没有委托辩护人的，人民法院应当通知法律援助机构指派律师为其提供辩护。

条文注解

为了保证缺席审判的程序公正和被告人权利，本条对缺席审判被告人委托辩护和指定辩护作了专门规定，为缺席审判中被告人诉讼权利提供了重要保障。本条包含以下两层意思：一是，人民法院缺席审判案件，被告人有权委托辩护人，被告人的近亲属可以代为委托辩护人。刑事诉讼法第一编第四章对辩护与代理作了规定。在人民法院审判阶段，委托辩护人是所有被告人的权利。同时，考虑到被告人身在境外，在挑选辩护人、办理有关委托手续等方面可能会存在困难或者不便，本条还专门规定，被告人的近亲属可以代为委托辩护人。人民法院应当告知犯罪嫌疑人、被告人或者犯罪嫌疑人、被告人的近亲属有权委托辩护人。根据本法第一百零八条的规定，近亲属是指夫、妻、父、母、子、女、同胞兄弟姊妹。二是，被告人及其近亲属没有委托辩护人的，人民法院应当通知法律援助机构指派律师为其提供辩护。

需要注意的是，本条是对人民法院审判阶段被告人委托辩护等的规定。对犯罪嫌疑人缺席的案件，在人民检察院审查起诉阶段，犯罪嫌疑人及其近亲属也可委托辩护人，但对于这个阶段没有委托辩护人的，人民检察院不必通知法律援助机构为其指派律师辩护，但应当根据刑事诉讼法的规定，告知有权委托辩护人。

第二百九十四条　【判决书的送达和上诉、抗诉】人民法院应当将判决书送达被告人及其近亲属、辩护人。被告人或者其近亲属不服判决的，有权向上一级人民法院上诉。辩护人经被告人或者其近亲属同意，可以提出上诉。

人民检察院认为人民法院的判决确有错误的，应当向上一级人民法院提出抗诉。

条文注解

应注意的是，作为缺席审判这一特别程序，本条专门赋予了被告人的近亲属可不经被告人同意的独立的上诉权。这是因为被告人在境外，赋予其近亲属独立的上诉权，有利于保障被告人的诉讼权利的实现。此外，根据刑事诉讼法关于普通案件上诉程序的规定，辩护人经被告人同意后，可以提出上诉。本条也是基于上述原因，还特别规定，辩护人经被告人的近亲属同意，可以提出上诉。这部分主体的其中之一提出上诉的，就会启动二审程序。

本条规定的抗诉是指对一审未生效裁判的抗诉。这里规定的"确有错误"，通常是指人民检察院认为人民法院的判决存在着认定事实不清楚或者有错误；定案的证据不确实、充分；适用法律不当，定罪有错误；处刑不当，量刑过轻或者过重；审判程序严重违法；原判决、裁定是审判人员徇私舞弊、枉法裁判的结果等情形的。这种"确有错误"无论是减轻了被告人的罪责，还是加重了被告人的罪责，人民检察院都有权力也有责任向上一级人民法院提出抗诉。对于生效判决的抗诉，应当根据刑事诉讼法第二百五十四条的规定进行，即上级人民检察院对下级人民法院已经发生法律效力的判决和裁定，如果发现确有错误，有权按照审判监督程序向同级人民法院提出抗诉。

此外，本条对如何提出上诉、抗诉，接受上诉、抗诉的人民法院如何进行处理，以及如何审理上诉、抗诉案件都未作具体规定，具体做法和要求依照刑事诉讼法对一审判决不服的上诉、抗诉以及第二审人民法院审理上诉、抗诉案件的有关规定执行。如关于第二审人民法院的审理范围，根据刑事诉讼法第二百三十三条，第二审人民法院应当就第一审判决认定的事实和适用法律进行全面审查，不受上诉和抗诉范围的限制。对于缺席审判的案件，第二审人民法院关于审理范围也不应限于上诉或者抗诉的范围。

第二百九十五条　【重新审理】在审理过程中，被告人自动投案或者被抓获的，人民法院应当重新审理。

罪犯在判决、裁定发生法律效力后到案的，人民法院应当将罪犯交付执行刑罚。交付执行刑罚前，人民法院应当告知罪犯有权对判决、裁定提出异议。罪犯对判决、裁定提出异议的，人民法院应当重新审理。

依照生效判决、裁定对罪犯的财产进行的处理确有错误的，应当予以返还、赔偿。

条文注解

本条第一款是关于在审理过程中，被告人自动投案或者被抓获的，人民法院应当重新审理的规定。“审理过程中”，是指从法院收到案件、开庭审理到判决、裁定发生法律效力之前的全过程，包括一审程序，也包括二审程序。“重新审理”，是指让案件回到缺席审判之前的状态地位，重新进行审判。人民法院重新审判案件，按照普通程序进行审理，审理程序包括决定开庭审理，告知诉讼权利，开展法庭调查，法庭辩论，被告人进行最后陈述，法院作出判决等。其中，被告人自动投案并如实供述自己的罪行的，根据我国刑法第六十七条的规定，构成自首的，也应按照刑法的规定，予以从宽处理，即可以从轻或者减轻处罚。

本条第二款是关于罪犯在判决、裁定发生法律效力后，交付执行刑罚前到案的，如何处理的规定。这里的“判决、裁定发生法律效力”是指一审判决、裁定作出后，在法定期限内没有上诉和抗诉，判决和裁定发生法律效力，或者上诉或抗诉后，二审的判决、裁定生效的情况。这里的“交付执行刑罚前”强调的是被告人提出异议的时间节点，如果被告人在交付执行刑罚后才提出异议的，则不能重新审理，而只能按照审判监督程序处理。

此外，还需要注意两点：(1)本条规定的重新审理仅指人民法院的审判阶段，不包括监察机关的调查、公安机关的侦查和人民检察院的审查起诉阶段。若人民法院在审理过程中，对证据有疑问的，可以根据本法第一百九十六条的规定，宣布休庭，对证据进行调查核实；检察人员提出补充侦查的建议的，人民法院可以根据本法第二百零四条的规定，决定延期审理。(2)本条规定的重新审理适用的程序为一审普通程序。根据刑事诉讼法的有关规定，简易程序和速裁程序适用于基层人民法院审理的案件。而根据本法第二百九十一条的规定，被告人在境外的缺席审判案件，由犯罪地或者被告人离境前居住地或者最高人民法院指定的中级人民法院组成合议庭审理。因此，这里的重新审理应当是按照普通程序进行审理，而不能适用简易程序、速裁程序审理。

第二百九十六条 【被告人因病不能出庭的缺席审判】因被告人患有严重疾病无法出庭，中止审理超过六个月，被告人仍无法出庭，被告人及其法定代理人、近亲属申请或者同意恢复审理的，人民法院可以在被告人不出庭的情况下缺席审理，依法作出判决。

条文注解

根据本条规定，被告人因病不能出庭案件的缺席审判的条件主要包括以下两个方面：(1)中止审理超过六个月，被告人仍无法出庭。被告人因患严重疾病不能出庭，法院首先得依2012年修改后的刑事诉讼法，根据情况决定中止审理。中止审理超过六个月，被告人仍无法出庭时，才存在缺席审理的可能。(2)需经被告人及其法定代理人、近亲属申请或同意才能恢复审理。这里的“法定代理人”是指依照法律规定对无行为能力的被告人负有监护义务的人,如被告人的配偶、父母或其他监护人。根据我国民法总则的规定,无民事行为能力人、限制民事行为能力人的监护人是其法定代理人。这里的“近亲属”是指被告人的夫、妻、父、母、子、女、同胞兄弟姊妹。根据本条规定,只有被告人及其法定代理人、近亲属申请或者同意恢复案件审理,也就是放弃法庭审理的在场权时,才能缺席审理。

在符合以上两个条件的情况下,人民法院可以在被告人不出庭的情况下缺席审理。需要特别注意的是,这里规定的是“可以”,而非“应当”。这就赋予了人民法院一定的程序选择权,人民法院可以根据案件的具体情况,决定是否缺席审理。

第二百九十七条 【被告人死亡案件的缺席审判】被告人死亡的,人民法院应当裁定终止审理,但有证据证明被告人无罪,人民法院经缺席审理确认无罪的,应当依法作出判决。

人民法院按照审判监督程序重新审判的案件,被告人死亡的,人民法院可以缺席审理,依法作出判决。

条文注解

在本条的理解适用中,需要注意以下问题:第一,结合本条第一款和本法第十六条以及相关司法解释的规定,对于人民法院在审理案件过程中,被告人死亡的,应当区别以下情况分别作出处理:(1)一般应当裁定终止审理;(2)根据已查明的案件事实和认定的证据,能够确认被告人无罪的,应当判决宣告被告人无罪;(3)有证据证明被告人可能无罪,经缺席审理确认无罪的,应当判决宣告被告人无罪;(4)对于情节显著轻微、危害不大,不认为是犯罪的,也应当作出判决,宣告被告人无罪。第二,本条第二款与第一款的规定不同,再审的案件,是发现已经生效的裁判确有错误等法定原因而提起的。因此,经过再审后,需要根据案件审理的实际情况作出相应判决,而不是一律都是判决无罪。第三,本条虽然规定在“缺席审判程序”一章中,但是与本章除第二百九十六条之外的其他条款规定的并不是同一性质的问题,除本条和第二百九十六条之外,本章其他条款的主要内容是建立犯罪嫌疑人、被告人在境外的缺席审判制度和具体的审判程序,并对这种情况下如何保障缺席被告人的诉讼权利等作出规定。本条是关于被告人死亡案件可以缺席审判的规定,属于衔接性规定。因此,本法第二百九十三条、第二百九十四条规定的被告人近亲属享有的代为委托辩护人、有权提起上诉等专为保障潜逃境外的缺席被告人诉讼权利而作出的规定,不适用于本条中的被告人的近亲属。

第四章　犯罪嫌疑人、被告人逃匿、死亡案件违法所得的没收程序

第二百九十八条　【没收违法所得情形】对于贪污贿赂犯罪、恐怖活动犯罪等重大犯罪案件，犯罪嫌疑人、被告人逃匿，在通缉一年后不能到案，或者犯罪嫌疑人、被告人死亡，依照刑法规定应当追缴其违法所得及其他涉案财产的，人民检察院可以向人民法院提出没收违法所得的申请。

公安机关认为有前款规定情形的，应当写出没收违法所得意见书，移送人民检察院。

没收违法所得的申请应当提供与犯罪事实、违法所得相关的证据材料，并列明财产的种类、数量、所在地及查封、扣押、冻结的情况。

人民法院在必要的时候，可以查封、扣押、冻结申请没收的财产。

条文注解

本条共有四款，是关于犯罪嫌疑人、被告人逃匿、死亡案件违法所得没收程序适用的一般性规定。本程序是一种追缴特殊类型案件违法所得的特别程序，并非缺席判决制度。本特别程序只处理与犯罪有关的财产问题，并不涉及对被追诉人的定罪和量刑。

根据本条规定，适用本程序需同时满足以下几个条件：(1)案件类型条件。本程序主要适用于贪污贿赂犯罪、恐怖活动犯罪等重大犯罪案件，一般的刑事案件并不适用。不得随意扩大程序适用范围。(2)涉案被追诉人不能到庭参与正常的审判活动，并且依照刑法规定应当追缴其违法所得及其他涉案财产的，具体包括：被追诉人死亡；被追诉人不能到案，不能到案特指被追诉人潜逃，并且在有关专门机关通缉一年后仍不能到案的情况。(3)没收违法所得的申请由人民检察院向人民法院提出。根据本条第二款的规定，公安机关在办理刑事案件的过程中，如果认为符合申请人民法院没收违法所得条件的，应当写出没收财产意见书，移送人民检察院，由人民检察院审查后，向人民法院提出申请。

第二百九十九条 【没收违法所得审理程序】没收违法所得的申请，由犯罪地或者犯罪嫌疑人、被告人居住地的中级人民法院组成合议庭进行审理。

人民法院受理没收违法所得的申请后，应当发出公告。公告期间为六个月。犯罪嫌疑人、被告人的近亲属和其他利害关系人有权申请参加诉讼，也可以委托诉讼代理人参加诉讼。

人民法院在公告期满后对没收违法所得的申请进行审理。利害关系人参加诉讼的，人民法院应当开庭审理。

条文注解

根据本法第一百零八条的规定，本条款中的"近亲属"是指犯罪嫌疑人、被告人的夫、妻、父、母、子、女同胞兄弟姊妹。利害关系人一般认为是指其合法权益与人民法院的审理行为及案件标的之间存在的一种因果关系的公民、法人或其他组织。由于人民法院审理没收违法所得及其他涉案财产的案件可能会对犯罪嫌疑人、被告人的近亲属和其他利害关系人造成影响，故而依法可以亲自参加诉讼，也可以委托诉讼代理人参与诉讼。他们通过向人民法院提出申请的方式参与诉讼。

第三百条 【没收违法所得审理结果】人民法院经审理，对经查证属于违法所得及其他涉案财产，除依法返还被害人的以外，应当裁定予以没收；对不属于应当追缴的财产的，应当裁定驳回申请，解除查封、扣押、冻结措施。

对于人民法院依照前款规定作出的裁定，犯罪嫌疑人、被告人的近亲属和其他利害关系人或者人民检察院可以提出上诉、抗诉。

条文注解

经过人民法院的审理，对于相关财产而言有两种结果：一是认定相关财产为违法所得；二是不能认定相关财产为违法所得。若是认定为违法所得，需要首先将属于被害人的财产依法返还，其余部分人民法院应当作出裁定予以没收。若是人民法院不能认定财产系违法所得，应当依法裁定驳回申请，同时解除查封、扣押、冻结措施。

第三百零一条 【终止审理情形】在审理过程中，在逃的犯罪嫌疑人、被告人自动投案或者被抓获的，人民法院应当终止审理。

没收犯罪嫌疑人、被告人财产确有错误的，应当予以返还、赔偿。

条文注解

终止审理是诉讼程序的非正常结束，一般在案件没有继续审理的必要或者可能性的情况下适用。犯罪嫌疑人、被告人逃匿、死亡案件违法所得的没收程序是用来处理被追诉人长期逃匿或者死亡情况下违法所得归属问题的特别程序。在案件审理的过程中，当在逃的犯罪嫌疑人自动投案或者被抓获的，被追诉人可以亲自出席法庭，参与案件审理活动。这完全可以适用普通程序来解决被追诉人的刑事责任及违法所得的归属问题，特别程序的适用既没有必要，也没有意义。故而，应当终止已经开始的特别程序。

第五章 依法不负刑事责任的精神病人的强制医疗程序

第三百零二条 【强制医疗适用条件】实施暴力行为,危害公共安全或者严重危害公民人身安全,经法定程序鉴定依法不负刑事责任的精神病人,有继续危害社会可能的,可以予以强制医疗。

条文注解

强制医疗程序需要符合以下条件:

(1)主体条件:行为人为精神病人。是否属于精神病人并非一般的医疗诊断或者常识性判断,而是要经过法定程序进行鉴定。根据本法的规定,为了查明案情,需要解决案件中某些专门性问题的时候,应当指派、聘请有专门知识的人进行鉴定。且在庭审过程中,对于鉴定人作出的鉴定意见,公诉人、当事人和辩护人、诉讼代理人仍可以申请法庭通知有专门知识的人出庭,对鉴定意见提出意见。需要注意的是,根据全国人大常委会《关于司法鉴定管理问题的规定》,对法医类鉴定应当委托列入鉴定人名册的鉴定人进行鉴定,因而不再由省级人民政府规定的医院进行。若经过鉴定人鉴定及法庭质证后,最终认定行为人为不需要承担刑事责任的精神病人的,则符合本法规定的强制医疗程序适用对象要求。

(2)行为条件:实施暴力行为,且危害公共安全或者严重危害公民人身安全。虽然行为人为依法不负刑事责任的精神病人,但其所实施的行为危害性较小,或者范围有局限,只需要请家属对行为人的行为进行约束并积极治疗即可的,也没有对其进行强制医疗的必要。刑事诉讼中的强制医疗本质上是对公民自由权的限制与剥夺,按照刑事诉讼的比例原则,强制医疗应与行为人的社会危害性和人身危险性相一致。

(3)社会危险性条件:有继续危害社会可能性。通常认为,刑事法领域中的强制医疗是保安处分的一种,对实施了危害行为的精神疾病患者适用强制医疗措施,其目的在于消除精神病患者的人身危险性,防止再犯,以达到防卫社会的目的。因此,如果没有继续危害社会可能性的,完全可以责令他的家属或者监护人严加看管和对其进行积极医疗,而不必对其采用强制医疗措施。

第三百零三条　【强制医疗决定程序】根据本章规定对精神病人强制医疗的，由人民法院决定。

公安机关发现精神病人符合强制医疗条件的，应当写出强制医疗意见书，移送人民检察院。对于公安机关移送的或者在审查起诉过程中发现的精神病人符合强制医疗条件的，人民检察院应当向人民法院提出强制医疗的申请。人民法院在审理案件过程中发现被告人符合强制医疗条件的，可以作出强制医疗的决定。

对实施暴力行为的精神病人，在人民法院决定强制医疗前，公安机关可以采取临时的保护性约束措施。

条文注解

根据本条第一款的规定，人民法院享有精神病人强制医疗的决定权。刑事法领域中的强制医疗本质也是对人身自由的一种剥夺，且时间上具有一定的不确定性。为了更好地保障相关当事人的合法权益，并且保障强制医疗程序适用的正确性和适用标准的统一性，由人民法院适用审理程序决定。

根据本条第二款的规定，在审前程序发现精神病人符合强制医疗条件的，需要由人民检察院向人民法院提出强制医疗的申请，由人民法院对该申请进行审理后决定。如果是公安机关发现有精神病人符合强制医疗条件的，也应当按照刑事诉讼的基本流程，写出强制医疗意见书，移送人民检察院，再由人民检察院向人民法院提出申请。

本条第三款授权公安机关在人民法院作出强制医疗决定前，可以对实施暴力行为的精神病人采取临时的保护性措施。保护性约束是指在精神科医疗过程中，针对患者病情的特殊情况，对其紧急实施的一种强制性的最大限度限制其行为活动的医疗保护措施，它是精神科治疗护理这类特殊患者的方法之一，目的是最大限度地减少其他意外因素对患者的伤害。需要注意的是，这种保护性约束措施并非刑事诉讼的强制措施，该种保护性措施以实施暴力行为的精神病人为对象，并且具有临时性特征。

第三百零四条　【强制医疗案件审理程序】人民法院受理强制医疗的申请后，应当组成合议庭进行审理。

人民法院审理强制医疗案件，应当通知被申请人或者被告人的法定代理人到场。被申请人或者被告人没有委托诉讼代理人的，人民法院应当通知法律援助机构指派律师为其提供法律帮助。

条文注解

涉案行为人已被法定鉴定机构鉴定为无行为能力人，无须承担刑事责任。根据民事法律的有关规定，该行为人同时为无诉讼行为能力人，这样的主体进行诉讼，需要由其法定代理人帮助其完成诉讼，代享其诉讼权利，代行其诉讼义务。法定代理人同时可以为其委托诉讼代理人，以更好地保障其权利。如果被申请人或者被告人没有委托诉讼代理人的，则该种情形属于法律援助的范围，人民法院有义务通知法律援助机构指派律师为其提供法律帮助。

第三百零五条 【强制医疗案件审理期限及救济方式】人民法院经审理，对于被申请人或者被告人符合强制医疗条件的，应当在一个月以内作出强制医疗的决定。

被决定强制医疗的人、被害人及其法定代理人、近亲属对强制医疗决定不服的，可以向上一级人民法院申请复议。

第三百零六条 【定期诊断评估制度及强制医疗措施解除】强制医疗机构应当定期对被强制医疗的人进行诊断评估。对于已不具有人身危险性，不需要继续强制医疗的，应当及时提出解除意见，报决定强制医疗的人民法院批准。

被强制医疗的人及其近亲属有权申请解除强制医疗。

条文注解

强制医疗措施其本质上是一种保安处分，这就决定了其适用的非长期性。何时解除强制医疗需要对强制医疗对象进行考察和评估后决定。此外，由于强制医疗带有一定的人身强制性，根据刑事司法中的比例原则，当强制医疗对象的病情好转，社会危害性降低，不必要再继续对其进行强制医疗时，强制医疗就不再具有正当性。经强制医疗机构对被强制对象诊断评估后，有两种可能：一种是人身危险性依然存在，则需要继续强制医疗；另一种是精神病人经过强制医疗已经治愈或者虽未治愈，但已不具有人身危险性，或人身危险性降低，不再需要继续强制医疗的，则强制医疗机构应当提出解除意见，并报请作出强制医疗决定的人民法院批准。需要注意的是，强制医疗决定是一种司法决定，强制医疗机构只享有提出解除强制医疗意见的权利，有权作出解除强制医疗决定的只能是人民法院。

第三百零七条 【强制医疗法律监督】人民检察院对强制医疗的决定和执行实行监督。

条文注解

人民检察院是我国专门的法律监督机关,对刑事诉讼活动依法进行监督。对不负刑事责任的精神病人的强制医疗决定及执行都是刑事诉讼活动的一部分,属于人民检察院检察监督的范围。人民检察院对强制医疗决定及执行的监督具体包括人民法院作出强制医疗决定是否正确、程序是否合法、执行是否适当、解除是否适时等内容。

附　　则

第三百零八条　【军队保卫部门、中国海警局、监狱的侦查权】军队保卫部门对军队内部发生的刑事案件行使侦查权。

中国海警局履行海上维权执法职责，对海上发生的刑事案件行使侦查权。

对罪犯在监狱内犯罪的案件由监狱进行侦查。

军队保卫部门、中国海警局、监狱办理刑事案件，适用本法的有关规定。

条文注解

本条第一款是关于军队保卫部门对军队内部发生的刑事案件行使侦查权的规定。根据本款的规定，军队保卫部门负责军队内部发生的刑事案件的侦查工作，其性质同公安机关对刑事案件的侦查是相同的，因此享有同公安机关相同的侦查权，包括拘留、执行逮捕、预审等职权以及讯问犯罪嫌疑人、询问证人、勘验、检查、搜查、扣押物证、书证、鉴定等侦查手段。这里所说的军队内部发生的刑事案件，主要是指军队现役军人、文职干部、在编职工犯罪的案件。军队现役军人、文职干部、在编职工在地方上作案的，也属于军队内部的刑事案件，由军队保卫部门侦查。对于军队和地方互涉的案件，最高人民法院、最高人民检察院、公安部、总政治部于 1982 年 11 月 25 日作出了《关于军队和地方互涉案件几个问题的规定》，1987 年 12 月 21 日又作出了《关于军队和地方互涉案件侦查工作的补充规定》。这些规定对军地互涉案件军队和地方的分工处理作了明确规定。2012 年刑事诉讼法修改后，最高人民法院、最高人民检察院、公安部等的司法解释和规范性文件均明确要求军队和地方互涉刑事案件，按照有关规定确定管辖。

本条第二款是关于中国海警局履行海上维权执法职责，对海上发生的刑事案件行使侦查权的规定。这是 2018 年修改新增加的内容。根据本款规定，中国海警局是履行海上维权执法职责，行使海上刑事案件侦查权的机关。对于在海上发生的刑事案件，包括走私、毒品、偷越国（边）境、非法捕捞、破坏海洋资源等刑事案件，可以依法行使侦查权。海警局的侦查权性质上同公安机关对刑事案件的侦查是相同的，享有同公安机关相同的侦查权，包括拘留、执行逮捕、预审等职权以及讯问犯罪嫌疑人、询问证人、勘验、检查、搜查、扣押物证、书证、鉴定等侦查手段。刑事诉讼法是公安机关等在办理案件中的重要依据，海警局对海上发生的案件行使刑事侦查权的过程中，要严格遵守刑事诉讼法规定的各种制度和程序。侦查终结后，海警局认为应当追究犯罪嫌疑人刑事责任的，应当写出起诉意见书，连同案卷材料、证据一并移送人民检察院审查起诉。

本条第三款是关于监狱对罪犯在监狱内犯罪的案件行使侦查权的规定。根据本款的规定，监狱对监狱内发生的刑事案件进行侦查，也享有公安机关侦查案件的职权，包括预审、讯问犯罪嫌疑人、询问证人、勘验、检查、搜查、扣押物证、书证、鉴定等。侦查终结后，监狱认为应当追究犯罪嫌疑人刑事责任的，应当写出起诉意见书，连同案卷材料、证据一并移送人民检察院审查起诉。

本条第四款的规定共包含两层意思：一是军队保卫部门、中国海警局、监狱办理刑事案件，享有本法规定的侦查刑事案件的职权，可以行使本法规定的侦查案件的权力。二是军队保卫部门、中国海警局、监狱办理刑事案件，应当遵守本法关于侦查的有关规定，受本法有关规定的约束，如讯问犯罪嫌疑人时侦查人员不得少于二人；不得侵犯犯罪嫌疑人的诉讼权利；侦查实验，禁止一切足以造成危险、侮辱人格或者有伤风化的行为等。当然，人民检察院对案件进行审查起诉、人民法院对案件进行审判过程中，在适用程序、证据审查和采纳、事实认定等方面，对军队保卫部门、中国海警局、监狱要与对公安机关一样，严格适用刑事诉讼法的有关规定。

附　　录

中华人民共和国监察法

（2018 年 3 月 20 日第十三届全国人民代表大会第一次会议通过
2018 年 3 月 20 日中华人民共和国主席令第 3 号公布施行）

第一章　总　　则

第一条　为了深化国家监察体制改革，加强对所有行使公权力的公职人员的监督，实现国家监察全面覆盖，深入开展反腐败工作，推进国家治理体系和治理能力现代化，根据宪法，制定本法。

第二条　坚持中国共产党对国家监察工作的领导，以马克思列宁主义、毛泽东思想、邓小平理论、“三个代表”重要思想、科学发展观、习近平新时代中国特色社会主义思想为指导，构建集中统一、权威高效的中国特色国家监察体制。

第三条　各级监察委员会是行使国家监察职能的专责机关，依照本法对所有行使公权力的公职人员（以下称公职人员）进行监察，调查职务违法和职务犯罪，开展廉政建设和反腐败工作，维护宪法和法律的尊严。

第四条　监察委员会依照法律规定独立行使监察权，不受行政机关、社会团体和个人的干涉。

监察机关办理职务违法和职务犯罪案件，应当与审判机关、检察机关、执法部门互相配合，互相制约。

监察机关在工作中需要协助的，有关机关和单位应当根据监察机关的要求依法予以协助。

第五条　国家监察工作严格遵照宪法和法律，以事实为根据，以法律为准绳；在适用法律上一律平等，保障当事人的合法权益；权责对等，严格监督；惩戒与教育相结合，宽严相济。

第六条　国家监察工作坚持标本兼治、综合治理，强化监督问责，严厉惩治腐败；深化改革、健全法治，有效制约和监督权力；加强法治教育和道德教育，弘扬中华优秀传统文化，构建不敢腐、不能腐、不想腐的长效机制。

第二章　监察机关及其职责

第七条　中华人民共和国国家监察委员会是最高监察机关。

省、自治区、直辖市、自治州、县、自治县、市、市辖区设立监察委员会。

第八条　国家监察委员会由全国人民代表大会产生,负责全国监察工作。

国家监察委员会由主任、副主任若干人、委员若干人组成,主任由全国人民代表大会选举,副主任、委员由国家监察委员会主任提请全国人民代表大会常务委员会任免。

国家监察委员会主任每届任期同全国人民代表大会每届任期相同,连续任职不得超过两届。

国家监察委员会对全国人民代表大会及其常务委员会负责,并接受其监督。

第九条　地方各级监察委员会由本级人民代表大会产生,负责本行政区域内的监察工作。

地方各级监察委员会由主任、副主任若干人、委员若干人组成,主任由本级人民代表大会选举,副主任、委员由监察委员会主任提请本级人民代表大会常务委员会任免。

地方各级监察委员会主任每届任期同本级人民代表大会每届任期相同。

地方各级监察委员会对本级人民代表大会及其常务委员会和上一级监察委员会负责,并接受其监督。

第十条　国家监察委员会领导地方各级监察委员会的工作,上级监察委员会领导下级监察委员会的工作。

第十一条　监察委员会依照本法和有关法律规定履行监督、调查、处置职责:

(一)对公职人员开展廉政教育,对其依法履职、秉公用权、廉洁从政从业以及道德操守情况进行监督检查;

(二)对涉嫌贪污贿赂、滥用职权、玩忽职守、权力寻租、利益输送、徇私舞弊以及浪费国家资财等职务违法和职务犯罪进行调查;

(三)对违法的公职人员依法作出政务处分决定;对履行职责不力、失职失责的领导人员进行问责;对涉嫌职务犯罪的,将调查结果移送人民检察院依法审查、提起公诉;向监察对象所在单位提出监察建议。

第十二条　各级监察委员会可以向本级中国共产党机关、国家机关、法律法规授权或者委托管理公共事务的组织和单位以及所管辖的行政区域、国有企业等派驻或者派出监察机构、监察专员。

监察机构、监察专员对派驻或者派出它的监察委员会负责。

第十三条　派驻或者派出的监察机构、监察专员根据授权,按照管理权限依法对公职人员进行监督,提出监察建议,依法对公职人员进行调查、处置。

第十四条　国家实行监察官制度,依法确定监察官的等级设置、任免、考评和晋升等制度。

第三章　监察范围和管辖

第十五条　监察机关对下列公职人员和有关人员进行监察:

(一)中国共产党机关、人民代表大会及其常务委员会机关、人民政府、监察委员会、人民法院、人民检察院、中国人民政治协商会议各级委员会机关、民主党派机关和工商业联合会机关的公务员，以及参照《中华人民共和国公务员法》管理的人员；

（二）法律、法规授权或者受国家机关依法委托管理公共事务的组织中从事公务的人员；

（三）国有企业管理人员；

（四）公办的教育、科研、文化、医疗卫生、体育等单位中从事管理的人员；

（五）基层群众性自治组织中从事管理的人员；

（六）其他依法履行公职的人员。

第十六条 各级监察机关按照管理权限管辖本辖区内本法第十五条规定的人员所涉监察事项。

上级监察机关可以办理下一级监察机关管辖范围内的监察事项，必要时也可以办理所辖各级监察机关管辖范围内的监察事项。

监察机关之间对监察事项的管辖有争议的，由其共同的上级监察机关确定。

第十七条 上级监察机关可以将其所管辖的监察事项指定下级监察机关管辖，也可以将下级监察机关有管辖权的监察事项指定给其他监察机关管辖。

监察机关认为所管辖的监察事项重大、复杂，需要由上级监察机关管辖的，可以报请上级监察机关管辖。

第四章 监察权限

第十八条 监察机关行使监督、调查职权，有权依法向有关单位和个人了解情况，收集、调取证据。有关单位和个人应当如实提供。

监察机关及其工作人员对监督、调查过程中知悉的国家秘密、商业秘密、个人隐私，应当保密。

任何单位和个人不得伪造、隐匿或者毁灭证据。

第十九条 对可能发生职务违法的监察对象，监察机关按照管理权限，可以直接或者委托有关机关、人员进行谈话或者要求说明情况。

第二十条 在调查过程中，对涉嫌职务违法的被调查人，监察机关可以要求其就涉嫌违法行为作出陈述，必要时向被调查人出具书面通知。

对涉嫌贪污贿赂、失职渎职等职务犯罪的被调查人，监察机关可以进行讯问，要求其如实供述涉嫌犯罪的情况。

第二十一条 在调查过程中，监察机关可以询问证人等人员。

第二十二条 被调查人涉嫌贪污贿赂、失职渎职等严重职务违法或者职务犯罪，监察机关已经掌握其部分违法犯罪事实及证据，仍有重要问题需要进一步调查，并有下列情形之一的，经监察机关依法审批，可以将其留置在特定场所：

（一）涉及案情重大、复杂的；

（二）可能逃跑、自杀的；

（三）可能串供或者伪造、隐匿、毁灭证据的；

（四）可能有其他妨碍调查行为的。

对涉嫌行贿犯罪或者共同职务犯罪的涉案人员，监察机关可以依照前款规定采取留置措施。

留置场所的设置、管理和监督依照国家有关规定执行。

第二十三条 监察机关调查涉嫌贪污贿赂、失职渎职等严重职务违法或者职务犯罪，根据工作需要，可以依照规定查询、冻结涉案单位和个人的存款、汇款、债券、股票、基金份额等财产。有关单位和个人应当配合。

冻结的财产经查明与案件无关的，应当在查明后三日内解除冻结，予以退还。

第二十四条 监察机关可以对涉嫌职务犯罪的被调查人以及可能隐藏被调查人或者犯罪证据的人的身体、物品、住处和其他有关地方进行搜查。在搜查时，应当出示搜查证，并有被搜查人或者其家属等见证人在场。

搜查女性身体，应当由女性工作人员进行。

监察机关进行搜查时，可以根据工作需要提请公安机关配合。公安机关应当依法予以协助。

第二十五条 监察机关在调查过程中，可以调取、查封、扣押用以证明被调查人涉嫌违法犯罪的财物、文件和电子数据等信息。采取调取、查封、扣押措施，应当收集原物原件，会同持有人或者保管人、见证人，当面逐一拍照、登记、编号，开列清单，由在场人员当场核对、签名，并将清单副本交财物、文件的持有人或者保管人。

对调取、查封、扣押的财物、文件，监察机关应当设立专用账户、专门场所，确定专门人员妥善保管，严格履行交接、调取手续，定期对账核实，不得毁损或者用于其他目的。对价值不明物品应当及时鉴定，专门封存保管。

查封、扣押的财物、文件经查明与案件无关的，应当在查明后三日内解除查封、扣押，予以退还。

第二十六条 监察机关在调查过程中，可以直接或者指派、聘请具有专门知识、资格的人员在调查人员主持下进行勘验检查。勘验检查情况应当制作笔录，由参加勘验检查的人员和见证人签名或者盖章。

第二十七条 监察机关在调查过程中，对于案件中的专门性问题，可以指派、聘请有专门知识的人进行鉴定。鉴定人进行鉴定后，应当出具鉴定意见，并且签名。

第二十八条 监察机关调查涉嫌重大贪污贿赂等职务犯罪，根据需要，经过严格的批准手续，可以采取技术调查措施，按照规定交有关机关执行。

批准决定应当明确采取技术调查措施的种类和适用对象，自签发之日起三个月以内有效；对于复杂、疑难案件，期限届满仍有必要继续采取技术调查措施的，经过批准，有效期可以延长，每次不得超过三个月。对于不需要继续采取技术调查措施的，应当及时解除。

第二十九条 依法应当留置的被调查人如果在逃，监察机关可以决定在本行政区域内通缉，由公安机关发布通缉令，追捕归案。通缉范围超出本行政区域的，应当报请有权决定的上级监察机关决定。

第三十条 监察机关为防止被调查人及相关人员逃匿境外，经省级以上监察机关批准，可以对被调查人及相关人员采取限制出境措施，由公安机关依法执行。对于不需要继续采取限制出境措施的，应当及时解除。

第三十一条 涉嫌职务犯罪的被调查人主动认罪认罚，有下列情形之一的，监察机关经领导人员集体研究，并报上一级监察机关批准，可以在移送人民检察院时提出从宽处罚的建议：

（一）自动投案，真诚悔罪悔过的；

（二）积极配合调查工作，如实供述监察机关还未掌握的违法犯罪行为的；

（三）积极退赃，减少损失的；

（四）具有重大立功表现或者案件涉及国家重大利益等情形的。

第三十二条 职务违法犯罪的涉案人员揭发有关被调查人职务违法犯罪行为，查证属实的，或者提供重要线索，有助于调查其他案件的，监察机关经领导人员集体研究，并报上一级监察机关批准，可以在移送人民检察院时提出从宽处罚的建议。

第三十三条 监察机关依照本法规定收集的物证、书证、证人证言、被调查人供述和辩解、视听资料、电子数据等证据材料，在刑事诉讼中可以作为证据使用。

监察机关在收集、固定、审查、运用证据时，应当与刑事审判关于证据的要求和标准相一致。

以非法方法收集的证据应当依法予以排除，不得作为案件处置的依据。

第三十四条 人民法院、人民检察院、公安机关、审计机关等国家机关在工作中发现公职人员涉嫌贪污贿赂、失职渎职等职务违法或者职务犯罪的问题线索，应当移送监察机关，由监察机关依法调查处置。

被调查人既涉嫌严重职务违法或者职务犯罪，又涉嫌其他违法犯罪的，一般应当由监察机关为主调查，其他机关予以协助。

第五章　监察程序

第三十五条 监察机关对于报案或者举报，应当接受并按照有关规定处理。对于不属于本机关管辖的，应当移送主管机关处理。

第三十六条 监察机关应当严格按照程序开展工作，建立问题线索处置、调查、审理各部门相互协调、相互制约的工作机制。

监察机关应当加强对调查、处置工作全过程的监督管理，设立相应的工作部门履行线索管理、监督检查、督促办理、统计分析等管理协调职能。

第三十七条 监察机关对监察对象的问题线索，应当按照有关规定提出处置意见，履行审批手续，进行分类办理。线索处置情况应当定期汇总、通报，定期检查、抽查。

第三十八条　需要采取初步核实方式处置问题线索的，监察机关应当依法履行审批程序，成立核查组。初步核实工作结束后，核查组应当撰写初步核实情况报告，提出处理建议。承办部门应当提出分类处理意见。初步核实情况报告和分类处理意见报监察机关主要负责人审批。

第三十九条　经过初步核实，对监察对象涉嫌职务违法犯罪，需要追究法律责任的，监察机关应当按照规定的权限和程序办理立案手续。

监察机关主要负责人依法批准立案后，应当主持召开专题会议，研究确定调查方案，决定需要采取的调查措施。

立案调查决定应当向被调查人宣布，并通报相关组织。涉嫌严重职务违法或者职务犯罪的，应当通知被调查人家属，并向社会公开发布。

第四十条　监察机关对职务违法和职务犯罪案件，应当进行调查，收集被调查人有无违法犯罪以及情节轻重的证据，查明违法犯罪事实，形成相互印证、完整稳定的证据链。

严禁以威胁、引诱、欺骗及其他非法方式收集证据，严禁侮辱、打骂、虐待、体罚或者变相体罚被调查人和涉案人员。

第四十一条　调查人员采取讯问、询问、留置、搜查、调取、查封、扣押、勘验检查等调查措施，均应当依照规定出示证件，出具书面通知，由二人以上进行，形成笔录、报告等书面材料，并由相关人员签名、盖章。

调查人员进行讯问以及搜查、查封、扣押等重要取证工作，应当对全过程进行录音录像，留存备查。

第四十二条　调查人员应当严格执行调查方案，不得随意扩大调查范围、变更调查对象和事项。

对调查过程中的重要事项，应当集体研究后按程序请示报告。

第四十三条　监察机关采取留置措施，应当由监察机关领导人员集体研究决定。设区的市级以下监察机关采取留置措施，应当报上一级监察机关批准。省级监察机关采取留置措施，应当报国家监察委员会备案。

留置时间不得超过三个月。在特殊情况下，可以延长一次，延长时间不得超过三个月。省级以下监察机关采取留置措施的，延长留置时间应当报上一级监察机关批准。监察机关发现采取留置措施不当的，应当及时解除。

监察机关采取留置措施，可以根据工作需要提请公安机关配合。公安机关应当依法予以协助。

第四十四条　对被调查人采取留置措施后，应当在二十四小时以内，通知被留置人员所在单位和家属，但有可能毁灭、伪造证据，干扰证人作证或者串供等有碍调查情形的除外。有碍调查的情形消失后，应当立即通知被留置人员所在单位和家属。

监察机关应当保障被留置人员的饮食、休息和安全，提供医疗服务。讯问被留置人员应当合理安排讯问时间和时长，讯问笔录由被讯问人阅看后签名。

被留置人员涉嫌犯罪移送司法机关后，被依法判处管制、拘役和有期徒刑的，留置一日折抵管制二日，折抵拘役、有期徒刑一日。

第四十五条 监察机关根据监督、调查结果，依法作出如下处置：

（一）对有职务违法行为但情节较轻的公职人员，按照管理权限，直接或者委托有关机关、人员，进行谈话提醒、批评教育、责令检查，或者予以诫勉；

（二）对违法的公职人员依照法定程序作出警告、记过、记大过、降级、撤职、开除等政务处分决定；

（三）对不履行或者不正确履行职责负有责任的领导人员，按照管理权限对其直接作出问责决定，或者向有权作出问责决定的机关提出问责建议；

（四）对涉嫌职务犯罪的，监察机关经调查认为犯罪事实清楚，证据确实、充分的，制作起诉意见书，连同案卷材料、证据一并移送人民检察院依法审查、提起公诉；

（五）对监察对象所在单位廉政建设和履行职责存在的问题等提出监察建议。

监察机关经调查，对没有证据证明被调查人存在违法犯罪行为的，应当撤销案件，并通知被调查人所在单位。

第四十六条 监察机关经调查，对违法取得的财物，依法予以没收、追缴或者责令退赔；对涉嫌犯罪取得的财物，应当随案移送人民检察院。

第四十七条 对监察机关移送的案件，人民检察院依照《中华人民共和国刑事诉讼法》对被调查人采取强制措施。

人民检察院经审查，认为犯罪事实已经查清，证据确实、充分，依法应当追究刑事责任的，应当作出起诉决定。

人民检察院经审查，认为需要补充核实的，应当退回监察机关补充调查，必要时可以自行补充侦查。对于补充调查的案件，应当在一个月内补充调查完毕。补充调查以二次为限。

人民检察院对于有《中华人民共和国刑事诉讼法》规定的不起诉的情形的，经上一级人民检察院批准，依法作出不起诉的决定。监察机关认为不起诉的决定有错误的，可以向上一级人民检察院提请复议。

第四十八条 监察机关在调查贪污贿赂、失职渎职等职务犯罪案件过程中，被调查人逃匿或者死亡，有必要继续调查的，经省级以上监察机关批准，应当继续调查并作出结论。被调查人逃匿，在通缉一年后不能到案，或者死亡的，由监察机关提请人民检察院依照法定程序，向人民法院提出没收违法所得的申请。

第四十九条 监察对象对监察机关作出的涉及本人的处理决定不服的，可以在收到处理决定之日起一个月内，向作出决定的监察机关申请复审，复审机关应当在一个月内作出复审决定；监察对象对复审决定仍不服的，可以在收到复审决定之日起一个月内，向上一级监察机关申请复核，复核机关应当在二个月内作出复核决定。复审、复核期间，不停止原处理决定的执行。复核机关经审查，认定处理决定有错误的，原处理机关应当及时予以纠正。

第六章　反腐败国际合作

第五十条　国家监察委员会统筹协调与其他国家、地区、国际组织开展的反腐败国际交流、合作，组织反腐败国际条约实施工作。

第五十一条　国家监察委员会组织协调有关方面加强与有关国家、地区、国际组织在反腐败执法、引渡、司法协助、被判刑人的移管、资产追回和信息交流等领域的合作。

第五十二条　国家监察委员会加强对反腐败国际追逃追赃和防逃工作的组织协调，督促有关单位做好相关工作：

（一）对于重大贪污贿赂、失职渎职等职务犯罪案件，被调查人逃匿到国（境）外，掌握证据比较确凿的，通过开展境外追逃合作，追捕归案；

（二）向赃款赃物所在国请求查询、冻结、扣押、没收、追缴、返还涉案资产；

（三）查询、监控涉嫌职务犯罪的公职人员及其相关人员进出国（境）和跨境资金流动情况，在调查案件过程中设置防逃程序。

第七章　对监察机关和监察人员的监督

第五十三条　各级监察委员会应当接受本级人民代表大会及其常务委员会的监督。

各级人民代表大会常务委员会听取和审议本级监察委员会的专项工作报告，组织执法检查。

县级以上各级人民代表大会及其常务委员会举行会议时，人民代表大会代表或者常务委员会组成人员可以依照法律规定的程序，就监察工作中的有关问题提出询问或者质询。

第五十四条　监察机关应当依法公开监察工作信息，接受民主监督、社会监督、舆论监督。

第五十五条　监察机关通过设立内部专门的监督机构等方式，加强对监察人员执行职务和遵守法律情况的监督，建设忠诚、干净、担当的监察队伍。

第五十六条　监察人员必须模范遵守宪法和法律，忠于职守、秉公执法，清正廉洁、保守秘密；必须具有良好的政治素质，熟悉监察业务，具备运用法律、法规、政策和调查取证等能力，自觉接受监督。

第五十七条　对于监察人员打听案情、过问案件、说情干预的，办理监察事项的监察人员应当及时报告。有关情况应当登记备案。

发现办理监察事项的监察人员未经批准接触被调查人、涉案人员及其特定关系人，或者存在交往情形的，知情人应当及时报告。有关情况应当登记备案。

第五十八条　办理监察事项的监察人员有下列情形之一的，应当自行回避，监察对象、检举人及其他有关人员也有权要求其回避：

（一）是监察对象或者检举人的近亲属的；

（二）担任过本案的证人的；

（三）本人或者其近亲属与办理的监察事项有利害关系的；

（四）有可能影响监察事项公正处理的其他情形的。

第五十九条 监察机关涉密人员离岗离职后，应当遵守脱密期管理规定，严格履行保密义务，不得泄露相关秘密。

监察人员辞职、退休三年内，不得从事与监察和司法工作相关联且可能发生利益冲突的职业。

第六十条 监察机关及其工作人员有下列行为之一的，被调查人及其近亲属有权向该机关申诉：

（一）留置法定期限届满，不予以解除的；

（二）查封、扣押、冻结与案件无关的财物的；

（三）应当解除查封、扣押、冻结措施而不解除的；

（四）贪污、挪用、私分、调换以及违反规定使用查封、扣押、冻结的财物的；

（五）其他违反法律法规、侵害被调查人合法权益的行为。

受理申诉的监察机关应当在受理申诉之日起一个月内作出处理决定。申诉人对处理决定不服的，可以在收到处理决定之日起一个月内向上一级监察机关申请复查，上一级监察机关应当在收到复查申请之日起二个月内作出处理决定，情况属实的，及时予以纠正。

第六十一条 对调查工作结束后发现立案依据不充分或者失实，案件处置出现重大失误，监察人员严重违法的，应当追究负有责任的领导人员和直接责任人员的责任。

第八章 法律责任

第六十二条 有关单位拒不执行监察机关作出的处理决定，或者无正当理由拒不采纳监察建议的，由其主管部门、上级机关责令改正，对单位给予通报批评；对负有责任的领导人员和直接责任人员依法给予处理。

第六十三条 有关人员违反本法规定，有下列行为之一的，由其所在单位、主管部门、上级机关或者监察机关责令改正，依法给予处理：

（一）不按要求提供有关材料，拒绝、阻碍调查措施实施等拒不配合监察机关调查的；

（二）提供虚假情况，掩盖事实真相的；

（三）串供或者伪造、隐匿、毁灭证据的；

（四）阻止他人揭发检举、提供证据的；

（五）其他违反本法规定的行为，情节严重的。

第六十四条 监察对象对控告人、检举人、证人或者监察人员进行报复陷害的；控告人、检举人、证人捏造事实诬告陷害监察对象的，依法给予处理。

第六十五条 监察机关及其工作人员有下列行为之一的，对负有责任的领导人员和直接责任人员依法给予处理：

（一）未经批准、授权处置问题线索，发现重大案情隐瞒不报，或者私自留存、处理涉案材料的；

（二）利用职权或者职务上的影响干预调查工作、以案谋私的；

（三）违法窃取、泄露调查工作信息，或者泄露举报事项、举报受理情况以及举报人信息的；

（四）对被调查人或者涉案人员逼供、诱供，或者侮辱、打骂、虐待、体罚或者变相体罚的；

（五）违反规定处置查封、扣押、冻结的财物的；

（六）违反规定发生办案安全事故，或者发生安全事故后隐瞒不报、报告失实、处置不当的；

（七）违反规定采取留置措施的；

（八）违反规定限制他人出境，或者不按规定解除出境限制的；

（九）其他滥用职权、玩忽职守、徇私舞弊的行为。

第六十六条　违反本法规定，构成犯罪的，依法追究刑事责任。

第六十七条　监察机关及其工作人员行使职权，侵犯公民、法人和其他组织的合法权益造成损害的，依法给予国家赔偿。

第九章　附　　则

第六十八条　中国人民解放军和中国人民武装警察部队开展监察工作，由中央军事委员会根据本法制定具体规定。

第六十九条　本法自公布之日起施行。《中华人民共和国行政监察法》同时废止。

最高人民法院、最高人民检察院、公安部、国家安全部、司法部、全国人大常委会法制工作委员会关于实施刑事诉讼法若干问题的规定

（2012 年 12 月 26 日发布　自 2013 年 1 月 1 日起施行）

一、管　　辖

1. 公安机关侦查刑事案件涉及人民检察院管辖的贪污贿赂案件时，应当将贪污贿赂案件移送人民检察院；人民检察院侦查贪污贿赂案件涉及公安机关管辖的刑事案件，应当将属于公安机关管辖的刑事案件移送公安机关。在上述情况中，如果涉嫌主罪属于公安机关管辖，由公安机关为主侦查，人民检察院予以配合；如果涉嫌主罪属于人民检察院管辖，由人民

检察院为主侦查,公安机关予以配合。

2. 刑事诉讼法第二十四条中规定:"刑事案件由犯罪地的人民法院管辖。"刑事诉讼法规定的"犯罪地",包括犯罪的行为发生地和结果发生地。

3. 具有下列情形之一的,人民法院、人民检察院、公安机关可以在其职责范围内并案处理:

(一)一人犯数罪的;

(二)共同犯罪的;

(三)共同犯罪的犯罪嫌疑人、被告人还实施其他犯罪的;

(四)多个犯罪嫌疑人、被告人实施的犯罪存在关联,并案处理有利于查明案件事实的。

二、辩护与代理

4. 人民法院、人民检察院、公安机关、国家安全机关、监狱的现职人员,人民陪审员,外国人或者无国籍人,以及与本案有利害关系的人,不得担任辩护人。但是,上述人员系犯罪嫌疑人、被告人的监护人或者近亲属,犯罪嫌疑人、被告人委托其担任辩护人的,可以准许。无行为能力或者限制行为能力的人,不得担任辩护人。

一名辩护人不得为两名以上的同案犯罪嫌疑人、被告人辩护,不得为两名以上的未同案处理但实施的犯罪存在关联的犯罪嫌疑人、被告人辩护。

5. 刑事诉讼法第三十四条、第二百六十七条、第二百八十六条对法律援助作了规定。对于人民法院、人民检察院、公安机关根据上述规定,通知法律援助机构指派律师提供辩护或者法律帮助的,法律援助机构应当在接到通知后三日以内指派律师,并将律师的姓名、单位、联系方式书面通知人民法院、人民检察院、公安机关。

6. 刑事诉讼法第三十六条规定:"辩护律师在侦查期间可以为犯罪嫌疑人提供法律帮助;代理申诉、控告;申请变更强制措施;向侦查机关了解犯罪嫌疑人涉嫌的罪名和案件有关情况,提出意见。"根据上述规定,辩护律师在侦查期间可以向侦查机关了解犯罪嫌疑人涉嫌的罪名及当时已查明的该罪的主要事实,犯罪嫌疑人被采取、变更、解除强制措施的情况,侦查机关延长侦查羁押期限等情况。

7. 刑事诉讼法第三十七条第二款规定:"辩护律师持律师执业证书、律师事务所证明和委托书或者法律援助公函要求会见在押的犯罪嫌疑人、被告人的,看守所应当及时安排会见,至迟不得超过四十八小时。"根据上述规定,辩护律师要求会见在押的犯罪嫌疑人、被告人的,看守所应当及时安排会见,保证辩护律师在四十八小时以内见到在押的犯罪嫌疑人、被告人。

8. 刑事诉讼法第四十一条第一款规定:"辩护律师经证人或者其他有关单位和个人同意,可以向他们收集与本案有关的材料,也可以申请人民检察院、人民法院收集、调取证据,或者申请人民法院通知证人出庭作证。"对于辩护律师申请人民检察院、人民法院收集、调取证据,人民检察院、人民法院认为需要调查取证的,应当由人民检察院、人民法院收集、调取证据,不得向律师签发准许调查决定书,让律师收集、调取证据。

9. 刑事诉讼法第四十二条第二款中规定:“违反前款规定的,应当依法追究法律责任,辩护人涉嫌犯罪的,应当由办理辩护人所承办案件的侦查机关以外的侦查机关办理。”根据上述规定,公安机关、人民检察院发现辩护人涉嫌犯罪,或者接受报案、控告、举报、有关机关的移送,依照侦查管辖分工进行审查后认为符合立案条件的,应当按照规定报请办理辩护人所承办案件的侦查机关的上一级侦查机关指定其他侦查机关立案侦查,或者由上一级侦查机关立案侦查。不得指定办理辩护人所承办案件的侦查机关的下级侦查机关立案侦查。

10. 刑事诉讼法第四十七条规定:“辩护人、诉讼代理人认为公安机关、人民检察院、人民法院及其工作人员阻碍其依法行使诉讼权利的,有权向同级或者上一级人民检察院申诉或者控告。人民检察院对申诉或者控告应当及时进行审查,情况属实的,通知有关机关予以纠正。”人民检察院受理辩护人、诉讼代理人的申诉或者控告后,应当在十日以内将处理情况书面答复提出申诉或者控告的辩护人、诉讼代理人。

三、证　　据

11. 刑事诉讼法第五十六条第一款规定:“法庭审理过程中,审判人员认为可能存在本法第五十四条规定的以非法方法收集证据情形的,应当对证据收集的合法性进行法庭调查。”法庭经对当事人及其辩护人、诉讼代理人提供的相关线索或者材料进行审查后,认为可能存在刑事诉讼法第五十四条规定的以非法方法收集证据情形的,应当对证据收集的合法性进行法庭调查。法庭调查的顺序由法庭根据案件审理情况确定。

12. 刑事诉讼法第六十二条规定,对证人、鉴定人、被害人可以采取“不公开真实姓名、住址和工作单位等个人信息”的保护措施。人民法院、人民检察院和公安机关依法决定不公开证人、鉴定人、被害人的真实姓名、住址和工作单位等个人信息的,可以在判决书、裁定书、起诉书、询问笔录等法律文书、证据材料中使用化名等代替证人、鉴定人、被害人的个人信息。但是,应当书面说明使用化名的情况并标明密级,单独成卷。辩护律师经法庭许可,查阅对证人、鉴定人、被害人使用化名情况的,应当签署保密承诺书。

四、强 制 措 施

13. 被取保候审、监视居住的犯罪嫌疑人、被告人无正当理由不得离开所居住的市、县或者执行监视居住的处所,有正当理由需要离开所居住的市、县或者执行监视居住的处所,应当经执行机关批准。如果取保候审、监视居住是由人民检察院、人民法院决定的,执行机关在批准犯罪嫌疑人、被告人离开所居住的市、县或者执行监视居住的处所前,应当征得决定机关同意。

14. 对取保候审保证人是否履行了保证义务,由公安机关认定,对保证人的罚款决定,也由公安机关作出。

15. 指定居所监视居住的,不得要求被监视居住人支付费用。

16. 刑事诉讼法规定,拘留由公安机关执行。对于人民检察院直接受理的案件,人民检察院作出的拘留决定,应当送达公安机关执行,公安机关应当立即执行,人民检察院可以协助公安机关执行。

17. 对于人民检察院批准逮捕的决定,公安机关应当立即执行,并将执行回执及时送达批准逮捕的人民检察院。如果未能执行,也应当将回执送达人民检察院,并写明未能执行的原因。对于人民检察院决定不批准逮捕的,公安机关在收到不批准逮捕决定书后,应当立即释放在押的犯罪嫌疑人或者变更强制措施,并将执行回执在收到不批准逮捕决定书后的三日内送达作出不批准逮捕决定的人民检察院。

五、立　　案

18. 刑事诉讼法第一百一十一条规定:"人民检察院认为公安机关对应当立案侦查的案件而不立案侦查的,或者被害人认为公安机关对应当立案侦查的案件而不立案侦查,向人民检察院提出的,人民检察院应当要求公安机关说明不立案的理由。人民检察院认为公安机关不立案理由不能成立的,应当通知公安机关立案,公安机关接到通知后应当立案。"根据上述规定,公安机关收到人民检察院要求说明不立案理由通知书后,应当在七日内将说明情况书面答复人民检察院。人民检察院认为公安机关不立案理由不能成立,发出通知立案书时,应当将有关证明应当立案的材料同时移送公安机关。公安机关收到通知立案书后,应当在十五日内决定立案,并将立案决定书送达人民检察院。

六、侦　　查

19. 刑事诉讼法第一百二十一条第一款规定:"侦查人员在讯问犯罪嫌疑人的时候,可以对讯问过程进行录音或者录像;对于可能判处无期徒刑、死刑的案件或者其他重大犯罪案件,应当对讯问过程进行录音或者录像。"侦查人员对讯问过程进行录音或者录像的,应当在讯问笔录中注明。人民检察院、人民法院可以根据需要调取讯问犯罪嫌疑人的录音或者录像,有关机关应当及时提供。

20. 刑事诉讼法第一百四十九条中规定:"批准决定应当根据侦查犯罪的需要,确定采取技术侦查措施的种类和适用对象。"采取技术侦查措施收集的材料作为证据使用的,批准采取技术侦查措施的法律文书应当附卷,辩护律师可以依法查阅、摘抄、复制,在审判过程中可以向法庭出示。

21. 公安机关对案件提请延长羁押期限的,应当在羁押期限届满七日前提出,并书面呈报延长羁押期限案件的主要案情和延长羁押期限的具体理由,人民检察院应当在羁押期限届满前作出决定。

22. 刑事诉讼法第一百五十八条第一款规定:"在侦查期间,发现犯罪嫌疑人另有重要罪行的,自发现之日起依照本法第一百五十四条的规定重新计算侦查羁押期限。"公安机关依照上述规定重新计算侦查羁押期限的,不需要经人民检察院批准,但应当报人民检察院备案,人民检察院可以进行监督。

七、提 起 公 诉

23. 上级公安机关指定下级公安机关立案侦查的案件,需要逮捕犯罪嫌疑人的,由侦查该案件的公安机关提请同级人民检察院审查批准;需要提起公诉的,由侦查该案件的公安机关移送同级人民检察院审查起诉。

人民检察院对于审查起诉的案件,按照刑事诉讼法的管辖规定,认为应当由上级人民检察院或者同级其他人民检察院起诉的,应当将案件移送有管辖权的人民检察院。人民检察院认为需要依照刑事诉讼法的规定指定审判管辖的,应当协商同级人民法院办理指定管辖有关事宜。

24. 人民检察院向人民法院提起公诉时,应当将案卷材料和全部证据移送人民法院,包括犯罪嫌疑人、被告人翻供的材料,证人改变证言的材料,以及对犯罪嫌疑人、被告人有利的其他证据材料。

八、审　　判

25. 刑事诉讼法第一百八十一条规定:“人民法院对提起公诉的案件进行审查后,对于起诉书中有明确的指控犯罪事实的,应当决定开庭审判。”对于人民检察院提起公诉的案件,人民法院都应当受理。人民法院对提起公诉的案件进行审查后,对于起诉书中有明确的指控犯罪事实并且附有案卷材料、证据的,应当决定开庭审判,不得以上述材料不充足为由而不开庭审判。如果人民检察院移送的材料中缺少上述材料的,人民法院可以通知人民检察院补充材料,人民检察院应当自收到通知之日起三日内补送。

人民法院对提起公诉的案件进行审查的期限计入人民法院的审理期限。

26. 人民法院开庭审理公诉案件时,出庭的检察人员和辩护人需要出示、宣读、播放已移交人民法院的证据的,可以申请法庭出示、宣读、播放。

27. 刑事诉讼法第三十九条规定:“辩护人认为在侦查、审查起诉期间公安机关、人民检察院收集的证明犯罪嫌疑人、被告人无罪或者罪轻的证据材料未提交的,有权申请人民检察院、人民法院调取。”第一百九十一条第一款规定:“法庭审理过程中,合议庭对证据有疑问的,可以宣布休庭,对证据进行调查核实。”第一百九十二条第一款规定:“法庭审理过程中,当事人和辩护人、诉讼代理人有权申请通知新的证人到庭,调取新的物证,申请重新鉴定或者勘验。”根据上述规定,自案件移送审查起诉之日起,人民检察院可以根据辩护人的申请,向公安机关调取未提交的证明犯罪嫌疑人、被告人无罪或者罪轻的证据材料。在法庭审理过程中,人民法院可以根据辩护人的申请,向人民检察院调取未提交的证明被告人无罪或者罪轻的证据材料,也可以向人民检察院调取需要调查核实的证据材料。公安机关、人民检察院应当自收到要求调取证据材料决定书后三日内移交。

28. 人民法院依法通知证人、鉴定人出庭作证的,应当同时将证人、鉴定人出庭通知书送交控辩双方，控辩双方应当予以配合。

29. 刑事诉讼法第一百八十七条第三款规定："公诉人、当事人或者辩护人、诉讼代理人对鉴定意见有异议，人民法院认为鉴定人有必要出庭的，鉴定人应当出庭作证。经人民法院通知，鉴定人拒不出庭作证的，鉴定意见不得作为定案的根据。"根据上述规定，依法应当出庭的鉴定人经人民法院通知未出庭作证的，鉴定意见不得作为定案的根据。鉴定人由于不能抗拒的原因或者有其他正当理由无法出庭的，人民法院可以根据案件审理情况决定延期审理。

30. 人民法院审理公诉案件，发现有新的事实，可能影响定罪的，人民检察院可以要求补充起诉或者变更起诉，人民法院可以建议人民检察院补充起诉或者变更起诉。人民法院建议人民检察院补充起诉或者变更起诉的，人民检察院应当在七日以内回复意见。

31. 法庭审理过程中，被告人揭发他人犯罪行为或者提供重要线索，人民检察院认为需要进行查证的，可以建议补充侦查。

32. 刑事诉讼法第二百零三条规定："人民检察院发现人民法院审理案件违反法律规定的诉讼程序，有权向人民法院提出纠正意见。"人民检察院对违反法定程序的庭审活动提出纠正意见，应当由人民检察院在庭审后提出。

九、执　　行

33. 刑事诉讼法第二百五十四条第五款中规定："在交付执行前，暂予监外执行由交付执行的人民法院决定"。对于被告人可能被判处拘役、有期徒刑、无期徒刑，符合暂予监外执行条件的，被告人及其辩护人有权向人民法院提出暂予监外执行的申请，看守所可以将有关情况通报人民法院。人民法院应当进行审查，并在交付执行前作出是否暂予监外执行的决定。

34. 刑事诉讼法第二百五十七条第三款规定："不符合暂予监外执行条件的罪犯通过贿赂等非法手段被暂予监外执行的，在监外执行的期间不计入执行刑期。罪犯在暂予监外执行期间脱逃的，脱逃的期间不计入执行刑期。"对于人民法院决定暂予监外执行的罪犯具有上述情形的，人民法院在决定予以收监的同时，应当确定不计入刑期的期间。对于监狱管理机关或者公安机关决定暂予监外执行的罪犯具有上述情形的，罪犯被收监后，所在监狱或者看守所应当及时向所在地的中级人民法院提出不计入执行刑期的建议书，由人民法院审核裁定。

35. 被决定收监执行的社区矫正人员在逃的，社区矫正机构应当立即通知公安机关，由公安机关负责追捕。

十、涉案财产的处理

36. 对于依照刑法规定应当追缴的违法所得及其他涉案财产，除依法返还被害人的财物以及依法销毁的违禁品外，必须一律上缴国库。查封、扣押的涉案财产，依法不移送的，待人民法院作出生效判决、裁定后，由人民法院通知查封、扣押机关上缴国库，查封、扣押机关应当向人民法院送交执行回单；冻结在金融机构的违法所得及其他涉案财产，待人民法院作出生效判决、裁定后，由人民法院通知有关金融机构上缴国库，有关金融机构应当向人民法院送交执行回单。

对于被扣押、冻结的债券、股票、基金份额等财产，在扣押、冻结期间权利人申请出售，经扣押、冻结机关审查，不损害国家利益、被害人利益，不影响诉讼正常进行的，以及扣押、冻结的汇票、本票、支票的有效期即将届满的，可以在判决生效前依法出售或者变现，所得价款由扣押、冻结机关保管，并及时告知当事人或者其近亲属。

37. 刑事诉讼法第一百四十二条第一款中规定："人民检察院、公安机关根据侦查犯罪的需要，可以依照规定查询、冻结犯罪嫌疑人的存款、汇款、债券、股票、基金份额等财产。"根据上述规定，人民检察院、公安机关不能扣划存款、汇款、债券、股票、基金份额等财产。对于犯罪嫌疑人、被告人死亡，依照刑法规定应当追缴其违法所得及其他涉案财产的，适用刑事诉讼法第五编第三章规定的程序，由人民检察院向人民法院提出没收违法所得的申请。

38. 犯罪嫌疑人、被告人死亡，现有证据证明存在违法所得及其他涉案财产应当予以没收的，公安机关、人民检察院可以进行调查。公安机关、人民检察院进行调查，可以依法进行查封、扣押、查询、冻结。

人民法院在审理案件过程中，被告人死亡的，应当裁定终止审理；被告人脱逃的，应当裁定中止审理。人民检察院可以依法另行向人民法院提出没收违法所得的申请。

39. 对于人民法院依法作出的没收违法所得的裁定，犯罪嫌疑人、被告人的近亲属和其他利害关系人或者人民检察院可以在五日内提出上诉、抗诉。

十一、其　他

40. 刑事诉讼法第一百四十七条规定："对犯罪嫌疑人作精神病鉴定的期间不计入办案期限。"根据上述规定，犯罪嫌疑人、被告人在押的案件，除对犯罪嫌疑人、被告人的精神病鉴定期间不计入办案期限外，其他鉴定期间都应当计入办案期限。对于因鉴定时间较长，办案期限届满仍不能终结的案件，自期限届满之日起，应当对被羁押的犯罪嫌疑人、被告人变更强制措施，改为取保候审或者监视居住。

国家安全机关依照法律规定，办理危害国家安全的刑事案件，适用本规定中有关公安机关的规定。

本规定自 2013 年 1 月 1 日起施行。1998 年 1 月 19 日发布的《最高人民法院、最高人民检察院、公安部、国家安全部、司法部、全国人大常委会法制工作委员会关于刑事诉讼法实施中若干问题的规定》同时废止。

最高人民法院关于适用
《中华人民共和国刑事诉讼法》的解释

(2012年11月5日最高人民法院审判委员会第1559次会议通过
2012年12月20日公布 法释〔2012〕21号 自2013年1月1日起施行)

2012年3月14日,第十一届全国人民代表大会第五次会议通过了《关于修改〈中华人民共和国刑事诉讼法〉的决定》。为正确理解和适用修改后的刑事诉讼法,结合人民法院审判工作实际,制定本解释。

第一章 管 辖

第一条 人民法院直接受理的自诉案件包括:

(一)告诉才处理的案件:

1. 侮辱、诽谤案(刑法第二百四十六条规定的,但严重危害社会秩序和国家利益的除外);

2. 暴力干涉婚姻自由案(刑法第二百五十七条第一款规定的);

3. 虐待案(刑法第二百六十条第一款规定的);

4. 侵占案(刑法第二百七十条规定的)。

(二)人民检察院没有提起公诉,被害人有证据证明的轻微刑事案件:

1. 故意伤害案(刑法第二百三十四条第一款规定的);

2. 非法侵入住宅案(刑法第二百四十五条规定的);

3. 侵犯通信自由案(刑法第二百五十二条规定的);

4. 重婚案(刑法第二百五十八条规定的);

5. 遗弃案(刑法第二百六十一条规定的);

6. 生产、销售伪劣商品案(刑法分则第三章第一节规定的,但严重危害社会秩序和国家利益的除外);

7. 侵犯知识产权案(刑法分则第三章第七节规定的,但严重危害社会秩序和国家利益的除外);

8. 刑法分则第四章、第五章规定的,对被告人可能判处三年有期徒刑以下刑罚的案件。

本项规定的案件,被害人直接向人民法院起诉的,人民法院应当依法受理。对其中证据不足、可以由公安机关受理的,或者认为对被告人可能判处三年有期徒刑以上刑罚的,应当告知被害人向公安机关报案,或者移送公安机关立案侦查。

(三)被害人有证据证明对被告人侵犯自己人身、财产权利的行为应当依法追究刑事责任,且有证据证明曾经提出控告,而公安机关或者人民检察院不予追究被告人刑事责任的案件。

第二条 犯罪地包括犯罪行为发生地和犯罪结果发生地。

针对或者利用计算机网络实施的犯罪,犯罪地包括犯罪行为发生地的网站服务器所在地,网络接入地,网站建立者、管理者所在地,被侵害的计算机信息系统及其管理者所在地,被告人、被害人使用的计算机信息系统所在地,以及被害人财产遭受损失地。

第三条 被告人的户籍地为其居住地。经常居住地与户籍地不一致的,经常居住地为其居住地。经常居住地为被告人被追诉前已连续居住一年以上的地方,但住院就医的除外。

被告单位登记的住所地为其居住地。主要营业地或者主要办事机构所在地与登记的住所地不一致的,主要营业地或者主要办事机构所在地为其居住地。

第四条 在中华人民共和国领域外的中国船舶内的犯罪,由该船舶最初停泊的中国口岸所在地的人民法院管辖。

第五条 在中华人民共和国领域外的中国航空器内的犯罪,由该航空器在中国最初降落地的人民法院管辖。

第六条 在国际列车上的犯罪,根据我国与相关国家签订的协定确定管辖;没有协定的,由该列车最初停靠的中国车站所在地或者目的地的铁路运输法院管辖。

第七条 中国公民在中国驻外使、领馆内的犯罪,由其主管单位所在地或者原户籍地的人民法院管辖。

第八条 中国公民在中华人民共和国领域外的犯罪,由其入境地或者离境前居住地的人民法院管辖;被害人是中国公民的,也可由被害人离境前居住地的人民法院管辖。

第九条 外国人在中华人民共和国领域外对中华人民共和国国家或者公民犯罪,根据《中华人民共和国刑法》应当受处罚的,由该外国人入境地、入境后居住地或者被害中国公民离境前居住地的人民法院管辖。

第十条 对中华人民共和国缔结或者参加的国际条约所规定的罪行,中华人民共和国在所承担条约义务的范围内,行使刑事管辖权的,由被告人被抓获地的人民法院管辖。

第十一条 正在服刑的罪犯在判决宣告前还有其他罪没有判决的,由原审地人民法院管辖;由罪犯服刑地或者犯罪地的人民法院审判更为适宜的,可以由罪犯服刑地或者犯罪地的人民法院管辖。

罪犯在服刑期间又犯罪的,由服刑地的人民法院管辖。

罪犯在脱逃期间犯罪的,由服刑地的人民法院管辖。但是,在犯罪地抓获罪犯并发现其在脱逃期间的犯罪的,由犯罪地的人民法院管辖。

第十二条 人民检察院认为可能判处无期徒刑、死刑,向中级人民法院提起公诉的案件,中级人民法院受理后,认为不需要判处无期徒刑、死刑的,应当依法审判,不再交基层人民法院审判。

第十三条 一人犯数罪、共同犯罪和其他需要并案审理的案件,其中一人或者一罪属于上级人民法院管辖的,全案由上级人民法院管辖。

第十四条 上级人民法院决定审判下级人民法院管辖的第一审刑事案件的,应当向下级人民法院下达改变管辖决定书,并书面通知同级人民检察院。

第十五条 基层人民法院对可能判处无期徒刑、死刑的第一审刑事案件,应当移送中级人民法院审判。

基层人民法院对下列第一审刑事案件,可以请求移送中级人民法院审判:

(一)重大、复杂案件;

(二)新类型的疑难案件;

(三)在法律适用上具有普遍指导意义的案件。

需要将案件移送中级人民法院审判的,应当在报请院长决定后,至迟于案件审理期限届满十五日前书面请求移送。中级人民法院应当在接到申请后十日内作出决定。不同意移送的,应当下达不同意移送决定书,由请求移送的人民法院依法审判;同意移送的,应当下达同意移送决定书,并书面通知同级人民检察院。

第十六条 有管辖权的人民法院因案件涉及本院院长需要回避等原因,不宜行使管辖权的,可以请求移送上一级人民法院管辖。上一级人民法院可以管辖,也可以指定与提出请求的人民法院同级的其他人民法院管辖。

第十七条 两个以上同级人民法院都有管辖权的案件,由最初受理的人民法院审判。必要时,可以移送被告人主要犯罪地的人民法院审判。

管辖权发生争议的,应当在审理期限内协商解决;协商不成的,由争议的人民法院分别层报共同的上级人民法院指定管辖。

第十八条 上级人民法院在必要时,可以指定下级人民法院将其管辖的案件移送其他下级人民法院审判。

第十九条 上级人民法院指定管辖,应当将指定管辖决定书分别送达被指定管辖的人民法院和其他有关的人民法院。

第二十条 原受理案件的人民法院在收到上级人民法院改变管辖决定书、同意移送决定书或者指定其他人民法院管辖决定书后,对公诉案件,应当书面通知同级人民检察院,并将案卷材料退回,同时书面通知当事人;对自诉案件,应当将案卷材料移送被指定管辖的人民法院,并书面通知当事人。

第二十一条 第二审人民法院发回重新审判的案件,人民检察院撤回起诉后,又向原第一审人民法院的下级人民法院重新提起公诉的,下级人民法院应当将有关情况层报原第二审人民法院。原第二审人民法院根据具体情况,可以决定将案件移送原第一审人民法院或者其他人民法院审判。

第二十二条 军队和地方互涉刑事案件,按照有关规定确定管辖。

第二章 回 避

第二十三条 审判人员具有下列情形之一的,应当自行回避,当事人及其法定代理人有权申请其回避:

(一)是本案的当事人或者是当事人的近亲属的;

(二)本人或者其近亲属与本案有利害关系的;

(三)担任过本案的证人、鉴定人、辩护人、诉讼代理人、翻译人员的;

(四)与本案的辩护人、诉讼代理人有近亲属关系的;

(五)与本案当事人有其他利害关系,可能影响公正审判的。

第二十四条 审判人员违反规定,具有下列情形之一的,当事人及其法定代理人有权申请其回避:

(一)违反规定会见本案当事人、辩护人、诉讼代理人的;

(二)为本案当事人推荐、介绍辩护人、诉讼代理人,或者为律师、其他人员介绍办理本案的;

(三)索取、接受本案当事人及其委托人的财物或者其他利益的;

(四)接受本案当事人及其委托人的宴请,或者参加由其支付费用的活动的;

(五)向本案当事人及其委托人借用款物的;

(六)有其他不正当行为,可能影响公正审判的。

第二十五条 参与过本案侦查、审查起诉工作的侦查、检察人员,调至人民法院工作的,不得担任本案的审判人员。

在一个审判程序中参与过本案审判工作的合议庭组成人员或者独任审判员,不得再参与本案其他程序的审判。但是,发回重新审判的案件,在第一审人民法院作出裁判后又进入第二审程序或者死刑复核程序的,原第二审程序或者死刑复核程序中的合议庭组成人员不受本款规定的限制。

第二十六条 人民法院应当依法告知当事人及其法定代理人有权申请回避,并告知其合议庭组成人员、独任审判员、书记员等人员的名单。

第二十七条 审判人员自行申请回避,或者当事人及其法定代理人申请审判人员回避的,可以口头或者书面提出,并说明理由,由院长决定。

院长自行申请回避,或者当事人及其法定代理人申请院长回避的,由审判委员会讨论决定。审判委员会讨论时,由副院长主持,院长不得参加。

第二十八条 当事人及其法定代理人依照刑事诉讼法第二十九条和本解释第二十四条规定申请回避,应当提供证明材料。

第二十九条 应当回避的审判人员没有自行回避,当事人及其法定代理人也没有申请其回避的,院长或者审判委员会应当决定其回避。

第三十条 对当事人及其法定代理人提出的回避申请,人民法院可以口头或者书面作出决定,并将决定告知申请人。

当事人及其法定代理人申请回避被驳回的,可以在接到决定时申请复议一次。不属于刑事诉讼法第二十八条、第二十九条规定情形的回避申请,由法庭当庭驳回,并不得申请复议。

第三十一条 当事人及其法定代理人申请出庭的检察人员回避的,人民法院应当决定休庭,并通知人民检察院。

第三十二条 本章所称的审判人员,包括人民法院院长、副院长、审判委员会委员、庭长、副庭长、审判员、助理审判员和人民陪审员。

第三十三条 书记员、翻译人员和鉴定人适用审判人员回避的有关规定,其回避问题由院长决定。

第三十四条 辩护人、诉讼代理人可以依照本章的有关规定要求回避、申请复议。

第三章 辩护与代理

第三十五条 人民法院审判案件,应当充分保障被告人依法享有的辩护权利。

被告人除自己行使辩护权以外,还可以委托辩护人辩护。下列人员不得担任辩护人:

(一)正在被执行刑罚或者处于缓刑、假释考验期间的人;

(二)依法被剥夺、限制人身自由的人;

(三)无行为能力或者限制行为能力的人;

(四)人民法院、人民检察院、公安机关、国家安全机关、监狱的现职人员;

(五)人民陪审员;

(六)与本案审理结果有利害关系的人;

(七)外国人或者无国籍人。

前款第四项至第七项规定的人员,如果是被告人的监护人、近亲属,由被告人委托担任辩护人的,可以准许。

第三十六条 审判人员和人民法院其他工作人员从人民法院离任后二年内,不得以律师身份担任辩护人。

审判人员和人民法院其他工作人员从人民法院离任后,不得担任原任职法院所审理案件的辩护人,但作为被告人的监护人、近亲属进行辩护的除外。

审判人员和人民法院其他工作人员的配偶、子女或者父母不得担任其任职法院所审理案件的辩护人,但作为被告人的监护人、近亲属进行辩护的除外。

第三十七条 律师,人民团体、被告人所在单位推荐的人,或者被告人的监护人、亲友被委托为辩护人的,人民法院应当核实其身份证明和授权委托书。

第三十八条 一名被告人可以委托一至二人作为辩护人。

一名辩护人不得为两名以上的同案被告人,或者未同案处理但犯罪事实存在关联的被告人辩护。

第三十九条 被告人没有委托辩护人的，人民法院自受理案件之日起三日内，应当告知其有权委托辩护人；被告人因经济困难或者其他原因没有委托辩护人的，应当告知其可以申请法律援助；被告人属于应当提供法律援助情形的，应当告知其将依法通知法律援助机构指派律师为其提供辩护。

告知可以采取口头或者书面方式。

第四十条 审判期间，在押的被告人要求委托辩护人的，人民法院应当在三日内向其监护人、近亲属或者其指定的人员转达要求。被告人应当提供有关人员的联系方式。有关人员无法通知的，应当告知被告人。

第四十一条 人民法院收到在押被告人提出的法律援助申请，应当在二十四小时内转交所在地的法律援助机构。

第四十二条 对下列没有委托辩护人的被告人，人民法院应当通知法律援助机构指派律师为其提供辩护：

（一）盲、聋、哑人；

（二）尚未完全丧失辨认或者控制自己行为能力的精神病人；

（三）可能被判处无期徒刑、死刑的人。

高级人民法院复核死刑案件，被告人没有委托辩护人的，应当通知法律援助机构指派律师为其提供辩护。

第四十三条 具有下列情形之一，被告人没有委托辩护人的，人民法院可以通知法律援助机构指派律师为其提供辩护：

（一）共同犯罪案件中，其他被告人已经委托辩护人；

（二）有重大社会影响的案件；

（三）人民检察院抗诉的案件；

（四）被告人的行为可能不构成犯罪；

（五）有必要指派律师提供辩护的其他情形。

第四十四条 人民法院通知法律援助机构指派律师提供辩护的，应当将法律援助通知书、起诉书副本或者判决书送达法律援助机构；决定开庭审理的，除适用简易程序审理的以外，应当在开庭十五日前将上述材料送达法律援助机构。

法律援助通知书应当写明案由、被告人姓名、提供法律援助的理由、审判人员的姓名和联系方式；已确定开庭审理的，应当写明开庭的时间、地点。

第四十五条 被告人拒绝法律援助机构指派的律师为其辩护，坚持自己行使辩护权的，人民法院应当准许。

属于应当提供法律援助的情形，被告人拒绝指派的律师为其辩护的，人民法院应当查明原因。理由正当的，应当准许，但被告人须另行委托辩护人；被告人未另行委托辩护人的，人民法院应当在三日内书面通知法律援助机构另行指派律师为其提供辩护。

第四十六条 审判期间，辩护人接受被告人委托的，应当在接受委托之日起三日内，将委托手续提交人民法院。

法律援助机构决定为被告人指派律师提供辩护的，承办律师应当在接受指派之日起三日内，将法律援助手续提交人民法院。

第四十七条 辩护律师可以查阅、摘抄、复制案卷材料。其他辩护人经人民法院许可，也可以查阅、摘抄、复制案卷材料。合议庭、审判委员会的讨论记录以及其他依法不公开的材料不得查阅、摘抄、复制。

辩护人查阅、摘抄、复制案卷材料的，人民法院应当提供方便，并保证必要的时间。

复制案卷材料可以采用复印、拍照、扫描等方式。

第四十八条 辩护律师可以同在押的或者被监视居住的被告人会见和通信。其他辩护人经人民法院许可，也可以同在押的或者被监视居住的被告人会见和通信。

第四十九条 辩护人认为在侦查、审查起诉期间公安机关、人民检察院收集的证明被告人无罪或者罪轻的证据材料未随案移送，申请人民法院调取的，应当以书面形式提出，并提供相关线索或者材料。人民法院接受申请后，应当向人民检察院调取。人民检察院移送相关证据材料后，人民法院应当及时通知辩护人。

第五十条 辩护律师申请向被害人及其近亲属、被害人提供的证人收集与本案有关的材料，人民法院认为确有必要的，应当签发准许调查书。

第五十一条 辩护律师向证人或者有关单位、个人收集、调取与本案有关的证据材料，因证人或者有关单位、个人不同意，申请人民法院收集、调取，或者申请通知证人出庭作证，人民法院认为确有必要的，应当同意。

第五十二条 辩护律师直接申请人民法院向证人或者有关单位、个人收集、调取证据材料，人民法院认为确有收集、调取必要，且不宜或者不能由辩护律师收集、调取的，应当同意。人民法院收集、调取证据材料时，辩护律师可以在场。

人民法院向有关单位收集、调取的书面证据材料，必须由提供人签名，并加盖单位印章；向个人收集、调取的书面证据材料，必须由提供人签名。

人民法院对有关单位、个人提供的证据材料，应当出具收据，写明证据材料的名称、收到的时间、件数、页数以及是否为原件等，由书记员或者审判人员签名。

收集、调取证据材料后，应当及时通知辩护律师查阅、摘抄、复制，并告知人民检察院。

第五十三条 本解释第五十条至第五十二条规定的申请，应当以书面形式提出，并说明理由，写明需要收集、调取证据材料的内容或者需要调查问题的提纲。

对辩护律师的申请，人民法院应当在五日内作出是否准许、同意的决定，并通知申请人；决定不准许、不同意的，应当说明理由。

第五十四条 人民法院自受理自诉案件之日起三日内，应当告知自诉人及其法定代理人、附带民事诉讼当事人及其法定代理人，有权委托诉讼代理人，并告知如果经济困难的，可以申请法律援助。

第五十五条 当事人委托诉讼代理人的，参照适用刑事诉讼法第三十二条和本解释的有关规定。

第五十六条 诉讼代理人有权根据事实和法律,维护被害人、自诉人或者附带民事诉讼当事人的诉讼权利和其他合法权益。

第五十七条 经人民法院许可,诉讼代理人可以查阅、摘抄、复制本案的案卷材料。

律师担任诉讼代理人,需要收集、调取与本案有关的证据材料的,参照适用本解释第五十一条至第五十三条的规定。

第五十八条 诉讼代理人接受当事人委托或者法律援助机构指派后,应当在三日内将委托手续或者法律援助手续提交人民法院。

第五十九条 辩护人、诉讼代理人复制案卷材料的,人民法院只收取工本费;法律援助律师复制必要的案卷材料的,应当免收或者减收费用。

第六十条 辩护律师向人民法院告知其委托人或者其他人准备实施、正在实施危害国家安全、公共安全以及严重危害他人人身安全犯罪的,人民法院应当记录在案,立即转告主管机关依法处理,并为反映有关情况的辩护律师保密。

第四章 证 据

第一节 一般规定

第六十一条 认定案件事实,必须以证据为根据。

第六十二条 审判人员应当依照法定程序收集、审查、核实、认定证据。

第六十三条 证据未经当庭出示、辨认、质证等法庭调查程序查证属实,不得作为定案的根据,但法律和本解释另有规定的除外。

第六十四条 应当运用证据证明的案件事实包括:

(一)被告人、被害人的身份;

(二)被指控的犯罪是否存在;

(三)被指控的犯罪是否为被告人所实施;

(四)被告人有无刑事责任能力,有无罪过,实施犯罪的动机、目的;

(五)实施犯罪的时间、地点、手段、后果以及案件起因等;

(六)被告人在共同犯罪中的地位、作用;

(七)被告人有无从重、从轻、减轻、免除处罚情节;

(八)有关附带民事诉讼、涉案财物处理的事实;

(九)有关管辖、回避、延期审理等的程序事实;

(十)与定罪量刑有关的其他事实。

认定被告人有罪和对被告人从重处罚,应当适用证据确实、充分的证明标准。

第六十五条 行政机关在行政执法和查办案件过程中收集的物证、书证、视听资料、电子数据等证据材料,在刑事诉讼中可以作为证据使用;经法庭查证属实,且收集程序符合有关法律、行政法规规定的,可以作为定案的根据。

根据法律、行政法规规定行使国家行政管理职权的组织，在行政执法和查办案件过程中收集的证据材料，视为行政机关收集的证据材料。

第六十六条 人民法院依照刑事诉讼法第一百九十一条的规定调查核实证据，必要时，可以通知检察人员、辩护人、自诉人及其法定代理人到场。上述人员未到场的，应当记录在案。

人民法院调查核实证据时，发现对定罪量刑有重大影响的新的证据材料的，应当告知检察人员、辩护人、自诉人及其法定代理人。必要时，也可以直接提取，并及时通知检察人员、辩护人、自诉人及其法定代理人查阅、摘抄、复制。

第六十七条 下列人员不得担任刑事诉讼活动的见证人：

（一）生理上、精神上有缺陷或者年幼，不具有相应辨别能力或者不能正确表达的人；

（二）与案件有利害关系，可能影响案件公正处理的人；

（三）行使勘验、检查、搜查、扣押等刑事诉讼职权的公安、司法机关的工作人员或者其聘用的人员。

由于客观原因无法由符合条件的人员担任见证人的，应当在笔录材料中注明情况，并对相关活动进行录像。

第六十八条 公开审理案件时，公诉人、诉讼参与人提出涉及国家秘密、商业秘密或者个人隐私的证据的，法庭应当制止。有关证据确与本案有关的，可以根据具体情况，决定将案件转为不公开审理，或者对相关证据的法庭调查不公开进行。

第二节 物证、书证的审查与认定

第六十九条 对物证、书证应当着重审查以下内容：

（一）物证、书证是否为原物、原件，是否经过辨认、鉴定；物证的照片、录像、复制品或者书证的副本、复制件是否与原物、原件相符，是否由二人以上制作，有无制作人关于制作过程以及原物、原件存放于何处的文字说明和签名；

（二）物证、书证的收集程序、方式是否符合法律、有关规定；经勘验、检查、搜查提取、扣押的物证、书证，是否附有相关笔录、清单，笔录、清单是否经侦查人员、物品持有人、见证人签名，没有物品持有人签名的，是否注明原因；物品的名称、特征、数量、质量等是否注明清楚；

（三）物证、书证在收集、保管、鉴定过程中是否受损或者改变；

（四）物证、书证与案件事实有无关联；对现场遗留与犯罪有关的具备鉴定条件的血迹、体液、毛发、指纹等生物样本、痕迹、物品，是否已作 DNA 鉴定、指纹鉴定等，并与被告人或者被害人的相应生物检材、生物特征、物品等比对；

（五）与案件事实有关联的物证、书证是否全面收集。

第七十条 据以定案的物证应当是原物。原物不便搬运，不易保存，依法应当由有关部门保管、处理，或者依法应当返还的，可以拍摄、制作足以反映原物外形和特征的照片、录像、复制品。

物证的照片、录像、复制品,不能反映原物的外形和特征的,不得作为定案的根据。

物证的照片、录像、复制品,经与原物核对无误、经鉴定为真实或者以其他方式确认为真实的,可以作为定案的根据。

第七十一条　据以定案的书证应当是原件。取得原件确有困难的,可以使用副本、复制件。

书证有更改或者更改迹象不能作出合理解释,或者书证的副本、复制件不能反映原件及其内容的,不得作为定案的根据。

书证的副本、复制件,经与原件核对无误、经鉴定为真实或者以其他方式确认为真实的,可以作为定案的根据。

第七十二条　对与案件事实可能有关联的血迹、体液、毛发、人体组织、指纹、足迹、字迹等生物样本、痕迹和物品,应当提取而没有提取,应当检验而没有检验,导致案件事实存疑的,人民法院应当向人民检察院说明情况,由人民检察院依法补充收集、调取证据或者作出合理说明。

第七十三条　在勘验、检查、搜查过程中提取、扣押的物证、书证,未附笔录或者清单,不能证明物证、书证来源的,不得作为定案的根据。

物证、书证的收集程序、方式有下列瑕疵,经补正或者作出合理解释的,可以采用:

(一)勘验、检查、搜查、提取笔录或者扣押清单上没有侦查人员、物品持有人、见证人签名,或者对物品的名称、特征、数量、质量等注明不详的;

(二)物证的照片、录像、复制品,书证的副本、复制件未注明与原件核对无异,无复制时间,或者无被收集、调取人签名、盖章的;

(三)物证的照片、录像、复制品,书证的副本、复制件没有制作人关于制作过程和原物、原件存放地点的说明,或者说明中无签名的;

(四)有其他瑕疵的。

对物证、书证的来源、收集程序有疑问,不能作出合理解释的,该物证、书证不得作为定案的根据。

第三节　证人证言、被害人陈述的审查与认定

第七十四条　对证人证言应当着重审查以下内容:

(一)证言的内容是否为证人直接感知;

(二)证人作证时的年龄,认知、记忆和表达能力,生理和精神状态是否影响作证;

(三)证人与案件当事人、案件处理结果有无利害关系;

(四)询问证人是否个别进行;

(五)询问笔录的制作、修改是否符合法律、有关规定,是否注明询问的起止时间和地点,首次询问时是否告知证人有关作证的权利义务和法律责任,证人对询问笔录是否核对确认;

（六）询问未成年证人时，是否通知其法定代理人或者有关人员到场，其法定代理人或者有关人员是否到场；

（七）证人证言有无以暴力、威胁等非法方法收集的情形；

（八）证言之间以及与其他证据之间能否相互印证，有无矛盾。

第七十五条 处于明显醉酒、中毒或者麻醉等状态，不能正常感知或者正确表达的证人所提供的证言，不得作为证据使用。

证人的猜测性、评论性、推断性的证言，不得作为证据使用，但根据一般生活经验判断符合事实的除外。

第七十六条 证人证言具有下列情形之一的，不得作为定案的根据：

（一）询问证人没有个别进行的；

（二）书面证言没有经证人核对确认的；

（三）询问聋、哑人，应当提供通晓聋、哑手势的人员而未提供的；

（四）询问不通晓当地通用语言、文字的证人，应当提供翻译人员而未提供的。

第七十七条 证人证言的收集程序、方式有下列瑕疵，经补正或者作出合理解释的，可以采用；不能补正或者作出合理解释的，不得作为定案的根据：

（一）询问笔录没有填写询问人、记录人、法定代理人姓名以及询问的起止时间、地点的；

（二）询问地点不符合规定的；

（三）询问笔录没有记录告知证人有关作证的权利义务和法律责任的；

（四）询问笔录反映出在同一时段，同一询问人员询问不同证人的。

第七十八条 证人当庭作出的证言，经控辩双方质证、法庭查证属实的，应当作为定案的根据。

证人当庭作出的证言与其庭前证言矛盾，证人能够作出合理解释，并有相关证据印证的，应当采信其庭审证言；不能作出合理解释，而其庭前证言有相关证据印证的，可以采信其庭前证言。

经人民法院通知，证人没有正当理由拒绝出庭或者出庭后拒绝作证，法庭对其证言的真实性无法确认的，该证人证言不得作为定案的根据。

第七十九条 对被害人陈述的审查与认定，参照适用本节的有关规定。

第四节 被告人供述和辩解的审查与认定

第八十条 对被告人供述和辩解应当着重审查以下内容：

（一）讯问的时间、地点，讯问人的身份、人数以及讯问方式等是否符合法律、有关规定；

（二）讯问笔录的制作、修改是否符合法律、有关规定，是否注明讯问的具体起止时间和地点，首次讯问时是否告知被告人相关权利和法律规定，被告人是否核对确认；

（三）讯问未成年被告人时，是否通知其法定代理人或者有关人员到场，其法定代理人或者有关人员是否到场；

（四）被告人的供述有无以刑讯逼供等非法方法收集的情形；

（五）被告人的供述是否前后一致，有无反复以及出现反复的原因；被告人的所有供述和辩解是否均已随案移送；

（六）被告人的辩解内容是否符合案情和常理，有无矛盾；

（七）被告人的供述和辩解与同案被告人的供述和辩解以及其他证据能否相互印证，有无矛盾。

必要时，可以调取讯问过程的录音录像、被告人进出看守所的健康检查记录、笔录，并结合录音录像、记录、笔录对上述内容进行审查。

第八十一条　被告人供述具有下列情形之一的，不得作为定案的根据：

（一）讯问笔录没有经被告人核对确认的；

（二）讯问聋、哑人，应当提供通晓聋、哑手势的人员而未提供的；

（三）讯问不通晓当地通用语言、文字的被告人，应当提供翻译人员而未提供的。

第八十二条　讯问笔录有下列瑕疵，经补正或者作出合理解释的，可以采用；不能补正或者作出合理解释的，不得作为定案的根据：

（一）讯问笔录填写的讯问时间、讯问人、记录人、法定代理人等有误或者存在矛盾的；

（二）讯问人没有签名的；

（三）首次讯问笔录没有记录告知被讯问人相关权利和法律规定的。

第八十三条　审查被告人供述和辩解，应当结合控辩双方提供的所有证据以及被告人的全部供述和辩解进行。

被告人庭审中翻供，但不能合理说明翻供原因或者其辩解与全案证据矛盾，而其庭前供述与其他证据相互印证的，可以采信其庭前供述。

被告人庭前供述和辩解存在反复，但庭审中供认，且与其他证据相互印证的，可以采信其庭审供述；被告人庭前供述和辩解存在反复，庭审中不供认，且无其他证据与庭前供述印证的，不得采信其庭前供述。

第五节　鉴定意见的审查与认定

第八十四条　对鉴定意见应当着重审查以下内容：

（一）鉴定机构和鉴定人是否具有法定资质；

（二）鉴定人是否存在应当回避的情形；

（三）检材的来源、取得、保管、送检是否符合法律、有关规定，与相关提取笔录、扣押物品清单等记载的内容是否相符，检材是否充足、可靠；

（四）鉴定意见的形式要件是否完备，是否注明提起鉴定的事由、鉴定委托人、鉴定机构、鉴定要求、鉴定过程、鉴定方法、鉴定日期等相关内容，是否由鉴定机构加盖司法鉴定专用章并由鉴定人签名、盖章；

（五）鉴定程序是否符合法律、有关规定；

（六）鉴定的过程和方法是否符合相关专业的规范要求；
（七）鉴定意见是否明确；
（八）鉴定意见与案件待证事实有无关联；
（九）鉴定意见与勘验、检查笔录及相关照片等其他证据是否矛盾；
（十）鉴定意见是否依法及时告知相关人员，当事人对鉴定意见有无异议。

第八十五条　鉴定意见具有下列情形之一的，不得作为定案的根据：
（一）鉴定机构不具备法定资质，或者鉴定事项超出该鉴定机构业务范围、技术条件的；
（二）鉴定人不具备法定资质，不具有相关专业技术或者职称，或者违反回避规定的；
（三）送检材料、样本来源不明，或者因污染不具备鉴定条件的；
（四）鉴定对象与送检材料、样本不一致的；
（五）鉴定程序违反规定的；
（六）鉴定过程和方法不符合相关专业的规范要求的；
（七）鉴定文书缺少签名、盖章的；
（八）鉴定意见与案件待证事实没有关联的；
（九）违反有关规定的其他情形。

第八十六条　经人民法院通知，鉴定人拒不出庭作证的，鉴定意见不得作为定案的根据。

鉴定人由于不能抗拒的原因或者有其他正当理由无法出庭的，人民法院可以根据情况决定延期审理或者重新鉴定。

对没有正当理由拒不出庭作证的鉴定人，人民法院应当通报司法行政机关或者有关部门。

第八十七条　对案件中的专门性问题需要鉴定，但没有法定司法鉴定机构，或者法律、司法解释规定可以进行检验的，可以指派、聘请有专门知识的人进行检验，检验报告可以作为定罪量刑的参考。

对检验报告的审查与认定，参照适用本节的有关规定。

经人民法院通知，检验人拒不出庭作证的，检验报告不得作为定罪量刑的参考。

第六节　勘验、检查、辨认、侦查实验等笔录的审查与认定

第八十八条　对勘验、检查笔录应当着重审查以下内容：
（一）勘验、检查是否依法进行，笔录的制作是否符合法律、有关规定，勘验、检查人员和见证人是否签名或者盖章；
（二）勘验、检查笔录是否记录了提起勘验、检查的事由，勘验、检查的时间、地点，在场人员、现场方位、周围环境等，现场的物品、人身、尸体等的位置、特征等情况，以及勘验、检查、搜查的过程；文字记录与实物或者绘图、照片、录像是否相符；现场、物品、痕迹等是否伪造、

有无破坏;人身特征、伤害情况、生理状态有无伪装或者变化等;

(三)补充进行勘验、检查的,是否说明了再次勘验、检查的原由,前后勘验、检查的情况是否矛盾。

第八十九条 勘验、检查笔录存在明显不符合法律、有关规定的情形,不能作出合理解释或者说明的,不得作为定案的根据。

第九十条 对辨认笔录应当着重审查辨认的过程、方法,以及辨认笔录的制作是否符合有关规定。

辨认笔录具有下列情形之一的,不得作为定案的根据:

(一)辨认不是在侦查人员主持下进行的;

(二)辨认前使辨认人见到辨认对象的;

(三)辨认活动没有个别进行的;

(四)辨认对象没有混杂在具有类似特征的其他对象中,或者供辨认的对象数量不符合规定的;

(五)辨认中给辨认人明显暗示或者明显有指认嫌疑的;

(六)违反有关规定、不能确定辨认笔录真实性的其他情形。

第九十一条 对侦查实验笔录应当着重审查实验的过程、方法,以及笔录的制作是否符合有关规定。

侦查实验的条件与事件发生时的条件有明显差异,或者存在影响实验结论科学性的其他情形的,侦查实验笔录不得作为定案的根据。

第七节 视听资料、电子数据的审查与认定

第九十二条 对视听资料应当着重审查以下内容:

(一)是否附有提取过程的说明,来源是否合法;

(二)是否为原件,有无复制及复制份数;是复制件的,是否附有无法调取原件的原因、复制件制作过程和原件存放地点的说明,制作人、原视听资料持有人是否签名或者盖章;

(三)制作过程中是否存在威胁、引诱当事人等违反法律、有关规定的情形;

(四)是否写明制作人、持有人的身份,制作的时间、地点、条件和方法;

(五)内容和制作过程是否真实,有无剪辑、增加、删改等情形;

(六)内容与案件事实有无关联。

对视听资料有疑问的,应当进行鉴定。

第九十三条 对电子邮件、电子数据交换、网上聊天记录、博客、微博客、手机短信、电子签名、域名等电子数据,应当着重审查以下内容:

(一)是否随原始存储介质移送;在原始存储介质无法封存、不便移动或者依法应当由有关部门保管、处理、返还时,提取、复制电子数据是否由二人以上进行,是否足以保证电子数据的完整性,有无提取、复制过程及原始存储介质存放地点的文字说明和签名;

（二）收集程序、方式是否符合法律及有关技术规范；经勘验、检查、搜查等侦查活动收集的电子数据，是否附有笔录、清单，并经侦查人员、电子数据持有人、见证人签名；没有持有人签名的，是否注明原因；远程调取境外或者异地的电子数据的，是否注明相关情况；对电子数据的规格、类别、文件格式等注明是否清楚；

（三）电子数据内容是否真实，有无删除、修改、增加等情形；

（四）电子数据与案件事实有无关联；

（五）与案件事实有关联的电子数据是否全面收集。

对电子数据有疑问的，应当进行鉴定或者检验。

第九十四条　视听资料、电子数据具有下列情形之一的，不得作为定案的根据：

（一）经审查无法确定真伪的；

（二）制作、取得的时间、地点、方式等有疑问，不能提供必要证明或者作出合理解释的。

第八节　非法证据排除

第九十五条　使用肉刑或者变相肉刑，或者采用其他使被告人在肉体上或者精神上遭受剧烈疼痛或者痛苦的方法，迫使被告人违背意愿供述的，应当认定为刑事诉讼法第五十四条规定的“刑讯逼供等非法方法”。

认定刑事诉讼法第五十四条规定的“可能严重影响司法公正”，应当综合考虑收集物证、书证违反法定程序以及所造成后果的严重程度等情况。

第九十六条　当事人及其辩护人、诉讼代理人申请人民法院排除以非法方法收集的证据的，应当提供涉嫌非法取证的人员、时间、地点、方式、内容等相关线索或者材料。

第九十七条　人民法院向被告人及其辩护人送达起诉书副本时，应当告知其申请排除非法证据的，应当在开庭审理前提出，但在庭审期间才发现相关线索或者材料的除外。

第九十八条　开庭审理前，当事人及其辩护人、诉讼代理人申请人民法院排除非法证据的，人民法院应当在开庭前及时将申请书或者申请笔录及相关线索、材料的复制件送交人民检察院。

第九十九条　开庭审理前，当事人及其辩护人、诉讼代理人申请排除非法证据，人民法院经审查，对证据收集的合法性有疑问的，应当依照刑事诉讼法第一百八十二条第二款的规定召开庭前会议，就非法证据排除等问题了解情况，听取意见。人民检察院可以通过出示有关证据材料等方式，对证据收集的合法性加以说明。

第一百条　法庭审理过程中，当事人及其辩护人、诉讼代理人申请排除非法证据的，法庭应当进行审查。经审查，对证据收集的合法性有疑问的，应当进行调查；没有疑问的，应当当庭说明情况和理由，继续法庭审理。当事人及其辩护人、诉讼代理人以相同理由再次申请排除非法证据的，法庭不再进行审查。

对证据收集合法性的调查，根据具体情况，可以在当事人及其辩护人、诉讼代理人提出排除非法证据的申请后进行，也可以在法庭调查结束前一并进行。

法庭审理过程中，当事人及其辩护人、诉讼代理人申请排除非法证据，人民法院经审查，不符合本解释第九十七条规定的，应当在法庭调查结束前一并进行审查，并决定是否进行证据收集合法性的调查。

第一百零一条　法庭决定对证据收集的合法性进行调查的，可以由公诉人通过出示、宣读讯问笔录或者其他证据，有针对性地播放讯问过程的录音录像，提请法庭通知有关侦查人员或者其他人员出庭说明情况等方式，证明证据收集的合法性。

公诉人提交的取证过程合法的说明材料，应当经有关侦查人员签名，并加盖公章。未经有关侦查人员签名的，不得作为证据使用。上述说明材料不能单独作为证明取证过程合法的根据。

第一百零二条　经审理，确认或者不能排除存在刑事诉讼法第五十四条规定的以非法方法收集证据情形的，对有关证据应当排除。

人民法院对证据收集的合法性进行调查后，应当将调查结论告知公诉人、当事人和辩护人、诉讼代理人。

第一百零三条　具有下列情形之一的，第二审人民法院应当对证据收集的合法性进行审查，并根据刑事诉讼法和本解释的有关规定作出处理：

（一）第一审人民法院对当事人及其辩护人、诉讼代理人排除非法证据的申请没有审查，且以该证据作为定案根据的；

（二）人民检察院或者被告人、自诉人及其法定代理人不服第一审人民法院作出的有关证据收集合法性的调查结论，提出抗诉、上诉的；

（三）当事人及其辩护人、诉讼代理人在第一审结束后才发现相关线索或者材料，申请人民法院排除非法证据的。

第九节　证据的综合审查与运用

第一百零四条　对证据的真实性，应当综合全案证据进行审查。

对证据的证明力，应当根据具体情况，从证据与待证事实的关联程度、证据之间的联系等方面进行审查判断。

证据之间具有内在联系，共同指向同一待证事实，不存在无法排除的矛盾和无法解释的疑问的，才能作为定案的根据。

第一百零五条　没有直接证据，但间接证据同时符合下列条件的，可以认定被告人有罪：

（一）证据已经查证属实；

（二）证据之间相互印证，不存在无法排除的矛盾和无法解释的疑问；

（三）全案证据已经形成完整的证明体系；

（四）根据证据认定案件事实足以排除合理怀疑，结论具有唯一性；

（五）运用证据进行的推理符合逻辑和经验。

第一百零六条 根据被告人的供述、指认提取到了隐蔽性很强的物证、书证,且被告人的供述与其他证明犯罪事实发生的证据相互印证,并排除串供、逼供、诱供等可能性的,可以认定被告人有罪。

第一百零七条 采取技术侦查措施收集的证据材料,经当庭出示、辨认、质证等法庭调查程序查证属实的,可以作为定案的根据。

使用前款规定的证据可能危及有关人员的人身安全,或者可能产生其他严重后果的,法庭应当采取不暴露有关人员身份、技术方法等保护措施,必要时,审判人员可以在庭外核实。

第一百零八条 对侦查机关出具的被告人到案经过、抓获经过等材料,应当审查是否有出具该说明材料的办案人、办案机关的签名、盖章。

对到案经过、抓获经过或者确定被告人有重大嫌疑的根据有疑问的,应当要求侦查机关补充说明。

第一百零九条 下列证据应当慎重使用,有其他证据印证的,可以采信:

(一)生理上、精神上有缺陷,对案件事实的认知和表达存在一定困难,但尚未丧失正确认知、表达能力的被害人、证人和被告人所作的陈述、证言和供述;

(二)与被告人有亲属关系或者其他密切关系的证人所作的有利被告人的证言,或者与被告人有利害冲突的证人所作的不利被告人的证言。

第一百一十条 证明被告人自首、坦白、立功的证据材料,没有加盖接受被告人投案、坦白、检举揭发等的单位的印章,或者接受人员没有签名的,不得作为定案的根据。

对被告人及其辩护人提出有自首、坦白、立功的事实和理由,有关机关未予认定,或者有关机关提出被告人有自首、坦白、立功表现,但证据材料不全的,人民法院应当要求有关机关提供证明材料,或者要求相关人员作证,并结合其他证据作出认定。

第一百一十一条 证明被告人构成累犯、毒品再犯的证据材料,应当包括前罪的裁判文书、释放证明等材料;材料不全的,应当要求有关机关提供。

第一百一十二条 审查被告人实施被指控的犯罪时或者审判时是否达到相应法定责任年龄,应当根据户籍证明、出生证明文件、学籍卡、人口普查登记、无利害关系人的证言等证据综合判断。

证明被告人已满十四周岁、十六周岁、十八周岁或者不满七十五周岁的证据不足的,应当认定被告人不满十四周岁、不满十六周岁、不满十八周岁或者已满七十五周岁。

第五章 强制措施

第一百一十三条 人民法院审判案件,根据情况,对被告人可以决定拘传、取保候审、监视居住或者逮捕。

对被告人采取、撤销或者变更强制措施的,由院长决定。

第一百一十四条 对经依法传唤拒不到庭的被告人,或者根据案件情况有必要拘传的被告人,可以拘传。

拘传被告人,应当由院长签发拘传票,由司法警察执行,执行人员不得少于二人。

拘传被告人,应当出示拘传票。对抗拒拘传的被告人,可以使用戒具。

第一百一十五条 拘传被告人,持续的时间不得超过十二小时;案情特别重大、复杂,需要采取逮捕措施的,持续的时间不得超过二十四小时。不得以连续拘传的形式变相拘禁被告人。应当保证被拘传人的饮食和必要的休息时间。

第一百一十六条 被告人具有刑事诉讼法第六十五条第一款规定情形之一的,人民法院可以决定取保候审。

对被告人决定取保候审的,应当责令其提出保证人或者交纳保证金,不得同时使用保证人保证与保证金保证。

第一百一十七条 对下列被告人决定取保候审的,可以责令其提出一至二名保证人:

(一)无力交纳保证金的;

(二)未成年或者已满七十五周岁的;

(三)不宜收取保证金的其他被告人。

第一百一十八条 人民法院应当审查保证人是否符合法定条件。符合条件的,应当告知其必须履行的义务,并由其出具保证书。

第一百一十九条 对决定取保候审的被告人使用保证金保证的,应当依照刑事诉讼法第七十条第一款的规定确定保证金的具体数额,并责令被告人或者为其提供保证金的单位、个人将保证金一次性存入公安机关指定银行的专门账户。

第一百二十条 人民法院向被告人宣布取保候审决定后,应当将取保候审决定书等相关材料送交当地同级公安机关执行;被告人不在本地居住的,送交其居住地公安机关执行。

对被告人使用保证金保证的,应当在核实保证金已经存入公安机关指定银行的专门账户后,将银行出具的收款凭证一并送交公安机关。

第一百二十一条 被告人被取保候审期间,保证人不愿继续履行保证义务或者丧失履行保证义务能力的,人民法院应当在收到保证人的申请或者公安机关的书面通知后三日内,责令被告人重新提出保证人或者交纳保证金,或者变更强制措施,并通知公安机关。

第一百二十二条 根据案件事实和法律规定,认为已经构成犯罪的被告人在取保候审期间逃匿的,如果系保证人协助被告人逃匿,或者保证人明知被告人藏匿地点但拒绝向司法机关提供,对保证人应当依法追究刑事责任。

第一百二十三条 人民法院发现使用保证金保证的被取保候审人违反刑事诉讼法第六十九条第一款、第二款规定的,应当提出没收部分或者全部保证金的书面意见,连同有关材料一并送交负责执行的公安机关处理。

人民法院收到公安机关已经没收保证金的书面通知或者变更强制措施的建议后,应当区别情形,在五日内责令被告人具结悔过,重新交纳保证金或者提出保证人,或者变更强制措施,并通知公安机关。

人民法院决定对被依法没收保证金的被告人继续取保候审的,取保候审的期限连续计算。

第一百二十四条 对被取保候审的被告人的判决、裁定生效后,应当解除取保候审、退还保证金的,如果保证金属于其个人财产,人民法院可以书面通知公安机关将保证金移交人民法院,用以退赔被害人、履行附带民事赔偿义务或者执行财产刑,剩余部分应当退还被告人。

第一百二十五条 对具有刑事诉讼法第七十二条第一款、第二款规定情形的被告人,人民法院可以决定监视居住。

人民法院决定对被告人监视居住的,应当核实其住处;没有固定住处的,应当为其指定居所。

第一百二十六条 人民法院向被告人宣布监视居住决定后,应当将监视居住决定书等相关材料送交被告人住处或者指定居所所在地的同级公安机关执行。

对被告人指定居所监视居住后,人民法院应当在二十四小时内,将监视居住的原因和处所通知其家属;确实无法通知的,应当记录在案。

第一百二十七条 人民检察院、公安机关已经对犯罪嫌疑人取保候审、监视居住,案件起诉至人民法院后,需要继续取保候审、监视居住或者变更强制措施的,人民法院应当在七日内作出决定,并通知人民检察院、公安机关。

决定继续取保候审、监视居住的,应当重新办理手续,期限重新计算;继续使用保证金保证的,不再收取保证金。

人民法院不得对被告人重复采取取保候审、监视居住措施。

第一百二十八条 对具有刑事诉讼法第七十九条第一款、第二款规定情形的被告人,人民法院应当决定逮捕。

第一百二十九条 被取保候审的被告人具有下列情形之一的,人民法院应当决定逮捕:

(一)故意实施新的犯罪的;

(二)企图自杀、逃跑的;

(三)毁灭、伪造证据,干扰证人作证或者串供的;

(四)对被害人、举报人、控告人实施打击报复的;

(五)经传唤,无正当理由不到案,影响审判活动正常进行的;

(六)擅自改变联系方式或者居住地,导致无法传唤,影响审判活动正常进行的;

(七)未经批准,擅自离开所居住的市、县,影响审判活动正常进行,或者两次未经批准,擅自离开所居住的市、县的;

(八)违反规定进入特定场所、与特定人员会见或者通信、从事特定活动,影响审判活动正常进行,或者两次违反有关规定的;

(九)依法应当决定逮捕的其他情形。

第一百三十条 被监视居住的被告人具有下列情形之一的,人民法院应当决定逮捕:

(一)具有前条第一项至第五项规定情形之一的;

(二)未经批准,擅自离开执行监视居住的处所,影响审判活动正常进行,或者两次未经批准,擅自离开执行监视居住的处所的;

(三)未经批准,擅自会见他人或者通信,影响审判活动正常进行,或者两次未经批准,擅自会见他人或者通信的;

(四)对因患有严重疾病、生活不能自理,或者因怀孕、正在哺乳自己婴儿而未予逮捕的被告人,疾病痊愈或者哺乳期已满的;

(五)依法应当决定逮捕的其他情形。

第一百三十一条 人民法院作出逮捕决定后,应当将逮捕决定书等相关材料送交同级公安机关执行,并将逮捕决定书抄送人民检察院。逮捕被告人后,人民法院应当将逮捕的原因和羁押的处所,在二十四小时内通知其家属;确实无法通知的,应当记录在案。

第一百三十二条 人民法院对决定逮捕的被告人,应当在逮捕后二十四小时内讯问。发现不应当逮捕的,应当变更强制措施或者立即释放。

第一百三十三条 被逮捕的被告人具有下列情形之一的,人民法院可以变更强制措施:

(一)患有严重疾病、生活不能自理的;

(二)怀孕或者正在哺乳自己婴儿的;

(三)系生活不能自理的人的唯一扶养人。

第一百三十四条 第一审人民法院判决被告人无罪、不负刑事责任或者免除刑事处罚,被告人在押的,应当在宣判后立即释放。

被逮捕的被告人具有下列情形之一的,人民法院应当变更强制措施或者予以释放:

(一)第一审人民法院判处管制、宣告缓刑、单独适用附加刑,判决尚未发生法律效力的;

(二)被告人被羁押的时间已到第一审人民法院对其判处的刑期期限的;

(三)案件不能在法律规定的期限内审结的。

第一百三十五条 人民法院决定变更强制措施或者释放被告人的,应当立即将变更强制措施决定书或者释放通知书送交公安机关执行。

第一百三十六条 对人民法院决定逮捕的被告人,人民检察院建议释放或者变更强制措施的,人民法院应当在收到建议后十日内将处理情况通知人民检察院。

第一百三十七条 被告人及其法定代理人、近亲属或者辩护人申请变更强制措施的,应当说明理由。人民法院收到申请后,应当在三日内作出决定。同意变更强制措施的,应当依照本解释规定处理;不同意的,应当告知申请人,并说明理由。

第六章 附带民事诉讼

第一百三十八条 被害人因人身权利受到犯罪侵犯或者财物被犯罪分子毁坏而遭受物质损失的,有权在刑事诉讼过程中提起附带民事诉讼;被害人死亡或者丧失行为能力的,其法定代理人、近亲属有权提起附带民事诉讼。

因受到犯罪侵犯,提起附带民事诉讼或者单独提起民事诉讼要求赔偿精神损失的,人民法院不予受理。

第一百三十九条 被告人非法占有、处置被害人财产的，应当依法予以追缴或者责令退赔。被害人提起附带民事诉讼的，人民法院不予受理。追缴、退赔的情况，可以作为量刑情节考虑。

第一百四十条 国家机关工作人员在行使职权时，侵犯他人人身、财产权利构成犯罪，被害人或者其法定代理人、近亲属提起附带民事诉讼的，人民法院不予受理，但应当告知其可以依法申请国家赔偿。

第一百四十一条 人民法院受理刑事案件后，对符合刑事诉讼法第九十九条和本解释第一百三十八条第一款规定的，可以告知被害人或者其法定代理人、近亲属有权提起附带民事诉讼。

有权提起附带民事诉讼的人放弃诉讼权利的，应当准许，并记录在案。

第一百四十二条 国家财产、集体财产遭受损失，受损失的单位未提起附带民事诉讼，人民检察院在提起公诉时提起附带民事诉讼的，人民法院应当受理。

人民检察院提起附带民事诉讼的，应当列为附带民事诉讼原告人。

被告人非法占有、处置国家财产、集体财产的，依照本解释第一百三十九条的规定处理。

第一百四十三条 附带民事诉讼中依法负有赔偿责任的人包括：

（一）刑事被告人以及未被追究刑事责任的其他共同侵害人；

（二）刑事被告人的监护人；

（三）死刑罪犯的遗产继承人；

（四）共同犯罪案件中，案件审结前死亡的被告人的遗产继承人；

（五）对被害人的物质损失依法应当承担赔偿责任的其他单位和个人。

附带民事诉讼被告人的亲友自愿代为赔偿的，应当准许。

第一百四十四条 被害人或者其法定代理人、近亲属仅对部分共同侵害人提起附带民事诉讼的，人民法院应当告知其可以对其他共同侵害人，包括没有被追究刑事责任的共同侵害人，一并提起附带民事诉讼，但共同犯罪案件中同案犯在逃的除外。

被害人或者其法定代理人、近亲属放弃对其他共同侵害人的诉讼权利的，人民法院应当告知其相应法律后果，并在裁判文书中说明其放弃诉讼请求的情况。

第一百四十五条 附带民事诉讼的起诉条件是：

（一）起诉人符合法定条件；

（二）有明确的被告人；

（三）有请求赔偿的具体要求和事实、理由；

（四）属于人民法院受理附带民事诉讼的范围。

第一百四十六条 共同犯罪案件，同案犯在逃的，不应列为附带民事诉讼被告人。逃跑的同案犯到案后，被害人或者其法定代理人、近亲属可以对其提起附带民事诉讼，但已经从其他共同犯罪人处获得足额赔偿的除外。

第一百四十七条 附带民事诉讼应当在刑事案件立案后及时提起。

提起附带民事诉讼应当提交附带民事起诉状。

第一百四十八条 侦查、审查起诉期间,有权提起附带民事诉讼的人提出赔偿要求,经公安机关、人民检察院调解,当事人双方已经达成协议并全部履行,被害人或者其法定代理人、近亲属又提起附带民事诉讼的,人民法院不予受理,但有证据证明调解违反自愿、合法原则的除外。

第一百四十九条 被害人或者其法定代理人、近亲属提起附带民事诉讼的,人民法院应当在七日内决定是否立案。符合刑事诉讼法第九十九条以及本解释有关规定的,应当受理;不符合的,裁定不予受理。

第一百五十条 人民法院受理附带民事诉讼后,应当在五日内将附带民事起诉状副本送达附带民事诉讼被告人及其法定代理人,或者将口头起诉的内容及时通知附带民事诉讼被告人及其法定代理人,并制作笔录。

人民法院送达附带民事起诉状副本时,应当根据刑事案件的审理期限,确定被告人及其法定代理人提交附带民事答辩状的时间。

第一百五十一条 附带民事诉讼当事人对自己提出的主张,有责任提供证据。

第一百五十二条 人民法院对可能因被告人的行为或者其他原因,使附带民事判决难以执行的案件,根据附带民事诉讼原告人的申请,可以裁定采取保全措施,查封、扣押或者冻结被告人的财产;附带民事诉讼原告人未提出申请的,必要时,人民法院也可以采取保全措施。

有权提起附带民事诉讼的人因情况紧急,不立即申请保全将会使其合法权益受到难以弥补的损害的,可以在提起附带民事诉讼前,向被保全财产所在地、被申请人居住地或者对案件有管辖权的人民法院申请采取保全措施。申请人在人民法院受理刑事案件后十五日内未提起附带民事诉讼的,人民法院应当解除保全措施。

人民法院采取保全措施,适用民事诉讼法第一百条至第一百零五条的有关规定,但民事诉讼法第一百零一条第三款的规定除外。

第一百五十三条 人民法院审理附带民事诉讼案件,可以根据自愿、合法的原则进行调解。经调解达成协议的,应当制作调解书。调解书经双方当事人签收后,即具有法律效力。

调解达成协议并即时履行完毕的,可以不制作调解书,但应当制作笔录,经双方当事人、审判人员、书记员签名或者盖章后即发生法律效力。

第一百五十四条 调解未达成协议或者调解书签收前当事人反悔的,附带民事诉讼应当同刑事诉讼一并判决。

第一百五十五条 对附带民事诉讼作出判决,应当根据犯罪行为造成的物质损失,结合案件具体情况,确定被告人应当赔偿的数额。

犯罪行为造成被害人人身损害的,应当赔偿医疗费、护理费、交通费等为治疗和康复支付的合理费用,以及因误工减少的收入。造成被害人残疾的,还应当赔偿残疾生活辅助具费等费用;造成被害人死亡的,还应当赔偿丧葬费等费用。

驾驶机动车致人伤亡或者造成公私财产重大损失,构成犯罪的,依照《中华人民共和国道路交通安全法》第七十六条的规定确定赔偿责任。

附带民事诉讼当事人就民事赔偿问题达成调解、和解协议的,赔偿范围、数额不受第二款、第三款规定的限制。

第一百五十六条 人民检察院提起附带民事诉讼的,人民法院经审理,认为附带民事诉讼被告人依法应当承担赔偿责任的,应当判令附带民事诉讼被告人直接向遭受损失的单位作出赔偿;遭受损失的单位已经终止,有权利义务继受人的,应当判令其向继受人作出赔偿;没有权利义务继受人的,应当判令其向人民检察院交付赔偿款,由人民检察院上缴国库。

第一百五十七条 审理刑事附带民事诉讼案件,人民法院应当结合被告人赔偿被害人物质损失的情况认定其悔罪表现,并在量刑时予以考虑。

第一百五十八条 附带民事诉讼原告人经传唤,无正当理由拒不到庭,或者未经法庭许可中途退庭的,应当按撤诉处理。

刑事被告人以外的附带民事诉讼被告人经传唤,无正当理由拒不到庭,或者未经法庭许可中途退庭的,附带民事部分可以缺席判决。

第一百五十九条 附带民事诉讼应当同刑事案件一并审判,只有为了防止刑事案件审判的过分迟延,才可以在刑事案件审判后,由同一审判组织继续审理附带民事诉讼;同一审判组织的成员确实不能继续参与审判的,可以更换。

第一百六十条 人民法院认定公诉案件被告人的行为不构成犯罪,对已经提起的附带民事诉讼,经调解不能达成协议的,应当一并作出刑事附带民事判决。

人民法院准许人民检察院撤回起诉的公诉案件,对已经提起的附带民事诉讼,可以进行调解;不宜调解或者经调解不能达成协议的,应当裁定驳回起诉,并告知附带民事诉讼原告人可以另行提起民事诉讼。

第一百六十一条 第一审期间未提起附带民事诉讼,在第二审期间提起的,第二审人民法院可以依法进行调解;调解不成的,告知当事人可以在刑事判决、裁定生效后另行提起民事诉讼。

第一百六十二条 人民法院审理附带民事诉讼案件,不收取诉讼费。

第一百六十三条 人民法院审理附带民事诉讼案件,除刑法、刑事诉讼法以及刑事司法解释已有规定的以外,适用民事法律的有关规定。

第一百六十四条 被害人或者其法定代理人、近亲属在刑事诉讼过程中未提起附带民事诉讼,另行提起民事诉讼的,人民法院可以进行调解,或者根据物质损失情况作出判决。

第七章 期间、送达、审理期限

第一百六十五条 以月计算的期限,自本月某日至下月同日为一个月。期限起算日为本月最后一日的,至下月最后一日为一个月。下月同日不存在的,自本月某日至下月最后一日为一个月。半个月一律按十五日计算。

第一百六十六条 当事人由于不能抗拒的原因或者有其他正当理由而耽误期限,依法申请继续进行应当在期满前完成的诉讼活动的,人民法院查证属实后,应当裁定准许。

第一百六十七条 送达诉讼文书,应当由收件人签收。收件人不在的,可以由其成年家属或者所在单位负责收件的人员代收。

收件人或者代收人在送达回证上签收的日期为送达日期。

收件人或者代收人拒绝签收的,送达人可以邀请见证人到场,说明情况,在送达回证上注明拒收的事由和日期,由送达人、见证人签名或者盖章,将诉讼文书留在收件人、代收人的住处或者单位;也可以把诉讼文书留在受送达人的住处,并采用拍照、录像等方式记录送达过程,即视为送达。

第一百六十八条 直接送达诉讼文书有困难的,可以委托收件人所在地的人民法院代为送达,或者邮寄送达。

第一百六十九条 委托送达的,应当将委托函、委托送达的诉讼文书及送达回证寄送受托法院。受托法院收到后,应当登记,在十日内送达收件人,并将送达回证寄送委托法院;无法送达的,应当告知委托法院,并将诉讼文书及送达回证退回。

第一百七十条 邮寄送达的,应当将诉讼文书、送达回证挂号邮寄给收件人。挂号回执上注明的日期为送达日期。

第一百七十一条 诉讼文书的收件人是军人的,可以通过其所在部队团级以上单位的政治部门转交。

收件人正在服刑的,可以通过执行机关转交。

收件人正在被采取强制性教育措施的,可以通过强制性教育机构转交。

由有关部门、单位代为转交诉讼文书的,应当请有关部门、单位收到后立即交收件人签收,并将送达回证及时寄送人民法院。

第一百七十二条 指定管辖案件的审理期限,自被指定管辖的人民法院收到指定管辖决定书和有关案卷、证据材料之日起计算。

第一百七十三条 申请上级人民法院批准延长审理期限,应当在期限届满十五日前层报。有权决定的人民法院不同意延长的,应当在审理期限届满五日前作出决定。

因特殊情况申请最高人民法院批准延长审理期限,最高人民法院经审查,予以批准的,可以延长审理期限一至三个月。期限届满案件仍然不能审结的,可以再次提出申请。

第一百七十四条 审判期间,对被告人作精神病鉴定的时间不计入审理期限。

第八章 审 判 组 织

第一百七十五条 审判长由审判员担任。助理审判员由本院院长提出,经审判委员会通过,可以临时代行审判员职务,并可以担任审判长。

第一百七十六条 开庭审理和评议案件,应当由同一合议庭进行。合议庭成员在评议案件时,应当独立表达意见并说明理由。意见分歧的,应当按多数意见作出决定,但少数意见应当记入笔录。评议笔录由合议庭的组成人员在审阅确认无误后签名。评议情况应当保密。

第一百七十七条 审判员依法独任审判时,行使与审判长相同的职权。

第一百七十八条 合议庭审理、评议后,应当及时作出判决、裁定。

拟判处死刑的案件、人民检察院抗诉的案件,合议庭应当提请院长决定提交审判委员会讨论决定。

对合议庭成员意见有重大分歧的案件、新类型案件、社会影响重大的案件以及其他疑难、复杂、重大的案件,合议庭认为难以作出决定的,可以提请院长决定提交审判委员会讨论决定。

人民陪审员可以要求合议庭将案件提请院长决定是否提交审判委员会讨论决定。

对提请院长决定提交审判委员会讨论决定的案件,院长认为不必要的,可以建议合议庭复议一次。

独任审判的案件,审判员认为有必要的,也可以提请院长决定提交审判委员会讨论决定。

第一百七十九条 审判委员会的决定,合议庭、独任审判员应当执行;有不同意见的,可以建议院长提交审判委员会复议。

第九章 公诉案件第一审普通程序

第一节 审查受理与庭前准备

第一百八十条 对提起公诉的案件,人民法院应当在收到起诉书(一式八份,每增加一名被告人,增加起诉书五份)和案卷、证据后,指定审判人员审查以下内容:

(一)是否属于本院管辖;

(二)起诉书是否写明被告人的身份,是否受过或者正在接受刑事处罚,被采取强制措施的种类、羁押地点,犯罪的时间、地点、手段、后果以及其他可能影响定罪量刑的情节;

(三)是否移送证明指控犯罪事实的证据材料,包括采取技术侦查措施的批准决定和所收集的证据材料;

(四)是否查封、扣押、冻结被告人的违法所得或者其他涉案财物,并附证明相关财物依法应当追缴的证据材料;

(五)是否列明被害人的姓名、住址、联系方式;是否附有证人、鉴定人名单;是否申请法庭通知证人、鉴定人、有专门知识的人出庭,并列明有关人员的姓名、性别、年龄、职业、住址、联系方式;是否附有需要保护的证人、鉴定人、被害人名单;

(六)当事人已委托辩护人、诉讼代理人,或者已接受法律援助的,是否列明辩护人、诉讼代理人的姓名、住址、联系方式;

(七)是否提起附带民事诉讼;提起附带民事诉讼的,是否列明附带民事诉讼当事人的姓名、住址、联系方式，是否附有相关证据材料；

（八）侦查、审查起诉程序的各种法律手续和诉讼文书是否齐全；

（九）有无刑事诉讼法第十五条第二项至第六项规定的不追究刑事责任的情形。

第一百八十一条　人民法院对提起公诉的案件审查后，应当按照下列情形分别处理：

（一）属于告诉才处理的案件，应当退回人民检察院，并告知被害人有权提起自诉；

（二）不属于本院管辖或者被告人不在案的，应当退回人民检察院；

（三）不符合前条第二项至第八项规定之一，需要补充材料的，应当通知人民检察院在三日内补送；

（四）依照刑事诉讼法第一百九十五条第三项规定宣告被告人无罪后，人民检察院根据新的事实、证据重新起诉的，应当依法受理；

（五）依照本解释第二百四十二条规定裁定准许撤诉的案件，没有新的事实、证据，重新起诉的，应当退回人民检察院；

（六）符合刑事诉讼法第十五条第二项至第六项规定情形的，应当裁定终止审理或者退回人民检察院；

（七）被告人真实身份不明，但符合刑事诉讼法第一百五十八条第二款规定的，应当依法受理。

对公诉案件是否受理，应当在七日内审查完毕。

第一百八十二条　开庭审理前，人民法院应当进行下列工作：

（一）确定审判长及合议庭组成人员；

（二）开庭十日前将起诉书副本送达被告人、辩护人；

（三）通知当事人、法定代理人、辩护人、诉讼代理人在开庭五日前提供证人、鉴定人名单，以及拟当庭出示的证据；申请证人、鉴定人、有专门知识的人出庭的，应当列明有关人员的姓名、性别、年龄、职业、住址、联系方式；

（四）开庭三日前将开庭的时间、地点通知人民检察院；

（五）开庭三日前将传唤当事人的传票和通知辩护人、诉讼代理人、法定代理人、证人、鉴定人等出庭的通知书送达；通知有关人员出庭，也可以采取电话、短信、传真、电子邮件等能够确认对方收悉的方式；

（六）公开审理的案件，在开庭三日前公布案由、被告人姓名、开庭时间和地点。

上述工作情况应当记录在案。

第一百八十三条　案件具有下列情形之一的，审判人员可以召开庭前会议：

（一）当事人及其辩护人、诉讼代理人申请排除非法证据的；

（二）证据材料较多、案情重大复杂的；

（三）社会影响重大的；

（四）需要召开庭前会议的其他情形。

召开庭前会议，根据案件情况，可以通知被告人参加。

第一百八十四条 召开庭前会议，审判人员可以就下列问题向控辩双方了解情况，听取意见：

（一）是否对案件管辖有异议；

（二）是否申请有关人员回避；

（三）是否申请调取在侦查、审查起诉期间公安机关、人民检察院收集但未随案移送的证明被告人无罪或者罪轻的证据材料；

（四）是否提供新的证据；

（五）是否对出庭证人、鉴定人、有专门知识的人的名单有异议；

（六）是否申请排除非法证据；

（七）是否申请不公开审理；

（八）与审判相关的其他问题。

审判人员可以询问控辩双方对证据材料有无异议，对有异议的证据，应当在庭审时重点调查；无异议的，庭审时举证、质证可以简化。

被害人或者其法定代理人、近亲属提起附带民事诉讼的，可以调解。

庭前会议情况应当制作笔录。

第一百八十五条 开庭审理前，合议庭可以拟出法庭审理提纲，提纲一般包括下列内容：

（一）合议庭成员在庭审中的分工；

（二）起诉书指控的犯罪事实的重点和认定案件性质的要点；

（三）讯问被告人时需了解的案情要点；

（四）出庭的证人、鉴定人、有专门知识的人、侦查人员的名单；

（五）控辩双方申请当庭出示的证据的目录；

（六）庭审中可能出现的问题及应对措施。

第一百八十六条 审判案件应当公开进行。

案件涉及国家秘密或者个人隐私的，不公开审理；涉及商业秘密，当事人提出申请的，法庭可以决定不公开审理。

不公开审理的案件，任何人不得旁听，但法律另有规定的除外。

第一百八十七条 精神病人、醉酒的人、未经人民法院批准的未成年人以及其他不宜旁听的人不得旁听案件审理。

第一百八十八条 被害人、诉讼代理人经传唤或者通知未到庭，不影响开庭审理的，人民法院可以开庭审理。

辩护人经通知未到庭，被告人同意的，人民法院可以开庭审理，但被告人属于应当提供法律援助情形的除外。

第一百八十九条 开庭审理前，书记员应当依次进行下列工作：

（一）受审判长委托，查明公诉人、当事人、证人及其他诉讼参与人是否到庭；

（二）宣读法庭规则；

（三）请公诉人及相关诉讼参与人入庭；

（四）请审判长、审判员（人民陪审员）入庭；

（五）审判人员就座后，向审判长报告开庭前的准备工作已经就绪。

第二节　宣布开庭与法庭调查

第一百九十条　审判长宣布开庭，传被告人到庭后，应当查明被告人的下列情况：

（一）姓名、出生日期、民族、出生地、文化程度、职业、住址，或者被告单位的名称、住所地、诉讼代表人的姓名、职务；

（二）是否受过法律处分及处分的种类、时间；

（三）是否被采取强制措施及强制措施的种类、时间；

（四）收到起诉书副本的日期；有附带民事诉讼的，附带民事诉讼被告人收到附带民事起诉状的日期。

被告人较多的，可以在开庭前查明上述情况，但开庭时审判长应当作出说明。

第一百九十一条　审判长宣布案件的来源、起诉的案由、附带民事诉讼当事人的姓名及是否公开审理；不公开审理的，应当宣布理由。

第一百九十二条　审判长宣布合议庭组成人员、书记员、公诉人名单及辩护人、鉴定人、翻译人员等诉讼参与人的名单。

第一百九十三条　审判长应当告知当事人及其法定代理人、辩护人、诉讼代理人在法庭审理过程中依法享有下列诉讼权利：

（一）可以申请合议庭组成人员、书记员、公诉人、鉴定人和翻译人员回避；

（二）可以提出证据，申请通知新的证人到庭、调取新的证据，申请重新鉴定或者勘验、检查；

（三）被告人可以自行辩护；

（四）被告人可以在法庭辩论终结后作最后陈述。

第一百九十四条　审判长应当询问当事人及其法定代理人、辩护人、诉讼代理人是否申请回避、申请何人回避和申请回避的理由。

当事人及其法定代理人、辩护人、诉讼代理人申请回避的，依照刑事诉讼法及本解释的有关规定处理。

同意或者驳回回避申请的决定及复议决定，由审判长宣布，并说明理由。必要时，也可以由院长到庭宣布。

第一百九十五条　审判长宣布法庭调查开始后，应当先由公诉人宣读起诉书；有附带民事诉讼的，再由附带民事诉讼原告人或者其法定代理人、诉讼代理人宣读附带民事起诉状。

第一百九十六条　起诉书指控的被告人的犯罪事实为两起以上的，法庭调查一般应当分别进行。

第一百九十七条　在审判长主持下，被告人、被害人可以就起诉书指控的犯罪事实分别陈述。

第一百九十八条　在审判长主持下，公诉人可以就起诉书指控的犯罪事实讯问被告人。

经审判长准许，被害人及其法定代理人、诉讼代理人可以就公诉人讯问的犯罪事实补充发问；附带民事诉讼原告人及其法定代理人、诉讼代理人可以就附带民事部分的事实向被告人发问；被告人的法定代理人、辩护人，附带民事诉讼被告人及其法定代理人、诉讼代理人可以在控诉一方就某一问题讯问完毕后向被告人发问。

第一百九十九条　讯问同案审理的被告人，应当分别进行。必要时，可以传唤同案被告人等到庭对质。

第二百条　经审判长准许，控辩双方可以向被害人、附带民事诉讼原告人发问。

第二百零一条　审判人员可以讯问被告人。必要时，可以向被害人、附带民事诉讼当事人发问。

第二百零二条　公诉人可以提请审判长通知证人、鉴定人出庭作证，或者出示证据。被害人及其法定代理人、诉讼代理人，附带民事诉讼原告人及其诉讼代理人也可以提出申请。

在控诉一方举证后，被告人及其法定代理人、辩护人可以提请审判长通知证人、鉴定人出庭作证，或者出示证据。

第二百零三条　控辩双方申请证人出庭作证，出示证据，应当说明证据的名称、来源和拟证明的事实。法庭认为有必要的，应当准许；对方提出异议，认为有关证据与案件无关或者明显重复、不必要，法庭经审查异议成立的，可以不予准许。

第二百零四条　已经移送人民法院的证据，控辩双方需要出示的，可以向法庭提出申请。法庭同意的，应当指令值庭法警出示、播放；需要宣读的，由值庭法警交由申请人宣读。

第二百零五条　公诉人、当事人或者辩护人、诉讼代理人对证人证言有异议，且该证人证言对定罪量刑有重大影响，或者对鉴定意见有异议，申请法庭通知证人、鉴定人出庭作证，人民法院认为有必要的，应当通知证人、鉴定人出庭；无法通知或者证人、鉴定人拒绝出庭的，应当及时告知申请人。

第二百零六条　证人具有下列情形之一，无法出庭作证的，人民法院可以准许其不出庭：

（一）在庭审期间身患严重疾病或者行动极为不便的；

（二）居所远离开庭地点且交通极为不便的；

（三）身处国外短期无法回国的；

（四）有其他客观原因，确实无法出庭的。

具有前款规定情形的，可以通过视频等方式作证。

第二百零七条　证人出庭作证所支出的交通、住宿、就餐等费用，人民法院应当给予补助。

第二百零八条　强制证人出庭的，应当由院长签发强制证人出庭令。

第二百零九条　审判危害国家安全犯罪、恐怖活动犯罪、黑社会性质的组织犯罪、毒品犯罪等案件，证人、鉴定人、被害人因出庭作证，本人或者其近亲属的人身安全面临危险的，人民法院应当采取不公开其真实姓名、住址和工作单位等个人信息，或者不暴露其外貌、真实声音等保护措施。

审判期间，证人、鉴定人、被害人提出保护请求的，人民法院应当立即审查；认为确有保护必要的，应当及时决定采取相应保护措施。

第二百一十条　决定对出庭作证的证人、鉴定人、被害人采取不公开个人信息的保护措施的，审判人员应当在开庭前核实其身份，对证人、鉴定人如实作证的保证书不得公开，在判决书、裁定书等法律文书中可以使用化名等代替其个人信息。

第二百一十一条　证人、鉴定人到庭后，审判人员应当核实其身份、与当事人以及本案的关系，并告知其有关作证的权利义务和法律责任。

证人、鉴定人作证前，应当保证向法庭如实提供证言、说明鉴定意见，并在保证书上签名。

第二百一十二条　向证人、鉴定人发问，应当先由提请通知的一方进行；发问完毕后，经审判长准许，对方也可以发问。

第二百一十三条　向证人发问应当遵循以下规则：

（一）发问的内容应当与本案事实有关；

（二）不得以诱导方式发问；

（三）不得威胁证人；

（四）不得损害证人的人格尊严。

前款规定适用于对被告人、被害人、附带民事诉讼当事人、鉴定人、有专门知识的人的讯问、发问。

第二百一十四条　控辩双方的讯问、发问方式不当或者内容与本案无关的，对方可以提出异议，申请审判长制止，审判长应当判明情况予以支持或者驳回；对方未提出异议的，审判长也可以根据情况予以制止。

第二百一十五条　审判人员认为必要时，可以询问证人、鉴定人、有专门知识的人。

第二百一十六条　向证人、鉴定人、有专门知识的人发问应当分别进行。证人、鉴定人、有专门知识的人经控辩双方发问或者审判人员询问后，审判长应当告知其退庭。

证人、鉴定人、有专门知识的人不得旁听对本案的审理。

第二百一十七条　公诉人、当事人及其辩护人、诉讼代理人申请法庭通知有专门知识的人出庭，就鉴定意见提出意见的，应当说明理由。法庭认为有必要的，应当通知有专门知识的人出庭。

申请有专门知识的人出庭，不得超过二人。有多种类鉴定意见的，可以相应增加人数。

有专门知识的人出庭，适用鉴定人出庭的有关规定。

第二百一十八条　举证方当庭出示证据后，由对方进行辨认并发表意见。控辩双方可以互相质问、辩论。

第二百一十九条　当庭出示的证据，尚未移送人民法院的，应当在质证后移交法庭。

第二百二十条　法庭对证据有疑问的，可以告知公诉人、当事人及其法定代理人、辩护人、诉讼代理人补充证据或者作出说明；必要时，可以宣布休庭，对证据进行调查核实。

对公诉人、当事人及其法定代理人、辩护人、诉讼代理人补充的和法庭庭外调查核实取得的证据，应当经过当庭质证才能作为定案的根据。但是，经庭外征求意见，控辩双方没有异议的除外。

有关情况，应当记录在案。

第二百二十一条　公诉人申请出示开庭前未移送人民法院的证据，辩护方提出异议的，审判长应当要求公诉人说明理由；理由成立并确有出示必要的，应当准许。

辩护方提出需要对新的证据作辩护准备的，法庭可以宣布休庭，并确定准备辩护的时间。

辩护方申请出示开庭前未提交的证据，参照适用前两款的规定。

第二百二十二条　法庭审理过程中，当事人及其辩护人、诉讼代理人申请通知新的证人到庭，调取新的证据，申请重新鉴定或者勘验的，应当提供证人的姓名、证据的存放地点，说明拟证明的案件事实，要求重新鉴定或者勘验的理由。法庭认为有必要的，应当同意，并宣布延期审理；不同意的，应当说明理由并继续审理。

延期审理的案件，符合刑事诉讼法第二百零二条第一款规定的，可以报请上级人民法院批准延长审理期限。

人民法院同意重新鉴定申请的，应当及时委托鉴定，并将鉴定意见告知人民检察院、当事人及其辩护人、诉讼代理人。

第二百二十三条　审判期间，公诉人发现案件需要补充侦查，建议延期审理的，合议庭应当同意，但建议延期审理不得超过两次。

人民检察院将补充收集的证据移送人民法院的，人民法院应当通知辩护人、诉讼代理人查阅、摘抄、复制。

补充侦查期限届满后，经法庭通知，人民检察院未将案件移送人民法院，且未说明原因的，人民法院可以决定按人民检察院撤诉处理。

第二百二十四条　人民法院向人民检察院调取需要调查核实的证据材料，或者根据被告人、辩护人的申请，向人民检察院调取在侦查、审查起诉期间收集的有关被告人无罪或者罪轻的证据材料，应当通知人民检察院在收到调取证据材料决定书后三日内移交。

第二百二十五条　法庭审理过程中，对与量刑有关的事实、证据，应当进行调查。

人民法院除应当审查被告人是否具有法定量刑情节外，还应当根据案件情况审查以下影响量刑的情节：

（一）案件起因；

（二）被害人有无过错及过错程度，是否对矛盾激化负有责任及责任大小；

（三）被告人的近亲属是否协助抓获被告人；

（四）被告人平时表现，有无悔罪态度；

（五）退赃、退赔及赔偿情况；

（六）被告人是否取得被害人或者其近亲属谅解；

（七）影响量刑的其他情节。

第二百二十六条　审判期间，合议庭发现被告人可能有自首、坦白、立功等法定量刑情节，而人民检察院移送的案卷中没有相关证据材料的，应当通知人民检察院移送。

审判期间，被告人提出新的立功线索的，人民法院可以建议人民检察院补充侦查。

第二百二十七条　对被告人认罪的案件，在确认被告人了解起诉书指控的犯罪事实和罪名，自愿认罪且知悉认罪的法律后果后，法庭调查可以主要围绕量刑和其他有争议的问题进行。

对被告人不认罪或者辩护人作无罪辩护的案件，法庭调查应当在查明定罪事实的基础上，查明有关量刑事实。

第三节　法庭辩论与最后陈述

第二百二十八条　合议庭认为案件事实已经调查清楚的，应当由审判长宣布法庭调查结束，开始就定罪、量刑的事实、证据和适用法律等问题进行法庭辩论。

第二百二十九条　法庭辩论应当在审判长的主持下，按照下列顺序进行：

（一）公诉人发言；

（二）被害人及其诉讼代理人发言；

（三）被告人自行辩护；

（四）辩护人辩护；

（五）控辩双方进行辩论。

第二百三十条　人民检察院可以提出量刑建议并说明理由，量刑建议一般应当具有一定的幅度。当事人及其辩护人、诉讼代理人可以对量刑提出意见并说明理由。

第二百三十一条　对被告人认罪的案件，法庭辩论时，可以引导控辩双方主要围绕量刑和其他有争议的问题进行。

对被告人不认罪或者辩护人作无罪辩护的案件，法庭辩论时，可以引导控辩双方先辩论定罪问题，后辩论量刑问题。

第二百三十二条　附带民事部分的辩论应当在刑事部分的辩论结束后进行，先由附带民事诉讼原告人及其诉讼代理人发言，后由附带民事诉讼被告人及其诉讼代理人答辩。

第二百三十三条　法庭辩论过程中，审判长应当充分听取控辩双方的意见，对控辩双方与案件无关、重复或者指责对方的发言应当提醒、制止。

第二百三十四条　法庭辩论过程中，合议庭发现与定罪、量刑有关的新的事实，有必要调查的，审判长可以宣布暂停辩论，恢复法庭调查，在对新的事实调查后，继续法庭辩论。

第二百三十五条 审判长宣布法庭辩论终结后，合议庭应当保证被告人充分行使最后陈述的权利。被告人在最后陈述中多次重复自己的意见的，审判长可以制止。陈述内容蔑视法庭、公诉人，损害他人及社会公共利益，或者与本案无关的，应当制止。

在公开审理的案件中，被告人最后陈述的内容涉及国家秘密、个人隐私或者商业秘密的，应当制止。

第二百三十六条 被告人在最后陈述中提出新的事实、证据，合议庭认为可能影响正确裁判的，应当恢复法庭调查；被告人提出新的辩解理由，合议庭认为可能影响正确裁判的，应当恢复法庭辩论。

第四节 评议案件与宣告判决

第二百三十七条 被告人最后陈述后，审判长应当宣布休庭，由合议庭进行评议。

第二百三十八条 开庭审理的全部活动，应当由书记员制作笔录；笔录经审判长审阅后，分别由审判长和书记员签名。

第二百三十九条 法庭笔录应当在庭审后交由当事人、法定代理人、辩护人、诉讼代理人阅读或者向其宣读。

法庭笔录中的出庭证人、鉴定人、有专门知识的人的证言、意见部分，应当在庭审后分别交由有关人员阅读或者向其宣读。

前两款所列人员认为记录有遗漏或者差错的，可以请求补充或者改正；确认无误后，应当签名；拒绝签名的，应当记录在案；要求改变庭审中陈述的，不予准许。

第二百四十条 合议庭评议案件，应当根据已经查明的事实、证据和有关法律规定，在充分考虑控辩双方意见的基础上，确定被告人是否有罪、构成何罪，有无从重、从轻、减轻或者免除处罚情节，应否处以刑罚、判处何种刑罚，附带民事诉讼如何解决，查封、扣押、冻结的财物及其孳息如何处理等，并依法作出判决、裁定。

第二百四十一条 对第一审公诉案件，人民法院审理后，应当按照下列情形分别作出判决、裁定：

（一）起诉指控的事实清楚，证据确实、充分，依据法律认定指控被告人的罪名成立的，应当作出有罪判决；

（二）起诉指控的事实清楚，证据确实、充分，指控的罪名与审理认定的罪名不一致的，应当按照审理认定的罪名作出有罪判决；

（三）案件事实清楚，证据确实、充分，依据法律认定被告人无罪的，应当判决宣告被告人无罪；

（四）证据不足，不能认定被告人有罪的，应当以证据不足、指控的犯罪不能成立，判决宣告被告人无罪；

（五）案件部分事实清楚，证据确实、充分的，应当作出有罪或者无罪的判决；对事实不清、证据不足部分，不予认定；

（六）被告人因不满十六周岁，不予刑事处罚的，应当判决宣告被告人不负刑事责任；

（七）被告人是精神病人，在不能辨认或者不能控制自己行为时造成危害结果，不予刑事处罚的，应当判决宣告被告人不负刑事责任；

（八）犯罪已过追诉时效期限且不是必须追诉，或者经特赦令免除刑罚的，应当裁定终止审理；

（九）被告人死亡的，应当裁定终止审理；根据已查明的案件事实和认定的证据，能够确认无罪的，应当判决宣告被告人无罪。

具有前款第二项规定情形的，人民法院应当在判决前听取控辩双方的意见，保障被告人、辩护人充分行使辩护权。必要时，可以重新开庭，组织控辩双方围绕被告人的行为构成何罪进行辩论。

第二百四十二条　宣告判决前，人民检察院要求撤回起诉的，人民法院应当审查撤回起诉的理由，作出是否准许的裁定。

第二百四十三条　审判期间，人民法院发现新的事实，可能影响定罪的，可以建议人民检察院补充或者变更起诉；人民检察院不同意或者在七日内未回复意见的，人民法院应当就起诉指控的犯罪事实，依照本解释第二百四十一条的规定作出判决、裁定。

第二百四十四条　对依照本解释第一百八十一条第一款第四项规定受理的案件，人民法院应当在判决中写明被告人曾被人民检察院提起公诉，因证据不足，指控的犯罪不能成立，被人民法院依法判决宣告无罪的情况；前案依照刑事诉讼法第一百九十五条第三项规定作出的判决不予撤销。

第二百四十五条　合议庭成员应当在评议笔录上签名，在判决书、裁定书等法律文书上署名。

第二百四十六条　裁判文书应当写明裁判依据，阐释裁判理由，反映控辩双方的意见并说明采纳或者不予采纳的理由。

第二百四十七条　当庭宣告判决的，应当在五日内送达判决书。定期宣告判决的，应当在宣判前，先期公告宣判的时间和地点，传唤当事人并通知公诉人、法定代理人、辩护人和诉讼代理人；判决宣告后，应当立即送达判决书。

判决书应当送达人民检察院、当事人、法定代理人、辩护人、诉讼代理人，并可以送达被告人的近亲属。判决生效后，还应当送达被告人的所在单位或者原户籍地的公安派出所，或者被告单位的注册登记机关。

第二百四十八条　宣告判决，一律公开进行。公诉人、辩护人、诉讼代理人、被害人、自诉人或者附带民事诉讼原告人未到庭的，不影响宣判的进行。

宣告判决结果时，法庭内全体人员应当起立。

第五节　法庭纪律与其他规定

第二百四十九条　法庭审理过程中，诉讼参与人、旁听人员应当遵守以下纪律：

（一）服从法庭指挥，遵守法庭礼仪；

（二）不得鼓掌、喧哗、哄闹、随意走动；

（三）不得对庭审活动进行录音、录像、摄影，或者通过发送邮件、博客、微博客等方式传播庭审情况，但经人民法院许可的新闻记者除外；

（四）旁听人员不得发言、提问；

（五）不得实施其他扰乱法庭秩序的行为。

第二百五十条　法庭审理过程中，诉讼参与人或者旁听人员扰乱法庭秩序的，审判长应当按照下列情形分别处理：

（一）情节较轻的，应当警告制止并进行训诫；

（二）不听制止的，可以指令法警强行带出法庭；

（三）情节严重的，报经院长批准后，可以对行为人处一千元以下的罚款或者十五日以下的拘留；

（四）未经许可录音、录像、摄影或者通过邮件、博客、微博客等方式传播庭审情况的，可以暂扣存储介质或者相关设备。

诉讼参与人、旁听人员对罚款、拘留的决定不服的，可以直接向上一级人民法院申请复议，也可以通过决定罚款、拘留的人民法院向上一级人民法院申请复议。通过决定罚款、拘留的人民法院申请复议的，该人民法院应当自收到复议申请之日起三日内，将复议申请、罚款或者拘留决定书和有关事实、证据材料一并报上一级人民法院复议。复议期间，不停止决定的执行。

第二百五十一条　担任辩护人、诉讼代理人的律师严重扰乱法庭秩序，被强行带出法庭或者被处以罚款、拘留的，人民法院应当通报司法行政机关，并可以建议依法给予相应处罚。

第二百五十二条　聚众哄闹、冲击法庭或者侮辱、诽谤、威胁、殴打司法工作人员或者诉讼参与人，严重扰乱法庭秩序，构成犯罪的，应当依法追究刑事责任。

第二百五十三条　辩护人严重扰乱法庭秩序，被强行带出法庭或者被处以罚款、拘留，被告人自行辩护的，庭审继续进行；被告人要求另行委托辩护人，或者被告人属于应当提供法律援助情形的，应当宣布休庭。

第二百五十四条　被告人当庭拒绝辩护人辩护，要求另行委托辩护人或者指派律师的，合议庭应当准许。被告人拒绝辩护人辩护后，没有辩护人的，应当宣布休庭；仍有辩护人的，庭审可以继续进行。

有多名被告人的案件，部分被告人拒绝辩护人辩护后，没有辩护人的，根据案件情况，可以对该被告人另案处理，对其他被告人的庭审继续进行。

重新开庭后，被告人再次当庭拒绝辩护人辩护的，可以准许，但被告人不得再次另行委托辩护人或者要求另行指派律师，由其自行辩护。

被告人属于应当提供法律援助的情形，重新开庭后再次当庭拒绝辩护人辩护的，不予准许。

第二百五十五条　法庭审理过程中，辩护人拒绝为被告人辩护的，应当准许；是否继续庭审，参照适用前条的规定。

第二百五十六条　依照前两条规定另行委托辩护人或者指派律师的，自案件宣布休庭之日起至第十五日止，由辩护人准备辩护，但被告人及其辩护人自愿缩短时间的除外。

第二百五十七条　有多名被告人的案件，部分被告人具有刑事诉讼法第二百条第一款规定情形的，人民法院可以对全案中止审理；根据案件情况，也可以对该部分被告人中止审理，对其他被告人继续审理。

对中止审理的部分被告人，可以根据案件情况另案处理。

第二百五十八条　人民检察院认为人民法院审理案件违反法定程序，在庭审后提出书面纠正意见，人民法院认为正确的，应当采纳。

第十章　自诉案件第一审程序

第二百五十九条　人民法院受理自诉案件必须符合下列条件：

（一）符合刑事诉讼法第二百零四条、本解释第一条的规定；

（二）属于本院管辖；

（三）被害人告诉；

（四）有明确的被告人、具体的诉讼请求和证明被告人犯罪事实的证据。

第二百六十条　本解释第一条规定的案件，如果被害人死亡、丧失行为能力或者因受强制、威吓等无法告诉，或者是限制行为能力人以及因年老、患病、盲、聋、哑等不能亲自告诉，其法定代理人、近亲属告诉或者代为告诉的，人民法院应当依法受理。

被害人的法定代理人、近亲属告诉或者代为告诉，应当提供与被害人关系的证明和被害人不能亲自告诉的原因的证明。

第二百六十一条　提起自诉应当提交刑事自诉状；同时提起附带民事诉讼的，应当提交刑事附带民事自诉状。

第二百六十二条　自诉状应当包括以下内容：

（一）自诉人（代为告诉人）、被告人的姓名、性别、年龄、民族、出生地、文化程度、职业、工作单位、住址、联系方式；

（二）被告人实施犯罪的时间、地点、手段、情节和危害后果等；

（三）具体的诉讼请求；

（四）致送的人民法院和具状时间；

（五）证据的名称、来源等；

（六）证人的姓名、住址、联系方式等。

对两名以上被告人提出告诉的，应当按照被告人的人数提供自诉状副本。

第二百六十三条　对自诉案件，人民法院应当在十五日内审查完毕。经审查，符合受理条件的，应当决定立案，并书面通知自诉人或者代为告诉人。

具有下列情形之一的,应当说服自诉人撤回起诉;自诉人不撤回起诉的,裁定不予受理:

(一)不属于本解释第一条规定的案件的;

(二)缺乏罪证的;

(三)犯罪已过追诉时效期限的;

(四)被告人死亡的;

(五)被告人下落不明的;

(六)除因证据不足而撤诉的以外,自诉人撤诉后,就同一事实又告诉的;

(七)经人民法院调解结案后,自诉人反悔,就同一事实再行告诉的。

第二百六十四条 对已经立案,经审查缺乏罪证的自诉案件,自诉人提不出补充证据的,人民法院应当说服其撤回起诉或者裁定驳回起诉;自诉人撤回起诉或者被驳回起诉后,又提出了新的足以证明被告人有罪的证据,再次提起自诉的,人民法院应当受理。

第二百六十五条 自诉人对不予受理或者驳回起诉的裁定不服的,可以提起上诉。

第二审人民法院查明第一审人民法院作出的不予受理裁定有错误的,应当在撤销原裁定的同时,指令第一审人民法院立案受理;查明第一审人民法院驳回起诉裁定有错误的,应当在撤销原裁定的同时,指令第一审人民法院进行审理。

第二百六十六条 自诉人明知有其他共同侵害人,但只对部分侵害人提起自诉的,人民法院应当受理,并告知其放弃告诉的法律后果;自诉人放弃告诉,判决宣告后又对其他共同侵害人就同一事实提起自诉的,人民法院不予受理。

共同被害人中只有部分人告诉的,人民法院应当通知其他被害人参加诉讼,并告知其不参加诉讼的法律后果。被通知人接到通知后表示不参加诉讼或者不出庭的,视为放弃告诉。第一审宣判后,被通知人就同一事实又提起自诉的,人民法院不予受理。但是,当事人另行提起民事诉讼的,不受本解释限制。

第二百六十七条 被告人实施两个以上犯罪行为,分别属于公诉案件和自诉案件,人民法院可以一并审理。对自诉部分的审理,适用本章的规定。

第二百六十八条 自诉案件当事人因客观原因不能取得的证据,申请人民法院调取的,应当说明理由,并提供相关线索或者材料。人民法院认为有必要的,应当及时调取。

第二百六十九条 对犯罪事实清楚,有足够证据的自诉案件,应当开庭审理。

第二百七十条 自诉案件,符合简易程序适用条件的,可以适用简易程序审理。

不适用简易程序审理的自诉案件,参照适用公诉案件第一审普通程序的有关规定。

第二百七十一条 人民法院审理自诉案件,可以在查明事实、分清是非的基础上,根据自愿、合法的原则进行调解。调解达成协议的,应当制作刑事调解书,由审判人员和书记员署名,并加盖人民法院印章。调解书经双方当事人签收后,即具有法律效力。调解没有达成协议,或者调解书签收前当事人反悔的,应当及时作出判决。

刑事诉讼法第二百零四条第三项规定的案件不适用调解。

第二百七十二条 判决宣告前,自诉案件的当事人可以自行和解,自诉人可以撤回自诉。

人民法院经审查，认为和解、撤回自诉确属自愿的，应当裁定准许；认为系被强迫、威吓等，并非出于自愿的，不予准许。

第二百七十三条　裁定准许撤诉或者当事人自行和解的自诉案件，被告人被采取强制措施的，人民法院应当立即解除。

第二百七十四条　自诉人经两次传唤，无正当理由拒不到庭，或者未经法庭准许中途退庭的，人民法院应当裁定按撤诉处理。

部分自诉人撤诉或者被裁定按撤诉处理的，不影响案件的继续审理。

第二百七十五条　被告人在自诉案件审判期间下落不明的，人民法院应当裁定中止审理。被告人到案后，应当恢复审理，必要时应当对被告人依法采取强制措施。

第二百七十六条　对自诉案件，应当参照刑事诉讼法第一百九十五条和本解释第二百四十一条的有关规定作出判决；对依法宣告无罪的案件，其附带民事部分应当依法进行调解或者一并作出判决。

第二百七十七条　告诉才处理和被害人有证据证明的轻微刑事案件的被告人或者其法定代理人在诉讼过程中，可以对自诉人提起反诉。反诉必须符合下列条件：

（一）反诉的对象必须是本案自诉人；

（二）反诉的内容必须是与本案有关的行为；

（三）反诉的案件必须符合本解释第一条第一项、第二项的规定。

反诉案件适用自诉案件的规定，应当与自诉案件一并审理。自诉人撤诉的，不影响反诉案件的继续审理。

第十一章　单位犯罪案件的审理

第二百七十八条　人民法院受理单位犯罪案件，除依照本解释第一百八十条的有关规定进行审查外，还应当审查起诉书是否列明被告单位的名称、住所地、联系方式，法定代表人、主要负责人以及代表被告单位出庭的诉讼代表人的姓名、职务、联系方式。需要人民检察院补充材料的，应当通知人民检察院在三日内补送。

第二百七十九条　被告单位的诉讼代表人，应当是法定代表人或者主要负责人；法定代表人或者主要负责人被指控为单位犯罪直接负责的主管人员或者因客观原因无法出庭的，应当由被告单位委托其他负责人或者职工作为诉讼代表人。但是，有关人员被指控为单位犯罪的其他直接责任人员或者知道案件情况、负有作证义务的除外。

第二百八十条　开庭审理单位犯罪案件，应当通知被告单位的诉讼代表人出庭；没有诉讼代表人参与诉讼的，应当要求人民检察院确定。

被告单位的诉讼代表人不出庭的，应当按照下列情形分别处理：

（一）诉讼代表人系被告单位的法定代表人或者主要负责人，无正当理由拒不出庭的，可以拘传其到庭；因客观原因无法出庭，或者下落不明的，应当要求人民检察院另行确定诉讼代表人；

（二）诉讼代表人系被告单位的其他人员的，应当要求人民检察院另行确定诉讼代表人出庭。

第二百八十一条 被告单位的诉讼代表人享有刑事诉讼法规定的有关被告人的诉讼权利。开庭时，诉讼代表人席位置于审判台前左侧，与辩护人席并列。

第二百八十二条 被告单位委托辩护人，参照适用本解释的有关规定。

第二百八十三条 对应当认定为单位犯罪的案件，人民检察院只作为自然人犯罪起诉的，人民法院应当建议人民检察院对犯罪单位补充起诉。人民检察院仍以自然人犯罪起诉的，人民法院应当依法审理，按照单位犯罪中的直接负责的主管人员或者其他直接责任人员追究刑事责任，并援引刑法分则关于追究单位犯罪中直接负责的主管人员和其他直接责任人员刑事责任的条款。

第二百八十四条 被告单位的违法所得及其孳息，尚未被依法追缴或者查封、扣押、冻结的，人民法院应当决定追缴或者查封、扣押、冻结。

第二百八十五条 为保证判决的执行，人民法院可以先行查封、扣押、冻结被告单位的财产，或者由被告单位提出担保。

第二百八十六条 审判期间，被告单位被撤销、注销、吊销营业执照或者宣告破产的，对单位犯罪直接负责的主管人员和其他直接责任人员应当继续审理。

第二百八十七条 审判期间，被告单位合并、分立的，应当将原单位列为被告单位，并注明合并、分立情况。对被告单位所判处的罚金以其在新单位的财产及收益为限。

第二百八十八条 审理单位犯罪案件，本章没有规定的，参照适用本解释的有关规定。

第十二章 简易程序

第二百八十九条 基层人民法院受理公诉案件后，经审查认为案件事实清楚、证据充分的，在将起诉书副本送达被告人时，应当询问被告人对指控的犯罪事实的意见，告知其适用简易程序的法律规定。被告人对指控的犯罪事实没有异议并同意适用简易程序的，可以决定适用简易程序，并在开庭前通知人民检察院和辩护人。

对人民检察院建议适用简易程序审理的案件，依照前款的规定处理；不符合简易程序适用条件的，应当通知人民检察院。

第二百九十条 具有下列情形之一的，不适用简易程序：

（一）被告人是盲、聋、哑人；

（二）被告人是尚未完全丧失辨认或者控制自己行为能力的精神病人；

（三）有重大社会影响的；

（四）共同犯罪案件中部分被告人不认罪或者对适用简易程序有异议的；

（五）辩护人作无罪辩护的；

（六）被告人认罪但经审查认为可能不构成犯罪的；

（七）不宜适用简易程序审理的其他情形。

第二百九十一条 适用简易程序审理的案件，符合刑事诉讼法第三十四条第一款规定的，人民法院应当告知被告人及其近亲属可以申请法律援助。

第二百九十二条 适用简易程序审理案件，人民法院应当在开庭三日前，将开庭的时间、地点通知人民检察院、自诉人、被告人、辩护人，也可以通知其他诉讼参与人。

通知可以采用简便方式，但应当记录在案。

第二百九十三条 适用简易程序审理案件，被告人有辩护人的，应当通知其出庭。

第二百九十四条 适用简易程序审理案件，审判长或者独任审判员应当当庭询问被告人对指控的犯罪事实的意见，告知被告人适用简易程序审理的法律规定，确认被告人是否同意适用简易程序。

第二百九十五条 适用简易程序审理案件，可以对庭审作如下简化：

（一）公诉人可以摘要宣读起诉书；

（二）公诉人、辩护人、审判人员对被告人的讯问、发问可以简化或者省略；

（三）对控辩双方无异议的证据，可以仅就证据的名称及所证明的事项作出说明；对控辩双方有异议，或者法庭认为有必要调查核实的证据，应当出示，并进行质证；

（四）控辩双方对与定罪量刑有关的事实、证据没有异议的，法庭审理可以直接围绕罪名确定和量刑问题进行。

适用简易程序审理案件，判决宣告前应当听取被告人的最后陈述。

第二百九十六条 适用简易程序独任审判过程中，发现对被告人可能判处的有期徒刑超过三年的，应当转由合议庭审理。

第二百九十七条 适用简易程序审理案件，一般应当当庭宣判。

第二百九十八条 适用简易程序审理案件，在法庭审理过程中，有下列情形之一的，应当转为普通程序审理：

（一）被告人的行为可能不构成犯罪的；

（二）被告人可能不负刑事责任的；

（三）被告人当庭对起诉指控的犯罪事实予以否认的；

（四）案件事实不清、证据不足的；

（五）不应当或者不宜适用简易程序的其他情形。

转为普通程序审理的案件，审理期限应当从决定转为普通程序之日起计算。

第十三章　第二审程序

第二百九十九条 地方各级人民法院在宣告第一审判决、裁定时，应当告知被告人、自诉人及其法定代理人不服判决、裁定的，有权在法定期限内以书面或者口头形式，通过本院或者直接向上一级人民法院提出上诉；被告人的辩护人、近亲属经被告人同意，也可以提出上诉；附带民事诉讼当事人及其法定代理人，可以对判决、裁定中的附带民事部分提出上诉。

被告人、自诉人、附带民事诉讼当事人及其法定代理人是否提出上诉,以其在上诉期满前最后一次的意思表示为准。

第三百条 人民法院受理的上诉案件,一般应当有上诉状正本及副本。

上诉状内容应当包括:第一审判决书、裁定书的文号和上诉人收到的时间,第一审人民法院的名称,上诉的请求和理由,提出上诉的时间。被告人的辩护人、近亲属经被告人同意提出上诉的,还应当写明其与被告人的关系,并应当以被告人作为上诉人。

第三百零一条 上诉、抗诉必须在法定期限内提出。不服判决的上诉、抗诉的期限为十日;不服裁定的上诉、抗诉的期限为五日。上诉、抗诉的期限,从接到判决书、裁定书的第二日起计算。

对附带民事判决、裁定的上诉、抗诉期限,应当按照刑事部分的上诉、抗诉期限确定。附带民事部分另行审判的,上诉期限也应当按照刑事诉讼法规定的期限确定。

第三百零二条 上诉人通过第一审人民法院提出上诉的,第一审人民法院应当审查。上诉符合法律规定的,应当在上诉期满后三日内将上诉状连同案卷、证据移送上一级人民法院,并将上诉状副本送交同级人民检察院和对方当事人。

第三百零三条 上诉人直接向第二审人民法院提出上诉的,第二审人民法院应当在收到上诉状后三日内将上诉状交第一审人民法院。第一审人民法院应当审查上诉是否符合法律规定。符合法律规定的,应当在接到上诉状后三日内将上诉状连同案卷、证据移送上一级人民法院,并将上诉状副本送交同级人民检察院和对方当事人。

第三百零四条 上诉人在上诉期限内要求撤回上诉的,人民法院应当准许。

第三百零五条 上诉人在上诉期满后要求撤回上诉的,第二审人民法院应当审查。经审查,认为原判认定事实和适用法律正确,量刑适当的,应当裁定准许撤回上诉;认为原判事实不清、证据不足或者将无罪判为有罪、轻罪重判等的,应当不予准许,继续按照上诉案件审理。

被判处死刑立即执行的被告人提出上诉,在第二审开庭后宣告裁判前申请撤回上诉的,应当不予准许,继续按照上诉案件审理。

第三百零六条 地方各级人民检察院对同级人民法院第一审判决、裁定的抗诉,应当通过第一审人民法院提交抗诉书。第一审人民法院应当在抗诉期满后三日内将抗诉书连同案卷、证据移送上一级人民法院,并将抗诉书副本送交当事人。

第三百零七条 人民检察院在抗诉期限内撤回抗诉的,第一审人民法院不再向上一级人民法院移送案件;在抗诉期满后第二审人民法院宣告裁判前撤回抗诉的,第二审人民法院可以裁定准许,并通知第一审人民法院和当事人。

第三百零八条 在上诉、抗诉期满前撤回上诉、抗诉的,第一审判决、裁定在上诉、抗诉期满之日起生效。在上诉、抗诉期满后要求撤回上诉、抗诉,第二审人民法院裁定准许的,第一审判决、裁定应当自第二审裁定书送达上诉人或者抗诉机关之日起生效。

第三百零九条 第二审人民法院对第一审人民法院移送的上诉、抗诉案卷、证据,应当审查是否包括下列内容：

（一）移送上诉、抗诉案件函；

（二）上诉状或者抗诉书；

（三）第一审判决书、裁定书八份（每增加一名被告人增加一份）及其电子文本；

（四）全部案卷、证据，包括案件审理报告和其他应当移送的材料。

前款所列材料齐全的，第二审人民法院应当收案；材料不全的，应当通知第一审人民法院及时补送。

第三百一十条 第二审人民法院审理上诉、抗诉案件，应当就第一审判决、裁定认定的事实和适用法律进行全面审查，不受上诉、抗诉范围的限制。

第三百一十一条 共同犯罪案件，只有部分被告人提出上诉，或者自诉人只对部分被告人的判决提出上诉，或者人民检察院只对部分被告人的判决提出抗诉的，第二审人民法院应当对全案进行审查，一并处理。

第三百一十二条 共同犯罪案件，上诉的被告人死亡，其他被告人未上诉的，第二审人民法院仍应对全案进行审查。经审查，死亡的被告人不构成犯罪的，应当宣告无罪；构成犯罪的，应当终止审理。对其他同案被告人仍应作出判决、裁定。

第三百一十三条 刑事附带民事诉讼案件，只有附带民事诉讼当事人及其法定代理人上诉的，第二审人民法院应当对全案进行审查。经审查，第一审判决的刑事部分并无不当的，第二审人民法院只需就附带民事部分作出处理；第一审判决的附带民事部分事实清楚，适用法律正确的，应当以刑事附带民事裁定维持原判，驳回上诉。

第三百一十四条 刑事附带民事诉讼案件，只有附带民事诉讼当事人及其法定代理人上诉的，第一审刑事部分的判决在上诉期满后即发生法律效力。

应当送监执行的第一审刑事被告人是第二审附带民事诉讼被告人的，在第二审附带民事诉讼案件审结前，可以暂缓送监执行。

第三百一十五条 对上诉、抗诉案件，应当着重审查下列内容：

（一）第一审判决认定的事实是否清楚，证据是否确实、充分；

（二）第一审判决适用法律是否正确，量刑是否适当；

（三）在侦查、审查起诉、第一审程序中，有无违反法定诉讼程序的情形；

（四）上诉、抗诉是否提出新的事实、证据；

（五）被告人的供述和辩解情况；

（六）辩护人的辩护意见及采纳情况；

（七）附带民事部分的判决、裁定是否合法、适当；

（八）第一审人民法院合议庭、审判委员会讨论的意见。

第三百一十六条 第二审期间，被告人除自行辩护外，还可以继续委托第一审辩护人或者另行委托辩护人辩护。

共同犯罪案件，只有部分被告人提出上诉，或者自诉人只对部分被告人的判决提出上诉,或者人民检察院只对部分被告人的判决提出抗诉的,其他同案被告人也可以委托辩护人辩护。

第三百一十七条 下列案件,根据刑事诉讼法第二百二十三条第一款的规定,应当开庭审理:

(一)被告人、自诉人及其法定代理人对第一审认定的事实、证据提出异议,可能影响定罪量刑的上诉案件;

(二)被告人被判处死刑立即执行的上诉案件;

(三)人民检察院抗诉的案件;

(四)应当开庭审理的其他案件。

被判处死刑立即执行的被告人没有上诉,同案的其他被告人上诉的案件,第二审人民法院应当开庭审理。

被告人被判处死刑缓期执行的上诉案件,虽不属于第一款第一项规定的情形,有条件的,也应当开庭审理。

第三百一十八条 对上诉、抗诉案件,第二审人民法院经审查,认为原判事实不清、证据不足,或者具有刑事诉讼法第二百二十七条规定的违反法定诉讼程序情形,需要发回重新审判的,可以不开庭审理。

第三百一十九条 第二审期间,人民检察院或者被告人及其辩护人提交新证据的,人民法院应当及时通知对方查阅、摘抄或者复制。

第三百二十条 开庭审理第二审公诉案件,应当在决定开庭审理后及时通知人民检察院查阅案卷。自通知后的第二日起,人民检察院查阅案卷的时间不计入审理期限。

第三百二十一条 开庭审理上诉、抗诉的公诉案件,应当通知同级人民检察院派员出庭。

抗诉案件,人民检察院接到开庭通知后不派员出庭,且未说明原因的,人民法院可以裁定按人民检察院撤回抗诉处理,并通知第一审人民法院和当事人。

第三百二十二条 开庭审理上诉、抗诉案件,除参照适用第一审程序的有关规定外,应当按照下列规定进行:

(一)法庭调查阶段,审判人员宣读第一审判决书、裁定书后,上诉案件由上诉人或者辩护人先宣读上诉状或者陈述上诉理由,抗诉案件由检察员先宣读抗诉书;既有上诉又有抗诉的案件,先由检察员宣读抗诉书,再由上诉人或者辩护人宣读上诉状或者陈述上诉理由;

(二)法庭辩论阶段,上诉案件,先由上诉人、辩护人发言,后由检察员、诉讼代理人发言;抗诉案件,先由检察员、诉讼代理人发言,后由被告人、辩护人发言;既有上诉又有抗诉的案件,先由检察员、诉讼代理人发言,后由上诉人、辩护人发言。

第三百二十三条 开庭审理上诉、抗诉案件,可以重点围绕对第一审判决、裁定有争议的问题或者有疑问的部分进行。根据案件情况,可以按照下列方式审理:

(一)宣读第一审判决书,可以只宣读案由、主要事实、证据名称和判决主文等;

（二）法庭调查应当重点围绕对第一审判决提出异议的事实、证据以及提交的新的证据等进行；对没有异议的事实、证据和情节，可以直接确认；

（三）对同案审理案件中未上诉的被告人，未被申请出庭或者人民法院认为没有必要到庭的，可以不再传唤到庭；

（四）被告人犯有数罪的案件，对其中事实清楚且无异议的犯罪，可以不在庭审时审理。

同案审理的案件，未提出上诉、人民检察院也未对其判决提出抗诉的被告人要求出庭的，应当准许。出庭的被告人可以参加法庭调查和辩论。

第三百二十四条 第二审案件依法不开庭审理的，应当讯问被告人，听取其他当事人、辩护人、诉讼代理人的意见。合议庭全体成员应当阅卷，必要时应当提交书面阅卷意见。

第三百二十五条 审理被告人或者其法定代理人、辩护人、近亲属提出上诉的案件，不得加重被告人的刑罚，并应当执行下列规定：

（一）同案审理的案件，只有部分被告人上诉的，既不得加重上诉人的刑罚，也不得加重其他同案被告人的刑罚；

（二）原判事实清楚，证据确实、充分，只是认定的罪名不当的，可以改变罪名，但不得加重刑罚；

（三）原判对被告人实行数罪并罚的，不得加重决定执行的刑罚，也不得加重数罪中某罪的刑罚；

（四）原判对被告人宣告缓刑的，不得撤销缓刑或者延长缓刑考验期；

（五）原判没有宣告禁止令的，不得增加宣告；原判宣告禁止令的，不得增加内容、延长期限；

（六）原判对被告人判处死刑缓期执行没有限制减刑的，不得限制减刑；

（七）原判事实清楚，证据确实、充分，但判处的刑罚畸轻、应当适用附加刑而没有适用的，不得直接加重刑罚、适用附加刑，也不得以事实不清、证据不足为由发回第一审人民法院重新审判。必须依法改判的，应当在第二审判决、裁定生效后，依照审判监督程序重新审判。

人民检察院抗诉或者自诉人上诉的案件，不受前款规定的限制。

第三百二十六条 人民检察院只对部分被告人的判决提出抗诉，或者自诉人只对部分被告人的判决提出上诉的，第二审人民法院不得对其他同案被告人加重刑罚。

第三百二十七条 被告人或者其法定代理人、辩护人、近亲属提出上诉的案件，第二审人民法院发回重新审判后，除有新的犯罪事实，人民检察院补充起诉的以外，原审人民法院不得加重被告人的刑罚。

第三百二十八条 原判事实不清、证据不足，第二审人民法院发回重新审判的案件，原审人民法院重新作出判决后，被告人上诉或者人民检察院抗诉的，第二审人民法院应当依法作出判决、裁定，不得再发回重新审判。

第三百二十九条 第二审人民法院发现原审人民法院在重新审判过程中，有刑事诉讼法第二百二十七条规定的情形之一，或者违反第二百二十八条规定的，应当裁定撤销原判，发回重新审判。

第三百三十条 第二审人民法院审理对刑事部分提出上诉、抗诉,附带民事部分已经发生法律效力的案件,发现第一审判决、裁定中的附带民事部分确有错误的,应当依照审判监督程序对附带民事部分予以纠正。

第三百三十一条 第二审人民法院审理对附带民事部分提出上诉,刑事部分已经发生法律效力的案件,发现第一审判决、裁定中的刑事部分确有错误的,应当依照审判监督程序对刑事部分进行再审,并将附带民事部分与刑事部分一并审理。

第三百三十二条 第二审期间,第一审附带民事诉讼原告人增加独立的诉讼请求或者第一审附带民事诉讼被告人提出反诉的,第二审人民法院可以根据自愿、合法的原则进行调解;调解不成的,告知当事人另行起诉。

第三百三十三条 对第二审自诉案件,必要时可以调解,当事人也可以自行和解。调解结案的,应当制作调解书,第一审判决、裁定视为自动撤销;当事人自行和解的,应当裁定准许撤回自诉,并撤销第一审判决、裁定。

第三百三十四条 第二审期间,自诉案件的当事人提出反诉的,应当告知其另行起诉。

第三百三十五条 第二审人民法院可以委托第一审人民法院代为宣判,并向当事人送达第二审判决书、裁定书。第一审人民法院应当在代为宣判后五日内将宣判笔录送交第二审人民法院,并在送达完毕后及时将送达回证送交第二审人民法院。

委托宣判的,第二审人民法院应当直接向同级人民检察院送达第二审判决书、裁定书。

第十四章 在法定刑以下判处刑罚和特殊假释的核准

第三百三十六条 报请最高人民法院核准在法定刑以下判处刑罚的案件,应当按照下列情形分别处理:

(一)被告人未上诉、人民检察院未抗诉的,在上诉、抗诉期满后三日内报请上一级人民法院复核。上一级人民法院同意原判的,应当书面层报最高人民法院核准;不同意的,应当裁定发回重新审判,或者改变管辖按照第一审程序重新审理。原判是基层人民法院作出的,高级人民法院可以指定中级人民法院按照第一审程序重新审理;

(二)被告人上诉或者人民检察院抗诉的,应当依照第二审程序审理。第二审维持原判,或者改判后仍在法定刑以下判处刑罚的,应当依照前项规定层报最高人民法院核准。

第三百三十七条 报请最高人民法院核准在法定刑以下判处刑罚的案件,应当报送判决书、报请核准的报告各五份,以及全部案卷、证据。

第三百三十八条 对在法定刑以下判处刑罚的案件,最高人民法院予以核准的,应当作出核准裁定书;不予核准的,应当作出不核准裁定书,并撤销原判决、裁定,发回原审人民法院重新审判或者指定其他下级人民法院重新审判。

第三百三十九条 依照本解释第三百三十六条、第三百三十八条规定发回第二审人民法院重新审判的案件,第二审人民法院可以直接改判;必须通过开庭查清事实、核实证据或者纠正原审程序违法的,应当开庭审理。

第三百四十条 最高人民法院和上级人民法院复核在法定刑以下判处刑罚案件的审理期限,参照适用刑事诉讼法第二百三十二条的规定。

第三百四十一条 报请最高人民法院核准因罪犯具有特殊情况,不受执行刑期限制的假释案件,应当按照下列情形分别处理:

(一)中级人民法院依法作出假释裁定后,应当报请高级人民法院复核。高级人民法院同意的,应当书面报请最高人民法院核准;不同意的,应当裁定撤销中级人民法院的假释裁定;

(二)高级人民法院依法作出假释裁定的,应当报请最高人民法院核准。

第三百四十二条 报请最高人民法院核准因罪犯具有特殊情况,不受执行刑期限制的假释案件,应当报送报请核准的报告、罪犯具有特殊情况的报告、假释裁定书各五份,以及全部案卷。

第三百四十三条 对因罪犯具有特殊情况,不受执行刑期限制的假释案件,最高人民法院予以核准的,应当作出核准裁定书;不予核准的,应当作出不核准裁定书,并撤销原裁定。

第十五章 死刑复核程序

第三百四十四条 报请最高人民法院核准死刑案件,应当按照下列情形分别处理:

(一)中级人民法院判处死刑的第一审案件,被告人未上诉、人民检察院未抗诉的,在上诉、抗诉期满后十日内报请高级人民法院复核。高级人民法院同意判处死刑的,应当在作出裁定后十日内报请最高人民法院核准;不同意的,应当依照第二审程序提审或者发回重新审判;

(二)中级人民法院判处死刑的第一审案件,被告人上诉或者人民检察院抗诉,高级人民法院裁定维持的,应当在作出裁定后十日内报请最高人民法院核准;

(三)高级人民法院判处死刑的第一审案件,被告人未上诉、人民检察院未抗诉的,应当在上诉、抗诉期满后十日内报请最高人民法院核准。

高级人民法院复核死刑案件,应当讯问被告人。

第三百四十五条 中级人民法院判处死刑缓期执行的第一审案件,被告人未上诉、人民检察院未抗诉的,应当报请高级人民法院核准。

高级人民法院复核死刑缓期执行案件,应当讯问被告人。

第三百四十六条 报请复核的死刑、死刑缓期执行案件,应当一案一报。报送的材料包括报请复核的报告,第一、二审裁判文书,死刑案件综合报告各五份以及全部案卷、证据。死刑案件综合报告,第一、二审裁判文书和审理报告应当附送电子文本。

同案审理的案件应当报送全案案卷、证据。

曾经发回重新审判的案件,原第一、二审案卷应当一并报送。

第三百四十七条 报请复核的报告,应当写明案由、简要案情、审理过程和判决结果。

死刑案件综合报告应当包括以下内容:

(一)被告人、被害人的基本情况。被告人有前科或者曾受过行政处罚的,应当写明;

(二)案件的由来和审理经过。案件曾经发回重新审判的,应当写明发回重新审判的原因、时间、案号等;

(三)案件侦破情况。通过技术侦查措施抓获被告人、侦破案件,以及与自首、立功认定有关的情况,应当写明;

(四)第一审审理情况。包括控辩双方意见,第一审认定的犯罪事实,合议庭和审判委员会意见;

(五)第二审审理或者高级人民法院复核情况。包括上诉理由、检察机关意见,第二审审理或者高级人民法院复核认定的事实,证据采信情况及理由,控辩双方意见及采纳情况;

(六)需要说明的问题。包括共同犯罪案件中另案处理的同案犯的定罪量刑情况,案件有无重大社会影响,以及当事人的反应等情况;

(七)处理意见。写明合议庭和审判委员会的意见。

第三百四十八条 复核死刑、死刑缓期执行案件,应当全面审查以下内容:

(一)被告人的年龄,被告人有无刑事责任能力、是否系怀孕的妇女;

(二)原判认定的事实是否清楚,证据是否确实、充分;

(三)犯罪情节、后果及危害程度;

(四)原判适用法律是否正确,是否必须判处死刑,是否必须立即执行;

(五)有无法定、酌定从重、从轻或者减轻处罚情节;

(六)诉讼程序是否合法;

(七)应当审查的其他情况。

第三百四十九条 高级人民法院复核死刑缓期执行案件,应当按照下列情形分别处理:

(一)原判认定事实和适用法律正确、量刑适当、诉讼程序合法的,应当裁定核准;

(二)原判认定的某一具体事实或者引用的法律条款等存在瑕疵,但判处被告人死刑缓期执行并无不当的,可以在纠正后作出核准的判决、裁定;

(三)原判认定事实正确,但适用法律有错误,或者量刑过重的,应当改判;

(四)原判事实不清、证据不足的,可以裁定不予核准,并撤销原判,发回重新审判,或者依法改判;

(五)复核期间出现新的影响定罪量刑的事实、证据的,可以裁定不予核准,并撤销原判,发回重新审判,或者依照本解释第二百二十条规定审理后依法改判;

(六)原审违反法定诉讼程序,可能影响公正审判的,应当裁定不予核准,并撤销原判,发回重新审判。

高级人民法院复核死刑缓期执行案件,不得加重被告人的刑罚。

第三百五十条 最高人民法院复核死刑案件,应当按照下列情形分别处理:

（一）原判认定事实和适用法律正确、量刑适当、诉讼程序合法的，应当裁定核准；

（二）原判认定的某一具体事实或者引用的法律条款等存在瑕疵，但判处被告人死刑并无不当的，可以在纠正后作出核准的判决、裁定；

（三）原判事实不清、证据不足的，应当裁定不予核准，并撤销原判，发回重新审判；

（四）复核期间出现新的影响定罪量刑的事实、证据的，应当裁定不予核准，并撤销原判，发回重新审判；

（五）原判认定事实正确，但依法不应当判处死刑的，应当裁定不予核准，并撤销原判，发回重新审判；

（六）原审违反法定诉讼程序，可能影响公正审判的，应当裁定不予核准，并撤销原判，发回重新审判。

第三百五十一条　对一人有两罪以上被判处死刑的数罪并罚案件，最高人民法院复核后，认为其中部分犯罪的死刑判决、裁定事实不清、证据不足的，应当对全案裁定不予核准，并撤销原判，发回重新审判；认为其中部分犯罪的死刑判决、裁定认定事实正确，但依法不应当判处死刑的，可以改判，并对其他应当判处死刑的犯罪作出核准死刑的判决。

第三百五十二条　对有两名以上被告人被判处死刑的案件，最高人民法院复核后，认为其中部分被告人的死刑判决、裁定事实不清、证据不足的，应当对全案裁定不予核准，并撤销原判，发回重新审判；认为其中部分被告人的死刑判决、裁定认定事实正确，但依法不应当判处死刑的，可以改判，并对其他应当判处死刑的被告人作出核准死刑的判决。

第三百五十三条　最高人民法院裁定不予核准死刑的，根据案件情况，可以发回第二审人民法院或者第一审人民法院重新审判。

第一审人民法院重新审判的，应当开庭审理。第二审人民法院重新审判的，可以直接改判；必须通过开庭查清事实、核实证据或者纠正原审程序违法的，应当开庭审理。

第三百五十四条　高级人民法院依照复核程序审理后报请最高人民法院核准死刑，最高人民法院裁定不予核准，发回高级人民法院重新审判的，高级人民法院可以依照第二审程序提审或者发回重新审判。

第三百五十五条　最高人民法院裁定不予核准死刑，发回重新审判的案件，原审人民法院应当另行组成合议庭审理，但本解释第三百五十条第四项、第五项规定的案件除外。

第三百五十六条　死刑复核期间，辩护律师要求当面反映意见的，最高人民法院有关合议庭应当在办公场所听取其意见，并制作笔录；辩护律师提出书面意见的，应当附卷。

第三百五十七条　死刑复核期间，最高人民检察院提出意见的，最高人民法院应当审查，并将采纳情况及理由反馈最高人民检察院。

第三百五十八条　最高人民法院应当根据有关规定向最高人民检察院通报死刑案件复核结果。

第十六章　查封、扣押、冻结财物及其处理

第三百五十九条　人民法院对查封、扣押、冻结的被告人财物及其孳息，应当妥善保管，

并制作清单,附卷备查;对人民检察院随案移送的被告人财物及其孳息,应当根据清单核查后妥善保管。任何单位和个人不得挪用或者自行处理。

查封不动产、车辆、船舶、航空器等财物,应当扣押其权利证书,经拍照或者录像后原地封存,或者交持有人、被告人的近亲属保管,登记并写明财物的名称、型号、权属、地址等详细情况,并通知有关财物的登记、管理部门办理查封登记手续。

扣押物品,应当登记并写明物品名称、型号、规格、数量、重量、质量、成色、纯度、颜色、新旧程度、缺损特征和来源等。扣押货币、有价证券,应当登记并写明货币、有价证券的名称、数额、面额等,货币应当存入银行专门账户,并登记银行存款凭证的名称、内容。扣押文物、金银、珠宝、名贵字画等贵重物品以及违禁品,应当拍照,需要鉴定的,应当及时鉴定。对扣押的物品应当根据有关规定及时估价。

冻结存款、汇款、债券、股票、基金份额等财产,应当登记并写明编号、种类、面值、张数、金额等。

第三百六十条 对被害人的合法财产,权属明确的,应当依法及时返还,但须经拍照、鉴定、估价,并在案卷中注明返还的理由,将原物照片、清单和被害人的领取手续附卷备查;权属不明的,应当在人民法院判决、裁定生效后,按比例返还被害人,但已获退赔的部分应予扣除。

第三百六十一条 审判期间,权利人申请出卖被扣押、冻结的债券、股票、基金份额等财产,人民法院经审查,认为不损害国家利益、被害人利益,不影响诉讼正常进行的,以及扣押、冻结的汇票、本票、支票有效期即将届满的,可以在判决、裁定生效前依法出卖,所得价款由人民法院保管,并及时告知当事人或者其近亲属。

第三百六十二条 对作为证据使用的实物,包括作为物证的货币、有价证券等,应当随案移送。第一审判决、裁定宣告后,被告人上诉或者人民检察院抗诉的,第一审人民法院应当将上述证据移送第二审人民法院。

第三百六十三条 对不宜移送的实物,应当根据情况,分别审查以下内容:

(一)大宗的、不便搬运的物品,查封、扣押机关是否随案移送查封、扣押清单,并附原物照片和封存手续,注明存放地点等;

(二)易腐烂、霉变和不易保管的物品,查封、扣押机关变卖处理后,是否随案移送原物照片、清单、变价处理的凭证(复印件)等;

(三)枪支弹药、剧毒物品、易燃易爆物品以及其他违禁品、危险物品,查封、扣押机关根据有关规定处理后,是否随案移送原物照片和清单等。

上述不宜移送的实物,应当依法鉴定、估价的,还应当审查是否附有鉴定、估价意见。

对查封、扣押的货币、有价证券等未移送的,应当审查是否附有原物照片、清单或者其他证明文件。

第三百六十四条 法庭审理过程中,对查封、扣押、冻结的财物及其孳息,应当调查其权属情况,是否属于违法所得或者依法应当追缴的其他涉案财物。

案外人对查封、扣押、冻结的财物及其孳息提出权属异议的，人民法院应当审查并依法处理。

经审查，不能确认查封、扣押、冻结的财物及其孳息属于违法所得或者依法应当追缴的其他涉案财物的，不得没收。

第三百六十五条　对查封、扣押、冻结的财物及其孳息，应当在判决书中写明名称、金额、数量、存放地点及其处理方式等。涉案财物较多，不宜在判决主文中详细列明的，可以附清单。

涉案财物未随案移送的，应当在判决书中写明，并写明由查封、扣押、冻结机关负责处理。

第三百六十六条　查封、扣押、冻结的财物及其孳息，经审查，确属违法所得或者依法应当追缴的其他涉案财物的，应当判决返还被害人，或者没收上缴国库，但法律另有规定的除外。

判决返还被害人的涉案财物，应当通知被害人认领；无人认领的，应当公告通知；公告满三个月无人认领的，应当上缴国库；上缴国库后有人认领，经查证属实的，应当申请退库予以返还；原物已经拍卖、变卖的，应当返还价款。

对侵犯国有财产的案件，被害单位已经终止且没有权利义务继受人，或者损失已经被核销的，查封、扣押、冻结的财物及其孳息应当上缴国库。

第三百六十七条　随案移送的或者人民法院查封、扣押的财物及其孳息，由第一审人民法院在判决生效后负责处理。

涉案财物未随案移送的，人民法院应当在判决生效后十日内，将判决书、裁定书送达查封、扣押机关，并告知其在一个月内将执行回单送回。

第三百六十八条　对冻结的存款、汇款、债券、股票、基金份额等财产判决没收的，第一审人民法院应当在判决生效后，将判决书、裁定书送达相关金融机构和财政部门，通知相关金融机构依法上缴国库并在接到执行通知书后十五日内，将上缴国库的凭证、执行回单送回。

第三百六十九条　查封、扣押、冻结的财物与本案无关但已列入清单的，应当由查封、扣押、冻结机关依法处理。

查封、扣押、冻结的财物属于被告人合法所有的，应当在赔偿被害人损失、执行财产刑后及时返还被告人；财物未随案移送的，应当通知查封、扣押、冻结机关将赔偿被害人损失、执行财产刑的部分移送人民法院。

第三百七十条　查封、扣押、冻结财物及其处理，本解释没有规定的，参照适用法律、其他司法解释的有关规定。

第十七章　审判监督程序

第三百七十一条　当事人及其法定代理人、近亲属对已经发生法律效力的判决、裁定提出申诉的，人民法院应当审查处理。

案外人认为已经发生法律效力的判决、裁定侵害其合法权益，提出申诉的，人民法院应当审查处理。

申诉可以委托律师代为进行。

第三百七十二条 向人民法院申诉，应当提交以下材料：

（一）申诉状。应当写明当事人的基本情况、联系方式以及申诉的事实与理由；

（二）原一、二审判决书、裁定书等法律文书。经过人民法院复查或者再审的，应当附有驳回通知书、再审决定书、再审判决书、裁定书；

（三）其他相关材料。以有新的证据证明原判决、裁定认定的事实确有错误为由申诉的，应当同时附有相关证据材料；申请人民法院调查取证的，应当附有相关线索或者材料。

申诉不符合前款规定的，人民法院应当告知申诉人补充材料；申诉人对必要材料拒绝补充且无正当理由的，不予审查。

第三百七十三条 申诉由终审人民法院审查处理。但是，第二审人民法院裁定准许撤回上诉的案件，申诉人对第一审判决提出申诉的，可以由第一审人民法院审查处理。

上一级人民法院对未经终审人民法院审查处理的申诉，可以告知申诉人向终审人民法院提出申诉，或者直接交终审人民法院审查处理，并告知申诉人；案件疑难、复杂、重大的，也可以直接审查处理。

对未经终审人民法院及其上一级人民法院审查处理，直接向上级人民法院申诉的，上级人民法院可以告知申诉人向下级人民法院提出。

第三百七十四条 对死刑案件的申诉，可以由原核准的人民法院直接审查处理，也可以交由原审人民法院审查。原审人民法院应当写出审查报告，提出处理意见，层报原核准的人民法院审查处理。

第三百七十五条 对立案审查的申诉案件，应当在三个月内作出决定，至迟不得超过六个月。

经审查，具有下列情形之一的，应当根据刑事诉讼法第二百四十二条的规定，决定重新审判：

（一）有新的证据证明原判决、裁定认定的事实确有错误，可能影响定罪量刑的；

（二）据以定罪量刑的证据不确实、不充分、依法应当排除的；

（三）证明案件事实的主要证据之间存在矛盾的；

（四）主要事实依据被依法变更或者撤销的；

（五）认定罪名错误的；

（六）量刑明显不当的；

（七）违反法律关于溯及力规定的；

（八）违反法律规定的诉讼程序，可能影响公正裁判的；

（九）审判人员在审理该案件时有贪污受贿、徇私舞弊、枉法裁判行为的。

申诉不具有上述情形的，应当说服申诉人撤回申诉；对仍然坚持申诉的，应当书面通知驳回。

第三百七十六条　具有下列情形之一，可能改变原判决、裁定据以定罪量刑的事实的证据，应当认定为刑事诉讼法第二百四十二条第一项规定的“新的证据”：

（一）原判决、裁定生效后新发现的证据；

（二）原判决、裁定生效前已经发现，但未予收集的证据；

（三）原判决、裁定生效前已经收集，但未经质证的证据；

（四）原判决、裁定所依据的鉴定意见，勘验、检查等笔录或者其他证据被改变或者否定的。

第三百七十七条　申诉人对驳回申诉不服的，可以向上一级人民法院申诉。上一级人民法院经审查认为申诉不符合刑事诉讼法第二百四十二条和本解释第三百七十五条第二款规定的，应当说服申诉人撤回申诉；对仍然坚持申诉的，应当驳回或者通知不予重新审判。

第三百七十八条　各级人民法院院长发现本院已经发生法律效力的判决、裁定确有错误的，应当提交审判委员会讨论决定是否再审。

第三百七十九条　上级人民法院发现下级人民法院已经发生法律效力的判决、裁定确有错误的，可以指令下级人民法院再审；原判决、裁定认定事实正确但适用法律错误，或者案件疑难、复杂、重大，或者有不宜由原审人民法院审理情形的，也可以提审。

上级人民法院指令下级人民法院再审的，一般应当指令原审人民法院以外的下级人民法院审理；由原审人民法院审理更有利于查明案件事实、纠正裁判错误的，可以指令原审人民法院审理。

第三百八十条　对人民检察院依照审判监督程序提出抗诉的案件，人民法院应当在收到抗诉书后一个月内立案。但是，有下列情形之一的，应当区别情况予以处理：

（一）对不属于本院管辖的，应当将案件退回人民检察院；

（二）按照抗诉书提供的住址无法向被抗诉的原审被告人送达抗诉书的，应当通知人民检察院在三日内重新提供原审被告人的住址；逾期未提供的，将案件退回人民检察院；

（三）以有新的证据为由提出抗诉，但未附相关证据材料或者有关证据不是指向原起诉事实的，应当通知人民检察院在三日内补送相关材料；逾期未补送的，将案件退回人民检察院。

决定退回的抗诉案件，人民检察院经补充相关材料后再次抗诉，经审查符合受理条件的，人民法院应当受理。

第三百八十一条　对人民检察院依照审判监督程序提出抗诉的案件，接受抗诉的人民法院应当组成合议庭审理。对原判事实不清、证据不足，包括有新的证据证明原判可能有错误，需要指令下级人民法院再审的，应当在立案之日起一个月内作出决定，并将指令再审决定书送达抗诉的人民检察院。

第三百八十二条　对决定依照审判监督程序重新审判的案件，除人民检察院抗诉的以外，人民法院应当制作再审决定书。再审期间不停止原判决、裁定的执行，但被告人可能经再审改判无罪，或者可能经再审减轻原判刑罚而致刑期届满的，可以决定中止原判决、裁定的执行，必要时，可以对被告人采取取保候审、监视居住措施。

第三百八十三条 依照审判监督程序重新审判的案件，人民法院应当重点针对申诉、抗诉和决定再审的理由进行审理。必要时，应当对原判决、裁定认定的事实、证据和适用法律进行全面审查。

第三百八十四条 原审人民法院审理依照审判监督程序重新审判的案件，应当另行组成合议庭。

原来是第一审案件，应当依照第一审程序进行审判，所作的判决、裁定可以上诉、抗诉；原来是第二审案件，或者是上级人民法院提审的案件，应当依照第二审程序进行审判，所作的判决、裁定是终审的判决、裁定。

对原审被告人、原审自诉人已经死亡或者丧失行为能力的再审案件，可以不开庭审理。

第三百八十五条 开庭审理的再审案件，再审决定书或者抗诉书只针对部分原审被告人，其他同案原审被告人不出庭不影响审理的，可以不出庭参加诉讼。

第三百八十六条 除人民检察院抗诉的以外，再审一般不得加重原审被告人的刑罚。再审决定书或者抗诉书只针对部分原审被告人的，不得加重其他同案原审被告人的刑罚。

第三百八十七条 人民法院审理人民检察院抗诉的再审案件，人民检察院在开庭审理前撤回抗诉的，应当裁定准许；人民检察院接到出庭通知后不派员出庭，且未说明原因的，可以裁定按撤回抗诉处理，并通知诉讼参与人。

人民法院审理申诉人申诉的再审案件，申诉人在再审期间撤回申诉的，应当裁定准许；申诉人经依法通知无正当理由拒不到庭，或者未经法庭许可中途退庭的，应当裁定按撤回申诉处理，但申诉人不是原审当事人的除外。

第三百八十八条 开庭审理的再审案件，系人民法院决定再审的，由合议庭组成人员宣读再审决定书；系人民检察院抗诉的，由检察人员宣读抗诉书；系申诉人申诉的，由申诉人或者其辩护人、诉讼代理人陈述申诉理由。

第三百八十九条 再审案件经过重新审理后，应当按照下列情形分别处理：

（一）原判决、裁定认定事实和适用法律正确、量刑适当的，应当裁定驳回申诉或者抗诉，维持原判决、裁定；

（二）原判决、裁定定罪准确、量刑适当，但在认定事实、适用法律等方面有瑕疵的，应当裁定纠正并维持原判决、裁定；

（三）原判决、裁定认定事实没有错误，但适用法律错误，或者量刑不当的，应当撤销原判决、裁定，依法改判；

（四）依照第二审程序审理的案件，原判决、裁定事实不清或者证据不足的，可以在查清事实后改判，也可以裁定撤销原判，发回原审人民法院重新审判。

原判决、裁定事实不清或者证据不足，经审理事实已经查清的，应当根据查清的事实依法裁判;事实仍无法查清,证据不足,不能认定被告人有罪的,应当撤销原判决、裁定,判决宣告被告人无罪。

第三百九十条 原判决、裁定认定被告人姓名等身份信息有误,但认定事实和适用法律正确、量刑适当的,作出生效判决、裁定的人民法院可以通过裁定对有关信息予以更正。

第三百九十一条 对再审改判宣告无罪并依法享有申请国家赔偿权利的当事人,人民法院宣判时,应当告知其在判决发生法律效力后可以依法申请国家赔偿。

第十八章 涉外刑事案件的审理和司法协助

第三百九十二条 本解释所称的涉外刑事案件是指:

(一)在中华人民共和国领域内,外国人犯罪的或者我国公民侵犯外国人合法权利的刑事案件;

(二)符合刑法第七条、第十条规定情形的我国公民在中华人民共和国领域外犯罪的案件;

(三)符合刑法第八条、第十条规定情形的外国人对中华人民共和国国家或者公民犯罪的案件;

(四)符合刑法第九条规定情形的中华人民共和国在所承担国际条约义务范围内行使管辖权的案件。

第三百九十三条 第一审涉外刑事案件,除刑事诉讼法第二十条至第二十二条规定的以外,由基层人民法院管辖。必要时,中级人民法院可以指定辖区内若干基层人民法院集中管辖第一审涉外刑事案件,也可以依照刑事诉讼法第二十三条的规定,审理基层人民法院管辖的第一审涉外刑事案件。

第三百九十四条 外国人的国籍,根据其入境时的有效证件确认;国籍不明的,根据公安机关或者有关国家驻华使、领馆出具的证明确认。

国籍无法查明的,以无国籍人对待,适用本章有关规定,在裁判文书中写明“国籍不明”。

第三百九十五条 在刑事诉讼中,外国籍当事人享有我国法律规定的诉讼权利并承担相应义务。

第三百九十六条 涉外刑事案件审判期间,人民法院应当将下列事项及时通报同级人民政府外事主管部门,并通知有关国家驻华使、领馆:

(一)人民法院决定对外国籍被告人采取强制措施的情况,包括外国籍当事人的姓名(包括译名)、性别、入境时间、护照或者证件号码、采取的强制措施及法律依据、羁押地点等;

(二)开庭的时间、地点、是否公开审理等事项;

(三)宣判的时间、地点。

涉外刑事案件宣判后,应当及时将处理结果通报同级人民政府外事主管部门。

对外国籍被告人执行死刑的,死刑裁决下达后执行前,应当通知其国籍国驻华使、领馆。

外国籍被告人在案件审理中死亡的,应当及时通报同级人民政府外事主管部门,并通知有关国家驻华使、领馆。

第三百九十七条 需要向有关国家驻华使、领馆通知有关事项的，应当层报高级人民法院，由高级人民法院按照下列规定通知：

（一）外国籍当事人国籍国与我国签订有双边领事条约的，根据条约规定办理；未与我国签订双边领事条约，但参加《维也纳领事关系公约》的，根据公约规定办理；未与我国签订领事条约，也未参加《维也纳领事关系公约》，但与我国有外交关系的，可以根据外事主管部门的意见，按照互惠原则，根据有关规定和国际惯例办理；

（二）在外国驻华领馆领区内发生的涉外刑事案件，通知有关外国驻该地区的领馆；在外国领馆领区外发生的涉外刑事案件，通知有关外国驻华使馆；与我国有外交关系，但未设使、领馆的国家，可以通知其代管国家驻华使、领馆；无代管国家或者代管国家不明的，可以不通知；

（三）双边领事条约规定通知时限的，应当在规定的期限内通知；无双边领事条约规定的，应当根据或者参照《维也纳领事关系公约》和国际惯例尽快通知，至迟不得超过七日；

（四）双边领事条约没有规定必须通知，外国籍当事人要求不通知其国籍国驻华使、领馆的，可以不通知，但应当由其本人出具书面声明。

高级人民法院向外国驻华使、领馆通知有关事项，必要时，可以请人民政府外事主管部门协助。

第三百九十八条 人民法院受理涉外刑事案件后，应当告知在押的外国籍被告人享有与其国籍国驻华使、领馆联系，与其监护人、近亲属会见、通信，以及请求人民法院提供翻译的权利。

第三百九十九条 涉外刑事案件审判期间，外国籍被告人在押，其国籍国驻华使、领馆官员要求探视的，可以向受理案件的人民法院所在地的高级人民法院提出。人民法院应当根据我国与被告人国籍国签订的双边领事条约规定的时限予以安排；没有条约规定的，应当尽快安排。必要时，可以请人民政府外事主管部门协助。

涉外刑事案件审判期间，外国籍被告人在押，其监护人、近亲属申请会见的，可以向受理案件的人民法院所在地的高级人民法院提出，并依照本解释第四百零三条的规定提供与被告人关系的证明。人民法院经审查认为不妨碍案件审判的，可以批准。

被告人拒绝接受探视、会见的，可以不予安排，但应当由其本人出具书面声明。

探视、会见被告人应当遵守我国法律规定。

第四百条 人民法院审理涉外刑事案件，应当公开进行，但依法不应公开审理的除外。

公开审理的涉外刑事案件，外国籍当事人国籍国驻华使、领馆官员要求旁听的，可以向受理案件的人民法院所在地的高级人民法院提出申请，人民法院应当安排。

第四百零一条 人民法院审判涉外刑事案件，使用中华人民共和国通用的语言、文字，应当为外国籍当事人提供翻译。

人民法院的诉讼文书为中文本。外国籍当事人不通晓中文的，应当附有外文译本，译本不加盖人民法院印章,以中文本为准。

外国籍当事人通晓中国语言、文字,拒绝他人翻译,或者不需要诉讼文书外文译本的,应当由其本人出具书面声明。

第四百零二条　外国籍被告人委托律师辩护,或者外国籍附带民事诉讼原告人、自诉人委托律师代理诉讼的,应当委托具有中华人民共和国律师资格并依法取得执业证书的律师。

外国籍被告人在押的,其监护人、近亲属或者其国籍国驻华使、领馆可以代为委托辩护人。其监护人、近亲属代为委托的,应当提供与被告人关系的有效证明。

外国籍当事人委托其监护人、近亲属担任辩护人、诉讼代理人的,被委托人应当提供与当事人关系的有效证明。经审查,符合刑事诉讼法、有关司法解释规定的,人民法院应当准许。

外国籍被告人没有委托辩护人的,人民法院可以通知法律援助机构为其指派律师提供辩护。被告人拒绝辩护人辩护的,应当由其出具书面声明,或者将其口头声明记录在案。被告人属于应当提供法律援助情形的,依照本解释第四十五条规定处理。

第四百零三条　外国籍当事人从中华人民共和国领域外寄交或者托交给中国律师或者中国公民的委托书,以及外国籍当事人的监护人、近亲属提供的与当事人关系的证明,必须经所在国公证机关证明,所在国中央外交主管机关或者其授权机关认证,并经我国驻该国使、领馆认证,但我国与该国之间有互免认证协定的除外。

第四百零四条　对涉外刑事案件的被告人,可以决定限制出境;对开庭审理案件时必须到庭的证人,可以要求暂缓出境。作出限制出境的决定,应当通报同级公安机关或者国家安全机关;限制外国人出境的,应当同时通报同级人民政府外事主管部门和当事人国籍国驻华使、领馆。

人民法院决定限制外国人和中国公民出境的,应当书面通知被限制出境的人在案件审理终结前不得离境,并可以采取扣留护照或者其他出入境证件的办法限制其出境;扣留证件的,应当履行必要手续,并发给本人扣留证件的证明。

对需要在边防检查站阻止外国人和中国公民出境的,受理案件的人民法院应当层报高级人民法院,由高级人民法院填写口岸阻止人员出境通知书,向同级公安机关办理交控手续。控制口岸不在本省、自治区、直辖市的,应当通过有关省、自治区、直辖市公安机关办理交控手续。紧急情况下,确有必要的,也可以先向边防检查站交控,再补办交控手续。

第四百零五条　对来自境外的证据材料,人民法院应当对材料来源、提供人、提供时间以及提取人、提取时间等进行审查。经审查,能够证明案件事实且符合刑事诉讼法规定的,可以作为证据使用,但提供人或者我国与有关国家签订的双边条约对材料的使用范围有明确限制的除外;材料来源不明或者其真实性无法确认的,不得作为定案的根据。

当事人及其辩护人、诉讼代理人提供来自境外的证据材料的,该证据材料应当经所在国公证机关证明,所在国中央外交主管机关或者其授权机关认证,并经我国驻该国使、领馆认证。

第四百零六条 涉外刑事案件,符合刑事诉讼法第二百零二条第一款、第二百三十二条规定的,经有关人民法院批准或者决定,可以延长审理期限。

第四百零七条 涉外刑事案件宣判后,外国籍当事人国籍国驻华使、领馆要求提供裁判文书的,可以向受理案件的人民法院所在地的高级人民法院提出,人民法院可以提供。

第四百零八条 根据中华人民共和国缔结或者参加的国际条约,或者按照互惠原则,人民法院和外国法院可以相互请求刑事司法协助。

外国法院请求的事项有损中华人民共和国的主权、安全、社会公共利益的,人民法院不予协助。

第四百零九条 请求和提供司法协助,应当依照中华人民共和国缔结或者参加的国际条约规定的途径进行;没有条约关系的,通过外交途径进行。

第四百一十条 人民法院请求外国提供司法协助的,应当经高级人民法院审查后报最高人民法院审核同意。

外国法院请求我国提供司法协助,属于人民法院职权范围的,经最高人民法院审核同意后转有关人民法院办理。

第四百一十一条 人民法院请求外国提供司法协助的请求书及其所附文件,应当附有该国文字译本或者国际条约规定的其他文字文本。

外国法院请求我国提供司法协助的请求书及其所附文件,应当附有中文译本或者国际条约规定的其他文字文本。

第四百一十二条 人民法院向在中华人民共和国领域外居住的当事人送达刑事诉讼文书,可以采用下列方式:

(一)根据受送达人所在国与中华人民共和国缔结或者共同参加的国际条约规定的方式送达;

(二)通过外交途径送达;

(三)对中国籍当事人,可以委托我国驻受送达人所在国的使、领馆代为送达;

(四)当事人是自诉案件的自诉人或者附带民事诉讼原告人的,可以向有权代其接受送达的诉讼代理人送达;

(五)当事人是外国单位的,可以向其在中华人民共和国领域内设立的代表机构或者有权接受送达的分支机构、业务代办人送达;

(六)受送达人所在国法律允许的,可以邮寄送达;自邮寄之日起满三个月,送达回证未退回,但根据各种情况足以认定已经送达的,视为送达;

(七)受送达人所在国法律允许的,可以采用传真、电子邮件等能够确认受送达人收悉的方式送达。

第四百一十三条 人民法院通过外交途径向在中华人民共和国领域外居住的受送达人送达刑事诉讼文书的,所送达的文书应当经高级人民法院审查后报最高人民法院审核。最高人民法院认为可以发出的,由最高人民法院交外交部主管部门转递。

外国法院通过外交途径请求人民法院送达刑事诉讼文书的,由该国驻华使馆将法律文书交我国外交部主管部门转最高人民法院。最高人民法院审核后认为属于人民法院职权范围,且可以代为送达的,应当转有关人民法院办理。

第四百一十四条 涉外刑事案件审理过程中的其他事宜,依照法律、司法解释和其他有关规定办理。

第十九章 执 行 程 序

第一节 死刑的执行

第四百一十五条 被判处死刑缓期执行的罪犯,在死刑缓期执行期间故意犯罪的,应当由罪犯服刑地的中级人民法院依法审判,所作的判决可以上诉、抗诉。

认定构成故意犯罪的判决、裁定发生法律效力后,应当层报最高人民法院核准执行死刑。

第四百一十六条 死刑缓期执行的期间,从判决或者裁定核准死刑缓期执行的法律文书宣告或者送达之日起计算。

死刑缓期执行期满,依法应当减刑的,人民法院应当及时减刑。死刑缓期执行期满减为无期徒刑、有期徒刑的,刑期自死刑缓期执行期满之日起计算。

第四百一十七条 最高人民法院的执行死刑命令,由高级人民法院交付第一审人民法院执行。第一审人民法院接到执行死刑命令后,应当在七日内执行。

在死刑缓期执行期间故意犯罪,最高人民法院核准执行死刑的,由罪犯服刑地的中级人民法院执行。

第四百一十八条 第一审人民法院在接到执行死刑命令后、执行前,发现有下列情形之一的,应当暂停执行,并立即将请求停止执行死刑的报告和相关材料层报最高人民法院:

(一)罪犯可能有其他犯罪的;

(二)共同犯罪的其他犯罪嫌疑人到案,可能影响罪犯量刑的;

(三)共同犯罪的其他罪犯被暂停或者停止执行死刑,可能影响罪犯量刑的;

(四)罪犯揭发重大犯罪事实或者有其他重大立功表现,可能需要改判的;

(五)罪犯怀孕的;

(六)判决、裁定可能有影响定罪量刑的其他错误的。

最高人民法院经审查,认为可能影响罪犯定罪量刑的,应当裁定停止执行死刑;认为不影响的,应当决定继续执行死刑。

第四百一十九条 最高人民法院在执行死刑命令签发后、执行前,发现有前条第一款规定情形的,应当立即裁定停止执行死刑,并将有关材料移交下级人民法院。

第四百二十条 下级人民法院接到最高人民法院停止执行死刑的裁定后,应当会同有关部门调查核实停止执行死刑的事由,并及时将调查结果和意见层报最高人民法院审核。

第四百二十一条 对下级人民法院报送的停止执行死刑的调查结果和意见,由最高人民法院原作出核准死刑判决、裁定的合议庭负责审查，必要时，另行组成合议庭进行审查。

第四百二十二条　最高人民法院对停止执行死刑的案件，应当按照下列情形分别处理：

（一）确认罪犯怀孕的，应当改判；

（二）确认罪犯有其他犯罪，依法应当追诉的，应当裁定不予核准死刑，撤销原判，发回重新审判；

（三）确认原判决、裁定有错误或者罪犯有重大立功表现，需要改判的，应当裁定不予核准死刑，撤销原判，发回重新审判；

（四）确认原判决、裁定没有错误，罪犯没有重大立功表现，或者重大立功表现不影响原判决、裁定执行的，应当裁定继续执行死刑，并由院长重新签发执行死刑的命令。

第四百二十三条　第一审人民法院在执行死刑前，应当告知罪犯有权会见其近亲属。罪犯申请会见并提供具体联系方式的，人民法院应当通知其近亲属。罪犯近亲属申请会见的，人民法院应当准许，并及时安排会见。

第四百二十四条　第一审人民法院在执行死刑三日前，应当通知同级人民检察院派员临场监督。

第四百二十五条　死刑采用枪决或者注射等方法执行。

采用注射方法执行死刑的，应当在指定的刑场或者羁押场所内执行。

采用枪决、注射以外的其他方法执行死刑的，应当事先层报最高人民法院批准。

第四百二十六条　执行死刑前，指挥执行的审判人员对罪犯应当验明正身，讯问有无遗言、信札，并制作笔录，再交执行人员执行死刑。

执行死刑应当公布，禁止游街示众或者其他有辱罪犯人格的行为。

第四百二十七条　执行死刑后，应当由法医验明罪犯确实死亡，在场书记员制作笔录。负责执行的人民法院应当在执行死刑后十五日内将执行情况，包括罪犯被执行死刑前后的照片，上报最高人民法院。

第四百二十八条　执行死刑后，负责执行的人民法院应当办理以下事项：

（一）对罪犯的遗书、遗言笔录，应当及时审查；涉及财产继承、债务清偿、家事嘱托等内容的，将遗书、遗言笔录交给家属，同时复制附卷备查；涉及案件线索等问题的，抄送有关机关；

（二）通知罪犯家属在限期内领取罪犯骨灰；没有火化条件或者因民族、宗教等原因不宜火化的，通知领取尸体；过期不领取的，由人民法院通知有关单位处理，并要求有关单位出具处理情况的说明；对罪犯骨灰或者尸体的处理情况，应当记录在案；

（三）对外国籍罪犯执行死刑后，通知外国驻华使、领馆的程序和时限，根据有关规定办理。

第二节　死刑缓期执行、无期徒刑、有期徒刑、拘役的交付执行

第四百二十九条　被判处死刑缓期执行、无期徒刑、有期徒刑、拘役的罪犯，交付执行时

在押的，第一审人民法院应当在判决、裁定生效后十日内，将判决书、裁定书、起诉书副本、自诉状复印件、执行通知书、结案登记表送达看守所，由公安机关将罪犯交付执行。

罪犯需要收押执行刑罚，而判决、裁定生效前未被羁押的，人民法院应当根据生效的判决书、裁定书将罪犯送交看守所羁押，并依照前款的规定办理执行手续。

第四百三十条 同案审理的案件中，部分被告人被判处死刑，对未被判处死刑的同案被告人需要羁押执行刑罚的，应当在其判决、裁定生效后十日内交付执行。但是，该同案被告人参与实施有关死刑之罪的，应当在最高人民法院复核讯问被判处死刑的被告人后交付执行。

第四百三十一条 执行通知书回执经看守所盖章后，应当附卷备查。

第四百三十二条 被判处无期徒刑、有期徒刑或者拘役的罪犯，符合刑事诉讼法第二百五十四条第一款、第二款的规定，人民法院决定暂予监外执行的，应当制作暂予监外执行决定书，写明罪犯基本情况、判决确定的罪名和刑罚、决定暂予监外执行的原因、依据等，通知罪犯居住地的县级司法行政机关派员办理交接手续，并将暂予监外执行决定书抄送罪犯居住地的县级人民检察院和公安机关。

人民检察院认为人民法院的暂予监外执行决定不当，在法定期限内提出书面意见的，人民法院应当立即对该决定重新核查，并在一个月内作出决定。

第四百三十三条 暂予监外执行的罪犯具有下列情形之一的，原作出暂予监外执行决定的人民法院，应当在收到执行机关的收监执行建议书后十五日内，作出收监执行的决定：

（一）不符合暂予监外执行条件的；

（二）未经批准离开所居住的市、县，经警告拒不改正，或者拒不报告行踪，脱离监管的；

（三）因违反监督管理规定受到治安管理处罚，仍不改正的；

（四）受到执行机关两次警告，仍不改正的；

（五）保外就医期间不按规定提交病情复查情况，经警告拒不改正的；

（六）暂予监外执行的情形消失后，刑期未满的；

（七）保证人丧失保证条件或者因不履行义务被取消保证人资格，不能在规定期限内提出新的保证人的；

（八）违反法律、行政法规和监督管理规定，情节严重的其他情形。

人民法院收监执行决定书，一经作出，立即生效。

第四百三十四条 人民法院应当将收监执行决定书送交罪犯居住地的县级司法行政机关，由其根据有关规定将罪犯交付执行。收监执行决定书应当同时抄送罪犯居住地的同级人民检察院和公安机关。

第四百三十五条 被收监执行的罪犯有不计入执行刑期情形的，人民法院应当在作出收监决定时，确定不计入执行刑期的具体时间。

第三节 管制、缓刑、剥夺政治权利的交付执行

第四百三十六条 对被判处管制、宣告缓刑的罪犯，人民法院应当核实其居住地。宣判

时，应当书面告知罪犯到居住地县级司法行政机关报到的期限和不按期报到的后果。判决、裁定生效后十日内，应当将判决书、裁定书、执行通知书等法律文书送达罪犯居住地的县级司法行政机关，同时抄送罪犯居住地的县级人民检察院。

第四百三十七条 对单处剥夺政治权利的罪犯，人民法院应当在判决、裁定生效后十日内，将判决书、裁定书、执行通知书等法律文书送达罪犯居住地的县级公安机关，并抄送罪犯居住地的县级人民检察院。

第四节 财产刑和附带民事裁判的执行

第四百三十八条 财产刑和附带民事裁判由第一审人民法院负责裁判执行的机构执行。

第四百三十九条 罚金在判决规定的期限内一次或者分期缴纳。期满无故不缴纳或者未足额缴纳的，人民法院应当强制缴纳。经强制缴纳仍不能全部缴纳的，在任何时候，包括主刑执行完毕后，发现被执行人有可供执行的财产的，应当追缴。

行政机关对被告人就同一事实已经处以罚款的，人民法院判处罚金时应当折抵，扣除行政处罚已执行的部分。

判处没收财产的，判决生效后，应当立即执行。

第四百四十条 执行财产刑和附带民事裁判过程中，案外人对被执行财产提出权属异议的，人民法院应当参照民事诉讼有关执行异议的规定进行审查并作出处理。

第四百四十一条 被判处财产刑，同时又承担附带民事赔偿责任的被执行人，应当先履行民事赔偿责任。

判处财产刑之前被执行人所负正当债务，需要以被执行的财产偿还的，经债权人请求，应当偿还。

第四百四十二条 被执行人或者被执行财产在外地的，可以委托当地人民法院执行。

受托法院在执行财产刑后，应当及时将执行的财产上缴国库。

第四百四十三条 执行财产刑过程中，具有下列情形之一的，人民法院应当裁定中止执行：

（一）执行标的物系人民法院或者仲裁机构正在审理案件的争议标的物，需等待该案件审理完毕确定权属的；

（二）案外人对执行标的物提出异议的；

（三）应当中止执行的其他情形。

中止执行的原因消除后，应当恢复执行。

第四百四十四条 执行财产刑过程中，具有下列情形之一的，人民法院应当裁定终结执行：

（一）据以执行的判决、裁定被撤销的；

（二）被执行人死亡或者被执行死刑，且无财产可供执行的；

（三）被判处罚金的单位终止，且无财产可供执行的；

（四）依照刑法第五十三条规定免除罚金的；

（五）应当终结执行的其他情形。

裁定终结执行后，发现被执行人的财产有被隐匿、转移等情形的，应当追缴。

第四百四十五条　财产刑全部或者部分被撤销的，已经执行的财产应当全部或者部分返还被执行人；无法返还的，应当依法赔偿。

第四百四十六条　因遭遇不能抗拒的灾祸缴纳罚金确有困难，被执行人申请减少或者免除罚金的，应当提交相关证明材料。人民法院应当在收到申请后一个月内作出裁定。符合法定减免条件的，应当准许；不符合条件的，驳回申请。

第四百四十七条　财产刑和附带民事裁判的执行，本解释没有规定的，参照适用民事执行的有关规定。

第五节　减刑、假释案件的审理

第四百四十八条　被判处死刑缓期执行的罪犯，在死刑缓期执行期间，没有故意犯罪的，死刑缓期执行期满后，应当裁定减刑；死刑缓期执行期满后，尚未裁定减刑前又犯罪的，应当依法减刑后对其所犯新罪另行审判。

第四百四十九条　对减刑、假释案件，应当按照下列情形分别处理：

（一）对被判处死刑缓期执行的罪犯的减刑，由罪犯服刑地的高级人民法院根据同级监狱管理机关审核同意的减刑建议书裁定；

（二）对被判处无期徒刑的罪犯的减刑、假释，由罪犯服刑地的高级人民法院，在收到同级监狱管理机关审核同意的减刑、假释建议书后一个月内作出裁定，案情复杂或者情况特殊的，可以延长一个月；

（三）对被判处有期徒刑和被减为有期徒刑的罪犯的减刑、假释，由罪犯服刑地的中级人民法院，在收到执行机关提出的减刑、假释建议书后一个月内作出裁定，案情复杂或者情况特殊的，可以延长一个月；

（四）对被判处拘役、管制的罪犯的减刑，由罪犯服刑地中级人民法院，在收到同级执行机关审核同意的减刑、假释建议书后一个月内作出裁定。

对暂予监外执行罪犯的减刑，应当根据情况，分别适用前款的有关规定。

第四百五十条　受理减刑、假释案件，应当审查执行机关移送的材料是否包括下列内容：

（一）减刑、假释建议书；

（二）终审法院的裁判文书、执行通知书、历次减刑裁定书的复制件；

（三）证明罪犯确有悔改、立功或者重大立功表现具体事实的书面材料；

（四）罪犯评审鉴定表、奖惩审批表等；

（五）罪犯假释后对所居住社区影响的调查评估报告；

(六)根据案件情况需要移送的其他材料。

经审查,材料不全的,应当通知提请减刑、假释的执行机关补送。

第四百五十一条　审理减刑、假释案件,应当审查财产刑和附带民事裁判的执行情况,以及罪犯退赃、退赔情况。罪犯积极履行判决确定的义务的,可以认定有悔改表现,在减刑、假释时从宽掌握;确有履行能力而不履行的,在减刑、假释时从严掌握。

第四百五十二条　审理减刑、假释案件,应当对以下内容予以公示:

(一)罪犯的姓名、年龄等个人基本情况;

(二)原判认定的罪名和刑期;

(三)罪犯历次减刑情况;

(四)执行机关的减刑、假释建议和依据。

公示应当写明公示期限和提出意见的方式。公示地点为罪犯服刑场所的公共区域;有条件的地方,可以面向社会公示。

第四百五十三条　审理减刑、假释案件,应当组成合议庭,可以采用书面审理的方式,但下列案件应当开庭审理:

(一)因罪犯有重大立功表现提请减刑的;

(二)提请减刑的起始时间、间隔时间或者减刑幅度不符合一般规定的;

(三)社会影响重大或者社会关注度高的;

(四)公示期间收到投诉意见的;

(五)人民检察院有异议的;

(六)有必要开庭审理的其他案件。

第四百五十四条　人民法院作出减刑、假释裁定后,应当在七日内送达提请减刑、假释的执行机关、同级人民检察院以及罪犯本人。人民检察院认为减刑、假释裁定不当,在法定期限内提出书面纠正意见的,人民法院应当在收到意见后另行组成合议庭审理,并在一个月内作出裁定。

第四百五十五条　减刑、假释裁定作出前,执行机关书面提请撤回减刑、假释建议的,是否准许,由人民法院决定。

第四百五十六条　人民法院发现本院已经生效的减刑、假释裁定确有错误的,应当另行组成合议庭审理;发现下级人民法院已经生效的减刑、假释裁定确有错误的,可以指令下级人民法院另行组成合议庭审理。

第六节　缓刑、假释的撤销

第四百五十七条　罪犯在缓刑、假释考验期限内犯新罪或者被发现在判决宣告前还有其他罪没有判决,应当撤销缓刑、假释的,由审判新罪的人民法院撤销原判决、裁定宣告的缓刑、假释,并书面通知原审人民法院和执行机关。

第四百五十八条　罪犯在缓刑、假释考验期限内,有下列情形之一的,原作出缓刑、假释

判决、裁定的人民法院应当在收到执行机关的撤销缓刑、假释建议书后一个月内,作出撤销缓刑、假释的裁定:

(一)违反禁止令,情节严重的;

(二)无正当理由不按规定时间报到或者接受社区矫正期间脱离监管,超过一个月的;

(三)因违反监督管理规定受到治安管理处罚,仍不改正的;

(四)受到执行机关三次警告仍不改正的;

(五)违反有关法律、行政法规和监督管理规定,情节严重的其他情形。

人民法院撤销缓刑、假释的裁定,一经作出,立即生效。

人民法院应当将撤销缓刑、假释裁定书送交罪犯居住地的县级司法行政机关,由其根据有关规定将罪犯交付执行。撤销缓刑、假释裁定书应当同时抄送罪犯居住地的同级人民检察院和公安机关。

第二十章 未成年人刑事案件诉讼程序

第一节 一 般 规 定

第四百五十九条 人民法院审理未成年人刑事案件,应当贯彻教育、感化、挽救的方针,坚持教育为主、惩罚为辅的原则,加强对未成年人的特殊保护。

第四百六十条 人民法院应当加强同政府有关部门以及共青团、妇联、工会、未成年人保护组织等团体的联系,推动未成年人刑事案件人民陪审、情况调查、安置帮教等工作的开展,充分保障未成年人的合法权益,积极参与社会管理综合治理。

第四百六十一条 审理未成年人刑事案件,应当由熟悉未成年人身心特点、善于做未成年人思想教育工作的审判人员进行,并应当保持有关审判人员工作的相对稳定性。

未成年人刑事案件的人民陪审员,一般由熟悉未成年人身心特点,热心教育、感化、挽救失足未成年人工作,并经过必要培训的共青团、妇联、工会、学校、未成年人保护组织等单位的工作人员或者有关单位的退休人员担任。

第四百六十二条 中级人民法院和基层人民法院可以设立独立建制的未成年人案件审判庭。尚不具备条件的,应当在刑事审判庭内设立未成年人刑事案件合议庭,或者由专人负责审理未成年人刑事案件。

高级人民法院应当在刑事审判庭内设立未成年人刑事案件合议庭。具备条件的,可以设立独立建制的未成年人案件审判庭。

未成年人案件审判庭和未成年人刑事案件合议庭统称少年法庭。

第四百六十三条 下列案件由少年法庭审理:

(一)被告人实施被指控的犯罪时不满十八周岁、人民法院立案时不满二十周岁的案件;

(二)被告人实施被指控的犯罪时不满十八周岁、人民法院立案时不满二十周岁,并被指控为首要分子或者主犯的共同犯罪案件。

其他共同犯罪案件有未成年被告人的,或者其他涉及未成年人的刑事案件是否由少年法庭审理,由院长根据少年法庭工作的实际情况决定。

第四百六十四条 对分案起诉至同一人民法院的未成年人与成年人共同犯罪案件,可以由同一个审判组织审理;不宜由同一个审判组织审理的,可以分别由少年法庭、刑事审判庭审理。

未成年人与成年人共同犯罪案件,由不同人民法院或者不同审判组织分别审理的,有关人民法院或者审判组织应当互相了解共同犯罪被告人的审判情况,注意全案的量刑平衡。

第四百六十五条 对未成年人刑事案件,必要时,上级人民法院可以根据刑事诉讼法第二十六条的规定,指定下级人民法院将案件移送其他人民法院审判。

第四百六十六条 人民法院审理未成年人刑事案件,在讯问和开庭时,应当通知未成年被告人的法定代理人到场。法定代理人无法通知、不能到场或者是共犯的,也可以通知未成年被告人的其他成年亲属,所在学校、单位、居住地的基层组织或者未成年人保护组织的代表到场,并将有关情况记录在案。

到场的其他人员,除依法行使刑事诉讼法第二百七十条第二款规定的权利外,经法庭同意,可以参与对未成年被告人的法庭教育等工作。

适用简易程序审理未成年人刑事案件,适用前两款的规定。

询问未成年被害人、证人,适用第一款、第二款的规定。

第四百六十七条 开庭审理时被告人不满十八周岁的案件,一律不公开审理。经未成年被告人及其法定代理人同意,未成年被告人所在学校和未成年人保护组织可以派代表到场。到场代表的人数和范围,由法庭决定。到场代表经法庭同意,可以参与对未成年被告人的法庭教育工作。

对依法公开审理,但可能需要封存犯罪记录的案件,不得组织人员旁听。

第四百六十八条 确有必要通知未成年被害人、证人出庭作证的,人民法院应当根据案件情况采取相应的保护措施。有条件的,可以采取视频等方式对其陈述、证言进行质证。

第四百六十九条 审理未成年人刑事案件,不得向外界披露该未成年人的姓名、住所、照片以及可能推断出该未成年人身份的其他资料。

查阅、摘抄、复制的未成年人刑事案件的案卷材料,不得公开和传播。

被害人是未成年人的刑事案件,适用前两款的规定。

第四百七十条 审理未成年人刑事案件,本章没有规定的,适用本解释的有关规定。

第二节 开庭准备

第四百七十一条 人民法院向未成年被告人送达起诉书副本时,应当向其讲明被指控的罪行和有关法律规定,并告知其审判程序和诉讼权利、义务。

第四百七十二条 审判时不满十八周岁的未成年被告人没有委托辩护人的,人民法院应当通知法律援助机构指派律师为其提供辩护。

第四百七十三条 未成年被害人及其法定代理人因经济困难或者其他原因没有委托诉

讼代理人的，人民法院应当帮助其申请法律援助。

第四百七十四条　对未成年人刑事案件，人民法院决定适用简易程序审理的，应当征求未成年被告人及其法定代理人、辩护人的意见。上述人员提出异议的，不适用简易程序。

第四百七十五条　被告人实施被指控的犯罪时不满十八周岁，开庭时已满十八周岁、不满二十周岁的，人民法院开庭时，一般应当通知其近亲属到庭。经法庭同意，近亲属可以发表意见。近亲属无法通知、不能到场或者是共犯的，应当记录在案。

第四百七十六条　对人民检察院移送的关于未成年被告人性格特点、家庭情况、社会交往、成长经历、犯罪原因、犯罪前后的表现、监护教育等情况的调查报告，以及辩护人提交的反映未成年被告人上述情况的书面材料，法庭应当接受。

必要时，人民法院可以委托未成年被告人居住地的县级司法行政机关、共青团组织以及其他社会团体组织对未成年被告人的上述情况进行调查，或者自行调查。

第四百七十七条　对未成年人刑事案件，人民法院根据情况，可以对未成年被告人进行心理疏导；经未成年被告人及其法定代理人同意，也可以对未成年被告人进行心理测评。

第四百七十八条　开庭前和休庭时，法庭根据情况，可以安排未成年被告人与其法定代理人或者刑事诉讼法第二百七十条第一款规定的其他成年亲属、代表会见。

第三节　审　　判

第四百七十九条　人民法院应当在辩护台靠近旁听区一侧为未成年被告人的法定代理人或者刑事诉讼法第二百七十条第一款规定的其他成年亲属、代表设置席位。

审理可能判处五年有期徒刑以下刑罚或者过失犯罪的未成年人刑事案件，可以采取适合未成年人特点的方式设置法庭席位。

第四百八十条　在法庭上不得对未成年被告人使用戒具，但被告人人身危险性大，可能妨碍庭审活动的除外。必须使用戒具的，在现实危险消除后，应当立即停止使用。

第四百八十一条　未成年被告人或者其法定代理人当庭拒绝辩护人辩护的，适用本解释第二百五十四条第一款、第二款的规定。

重新开庭后，未成年被告人或者其法定代理人再次当庭拒绝辩护人辩护的，不予准许。重新开庭时被告人已满十八周岁的，可以准许，但不得再另行委托辩护人或者要求另行指派律师，由其自行辩护。

第四百八十二条　法庭审理过程中，审判人员应当根据未成年被告人的智力发育程度和心理状态，使用适合未成年人的语言表达方式。

发现有对未成年被告人诱供、训斥、讽刺或者威胁等情形的，审判长应当制止。

第四百八十三条　控辩双方提出对未成年被告人判处管制、宣告缓刑等量刑建议的，应当向法庭提供有关未成年被告人能够获得监护、帮教以及对所居住社区无重大不良影响的书面材料。

第四百八十四条　对未成年被告人情况的调查报告，以及辩护人提交的有关未成年被告人情况的书面材料，法庭应当审查并听取控辩双方意见。上述报告和材料可以作为法庭教育和量刑的参考。

第四百八十五条　法庭辩论结束后，法庭可以根据案件情况，对未成年被告人进行教育；判决未成年被告人有罪的，宣判后，应当对未成年被告人进行教育。

对未成年被告人进行教育，可以邀请诉讼参与人、刑事诉讼法第二百七十条第一款规定的其他成年亲属、代表以及社会调查员、心理咨询师等参加。

适用简易程序审理的案件，对未成年被告人进行法庭教育，适用前两款的规定。

第四百八十六条　未成年被告人最后陈述后，法庭应当询问其法定代理人是否补充陈述。

第四百八十七条　对未成年人刑事案件宣告判决应当公开进行，但不得采取召开大会等形式。

对依法应当封存犯罪记录的案件，宣判时，不得组织人员旁听；有旁听人员的，应当告知其不得传播案件信息。

第四百八十八条　定期宣告判决的未成年人刑事案件，未成年被告人的法定代理人无法通知、不能到庭或者是共犯的，法庭可以通知刑事诉讼法第二百七十条第一款规定的其他成年亲属、代表到庭，并在宣判后向未成年被告人的成年亲属送达判决书。

第四节　执　　行

第四百八十九条　将未成年罪犯送监执行刑罚或者送交社区矫正时，人民法院应当将有关未成年罪犯的调查报告及其在案件审理中的表现材料，连同有关法律文书，一并送达执行机关。

第四百九十条　犯罪时不满十八周岁，被判处五年有期徒刑以下刑罚以及免除刑事处罚的未成年人的犯罪记录，应当封存。

2012 年 12 月 31 日以前审结的案件符合前款规定的，相关犯罪记录也应当封存。

司法机关或者有关单位向人民法院申请查询封存的犯罪记录的，应当提供查询的理由和依据。对查询申请，人民法院应当及时作出是否同意的决定。

第四百九十一条　人民法院可以与未成年罪犯管教所等服刑场所建立联系，了解未成年罪犯的改造情况，协助做好帮教、改造工作，并可以对正在服刑的未成年罪犯进行回访考察。

第四百九十二条　人民法院认为必要时，可以督促被收监服刑的未成年罪犯的父母或者其他监护人及时探视。

第四百九十三条　对被判处管制、宣告缓刑、裁定假释、决定暂予监外执行的未成年罪犯，人民法院可以协助社区矫正机构制定帮教措施。

第四百九十四条　人民法院可以适时走访被判处管制、宣告缓刑、免除刑事处罚、裁定假释、决定暂予监外执行等的未成年罪犯及其家庭，了解未成年罪犯的管理和教育情况，引导未成年罪犯的家庭承担管教责任，为未成年罪犯改过自新创造良好环境。

第四百九十五条 被判处管制、宣告缓刑、免除刑事处罚、裁定假释、决定暂予监外执行等的未成年罪犯，具备就学、就业条件的，人民法院可以就其安置问题向有关部门提出司法建议，并附送必要的材料。

第二十一章 当事人和解的公诉案件诉讼程序

第四百九十六条 对符合刑事诉讼法第二百七十七条规定的公诉案件，事实清楚、证据充分的，人民法院应当告知当事人可以自行和解；当事人提出申请的，人民法院可以主持双方当事人协商以达成和解。

根据案件情况，人民法院可以邀请人民调解员、辩护人、诉讼代理人、当事人亲友等参与促成双方当事人和解。

第四百九十七条 符合刑事诉讼法第二百七十七条规定的公诉案件，被害人死亡的，其近亲属可以与被告人和解。近亲属有多人的，达成和解协议，应当经处于同一继承顺序的所有近亲属同意。

被害人系无行为能力或者限制行为能力人的，其法定代理人、近亲属可以代为和解。

第四百九十八条 被告人的近亲属经被告人同意，可以代为和解。

被告人系限制行为能力人的，其法定代理人可以代为和解。

被告人的法定代理人、近亲属依照前两款规定代为和解的，和解协议约定的赔礼道歉等事项，应当由被告人本人履行。

第四百九十九条 对公安机关、人民检察院主持制作的和解协议书，当事人提出异议的，人民法院应当审查。经审查，和解自愿、合法的，予以确认，无需重新制作和解协议书；和解不具有自愿性、合法性的，应当认定无效。和解协议被认定无效后，双方当事人重新达成和解的，人民法院应当主持制作新的和解协议书。

第五百条 审判期间，双方当事人和解的，人民法院应当听取当事人及其法定代理人等有关人员的意见。双方当事人在庭外达成和解的，人民法院应当通知人民检察院，并听取其意见。经审查，和解自愿、合法的，应当主持制作和解协议书。

第五百零一条 和解协议书应当包括以下内容：

（一）被告人承认自己所犯罪行，对犯罪事实没有异议，并真诚悔罪；

（二）被告人通过向被害人赔礼道歉、赔偿损失等方式获得被害人谅解；涉及赔偿损失的，应当写明赔偿的数额、方式等；提起附带民事诉讼的，由附带民事诉讼原告人撤回附带民事诉讼；

（三）被害人自愿和解，请求或者同意对被告人依法从宽处罚。

和解协议书应当由双方当事人和审判人员签名，但不加盖人民法院印章。

和解协议书一式三份，双方当事人各持一份，另一份交人民法院附卷备查。

对和解协议中的赔偿损失内容，双方当事人要求保密的，人民法院应当准许，并采取相应的保密措施。

第五百零二条 和解协议约定的赔偿损失内容，被告人应当在协议签署后即时履行。

和解协议已经全部履行，当事人反悔的，人民法院不予支持，但有证据证明和解违反自愿、合法原则的除外。

第五百零三条 双方当事人在侦查、审查起诉期间已经达成和解协议并全部履行，被害人或者其法定代理人、近亲属又提起附带民事诉讼的，人民法院不予受理，但有证据证明和解违反自愿、合法原则的除外。

第五百零四条 被害人或者其法定代理人、近亲属提起附带民事诉讼后，双方愿意和解，但被告人不能即时履行全部赔偿义务的，人民法院应当制作附带民事调解书。

第五百零五条 对达成和解协议的案件，人民法院应当对被告人从轻处罚；符合非监禁刑适用条件的，应当适用非监禁刑；判处法定最低刑仍然过重的，可以减轻处罚；综合全案认为犯罪情节轻微不需要判处刑罚的，可以免除刑事处罚。

共同犯罪案件，部分被告人与被害人达成和解协议的，可以依法对该部分被告人从宽处罚，但应当注意全案的量刑平衡。

第五百零六条 达成和解协议的，裁判文书应当作出叙述，并援引刑事诉讼法的相关条文。

第二十二章 犯罪嫌疑人、被告人逃匿、死亡案件违法所得的没收程序

第五百零七条 依照刑法规定应当追缴违法所得及其他涉案财产，且符合下列情形之一的，人民检察院可以向人民法院提出没收违法所得的申请：

（一）犯罪嫌疑人、被告人实施了贪污贿赂犯罪、恐怖活动犯罪等重大犯罪后逃匿，在通缉一年后不能到案的；

（二）犯罪嫌疑人、被告人死亡的。

第五百零八条 具有下列情形之一的，应当认定为刑事诉讼法第二百八十条第一款规定的“重大犯罪案件”：

（一）犯罪嫌疑人、被告人可能被判处无期徒刑以上刑罚的；

（二）案件在本省、自治区、直辖市或者全国范围内有较大影响的；

（三）其他重大犯罪案件。

第五百零九条 实施犯罪行为所取得的财物及其孳息，以及被告人非法持有的违禁品、供犯罪所用的本人财物，应当认定为刑事诉讼法第二百八十条第一款规定的“违法所得及其他涉案财产”。

第五百一十条 对人民检察院提出的没收违法所得申请，人民法院应当审查以下内容：

（一）是否属于本院管辖；

（二）是否写明犯罪嫌疑人、被告人涉嫌有关犯罪的情况，并附相关证据材料；

(三)是否附有通缉令或者死亡证明;

(四)是否列明违法所得及其他涉案财产的种类、数量、所在地,并附相关证据材料;

(五)是否附有查封、扣押、冻结违法所得及其他涉案财产的清单和相关法律手续;

(六)是否写明犯罪嫌疑人、被告人的近亲属和其他利害关系人的姓名、住址、联系方式及其要求等情况;

(七)是否写明申请没收的理由和法律依据。

第五百一十一条 对没收违法所得的申请,人民法院应当在七日内审查完毕,并按照下列情形分别处理:

(一)不属于本院管辖的,应当退回人民检察院;

(二)材料不全的,应当通知人民检察院在三日内补送;

(三)属于违法所得没收程序受案范围和本院管辖,且材料齐全的,应当受理。

人民检察院尚未查封、扣押、冻结申请没收的财产或者查封、扣押、冻结期限即将届满,涉案财产有被隐匿、转移或者毁损、灭失危险的,人民法院可以查封、扣押、冻结申请没收的财产。

第五百一十二条 人民法院决定受理没收违法所得的申请后,应当在十五日内发出公告,公告期为六个月。公告应当写明以下内容:

(一)案由;

(二)犯罪嫌疑人、被告人通缉在逃或者死亡等基本情况;

(三)申请没收财产的种类、数量、所在地;

(四)犯罪嫌疑人、被告人的近亲属和其他利害关系人申请参加诉讼的期限、方式;

(五)应当公告的其他情况。

公告应当在全国公开发行的报纸或者人民法院的官方网站刊登,并在人民法院公告栏张贴、发布;必要时,可以在犯罪地、犯罪嫌疑人、被告人居住地、申请没收的不动产所在地张贴、发布。

人民法院已经掌握犯罪嫌疑人、被告人的近亲属和其他利害关系人的联系方式的,应当采取电话、传真、邮件等方式直接告知其公告内容,并记录在案。

第五百一十三条 对申请没收的财产主张所有权的人,应当认定为刑事诉讼法第二百八十一条第二款规定的“其他利害关系人”。

犯罪嫌疑人、被告人的近亲属和其他利害关系人申请参加诉讼的,应当在公告期间提出。犯罪嫌疑人、被告人的近亲属应当提供其与犯罪嫌疑人、被告人关系的证明材料,其他利害关系人应当提供申请没收的财产系其所有的证据材料。

犯罪嫌疑人、被告人的近亲属和其他利害关系人在公告期满后申请参加诉讼,能够合理说明原因,并提供证明申请没收的财产系其所有的证据材料的,人民法院应当准许。

第五百一十四条 公告期满后,人民法院应当组成合议庭对申请没收违法所得的案件进行审理。

利害关系人申请参加诉讼的，人民法院应当开庭审理。没有利害关系人申请参加诉讼的，可以不开庭审理。

第五百一十五条 开庭审理申请没收违法所得的案件，按照下列程序进行：

（一）审判长宣布法庭调查开始后，先由检察员宣读申请书，后由利害关系人、诉讼代理人发表意见；

（二）法庭应当依次就犯罪嫌疑人、被告人是否实施了贪污贿赂犯罪、恐怖活动犯罪等重大犯罪并已经通缉一年不能到案，或者是否已经死亡，以及申请没收的财产是否依法应当追缴进行调查；调查时，先由检察员出示有关证据，后由利害关系人发表意见、出示有关证据，并进行质证；

（三）法庭辩论阶段，先由检察员发言，后由利害关系人及其诉讼代理人发言，并进行辩论。

利害关系人接到通知后无正当理由拒不到庭，或者未经法庭许可中途退庭的，可以转为不开庭审理，但还有其他利害关系人参加诉讼的除外。

第五百一十六条 对申请没收违法所得的案件，人民法院审理后，应当按照下列情形分别处理：

（一）案件事实清楚，证据确实、充分，申请没收的财产确属违法所得及其他涉案财产的，除依法返还被害人的以外，应当裁定没收；

（二）不符合本解释第五百零七条规定的条件的，应当裁定驳回申请。

第五百一十七条 对没收违法所得或者驳回申请的裁定，犯罪嫌疑人、被告人的近亲属和其他利害关系人或者人民检察院可以在五日内提出上诉、抗诉。

第五百一十八条 对不服第一审没收违法所得或者驳回申请裁定的上诉、抗诉案件，第二审人民法院经审理，应当按照下列情形分别作出裁定：

（一）原裁定正确的，应当驳回上诉或者抗诉，维持原裁定；

（二）原裁定确有错误的，可以在查清事实后改变原裁定；也可以撤销原裁定，发回重新审判；

（三）原审违反法定诉讼程序，可能影响公正审判的，应当撤销原裁定，发回重新审判。

第五百一十九条 在审理申请没收违法所得的案件过程中，在逃的犯罪嫌疑人、被告人到案的，人民法院应当裁定终止审理。人民检察院向原受理申请的人民法院提起公诉的，可以由同一审判组织审理。

第五百二十条 在审理案件过程中，被告人死亡或者脱逃，符合刑事诉讼法第二百八十条第一款规定的，人民检察院可以向人民法院提出没收违法所得的申请。

人民检察院向原受理案件的人民法院提出申请的，可以由同一审判组织依照本章规定的程序审理。

第五百二十一条 审理申请没收违法所得案件的期限，参照公诉案件第一审普通程序和第二审程序的审理期限执行。

公告期间和请求刑事司法协助的时间不计入审理期限。

第五百二十二条 没收违法所得裁定生效后，犯罪嫌疑人、被告人到案并对没收裁定提出异议，人民检察院向原作出裁定的人民法院提起公诉的，可以由同一审判组织审理。

人民法院经审理，应当按照下列情形分别处理：

（一）原裁定正确的，予以维持，不再对涉案财产作出判决；

（二）原裁定确有错误的，应当撤销原裁定，并在判决中对有关涉案财产一并作出处理。

人民法院生效的没收裁定确有错误的，除第一款规定的情形外，应当依照审判监督程序予以纠正。已经没收的财产，应当及时返还；财产已经上缴国库的，由原没收机关从财政机关申请退库，予以返还；原物已经出卖、拍卖的，应当退还价款；造成犯罪嫌疑人、被告人以及利害关系人财产损失的，应当依法赔偿。

第五百二十三条 人民法院审理申请没收违法所得的案件，本章没有规定的，参照适用本解释的有关规定。

第二十三章 依法不负刑事责任的精神病人的强制医疗程序

第五百二十四条 实施暴力行为，危害公共安全或者严重危害公民人身安全，社会危害性已经达到犯罪程度，但经法定程序鉴定依法不负刑事责任的精神病人，有继续危害社会可能的，可以予以强制医疗。

第五百二十五条 人民检察院申请对依法不负刑事责任的精神病人强制医疗的案件，由被申请人实施暴力行为所在地的基层人民法院管辖；由被申请人居住地的人民法院审判更为适宜的，可以由被申请人居住地的基层人民法院管辖。

第五百二十六条 对人民检察院提出的强制医疗申请，人民法院应当审查以下内容：

（一）是否属于本院管辖；

（二）是否写明被申请人的身份，实施暴力行为的时间、地点、手段、所造成的损害等情况，并附相关证据材料；

（三）是否附有法医精神病鉴定意见和其他证明被申请人属于依法不负刑事责任的精神病人的证据材料；

（四）是否列明被申请人的法定代理人的姓名、住址、联系方式；

（五）需要审查的其他事项。

第五百二十七条 对人民检察院提出的强制医疗申请，人民法院应当在七日内审查完毕，并按照下列情形分别处理：

（一）不属于本院管辖的，应当退回人民检察院；

（二）材料不全的，应当通知人民检察院在三日内补送；

（三）属于强制医疗程序受案范围和本院管辖，且材料齐全的，应当受理。

第五百二十八条 审理强制医疗案件，应当通知被申请人或者被告人的法定代理人到场。被申请人或者被告人没有委托诉讼代理人的，应当通知法律援助机构指派律师担任其诉讼代理人，为其提供法律帮助。

第五百二十九条 审理强制医疗案件，应当组成合议庭，开庭审理。但是，被申请人、被告人的法定代理人请求不开庭审理，并经人民法院审查同意的除外。

审理人民检察院申请强制医疗的案件，应当会见被申请人。

第五百三十条 开庭审理申请强制医疗的案件，按照下列程序进行：

（一）审判长宣布法庭调查开始后，先由检察员宣读申请书，后由被申请人的法定代理人、诉讼代理人发表意见；

（二）法庭依次就被申请人是否实施了危害公共安全或者严重危害公民人身安全的暴力行为、是否属于依法不负刑事责任的精神病人、是否有继续危害社会的可能进行调查；调查时，先由检察员出示有关证据，后由被申请人的法定代理人、诉讼代理人发表意见、出示有关证据，并进行质证；

（三）法庭辩论阶段，先由检察员发言，后由被申请人的法定代理人、诉讼代理人发言，并进行辩论。

被申请人要求出庭，人民法院经审查其身体和精神状态，认为可以出庭的，应当准许。出庭的被申请人，在法庭调查、辩论阶段，可以发表意见。

检察员宣读申请书后，被申请人的法定代理人、诉讼代理人无异议的，法庭调查可以简化。

第五百三十一条 对申请强制医疗的案件，人民法院审理后，应当按照下列情形分别处理：

（一）符合刑事诉讼法第二百八十四条规定的强制医疗条件的，应当作出对被申请人强制医疗的决定；

（二）被申请人属于依法不负刑事责任的精神病人，但不符合强制医疗条件的，应当作出驳回强制医疗申请的决定；被申请人已经造成危害结果的，应当同时责令其家属或者监护人严加看管和医疗；

（三）被申请人具有完全或者部分刑事责任能力，依法应当追究刑事责任的，应当作出驳回强制医疗申请的决定，并退回人民检察院依法处理。

第五百三十二条 第一审人民法院在审理案件过程中发现被告人可能符合强制医疗条件的，应当依照法定程序对被告人进行法医精神病鉴定。经鉴定，被告人属于依法不负刑事责任的精神病人的，应当适用强制医疗程序，对案件进行审理。

开庭审理前款规定的案件，应当先由合议庭组成人员宣读对被告人的法医精神病鉴定意见，说明被告人可能符合强制医疗的条件，后依次由公诉人和被告人的法定代理人、诉讼代理人发表意见。经审判长许可，公诉人和被告人的法定代理人、诉讼代理人可以进行辩论。

第五百三十三条 对前条规定的案件，人民法院审理后，应当按照下列情形分别处理：

(一)被告人符合强制医疗条件的,应当判决宣告被告人不负刑事责任,同时作出对被告人强制医疗的决定;

(二)被告人属于依法不负刑事责任的精神病人,但不符合强制医疗条件的,应当判决宣告被告人无罪或者不负刑事责任;被告人已经造成危害结果的,应当同时责令其家属或者监护人严加看管和医疗;

(三)被告人具有完全或者部分刑事责任能力,依法应当追究刑事责任的,应当依照普通程序继续审理。

第五百三十四条　人民法院在审理第二审刑事案件过程中,发现被告人可能符合强制医疗条件的,可以依照强制医疗程序对案件作出处理,也可以裁定发回原审人民法院重新审判。

第五百三十五条　人民法院决定强制医疗的,应当在作出决定后五日内,向公安机关送达强制医疗决定书和强制医疗执行通知书,由公安机关将被决定强制医疗的人送交强制医疗。

第五百三十六条　被决定强制医疗的人、被害人及其法定代理人、近亲属对强制医疗决定不服的,可以自收到决定书之日起五日内向上一级人民法院申请复议。复议期间不停止执行强制医疗的决定。

第五百三十七条　对不服强制医疗决定的复议申请,上一级人民法院应当组成合议庭审理,并在一个月内,按照下列情形分别作出复议决定:

(一)被决定强制医疗的人符合强制医疗条件的,应当驳回复议申请,维持原决定;

(二)被决定强制医疗的人不符合强制医疗条件的,应当撤销原决定;

(三)原审违反法定诉讼程序,可能影响公正审判的,应当撤销原决定,发回原审人民法院重新审判。

第五百三十八条　对本解释第五百三十三条第一项规定的判决、决定,人民检察院提出抗诉,同时被决定强制医疗的人、被害人及其法定代理人、近亲属申请复议的,上一级人民法院应当依照第二审程序一并处理。

第五百三十九条　审理强制医疗案件,本章没有规定的,参照适用公诉案件第一审普通程序和第二审程序的有关规定。

第五百四十条　被强制医疗的人及其近亲属申请解除强制医疗的,应当向决定强制医疗的人民法院提出。

被强制医疗的人及其近亲属提出的解除强制医疗申请被人民法院驳回,六个月后再次提出申请的,人民法院应当受理。

第五百四十一条　强制医疗机构提出解除强制医疗意见,或者被强制医疗的人及其近亲属申请解除强制医疗的,人民法院应当审查是否附有对被强制医疗的人的诊断评估报告。

强制医疗机构提出解除强制医疗意见,未附诊断评估报告的,人民法院应当要求其提供。

被强制医疗的人及其近亲属向人民法院申请解除强制医疗，强制医疗机构未提供诊断评估报告的，申请人可以申请人民法院调取。必要时，人民法院可以委托鉴定机构对被强制医疗的人进行鉴定。

第五百四十二条 强制医疗机构提出解除强制医疗意见，或者被强制医疗的人及其近亲属申请解除强制医疗的，人民法院应当组成合议庭进行审查，并在一个月内，按照下列情形分别处理：

（一）被强制医疗的人已不具有人身危险性，不需要继续强制医疗的，应当作出解除强制医疗的决定，并可责令被强制医疗的人的家属严加看管和医疗；

（二）被强制医疗的人仍具有人身危险性，需要继续强制医疗的，应当作出继续强制医疗的决定。

人民法院应当在作出决定后五日内，将决定书送达强制医疗机构、申请解除强制医疗的人、被决定强制医疗的人和人民检察院。决定解除强制医疗的，应当通知强制医疗机构在收到决定书的当日解除强制医疗。

第五百四十三条 人民检察院认为强制医疗决定或者解除强制医疗决定不当，在收到决定书后二十日内提出书面纠正意见的，人民法院应当另行组成合议庭审理，并在一个月内作出决定。

第二十四章 附 则

第五百四十四条 人民法院讯问被告人，宣告判决，审理减刑、假释案件，根据案件情况，可以采取视频方式进行。

第五百四十五条 向人民法院提出自诉、上诉、申诉、申请等的，应当以书面形式提出。书写有困难的，除另有规定的以外，可以口头提出，由人民法院工作人员制作笔录或者记录在案，并向口述人宣读或者交其阅读。

第五百四十六条 诉讼期间制作、形成的工作记录、告知笔录等材料，应当由制作人员和其他有关人员签名、盖章。宣告或者送达判决书、裁定书、决定书、通知书等诉讼文书的，应当由接受宣告或者送达的人在诉讼文书、送达回证上签名、盖章。

诉讼参与人未签名、盖章的，应当捺指印；刑事被告人除签名、盖章外，还应当捺指印。

当事人拒绝签名、盖章、捺指印的，办案人员应当在诉讼文书或者笔录材料中注明情况，有相关见证人见证，或者有录音录像证明的，不影响相关诉讼文书或者笔录材料的效力。

第五百四十七条 本解释的有关规定适用于军事法院、铁路运输法院等专门人民法院。

第五百四十八条 本解释自 2013 年 1 月 1 日起施行，最高人民法院 1998 年 9 月 2 日公布的《关于执行〈中华人民共和国刑事诉讼法〉若干问题的解释》同时废止；最高人民法院以前发布的司法解释和规范性文件，与本解释不一致的，以本解释为准。

人民检察院刑事诉讼规则(试行)

(1997 年 1 月 15 日最高人民检察院第八届检察委员会第六十九次会议通过
1998 年 12 月 16 日最高人民检察院第九届检察委员会第二十一次会议第一次修订
2012 年 10 月 16 日最高人民检察院第十一届检察委员会第八十次会议第二次修订)

第一章　通　　则

第一条　为保证人民检察院在刑事诉讼中严格依照法定程序办案,正确履行职权,实现惩罚犯罪与保障人权的统一,根据《中华人民共和国刑事诉讼法》、《中华人民共和国人民检察院组织法》和有关法律规定,结合人民检察院工作实际,制定本规则。

第二条　人民检察院在刑事诉讼中的任务,是立案侦查直接受理的案件、批准或者决定逮捕、审查起诉和提起公诉、对刑事诉讼实行法律监督,保证准确、及时地查明犯罪事实,正确应用法律,惩罚犯罪分子,保障无罪的人不受刑事追究,保障国家刑事法律的统一正确实施,维护社会主义法制,尊重和保障人权,保护公民的人身权利、财产权利、民主权利和其他权利,保障社会主义建设事业的顺利进行。

第三条　人民检察院办理刑事案件,应当严格遵守《中华人民共和国刑事诉讼法》规定的各项基本原则和程序以及其他法律的有关规定。

第四条　人民检察院办理刑事案件,由检察人员承办,办案部门负责人审核,检察长或者检察委员会决定。

第五条　人民检察院按照法律规定设置内部机构,在刑事诉讼中实行案件受理、立案侦查、侦查监督、公诉、控告、申诉、监所检察等业务分工,各司其职,互相制约,保证办案质量。

第六条　在刑事诉讼中,最高人民检察院领导地方各级人民检察院和专门人民检察院的工作,上级人民检察院领导下级人民检察院的工作。检察长统一领导检察院的工作。

第七条　在刑事诉讼中,上级人民检察院对下级人民检察院作出的决定,有权予以撤销或者变更;发现下级人民检察院办理的案件有错误的,有权指令下级人民检察院予以纠正。

下级人民检察院对上级人民检察院的决定应当执行,如果认为有错误的,应当在执行的同时向上级人民检察院报告。

第二章　管　　辖

第八条　人民检察院立案侦查贪污贿赂犯罪、国家工作人员的渎职犯罪、国家机关工作人员利用职权实施的非法拘禁、刑讯逼供、报复陷害、非法搜查的侵犯公民人身权利的犯罪以及侵犯公民民主权利的犯罪案件。

贪污贿赂犯罪是指刑法分则第八章规定的贪污贿赂犯罪及其他章中明确规定依照第八章相关条文定罪处罚的犯罪案件。

国家工作人员的渎职犯罪是指刑法分则第九章规定的渎职犯罪案件。

国家机关工作人员利用职权实施的侵犯公民人身权利和民主权利的犯罪案件包括：

(一)非法拘禁案(刑法第二百三十八条)；

(二)非法搜查案(刑法第二百四十五条)；

(三)刑讯逼供案(刑法第二百四十七条)；

(四)暴力取证案(刑法第二百四十七条)；

(五)虐待被监管人案(刑法第二百四十八条)；

(六)报复陷害案(刑法第二百五十四条)；

(七)破坏选举案(刑法第二百五十六条)。

第九条 国家机关工作人员利用职权实施的其他重大犯罪案件,需要由人民检察院直接受理的时候,经省级以上人民检察院决定,可以由人民检察院立案侦查。

第十条 对本规则第九条规定的案件,基层人民检察院或者分、州、市人民检察院需要直接立案侦查的,应当层报省级人民检察院决定。分、州、市人民检察院对于基层人民检察院层报省级人民检察院的案件,应当进行审查,提出是否需要立案侦查的意见,报请省级人民检察院决定。

报请省级人民检察院决定立案侦查的案件,应当制作提请批准直接受理书,写明案件情况以及需要由人民检察院立案侦查的理由,并附有关材料。

省级人民检察院应当在收到提请批准直接受理书后的十日以内作出是否立案侦查的决定。省级人民检察院可以决定由下级人民检察院直接立案侦查,也可以决定直接立案侦查。

第十一条 对于根据本规则第九条规定立案侦查的案件,应当根据案件性质,由人民检察院负责侦查的部门进行侦查。

报送案件的具体手续由发现案件线索的业务部门办理。

第十二条 人民检察院侦查直接受理的刑事案件涉及公安机关管辖的刑事案件,应当将属于公安机关管辖的刑事案件移送公安机关。在上述情况中,如果涉嫌主罪属于公安机关管辖,由公安机关为主侦查,人民检察院予以配合;如果涉嫌主罪属于人民检察院管辖,由人民检察院为主侦查,公安机关予以配合。

对于一人犯数罪、共同犯罪、多个犯罪嫌疑人实施的犯罪相互关联,并案处理有利于查明案件事实和诉讼进行的,人民检察院可以对相关犯罪案件并案处理。

第十三条 人民检察院对直接受理的案件实行分级立案侦查的制度。

最高人民检察院立案侦查全国性的重大犯罪案件;省、自治区、直辖市人民检察院立案侦查全省(自治区、直辖市)性的重大犯罪案件;分、州、市人民检察院立案侦查本辖区的重大犯罪案件;基层人民检察院立案侦查本辖区的犯罪案件。

第十四条 上级人民检察院在必要的时候,可以直接立案侦查或者组织、指挥、参与侦查下级人民检察院管辖的案件,也可以将本院管辖的案件指定下级人民检察院立案侦查;下级人民检察院认为案情重大、复杂,需要由上级人民检察院立案侦查的案件,可以请求移送上级人民检察院立案侦查。

第十五条 国家工作人员职务犯罪案件,由犯罪嫌疑人工作单位所在地的人民检察院管辖;如果由其他人民检察院管辖更为适宜的,可以由其他人民检察院管辖。

第十六条 对管辖不明确的案件,可以由有关人民检察院协商确定管辖。对管辖有争议的或者情况特殊的案件,由共同的上级人民检察院指定管辖。

第十七条 几个人民检察院都有权管辖的案件,由最初受理的人民检察院管辖。必要时,可以由主要犯罪地的人民检察院管辖。

第十八条 上级人民检察院可以指定下级人民检察院立案侦查管辖不明或者需要改变管辖的案件。

人民检察院在立案侦查中指定异地管辖,需要在异地起诉、审判的,应当在移送审查起诉前与人民法院协商指定管辖的相关事宜。

分、州、市人民检察院办理直接立案侦查的案件,需要将属于本院管辖的案件指定下级人民检察院管辖的,应当报请上一级人民检察院批准。

第十九条 军事检察院、铁路运输检察院等专门人民检察院的管辖以及军队、武装警察与地方互涉刑事案件的管辖,按照有关规定执行。

第三章 回 避

第二十条 检察人员在受理举报和办理案件过程中,发现有刑事诉讼法第二十八条或者第二十九条规定的情形之一的,应当自行提出回避;没有自行提出回避的,人民检察院应当按照本规则第二十四条的规定决定其回避,当事人及其法定代理人有权要求其回避。

第二十一条 检察人员自行回避的,可以口头或者书面提出,并说明理由。口头提出申请的,应当记录在案。

第二十二条 人民检察院应当告知当事人及其法定代理人有依法申请回避的权利,并告知办理相关案件检察人员、书记员等的姓名、职务等有关情况。

第二十三条 当事人及其法定代理人的回避要求,应当书面或者口头向人民检察院提出,并说明理由;根据刑事诉讼法第二十九条的规定提出回避申请的,应当提供有关证明材料。人民检察院经过审查或者调查,符合回避条件的,应当作出回避决定;不符合回避条件的,应当驳回申请。

第二十四条 检察长的回避,由检察委员会讨论决定。检察委员会讨论检察长回避问题时,由副检察长主持,检察长不得参加。其他检察人员的回避,由检察长决定。

第二十五条 当事人及其法定代理人要求公安机关负责人回避,应当向公安机关同级的人民检察院提出,由检察长提交检察委员会讨论决定。

第二十六条 应当回避的人员，本人没有自行回避，当事人及其法定代理人也没有申请其回避的，检察长或者检察委员会应当决定其回避。

第二十七条 人民检察院作出驳回申请回避的决定后，应当告知当事人及其法定代理人如不服本决定，有权在收到驳回申请回避的决定书后五日以内向原决定机关申请复议一次。

第二十八条 当事人及其法定代理人对驳回申请回避的决定不服申请复议的，决定机关应当在三日以内作出复议决定并书面通知申请人。

第二十九条 人民检察院直接受理案件的侦查人员或者进行补充侦查的人员在回避决定作出以前或者复议期间，不得停止对案件的侦查。

第三十条 参加过本案侦查的侦查人员，不得承办本案的审查逮捕、起诉和诉讼监督工作。

第三十一条 因符合刑事诉讼法第二十八条或者第二十九条规定的情形之一而回避的检察人员，在回避决定作出以前所取得的证据和进行的诉讼行为是否有效，由检察委员会或者检察长根据案件具体情况决定。

第三十二条 本章所称检察人员，包括人民检察院检察长、副检察长、检察委员会委员、检察员和助理检察员。

第三十三条 本规则关于回避的规定，适用于书记员、司法警察和人民检察院聘请或者指派的翻译人员、鉴定人。

书记员、司法警察和人民检察院聘请或者指派的翻译人员、鉴定人的回避由检察长决定。

辩护人、诉讼代理人可以依照刑事诉讼法及本规则关于回避的规定要求回避、申请复议。

第四章　辩护与代理

第三十四条 人民检察院在办案过程中，应当依法保障犯罪嫌疑人行使辩护权利。

第三十五条 辩护人、诉讼代理人向人民检察院提出有关申请、要求或者提交有关书面材料的，案件管理部门应当接收并及时移送相关办案部门或者与相关办案部门协调、联系，具体业务由办案部门负责办理，本规则另有规定的除外。

第三十六条 人民检察院侦查部门在第一次开始讯问犯罪嫌疑人或者对其采取强制措施的时候，应当告知犯罪嫌疑人有权委托辩护人，并告知其如果经济困难或者其他原因没有聘请辩护人的，可以申请法律援助。对于属于刑事诉讼法第三十四条规定情形的，应当告知犯罪嫌疑人有权获得法律援助。

人民检察院自收到移送审查起诉的案件材料之日起三日以内，公诉部门应当告知犯罪嫌疑人有权委托辩护人，并告知其如果经济困难或者其他原因没有聘请辩护人的，可以申请法律援助。对于属于刑事诉讼法第三十四条规定情形的，应当告知犯罪嫌疑人有权获得法律援助。

告知可以采取口头或者书面方式。口头告知的，应当记入笔录，由被告知人签名；书面告知的，应当将送达回执入卷。

第三十七条　人民检察院办理直接受理立案侦查案件、审查逮捕案件和审查起诉案件，在押或者被指定居所监视居住的犯罪嫌疑人提出委托辩护人要求的，侦查部门、侦查监督部门和公诉部门应当及时向其监护人、近亲属或者其指定的人员转达其要求，并记录在案。

第三十八条　在侦查期间，犯罪嫌疑人只能委托律师作为辩护人。在审查起诉期间，犯罪嫌疑人可以委托律师作为辩护人，也可以委托人民团体或者所在单位推荐的人以及监护人、亲友作为辩护人。但下列人员不得被委托担任辩护人：

（一）人民法院、人民检察院、公安机关、国家安全机关、监狱的现职人员；

（二）人民陪审员；

（三）外国人或者无国籍人；

（四）与本案有利害关系的人；

（五）依法被剥夺、限制人身自由的人；

（六）处于缓刑、假释考验期间或者刑罚尚未执行完毕的人；

（七）无行为能力或者限制行为能力的人。

一名辩护人不得为两名以上的同案犯罪嫌疑人辩护，不得为两名以上的未同案处理但实施的犯罪相互关联的犯罪嫌疑人辩护。

本条第一款第一至四项规定的人员，如果是犯罪嫌疑人的近亲属或者监护人，并且不属于第一款第五至七项情形的，犯罪嫌疑人可以委托其担任辩护人。

第三十九条　审判人员、检察人员从人民法院、人民检察院离任后二年以内，不得以律师身份担任辩护人。

检察人员从人民检察院离任后，不得担任原任职检察院办理案件的辩护人。但作为犯罪嫌疑人的监护人、近亲属进行辩护的除外。

检察人员的配偶、子女不得担任该检察人员所任职检察院办理案件的辩护人。

第四十条　一名犯罪嫌疑人可以委托一至二人作为辩护人。

律师担任诉讼代理人的，不得同时接受同一案件二名以上被害人的委托，参与刑事诉讼活动。

第四十一条　人民检察院办理直接受理立案侦查案件和审查起诉案件，发现犯罪嫌疑人是盲、聋、哑人或者是尚未完全丧失辨认或者控制自己行为能力的精神病人，或者可能被判处无期徒刑、死刑，没有委托辩护人的，应当及时书面通知法律援助机构指派律师为其提供辩护。

第四十二条　人民检察院收到在押或者被指定居所监视居住的犯罪嫌疑人提出的法律援助申请，应当在三日以内将其申请材料转交法律援助机构，并通知犯罪嫌疑人的监护人、近亲属或者其委托的其他人员协助提供有关证件、证明等相关材料。

第四十三条 犯罪嫌疑人拒绝法律援助机构指派的律师作为辩护人的，人民检察院应当查明拒绝的原因，有正当理由的，予以准许，但犯罪嫌疑人需另行委托辩护人；犯罪嫌疑人未另行委托辩护人的，应当书面通知法律援助机构另行指派律师为其提供辩护。

第四十四条 辩护人接受委托后告知人民检察院或者法律援助机构指派律师后通知人民检察院的，人民检察院案件管理部门应当及时登记辩护人的相关信息，并将有关情况和材料及时通知、移交相关办案部门。

人民检察院案件管理部门对办理业务的辩护人，应当查验其律师执业证书、律师事务所证明和授权委托书或者法律援助公函。对其他辩护人、诉讼代理人，应当查验其身份证明和授权委托书。

第四十五条 对于特别重大贿赂犯罪案件，犯罪嫌疑人被羁押或者监视居住的，人民检察院侦查部门应当在将犯罪嫌疑人送交看守所或者送交公安机关执行时书面通知看守所或者公安机关，在侦查期间辩护律师会见犯罪嫌疑人的，应当经人民检察院许可。

有下列情形之一的，属于特别重大贿赂犯罪：

（一）涉嫌贿赂犯罪数额在五十万元以上，犯罪情节恶劣的；

（二）有重大社会影响的；

（三）涉及国家重大利益的。

第四十六条 对于特别重大贿赂犯罪案件，辩护律师在侦查期间提出会见在押或者被监视居住的犯罪嫌疑人的，人民检察院侦查部门应当提出是否许可的意见，在三日以内报检察长决定并答复辩护律师。

人民检察院办理特别重大贿赂犯罪案件，在有碍侦查的情形消失后，应当通知看守所或者执行监视居住的公安机关和辩护律师，辩护律师可以不经许可会见犯罪嫌疑人。

对于特别重大贿赂犯罪案件，人民检察院在侦查终结前应当许可辩护律师会见犯罪嫌疑人。

第四十七条 自案件移送审查起诉之日起，人民检察院应当允许辩护律师查阅、摘抄、复制本案的案卷材料。

案卷材料包括案件的诉讼文书和证据材料。

第四十八条 自案件移送审查起诉之日起，律师以外的辩护人向人民检察院申请查阅、摘抄、复制本案的案卷材料或者申请同在押、被监视居住的犯罪嫌疑人会见和通信的，人民检察院公诉部门应当对申请人是否具备辩护人资格进行审查并提出是否许可的意见，在三日以内报检察长决定并书面通知申请人。

人民检察院许可律师以外的辩护人同在押或者被监视居住的犯罪嫌疑人通信的，可以要求看守所或者公安机关将书信送交人民检察院进行检查。

对于律师以外的辩护人申请查阅、摘抄、复制案卷材料或者申请同在押、被监视居住的犯罪嫌疑人会见和通信，具有下列情形之一的，人民检察院可以不予许可：

（一）同案犯罪嫌疑人在逃的；

（二）案件事实不清，证据不足，或者遗漏罪行、遗漏同案犯罪嫌疑人需要补充侦查的；

（三）涉及国家秘密或者商业秘密的；

（四）有事实表明存在串供、毁灭、伪造证据或者危害证人人身安全可能的。

第四十九条　辩护律师或者经过许可的其他辩护人到人民检察院查阅、摘抄、复制本案的案卷材料，由案件管理部门及时安排，由公诉部门提供案卷材料。因公诉部门工作等原因无法及时安排的，应当向辩护人说明，并安排辩护人自即日起三个工作日以内阅卷，公诉部门应当予以配合。

查阅、摘抄、复制案卷材料，应当在人民检察院设置的专门场所进行。必要时，人民检察院可以派员在场协助。

辩护人复制案卷材料可以采取复印、拍照等方式，人民检察院只收取必需的工本费用。对于承办法律援助案件的辩护律师复制必要的案卷材料的费用，人民检察院应当根据具体情况予以减收或者免收。

第五十条　案件移送审查逮捕或者审查起诉后，辩护人认为在侦查期间公安机关收集的证明犯罪嫌疑人无罪或者罪轻的证据材料未提交，申请人民检察院向公安机关调取的，人民检察院案件管理部门应当及时将申请材料送侦查监督部门或者公诉部门办理。经审查，认为辩护人申请调取的证据已收集并且与案件事实有联系的，应当予以调取；认为辩护人申请调取的证据未收集或者与案件事实没有联系的，应当决定不予调取并向辩护人说明理由。公安机关移送相关证据材料的，人民检察院应当在三日以内告知辩护人。

人民检察院办理直接立案侦查的案件，按照本条规定办理。

第五十一条　在人民检察院侦查、审查逮捕、审查起诉过程中，辩护人收集到有关犯罪嫌疑人不在犯罪现场、未达到刑事责任年龄、属于依法不负刑事责任的精神病人的证据，告知人民检察院的，人民检察院相关办案部门应当及时进行审查。

第五十二条　案件移送审查起诉后，辩护律师依据刑事诉讼法第四十一条第一款的规定申请人民检察院收集、调取证据的，人民检察院案件管理部门应当及时将申请材料移送公诉部门办理。

人民检察院认为需要收集、调取证据的，应当决定收集、调取并制作笔录附卷；决定不予收集、调取的，应当书面说明理由。

人民检察院根据辩护律师的申请收集、调取证据时，辩护律师可以在场。

第五十三条　辩护律师向被害人或者其近亲属、被害人提供的证人收集与本案有关的材料，向人民检察院提出申请的，参照本规则第五十二条第一款的规定办理，人民检察院应当在七日以内作出是否许可的决定，通知辩护律师。人民检察院没有许可的，应当书面说明理由。

第五十四条　在人民检察院侦查、审查逮捕、审查起诉过程中，辩护人提出要求听取其意见的，案件管理部门应当及时联系侦查部门、侦查监督部门或者公诉部门对听取意见作出安排。辩护人提出书面意见的，案件管理部门应当及时移送侦查部门、侦查监督部门或者公诉部门。

第五十五条 人民检察院自收到移送审查起诉的案件材料之日起三日以内，应当告知被害人及其法定代理人或者其近亲属、附带民事诉讼的当事人及其法定代理人有权委托诉讼代理人。

告知可以采取口头或者书面方式。口头告知的，应当制作笔录，由被告知人签名；书面告知的，应当将送达回执入卷；无法告知的，应当记录在案。

被害人有法定代理人的，应当告知其法定代理人；没有法定代理人的，应当告知其近亲属。

法定代理人或者近亲属为二人以上的，可以只告知其中一人，告知时应当按照刑事诉讼法第一百零六条第三、六项列举的顺序择先进行。

当事人及其法定代理人、近亲属委托诉讼代理人的，参照刑事诉讼法第三十二条和本规则第三十八条、第三十九条、第四十四条的规定执行。

第五十六条 经人民检察院许可，诉讼代理人查阅、摘抄、复制本案的案卷材料的，参照本规则第四十七条至第四十九条的规定办理。

律师担任诉讼代理人，需要申请人民检察院收集、调取证据的，参照本规则第五十二条的规定办理。

第五十七条 辩护人、诉讼代理人认为公安机关、人民检察院、人民法院及其工作人员具有下列阻碍其依法行使诉讼权利的行为之一的，可以向同级或者上一级人民检察院申诉或者控告，控告检察部门应当接受并依法办理，相关办案部门应当予以配合：

(一)对辩护人、诉讼代理人提出的回避要求不予受理或者对不予回避决定不服的复议申请不予受理的；

(二)未依法告知犯罪嫌疑人、被告人有权委托辩护人的；

(三)未转达在押的或者被监视居住的犯罪嫌疑人、被告人委托辩护人的要求的；

(四)应当通知而不通知法律援助机构为符合条件的犯罪嫌疑人、被告人或者被申请强制医疗的人指派律师提供辩护或者法律援助的；

(五)在规定时间内不受理、不答复辩护人提出的变更强制措施申请或者解除强制措施要求的；

(六)未依法告知辩护律师犯罪嫌疑人涉嫌的罪名和案件有关情况的；

(七)违法限制辩护律师同在押、被监视居住的犯罪嫌疑人、被告人会见和通信的；

(八)违法不允许辩护律师查阅、摘抄、复制本案的案卷材料的；

(九)违法限制辩护律师收集、核实有关证据材料的；

(十)没有正当理由不同意辩护律师提出的收集、调取证据或者通知证人出庭作证的申请，或者不答复、不说明理由的；

(十一)未依法提交证明犯罪嫌疑人、被告人无罪或者罪轻的证据材料的；

(十二)未依法听取辩护人、诉讼代理人的意见的；

（十三）未依法将开庭的时间、地点及时通知辩护人、诉讼代理人的；

（十四）未依法向辩护人、诉讼代理人及时送达本案的法律文书或者及时告知案件移送情况的；

（十五）阻碍辩护人、诉讼代理人在法庭审理过程中依法行使诉讼权利的；

（十六）其他阻碍辩护人、诉讼代理人依法行使诉讼权利的。

辩护人、诉讼代理人认为看守所及其工作人员有阻碍其依法行使诉讼权利的行为，向人民检察院申诉或者控告的，监所检察部门应当接收并依法办理；控告检察部门收到申诉或者控告的，应当及时移送监所检察部门办理。

第五十八条　辩护人、诉讼代理人认为其依法行使诉讼权利受到阻碍向人民检察院申诉或者控告的，人民检察院应当在受理后十日以内进行审查，情况属实的，经检察长决定，通知有关机关或者本院有关部门、下级人民检察院予以纠正，并将处理情况书面答复提出申诉或者控告的辩护人、诉讼代理人。

第五十九条　辩护律师告知人民检察院其委托人或者其他人员准备实施、正在实施危害国家安全、公共安全以及严重危及他人人身安全犯罪的，人民检察院应当接受并立即移送有关机关依法处理。

人民检察院应当为反映有关情况的辩护律师保密。

第六十条　人民检察院发现辩护人有帮助犯罪嫌疑人、被告人隐匿、毁灭、伪造证据或者串供，或者威胁、引诱证人作伪证以及其他干扰司法机关诉讼活动的行为，可能涉嫌犯罪的，经检察长批准，应当按照下列规定办理：

（一）涉嫌犯罪属于公安机关管辖的，应当将辩护人涉嫌犯罪的线索或者证据材料移送同级公安机关按照有关规定处理；

（二）涉嫌犯罪属于人民检察院管辖的，应当报请上一级人民检察院立案侦查或者由上一级人民检察院指定其他人民检察院立案侦查。上一级人民检察院不得指定办理辩护人所承办案件的人民检察院的下级人民检察院立案侦查。

辩护人是律师的，被指定管辖的人民检察院应当在立案侦查的同时书面通知其所在的律师事务所或者所属的律师协会。

第五章　证　　据

第六十一条　人民检察院在立案侦查、审查逮捕、审查起诉等办案活动中认定案件事实，应当以证据为根据。

公诉案件中被告人有罪的举证责任由人民检察院承担。人民检察院在提起公诉指控犯罪时，应当提出确实、充分的证据，并运用证据加以证明。

人民检察院提起公诉，应当遵循客观公正原则，对被告人有罪、罪重、罪轻的证据都应当向人民法院提出。

第六十二条　证据的审查认定，应当结合案件的具体情况，从证据与待证事实的关联程度、各证据之间的联系、是否依照法定程序收集等方面进行综合审查判断。

第六十三条　人民检察院侦查终结或者提起公诉的案件,证据应当确实、充分。证据确实、充分,应当符合以下条件:

(一)定罪量刑的事实都有证据证明;

(二)据以定案的证据均经法定程序查证属实;

(三)综合全案证据,对所认定事实已排除合理怀疑。

第六十四条　行政机关在行政执法和查办案件过程中收集的物证、书证、视听资料、电子数据等证据材料,应当以该机关的名义移送,经人民检察院审查符合法定要求的,可以作为证据使用。

行政机关在行政执法和查办案件过程中收集的鉴定意见、勘验、检查笔录,经人民检察院审查符合法定要求的,可以作为证据使用。

人民检察院办理直接受理立案侦查的案件,对于有关机关在行政执法和查办案件过程中收集的涉案人员供述或者相关人员的证言、陈述,应当重新收集;确有证据证实涉案人员或者相关人员因路途遥远、死亡、失踪或者丧失作证能力,无法重新收集,但供述、证言或者陈述的来源、收集程序合法,并有其他证据相印证,经人民检察院审查符合法定要求的,可以作为证据使用。

根据法律、法规赋予的职责查处行政违法、违纪案件的组织属于本条规定的行政机关。

第六十五条　对采用刑讯逼供等非法方法收集的犯罪嫌疑人供述和采用暴力、威胁等非法方法收集的证人证言、被害人陈述,应当依法排除,不得作为报请逮捕、批准或者决定逮捕、移送审查起诉以及提起公诉的依据。

刑讯逼供是指使用肉刑或者变相使用肉刑,使犯罪嫌疑人在肉体或者精神上遭受剧烈疼痛或者痛苦以逼取供述的行为。

其他非法方法是指违法程度和对犯罪嫌疑人的强迫程度与刑讯逼供或者暴力、威胁相当而迫使其违背意愿供述的方法。

第六十六条　收集物证、书证不符合法定程序,可能严重影响司法公正的,人民检察院应当及时要求侦查机关补正或者作出书面解释;不能补正或者无法作出合理解释的,对该证据应当予以排除。

对侦查机关的补正或者解释,人民检察院应当予以审查。经侦查机关补正或者作出合理解释的,可以作为批准或者决定逮捕、提起公诉的依据。

本条第一款中的可能严重影响司法公正是指收集物证、书证不符合法定程序的行为明显违法或者情节严重,可能对司法机关办理案件的公正性造成严重损害;补正是指对取证程序上的非实质性瑕疵进行补救;合理解释是指对取证程序的瑕疵作出符合常理及逻辑的解释。

第六十七条　人民检察院经审查发现存在刑事诉讼法第五十四条规定的非法取证行为,依法对该证据予以排除后,其他证据不能证明犯罪嫌疑人实施犯罪行为的,应当不批准或者决定逮捕，已经移送审查起诉的，可以将案件退回侦查机关补充侦查或者作出不起诉决定。

第六十八条　在侦查、审查起诉和审判阶段，人民检察院发现侦查人员以非法方法收集证据的，应当报经检察长批准，及时进行调查核实。

当事人及其辩护人、诉讼代理人报案、控告、举报侦查人员采用刑讯逼供等非法方法收集证据并提供涉嫌非法取证的人员、时间、地点、方式和内容等材料或者线索的，人民检察院应当受理并进行审查，对于根据现有材料无法证明证据收集合法性的，应当报经检察长批准，及时进行调查核实。

上一级人民检察院接到对侦查人员采用刑讯逼供等非法方法收集证据的报案、控告、举报的，可以直接进行调查核实，也可以交由下级人民检察院调查核实。交由下级人民检察院调查核实的，下级人民检察院应当及时将调查结果报告上一级人民检察院。

人民检察院决定调查核实的，应当及时通知办案机关。

第六十九条　对于非法证据的调查核实，在侦查阶段由侦查监督部门负责；在审查起诉、审判阶段由公诉部门负责。必要时，渎职侵权检察部门可以派员参加。

第七十条　人民检察院可以采取以下方式对非法取证行为进行调查核实：

（一）讯问犯罪嫌疑人；

（二）询问办案人员；

（三）询问在场人员及证人；

（四）听取辩护律师意见；

（五）调取讯问笔录、讯问录音、录像；

（六）调取、查询犯罪嫌疑人出入看守所的身体检查记录及相关材料；

（七）进行伤情、病情检查或者鉴定；

（八）其他调查核实方式。

第七十一条　人民检察院调查完毕后，应当制作调查报告，根据查明的情况提出处理意见，报请检察长决定后依法处理。

办案人员在审查逮捕、审查起诉中经调查核实依法排除非法证据的，应当在调查报告中予以说明。被排除的非法证据应当随案移送。

对于确有以非法方法收集证据情形，尚未构成犯罪的，应当依法向被调查人所在机关提出纠正意见。对于需要补正或者作出合理解释的，应当提出明确要求。

经审查，认为非法取证行为构成犯罪需要追究刑事责任的，应当依法移送立案侦查。

第七十二条　人民检察院认为存在以非法方法收集证据情形的，可以书面要求侦查机关对证据收集的合法性进行说明。说明应当加盖单位公章，并由侦查人员签名。

第七十三条　对于公安机关立案侦查的案件，存在下列情形之一的，人民检察院在审查逮捕、审查起诉和审判阶段，可以调取公安机关讯问犯罪嫌疑人的录音、录像，对证据收集的合法性以及犯罪嫌疑人、被告人供述的真实性进行审查：

（一）认为讯问活动可能存在刑讯逼供等非法取证行为的；

（二）犯罪嫌疑人、被告人或者辩护人提出犯罪嫌疑人、被告人供述系非法取得，并提供相关线索或者材料的；

（三）犯罪嫌疑人、被告人对讯问活动合法性提出异议或者翻供，并提供相关线索或者材料的；

（四）案情重大、疑难、复杂的。

人民检察院直接受理立案侦查的案件，侦查部门移送审查逮捕、审查起诉时，应当将讯问录音、录像连同案卷材料一并移送审查。

第七十四条 对于提起公诉的案件，被告人及其辩护人提出审前供述系非法取得，并提供相关线索或者材料的，人民检察院可以将讯问录音、录像连同案卷材料一并移送人民法院。

第七十五条 在法庭审理过程中，被告人或者辩护人对讯问活动合法性提出异议，公诉人可以要求被告人及其辩护人提供相关线索或者材料。必要时，公诉人可以提请法庭当庭播放相关时段的讯问录音、录像，对有关异议或者事实进行质证。

需要播放的讯问录音、录像中涉及国家秘密、商业秘密、个人隐私或者含有其他不宜公开的内容的，公诉人应当建议在法庭组成人员、公诉人、侦查人员、被告人及其辩护人范围内播放。因涉及国家秘密、商业秘密、个人隐私或者其他犯罪线索等内容，人民检察院对讯问录音、录像的相关内容作技术处理的，公诉人应当向法庭作出说明。

第七十六条 对于危害国家安全犯罪、恐怖活动犯罪、黑社会性质的组织犯罪、毒品犯罪等案件，人民检察院在办理案件过程中，证人、鉴定人、被害人因在诉讼中作证，本人或者其近亲属人身安全面临危险，向人民检察院请求保护的，人民检察院应当受理并及时进行审查，对于确实存在人身安全危险的，应当立即采取必要的保护措施。人民检察院发现存在上述情形的，可以主动采取保护措施。

人民检察院可以采取以下一项或者多项保护措施：

（一）不公开真实姓名、住址和工作单位等个人信息；

（二）建议法庭采取不暴露外貌、真实声音等出庭作证措施；

（三）禁止特定的人员接触证人、鉴定人、被害人及其近亲属；

（四）对人身和住宅采取专门性保护措施；

（五）其他必要的保护措施。

人民检察院依法决定不公开证人、鉴定人、被害人的真实姓名、住址和工作单位等个人信息的，可以在起诉书、询问笔录等法律文书、证据材料中使用化名代替证人、鉴定人、被害人的个人信息。但是应当另行书面说明使用化名的情况并标明密级。

人民检察院依法采取保护措施，可以要求有关单位和个人予以配合。

对证人及其近亲属进行威胁、侮辱、殴打或者打击报复，构成犯罪或者应当给予治安管理处罚的，人民检察院应当移送公安机关处理；情节轻微的，予以批评教育、训诫。

第七十七条 证人在人民检察院侦查、审查起诉阶段因履行作证义务而支出的交通、住宿、就餐等费用,人民检察院应当给予补助。

第六章 强 制 措 施

第一节 拘 传

第七十八条 人民检察院根据案件情况,对犯罪嫌疑人可以拘传。

拘传应当经检察长批准,签发拘传证。

第七十九条 拘传时,应当向被拘传的犯罪嫌疑人出示拘传证。对抗拒拘传的,可以使用械具,强制到案。

执行拘传的人员不得少于二人。

第八十条 拘传持续的时间从犯罪嫌疑人到案时开始计算。犯罪嫌疑人到案后,应当责令其在拘传证上填写到案时间,并在拘传证上签名、捺指印或者盖章,然后立即讯问。讯问结束后,应当责令犯罪嫌疑人在拘传证上填写讯问结束时间。犯罪嫌疑人拒绝填写的,检察人员应当在拘传证上注明。

一次拘传持续的时间不得超过十二小时;案情特别重大、复杂,需要采取拘留、逮捕措施的,拘传持续的时间不得超过二十四小时。两次拘传间隔的时间一般不得少于十二小时,不得以连续拘传的方式变相拘禁犯罪嫌疑人。

拘传犯罪嫌疑人,应当保证犯罪嫌疑人的饮食和必要的休息时间。

第八十一条 人民检察院拘传犯罪嫌疑人,应当在犯罪嫌疑人所在市、县内的地点进行。

犯罪嫌疑人的工作单位与居住地不在同一市、县的,拘传应当在犯罪嫌疑人的工作单位所在的市、县进行;特殊情况下,也可以在犯罪嫌疑人居住地所在的市、县内进行。

第八十二条 需要对被拘传的犯罪嫌疑人变更强制措施的,应当经检察长或者检察委员会决定,在拘传期限内办理变更手续。

在拘传期间内决定不采取其他强制措施的,拘传期限届满,应当结束拘传。

第二节 取 保 候 审

第八十三条 人民检察院对于有下列情形之一的犯罪嫌疑人,可以取保候审:

(一)可能判处管制、拘役或者独立适用附加刑的;

(二)可能判处有期徒刑以上刑罚,采取取保候审不致发生社会危险性的;

(三)患有严重疾病、生活不能自理,怀孕或者正在哺乳自己婴儿的妇女,采取取保候审不致发生社会危险性的;

(四)犯罪嫌疑人羁押期限届满,案件尚未办结,需要取保候审的。

第八十四条 人民检察院对于严重危害社会治安的犯罪嫌疑人,以及其他犯罪性质恶劣、情节严重的犯罪嫌疑人不得取保候审。

第八十五条 被羁押或者监视居住的犯罪嫌疑人及其法定代理人、近亲属或者辩护人申请取保候审,经审查具有本规则第八十三条规定情形之一的,经检察长决定,可以对犯罪嫌疑人取保候审。

第八十六条 被羁押或者监视居住的犯罪嫌疑人及其法定代理人、近亲属或者辩护人向人民检察院申请取保候审,人民检察院应当在三日以内作出是否同意的答复。经审查符合本规则第八十三条规定情形之一的,对被羁押的犯罪嫌疑人依法办理取保候审手续;经审查不符合取保候审条件的,应当告知申请人,并说明不同意取保候审的理由。

第八十七条 人民检察院决定对犯罪嫌疑人取保候审,应当责令犯罪嫌疑人提出保证人或者交纳保证金。

对同一犯罪嫌疑人决定取保候审,不得同时使用保证人保证和保证金保证方式。

对符合取保候审条件,具有下列情形之一的犯罪嫌疑人,人民检察院决定取保候审时,可以责令其提供一至二名保证人:

(一)无力交纳保证金的;

(二)系未成年人或者已满七十五周岁的人;

(三)其他不宜收取保证金的。

第八十八条 采取保证人担保方式的,保证人应当符合刑事诉讼法第六十七条规定的条件,并经人民检察院审查同意。

第八十九条 人民检察院应当告知保证人履行以下义务:

(一)监督被保证人遵守刑事诉讼法第六十九条的规定;

(二)发现被保证人可能发生或者已经发生违反刑事诉讼法第六十九条规定的行为的,及时向执行机关报告。

保证人保证承担上述义务后,应当在取保候审保证书上签名或者盖章。

第九十条 采取保证金担保方式的,人民检察院可以根据犯罪嫌疑人的社会危险性,案件的性质、情节、危害后果,可能判处刑罚的轻重,犯罪嫌疑人的经济状况等,责令犯罪嫌疑人交纳一千元以上的保证金,对于未成年犯罪嫌疑人可以责令交纳五百元以上的保证金。

第九十一条 对犯罪嫌疑人取保候审,应当由办案人员提出意见,部门负责人审核,检察长决定。

第九十二条 人民检察院决定对犯罪嫌疑人取保候审的,应当制作取保候审决定书,载明取保候审的期间、担保方式、被取保候审人应当履行的义务和应当遵守的规定。

人民检察院作出取保候审决定时,可以根据犯罪嫌疑人涉嫌犯罪性质、危害后果、社会影响,犯罪嫌疑人、被害人的具体情况等,有针对性地责令其遵守以下一项或者多项规定:

(一)不得进入特定的场所;

(二)不得与特定的人员会见或者通信;

(三)不得从事特定的活动;

(四)将护照等出入境证件、驾驶证件交执行机关保存。

第九十三条　人民检察院应当向取保候审的犯罪嫌疑人宣读取保候审决定书，由犯罪嫌疑人签名、捺指印或者盖章，并责令犯罪嫌疑人遵守刑事诉讼法第六十九条的规定，告知其违反规定应负的法律责任；以保证金方式担保的，应当同时告知犯罪嫌疑人一次性将保证金存入公安机关指定银行的专门账户。

第九十四条　向犯罪嫌疑人宣布取保候审决定后，人民检察院应当将执行取保候审通知书送达公安机关执行，并告知公安机关在执行期间拟批准犯罪嫌疑人离开所居住的市、县的，应当征得人民检察院同意。以保证人方式担保的，应当将取保候审保证书同时送达公安机关。

人民检察院核实保证金已经交纳到公安机关指定银行的凭证后，应当将银行出具的凭证及其他有关材料与执行取保候审通知书一并送交公安机关。

第九十五条　采取保证人保证方式的，如果保证人在取保候审期间不愿继续担保或者丧失担保条件的，人民检察院应当在收到保证人不愿继续担保的申请或者发现其丧失担保条件后的三日以内，责令犯罪嫌疑人重新提出保证人或者交纳保证金，并将变更情况通知公安机关。

第九十六条　采取保证金担保方式的，被取保候审人拒绝交纳保证金或者交纳保证金不足决定数额时，人民检察院应当作出变更取保候审措施、变更保证方式或者变更保证金数额的决定，并将变更情况通知公安机关。

第九十七条　公安机关在执行取保候审期间向人民检察院征询是否同意批准犯罪嫌疑人离开所居住的市、县时，人民检察院应当根据案件的具体情况及时作出决定，并通知公安机关。

第九十八条　人民检察院发现保证人没有履行刑事诉讼法第六十八条规定的义务，应当通知公安机关，要求公安机关对保证人作出罚款决定。构成犯罪的，依法追究保证人的刑事责任。

第九十九条　人民检察院发现犯罪嫌疑人违反刑事诉讼法第六十九条的规定，已交纳保证金的，应当书面通知公安机关没收部分或者全部保证金，并且根据案件的具体情况，责令犯罪嫌疑人具结悔过，重新交纳保证金、提出保证人或者决定监视居住、予以逮捕。

公安机关发现犯罪嫌疑人违反刑事诉讼法第六十九条的规定，提出没收保证金或者变更强制措施意见的，人民检察院应当在收到意见后五日以内作出决定，并通知公安机关。

重新交纳保证金的程序适用本规则第九十条、第九十一条的规定；提出保证人的程序适用本规则第八十八条、第八十九条的规定。对犯罪嫌疑人继续取保候审的，取保候审的时间应当累计计算。

对犯罪嫌疑人决定监视居住的，应当办理监视居住手续，监视居住的期限应当重新计算并告知犯罪嫌疑人。

第一百条　犯罪嫌疑人有下列违反取保候审规定的行为，人民检察院应当对犯罪嫌疑人予以逮捕：

（一）故意实施新的犯罪的；

（二）企图自杀、逃跑，逃避侦查、审查起诉的；

（三）实施毁灭、伪造证据，串供或者干扰证人作证，足以影响侦查、审查起诉工作正常进行的；

（四）对被害人、证人、举报人、控告人及其他人员实施打击报复的。

犯罪嫌疑人有下列违反取保候审规定的行为，人民检察院可以对犯罪嫌疑人予以逮捕：

（一）未经批准，擅自离开所居住的市、县，造成严重后果，或者两次未经批准，擅自离开所居住的市、县的；

（二）经传讯不到案，造成严重后果，或者经两次传讯不到案的；

（三）住址、工作单位和联系方式发生变动，未在二十四小时以内向公安机关报告，造成严重后果的；

（四）违反规定进入特定场所、与特定人员会见或者通信、从事特定活动，严重妨碍诉讼程序正常进行的。

需要对上述犯罪嫌疑人予以逮捕的，可以先行拘留；已交纳保证金的，同时书面通知公安机关没收保证金。

第一百零一条 人民检察院决定对犯罪嫌疑人取保候审，最长不得超过十二个月。

第一百零二条 公安机关决定对犯罪嫌疑人取保候审，案件移送人民检察院审查起诉后，对于需要继续取保候审的，人民检察院应当依法重新作出取保候审决定，并对犯罪嫌疑人办理取保候审手续。取保候审的期限应当重新计算并告知犯罪嫌疑人。对继续采取保证金方式取保候审的，被取保候审人没有违反刑事诉讼法第六十九条规定的，不变更保证金数额，不再重新收取保证金。

第一百零三条 在取保候审期间，不得中断对案件的侦查、审查起诉。

第一百零四条 取保候审期限届满或者发现不应当追究犯罪嫌疑人的刑事责任的，应当及时解除或者撤销取保候审。

第一百零五条 解除或者撤销取保候审，应当由办案人员提出意见，部门负责人审核，检察长决定。

第一百零六条 解除或者撤销取保候审的决定，应当及时通知执行机关，并将解除或者撤销取保候审的决定书送达犯罪嫌疑人；有保证人的，应当通知保证人解除保证义务。

第一百零七条 犯罪嫌疑人在取保候审期间没有违反刑事诉讼法第六十九条的规定，或者发现不应当追究犯罪嫌疑人刑事责任的，变更、解除或者撤销取保候审时，应当告知犯罪嫌疑人可以凭变更、解除或者撤销取保候审的通知或者有关法律文书到银行领取退还的保证金。

第一百零八条 犯罪嫌疑人及其法定代理人、近亲属或者辩护人认为取保候审期限届满，向人民检察院提出解除取保候审要求的，人民检察院应当在三日以内审查决定。经审查认为法定期限届满的，经检察长批准后，解除取保候审；经审查未超过法定期限的，书面答复申请人。

第三节　监 视 居 住

第一百零九条　人民检察院对于符合逮捕条件，有下列情形之一的犯罪嫌疑人，可以监视居住：

（一）患有严重疾病、生活不能自理的；

（二）怀孕或者正在哺乳自己婴儿的妇女；

（三）系生活不能自理的人的唯一扶养人；

（四）因为案件的特殊情况或者办理案件的需要，采取监视居住措施更为适宜的；

（五）羁押期限届满，案件尚未办结，需要采取监视居住措施的。

前款第三项中的扶养包括父母、祖父母、外祖父母对子女、孙子女、外孙子女的抚养和子女、孙子女、外孙子女对父母、祖父母、外祖父母的赡养以及配偶、兄弟姐妹之间的相互扶养。

对符合取保候审条件，但犯罪嫌疑人不能提出保证人，也不交纳保证金的，可以监视居住。

第一百一十条　监视居住应当在犯罪嫌疑人的住处执行。对于犯罪嫌疑人无固定住处或者涉嫌特别重大贿赂犯罪在住处执行可能有碍侦查的，可以在指定的居所执行。

固定住处是指犯罪嫌疑人在办案机关所在地的市、县内工作、生活的合法居所。

本条第一款规定的特别重大贿赂犯罪依照本规则第四十五条第二款规定的条件予以认定。

有下列情形之一的，属于有碍侦查：

（一）可能毁灭、伪造证据，干扰证人作证或者串供的；

（二）可能自杀或者逃跑的；

（三）可能导致同案犯逃避侦查的；

（四）在住处执行监视居住可能导致犯罪嫌疑人面临人身危险的；

（五）犯罪嫌疑人的家属或者其所在单位的人员与犯罪有牵连的；

（六）可能对举报人、控告人、证人及其他人员等实施打击报复的。

指定的居所应当符合下列条件：

（一）具备正常的生活、休息条件；

（二）便于监视、管理；

（三）能够保证办案安全。

采取指定居所监视居住的，不得在看守所、拘留所、监狱等羁押、监管场所以及留置室、讯问室等专门的办案场所、办公区域执行。

第一百一十一条　对犯罪嫌疑人采取监视居住，应当由办案人员提出意见，部门负责人审核，检察长决定。

需要对涉嫌特别重大贿赂犯罪的犯罪嫌疑人采取指定居所监视居住的，由办案人员提出意见，经部门负责人审核，报检察长审批后，连同案卷材料一并报上一级人民检察院侦查部门审查。

对于下级人民检察院报请指定居所监视居住的案件，上一级人民检察院应当在收到案卷材料后及时作出是否批准的决定。

上一级人民检察院批准指定居所监视居住的，应当将指定居所监视居住决定书连同案卷材料一并交由下级人民检察院通知同级公安机关执行。下级人民检察院应当将执行回执报上一级人民检察院。

上一级人民检察院不予批准指定居所监视居住的，应当将不予批准指定监视居住决定书送达下级人民检察院，并说明不予批准的理由。

第一百一十二条 对于特别重大贿赂犯罪案件决定指定居所监视居住的，人民检察院侦查部门应当自决定指定居所监视居住之日起每二个月对指定居所监视居住的必要性进行审查，没有必要继续指定居所监视居住或者案件已经办结的，应当解除指定居所监视居住或者变更强制措施。

犯罪嫌疑人及其法定代理人、近亲属或者辩护人认为不再具备指定居所监视居住条件的，有权向人民检察院申请变更强制措施。人民检察院应当在三日以内作出决定，经审查认为不需要继续指定居所监视居住的，应当解除指定居所监视居住或者变更强制措施；认为需要继续指定居所监视居住的，应当答复申请人并说明理由。

解除指定居所监视居住或者变更强制措施的，下级人民检察院侦查部门应当报送上一级人民检察院备案。

第一百一十三条 人民检察院应当向监视居住的犯罪嫌疑人宣读监视居住决定书，由犯罪嫌疑人签名、捺指印或者盖章，并责令犯罪嫌疑人遵守刑事诉讼法第七十五条的规定，告知其违反规定应负的法律责任。

指定居所监视居住的，不得要求被监视居住人支付费用。

第一百一十四条 对犯罪嫌疑人决定在指定的居所执行监视居住，除无法通知的以外，人民检察院应当在执行监视居住后二十四小时以内，将指定居所监视居住的原因通知被监视居住人的家属。无法通知的，应当向检察长报告，并将原因写明附卷。无法通知的情形消除后，应当立即通知其家属。

无法通知包括以下情形：

（一）被监视居住人无家属的；

（二）与其家属无法取得联系的；

（三）受自然灾害等不可抗力阻碍的。

第一百一十五条 人民检察院核实犯罪嫌疑人住处或者为其指定居所后，应当制作监视居住执行通知书，将有关法律文书和案由、犯罪嫌疑人基本情况材料，送交监视居住地的公安机关执行，必要时人民检察院可以协助公安机关执行。

人民检察院应当告知公安机关在执行期间拟批准犯罪嫌疑人离开执行监视居住的处

所、会见他人或者通信的，批准前应当征得人民检察院同意。

第一百一十六条 公安机关在执行监视居住期间向人民检察院征询是否同意批准犯罪嫌疑人离开执行监视居住的处所、会见他人或者通信时，人民检察院应当根据案件的具体情况决定是否同意。

第一百一十七条 人民检察院可以根据案件的具体情况，商请公安机关对被监视居住的犯罪嫌疑人采取电子监控、不定期检查等监视方法，对其遵守监视居住规定的情况进行监督。

人民检察院办理直接受理立案侦查的案件对犯罪嫌疑人采取监视居住的，在侦查期间可以商请公安机关对其通信进行监控。

第一百一十八条 人民检察院应当依法对指定居所监视居住的决定是否合法实行监督。

对于下级人民检察院报请指定居所监视居住的案件，由上一级人民检察院侦查监督部门依法对决定是否合法进行监督。

对于公安机关决定指定居所监视居住的案件，由作出批准决定公安机关的同级人民检察院侦查监督部门依法对决定是否合法进行监督。

对于人民法院因被告人无固定住处而指定居所监视居住的，由同级人民检察院公诉部门依法对决定是否合法进行监督。

第一百一十九条 被指定居所监视居住人及其法定代理人、近亲属或者辩护人认为侦查机关、人民法院的指定居所监视居住决定存在违法情形，提出控告或者举报的，人民检察院应当受理，并报送或者移送本规则第一百一十八条规定的承担监督职责的部门办理。

人民检察院可以要求侦查机关、人民法院提供指定居所监视居住决定书和相关案件材料。经审查，发现存在下列违法情形的，应当及时通知有关机关纠正：

（一）不符合指定居所监视居住的适用条件的；

（二）未按法定程序履行批准手续的；

（三）在决定过程中有其他违反刑事诉讼法规定的行为的。

第一百二十条 人民检察院监所检察部门依法对指定居所监视居住的执行活动是否合法实行监督。发现下列违法情形的，应当及时提出纠正意见：

（一）在执行指定居所监视居住后二十四小时以内没有通知被监视居住人的家属的；

（二）在羁押场所、专门的办案场所执行监视居住的；

（三）为被监视居住人通风报信、私自传递信件、物品的；

（四）对被监视居住人刑讯逼供、体罚、虐待或者变相体罚、虐待的；

（五）有其他侵犯被监视居住人合法权利或者其他违法行为的。

被监视居住人及其法定代理人、近亲属或者辩护人对于公安机关、本院侦查部门或者侦查人员存在上述违法情形提出控告的，人民检察院控告检察部门应当受理并及时移送监所检察部门处理。

第一百二十一条 犯罪嫌疑人有下列违反监视居住规定的行为，人民检察院应当对犯罪嫌疑人予以逮捕：

（一）故意实施新的犯罪行为的；

（二）企图自杀、逃跑，逃避侦查、审查起诉的；

（三）实施毁灭、伪造证据或者串供、干扰证人作证行为，足以影响侦查、审查起诉工作正常进行的；

（四）对被害人、证人、举报人、控告人及其他人员实施打击报复的。

犯罪嫌疑人有下列违反监视居住规定的行为，人民检察院可以对犯罪嫌疑人予以逮捕：

（一）未经批准，擅自离开执行监视居住的处所，造成严重后果，或者两次未经批准，擅自离开执行监视居住的处所的；

（二）未经批准，擅自会见他人或者通信，造成严重后果，或者两次未经批准，擅自会见他人或者通信的；

（三）经传讯不到案，造成严重后果，或者经两次传讯不到案的。

需要对上述犯罪嫌疑人予以逮捕的，可以先行拘留。

第一百二十二条 人民检察院决定对犯罪嫌疑人监视居住，最长不得超过六个月。

第一百二十三条 公安机关决定对犯罪嫌疑人监视居住，案件移送人民检察院审查起诉后，对于需要继续监视居住的，人民检察院应当依法重新作出监视居住决定，并对犯罪嫌疑人办理监视居住手续。监视居住的期限应当重新计算并告知犯罪嫌疑人。

第一百二十四条 在监视居住期间，不得中断对案件的侦查、审查起诉。

第一百二十五条 监视居住期限届满或者发现不应当追究犯罪嫌疑人刑事责任的，应当解除或者撤销监视居住。

第一百二十六条 解除或者撤销监视居住，应当由办案人员提出意见，部门负责人审核，检察长决定。

第一百二十七条 解除或者撤销监视居住的决定应当通知执行机关，并将解除或者撤销监视居住的决定书送达犯罪嫌疑人。

第一百二十八条 犯罪嫌疑人及其法定代理人、近亲属或者辩护人认为监视居住法定期限届满，向人民检察院提出解除监视居住要求的，人民检察院应当在三日以内审查决定。经审查认为法定期限届满的，经检察长批准后，解除监视居住；经审查未超过法定期限的，书面答复申请人。

第四节 拘　　留

第一百二十九条 人民检察院对于有下列情形之一的犯罪嫌疑人，可以决定拘留：

（一）犯罪后企图自杀、逃跑或者在逃的；

（二）有毁灭、伪造证据或者串供可能的。

第一百三十条 人民检察院拘留犯罪嫌疑人的时候，必须出示拘留证。

拘留犯罪嫌疑人,应当由办案人员提出意见,部门负责人审核,检察长决定。

第一百三十一条　人民检察院作出拘留决定后,应当将有关法律文书和案由、犯罪嫌疑人基本情况的材料送交同级公安机关执行。必要时人民检察院可以协助公安机关执行。

拘留后,应当立即将被拘留人送看守所羁押,至迟不得超过二十四小时。

第一百三十二条　担任县级以上人民代表大会代表的犯罪嫌疑人因现行犯被拘留的,人民检察院应当立即向该代表所属的人民代表大会主席团或者常务委员会报告;因为其他情形需要拘留的,人民检察院应当报请该代表所属的人民代表大会主席团或者常务委员会许可。

人民检察院拘留担任本级人民代表大会代表的犯罪嫌疑人,直接向本级人民代表大会主席团或常务委员会报告或者报请许可。

拘留担任上级人民代表大会代表的犯罪嫌疑人,应当立即层报该代表所属的人民代表大会同级的人民检察院报告或者报请许可。

拘留担任下级人民代表大会代表的犯罪嫌疑人,可以直接向该代表所属的人民代表大会主席团或者常务委员会报告或者报请许可,也可以委托该代表所属的人民代表大会同级的人民检察院报告或者报请许可;拘留担任乡、民族乡、镇的人民代表大会代表的犯罪嫌疑人,由县级人民检察院报告乡、民族乡、镇的人民代表大会。

拘留担任两级以上人民代表大会代表的犯罪嫌疑人,分别按照本条第二、三、四款的规定报告或者报请许可。

拘留担任办案单位所在省、市、县(区)以外的其他地区人民代表大会代表的犯罪嫌疑人,应当委托该代表所属的人民代表大会同级的人民检察院报告或者报请许可;担任两级以上人民代表大会代表的,应当分别委托该代表所属的人民代表大会同级的人民检察院报告或者报请许可。

第一百三十三条　对犯罪嫌疑人拘留后,除无法通知的以外,人民检察院应当在二十四小时以内,通知被拘留人的家属。

无法通知的,应当向检察长报告,并将原因写明附卷。无法通知的情形消除后,应当立即通知其家属。

无法通知包括以下情形:

(一)被拘留人无家属的;

(二)与其家属无法取得联系的;

(三)受自然灾害等不可抗力阻碍的。

第一百三十四条　对被拘留的犯罪嫌疑人,应当在拘留后的二十四小时以内进行讯问。

第一百三十五条　对被拘留的犯罪嫌疑人,发现不应当拘留的,应当立即释放;依法可以取保候审或者监视居住的,按照本规则的有关规定办理取保候审或者监视居住手续。

对被拘留的犯罪嫌疑人,需要逮捕的,按照本规则的有关规定办理逮捕手续;决定不予逮捕的,应当及时变更强制措施。

第一百三十六条 人民检察院拘留犯罪嫌疑人的羁押期限为十四日,特殊情况下可以延长一日至三日。

第一百三十七条 公民将正在实行犯罪或者在犯罪后即被发觉的、通缉在案的、越狱逃跑的、正在被追捕的犯罪嫌疑人或者犯罪人扭送到人民检察院的,人民检察院应当予以接受,并且根据具体情况决定是否采取相应的紧急措施。对于不属于自己管辖的,应当移送主管机关处理。

第一百三十八条 犯罪嫌疑人及其法定代理人、近亲属或者辩护人认为人民检察院对拘留的犯罪嫌疑人法定羁押期限届满,向人民检察院提出释放犯罪嫌疑人或者变更拘留措施要求的,人民检察院侦查部门应当在三日以内审查完毕。

侦查部门经审查认为法定期限届满的,应当提出释放犯罪嫌疑人或者变更强制措施的意见,经检察长批准后,通知公安机关执行;经审查认为未满法定期限的,书面答复申诉人。

侦查部门应当将审查结果同时书面通知本院监所检察部门。

第五节 逮 捕

第一百三十九条 人民检察院对有证据证明有犯罪事实,可能判处徒刑以上刑罚的犯罪嫌疑人,采取取保候审尚不足以防止发生下列社会危险性的,应当予以逮捕:

(一)可能实施新的犯罪的,即犯罪嫌疑人多次作案、连续作案、流窜作案,其主观恶性、犯罪习性表明其可能实施新的犯罪,以及有一定证据证明犯罪嫌疑人已经开始策划、预备实施犯罪的;

(二)有危害国家安全、公共安全或者社会秩序的现实危险的,即有一定证据证明或者有迹象表明犯罪嫌疑人在案发前或者案发后正在积极策划、组织或者预备实施危害国家安全、公共安全或者社会秩序的重大违法犯罪行为的;

(三)可能毁灭、伪造证据,干扰证人作证或者串供的,即有一定证据证明或者有迹象表明犯罪嫌疑人在归案前或者归案后已经着手实施或者企图实施毁灭、伪造证据,干扰证人作证或者串供行为的;

(四)有一定证据证明或者有迹象表明犯罪嫌疑人可能对被害人、举报人、控告人实施打击报复的;

(五)企图自杀或者逃跑的,即犯罪嫌疑人归案前或者归案后曾经自杀,或者有一定证据证明或者有迹象表明犯罪嫌疑人试图自杀或者逃跑的。

有证据证明有犯罪事实是指同时具备下列情形:

(一)有证据证明发生了犯罪事实;

(二)有证据证明该犯罪事实是犯罪嫌疑人实施的;

(三)证明犯罪嫌疑人实施犯罪行为的证据已经查证属实的。

犯罪事实既可以是单一犯罪行为的事实,也可以是数个犯罪行为中任何一个犯罪行为的事实。

第一百四十条 对有证据证明有犯罪事实,可能判处十年有期徒刑以上刑罚的犯罪嫌疑人,应当批准或者决定逮捕。

对有证据证明有犯罪事实,可能判处徒刑以上刑罚,犯罪嫌疑人曾经故意犯罪或者不讲真实姓名、住址,身份不明的,应当批准或者决定逮捕。

第一百四十一条 人民检察院经审查认为被取保候审、监视居住的犯罪嫌疑人违反取保候审、监视居住规定的,依照本规则第一百条、第一百二十一条的规定办理。

第一百四十二条 对实施多个犯罪行为或者共同犯罪案件的犯罪嫌疑人,符合本规则第一百三十九条的规定,具有下列情形之一的,应当批准或者决定逮捕:

(一)有证据证明犯有数罪中的一罪的;

(二)有证据证明实施多次犯罪中的一次犯罪的;

(三)共同犯罪中,已有证据证明有犯罪事实的犯罪嫌疑人。

第一百四十三条 对具有下列情形之一的犯罪嫌疑人,人民检察院应当作出不批准逮捕的决定或者不予逮捕:

(一)不符合本规则第一百三十九条至第一百四十二条规定的逮捕条件的;

(二)具有刑事诉讼法第十五条规定的情形之一的。

第一百四十四条 犯罪嫌疑人涉嫌的罪行较轻,且没有其他重大犯罪嫌疑,具有以下情形之一的,可以作出不批准逮捕的决定或者不予逮捕:

(一)属于预备犯、中止犯,或者防卫过当、避险过当的;

(二)主观恶性较小的初犯,共同犯罪中的从犯、胁从犯,犯罪后自首、有立功表现或者积极退赃、赔偿损失、确有悔罪表现的;

(三)过失犯罪的犯罪嫌疑人,犯罪后有悔罪表现,有效控制损失或者积极赔偿损失的;

(四)犯罪嫌疑人与被害人双方根据刑事诉讼法的有关规定达成和解协议,经审查,认为和解系自愿、合法且已经履行或者提供担保的;

(五)犯罪嫌疑人系已满十四周岁未满十八周岁的未成年人或者在校学生,本人有悔罪表现,其家庭、学校或者所在社区、居民委员会、村民委员会具备监护、帮教条件的;

(六)年满七十五周岁以上的老年人。

第一百四十五条 对符合刑事诉讼法第七十二条第一款规定的犯罪嫌疑人,人民检察院经审查认为不需要逮捕的,可以在作出不批准逮捕或者不予逮捕决定的同时,向侦查机关提出监视居住的建议。

第一百四十六条 人民检察院对担任本级人民代表大会代表的犯罪嫌疑人批准或者决定逮捕,应当报请本级人民代表大会主席团或者常务委员会许可。报请许可手续的办理由侦查机关负责。

对担任上级人民代表大会代表的犯罪嫌疑人批准或者决定逮捕,应当层报该代表所属的人民代表大会同级的人民检察院报请许可。

对担任下级人民代表大会代表的犯罪嫌疑人批准或者决定逮捕,可以直接报请该代表所属的人民代表大会主席团或者常务委员会许可，也可以委托该代表所属的人民代表大会同级的人民检察院报请许可；对担任乡、民族乡、镇的人民代表大会代表的犯罪嫌疑人批准或者决定逮捕，由县级人民检察院报告乡、民族乡、镇的人民代表大会。

对担任两级以上的人民代表大会代表的犯罪嫌疑人批准或者决定逮捕，分别依照本条第一、二、三款的规定报请许可。

对担任办案单位所在省、市、县（区）以外的其他地区人民代表大会代表的犯罪嫌疑人批准或者决定逮捕，应当委托该代表所属的人民代表大会同级的人民检察院报请许可；担任两级以上人民代表大会代表的，应当分别委托该代表所属的人民代表大会同级的人民检察院报请许可。

第六节　强制措施解除与变更

第一百四十七条　犯罪嫌疑人及其法定代理人、近亲属或者辩护人认为人民检察院采取强制措施法定期限届满，要求解除强制措施的，由人民检察院侦查部门或者公诉部门审查后报请检察长决定。人民检察院应当在收到申请后三日以内作出决定。

经审查，认为法定期限届满的，应当决定解除或者依法变更强制措施，并通知公安机关执行；认为未满法定期限的，书面答复申请人。

对于被羁押的犯罪嫌疑人解除或者变更强制措施的，侦查部门或者公诉部门应当及时通报本院监所检察部门和案件管理部门。

第一百四十八条　犯罪嫌疑人及其法定代理人、近亲属或者辩护人向人民检察院提出变更强制措施申请的，由人民检察院侦查部门或者公诉部门审查后报请检察长决定。人民检察院应当在收到申请后三日内作出决定。

经审查同意变更强制措施的，在作出决定的同时通知公安机关执行；不同意变更强制措施的，应当书面告知申请人，并说明不同意的理由。

对于被羁押的犯罪嫌疑人变更强制措施的，侦查部门或者公诉部门应当及时通报本院监所检察部门和案件管理部门。

犯罪嫌疑人及其法定代理人、近亲属或者辩护人提出变更强制措施申请的，应当说明理由，有证据和其他材料的，应当附上相关材料。

第一百四十九条　取保候审变更为监视居住，或者取保候审、监视居住变更为拘留、逮捕的，在变更的同时原强制措施自动解除，不再办理解除法律手续。

第一百五十条　人民检察院已经对犯罪嫌疑人取保候审、监视居住，案件起诉至人民法院后，人民法院决定取保候审、监视居住或者变更强制措施的，原强制措施自动解除，不再办理解除法律手续。

第一百五十一条　人民检察院提出抗诉的再审案件，需要对被告人采取强制措施的，适用本章及本规则第十章的规定。

第七章 案件受理

第一百五十二条 对于侦查机关、下级人民检察院移送的审查逮捕、审查起诉、延长侦查羁押期限、申请强制医疗、申请没收违法所得、提出或者提请抗诉、报请指定管辖等案件，由人民检察院案件管理部门统一受理。对人民检察院管辖的其他案件，需要由案件管理部门受理的，可以由案件管理部门受理。

第一百五十三条 人民检察院案件管理部门受理案件时，应当接收案卷材料，并立即审查下列内容：

（一）依据移送的法律文书载明的内容确定案件是否属于本院管辖；

（二）案卷材料是否齐备、规范，符合有关规定的要求；

（三）移送的款项或者物品与移送清单是否相符；

（四）犯罪嫌疑人是否在案以及采取强制措施的情况。

第一百五十四条 案件管理部门对接收的案卷材料审查后，认为具备受理条件的，应当及时进行登记，并立即将案卷材料和案件受理登记表移送相关办案部门办理。

经审查，认为案卷材料不齐备的，应当及时要求移送案件的单位补送相关材料。对于案卷装订不符合要求的，应当要求移送案件的单位重新装订后移送。

对于移送审查起诉的案件，如果犯罪嫌疑人在逃的，应当要求公安机关采取措施保证犯罪嫌疑人到案后再移送审查起诉。共同犯罪案件中部分犯罪嫌疑人在逃的，对在案的犯罪嫌疑人的审查起诉应当依法进行。

第一百五十五条 侦查机关送达的执行情况回执和人民法院送达的判决书、裁定书等法律文书，由案件管理部门负责接收。案件管理部门应当即时登记，并及时移送相关办案部门。

第一百五十六条 人民检察院办理直接立案侦查的案件，移送审查逮捕、审查起诉的，按照本规则第一百五十二条至第一百五十四条的规定办理。

第一百五十七条 人民检察院控告检察部门或者举报中心统一受理报案、控告、举报、申诉和犯罪嫌疑人投案自首，并根据具体情况和管辖规定，在七日以内作出以下处理：

（一）属于人民检察院管辖的，按照相关规定移送本院有关部门或者其他人民检察院办理；

（二）不属于人民检察院管辖的，移送有管辖权的机关处理，并且通知报案人、控告人、举报人、自首人。对于不属于人民检察院管辖又必须采取紧急措施的，应当先采取紧急措施，然后移送主管机关；

（三）对案件事实或者线索不明的，应当进行必要的调查核实，收集相关材料，查明情况后及时移送有管辖权的机关或者部门办理。

控告检察部门或者举报中心可以向下级人民检察院交办控告、申诉、举报案件，交办举报线索前应当向有关侦查部门通报，交办函及有关材料复印件应当转送本院有关侦查部门。

控告检察部门或者举报中心对移送本院有关部门和向下级人民检察院交办的案件,应当依照有关规定进行督办。

第一百五十八条 控告检察部门或者举报中心对于以走访形式的报案、控告、举报和犯罪嫌疑人投案自首,应当指派两名以上工作人员接待,问明情况,并制作笔录,经核对无误后,由报案人、控告人、举报人、自首人签名、捺指印,必要时可以录音、录像;对报案人、控告人、举报人、自首人提供的有关证据材料、物品等应当登记,制作接受证据(物品)清单,并由报案人、控告人、举报人、自首人签名,必要时予以拍照,并妥善保管。

第一百五十九条 接受控告、举报的检察人员,应当告知控告人、举报人如实控告、举报和捏造、歪曲事实应当承担的法律责任。

第一百六十条 办案部门应当在规定期限内办理案件,并向控告检察部门或者举报中心书面回复办理结果。回复办理结果应当包括控告、申诉或举报事项、办理过程、认定的事实和证据、处理情况和法律依据以及执法办案风险评估情况等。

第一百六十一条 人民检察院举报中心负责统一管理举报线索。本院其他部门或者人员对所接受的犯罪案件线索,应当在七日以内移送举报中心。

有关机关或者部门移送人民检察院审查是否立案的案件线索和人民检察院侦查部门发现的案件线索,由侦查部门自行审查。

第一百六十二条 控告检察部门或者举报中心对于不愿公开姓名和举报行为的举报人,应当为其保密。

第一百六十三条 人民检察院对于直接受理的要案线索实行分级备案的管理制度。县、处级干部的要案线索一律报省级人民检察院举报中心备案,其中涉嫌犯罪数额特别巨大或者犯罪后果特别严重的,层报最高人民检察院举报中心备案;厅、局级以上干部的要案线索一律报最高人民检察院举报中心备案。

要案线索是指依法由人民检察院直接立案侦查的县、处级以上干部犯罪的案件线索。

第一百六十四条 要案线索的备案,应当逐案填写要案线索备案表。备案应当在受理后七日以内办理;情况紧急的,应当在备案之前及时报告。

接到备案的上级人民检察院举报中心对于备案材料应当及时审查,如果有不同意见,应当在十日以内将审查意见通知报送备案的下级人民检察院。

第一百六十五条 侦查部门收到举报中心移送的举报线索,应当在三个月以内将处理情况回复举报中心;下级人民检察院接到上级人民检察院移送的举报材料后,应当在三个月以内将处理情况回复上级人民检察院举报中心。情况复杂逾期不能办结的,报检察长批准,可以适当延长办理期限。

第一百六十六条 举报中心应当对作出不立案决定的举报线索进行审查,认为不立案决定错误的,应当提出意见报检察长决定。如果符合立案条件的,应当立案侦查。

举报中心审查不立案举报线索,应当在收到侦查部门决定不予立案回复文书之日起一个月以内办结;情况复杂,逾期不能办结的,经举报中心负责人批准,可以延长二个月。

侦查部门对决定不予立案的举报线索,应当在一个月以内退回举报中心。

第一百六十七条　举报中心对性质不明难以归口、检察长批交的举报线索应当进行初核。对群众多次举报未查处的举报线索,可以要求侦查部门说明理由,认为理由不充分的,报检察长决定。

第八章　初查和立案

第一节　初　　查

第一百六十八条　侦查部门对举报中心移交的举报线索进行审查后,认为有犯罪事实需要初查的,应当报检察长或者检察委员会决定。

第一百六十九条　初查由侦查部门负责,在刑罚执行和监管活动中发现的应当由人民检察院直接立案侦查的案件线索,由监所检察部门负责初查。

对于重大、复杂的案件线索,监所检察部门可以商请侦查部门协助初查;必要时也可以报检察长批准后,移送侦查部门初查,监所检察部门予以配合。

第一百七十条　各级人民检察院初查的分工,按照检察机关直接立案侦查案件分级管辖的规定确定。

上级人民检察院在必要时,可以直接初查或者组织、指挥、参与下级人民检察院的初查,可以将下级人民检察院管辖的案件线索指定辖区内其他人民检察院初查,也可以将本院管辖的案件线索交由下级人民检察院初查;下级人民检察院认为案情重大、复杂,需要由上级人民检察院初查的案件线索,可以提请移送上级人民检察院初查。

第一百七十一条　检察长或者检察委员会决定初查的,承办人员应当制作初查工作方案,经侦查部门负责人审核后,报检察长审批。

第一百七十二条　初查一般应当秘密进行,不得擅自接触初查对象。公开进行初查或者接触初查对象,应当经检察长批准。

第一百七十三条　在初查过程中,可以采取询问、查询、勘验、检查、鉴定、调取证据材料等不限制初查对象人身、财产权利的措施。不得对初查对象采取强制措施,不得查封、扣押、冻结初查对象的财产,不得采取技术侦查措施。

第一百七十四条　根据初查工作需要,人民检察院可以商请有关部门配合调查。

第一百七十五条　对案件进行初查的人民检察院可以委托其他人民检察院协助调查有关事项,委托协助调查应当提供初查审批表,并列明协助调查事项及有关要求。接受委托的人民检察院应当按照协助调查请求提供协助;对协助调查事项有争议的,应当提请双方共同的上级人民检察院协调解决。

第一百七十六条　侦查部门对举报线索初查后,认为有犯罪事实需要追究刑事责任的,应当制作审查报告,提请批准立案侦查,报检察长决定。

对具有下列情形之一的,提请批准不予立案:

(一)具有刑事诉讼法第十五条规定情形之一的;

（二）认为没有犯罪事实的；

（三）事实或者证据尚不符合立案条件的。

第一百七十七条 对上级人民检察院交办、指定管辖或者按照规定应当向上级人民检察院备案的案件线索，应当在初查终结后十日以内向上级人民检察院报告初查结论。

上级人民检察院认为处理不当的，应当在收到备案材料后十日以内通知下级人民检察院纠正。

第一百七十八条 对于实名举报，经初查决定不立案的，侦查部门应当制作不立案通知书，写明案由和案件来源、决定不立案的理由和法律依据，连同举报材料和调查材料，自作出不立案决定之日起十日以内移送本院举报中心，由举报中心答复举报人。必要时可以由举报中心与侦查部门共同答复。

第一百七十九条 对于其他机关或者部门移送的案件线索，经初查决定不立案的，侦查部门应当制作不立案通知书，写明案由和案件来源、决定不立案的理由和法律依据，自作出不立案决定之日起十日以内送达移送案件线索的单位。

第一百八十条 对于属于错告的，如果对被控告人、被举报人造成不良影响的，应当自作出决定之日起一个月以内向其所在单位或者有关部门通报初查结论，澄清事实。

对于属于诬告陷害的，应当移送有关部门处理。

第一百八十一条 初查终结后，相关材料应当立卷归档。立案进入侦查程序的，对于作为诉讼证据以外的其他材料应当归入侦查内卷。

第一百八十二条 刑事诉讼法以及本规则关于回避的规定，适用于初查。

第二节 立 案

第一百八十三条 人民检察院对于直接受理的案件，经审查认为有犯罪事实需要追究刑事责任的，应当制作立案报告书，经检察长批准后予以立案。在决定立案之日起三日以内，将立案备案登记表、提请立案报告和立案决定书一并报送上一级人民检察院备案。

上一级人民检察院应当审查下级人民检察院报送的备案材料，并在收到备案材料之日起三十日以内，提出是否同意下级人民检察院立案的审查意见。认为下级人民检察院的立案决定错误的，应当在报经检察长或者检察委员会决定后，书面通知下级人民检察院纠正。上一级人民检察院也可以直接作出决定，通知下级人民检察院执行。

下级人民检察院应当执行上一级人民检察院的决定，并在收到上一级人民检察院的书面通知或者决定之日起十日以内将执行情况向上一级人民检察院报告。下级人民检察院对上一级人民检察院的决定有异议的，可以在执行的同时向上一级人民检察院报告。

第一百八十四条 人民检察院决定不予立案的，如果是被害人控告的，应当制作不立案通知书，写明案由和案件来源、决定不立案的原因和法律依据，由侦查部门在十五日以内送达控告人，同时告知本院控告检察部门。控告人如果不服，可以在收到不立案通知书后十日以内申请复议。

对不立案的复议,由人民检察院控告检察部门受理。控告检察部门应当根据事实和法律进行审查,并可以要求控告人、申诉人提供有关材料,认为需要侦查部门说明不立案理由的,应当及时将案件移送侦查监督部门办理。

人民检察院认为被举报人的行为未构成犯罪,决定不予立案,但需要追究其党纪、政纪责任的,应当移送有管辖权的主管机关处理。

第一百八十五条　人民检察院决定对人民代表大会代表立案,应当按照本规则第一百三十二条规定的程序向该代表所属的人民代表大会主席团或者常务委员会进行通报。

第九章　侦　　查

第一节　一般规定

第一百八十六条　人民检察院办理直接受理立案侦查的案件,应当全面、客观地收集、调取犯罪嫌疑人有罪或者无罪、罪轻或者罪重的证据材料,并依法进行审查、核实。

第一百八十七条　人民检察院办理直接受理立案侦查的案件,必须重证据,重调查研究,不轻信口供。严禁刑讯逼供和以威胁、引诱、欺骗以及其他非法方法收集证据,不得强迫任何人证实自己有罪。

第一百八十八条　人民检察院办理直接受理立案侦查的案件,应当保障犯罪嫌疑人和其他诉讼参与人依法享有的辩护权和其他各项诉讼权利。

第一百八十九条　人民检察院办理直接受理立案侦查的案件,应当严格依照刑事诉讼法规定的条件和程序采取强制措施,严格遵守刑事案件办案期限的规定,依法提请批准逮捕、移送起诉、不起诉或撤销案件。

第一百九十条　人民检察院办理直接受理立案侦查的案件,应当对侦查过程中知悉的国家秘密、商业秘密及个人隐私保密。

第一百九十一条　人民检察院对于直接受理案件的侦查,可以适用刑事诉讼法第二编第二章规定的各项侦查措施。

第二节　讯问犯罪嫌疑人

第一百九十二条　讯问犯罪嫌疑人,由检察人员负责进行。讯问的时候,检察人员不得少于二人。

讯问同案的犯罪嫌疑人,应当分别进行。

第一百九十三条　对于不需要逮捕、拘留的犯罪嫌疑人,经检察长批准,可以传唤到犯罪嫌疑人所在市、县内的指定地点或者到他的住处进行讯问。

传唤犯罪嫌疑人,应当向犯罪嫌疑人出示传唤证和侦查人员的工作证件,并责令犯罪嫌疑人在传唤证上签名、捺指印。

犯罪嫌疑人到案后,应当由其在传唤证上填写到案时间。传唤结束时,应当由其在传唤证上填写传唤结束时间。拒绝填写的,侦查人员应当在传唤证上注明。

对在现场发现的犯罪嫌疑人，经出示工作证件，可以口头传唤，并将传唤的原因和依据告知被传唤人。在讯问笔录中应当注明犯罪嫌疑人到案经过、到案时间和传唤结束时间。

本规则第八十一条第二款的规定适用于传唤犯罪嫌疑人。

第一百九十四条　传唤犯罪嫌疑人时，其家属在场的，应当当场将传唤的原因和处所口头告知其家属，并在讯问笔录中注明。其家属不在场的，侦查人员应当及时将传唤的原因和处所通知被传唤人家属。无法通知的，应当在讯问笔录中注明。

第一百九十五条　传唤持续的时间不得超过十二小时；案情特别重大、复杂，需要采取拘留、逮捕措施的，传唤持续的时间不得超过二十四小时。两次传唤间隔的时间一般不得少于十二小时，不得以连续传唤的方式变相拘禁犯罪嫌疑人。

传唤犯罪嫌疑人，应当保证犯罪嫌疑人的饮食和必要的休息时间。

第一百九十六条　犯罪嫌疑人被送交看守所羁押后，检察人员对其进行讯问，应当填写提讯、提解证，在看守所讯问室进行。

因侦查工作需要，需要提押犯罪嫌疑人出所辨认或者追缴犯罪有关财物的，经检察长批准，可以提押犯罪嫌疑人出所，并应当由二名以上司法警察押解。不得以讯问为目的将犯罪嫌疑人提押出所进行讯问。

第一百九十七条　讯问犯罪嫌疑人一般按照下列顺序进行：

（一）查明犯罪嫌疑人的基本情况，包括姓名、出生年月日、籍贯、身份证号码、民族、职业、文化程度、工作单位及职务、住所、家庭情况、社会经历、是否属于人大代表、政协委员等；

（二）告知犯罪嫌疑人在侦查阶段的诉讼权利，有权自行辩护或委托律师辩护，告知其如实供述自己罪行可以依法从宽处理的法律规定；

（三）讯问犯罪嫌疑人是否有犯罪行为，让他陈述有罪的事实或者无罪的辩解，应当允许其连贯陈述。

犯罪嫌疑人对侦查人员的提问，应当如实回答。但是对与本案无关的问题，有拒绝回答的权利。

讯问犯罪嫌疑人时，应当告知犯罪嫌疑人将对讯问进行全程同步录音、录像，告知情况应当在录音、录像中予以反映，并记明笔录。

讯问时，对犯罪嫌疑人提出的辩解要认真查核。严禁刑讯逼供和以威胁、引诱、欺骗以及其他非法的方法获取供述。

第一百九十八条　讯问聋、哑或者不通晓当地通用语言文字的人，人民检察院应当为其聘请通晓聋、哑手势或者当地通用语言文字且与本案无利害关系的人员进行翻译。翻译人员的姓名、性别、工作单位和职业应当记录在案。翻译人员应当在讯问笔录上签字。

第一百九十九条　讯问犯罪嫌疑人，应当制作讯问笔录。讯问笔录应当忠实于原话，字迹清楚，详细具体，并交犯罪嫌疑人核对。犯罪嫌疑人没有阅读能力的，应当向他宣读。如果记载有遗漏或者差错，应当补充或者改正。犯罪嫌疑人认为讯问笔录没有错误的，由犯罪嫌疑人在笔录上逐页签名、盖章或者捺指印，并在末页写明“以上笔录我看过（向我宣读过)，和我说的相符”，同时签名、盖章、捺指印并注明日期。如果犯罪嫌疑人拒绝签名、盖章、捺指印的，检察人员应当在笔录上注明。讯问的检察人员也应当在笔录上签名。

第二百条　犯罪嫌疑人请求自行书写供述的，检察人员应当准许。必要的时候，检察人员也可以要求犯罪嫌疑人亲笔书写供述。犯罪嫌疑人应当在亲笔供述的末页签名、捺指印，并注明书写日期。检察人员收到后，应当在首页右上方写明“于某年某月某日收到”，并签名。

第二百零一条　人民检察院立案侦查职务犯罪案件，在每次讯问犯罪嫌疑人的时候，应当对讯问过程实行全程录音、录像，并在讯问笔录中注明。

录音、录像应当由检察技术人员负责。特殊情况下，经检察长批准也可以由讯问人员以外的其他检察人员负责。

第二百零二条　人民检察院讯问犯罪嫌疑人实行全程同步录音、录像，应当按照最高人民检察院的有关规定办理。

第三节　询问证人、被害人

第二百零三条　人民检察院在侦查过程中，应当及时询问证人，并且告知证人履行作证的权利和义务。

人民检察院应当保证一切与案件有关或者了解案情的公民，有客观充分地提供证据的条件，并为他们保守秘密。除特殊情况外，人民检察院可以吸收证人协助调查。

第二百零四条　询问证人，应当由检察人员进行。询问的时候，检察人员不得少于二人。

第二百零五条　询问证人，可以在现场进行，也可以到证人所在单位、住处或者证人提出的地点进行。必要时，也可以通知证人到人民检察院提供证言。到证人提出的地点进行询问的，应当在笔录中记明。

询问证人应当个别进行。

在现场询问证人，应当出示工作证件。到证人所在单位、住处或者证人提出的地点询问证人，应当出示人民检察院的证明文件。

第二百零六条　询问证人，应当问明证人的基本情况以及与当事人的关系，并且告知证人应当如实提供证据、证言和故意作伪证或者隐匿罪证应当承担的法律责任，但是不得向证人泄露案情，不得采用羁押、暴力、威胁、引诱、欺骗以及其他非法方法获取证言。

第二百零七条　本规则第一百九十八条、第一百九十九条的规定，适用于询问证人。

第二百零八条　询问被害人，适用询问证人的规定。

第四节　勘验、检查

第二百零九条　检察人员对于与犯罪有关的场所、物品、人身、尸体应当进行勘验或者检查。在必要的时候，可以指派检察技术人员或者聘请其他具有专门知识的人，在检察人员的主持下进行勘验、检查。

第二百一十条 进行勘验、检查,应当持有检察长签发的勘查证。

勘查现场,应当拍摄现场照片,勘查的情况应当写明笔录并制作现场图,由参加勘查的人和见证人签名。对重大案件的现场,应当录像。

第二百一十一条 勘验时,人民检察院应当邀请二名与案件无关的见证人在场。

第二百一十二条 人民检察院解剖死因不明的尸体,应当通知死者家属到场,并让其在解剖通知书上签名或者盖章。

死者家属无正当理由拒不到场或者拒绝签名、盖章的,不影响解剖的进行,但是应当在解剖通知书上记明。对于身份不明的尸体,无法通知死者家属的,应当记明笔录。

第二百一十三条 为了确定被害人、犯罪嫌疑人的某些特征、伤害情况或者生理状态,人民检察院可以对人身进行检查,可以提取指纹信息,采集血液、尿液等生物样本。

必要时,可以指派、聘请法医或者医师进行人身检查。采集血液等生物样本应当由医师进行。

犯罪嫌疑人如果拒绝检查,检察人员认为必要的时候,可以强制检查。

检查妇女的身体,应当由女工作人员或者医师进行。

第二百一十四条 人身检查不得采用损害被检查人生命、健康或贬低其名誉或人格的方法。

在人身检查过程中知悉的被检查人的个人隐私,检察人员应当保密。

第二百一十五条 勘验、检查的情况应当制作笔录,由参加勘验、检查的人员和见证人签名或者盖章。

第二百一十六条 为了查明案情,在必要的时候,经检察长批准,可以进行侦查实验。

侦查实验,禁止一切足以造成危险、侮辱人格或者有伤风化的行为。

第二百一十七条 侦查实验,在必要的时候可以聘请有关专业人员参加,也可以要求犯罪嫌疑人、被害人、证人参加。

第二百一十八条 侦查实验,应当制作笔录,记明侦查实验的条件、经过和结果,由参加侦查实验的人员签名。必要时可以对侦查实验录音、录像。

第五节 搜 查

第二百一十九条 人民检察院有权要求有关单位和个人,交出能够证明犯罪嫌疑人有罪或者无罪以及犯罪情节轻重的证据。

第二百二十条 为了收集犯罪证据,查获犯罪人,经检察长批准,检察人员可以对犯罪嫌疑人以及可能隐藏罪犯或者犯罪证据的人的身体、物品、住处、工作地点和其他有关的地方进行搜查。

第二百二十一条 进行搜查,应当向被搜查人或者他的家属出示搜查证。

搜查证由检察长签发。

第二百二十二条　人民检察院在搜查前，应当了解被搜查对象的基本情况、搜查现场及周围环境，确定搜查的范围和重点，明确搜查人员的分工和责任。

第二百二十三条　搜查应当在检察人员的主持下进行，可以有司法警察参加。必要的时候，可以指派检察技术人员参加或者邀请当地公安机关、有关单位协助进行。

执行搜查的检察人员不得少于二人。

第二百二十四条　在执行逮捕、拘留的时候，遇有下列紧急情况之一，不另用搜查证也可以进行搜查：

（一）可能随身携带凶器的；

（二）可能隐藏爆炸、剧毒等危险物品的；

（三）可能隐匿、毁弃、转移犯罪证据的；

（四）可能隐匿其他犯罪嫌疑人的；

（五）其他紧急情况。

搜查结束后，搜查人员应当在二十四小时内向检察长报告，及时补办有关手续。

第二百二十五条　搜查时，应当有被搜查人或者他的家属、邻居或者其他见证人在场，并且对被搜查人或者其家属说明阻碍搜查、妨碍公务应负的法律责任。

搜查妇女的身体，应当由女工作人员进行。

第二百二十六条　搜查时，如果遇到阻碍，可以强制进行搜查。对以暴力、威胁方法阻碍搜查的，应当予以制止，或者由司法警察将其带离现场；阻碍搜查构成犯罪的，应当依法追究刑事责任。

第二百二十七条　搜查应当全面、细致、及时，并且指派专人严密注视搜查现场的动向。

第二百二十八条　进行搜查的人员，应当遵守纪律，服从指挥，文明执法，不得无故损坏搜查现场的物品，不得擅自扩大搜查对象和范围。对于查获的重要书证、物证、视听资料、电子数据及其放置、存储地点应当拍照，并且用文字说明有关情况，必要的时候可以录像。

第二百二十九条　搜查情况应当制作笔录，由检察人员和被搜查人或者其家属、邻居或者其他见证人签名或者盖章。被搜查人在逃，其家属拒不到场，或者拒绝签名、盖章的，应当记明笔录。

第二百三十条　人民检察院到本辖区以外进行搜查，检察人员应当携带搜查证、工作证以及载有主要案情、搜查目的、要求等内容的公函，与当地人民检察院联系，当地人民检察院应当协助搜查。

第六节　调取、查封、扣押物证、书证和视听资料、电子数据

第二百三十一条　检察人员可以凭人民检察院的证明文件，向有关单位和个人调取能够证明犯罪嫌疑人有罪或者无罪以及犯罪情节轻重的证据材料，并且可以根据需要拍照、录像、复印和复制。

第二百三十二条 人民检察院办理案件,需要向本辖区以外的有关单位和个人调取物证、书证等证据材料的,办案人员应当携带工作证、人民检察院的证明文件和有关法律文书,与当地人民检察院联系,当地人民检察院应当予以协助。

必要时,可以向证据所在地的人民检察院发函调取证据。调取证据的函件应当注明取证对象的具体内容和确切地址。协助的人民检察院应当在收到函件后一个月内将调查结果送达请求的人民检察院。

第二百三十三条 调取物证应当调取原物。原物不便搬运、保存,或者依法应当返还被害人,或者因保密工作需要不能调取原物的,可以将原物封存,并拍照、录像。对原物拍照或者录像应当足以反映原物的外形、内容。

调取书证、视听资料应当调取原件。取得原件确有困难或者因保密需要不能调取原件的,可以调取副本或者复制件。

调取书证、视听资料的副本、复制件和物证的照片、录像的,应当书面记明不能调取原件、原物的原因,制作过程和原件、原物存放地点,并由制作人员和原书证、视听资料、物证持有人签名或者盖章。

第二百三十四条 在侦查活动中发现的可以证明犯罪嫌疑人有罪、无罪或者犯罪情节轻重的各种财物和文件,应当查封或者扣押;与案件无关的,不得查封或者扣押。

不能立即查明是否与案件有关的可疑的财物和文件,也可以查封或者扣押,但应当及时审查。经查明确实与案件无关的,应当在三日以内解除查封或者予以退还。

持有人拒绝交出应当查封、扣押的财物和文件的,可以强制查封、扣押。

对于犯罪嫌疑人、被告人到案时随身携带的物品需要扣押的,可以依照前款规定办理。对于与案件无关的个人用品,应当逐件登记,并随案移交或者退还其家属。

第二百三十五条 人民检察院查封、扣押财物和文件,应当经检察长批准,由两名以上检察人员执行。

需要查封、扣押的财物和文件不在本辖区的,办理案件的人民检察院应当依照有关法律及有关规定,持相关法律文书及简要案情等说明材料,商请被查封、扣押财物和文件所在地的人民检察院协助执行。

被请求协助的人民检察院有异议的,可以与办理案件的人民检察院进行协商,必要时,报请共同的上级人民检察院决定。

第二百三十六条 对于查封、扣押的财物和文件,检察人员应当会同在场见证人和被查封、扣押物品持有人查点清楚,当场开列查封、扣押清单一式四份,注明查封、扣押物品的名称、型号、规格、数量、质量、颜色、新旧程度、包装等主要特征,由检察人员、见证人和持有人签名或者盖章,一份交给文件、资料和其他物品持有人,一份交被查封、扣押文件、资料和其他物品保管人,一份附卷,一份保存。持有人拒绝签名、盖章或者不在场的,应当在清单上记明。

查封、扣押外币、金银珠宝、文物、名贵字画以及其他不易辨别真伪的贵重物品,应当在拍照或者录像后当场密封,由检察人员、见证人和被扣押物品持有人在密封材料上签名或者盖章,根据办案需要及时委托具有资质的部门出具鉴定报告。启封时应当有见证人或者持有人在场并且签名或者盖章。

查封、扣押存折、信用卡、有价证券等支付凭证和具有一定特征能够证明案情的现金,应当注明特征、编号、种类、面值、张数、金额等,由检察人员、见证人和被扣押物品持有人在密封材料上签名或者盖章。启封时应当有见证人或者持有人在场并签名或者盖章。

查封、扣押易损毁、灭失、变质以及其他不宜长期保存的物品,应当用笔录、绘图、拍照、录像等方法加以保全后进行封存,或者经检察长批准后委托有关部门变卖、拍卖。变卖、拍卖的价款暂予保存,待诉讼终结后一并处理。

第二百三十七条 对于应当查封的不动产和置于该不动产上不宜移动的设施、家具和其他相关财物,以及涉案的车辆、船舶、航空器和大型机械、设备等财物,必要时可以扣押其权利证书,经拍照或者录像后原地封存,并开具查封清单一式四份,注明相关财物的详细地址和相关特征,同时注明已经拍照或者录像及其权利证书已被扣押,由检察人员、见证人和持有人签名或者盖章。持有人拒绝签名、盖章或者不在场的,应当在清单上注明。

人民检察院查封不动产和置于该不动产上不宜移动的设施、家具和其他相关财物,以及涉案的车辆、船舶、航空器和大型机械、设备等财物,应当在保证侦查活动正常进行的同时,尽量不影响有关当事人的正常生活和生产经营活动。必要时,可以将被查封的财物交持有人或者其近亲属保管,并书面告知保管人对被查封的财物应当妥善保管,不得转移、变卖、毁损、出租、抵押、赠予等。

人民检察院应当将查封决定书副本送达不动产、生产设备或者车辆、船舶、航空器等财物的登记、管理部门,告知其在查封期间禁止办理抵押、转让、出售等权属关系变更、转移登记手续。

第二百三十八条 扣押犯罪嫌疑人的邮件、电报或者电子邮件,应当经检察长批准,通知邮电部门或者网络服务单位将有关的邮件、电报或者电子邮件检交扣押。

不需要继续扣押的时候,应当立即通知邮电部门或者网络服务单位。

对于可以作为证据使用的录音、录像带、电子数据存储介质,应当记明案由、对象、内容,录取、复制的时间、地点、规格、类别、应用长度、文件格式及长度等,妥为保管,并制作清单,随案移送。

第二百三十九条 查封单位的涉密电子设备、文件等物品,应当在拍照或者录像后当场密封,由检察人员、见证人、单位有关负责人签名或者盖章。启封时应当有见证人、单位有关负责人在场并签名或者盖章。

对于有关人员拒绝按照前款有关规定签名或者盖章的,人民检察院应当在相关文书上注明。

对犯罪嫌疑人使用违法所得与合法收入共同购置的不可分割的财产,可以先行查封、扣押、冻结。对无法分割退还的财产,应当在结案后予以拍卖、变卖,对不属于违法所得的部分予以退还。

第二百四十条　对于查封、扣押在人民检察院的物品、文件、邮件、电报，应当妥善保管，不得使用、调换、损毁或者自行处理。经查明确实与案件无关的，应当在三日以内作出解除或者退还决定，并通知有关单位、当事人办理相关手续。

第七节　查询、冻结

第二百四十一条　人民检察院根据侦查犯罪的需要，可以依照规定查询、冻结犯罪嫌疑人的存款、汇款、债券、股票、基金份额等财产，并可以要求有关单位和个人配合。

第二百四十二条　查询、冻结犯罪嫌疑人的存款、汇款、债券、股票、基金份额等财产，应当经检察长批准，制作查询、冻结财产通知书，通知银行或者其他金融机构、邮电部门执行。

第二百四十三条　犯罪嫌疑人的存款、汇款、债券、股票、基金份额等财产已冻结的，人民检察院不得重复冻结，但是应当要求有关银行或者其他金融机构、邮电部门在解除冻结或者作出处理前通知人民检察院。

第二百四十四条　扣押、冻结债券、股票、基金份额等财产，应当书面告知当事人或者其法定代理人、委托代理人有权申请出售。

对于被扣押、冻结的债券、股票、基金份额等财产，在扣押、冻结期间权利人申请出售，经审查认为不损害国家利益、被害人利益，不影响诉讼正常进行的，以及扣押、冻结的汇票、本票、支票的有效期即将届满的，经检察长批准，可以在案件办结前依法出售或者变现，所得价款由检察机关指定专门的银行账户保管，并及时告知当事人或者其近亲属。

第二百四十五条　对于冻结的存款、汇款、债券、股票、基金份额等财产，经查明确实与案件无关的，应当在三日以内解除冻结，并通知被冻结存款、汇款、债券、股票、基金份额等财产的所有人。

第二百四十六条　查询、冻结与案件有关的单位的存款、汇款、债券、股票、基金份额等财产的办法适用本规则第二百四十一条至第二百四十五条的规定。

第八节　鉴　　定

第二百四十七条　人民检察院为了查明案情，解决案件中某些专门性的问题，可以进行鉴定。

第二百四十八条　鉴定由检察长批准，由人民检察院技术部门有鉴定资格的人员进行。必要的时候，也可以聘请其他有鉴定资格的人员进行，但是应当征得鉴定人所在单位的同意。

具有刑事诉讼法第二十八条、第二十九条规定的应当回避的情形的，不能担任鉴定人。

第二百四十九条　人民检察院应当为鉴定人进行鉴定提供必要条件，及时向鉴定人送交有关检材和对比样本等原始材料，介绍与鉴定有关的情况，并明确提出要求鉴定解决的问题，但是不得暗示或者强迫鉴定人作出某种鉴定意见。

第二百五十条 鉴定人进行鉴定后，应当出具鉴定意见、检验报告，同时附上鉴定机构和鉴定人的资质证明，并且签名或者盖章。

多个鉴定人的鉴定意见不一致的，应当在鉴定意见上写明分歧的内容和理由，并且分别签名或者盖章。

第二百五十一条 鉴定人故意作虚假鉴定的，应当承担法律责任。

第二百五十二条 对于鉴定意见，检察人员应当进行审查，必要的时候，可以提出补充鉴定或者重新鉴定的意见，报检察长批准后进行补充鉴定或者重新鉴定。检察长也可以直接决定进行补充鉴定或者重新鉴定。

第二百五十三条 用作证据的鉴定意见，人民检察院办案部门应当告知犯罪嫌疑人、被害人；被害人死亡或者没有诉讼行为能力的，应当告知其法定代理人、近亲属或诉讼代理人。

犯罪嫌疑人、被害人或被害人的法定代理人、近亲属、诉讼代理人提出申请，经检察长批准，可以补充鉴定或者重新鉴定，鉴定费用由请求方承担，但原鉴定违反法定程序的，由人民检察院承担。

犯罪嫌疑人的辩护人或者近亲属以犯罪嫌疑人有患精神病可能而申请对犯罪嫌疑人进行鉴定的，鉴定费用由请求方承担。

第二百五十四条 人民检察院决定重新鉴定的，应当另行指派或者聘请鉴定人。

第二百五十五条 对犯罪嫌疑人作精神病鉴定的期间不计入羁押期限和办案期限。

第二百五十六条 对于因鉴定时间较长、办案期限届满仍不能终结的案件，自期限届满之日起，应当依法释放被羁押的犯罪嫌疑人或者变更强制措施。

第九节 辨 认

第二百五十七条 为了查明案情，在必要的时候，检察人员可以让被害人、证人和犯罪嫌疑人对与犯罪有关的物品、文件、尸体或场所进行辨认；也可以让被害人、证人对犯罪嫌疑人进行辨认，或者让犯罪嫌疑人对其他犯罪嫌疑人进行辨认。

对犯罪嫌疑人进行辨认，应当经检察长批准。

第二百五十八条 辨认应当在检察人员的主持下进行，主持辨认的检察人员不得少于二人。在辨认前，应当向辨认人详细询问被辨认对象的具体特征，避免辨认人见到被辨认对象，并应当告知辨认人有意作虚假辨认应负的法律责任。

第二百五十九条 几名辨认人对同一被辨认对象进行辨认时，应当由每名辨认人单独进行。必要的时候，可以有见证人在场。

第二百六十条 辨认时，应当将辨认对象混杂在其他对象中，不得给辨认人任何暗示。

辨认犯罪嫌疑人、被害人时，被辨认的人数为五到十人，照片五到十张。

辨认物品时，同类物品不得少于五件，照片不得少于五张。

对犯罪嫌疑人的辨认，辨认人不愿公开进行时，可以在不暴露辨认人的情况下进行，并应当为其保守秘密。

第二百六十一条 辨认的情况，应当制作笔录，由检察人员、辨认人、见证人签字。对辨认对象应当拍照，必要时可以对辨认过程进行录音、录像。

第二百六十二条 人民检察院主持进行辨认，可以商请公安机关参加或者协助。

第十节 技术侦查措施

第二百六十三条 人民检察院在立案后，对于涉案数额在十万元以上、采取其他方法难以收集证据的重大贪污、贿赂犯罪案件以及利用职权实施的严重侵犯公民人身权利的重大犯罪案件，经过严格的批准手续，可以采取技术侦查措施，交有关机关执行。

本条规定的贪污、贿赂犯罪包括刑法分则第八章规定的贪污罪、受贿罪、单位受贿罪、行贿罪、对单位行贿罪、介绍贿赂罪、单位行贿罪、利用影响力受贿罪。

本条规定的利用职权实施的严重侵犯公民人身权利的重大犯罪案件包括有重大社会影响的、造成严重后果的或者情节特别严重的非法拘禁、非法搜查、刑讯逼供、暴力取证、虐待被监管人、报复陷害等案件。

第二百六十四条 人民检察院办理直接受理立案侦查的案件，需要追捕被通缉或者批准、决定逮捕的在逃的犯罪嫌疑人、被告人的，经过批准，可以采取追捕所必需的技术侦查措施，不受本规则第二百六十三条规定的案件范围的限制。

第二百六十五条 人民检察院采取技术侦查措施应当根据侦查犯罪的需要，确定采取技术侦查措施的种类和适用对象，按照有关规定报请批准。批准决定自签发之日起三个月以内有效。对于不需要继续采取技术侦查措施的，应当及时解除；对于复杂、疑难案件，期限届满仍有必要继续采取技术侦查措施的，应当在期限届满前十日以内制作呈请延长技术侦查措施期限报告书，写明延长的期限及理由，经过原批准机关批准，有效期可以延长，每次不得超过三个月。

采取技术侦查措施收集的材料作为证据使用的，批准采取技术侦查措施的法律决定文书应当附卷，辩护律师可以依法查阅、摘抄、复制。

第二百六十六条 采取技术侦查措施收集的物证、书证及其他证据材料，侦查人员应当制作相应的说明材料，写明获取证据的时间、地点、数量、特征以及采取技术侦查措施的批准机关、种类等，并签名和盖章。

对于使用技术侦查措施获取的证据材料，如果可能危及特定人员的人身安全、涉及国家秘密或者公开后可能暴露侦查秘密或者严重损害商业秘密、个人隐私的，应当采取不暴露有关人员身份、技术方法等保护措施。在必要的时候，可以建议不在法庭上质证，由审判人员在庭外对证据进行核实。

第二百六十七条 检察人员对采取技术侦查措施过程中知悉的国家秘密、商业秘密和个人隐私，应当保密；对采取技术侦查措施获取的与案件无关的材料，应当及时销毁，并对销毁情况制作记录。

采取技术侦查措施获取的证据、线索及其他有关材料，只能用于对犯罪的侦查、起诉和审判，不得用于其他用途。

第十一节　通　　缉

第二百六十八条　人民检察院办理直接受理立案侦查的案件，应当逮捕的犯罪嫌疑人如果在逃，或者已被逮捕的犯罪嫌疑人脱逃的，经检察长批准，可以通缉。

第二百六十九条　各级人民检察院需要在本辖区内通缉犯罪嫌疑人的，可以直接决定通缉；需要在本辖区外通缉犯罪嫌疑人的，由有决定权的上级人民检察院决定。

第二百七十条　人民检察院应当将通缉通知书和通缉对象的照片、身份、特征、案情简况送达公安机关，由公安机关发布通缉令，追捕归案。

第二百七十一条　为防止犯罪嫌疑人等涉案人员逃往境外，需要在边防口岸采取边控措施的，人民检察院应当按照有关规定制作边控对象通知书，商请公安机关办理边控手续。

第二百七十二条　人民检察院应当及时了解通缉的执行情况。

第二百七十三条　对于应当逮捕的犯罪嫌疑人，如果潜逃出境，可以按照有关规定层报最高人民检察院商请国际刑警组织中国国家中心局，请求有关方面协助，或者通过其他法律规定的途径进行追捕。

第十二节　侦 查 终 结

第二百七十四条　对犯罪嫌疑人逮捕后的侦查羁押期限不得超过二个月。基层人民检察院，分、州、市人民检察院和省级人民检察院直接受理立案侦查的案件，案情复杂、期限届满不能终结的案件，可以经上一级人民检察院批准延长一个月。

第二百七十五条　基层人民检察院和分、州、市人民检察院直接受理立案侦查的案件，属于交通十分不便的边远地区的重大复杂案件、重大的犯罪集团案件、流窜作案的重大复杂案件和犯罪涉及面广、取证困难的重大复杂案件，在依照本规则第二百七十四条规定的期限届满前不能侦查终结的，经省、自治区、直辖市人民检察院批准，可以延长二个月。

省级人民检察院直接受理立案侦查的案件，属于上述情形的，可以直接决定延长二个月。

第二百七十六条　基层人民检察院和分、州、市人民检察院直接受理立案侦查的案件，对犯罪嫌疑人可能判处十年有期徒刑以上刑罚，依照本规则第二百七十五条的规定依法延长羁押期限届满，仍不能侦查终结的，经省、自治区、直辖市人民检察院批准，可以再延长二个月。

省级人民检察院直接受理立案侦查的案件，属于上述情形的，可以直接决定再延长二个月。

第二百七十七条　最高人民检察院直接受理立案侦查的案件，依照刑事诉讼法的规定需要延长侦查羁押期限的，直接决定延长侦查羁押期限。

第二百七十八条　公安机关需要延长侦查羁押期限的，应当在侦查羁押期限届满七日前，向同级人民检察院移送延长侦查羁押期限意见书，写明案件的主要案情和延长侦查羁押期限的具体理由。

人民检察院直接立案侦查的案件，侦查部门认为需要延长侦查羁押期限的，应当按照本条第一款的规定向本院侦查监督部门移送延长侦查羁押期限的意见及有关材料。

第二百七十九条 人民检察院审查批准或者决定延长侦查羁押期限，由侦查监督部门办理。

受理案件的人民检察院侦查监督部门对延长侦查羁押期限的意见审查后，应当提出是否同意延长侦查羁押期限的意见，报检察长决定后，将侦查机关延长侦查羁押期限的意见和本院的审查意见层报有决定权的人民检察院审查决定。有决定权的人民检察院应当在侦查羁押期限届满前作出是否批准延长侦查羁押期限的决定，并交由受理案件的人民检察院侦查监督部门送达公安机关或者本院侦查部门。

第二百八十条 因为特殊原因，在较长时间内不宜交付审判的特别重大复杂的案件，由最高人民检察院报请全国人民代表大会常务委员会批准延期审理。

第二百八十一条 人民检察院在侦查期间发现犯罪嫌疑人另有重要罪行的，自发现之日起依照本规则第二百七十四条的规定重新计算侦查羁押期限。

另有重要罪行是指与逮捕时的罪行不同种的重大犯罪和同种的影响罪名认定、量刑档次的重大犯罪。

第二百八十二条 人民检察院重新计算侦查羁押期限，应当由侦查部门提出重新计算侦查羁押期限的意见，移送本院侦查监督部门审查。侦查监督部门审查后应当提出是否同意重新计算侦查羁押期限的意见，报检察长决定。

第二百八十三条 对公安机关重新计算侦查羁押期限的备案，由侦查监督部门审查。侦查监督部门认为公安机关重新计算侦查羁押期限不当的，应当提出纠正意见，报检察长决定后，通知公安机关纠正。

第二百八十四条 人民检察院直接受理立案侦查的案件，不能在法定侦查羁押期限内侦查终结的，应当依法释放犯罪嫌疑人或者变更强制措施。

第二百八十五条 侦查监督部门审查延长侦查羁押期限、审查重新计算侦查羁押期限案件，可以讯问犯罪嫌疑人，听取律师意见，调取案卷及相关材料等。

第二百八十六条 人民检察院经过侦查，认为犯罪事实清楚，证据确实、充分，依法应当追究刑事责任的案件，应当写出侦查终结报告，并且制作起诉意见书。

对于犯罪情节轻微，依照刑法规定不需要判处刑罚或者免除刑罚的案件，应当写出侦查终结报告，并且制作不起诉意见书。

侦查终结报告和起诉意见书或者不起诉意见书由侦查部门负责人审核，检察长批准。

第二百八十七条 提出起诉意见或者不起诉意见的，侦查部门应当将起诉意见书或者不起诉意见书，查封、扣押、冻结的犯罪嫌疑人的财物及其孳息、文件清单以及对查封、扣押、冻结的涉案款物的处理意见和其他案卷材料，一并移送本院公诉部门审查。国家或者集体财产遭受损失的，在提出提起公诉意见的同时，可以提出提起附带民事诉讼的意见。

第二百八十八条　在案件侦查过程中，犯罪嫌疑人委托辩护律师的，检察人员可以听取辩护律师的意见。

辩护律师要求当面提出意见的，检察人员应当听取意见，并制作笔录附卷。辩护律师提出书面意见的，应当附卷。

案件侦查终结移送审查起诉时，人民检察院应当同时将案件移送情况告知犯罪嫌疑人及其辩护律师。

第二百八十九条　上级人民检察院侦查终结的案件，依照刑事诉讼法的规定应当由下级人民检察院提起公诉或者不起诉的，应当将有关决定、侦查终结报告连同案卷材料、证据移送下级人民检察院，由下级人民检察院按照上级人民检察院有关决定交侦查部门制作起诉意见书或者不起诉意见书，移送本院公诉部门审查。

下级人民检察院公诉部门认为应当对案件补充侦查的，可以退回本院侦查部门补充侦查，上级人民检察院侦查部门应当协助。

下级人民检察院认为上级人民检察院的决定有错误的，可以向上级人民检察院提请复议，上级人民检察院维持原决定的，下级人民检察院应当执行。

第二百九十条　人民检察院在侦查过程中或者侦查终结后，发现具有下列情形之一的，侦查部门应当制作拟撤销案件意见书，报请检察长或者检察委员会决定：

（一）具有刑事诉讼法第十五条规定情形之一的；

（二）没有犯罪事实的，或者依照刑法规定不负刑事责任或者不是犯罪的；

（三）虽有犯罪事实，但不是犯罪嫌疑人所为的。

对于共同犯罪的案件，如有符合本条规定情形的犯罪嫌疑人，应当撤销对该犯罪嫌疑人的立案。

第二百九十一条　检察长或者检察委员会决定撤销案件的，侦查部门应当将撤销案件意见书连同本案全部案卷材料，在法定期限届满七日前报上一级人民检察院审查；重大、复杂案件在法定期限届满十日前报上一级人民检察院审查。

对于共同犯罪案件，应当将处理同案犯罪嫌疑人的有关法律文书以及案件事实、证据材料复印件等，一并报送上一级人民检察院。

上一级人民检察院侦查部门应当对案件事实、证据和适用法律进行全面审查，必要时可以讯问犯罪嫌疑人。

上一级人民检察院侦查部门经审查后，应当提出是否同意撤销案件的意见，报请检察长或者检察委员会决定。

人民检察院决定撤销案件的，应当告知控告人、举报人，听取其意见并记明笔录。

第二百九十二条　上一级人民检察院审查下级人民检察院报送的拟撤销案件，应当于收到案件后七日以内批复；重大、复杂案件，应当于收到案件后十日以内批复下级人民检察院。情况紧急或者因其他特殊原因不能按时送达的，可以先行通知下级人民检察院执行。

第二百九十三条　上一级人民检察院同意撤销案件的，下级人民检察院应当作出撤销案件决定，并制作撤销案件决定书。上一级人民检察院不同意撤销案件的，下级人民检察院应当执行上一级人民检察院的决定。

报请上一级人民检察院审查期间，犯罪嫌疑人羁押期限届满的，应当依法释放犯罪嫌疑人或者变更强制措施。

第二百九十四条　撤销案件的决定，应当分别送达犯罪嫌疑人所在单位和犯罪嫌疑人。犯罪嫌疑人死亡的，应当送达犯罪嫌疑人原所在单位。如果犯罪嫌疑人在押，应当制作决定释放通知书，通知公安机关依法释放。

第二百九十五条　人民检察院作出撤销案件决定的，侦查部门应当在三十日以内对犯罪嫌疑人的违法所得作出处理，并制作查封、扣押、冻结款物的处理报告，详细列明每一项款物的来源、去向并附有关法律文书复印件，报检察长审核后存入案卷，并在撤销案件决定书中写明对查封、扣押、冻结的涉案款物的处理结果。情况特殊的，经检察长决定，可以延长三十日。

第二百九十六条　人民检察院撤销案件时，对犯罪嫌疑人的违法所得应当区分不同情形，作出相应处理：

（一）因犯罪嫌疑人死亡而撤销案件，依照刑法规定应当追缴其违法所得及其他涉案财产的，按照本规则第十三章第三节的规定办理。

（二）因其他原因撤销案件，对于查封、扣押、冻结的犯罪嫌疑人违法所得及其他涉案财产需要没收的，应当提出检察建议，移送有关主管机关处理。

（三）对于冻结的犯罪嫌疑人存款、汇款、债券、股票、基金份额等财产需要返还被害人的，可以通知金融机构返还被害人；对于查封、扣押的犯罪嫌疑人的违法所得及其他涉案财产需要返还被害人的，直接决定返还被害人。

人民检察院申请人民法院裁定处理犯罪嫌疑人涉案财产的，应当向人民法院移送有关案件材料。

第二百九十七条　人民检察院撤销案件时，对查封、扣押、冻结的犯罪嫌疑人的涉案财产需要返还犯罪嫌疑人的，应当解除查封、扣押或者书面通知有关金融机构解除冻结，返还犯罪嫌疑人或者其合法继承人。

第二百九十八条　查封、扣押、冻结的款物，除依法应当返还被害人或者经查明确实与案件无关的以外，不得在诉讼程序终结之前处理。法律和有关规定另有规定的除外。

第二百九十九条　处理查封、扣押、冻结的涉案款物，应当由办案部门提出意见，报请检察长决定。负责保管涉案款物的管理部门会同办案部门办理相关的处理手续。

人民检察院向其他机关移送的案件需要随案移送扣押、冻结的涉案款物的，按照前款的规定办理。

第三百条　人民检察院直接受理立案侦查的共同犯罪案件，如果同案犯罪嫌疑人在逃，但在案犯罪嫌疑人犯罪事实清楚，证据确实、充分的，对在案犯罪嫌疑人应当根据本规则第二百八十六条的规定分别移送审查起诉或者移送审查不起诉。

由于同案犯罪嫌疑人在逃,在案犯罪嫌疑人的犯罪事实无法查清的,对在案犯罪嫌疑人应当根据案件的不同情况分别报请延长侦查羁押期限、变更强制措施或者解除强制措施。

第三百零一条 人民检察院直接受理立案侦查的案件,对犯罪嫌疑人没有采取取保候审、监视居住、拘留或者逮捕措施的,侦查部门应当在立案后二年以内提出移送审查起诉、移送审查不起诉或者撤销案件的意见;对犯罪嫌疑人采取取保候审、监视居住、拘留或者逮捕措施的,侦查部门应当在解除或者撤销强制措施后一年以内提出移送审查起诉、移送审查不起诉或者撤销案件的意见。

第三百零二条 人民检察院直接受理立案侦查的案件,撤销案件以后,又发现新的事实或者证据,认为有犯罪事实需要追究刑事责任的,可以重新立案侦查。

第十章 审 查 逮 捕

第一节 一 般 规 定

第三百零三条 人民检察院审查批准或者决定逮捕犯罪嫌疑人,由侦查监督部门办理。

第三百零四条 侦查监督部门办理审查逮捕案件,应当指定办案人员进行审查。办案人员应当审阅案卷材料和证据,依法讯问犯罪嫌疑人、询问证人等诉讼参与人、听取辩护律师意见,制作审查逮捕意见书,提出批准或者决定逮捕、不批准或者不予逮捕的意见,经部门负责人审核后,报请检察长批准或者决定;重大案件应当经检察委员会讨论决定。

侦查监督部门办理审查逮捕案件,不另行侦查,不得直接提出采取取保候审措施的意见。

第三百零五条 侦查监督部门办理审查逮捕案件,可以讯问犯罪嫌疑人;有下列情形之一的,应当讯问犯罪嫌疑人:

(一)对是否符合逮捕条件有疑问的;

(二)犯罪嫌疑人要求向检察人员当面陈述的;

(三)侦查活动可能有重大违法行为的;

(四)案情重大疑难复杂的;

(五)犯罪嫌疑人系未成年人的;

(六)犯罪嫌疑人是盲、聋、哑人或者是尚未完全丧失辨认或者控制自己行为能力的精神病人的。

讯问未被拘留的犯罪嫌疑人,讯问前应当征求侦查机关的意见,并做好办案安全风险评估预警工作。

是否符合逮捕条件有疑问主要包括罪与非罪界限不清的,据以定罪的证据之间存在矛盾的,犯罪嫌疑人的供述前后矛盾或者违背常理的,有无社会危险性难以把握的,以及犯罪嫌疑人是否达到刑事责任年龄需要确认等情形。

重大违法行为是指办案严重违反法律规定的程序,或者存在刑讯逼供等严重侵犯犯罪嫌疑人人身权利和其他诉讼权利等情形。

第三百零六条 在审查逮捕中对被拘留的犯罪嫌疑人不予讯问的，应当送达听取犯罪嫌疑人意见书，由犯罪嫌疑人填写后及时收回审查并附卷。经审查发现应当讯问犯罪嫌疑人的，应当及时讯问。

第三百零七条 讯问犯罪嫌疑人时，检察人员不得少于二人。

犯罪嫌疑人被送交看守所羁押后，讯问应当在看守所内进行。

讯问时，应当首先查明犯罪嫌疑人的基本情况，依法告知犯罪嫌疑人的诉讼权利和义务，听取其供述和辩解，有检举揭发他人犯罪线索的，应当予以记录，并依照有关规定移送有关部门处理。

讯问犯罪嫌疑人应当制作讯问笔录，并交犯罪嫌疑人核对或者向其宣读，经核对无误后逐页签名、盖章或者捺指印并附卷。犯罪嫌疑人请求自行书写供述的，应当准许，但不得以自行书写的供述代替讯问笔录。

第三百零八条 侦查监督部门办理审查逮捕案件，必要时，可以询问证人、被害人、鉴定人等诉讼参与人，并制作笔录附卷。

第三百零九条 在审查逮捕过程中，犯罪嫌疑人已经委托辩护律师的，侦查监督部门可以听取辩护律师的意见。辩护律师提出要求的，应当听取辩护律师的意见。对辩护律师的意见应当制作笔录附卷。

辩护律师提出不构成犯罪、无社会危险性、不适宜羁押、侦查活动有违法犯罪情形等书面意见的，办案人员应当审查，并在审查逮捕意见书中说明是否采纳的情况和理由。

第三百一十条 对于公安机关立案侦查的案件，侦查监督部门审查逮捕时发现存在本规则第七十三条第一款规定情形的，可以调取公安机关讯问犯罪嫌疑人的录音、录像并审查相关的录音、录像，对于重大、疑难、复杂的案件，必要时可以审查全部录音、录像。

人民检察院直接受理立案侦查的案件，侦查部门在移送或者报请审查逮捕时，应当向侦查监督部门移送全部讯问犯罪嫌疑人的录音、录像，未移送或移送不全的，侦查监督部门应当要求侦查部门补充移送。经要求仍未移送或者未全部移送的，应当将案件退回侦查部门。侦查监督部门审查逮捕时对取证合法性或者讯问笔录真实性等产生疑问的，可以审查相关的录音、录像；对于重大、疑难、复杂的案件，必要时可以审查全部录音、录像。

第三百一十一条 经审查讯问犯罪嫌疑人录音、录像，发现侦查机关讯问不规范，讯问过程存在违法行为，录音、录像内容与讯问笔录不一致等情形的，应当逐一列明并向侦查机关书面提出，要求侦查机关予以纠正、补正或者书面作出合理解释。发现讯问笔录与讯问犯罪嫌疑人录音、录像内容有重大实质性差异的，或者侦查机关不能补正或者作出合理解释的，该讯问笔录不能作为批准逮捕或者决定逮捕的依据。

第三百一十二条 外国人、无国籍人涉嫌危害国家安全犯罪的案件或者涉及国与国之间政治、外交关系的案件以及在适用法律上确有疑难的案件，认为需要逮捕犯罪嫌疑人的，按照刑事诉讼法第十九条、第二十条的规定，分别由基层人民检察院或者分、州、市人民检察院审查并提出意见，层报最高人民检察院审查。最高人民检察院经审查认为需要逮捕的，经征求外交部的意见后，作出批准逮捕的批复，经审查认为不需要逮捕的，作出不批准逮捕的批复。基层人民检察院或者分、州、市人民检察院根据最高人民检察院的批复，依法作出批准或者不批准逮捕的决定。层报过程中，上级人民检察院经审查认为不需要逮捕的，应当作出不批准逮捕的批复，报送的人民检察院根据批复依法作出不批准逮捕的决定。

基层人民检察院或者分、州、市人民检察院经审查认为不需要逮捕的，可以直接依法作出不批准逮捕的决定。

外国人、无国籍人涉嫌本条第一款规定以外的其他犯罪案件，决定批准逮捕的人民检察院应当在作出批准逮捕决定后四十八小时以内报上一级人民检察院备案，同时向同级人民政府外事部门通报。上一级人民检察院对备案材料经审查发现错误的，应当依法及时纠正。

第三百一十三条　人民检察院办理审查逮捕的危害国家安全的案件，应当报上一级人民检察院备案。

上一级人民检察院对报送的备案材料经审查发现错误的，应当依法及时纠正。

第三百一十四条　对于人民检察院正在侦查或者审查起诉的案件，被逮捕的犯罪嫌疑人及其法定代理人、近亲属或者辩护人认为羁押期限届满，向人民检察院提出释放犯罪嫌疑人或者变更逮捕措施要求的，人民检察院应当在三日以内审查决定。经审查，认为法定期限届满的，应当决定释放或者依法变更逮捕措施，并通知公安机关执行；认为未满法定期限的，书面答复申请人。

第三百一十五条　被害人对人民检察院以没有犯罪事实为由作出的不批准逮捕决定不服提出申诉的，由作出不批准逮捕决定的人民检察院刑事申诉检察部门审查处理。对以其他理由作出的不批准逮捕决定不服提出申诉的，由侦查监督部门办理。

第二节　审查批准逮捕

第三百一十六条　对公安机关提请批准逮捕的犯罪嫌疑人，已被拘留的，人民检察院应当在收到提请批准逮捕书后的七日以内作出是否批准逮捕的决定；未被拘留的，应当在收到提请批准逮捕书后的十五日以内作出是否批准逮捕的决定，重大、复杂的案件，不得超过二十日。

第三百一十七条　上级公安机关指定犯罪地或者犯罪嫌疑人居住地以外的下级公安机关立案侦查的案件，需要逮捕犯罪嫌疑人的，由侦查该案件的公安机关提请同级人民检察院审查批准逮捕，人民检察院应当依法作出批准或者不批准逮捕的决定。

第三百一十八条　对公安机关提请批准逮捕的犯罪嫌疑人，人民检察院经审查认为符合本规则第一百三十九条、第一百四十条、第一百四十二条规定情形的，应当作出批准逮捕的决定，连同案卷材料送达公安机关执行，并可以对收集证据、适用法律提出意见。

第三百一十九条　对公安机关提请批准逮捕的犯罪嫌疑人，具有本规则第一百四十三条和第一百四十四条规定情形，人民检察院作出不批准逮捕决定的，应当说明理由，连同案卷材料送达公安机关执行。需要补充侦查的,应当同时通知公安机关。

第三百二十条 对于人民检察院批准逮捕的决定,公安机关应当立即执行,并将执行回执及时送达作出批准决定的人民检察院;如果未能执行,也应当将回执送达人民检察院,并写明未能执行的原因。对于人民检察院决定不批准逮捕的,公安机关在收到不批准逮捕决定书后,应当立即释放在押的犯罪嫌疑人或者变更强制措施,并将执行回执在收到不批准逮捕决定书后的三日以内送达作出不批准逮捕决定的人民检察院。

第三百二十一条 人民检察院办理审查逮捕案件,发现应当逮捕而公安机关未提请批准逮捕的犯罪嫌疑人的,应当建议公安机关提请批准逮捕。如果公安机关仍不提请批准逮捕或者不提请批准逮捕的理由不能成立的,人民检察院也可以直接作出逮捕决定,送达公安机关执行。

第三百二十二条 对已作出的批准逮捕决定发现确有错误的,人民检察院应当撤销原批准逮捕决定,送达公安机关执行。

对已作出的不批准逮捕决定发现确有错误,需要批准逮捕的,人民检察院应当撤销原不批准逮捕决定,并重新作出批准逮捕决定,送达公安机关执行。

对因撤销原批准逮捕决定而被释放的犯罪嫌疑人或者逮捕后公安机关变更为取保候审、监视居住的犯罪嫌疑人,又发现需要逮捕的,人民检察院应当重新作出逮捕决定。

第三百二十三条 对公安机关要求复议的不批准逮捕的案件,人民检察院侦查监督部门应当另行指派办案人员复议,并在收到提请复议书和案卷材料后的七日以内作出是否变更的决定,通知公安机关。

第三百二十四条 对公安机关提请上一级人民检察院复核的不批准逮捕的案件,上一级人民检察院侦查监督部门应当在收到提请复核意见书和案卷材料后的十五日以内由检察长或者检察委员会作出是否变更的决定,通知下级人民检察院和公安机关执行。如果需要改变原决定,应当通知作出不批准逮捕决定的人民检察院撤销原不批准逮捕决定,另行制作批准逮捕决定书。必要时,上级人民检察院也可以直接作出批准逮捕决定,通知下级人民检察院送达公安机关执行。

第三百二十五条 人民检察院作出不批准逮捕决定,并且通知公安机关补充侦查的案件,公安机关在补充侦查后又提请复议的,人民检察院应当告知公安机关重新提请批准逮捕。公安机关坚持复议的,人民检察院不予受理。

公安机关补充侦查后应当提请批准逮捕而不提请批准逮捕的,按照本规则第三百二十一条的规定办理。

第三百二十六条 对公安机关提请批准逮捕的案件,侦查监督部门应当将批准、变更、撤销逮捕措施的情况书面通知本院监所检察部门。

第三节 审查决定逮捕

第三百二十七条 省级以下(不含省级)人民检察院直接受理立案侦查的案件,需要逮捕犯罪嫌疑人的，应当报请上一级人民检察院审查决定。

监所、林业等派出人民检察院立案侦查的案件，需要逮捕犯罪嫌疑人的，应当报请上一级人民检察院审查决定。

第三百二十八条　下级人民检察院报请审查逮捕的案件，由侦查部门制作报请逮捕书，报检察长或者检察委员会审批后，连同案卷材料、讯问犯罪嫌疑人录音、录像一并报上一级人民检察院审查，报请逮捕时应当说明犯罪嫌疑人的社会危险性并附相关证据材料。

侦查部门报请审查逮捕时，应当同时将报请情况告知犯罪嫌疑人及其辩护律师。

第三百二十九条　犯罪嫌疑人已被拘留的，下级人民检察院侦查部门应当在拘留后七日以内报上一级人民检察院审查逮捕。上一级人民检察院应当在收到报请逮捕书后七日以内作出是否逮捕的决定，特殊情况下，决定逮捕的时间可以延长一日至三日。犯罪嫌疑人未被拘留的，上一级人民检察院应当在收到报请逮捕书后十五日以内作出是否逮捕的决定，重大、复杂的案件，不得超过二十日。

报送案卷材料、送达法律文书的路途时间计算在上一级人民检察院审查逮捕期限以内。

第三百三十条　对于重大、疑难、复杂的案件，下级人民检察院侦查部门可以提请上一级人民检察院侦查监督部门和本院侦查监督部门派员介入侦查，参加案件讨论。上一级人民检察院侦查监督部门和下级人民检察院侦查监督部门认为必要时，可以报经检察长批准，派员介入侦查，对收集证据、适用法律提出意见，监督侦查活动是否合法。

第三百三十一条　上一级人民检察院经审查，对符合本规则第三百零五条规定情形的，应当讯问犯罪嫌疑人。讯问时，按照本规则第三百零七条的规定进行。

对未被拘留的犯罪嫌疑人，讯问前应当征求下级人民检察院侦查部门的意见。

讯问犯罪嫌疑人，可以当面讯问，也可以通过视频讯问。通过视频讯问的，上一级人民检察院应当制作笔录附卷。下级人民检察院应当协助做好提押、讯问笔录核对、签字等工作。

因交通、通讯不便等原因，不能当面讯问或者视频讯问的，上一级人民检察院可以拟定讯问提纲，委托下级人民检察院侦查监督部门进行讯问。下级人民检察院应当及时将讯问笔录报送上一级人民检察院。

第三百三十二条　对已被拘留的犯罪嫌疑人，上一级人民检察院拟不讯问的，应当向犯罪嫌疑人送达听取犯罪嫌疑人意见书。因交通不便等原因不能及时送达的，可以委托下级人民检察院侦查监督部门代为送达。下级人民检察院应当及时回收意见书，并报上一级人民检察院。经审查发现应当讯问犯罪嫌疑人的，应当及时讯问。

第三百三十三条　上一级人民检察院决定逮捕的，应当将逮捕决定书连同案卷材料一并交下级人民检察院，由下级人民检察院通知同级公安机关执行。必要时，下级人民检察院可以协助执行。

下级人民检察院应当在公安机关执行逮捕三日以内，将执行回执报上一级人民检察院。

上一级人民检察院作出逮捕决定的，可以对收集证据、适用法律提出意见。

第三百三十四条 上一级人民检察院决定不予逮捕的，应当将不予逮捕决定书连同案卷材料一并交下级人民检察院，同时书面说明不予逮捕的理由。犯罪嫌疑人已被拘留的，下级人民检察院应当通知公安机关立即释放，并报上一级人民检察院；案件需要继续侦查，犯罪嫌疑人符合取保候审、监视居住条件的，由下级人民检察院依法决定取保候审或者监视居住。

上一级人民检察院作出不予逮捕决定，认为需要补充侦查的，应当制作补充侦查提纲，送达下级人民检察院侦查部门。

第三百三十五条 对应当逮捕而下级人民检察院未报请逮捕的犯罪嫌疑人，上一级人民检察院应当通知下级人民检察院报请逮捕犯罪嫌疑人。下级人民检察院不同意报请逮捕犯罪嫌疑人的，应当说明理由。经审查理由不成立的，上一级人民检察院可以依法作出逮捕决定。

第三百三十六条 决定逮捕后，应当立即将被逮捕人送看守所羁押。除无法通知的以外，下级人民检察院侦查部门应当把逮捕的原因和羁押的处所，在二十四小时以内通知被逮捕人的家属。对于无法通知的，在无法通知的情形消除后，应当立即通知其家属。

第三百三十七条 对被逮捕的犯罪嫌疑人，下级人民检察院侦查部门应当在逮捕后二十四小时以内进行讯问。

下级人民检察院在发现不应当逮捕的时候，应当立即释放犯罪嫌疑人或者变更强制措施，并向上一级人民检察院报告。

对已被释放或者变更为其他强制措施的犯罪嫌疑人，又发现需要逮捕的，应当重新报请审查逮捕。

第三百三十八条 对被逮捕的犯罪嫌疑人，作出逮捕决定的人民检察院发现不应当逮捕的，应当撤销逮捕决定，并通知下级人民检察院送达同级公安机关执行，同时向下级人民检察院说明撤销逮捕的理由。

第三百三十九条 下级人民检察院认为上一级人民检察院作出的不予逮捕决定有错误的，应当在收到不予逮捕决定书后五日以内报请上一级人民检察院重新审查，但是必须将已被拘留的犯罪嫌疑人立即释放或者变更为其他强制措施。

上一级人民检察院侦查监督部门在收到报请重新审查逮捕意见书和案卷材料后，应当另行指派办案人员审查，在七日以内作出是否变更的决定。

第三百四十条 基层人民检察院，分、州、市人民检察院对直接受理立案侦查的案件进行审查起诉时，发现需要逮捕犯罪嫌疑人的，应当报请上一级人民检察院审查决定逮捕。

报请工作由公诉部门负责。

第三百四十一条 需要逮捕担任各级人民代表大会代表的犯罪嫌疑人的，下级人民检察院侦查部门应当按照本规则第一百四十六条的规定报请许可，在获得许可后，向上一级人民检察院报请逮捕。

第三百四十二条 最高人民检察院、省级人民检察院办理直接受理立案侦查的案件，需要逮捕犯罪嫌疑人的，由侦查部门填写逮捕犯罪嫌疑人意见书，连同案卷材料、讯问犯罪嫌疑人录音、录像一并移送本院侦查监督部门审查。犯罪嫌疑人已被拘留的，侦查部门应当在拘留后七日以内将案件移送本院侦查监督部门审查。

第三百四十三条　对本院侦查部门移送审查逮捕的案件，犯罪嫌疑人已被拘留的，应当在侦查监督部门收到逮捕犯罪嫌疑人意见书后的七日以内，由检察长或者检察委员会决定是否逮捕，特殊情况下，决定逮捕的时间可以延长一日至三日；犯罪嫌疑人未被拘留的，应当在侦查监督部门收到逮捕犯罪嫌疑人意见书后的十五日以内由检察长或者检察委员会决定是否逮捕，重大、复杂的案件，不得超过二十日。

第三百四十四条　对本院侦查部门移送审查逮捕的犯罪嫌疑人，经检察长或者检察委员会决定逮捕的，侦查监督部门应当将逮捕决定书连同案卷材料、讯问犯罪嫌疑人录音、录像送交侦查部门，由侦查部门通知公安机关执行，必要时人民检察院可以协助执行，并可以对收集证据、适用法律提出意见。

第三百四十五条　对本院侦查部门移送审查逮捕的犯罪嫌疑人，经检察长或者检察委员会决定不予逮捕的，侦查监督部门应当将不予逮捕的决定连同案卷材料、讯问犯罪嫌疑人录音、录像移交侦查部门。犯罪嫌疑人已被拘留的，侦查部门应当通知公安机关立即释放。

第三百四十六条　对应当逮捕而本院侦查部门未移送审查逮捕的犯罪嫌疑人，侦查监督部门应当向侦查部门提出移送审查逮捕犯罪嫌疑人的建议。如果建议不被采纳，侦查监督部门可以报请检察长提交检察委员会决定。

第三百四十七条　最高人民检察院、省级人民检察院办理直接受理立案侦查的案件，逮捕犯罪嫌疑人后，应当立即将被逮捕人送看守所羁押。除无法通知的以外，侦查部门应当把逮捕的原因和羁押的处所，在二十四小时以内通知被逮捕人的家属。对于无法通知的，在无法通知的情形消除后，应当立即通知其家属。

第三百四十八条　最高人民检察院、省级人民检察院办理直接受理立案侦查的案件，对被逮捕的犯罪嫌疑人，侦查部门应当在逮捕后二十四小时以内进行讯问。

发现不应当逮捕的，应当经检察长批准，撤销逮捕决定或者变更为其他强制措施，并通知公安机关执行，同时通知侦查监督部门。

对按照前款规定被释放或者被变更逮捕措施的犯罪嫌疑人，又发现需要逮捕的，应当重新移送审查逮捕。

第三百四十九条　最高人民检察院、省级人民检察院办理直接受理立案侦查的案件，已经作出不予逮捕的决定，又发现需要逮捕犯罪嫌疑人的，应当重新办理逮捕手续。

第三百五十条　人民检察院办理直接受理立案侦查的案件，侦查部门应当将决定、变更、撤销逮捕措施的情况书面通知本院监所检察部门。

第四节　核准追诉

第三百五十一条　法定最高刑为无期徒刑、死刑的犯罪，已过二十年追诉期限的，不再追诉。如果认为必须追诉的,须报请最高人民检察院核准。

第三百五十二条 须报请最高人民检察院核准追诉的案件,侦查机关在核准之前可以依法对犯罪嫌疑人采取强制措施。

侦查机关报请核准追诉并提请逮捕犯罪嫌疑人,人民检察院经审查认为必须追诉而且符合法定逮捕条件的,可以依法批准逮捕,同时要求侦查机关在报请核准追诉期间不得停止对案件的侦查。

未经最高人民检察院核准,不得对案件提起公诉。

第三百五十三条 报请核准追诉的案件应当同时符合下列条件:

(一)有证据证明存在犯罪事实,且犯罪事实是犯罪嫌疑人实施的;

(二)涉嫌犯罪的行为应当适用的法定量刑幅度的最高刑为无期徒刑或者死刑的;

(三)涉嫌犯罪的性质、情节和后果特别严重,虽然已过二十年追诉期限,但社会危害性和影响依然存在,不追诉会严重影响社会稳定或者产生其他严重后果,而必须追诉的;

(四)犯罪嫌疑人能够及时到案接受追诉的。

第三百五十四条 侦查机关报请核准追诉的案件,由同级人民检察院受理并层报最高人民检察院审查决定。

第三百五十五条 地方各级人民检察院对侦查机关报请核准追诉的案件,应当及时进行审查并开展必要的调查,经检察委员会审议提出是否同意核准追诉的意见,在受理案件后十日以内制作报请核准追诉案件报告书,连同案件材料一并层报最高人民检察院。

第三百五十六条 最高人民检察院收到省级人民检察院报送的报请核准追诉案件报告书及案件材料后,应当及时审查,必要时派人到案发地了解案件有关情况。经检察长批准或者检察委员会审议,应当在受理案件后一个月以内作出是否核准追诉的决定,特殊情况下可以延长十五日,并制作核准追诉决定书或者不予核准追诉决定书,逐级下达最初受理案件的人民检察院,送达报请核准追诉的侦查机关。

第三百五十七条 对已经批准逮捕的案件,侦查羁押期限届满不能做出是否核准追诉决定的,应当对犯罪嫌疑人变更强制措施或者延长侦查羁押期限。

第三百五十八条 最高人民检察院决定核准追诉的案件,最初受理案件的人民检察院应当监督侦查机关的侦查工作。

最高人民检察院决定不予核准追诉,侦查机关未及时撤销案件的,同级人民检察院应当予以监督纠正。犯罪嫌疑人在押的,应当立即释放。

第三百五十九条 人民检察院直接受理立案侦查的案件报请最高人民检察院核准追诉的,参照本节规定办理。

第十一章 审 查 起 诉

第一节 审 查

第三百六十条 人民检察院受理移送审查起诉案件,应当指定检察员或者经检察长批准代行检察员职务的助理检察员办理,也可以由检察长办理。

办案人员应当全面审阅案卷材料,必要时制作阅卷笔录。

第三百六十一条 对于重大、疑难、复杂的案件,人民检察院认为确有必要时,可以派员适时介入侦查活动,对收集证据、适用法律提出意见,监督侦查活动是否合法。

第三百六十二条 各级人民检察院提起公诉,应当与人民法院审判管辖相适应。公诉部门收到移送审查起诉的案件后,经审查认为不属于本院管辖的,应当在五日以内经由案件管理部门移送有管辖权的人民检察院。

认为属于上级人民法院管辖的第一审案件的,应当报送上一级人民检察院,同时通知移送审查起诉的公安机关;认为属于同级其他人民法院管辖的第一审案件的,应当移送有管辖权的人民检察院或者报送共同的上级人民检察院指定管辖,同时通知移送审查起诉的公安机关。

上级人民检察院受理同级公安机关移送审查起诉案件,认为属于下级人民法院管辖的,可以交下级人民检察院审查,由下级人民检察院向同级人民法院提起公诉,同时通知移送审查起诉的公安机关。

一人犯数罪、共同犯罪和其他需要并案审理的案件,只要其中一人或者一罪属于上级人民检察院管辖的,全案由上级人民检察院审查起诉。

需要依照刑事诉讼法的规定指定审判管辖的,人民检察院应当在侦查机关移送审查起诉前协商同级人民法院办理指定管辖有关事宜。

第三百六十三条 人民检察院审查移送起诉的案件,应当查明:

(一)犯罪嫌疑人身份状况是否清楚,包括姓名、性别、国籍、出生年月日、职业和单位等;单位犯罪的,单位的相关情况是否清楚;

(二)犯罪事实、情节是否清楚;实施犯罪的时间、地点、手段、犯罪事实、危害后果是否明确;

(三)认定犯罪性质和罪名的意见是否正确;有无法定的从重、从轻、减轻或者免除处罚的情节及酌定从重、从轻情节;共同犯罪案件的犯罪嫌疑人在犯罪活动中的责任的认定是否恰当;

(四)证明犯罪事实的证据材料包括采取技术侦查措施的决定书及证据材料是否随案移送;证明相关财产系违法所得的证据材料是否随案移送;不宜移送的证据的清单、复制件、照片或者其他证明文件是否随案移送;

(五)证据是否确实、充分,是否依法收集,有无应当排除非法证据的情形;

(六)侦查的各种法律手续和诉讼文书是否完备;

(七)有无遗漏罪行和其他应当追究刑事责任的人;

(八)是否属于不应当追究刑事责任的;

(九)有无附带民事诉讼;对于国家财产、集体财产遭受损失的,是否需要由人民检察院提起附带民事诉讼;

(十)采取的强制措施是否适当,对于已经逮捕的犯罪嫌疑人,有无继续羁押的必要;

(十一)侦查活动是否合法;

(十二)涉案款物是否查封、扣押、冻结并妥善保管,清单是否齐备;对被害人合法财产的返还和对违禁品或者不宜长期保存的物品的处理是否妥当,移送的证明文件是否完备。

第三百六十四条 人民检察院审查案件,应当讯问犯罪嫌疑人,听取辩护人、被害人及其诉讼代理人的意见,并制作笔录附卷。

辩护人、被害人及其诉讼代理人提出书面意见的,应当附卷。

第三百六十五条 直接听取辩护人、被害人及其诉讼代理人的意见有困难的,可以通知辩护人、被害人及其诉讼代理人提出书面意见,在指定期限内未提出意见的,应当记录在案。

第三百六十六条 人民检察院认为需要对案件中某些专门性问题进行鉴定而侦查机关没有鉴定的,应当要求侦查机关进行鉴定;必要时也可以由人民检察院进行鉴定或者由人民检察院送交有鉴定资格的人进行。

人民检察院自行进行鉴定的,可以商请侦查机关派员参加,必要时可以聘请有鉴定资格的人参加。

第三百六十七条 在审查起诉中,发现犯罪嫌疑人可能患有精神病的,人民检察院应当依照本规则的有关规定对犯罪嫌疑人进行鉴定。

犯罪嫌疑人的辩护人或者近亲属以犯罪嫌疑人可能患有精神病而申请对犯罪嫌疑人进行鉴定的,人民检察院也可以依照本规则的有关规定对犯罪嫌疑人进行鉴定,鉴定费用由申请方承担。

第三百六十八条 人民检察院对鉴定意见有疑问的,可以询问鉴定人并制作笔录附卷,也可以指派检察技术人员或者聘请有鉴定资格的人对案件中的某些专门性问题进行补充鉴定或者重新鉴定。

公诉部门对审查起诉案件中涉及专门技术问题的证据材料需要进行审查的,可以送交检察技术人员或者其他有专门知识的人审查,审查后应当出具审查意见。

第三百六十九条 人民检察院审查案件的时候,对公安机关的勘验、检查,认为需要复验、复查的,应当要求公安机关复验、复查,人民检察院可以派员参加;也可以自行复验、复查,商请公安机关派员参加,必要时也可以聘请专门技术人员参加。

第三百七十条 人民检察院对物证、书证、视听资料、电子数据及勘验、检查、辨认、侦查实验等笔录存在疑问的,可以要求侦查人员提供获取、制作的有关情况。必要时也可以询问提供物证、书证、视听资料、电子数据及勘验、检查、辨认、侦查实验等笔录的人员和见证人并制作笔录附卷,对物证、书证、视听资料、电子数据进行技术鉴定。

第三百七十一条 人民检察院对证人证言笔录存在疑问或者认为对证人的询问不具体或者有遗漏的,可以对证人进行询问并制作笔录附卷。

第三百七十二条 讯问犯罪嫌疑人或者询问被害人、证人、鉴定人时,应当分别告知其在审查起诉阶段所享有的诉讼权利。

第三百七十三条 讯问犯罪嫌疑人，询问被害人、证人、鉴定人，听取辩护人、被害人及其诉讼代理人的意见，应当由二名以上办案人员进行。

讯问犯罪嫌疑人，询问证人、鉴定人、被害人，应当个别进行。

询问证人、被害人的地点按照刑事诉讼法第一百二十二条的规定执行。

第三百七十四条 对于随案移送的讯问犯罪嫌疑人录音、录像或者人民检察院调取的录音、录像，人民检察院应当审查相关的录音、录像；对于重大、疑难、复杂的案件，必要时可以审查全部录音、录像。

第三百七十五条 公诉部门经审查认为需要逮捕犯罪嫌疑人的，应当按照本规则第十章的规定移送侦查监督部门办理。

第三百七十六条 办案人员对案件进行审查后，应当制作案件审查报告，提出起诉或者不起诉以及是否需要提起附带民事诉讼的意见，经公诉部门负责人审核，报请检察长或者检察委员会决定。

办案人员认为应当向人民法院提出量刑建议的，可以在审查报告或者量刑建议书中提出量刑的意见，一并报请决定。

检察长承办的审查起诉案件，除本规则规定应当由检察委员会讨论决定的以外，可以直接作出起诉或者不起诉的决定。

第三百七十七条 人民检察院对侦查机关移送的案件进行审查后，在法院作出生效判决之前，认为需要补充提供法庭审判所必需的证据的，可以书面要求侦查机关提供。

第三百七十八条 人民检察院在审查起诉中，发现可能存在刑事诉讼法第五十四条规定的以非法方法收集证据情形的，可以要求侦查机关对证据收集的合法性作出书面说明或者提供相关证明材料。

第三百七十九条 人民检察院公诉部门在审查中发现侦查人员以非法方法收集犯罪嫌疑人供述、被害人陈述、证人证言等证据材料的，应当依法排除非法证据并提出纠正意见，同时可以要求侦查机关另行指派侦查人员重新调查取证，必要时人民检察院也可以自行调查取证。

第三百八十条 人民检察院认为犯罪事实不清、证据不足或者遗漏罪行、遗漏同案犯罪嫌疑人等情形需要补充侦查的，应当提出具体的书面意见，连同案卷材料一并退回公安机关补充侦查；人民检察院也可以自行侦查，必要时可以要求公安机关提供协助。

第三百八十一条 人民检察院公诉部门对本院侦查部门移送审查起诉的案件审查后，认为犯罪事实不清、证据不足或者遗漏罪行、遗漏同案犯罪嫌疑人等情形需要补充侦查的，应当向侦查部门提出补充侦查的书面意见，连同案卷材料一并退回侦查部门补充侦查；必要时也可以自行侦查，可以要求侦查部门予以协助。

第三百八十二条 对于退回公安机关补充侦查的案件，应当在一个月以内补充侦查完毕。

补充侦查以二次为限。

补充侦查完毕移送审查起诉后,人民检察院重新计算审查起诉期限。

人民检察院公诉部门退回本院侦查部门补充侦查的期限、次数按照本条第一款至第三款的规定执行。

第三百八十三条 人民检察院在审查起诉中决定自行侦查的,应当在审查起诉期限内侦查完毕。

第三百八十四条 人民检察院对已经退回侦查机关二次补充侦查的案件,在审查起诉中又发现新的犯罪事实的,应当移送侦查机关立案侦查;对已经查清的犯罪事实,应当依法提起公诉。

第三百八十五条 对于在审查起诉期间改变管辖的案件,改变后的人民检察院对于符合刑事诉讼法第一百七十一条第二款规定的案件,可以通过原受理案件的人民检察院退回原侦查的公安机关补充侦查,也可以自行侦查。改变管辖前后退回补充侦查的次数总共不得超过二次。

第三百八十六条 人民检察院对于移送审查起诉的案件,应当在一个月以内作出决定;重大、复杂的案件,一个月以内不能作出决定的,经检察长批准,可以延长十五日。

人民检察院审查起诉的案件,改变管辖的,从改变后的人民检察院收到案件之日起计算审查起诉期限。

第三百八十七条 追缴的财物中,属于被害人的合法财产,不需要在法庭出示的,应当及时返还被害人,并由被害人在发还款物清单上签名或者盖章,注明返还的理由,并将清单、照片附卷。

第三百八十八条 追缴的财物中,属于违禁品或者不宜长期保存的物品,应当依照国家有关规定处理,并将清单、照片、处理结果附卷。

第三百八十九条 公诉部门办理案件,可以适用本规则规定的侦查措施和程序。

第二节 起 诉

第三百九十条 人民检察院对案件进行审查后,认为犯罪嫌疑人的犯罪事实已经查清,证据确实、充分,依法应当追究刑事责任的,应当作出起诉决定。

具有下列情形之一的,可以确认犯罪事实已经查清:

(一)属于单一罪行的案件,查清的事实足以定罪量刑或者与定罪量刑有关的事实已经查清,不影响定罪量刑的事实无法查清的;

(二)属于数个罪行的案件,部分罪行已经查清并符合起诉条件,其他罪行无法查清的;

(三)无法查清作案工具、赃物去向,但有其他证据足以对被告人定罪量刑的;

(四)证人证言、犯罪嫌疑人供述和辩解、被害人陈述的内容中主要情节一致,只有个别情节不一致且不影响定罪的。

对于符合第二项情形的,应当以已经查清的罪行起诉。

第三百九十一条 人民检察院在办理公安机关移送起诉的案件中,发现遗漏罪行或者依法应当移送审查起诉同案犯罪嫌疑人的，应当要求公安机关补充移送审查起诉；对于犯罪事实清楚，证据确实、充分的，人民检察院也可以直接提起公诉。

第三百九十二条　人民检察院立案侦查时认为属于直接立案侦查的案件，在审查起诉阶段发现不属于人民检察院管辖，案件事实清楚、证据确实充分，符合起诉条件的，可以直接起诉；事实不清、证据不足的，应当及时移送有管辖权的机关办理。

第三百九十三条　人民检察院决定起诉的，应当制作起诉书。

起诉书的主要内容包括：

（一）被告人的基本情况，包括姓名、性别、出生年月日、出生地和户籍地、身份证号码、民族、文化程度、职业、工作单位及职务、住址，是否受过刑事处分及处分的种类和时间，采取强制措施的情况等；如果是单位犯罪，应当写明犯罪单位的名称和组织机构代码、所在地址、联系方式，法定代表人和诉讼代表人的姓名、职务、联系方式；如果还有应当负刑事责任的直接负责的主管人员或其他直接责任人员，应当按上述被告人基本情况的内容叙写。

（二）案由和案件来源。

（三）案件事实，包括犯罪的时间、地点、经过、手段、动机、目的、危害后果等与定罪量刑有关的事实要素。起诉书叙述的指控犯罪事实的必备要素应当明晰、准确。被告人被控有多项犯罪事实的，应当逐一列举，对于犯罪手段相同的同一犯罪可以概括叙写。

（四）起诉的根据和理由，包括被告人触犯的刑法条款、犯罪的性质及认定的罪名、处罚条款、法定从轻、减轻或者从重处罚的情节，共同犯罪各被告人应负的罪责等。

被告人真实姓名、住址无法查清的，应当按其绰号或者自报的姓名、住址制作起诉书，并在起诉书中注明。被告人自报的姓名可能造成损害他人名誉、败坏道德风俗等不良影响的，可以对被告人编号并按编号制作起诉书，并附具被告人的照片，记明足以确定被告人面貌、体格、指纹以及其他反映被告人特征的事项。

起诉书应当附有被告人现在处所，证人、鉴定人、需要出庭的有专门知识的人的名单，需要保护的被害人、证人、鉴定人的名单，涉案款物情况，附带民事诉讼情况以及其他需要附注的情况。

证人、鉴定人、有专门知识的人的名单应当列明姓名、性别、年龄、职业、住址、联系方式，并注明证人、鉴定人是否出庭。

第三百九十四条　人民检察院提起公诉的案件，应当向人民法院移送起诉书、案卷材料和证据。

起诉书应当一式八份，每增加一名被告人增加起诉书五份。

关于被害人姓名、住址、联系方式、被告人被采取强制措施的种类、是否在案及羁押处所等问题，人民检察院应当在起诉书中列明，不再单独移送材料；对于涉及被害人隐私或者为保护证人、鉴定人、被害人人身安全，而不宜公开证人、鉴定人、被害人姓名、住址、工作单位和联系方式等个人信息，可以在起诉书中使用化名替代证人、鉴定人、被害人的个人信息，但是应当另行书面说明使用化名等情况，并标明密级。

第三百九十五条 人民检察院对于犯罪嫌疑人、被告人或者证人等翻供、翻证的材料以及对于犯罪嫌疑人、被告人有利的其他证据材料,应当移送人民法院。

第三百九十六条 人民法院向人民检察院提出书面意见要求补充移送材料,人民检察院认为有必要移送的,应当自收到通知之日起三日以内补送。

第三百九十七条 对提起公诉后,在人民法院宣告判决前补充收集的证据材料,人民检察院应当及时移送人民法院。

第三百九十八条 在审查起诉期间,人民检察院可以根据辩护人的申请,向公安机关调取在侦查期间收集的证明犯罪嫌疑人、被告人无罪或者罪轻的证据材料。

第三百九十九条 人民检察院对提起公诉的案件,可以向人民法院提出量刑建议。除有减轻处罚或者免除处罚情节外,量刑建议应当在法定量刑幅度内提出。建议判处有期徒刑、管制、拘役的,可以具有一定的幅度,也可以提出具体确定的建议。

第四百条 对提起公诉的案件提出量刑建议的,可以制作量刑建议书,与起诉书一并移送人民法院。

量刑建议书的主要内容应当包括被告人所犯罪行的法定刑、量刑情节、人民检察院建议人民法院对被告人处以刑罚的种类、刑罚幅度、可以适用的刑罚执行方式以及提出量刑建议的依据和理由等。

第三节 不 起 诉

第四百零一条 人民检察院对于公安机关移送审查起诉的案件,发现犯罪嫌疑人没有犯罪事实,或者符合刑事诉讼法第十五条规定的情形之一的,经检察长或者检察委员会决定,应当作出不起诉决定。

对于犯罪事实并非犯罪嫌疑人所为,需要重新侦查的,应当在作出不起诉决定后书面说明理由,将案卷材料退回公安机关并建议公安机关重新侦查。

第四百零二条 公诉部门对于本院侦查部门移送审查起诉的案件,发现具有本规则第四百零一条第一款规定情形的,应当退回本院侦查部门,建议作出撤销案件的处理。

第四百零三条 人民检察院对于二次退回补充侦查的案件,仍然认为证据不足,不符合起诉条件的,经检察长或者检察委员会决定,应当作出不起诉决定。

人民检察院对于经过一次退回补充侦查的案件,认为证据不足,不符合起诉条件,且没有退回补充侦查必要的,可以作出不起诉决定。

第四百零四条 具有下列情形之一,不能确定犯罪嫌疑人构成犯罪和需要追究刑事责任的,属于证据不足,不符合起诉条件:

(一)犯罪构成要件事实缺乏必要的证据予以证明的;

(二)据以定罪的证据存在疑问,无法查证属实的;

(三)据以定罪的证据之间、证据与案件事实之间的矛盾不能合理排除的;

(四)根据证据得出的结论具有其他可能性,不能排除合理怀疑的;

（五）根据证据认定案件事实不符合逻辑和经验法则，得出的结论明显不符合常理的。

第四百零五条　人民检察院根据刑事诉讼法第一百七十一条第四款规定决定不起诉的，在发现新的证据，符合起诉条件时，可以提起公诉。

第四百零六条　人民检察院对于犯罪情节轻微，依照刑法规定不需要判处刑罚或者免除刑罚的，经检察长或者检察委员会决定，可以作出不起诉决定。

第四百零七条　省级以下人民检察院办理直接受理立案侦查的案件，拟作不起诉决定的，应当报请上一级人民检察院批准。

第四百零八条　人民检察院决定不起诉的，应当制作不起诉决定书。

不起诉决定书的主要内容包括：

（一）被不起诉人的基本情况，包括姓名、性别、出生年月日、出生地和户籍地、身份证号码、民族、文化程度、职业、工作单位及职务、住址，是否受过刑事处分，采取强制措施的情况以及羁押处所等；如果是单位犯罪，应当写明犯罪单位的名称和组织机构代码、所在地址、联系方式，法定代表人和诉讼代表人的姓名、职务、联系方式；

（二）案由和案件来源；

（三）案件事实，包括否定或者指控被不起诉人构成犯罪的事实以及作为不起诉决定根据的事实；

（四）不起诉的法律根据和理由，写明作出不起诉决定适用的法律条款；

（五）查封、扣押、冻结的涉案款物的处理情况；

（六）有关告知事项。

第四百零九条　人民检察院决定不起诉的案件，可以根据案件的不同情况，对被不起诉人予以训诫或者责令具结悔过、赔礼道歉、赔偿损失。

对被不起诉人需要给予行政处罚、行政处分的，人民检察院应当提出检察意见，连同不起诉决定书一并移送有关主管机关处理，并要求有关主管机关及时通报处理情况。

第四百一十条　人民检察院决定不起诉的案件，对犯罪嫌疑人违法所得及其他涉案财产的处理，参照本规则第二百九十六条的规定办理。

第四百一十一条　人民检察院决定不起诉的案件，需要对侦查中查封、扣押、冻结的财物解除查封、扣押、冻结的，应当书面通知作出查封、扣押、冻结决定的机关或者执行查封、扣押、冻结决定的机关解除查封、扣押、冻结。

第四百一十二条　不起诉的决定，由人民检察院公开宣布。公开宣布不起诉决定的活动应当记录在案。

不起诉决定书自公开宣布之日起生效。

被不起诉人在押的，应当立即释放；被采取其他强制措施的，应当通知执行机关解除。

第四百一十三条　不起诉决定书应当送达被害人或者其近亲属及其诉讼代理人、被不起诉人及其辩护人以及被不起诉人的所在单位。送达时，应当告知被害人或者其近亲属及其诉讼代理人，如果对不起诉决定不服，可以自收到不起诉决定书后七日以内向上一级人民检察院申诉,也可以不经申诉,直接向人民法院起诉;告知被不起诉人,如果对不起诉决定不服,可以自收到不起诉决定书后七日以内向人民检察院申诉。

第四百一十四条 对于公安机关移送起诉的案件,人民检察院决定不起诉的,应当将不起诉决定书送达公安机关。

第四百一十五条 公安机关认为不起诉决定有错误,要求复议的,人民检察院公诉部门应当另行指定检察人员进行审查并提出审查意见,经公诉部门负责人审核,报请检察长或者检察委员会决定。

人民检察院应当在收到要求复议意见书后的三十日以内作出复议决定,通知公安机关。

第四百一十六条 上一级人民检察院收到公安机关对不起诉决定提请复核的意见书后,应当交由公诉部门办理。公诉部门指定检察人员进行审查并提出审查意见,经公诉部门负责人审核,报请检察长或者检察委员会决定。

上一级人民检察院应当在收到提请复核意见书后的三十日以内作出决定,制作复核决定书送交提请复核的公安机关和下级人民检察院。经复核改变下级人民检察院不起诉决定的,应当撤销或者变更下级人民检察院作出的不起诉决定,交由下级人民检察院执行。

第四百一十七条 被害人不服不起诉决定的,在收到不起诉决定书后七日以内申诉的,由作出不起诉决定的人民检察院的上一级人民检察院刑事申诉检察部门立案复查。

被害人向作出不起诉决定的人民检察院提出申诉的,作出决定的人民检察院应当将申诉材料连同案卷一并报送上一级人民检察院。

第四百一十八条 被害人不服不起诉决定,在收到不起诉决定书七日后提出申诉的,由作出不起诉决定的人民检察院刑事申诉检察部门审查后决定是否立案复查。

第四百一十九条 刑事申诉检察部门复查后应当提出复查意见,报请检察长作出复查决定。

复查决定书应当送达被害人、被不起诉人和作出不起诉决定的人民检察院。

上级人民检察院经复查作出起诉决定的,应当撤销下级人民检察院的不起诉决定,交由下级人民检察院提起公诉,并将复查决定抄送移送审查起诉的公安机关。出庭支持公诉由公诉部门办理。

第四百二十条 人民检察院收到人民法院受理被害人对被不起诉人起诉的通知后,人民检察院应当终止复查,将作出不起诉决定所依据的有关案件材料移送人民法院。

第四百二十一条 被不起诉人对不起诉决定不服,在收到不起诉决定书后七日以内提出申诉的,应当由作出决定的人民检察院刑事申诉检察部门立案复查。被不起诉人在收到不起诉决定书七日后提出申诉的,由刑事申诉检察部门审查后决定是否立案复查。

人民检察院刑事申诉检察部门复查后应当提出复查意见,认为应当维持不起诉决定的,报请检察长作出复查决定;认为应当变更不起诉决定的,报请检察长或者检察委员会决定;认为应当撤销不起诉决定提起公诉的,报请检察长或者检察委员会决定。

复查决定书中应当写明复查认定的事实,说明作出决定的理由。

复查决定书应当送达被不起诉人、被害人，撤销不起诉决定或者变更不起诉的事实或者法律根据的，应当同时将复查决定书抄送移送审查起诉的公安机关和本院有关部门。

人民检察院作出撤销不起诉决定提起公诉的复查决定后，应当将案件交由公诉部门提起公诉。

第四百二十二条　人民检察院复查不服不起诉决定的申诉，应当在立案三个月以内作出复查决定，案情复杂的，不得超过六个月。

第四百二十三条　被害人、被不起诉人对不起诉决定不服，提出申诉的，应当递交申诉书，写明申诉理由。被害人、被不起诉人没有书写能力的，也可以口头提出申诉，人民检察院应当根据其口头提出的申诉制作笔录。

第四百二十四条　人民检察院发现不起诉决定确有错误，符合起诉条件的，应当撤销不起诉决定，提起公诉。

第四百二十五条　最高人民检察院对地方各级人民检察院的起诉、不起诉决定，上级人民检察院对下级人民检察院的起诉、不起诉决定，发现确有错误的，应当予以撤销或者指令下级人民检察院纠正。

第十二章　出 席 法 庭

第一节　出席第一审法庭

第四百二十六条　提起公诉的案件，人民检察院应当派员以国家公诉人的身份出席第一审法庭，支持公诉。

公诉人应当由检察长、检察员或者经检察长批准代行检察员职务的助理检察员一人至数人担任，并配备书记员担任记录。

适用简易程序审理的公诉案件，可以不配备书记员担任记录。

第四百二十七条　对于提起公诉后改变管辖的案件，原提起公诉的人民检察院参照本规则第三百六十二条的规定将案件移送与审判管辖相对应的人民检察院。

接受移送的人民检察院重新对案件进行审查的，根据刑事诉讼法第一百六十九条第二款的规定自收到案件之日起计算审查起诉期限。

第四百二十八条　公诉人在人民法院决定开庭审判后，应当做好如下准备工作：

（一）进一步熟悉案情，掌握证据情况；

（二）深入研究与本案有关的法律政策问题；

（三）充实审判中可能涉及的专业知识；

（四）拟定讯问被告人、询问证人、鉴定人、有专门知识的人和宣读、出示、播放证据的计划并制定质证方案；

（五）对可能出现证据合法性争议的，拟定证明证据合法性的提纲并准备相关材料；

（六）拟定公诉意见，准备辩论提纲；

（七）需要对出庭证人等的保护向人民法院提出建议或者配合做好工作的，做好相关准备。

第四百二十九条 人民检察院在开庭审理前收到人民法院或者被告人及其辩护人、被害人、证人等送交的反映证据系非法取得的书面材料的，应当进行审查。对于审查逮捕、审查起诉期间已经提出并经查证不存在非法取证行为的，应当通知人民法院、有关当事人和辩护人，并按照查证的情况做好庭审准备。对于新的材料或者线索，可以要求侦查机关对证据收集的合法性进行说明或者提供相关证明材料，必要时可以自行调查核实。

第四百三十条 人民法院通知人民检察院派员参加庭前会议的，由出席法庭的公诉人参加，必要时配备书记员担任记录。

第四百三十一条 在庭前会议中，公诉人可以对案件管辖、回避、出庭证人、鉴定人、有专门知识的人的名单、辩护人提供的无罪证据、非法证据排除、不公开审理、延期审理、适用简易程序、庭审方案等与审判相关的问题提出和交换意见，了解辩护人收集的证据等情况。

对辩护人收集的证据有异议的，应当提出。

公诉人通过参加庭前会议，了解案件事实、证据和法律适用的争议和不同意见，解决有关程序问题，为参加法庭审理做好准备。

第四百三十二条 当事人、辩护人、诉讼代理人在庭前会议中提出证据系非法取得，人民法院认为可能存在以非法方法收集证据情形的，人民检察院可以对证据收集的合法性进行证明。需要调查核实的，在开庭审理前进行。

第四百三十三条 人民检察院提起公诉向人民法院移送全部案卷材料、证据后，在法庭审理过程中，公诉人需要出示、宣读、播放有关证据的，可以申请法庭出示、宣读、播放。

人民检察院基于出庭准备和庭审举证工作的需要，可以至迟在人民法院送达出庭通知书时取回有关案卷材料和证据。

取回案卷材料和证据后，辩护律师要求查阅案卷材料的，应当允许辩护律师在人民检察院查阅、摘抄、复制案卷材料。

第四百三十四条 公诉人在法庭上应当依法进行下列活动：

（一）宣读起诉书，代表国家指控犯罪，提请人民法院对被告人依法审判；

（二）讯问被告人；

（三）询问证人、被害人、鉴定人；

（四）申请法庭出示物证，宣读书证、未到庭证人的证言笔录、鉴定人的鉴定意见、勘验、检查、辨认、侦查实验等笔录和其他作为证据的文书，播放作为证据的视听资料、电子数据等；

（五）对证据采信、法律适用和案件情况发表意见，提出量刑建议及理由，针对被告人、辩护人的辩护意见进行答辩，全面阐述公诉意见；

（六）维护诉讼参与人的合法权利；

（七）对法庭审理案件有无违反法律规定的诉讼程序的情况记明笔录；

（八）依法从事其他诉讼活动。

第四百三十五条　在法庭审理中，公诉人应当客观、全面、公正地向法庭出示与定罪、量刑有关的证明被告人有罪、罪重或者罪轻的证据。

定罪证据与量刑证据需要分开的，应当分别出示。

第四百三十六条　公诉人讯问被告人，询问证人、被害人、鉴定人，出示物证，宣读书证、未出庭证人的证言笔录等应当围绕下列事实进行：

（一）被告人的身份；

（二）指控的犯罪事实是否存在，是否为被告人所实施；

（三）实施犯罪行为的时间、地点、方法、手段、结果，被告人犯罪后的表现等；

（四）犯罪集团或者其他共同犯罪案件中参与犯罪人员的各自地位和应负的责任；

（五）被告人有无刑事责任能力，有无故意或者过失，行为的动机、目的；

（六）有无依法不应当追究刑事责任的情况，有无法定的从重或者从轻、减轻以及免除处罚的情节；

（七）犯罪对象、作案工具的主要特征，与犯罪有关的财物的来源、数量以及去向；

（八）被告人全部或者部分否认起诉书指控的犯罪事实的，否认的根据和理由能否成立；

（九）与定罪、量刑有关的其他事实。

第四百三十七条　在法庭审理中，下列事实不必提出证据进行证明：

（一）为一般人共同知晓的常识性事实；

（二）人民法院生效裁判所确认的并且未依审判监督程序重新审理的事实；

（三）法律、法规的内容以及适用等属于审判人员履行职务所应当知晓的事实；

（四）在法庭审理中不存在异议的程序事实；

（五）法律规定的推定事实；

（六）自然规律或者定律。

第四百三十八条　讯问被告人、询问证人应当避免可能影响陈述或者证言客观真实的诱导性讯问、询问以及其他不当讯问、询问。

辩护人对被告人或者证人进行诱导性询问以及其他不当询问可能影响陈述或者证言的客观真实的，公诉人可以要求审判长制止或者要求对该项陈述或者证言不予采纳。

讯问共同犯罪案件的被告人、询问证人应当个别进行。

被告人、证人对同一事实的陈述存在矛盾需要对质的，公诉人可以建议法庭传唤有关被告人、证人同时到庭对质。

第四百三十九条　被告人在庭审中的陈述与在侦查、审查起诉中的供述一致或者不一致的内容不影响定罪量刑的，可以不宣读被告人供述笔录。

被告人在庭审中的陈述与在侦查、审查起诉中的供述不一致，足以影响定罪量刑的，可以宣读被告人供述笔录，并针对笔录中被告人的供述内容对被告人进行讯问，或者提出其他证据进行证明。

第四百四十条　公诉人对证人证言有异议，且该证人证言对案件定罪量刑有重大影响的，可以申请人民法院通知证人出庭作证。

人民警察就其执行职务时目击的犯罪情况作为证人出庭作证，适用前款规定。

公诉人对鉴定意见有异议的，可以申请人民法院通知鉴定人出庭作证。经人民法院通知，鉴定人拒不出庭作证的，公诉人可以建议法庭不得采纳该鉴定意见作为定案的根据，也可以申请法庭重新通知鉴定人出庭作证或者申请重新鉴定。

必要时公诉人可以申请法庭通知有专门知识的人出庭，就鉴定人作出的鉴定意见提出意见。

当事人或者辩护人、诉讼代理人对证人证言、鉴定意见有异议的，公诉人认为必要时，可以申请人民法院通知证人、鉴定人出庭作证。

第四百四十一条 证人应当由人民法院通知并负责安排出庭作证。

对于经人民法院通知而未到庭的证人或者出庭后拒绝作证的证人的证言笔录，公诉人应当当庭宣读。

对于经人民法院通知而未到庭的证人的证言笔录存在疑问、确实需要证人出庭作证，且可以强制其到庭的，公诉人应当建议人民法院强制证人到庭作证和接受质证。

第四百四十二条 证人在法庭上提供证言，公诉人应当按照审判长确定的顺序向证人发问。公诉人可以要求证人就其所了解的与案件有关的事实进行陈述，也可以直接发问。

证人不能连贯陈述的，公诉人也可以直接发问。

对证人发问，应当针对证言中有遗漏、矛盾、模糊不清和有争议的内容，并着重围绕与定罪量刑紧密相关的事实进行。

发问应当采取一问一答形式，提问应当简洁、清楚。

证人进行虚假陈述的，应当通过发问澄清事实，必要时还应当宣读证人在侦查、审查起诉阶段提供的证言笔录或者出示、宣读其他证据对证人进行询问。

当事人和辩护人、诉讼代理人对证人发问后，公诉人可以根据证人回答的情况，经审判长许可，再次对证人发问。

询问鉴定人、有专门知识的人参照上述规定进行。

第四百四十三条 必要时公诉人可以建议法庭采取不暴露证人、鉴定人、被害人外貌、真实声音等出庭作证措施，或者建议法庭根据刑事诉讼法第一百五十二条的规定在庭外对证据进行核实。

第四百四十四条 对于鉴定意见、勘验、检查、辨认、侦查实验等笔录和其他作为证据的文书以及经法院通知未到庭的被害人的陈述笔录，公诉人应当当庭宣读。

第四百四十五条 公诉人向法庭出示物证，应当对该物证所要证明的内容、获取情况作概括的说明，并向当事人、证人等问明物证的主要特征，让其辨认。

宣读书证应当对书证所要证明的内容、获取情况作概括的说明，向当事人、证人问明书证的主要特征，并让其辨认。对该书证进行鉴定的，应当宣读鉴定意见。

第四百四十六条 在法庭审理过程中，被告人及其辩护人提出被告人庭前供述系非法取得，审判人员认为需要进行法庭调查的，公诉人可以根据讯问笔录、羁押记录、出入看守所的健康检查记录、看守管教人员的谈话记录以及侦查机关对讯问过程合法性的说明等，对庭前讯问被告人的合法性进行证明，可以要求法庭播放讯问录音、录像，必要时可以申请法庭通知侦查人员或者其他人员出庭说明情况。

审判人员认为可能存在刑事诉讼法第五十四条规定的以非法方法收集其他证据的情形，需要进行法庭调查的，公诉人可以参照前款规定对证据收集的合法性进行证明。

公诉人不能当庭证明证据收集的合法性，需要调查核实的，可以建议法庭休庭或者延期审理。

在法庭审理期间，人民检察院可以要求侦查机关对证据收集的合法性进行说明或者提供相关证明材料，必要时可以自行调查核实。

第四百四十七条 公诉人对证据收集的合法性进行证明后，法庭仍有疑问的，可以建议法庭休庭，由人民法院对相关证据进行调查核实。人民法院调查核实证据，通知人民检察院派员到场的，人民检察院可以派员到场。

第四百四十八条 在法庭审理过程中，对证据合法性以外的其他程序事实存在争议的，公诉人应当出示、宣读有关诉讼文书、侦查或者审查起诉活动笔录。

第四百四十九条 对于搜查、查封、扣押、冻结、勘验、检查、辨认、侦查实验等侦查活动中形成的笔录存在争议，需要负责侦查的人员以及搜查、查封、扣押、冻结、勘验、检查、辨认、侦查实验等活动的见证人出庭陈述有关情况的，公诉人可以建议合议庭通知其出庭。

第四百五十条 在法庭审理过程中，合议庭对证据有疑问或者人民法院根据辩护人、被告人的申请，向人民检察院调取在侦查、审查起诉中收集的有关被告人无罪或者罪轻的证据材料的，人民检察院应当自收到人民法院要求调取证据材料决定书后三日以内移交。没有上述材料的，应当向人民法院说明情况。

第四百五十一条 在法庭审理过程中，合议庭对证据有疑问并在休庭后进行勘验、检查、查封、扣押、鉴定和查询、冻结的，人民检察院应当依法进行监督，发现上述活动有违法情况的，应当提出纠正意见。

第四百五十二条 人民法院根据申请收集、调取的证据或者合议庭休庭后自行调查取得的证据，应当经过庭审出示、质证才能决定是否作为判决的依据。未经庭审出示、质证直接采纳为判决依据的，人民检察院应当提出纠正意见；作出的判决确有错误的，应当依法提出抗诉。

第四百五十三条 在法庭审理过程中，经审判长许可，公诉人可以逐一对正在调查的证据和案件情况发表意见，并同被告人、辩护人进行辩论。证据调查结束时，公诉人应当发表总结性意见。

在法庭辩论中，公诉人与被害人、诉讼代理人意见不一致的，公诉人应当认真听取被害人、诉讼代理人的意见，阐明自己的意见和理由。

第四百五十四条 人民检察院向人民法院提出量刑建议的，公诉人应当在发表公诉意见时提出。

第四百五十五条　法庭审判过程中遇有下列情形之一的，公诉人可以建议法庭延期审理：

（一）发现事实不清、证据不足，或者遗漏罪行、遗漏同案犯罪嫌疑人，需要补充侦查或者补充提供证据的；

（二）被告人揭发他人犯罪行为或者提供重要线索，需要补充侦查进行查证的；

（三）发现遗漏罪行或者遗漏同案犯罪嫌疑人，虽不需要补充侦查和补充提供证据，但需要补充、追加或者变更起诉的；

（四）申请人民法院通知证人、鉴定人出庭作证或者有专门知识的人出庭提出意见的；

（五）需要调取新的证据，重新鉴定或者勘验的；

（六）公诉人出示、宣读开庭前移送人民法院的证据以外的证据，或者补充、变更起诉，需要给予被告人、辩护人必要时间进行辩护准备的；

（七）被告人、辩护人向法庭出示公诉人不掌握的与定罪量刑有关的证据，需要调查核实的；

（八）公诉人对证据收集的合法性进行证明，需要调查核实的。

在人民法院开庭审理前发现具有上述情形之一的，人民检察院可以建议人民法院延期审理。

第四百五十六条　法庭宣布延期审理后，人民检察院应当在补充侦查的期限内提请人民法院恢复法庭审理或者撤回起诉。

公诉人在法庭审理过程中建议延期审理的次数不得超过两次，每次不得超过一个月。

第四百五十七条　在审判过程中，对于需要补充提供法庭审判所必需的证据或者补充侦查的，人民检察院应当自行收集证据和进行侦查，必要时可以要求侦查机关提供协助；也可以书面要求侦查机关补充提供证据。

人民检察院补充侦查，适用本规则第六章、第九章、第十章的规定。

补充侦查不得超过一个月。

第四百五十八条　在人民法院宣告判决前，人民检察院发现被告人的真实身份或者犯罪事实与起诉书中叙述的身份或者指控犯罪事实不符的，或者事实、证据没有变化，但罪名、适用法律与起诉书不一致的，可以变更起诉；发现遗漏的同案犯罪嫌疑人或者罪行可以一并起诉和审理的，可以追加、补充起诉。

第四百五十九条　在人民法院宣告判决前，人民检察院发现具有下列情形之一的，可以撤回起诉：

（一）不存在犯罪事实的；

（二）犯罪事实并非被告人所为的；

（三）情节显著轻微、危害不大，不认为是犯罪的；

（四）证据不足或证据发生变化，不符合起诉条件的；

（五）被告人因未达到刑事责任年龄，不负刑事责任的；

（六）法律、司法解释发生变化导致不应当追究被告人刑事责任的；

（七）其他不应当追究被告人刑事责任的。

对于撤回起诉的案件，人民检察院应当在撤回起诉后三十日以内作出不起诉决定。需要重新侦查的，应当在作出不起诉决定后将案卷材料退回公安机关，建议公安机关重新侦查并书面说明理由。

对于撤回起诉的案件，没有新的事实或者新的证据，人民检察院不得再行起诉。

新的事实是指原起诉书中未指控的犯罪事实。该犯罪事实触犯的罪名既可以是原指控罪名的同一罪名，也可以是其他罪名。

新的证据是指撤回起诉后收集、调取的足以证明原指控犯罪事实的证据。

第四百六十条 在法庭审理过程中，人民法院建议人民检察院补充侦查、补充起诉、追加起诉或者变更起诉的，人民检察院应当审查有关理由，并作出是否补充侦查、补充起诉、追加起诉或者变更起诉的决定。人民检察院不同意的，可以要求人民法院就起诉指控的犯罪事实依法作出裁判。

第四百六十一条 变更、追加、补充或者撤回起诉应当报经检察长或者检察委员会决定，并以书面方式在人民法院宣告判决前向人民法院提出。

第四百六十二条 出庭的书记员应当制作出庭笔录，详细记载庭审的时间、地点、参加人员、公诉人出庭执行任务情况和法庭调查、法庭辩论的主要内容以及法庭判决结果，由公诉人和书记员签名。

第四百六十三条 人民检察院应当当庭向人民法院移交取回的案卷材料和证据。在审判长宣布休庭后，公诉人应当与审判人员办理交接手续。无法当庭移交的，应当在休庭后三日以内移交。

第四百六十四条 人民检察院对查封、扣押、冻结的被告人财物及其孳息，应当根据不同情况作以下处理：

（一）对作为证据使用的实物，应当依法随案移送；对不宜移送的，应当将其清单、照片或者其他证明文件随案移送。

（二）冻结在金融机构的违法所得及其他涉案财产，应当向人民法院随案移送该金融机构出具的证明文件，待人民法院作出生效判决、裁定后，由人民法院通知该金融机构上缴国库。

（三）查封、扣押的涉案财产，对依法不移送的，应当随案移送清单、照片或者其他证明文件，待人民法院作出生效判决、裁定后，由人民检察院根据人民法院的通知上缴国库，并向人民法院送交执行回单。

（四）对于被扣押、冻结的债券、股票、基金份额等财产，在扣押、冻结期间权利人申请出售的，参照本规则第二百四十四条的规定办理。

第二节　简易程序

第四百六十五条　人民检察院对于基层人民法院管辖的案件，符合下列条件的，可以建议人民法院适用简易程序审理：

（一）案件事实清楚、证据充分的；

（二）犯罪嫌疑人承认自己所犯罪行，对指控的犯罪事实没有异议的；

（三）犯罪嫌疑人对适用简易程序没有异议的。

办案人员认为可以建议适用简易程序的，应当在审查报告中提出适用简易程序的意见，按照提起公诉的审批程序报请决定。

第四百六十六条　具有下列情形之一的，人民检察院不应当建议人民法院适用简易程序：

（一）犯罪嫌疑人是盲、聋、哑人，或者是尚未完全丧失辨认或者控制自己行为能力的精神病人的；

（二）有重大社会影响的；

（三）共同犯罪案件中部分犯罪嫌疑人不认罪或者对适用简易程序有异议的；

（四）比较复杂的共同犯罪案件；

（五）辩护人作无罪辩护或者对主要犯罪事实有异议的；

（六）其他不宜适用简易程序的。

人民法院决定适用简易程序审理的案件，人民检察院认为具有刑事诉讼法第二百零九条规定情形之一的，应当向人民法院提出纠正意见；具有其他不宜适用简易程序情形的，人民检察院可以建议人民法院不适用简易程序。

第四百六十七条　基层人民检察院审查案件，认为案件事实清楚、证据充分的，应当在讯问犯罪嫌疑人时，了解其是否承认自己所犯罪行，对指控的犯罪事实有无异议，告知其适用简易程序的法律规定，确认其是否同意适用简易程序。

第四百六十八条　适用简易程序审理的公诉案件，人民检察院应当派员出席法庭。

人民检察院可以对适用简易程序的案件相对集中提起公诉，建议人民法院相对集中审理。

第四百六十九条　公诉人出席简易程序法庭时，应当主要围绕量刑以及其他有争议的问题进行法庭调查和法庭辩论。在确认被告人庭前收到起诉书并对起诉书指控的犯罪事实没有异议后，可以简化宣读起诉书，根据案件情况决定是否讯问被告人，是否询问证人、鉴定人，是否需要出示证据。

根据案件情况，公诉人可以建议法庭简化法庭调查和法庭辩论程序。

第四百七十条　适用简易程序审理的公诉案件，公诉人发现不宜适用简易程序审理的，应当建议法庭按照第一审普通程序重新审理。

第四百七十一条　转为普通程序审理的案件，公诉人需要为出席法庭进行准备的，可以建议人民法院延期审理。

第三节 出席第二审法庭

第四百七十二条 对提出抗诉的案件或者公诉案件中人民法院决定开庭审理的上诉案件,同级人民检察院应当派员出席第二审法庭。

第四百七十三条 检察人员出席第二审法庭的任务是:

(一)支持抗诉或者听取上诉意见,对原审人民法院作出的错误判决或者裁定提出纠正意见;

(二)维护原审人民法院正确的判决或者裁定,建议法庭维持原判;

(三)维护诉讼参与人的合法权利;

(四)对法庭审理案件有无违反法律规定的诉讼程序的情况制作笔录;

(五)依法从事其他诉讼活动。

第四百七十四条 对抗诉和上诉案件,与第二审人民法院同级的人民检察院可以调取下级人民检察院与案件有关的材料。

人民检察院在接到第二审人民法院决定开庭、查阅案卷通知后,可以查阅或者调阅案卷材料,查阅或者调阅案卷材料应当在接到人民法院的通知之日起一个月以内完成。在一个月以内无法完成的,可以商请人民法院延期审理。

第四百七十五条 检察人员应当客观全面地审查原审案卷材料,不受上诉或者抗诉范围的限制,审查原审判决认定案件事实、适用法律是否正确,证据是否确实、充分,量刑是否适当,审判活动是否合法,并应当审查下级人民检察院的抗诉书或者上诉人的上诉书,了解抗诉或者上诉的理由是否正确、充分,重点审查有争议的案件事实、证据和法律适用问题,有针对性地做好庭审准备工作。

第四百七十六条 检察人员在审查第一审案卷材料时,应当复核主要证据,可以讯问原审被告人,必要时可以补充收集证据、重新鉴定或者补充鉴定。需要原侦查机关补充收集证据的,可以要求原侦查机关补充收集。被告人、辩护人提出被告人自首、立功等可能影响定罪量刑的材料和线索的,人民检察院可以依照管辖规定交侦查机关调查核实,也可以自行调查核实。发现遗漏罪行或者同案犯罪嫌疑人的,应当建议侦查机关侦查。

对于下列原审被告人,应当进行讯问:

(一)提出上诉的;

(二)人民检察院提出抗诉的;

(三)被判处无期徒刑以上刑罚的。

第四百七十七条 人民检察院办理死刑上诉、抗诉案件,应当进行下列工作:

(一)讯问原审被告人,听取原审被告人的上诉理由或者辩解;

(二)必要时听取辩护人的意见;

(三)复核主要证据,必要时询问证人;

（四）必要时补充收集证据；

（五）对鉴定意见有疑问的，可以重新鉴定或者补充鉴定；

（六）根据案件情况，可以听取被害人的意见。

第四百七十八条 检察人员出席第二审法庭前，应当制作讯问被告人，询问被害人、证人、鉴定人和出示、宣读、播放证据计划，拟写答辩提纲，并制作出庭意见。

第四百七十九条 在法庭审理中，检察人员应当针对原审判决或者裁定认定事实或适用法律、量刑等方面的问题，围绕抗诉或者上诉理由以及辩护人的辩护意见，讯问被告人，询问被害人、证人、鉴定人，出示和宣读证据，并提出意见和进行辩论。

第四百八十条 需要出示、宣读、播放第一审期间已移交人民法院的证据的，出庭的检察人员可以申请法庭出示、宣读、播放。

在第二审法庭中需要移送证据材料的，参照本规则第四百六十三条的规定办理。

第四节 出席再审法庭

第四百八十一条 人民法院开庭审理再审案件，同级人民检察院应当派员出席法庭。

第四百八十二条 人民检察院对于人民法院按照审判监督程序重新审判的案件，应当对原判决、裁定认定的事实、证据、适用法律进行全面审查，重点审查有争议的案件事实、证据和法律适用问题。

第四百八十三条 人民检察院派员出席再审法庭，如果再审案件按照第一审程序审理，参照本章第一节有关规定执行；如果再审案件按照第二审程序审理，参照本章第三节有关规定执行。

第十三章 特 别 程 序

第一节 未成年人刑事案件诉讼程序

第四百八十四条 人民检察院应当指定熟悉未成年人身心特点的检察人员办理未成年人刑事案件。

第四百八十五条 人民检察院受理案件后，应当向未成年犯罪嫌疑人及其法定代理人了解其委托辩护人的情况，并告知其有权委托辩护人。

未成年犯罪嫌疑人没有委托辩护人的，人民检察院应当书面通知法律援助机构指派律师为其提供辩护。

第四百八十六条 人民检察院根据情况可以对未成年犯罪嫌疑人的成长经历、犯罪原因、监护教育等情况进行调查，并制作社会调查报告，作为办案和教育的参考。

人民检察院开展社会调查，可以委托有关组织和机构进行。

人民检察院应当对公安机关移送的社会调查报告进行审查，必要时可以进行补充调查。

人民检察院制作的社会调查报告应当随案移送人民法院。

第四百八十七条 人民检察院办理未成年犯罪嫌疑人审查逮捕案件，应当根据未成年犯罪嫌疑人涉嫌犯罪的事实、主观恶性、有无监护与社会帮教条件等，综合衡量其社会危险性，严格限制适用逮捕措施。

第四百八十八条　对于罪行较轻，具备有效监护条件或者社会帮教措施，没有社会危险性或者社会危险性较小，不逮捕不致妨害诉讼正常进行的未成年犯罪嫌疑人，应当不批准逮捕。

对于罪行比较严重，但主观恶性不大，有悔罪表现，具备有效监护条件或者社会帮教措施，具有下列情形之一，不逮捕不致妨害诉讼正常进行的未成年犯罪嫌疑人，可以不批准逮捕：

（一）初次犯罪、过失犯罪的；

（二）犯罪预备、中止、未遂的；

（三）有自首或者立功表现的；

（四）犯罪后如实交代罪行，真诚悔罪，积极退赃，尽力减少和赔偿损失，被害人谅解的；

（五）不属于共同犯罪的主犯或者集团犯罪中的首要分子的；

（六）属于已满十四周岁不满十六周岁的未成年人或者系在校学生的；

（七）其他可以不批准逮捕的情形。

第四百八十九条　审查逮捕未成年犯罪嫌疑人，应当重点查清其是否已满十四、十六、十八周岁。

对犯罪嫌疑人实际年龄难以判断，影响对该犯罪嫌疑人是否应当负刑事责任认定的，应当不批准逮捕。需要补充侦查的，同时通知公安机关。

第四百九十条　在审查逮捕、审查起诉中，人民检察院应当讯问未成年犯罪嫌疑人，听取辩护人的意见，并制作笔录附卷。

讯问未成年犯罪嫌疑人，应当通知其法定代理人到场，告知法定代理人依法享有的诉讼权利和应当履行的义务。无法通知、法定代理人不能到场或者法定代理人是共犯的，也可以通知未成年犯罪嫌疑人的其他成年亲属，所在学校、单位或者居住地的村民委员会、居民委员会、未成年人保护组织的代表到场，并将有关情况记录在案。到场的法定代理人可以代为行使未成年犯罪嫌疑人的诉讼权利，行使时不得侵犯未成年犯罪嫌疑人的合法权益。

到场的法定代理人或者其他人员认为办案人员在讯问中侵犯未成年犯罪嫌疑人合法权益的，可以提出意见。讯问笔录应当交由到场的法定代理人或者其他人员阅读或者向其宣读，并由其在笔录上签字、盖章或者捺指印确认。

讯问女性未成年犯罪嫌疑人，应当有女性检察人员参加。

询问未成年被害人、证人，适用本条第二款至第四款的规定。

第四百九十一条　讯问未成年犯罪嫌疑人一般不得使用械具。对于确有人身危险性，必须使用械具的，在现实危险消除后，应当立即停止使用。

第四百九十二条　对于符合刑事诉讼法第二百七十一条第一款规定条件的未成年人刑事案件，人民检察院可以作出附条件不起诉的决定。

人民检察院在作出附条件不起诉的决定以前，应当听取公安机关、被害人、未成年犯罪嫌疑人的法定代理人、辩护人的意见，并制作笔录附卷。

第四百九十三条 人民检察院作出附条件不起诉的决定后，应当制作附条件不起诉决定书，并在三日以内送达公安机关、被害人或者其近亲属及其诉讼代理人、未成年犯罪嫌疑人及其法定代理人、辩护人。

人民检察院应当当面向未成年犯罪嫌疑人及其法定代理人宣布附条件不起诉决定，告知考验期限、在考验期内应当遵守的规定以及违反规定应负的法律责任，并制作笔录附卷。

第四百九十四条 对附条件不起诉的决定，公安机关要求复议、提请复核或者被害人申诉的，具体程序参照本规则第四百一十五条至第四百二十条的规定办理。

上述复议、复核、申诉的审查由公诉部门或者未成年人犯罪检察工作机构负责。

未成年犯罪嫌疑人及其法定代理人对人民检察院决定附条件不起诉有异议的，人民检察院应当作出起诉的决定。

第四百九十五条 人民检察院作出附条件不起诉决定的，应当确定考验期。考验期为六个月以上一年以下，从人民检察院作出附条件不起诉的决定之日起计算。

第四百九十六条 在附条件不起诉的考验期内，由人民检察院对被附条件不起诉的未成年犯罪嫌疑人进行监督考察。未成年犯罪嫌疑人的监护人，应当对未成年犯罪嫌疑人加强管教，配合人民检察院做好监督考察工作。

人民检察院可以会同未成年犯罪嫌疑人的监护人、所在学校、单位、居住地的村民委员会、居民委员会、未成年人保护组织等的有关人员，定期对未成年犯罪嫌疑人进行考察、教育，实施跟踪帮教。

第四百九十七条 被附条件不起诉的未成年犯罪嫌疑人，应当遵守下列规定：

（一）遵守法律法规，服从监督；

（二）按照考察机关的规定报告自己的活动情况；

（三）离开所居住的市、县或者迁居，应当报经考察机关批准；

（四）按照考察机关的要求接受矫治和教育。

第四百九十八条 人民检察院可以要求被附条件不起诉的未成年犯罪嫌疑人接受下列矫治和教育：

（一）完成戒瘾治疗、心理辅导或者其他适当的处遇措施；

（二）向社区或者公益团体提供公益劳动；

（三）不得进入特定场所，与特定的人员会见或者通信，从事特定的活动；

（四）向被害人赔偿损失、赔礼道歉等；

（五）接受相关教育；

（六）遵守其他保护被害人安全以及预防再犯的禁止性规定。

第四百九十九条 考验期届满，办案人员应当制作附条件不起诉考察意见书，提出起诉或者不起诉的意见，经部门负责人审核，报请检察长决定。

第五百条　被附条件不起诉的未成年犯罪嫌疑人，在考验期内有下列情形之一的，人民检察院应当撤销附条件不起诉的决定，提起公诉：

（一）实施新的犯罪的；

（二）发现决定附条件不起诉以前还有其他犯罪需要追诉的；

（三）违反治安管理规定，造成严重后果，或者多次违反治安管理规定的；

（四）违反考察机关有关附条件不起诉的监督管理规定，造成严重后果，或者多次违反考察机关有关附条件不起诉的监督管理规定的。

第五百零一条　被附条件不起诉的未成年犯罪嫌疑人，在考验期内没有本规则第五百条规定的情形，考验期满的，人民检察院应当作出不起诉的决定。

第五百零二条　人民检察院办理未成年人刑事案件过程中，应当对涉案未成年人的资料予以保密，不得公开或者传播涉案未成年人的姓名、住所、照片、图像及可能推断出该未成年人的其他资料。

第五百零三条　犯罪的时候不满十八周岁，被判处五年有期徒刑以下刑罚的，人民检察院应当在收到人民法院生效判决后，对犯罪记录予以封存。

第五百零四条　人民检察院应当将拟封存的未成年人犯罪记录、卷宗等相关材料装订成册，加密保存，不予公开，并建立专门的未成年人犯罪档案库，执行严格的保管制度。

第五百零五条　除司法机关为办案需要或者有关单位根据国家规定进行查询的以外，人民检察院不得向任何单位和个人提供封存的犯罪记录，并不得提供未成年人有犯罪记录的证明。

司法机关或者有关单位需要查询犯罪记录的，应当向封存犯罪记录的人民检察院提出书面申请，人民检察院应当在七日以内作出是否许可的决定。

第五百零六条　被封存犯罪记录的未成年人，如果发现漏罪，且漏罪与封存记录之罪数罪并罚后被决定执行五年有期徒刑以上刑罚的，应当对其犯罪记录解除封存。

第五百零七条　人民检察院对未成年犯罪嫌疑人作出不起诉决定后，应当对相关记录予以封存。具体程序参照本规则第五百零四条至第五百零六条的规定。

第五百零八条　本节所称未成年人刑事案件，是指犯罪嫌疑人实施涉嫌犯罪行为时已满十四周岁、未满十八周岁的刑事案件。

本节第四百八十五条、第四百九十条、第四百九十一条所称的未成年犯罪嫌疑人，是指在诉讼过程中未满十八周岁的人。犯罪嫌疑人实施涉嫌犯罪行为时未满十八周岁，在诉讼过程中已满十八周岁的，人民检察院可以根据案件的具体情况适用上述规定。

第五百零九条　办理未成年人刑事案件，除本节已有规定的以外，按照刑事诉讼法和其他有关规定进行。

第二节　当事人和解的公诉案件诉讼程序

第五百一十条　下列公诉案件，双方当事人可以和解：

(一)因民间纠纷引起,涉嫌刑法分则第四章、第五章规定的犯罪案件,可能判处三年有期徒刑以下刑罚的;

(二)除渎职犯罪以外的可能判处七年有期徒刑以下刑罚的过失犯罪案件。

上述公诉案件应当同时符合下列条件:

(一)犯罪嫌疑人真诚悔罪,向被害人赔偿损失、赔礼道歉等;

(二)被害人明确表示对犯罪嫌疑人予以谅解;

(三)双方当事人自愿和解,符合有关法律规定;

(四)属于侵害特定被害人的故意犯罪或者有直接被害人的过失犯罪;

(五)案件事实清楚,证据确实、充分。

犯罪嫌疑人在五年以内曾经故意犯罪的,不适用本节规定的程序。

犯罪嫌疑人在犯刑事诉讼法第二百七十七条第一款规定的犯罪前五年内曾故意犯罪,无论该故意犯罪是否已经追究,均应当认定为前款规定的五年以内曾经故意犯罪。

第五百一十一条 被害人死亡的,其法定代理人、近亲属可以与犯罪嫌疑人和解。

被害人系无行为能力或者限制行为能力人的,其法定代理人可以代为和解。

第五百一十二条 犯罪嫌疑人系限制行为能力人的,其法定代理人可以代为和解。

犯罪嫌疑人在押的,经犯罪嫌疑人同意,其法定代理人、近亲属可以代为和解。

第五百一十三条 双方当事人可以就赔偿损失、赔礼道歉等民事责任事项进行和解,并且可以就被害人及其法定代理人或者近亲属是否要求或者同意公安机关、人民检察院、人民法院对犯罪嫌疑人依法从宽处理进行协商,但不得对案件的事实认定、证据采信、法律适用和定罪量刑等依法属于公安机关、人民检察院、人民法院职权范围的事宜进行协商。

第五百一十四条 双方当事人可以自行达成和解,也可以经人民调解委员会、村民委员会、居民委员会、当事人所在单位或者同事、亲友等组织或者个人调解后达成和解。

人民检察院对于本规则第五百一十条规定的公诉案件,可以建议当事人进行和解,并告知相应的权利义务,必要时可以提供法律咨询。

第五百一十五条 人民检察院应当对和解的自愿性、合法性进行审查,重点审查以下内容:

(一)双方当事人是否自愿和解;

(二)犯罪嫌疑人是否真诚悔罪,是否向被害人赔礼道歉,经济赔偿数额与其所造成的损害和赔偿能力是否相适应;

(三)被害人及其法定代理人或者近亲属是否明确表示对犯罪嫌疑人予以谅解;

(四)是否符合法律规定;

(五)是否损害国家、集体和社会公共利益或者他人的合法权益;

(六)是否符合社会公德。

审查时,应当听取双方当事人和其他有关人员对和解的意见,告知刑事案件可能从宽处理的法律后果和双方的权利义务,并制作笔录附卷。

第五百一十六条 经审查认为双方自愿和解，内容合法，且符合本规则第五百一十条规定的范围和条件的，人民检察院应当主持制作和解协议书。

和解协议书的主要内容包括：

（一）双方当事人的基本情况；

（二）案件的主要事实；

（三）犯罪嫌疑人真诚悔罪，承认自己所犯罪行，对指控的犯罪没有异议，向被害人赔偿损失、赔礼道歉等；赔偿损失的，应当写明赔偿的数额、履行的方式、期限等；

（四）被害人及其法定代理人或者近亲属对犯罪嫌疑人予以谅解，并要求或者同意公安机关、人民检察院、人民法院对犯罪嫌疑人依法从宽处理。

和解协议书应当由双方当事人签字，可以写明和解协议书系在人民检察院主持下制作。检察人员不在当事人和解协议书上签字，也不加盖人民检察院印章。

和解协议书一式三份，双方当事人各持一份，另一份交人民检察院附卷备查。

第五百一十七条 和解协议书约定的赔偿损失内容，应当在双方签署协议后立即履行，至迟在人民检察院作出从宽处理决定前履行。确实难以一次性履行的，在被害人同意并提供有效担保的情况下，也可以分期履行。

第五百一十八条 双方当事人在侦查阶段达成和解协议，公安机关向人民检察院提出从宽处理建议的，人民检察院在审查逮捕和审查起诉时应当充分考虑公安机关的建议。

第五百一十九条 人民检察院对于公安机关提请批准逮捕的案件，双方当事人达成和解协议的，可以作为有无社会危险性或者社会危险性大小的因素予以考虑，经审查认为不需要逮捕的，可以作出不批准逮捕的决定；在审查起诉阶段可以依法变更强制措施。

第五百二十条 人民检察院对于公安机关移送审查起诉的案件，双方当事人达成和解协议的，可以作为是否需要判处刑罚或者免除刑罚的因素予以考虑，符合法律规定的不起诉条件的，可以决定不起诉。

对于依法应当提起公诉的，人民检察院可以向人民法院提出从宽处罚的量刑建议。

第五百二十一条 人民检察院拟对当事人达成和解的公诉案件作出不起诉决定的，应当听取双方当事人对和解的意见，并且查明犯罪嫌疑人是否已经切实履行和解协议、不能即时履行的是否已经提供有效担保，将其作为是否决定不起诉的因素予以考虑。

当事人在不起诉决定作出之前反悔的，可以另行达成和解。不能另行达成和解的，人民检察院应当依法作出起诉或者不起诉决定。

当事人在不起诉决定作出之后反悔的，人民检察院不撤销原决定，但有证据证明和解违反自愿、合法原则的除外。

第五百二十二条 犯罪嫌疑人或者其亲友等以暴力、威胁、欺骗或者其他非法方法强迫、引诱被害人和解，或者在协议履行完毕之后威胁、报复被害人的，应当认定和解协议无效。已经作出不批准逮捕或者不起诉决定的，人民检察院根据案件情况可以撤销原决定，对犯罪嫌疑人批准逮捕或者提起公诉。

第三节 犯罪嫌疑人、被告人逃匿、死亡案件违法所得的没收程序

第五百二十三条 对于贪污贿赂犯罪、恐怖活动犯罪等重大犯罪案件,犯罪嫌疑人、被告人逃匿,在通缉一年后不能到案,依照刑法规定应当追缴其违法所得及其他涉案财产的,人民检察院可以向人民法院提出没收违法所得的申请。

对于犯罪嫌疑人、被告人死亡,依照刑法规定应当追缴其违法所得及其他涉案财产的,人民检察院也可以向人民法院提出没收违法所得的申请。

犯罪嫌疑人实施犯罪行为所取得的财物及其孳息以及犯罪嫌疑人非法持有的违禁品、供犯罪所用的本人财物,应当认定为前两款规定的违法所得及其他涉案财产。

第五百二十四条 人民检察院审查侦查机关移送的没收违法所得意见书,向人民法院提出没收违法所得的申请以及对违法所得没收程序中调查活动、审判活动的监督,由公诉部门办理。

第五百二十五条 没收违法所得的申请,应当由与有管辖权的中级人民法院相对应的人民检察院提出。

第五百二十六条 人民检察院向人民法院提出没收违法所得的申请,应当制作没收违法所得申请书。没收违法所得申请书的主要内容包括:

(一)犯罪嫌疑人、被告人的基本情况,包括姓名、性别、出生年月日、出生地、户籍地、身份证号码、民族、文化程度、职业、工作单位及职务、住址等;

(二)案由及案件来源;

(三)犯罪嫌疑人、被告人的犯罪事实;

(四)犯罪嫌疑人、被告人逃匿、被通缉或者死亡的情况;

(五)犯罪嫌疑人、被告人的违法所得及其他涉案财产的种类、数量、所在地及查封、扣押、冻结的情况;

(六)犯罪嫌疑人、被告人近亲属和其他利害关系人的姓名、住址、联系方式及其要求等情况;

(七)提出没收违法所得申请的理由和法律依据。

第五百二十七条 公安机关向人民检察院移送没收违法所得意见书,应当由有管辖权的人民检察院的同级公安机关移送。

第五百二十八条 人民检察院审查公安机关移送的没收违法所得意见书,应当查明:

(一)是否属于本院管辖;

(二)是否符合刑事诉讼法第二百八十条第一款规定的条件;

(三)犯罪嫌疑人身份状况,包括姓名、性别、国籍、出生年月日、职业和单位等;

(四)犯罪嫌疑人涉嫌犯罪的情况;

(五)犯罪嫌疑人逃匿、被通缉或者死亡的情况;

（六）违法所得及其他涉案财产的种类、数量、所在地，以及查封、扣押、冻结的情况；

（七）与犯罪事实、违法所得相关的证据材料是否随案移送，不宜移送的证据的清单、复制件、照片或者其他证明文件是否随案移送；

（八）证据是否确实、充分；

（九）相关利害关系人的情况。

第五百二十九条　人民检察院应当在接到公安机关移送的没收违法所得意见书后三十日以内作出是否提出没收违法所得申请的决定。三十日以内不能作出决定的，经检察长批准，可以延长十五日。

对于公安机关移送的没收违法所得案件，经审查认为不符合刑事诉讼法第二百八十条第一款规定条件的，应当作出不提出没收违法所得申请的决定，并向公安机关书面说明理由；认为需要补充证据的，应当书面要求公安机关补充证据，必要时也可以自行调查。

公安机关补充证据的时间不计入人民检察院办案期限。

第五百三十条　人民检察院发现公安机关应当启动违法所得没收程序而不启动的，可以要求公安机关在七日以内书面说明不启动的理由。

经审查，认为公安机关不启动理由不能成立的，应当通知公安机关启动程序。

第五百三十一条　人民检察院发现公安机关在违法所得没收程序的调查活动中有违法情形的，应当向公安机关提出纠正意见。

第五百三十二条　在审查公安机关移送的没收违法所得意见书的过程中，在逃的犯罪嫌疑人、被告人自动投案或者被抓获的，人民检察院应当终止审查，并将案卷退回公安机关处理。

第五百三十三条　人民检察院直接受理立案侦查的案件，犯罪嫌疑人逃匿或者犯罪嫌疑人死亡而撤销案件，符合刑事诉讼法第二百八十条第一款规定条件的，侦查部门应当启动违法所得没收程序进行调查。

侦查部门进行调查应当查明犯罪嫌疑人涉嫌的犯罪事实，犯罪嫌疑人逃匿、被通缉或者死亡的情况，以及犯罪嫌疑人的违法所得及其他涉案财产的情况，并可以对违法所得及其他涉案财产依法进行查封、扣押、查询、冻结。

侦查部门认为符合刑事诉讼法第二百八十条第一款规定条件的，应当写出没收违法所得意见书，连同案卷材料一并移送有管辖权的人民检察院侦查部门，并由有管辖权的人民检察院侦查部门移送本院公诉部门。

公诉部门对没收违法所得意见书进行审查，作出是否提出没收违法所得申请的决定，具体程序按照本规则第五百二十八条、第五百二十九条的规定办理。

第五百三十四条　在人民检察院审查起诉过程中，犯罪嫌疑人死亡，或者贪污贿赂犯罪、恐怖活动犯罪等重大犯罪案件的犯罪嫌疑人逃匿，在通缉一年后不能到案，依照刑法规定应当追缴其违法所得及其他涉案财产的，人民检察院可以直接提出没收违法所得的申请。

人民法院在审理案件过程中，被告人死亡而裁定终止审理，或者被告人脱逃而裁定中止审理,人民检察院可以依法另行向人民法院提出没收违法所得的申请。

第五百三十五条 人民法院对没收违法所得的申请进行审理,人民检察院应当承担举证责任。

人民法院对没收违法所得的申请开庭审理的,人民检察院应当派员出席法庭。

第五百三十六条 人民检察院发现人民法院或者审判人员审理没收违法所得案件违反法律规定的诉讼程序,应当向人民法院提出纠正意见。

人民检察院认为同级人民法院按照违法所得没收程序所作的第一审裁定确有错误的,应当在五日以内向上一级人民法院提出抗诉。

最高人民检察院、省级人民检察院认为下级人民法院按照违法所得没收程序所作的已经发生法律效力的裁定确有错误的,应当按照审判监督程序向同级人民法院提出抗诉。

第五百三十七条 在审理案件过程中,在逃的犯罪嫌疑人、被告人自动投案或者被抓获,人民法院按照刑事诉讼法第二百八十三条第一款的规定终止审理的,人民检察院应当将案卷退回侦查机关处理。

第五百三十八条 对于刑事诉讼法第二百八十条第一款规定以外需要没收违法所得的,按照有关规定执行。

第四节 依法不负刑事责任的精神病人的强制医疗程序

第五百三十九条 对于实施暴力行为,危害公共安全或者严重危害公民人身安全,已经达到犯罪程度,经法定程序鉴定依法不负刑事责任的精神病人,有继续危害社会可能的,人民检察院应当向人民法院提出强制医疗的申请。

第五百四十条 人民检察院审查公安机关移送的强制医疗意见书,向人民法院提出强制医疗的申请以及对强制医疗决定的监督,由公诉部门办理。

第五百四十一条 强制医疗的申请由被申请人实施暴力行为所在地的基层人民检察院提出;由被申请人居住地的人民检察院提出更为适宜的,可以由被申请人居住地的基层人民检察院提出。

第五百四十二条 人民检察院向人民法院提出强制医疗的申请,应当制作强制医疗申请书。强制医疗申请书的主要内容包括:

(一)涉案精神病人的基本情况,包括姓名、性别、出生年月日、出生地、户籍地、身份证号码、民族、文化程度、职业、工作单位及职务、住址,采取临时保护性约束措施的情况及处所等;

(二)涉案精神病人的法定代理人的基本情况,包括姓名、住址、联系方式等;

(三)案由及案件来源;

(四)涉案精神病人实施危害公共安全或者严重危害公民人身安全的暴力行为的事实,包括实施暴力行为的时间、地点、手段、后果等及相关证据情况;

（五）涉案精神病人不负刑事责任的依据，包括有关鉴定意见和其他证据材料；

（六）涉案精神病人继续危害社会的可能；

（七）提出强制医疗申请的理由和法律依据。

第五百四十三条 人民检察院审查公安机关移送的强制医疗意见书，应当查明：

（一）是否属于本院管辖；

（二）涉案精神病人身份状况是否清楚，包括姓名、性别、国籍、出生年月日、职业和单位等；

（三）涉案精神病人实施危害公共安全或者严重危害公民人身安全的暴力行为的事实；

（四）公安机关对涉案精神病人进行鉴定的程序是否合法，涉案精神病人是否依法不负刑事责任；

（五）涉案精神病人是否有继续危害社会的可能；

（六）证据材料是否随案移送，不宜移送的证据的清单、复制件、照片或者其他证明文件是否随案移送；

（七）证据是否确实、充分；

（八）采取的临时保护性约束措施是否适当。

第五百四十四条 人民检察院应当在接到公安机关移送的强制医疗意见书后三十日以内作出是否提出强制医疗申请的决定。

对于公安机关移送的强制医疗案件，经审查认为不符合刑事诉讼法第二百八十四条规定条件的，应当作出不提出强制医疗申请的决定，并向公安机关书面说明理由；认为需要补充证据的，应当书面要求公安机关补充证据，必要时也可以自行调查。

公安机关补充证据的时间不计入人民检察院办案期限。

第五百四十五条 人民检察院发现公安机关应当启动强制医疗程序而不启动的，可以要求公安机关在七日以内书面说明不启动的理由。

经审查，认为公安机关不启动理由不能成立的，应当通知公安机关启动程序。

第五百四十六条 人民检察院发现公安机关对涉案精神病人进行鉴定的程序违反法律或者采取临时保护性约束措施不当的，应当提出纠正意见。

公安机关应当采取临时保护性约束措施而尚未采取的，人民检察院应当建议公安机关采取临时保护性约束措施。

第五百四十七条 人民检察院发现公安机关对涉案精神病人采取临时保护性约束措施时有体罚、虐待等违法情形的，应当提出纠正意见。

前款规定的工作由监所检察部门负责。

第五百四十八条 在审查起诉中，犯罪嫌疑人经鉴定系依法不负刑事责任的精神病人的，人民检察院应当作出不起诉决定。认为符合刑事诉讼法第二百八十四条规定条件的，应当向人民法院提出强制医疗的申请。

第五百四十九条 人民法院对强制医疗案件开庭审理的，人民检察院应当派员出席法庭。

第五百五十条 人民检察院发现人民法院或者审判人员审理强制医疗案件违反法律规定的诉讼程序，应当向人民法院提出纠正意见。

人民检察院认为人民法院作出的强制医疗决定或者驳回强制医疗申请的决定不当，应当在收到决定书副本后二十日以内向人民法院提出书面纠正意见。

第五百五十一条 人民法院在审理案件过程中发现被告人符合强制医疗条件，作出被告人不负刑事责任的判决后，拟作出强制医疗决定的，人民检察院应当在庭审中发表意见。

第十四章 刑事诉讼法律监督

第一节 刑事立案监督

第五百五十二条 人民检察院依法对公安机关的刑事立案活动实行监督。

第五百五十三条 被害人及其法定代理人、近亲属或者行政执法机关，认为公安机关对其控告或者移送的案件应当立案侦查而不立案侦查，或者当事人认为公安机关不应当立案而立案，向人民检察院提出的，人民检察院应当受理并进行审查。

人民检察院发现公安机关可能存在应当立案侦查而不立案侦查情形的，应当依法进行审查。

人民检察院接到控告、举报或者发现行政执法机关不移送涉嫌犯罪案件的，应当向行政执法机关提出检察意见，要求其按照管辖规定向公安机关或者人民检察院移送涉嫌犯罪案件。

第五百五十四条 人民检察院控告检察部门受理对公安机关应当立案而不立案或者不应当立案而立案的控告、申诉，应当根据事实和法律进行审查，并可以要求控告人、申诉人提供有关材料，认为需要公安机关说明不立案或者立案理由的，应当及时将案件移送侦查监督部门办理。

第五百五十五条 人民检察院侦查监督部门经过调查、核实有关证据材料，认为需要公安机关说明不立案理由的，经检察长批准，应当要求公安机关书面说明不立案的理由。

有证据证明公安机关可能存在违法动用刑事手段插手民事、经济纠纷，或者利用立案实施报复陷害、敲诈勒索以及谋取其他非法利益等违法立案情形，尚未提请批准逮捕或者移送审查起诉的，经检察长批准，应当要求公安机关书面说明立案理由。

第五百五十六条 人民检察院进行调查核实，可以询问办案人员和有关当事人，查阅、复制公安机关刑事受案、立案、破案等登记表册和立案、不立案、撤销案件、治安处罚、劳动教养等相关法律文书及案卷材料。

第五百五十七条 人民检察院要求公安机关说明不立案或者立案理由，应当制作要求说明不立案理由通知书或者要求说明立案理由通知书，及时送达公安机关，并且告知公安机关在收到要求说明不立案理由通知书或者要求说明立案理由通知书后七日以内，书面说明不立案或者立案的情况、依据和理由，连同有关证据材料回复人民检察院。

第五百五十八条 公安机关说明不立案或者立案的理由后，人民检察院侦查监督部门应当进行审查，认为公安机关不立案或者立案理由不能成立的，经检察长或者检察委员会讨论决定，应当通知公安机关立案或者撤销案件。

侦查监督部门认为公安机关不立案或者立案理由成立的，应当通知控告检察部门，由其在十日以内将不立案或者立案的理由和根据告知被害人及其法定代理人、近亲属或者行政执法机关。

第五百五十九条 人民检察院通知公安机关立案或者撤销案件，应当制作通知立案书或者通知撤销案件书，说明依据和理由，连同证据材料送达公安机关，并且告知公安机关应当在收到通知立案书后十五日以内立案，对通知撤销案件书没有异议的应当立即撤销案件，并将立案决定书或者撤销案件决定书及时送达人民检察院。

第五百六十条 人民检察院通知公安机关立案或者撤销案件的，应当依法对执行情况进行监督。

公安机关在收到通知立案书或者通知撤销案件书后超过十五日不予立案或者既不提出复议、复核也不撤销案件的，人民检察院应当发出纠正违法通知书予以纠正。公安机关仍不纠正的，报上一级人民检察院协商同级公安机关处理。

公安机关立案后三个月以内未侦查终结的，人民检察院可以向公安机关发出立案监督案件催办函，要求公安机关及时向人民检察院反馈侦查工作进展情况。

第五百六十一条 对于由公安机关管辖的国家机关工作人员利用职权实施的重大犯罪案件，人民检察院通知公安机关立案，公安机关不予立案的，经省级以上人民检察院决定，人民检察院可以直接立案侦查。

第五百六十二条 对于公安机关认为人民检察院撤销案件通知有错误要求同级人民检察院复议的，人民检察院应当重新审查，在收到要求复议意见书和案卷材料后七日以内作出是否变更的决定，并通知公安机关。

对于公安机关不接受人民检察院复议决定提请上一级人民检察院复核的，上级人民检察院应当在收到提请复核意见书和案卷材料后十五日以内作出是否变更的决定，通知下级人民检察院和公安机关执行。

上级人民检察院复核认为撤销案件通知有错误的，下级人民检察院应当立即纠正；上级人民检察院复核认为撤销案件通知正确的，应当作出复核决定并送达下级公安机关。

第五百六十三条 人民检察院侦查监督部门或者公诉部门发现本院侦查部门对应当立案侦查的案件不报请立案侦查或者对不应当立案侦查的案件进行立案侦查的，应当建议侦查部门报请立案侦查或者撤销案件；建议不被采纳的，应当报请检察长决定。

第二节 侦查活动监督

第五百六十四条 人民检察院依法对公安机关的侦查活动是否合法实行监督。

第五百六十五条 侦查活动监督主要发现和纠正以下违法行为：

（一）采用刑讯逼供以及其他非法方法收集犯罪嫌疑人供述的；

（二）采用暴力、威胁等非法方法收集证人证言、被害人陈述，或者以暴力、威胁等方法阻止证人作证或者指使他人作伪证的；

（三）伪造、隐匿、销毁、调换、私自涂改证据，或者帮助当事人毁灭、伪造证据的；

（四）徇私舞弊，放纵、包庇犯罪分子的；

（五）故意制造冤、假、错案的；

（六）在侦查活动中利用职务之便谋取非法利益的；

（七）非法拘禁他人或者以其他方法非法剥夺他人人身自由的；

（八）非法搜查他人身体、住宅，或者非法侵入他人住宅的；

（九）非法采取技术侦查措施的；

（十）在侦查过程中不应当撤案而撤案的；

（十一）对与案件无关的财物采取查封、扣押、冻结措施，或者应当解除查封、扣押、冻结不解除的；

（十二）贪污、挪用、私分、调换、违反规定使用查封、扣押、冻结的财物及其孳息的；

（十三）应当退还取保候审保证金不退还的；

（十四）违反刑事诉讼法关于决定、执行、变更、撤销强制措施规定的；

（十五）侦查人员应当回避而不回避的；

（十六）应当依法告知犯罪嫌疑人诉讼权利而不告知，影响犯罪嫌疑人行使诉讼权利的；

（十七）阻碍当事人、辩护人、诉讼代理人依法行使诉讼权利的；

（十八）讯问犯罪嫌疑人依法应当录音或者录像而没有录音或者录像的；

（十九）对犯罪嫌疑人拘留、逮捕、指定居所监视居住后依法应当通知家属而未通知的；

（二十）在侦查中有其他违反刑事诉讼法有关规定的行为的。

第五百六十六条　人民检察院发现公安机关侦查活动中的违法行为，对于情节较轻的，可以由检察人员以口头方式向侦查人员或者公安机关负责人提出纠正意见，并及时向本部门负责人汇报；必要的时候，由部门负责人提出。对于情节较重的违法情形，应当报请检察长批准后，向公安机关发出纠正违法通知书。构成犯罪的，移送有关部门依法追究刑事责任。

监所检察部门发现侦查中违反法律规定的羁押和办案期限规定的，应当依法提出纠正违法意见，并通报侦查监督部门。

第五百六十七条　人民检察院根据需要可以派员参加公安机关对于重大案件的讨论和其他侦查活动，发现违法行为，情节较轻的可以口头纠正，情节较重的应当报请检察长批准后，向公安机关发出纠正违法通知书。

第五百六十八条　对于公安机关执行人民检察院批准或者不批准逮捕决定的情况，以及释放被逮捕的犯罪嫌疑人或者变更逮捕措施的情况，人民检察院发现有违法情形的，应当通知纠正。

第五百六十九条 人民检察院发现侦查机关或者侦查人员决定、执行、变更、撤销强制措施等活动中有违法情形的，应当及时提出纠正意见。

对于情节较轻的违法情形，由检察人员以口头方式向侦查人员或者公安机关负责人提出纠正意见，并及时向本部门负责人汇报；必要的时候，由部门负责人提出。

对于情节较重的违法情形，应当报请检察长批准后，向公安机关发出纠正违法通知书。

第五百七十条 人民检察院发出纠正违法通知书的，应当根据公安机关的回复，监督落实情况；没有回复的，应当督促公安机关回复。

第五百七十一条 人民检察院提出的纠正意见不被接受，公安机关要求复查的，应当在收到公安机关的书面意见后七日以内进行复查。经过复查，认为纠正违法意见正确的，应当及时向上一级人民检察院报告；认为纠正违法意见错误的，应当及时撤销。

上一级人民检察院经审查，认为下级人民检察院的纠正意见正确的，应当及时通知同级公安机关督促下级公安机关纠正；认为下级人民检察院的纠正意见不正确的，应当书面通知下级人民检察院予以撤销，下级人民检察院应当执行，并及时向公安机关及有关侦查人员说明情况。同时，将调查结果及时回复申诉人、控告人。

第五百七十二条 人民检察院侦查监督部门、公诉部门发现侦查人员在侦查活动中的违法行为情节严重，构成犯罪的，应当移送本院侦查部门审查，并报告检察长。侦查部门审查后应当提出是否立案侦查的意见，报请检察长决定。对于不属于本院管辖的，应当移送有管辖权的人民检察院或者其他机关处理。

第五百七十三条 人民检察院侦查监督部门或者公诉部门对本院侦查部门侦查活动中的违法行为，应当根据情节分别处理。情节较轻的，可以直接向侦查部门提出纠正意见；情节较重或者需要追究刑事责任的，应当报请检察长决定。

上级人民检察院发现下级人民检察院在侦查活动中有违法情形的，应当通知其纠正。下级人民检察院应当及时纠正，并将纠正情况报告上级人民检察院。

第五百七十四条 当事人和辩护人、诉讼代理人、利害关系人对于办理案件的机关及其工作人员有刑事诉讼法第一百一十五条规定的行为，向该机关申诉或者控告，对该机关作出的处理不服，或者该机关未在规定时间内作出答复，向人民检察院申诉的，办理案件的机关的同级人民检察院应当及时受理。

人民检察院直接受理的案件，对办理案件的人民检察院的处理不服的，可以向上一级人民检察院申诉，上一级人民检察院应当受理。

未向办理案件的机关申诉或者控告，或者办理案件的机关在规定时间内尚未作出处理决定，直接向人民检察院申诉的，人民检察院应当告知其向办理案件的机关申诉或者控告。人民检察院在审查逮捕、审查起诉中发现有刑事诉讼法第一百一十五条规定的违法情形的，可以直接监督纠正。

对当事人和辩护人、诉讼代理人、利害关系人提出的刑事诉讼法第一百一十五条规定情形之外的申诉或者控告，人民检察院应当受理，并及时审查，依法处理。

第五百七十五条 对人民检察院办理案件中的违法行为的控告、申诉，以及对其他司法机关对控告、申诉的处理不服向人民检察院提出的申诉，由人民检察院控告检察部门受理。

控告检察部门对本院办理案件中的违法行为的控告，应当及时审查办理；对下级人民检察院和其他司法机关的处理不服向人民检察院提出的申诉，应当根据案件的具体情况，及时移送侦查监督部门、公诉部门或者监所检察部门审查办理。审查办理的部门应当在收到案件材料之日起十五日以内提出审查意见。人民检察院对刑事诉讼法第一百一十五条第一款第三至五项的申诉，经审查认为需要侦查机关说明理由的，应当要求侦查机关说明理由，并在收到理由说明后十五日以内提出审查意见。

认为本院办理案件中存在的违法情形属实的，应当报请检察长决定予以纠正。认为有关司法机关或者下级人民检察院对控告、申诉的处理不正确的，应当报请检察长批准后，通知有关司法机关或者下级人民检察院予以纠正。认为本院办理案件中不存在控告反映的违法行为，或者下级人民检察院和其他司法机关对控告、申诉的处理正确的，应当报请检察长批准后，书面提出答复意见及其理由，答复控告人、申诉人。控告检察部门应当在收到通知后五日以内答复。

第三节 审判活动监督

第五百七十六条 人民检察院依法对人民法院的审判活动是否合法实行监督。

第五百七十七条 审判活动监督主要发现和纠正以下违法行为：

（一）人民法院对刑事案件的受理违反管辖规定的；

（二）人民法院审理案件违反法定审理和送达期限的；

（三）法庭组成人员不符合法律规定，或者违反规定应当回避而不回避的；

（四）法庭审理案件违反法定程序的；

（五）侵犯当事人和其他诉讼参与人的诉讼权利和其他合法权利的；

（六）法庭审理时对有关程序问题所作的决定违反法律规定的；

（七）二审法院违反法律规定裁定发回重审的；

（八）故意毁弃、篡改、隐匿、伪造、偷换证据或者其他诉讼材料，或者依据未经法定程序调查、质证的证据定案的；

（九）依法应当调查收集相关证据而不收集的；

（十）徇私枉法，故意违背事实和法律作枉法裁判的；

（十一）收受、索取当事人及其近亲属或者其委托的律师等人财物或者其他利益的；

（十二）违反法律规定采取强制措施或者采取强制措施法定期限届满，不予释放、解除或者变更的；

（十三）应当退还取保候审保证金不退还的；

（十四）对与案件无关的财物采取查封、扣押、冻结措施，或者应当解除查封、扣押、冻结不解除的；

（十五）贪污、挪用、私分、调换、违反规定使用查封、扣押、冻结的财物及其孳息的；

（十六）其他违反法律规定的审理程序的行为。

第五百七十八条　审判活动监督由公诉部门和刑事申诉检察部门承办，对于人民法院审理案件违反法定期限的，由监所检察部门承办。

人民检察院可以通过调查、审阅案卷、受理申诉、控告等活动，监督审判活动是否合法。

第五百七十九条　人民检察院检察长可以列席人民法院审判委员会会议，对审判委员会讨论的案件等议题发表意见，依法履行法律监督职责。

第五百八十条　人民检察院在审判活动监督中，如果发现人民法院或者审判人员审理案件违反法律规定的诉讼程序，应当向人民法院提出纠正意见。

出席法庭的检察人员发现法庭审判违反法律规定的诉讼程序，应当在休庭后及时向检察长报告。

人民检察院对违反程序的庭审活动提出纠正意见，应当由人民检察院在庭审后提出。

第五百八十一条　人民检察院对人民法院审判活动中违法行为的监督，可以参照本规则有关人民检察院对公安机关侦查活动中违法行为监督的规定办理。

第四节　刑事判决、裁定监督

第五百八十二条　人民检察院依法对人民法院的判决、裁定是否正确实行监督，对人民法院确有错误的判决、裁定，应当依法提出抗诉。

第五百八十三条　对刑事判决、裁定的监督由公诉部门和刑事申诉检察部门承办。当事人及其法定代理人、近亲属认为人民法院已经发生法律效力的判决、裁定确有错误，向人民检察院申诉的，由刑事申诉检察部门依法办理。

人民检察院通过受理申诉、审查人民法院的判决、裁定等活动，监督人民法院的判决、裁定是否正确。

第五百八十四条　人民检察院认为同级人民法院第一审判决、裁定有下列情形之一的，应当提出抗诉：

（一）认定事实不清、证据不足的；

（二）有确实、充分证据证明有罪而判无罪，或者无罪判有罪的；

（三）重罪轻判，轻罪重判，适用刑罚明显不当的；

（四）认定罪名不正确，一罪判数罪、数罪判一罪，影响量刑或者造成严重社会影响的；

（五）免除刑事处罚或者适用缓刑、禁止令、限制减刑错误的；

（六）人民法院在审理过程中严重违反法律规定的诉讼程序的。

第五百八十五条　人民检察院在收到人民法院第一审判决书或者裁定书后，应当及时审查，承办人员应当填写刑事判决、裁定审查表，提出处理意见，报公诉部门负责人审核。对于需要提出抗诉的案件，公诉部门应当报请检察长决定；案情重大、疑难、复杂的案件，由检察长提交检察委员会讨论决定。

第五百八十六条 人民检察院对同级人民法院第一审判决的抗诉，应当在接到判决书的第二日起十日以内提出；对裁定的抗诉，应当在接到裁定书后的第二日起五日以内提出。

第五百八十七条 人民检察院对同级人民法院第一审判决、裁定的抗诉，应当制作抗诉书通过原审人民法院向上一级人民法院提出，并将抗诉书副本连同案件材料报送上一级人民检察院。

第五百八十八条 被害人及其法定代理人不服地方各级人民法院第一审的判决，在收到判决书后五日以内请求人民检察院提出抗诉的，人民检察院应当立即进行审查，在收到被害人及其法定代理人的请求后五日以内作出是否抗诉的决定，并且答复请求人。经审查认为应当抗诉的，适用本规则第五百八十四条至第五百八十七条的规定办理。

被害人及其法定代理人在收到判决书五日以后请求人民检察院提出抗诉的，由人民检察院决定是否受理。

第五百八十九条 上一级人民检察院对下级人民检察院按照第二审程序提出抗诉的案件，认为抗诉正确的，应当支持抗诉；认为抗诉不当的，应当向同级人民法院撤回抗诉，并且通知下级人民检察院。下级人民检察院如果认为上一级人民检察院撤回抗诉不当的，可以提请复议。上一级人民检察院应当复议，并将复议结果通知下级人民检察院。

上一级人民检察院在上诉、抗诉期限内，发现下级人民检察院应当提出抗诉而没有提出抗诉的案件，可以指令下级人民检察院依法提出抗诉。

第五百九十条 第二审人民法院发回原审人民法院重新按照第一审程序审判的案件，如果人民检察院认为重新审判的判决、裁定确有错误的，可以按照第二审程序提出抗诉。

第五百九十一条 人民检察院认为人民法院已经发生法律效力的判决、裁定确有错误，具有下列情形之一的，应当按照审判监督程序向人民法院提出抗诉：

（一）有新的证据证明原判决、裁定认定的事实确有错误，可能影响定罪量刑的；

（二）据以定罪量刑的证据不确实、不充分的；

（三）据以定罪量刑的证据依法应当予以排除的；

（四）据以定罪量刑的主要证据之间存在矛盾的；

（五）原判决、裁定的主要事实依据被依法变更或者撤销的；

（六）认定罪名错误且明显影响量刑的；

（七）违反法律关于追诉时效期限的规定的；

（八）量刑明显不当的；

（九）违反法律规定的诉讼程序，可能影响公正审判的；

（十）审判人员在审理案件的时候有贪污受贿，徇私舞弊，枉法裁判行为的。

对已经发生法律效力的判决、裁定的审查，参照本规则第五百八十五条的规定办理。

第五百九十二条 对于高级人民法院判处死刑缓期二年执行的案件，省级人民检察院认为确有错误提请抗诉的，一般应当在收到生效判决、裁定后三个月以内提出，至迟不得超过六个月。

第五百九十三条　当事人及其法定代理人、近亲属认为人民法院已经发生法律效力的刑事判决、裁定确有错误，向人民检察院申诉的，由作出生效判决、裁定的人民法院的同级人民检察院刑事申诉检察部门依法办理。

当事人及其法定代理人、近亲属直接向上级人民检察院申诉的，上级人民检察院可以交由作出生效判决、裁定的人民法院的同级人民检察院受理；案情重大、疑难、复杂的，上级人民检察院可以直接受理。

当事人及其法定代理人、近亲属对人民法院已经发生法律效力的判决、裁定提出申诉，经人民检察院复查决定不予抗诉后继续提出申诉的，上一级人民检察院应当受理。

不服人民法院死刑终审判决、裁定尚未执行的申诉，由监所检察部门办理。

第五百九十四条　对不服人民法院已经发生法律效力的刑事判决、裁定的申诉，经两级人民检察院办理且省级人民检察院已经复查的，如果没有新的事实和理由，人民检察院不再立案复查，但原审被告人可能被宣告无罪或者判决、裁定有其他重大错误可能的除外。

第五百九十五条　人民检察院刑事申诉检察部门对已经发生法律效力的刑事判决、裁定的申诉复查后，认为需要提出抗诉的，报请检察长或者检察委员会讨论决定。

地方各级人民检察院刑事申诉检察部门对不服同级人民法院已经发生法律效力的刑事判决、裁定的申诉复查后，认为需要提出抗诉的，报请检察长或者检察委员会讨论决定。认为需要提出抗诉的，应当提请上一级人民检察院抗诉。

上级人民检察院刑事申诉检察部门对下一级人民检察院提请抗诉的申诉案件审查后，认为需要提出抗诉的，报请检察长或者检察委员会决定。

人民法院开庭审理时，由同级人民检察院刑事申诉检察部门派员出席法庭。

第五百九十六条　人民检察院刑事申诉检察部门对不服人民法院已经发生法律效力的刑事判决、裁定的申诉案件复查终结后，应当制作刑事申诉复查通知书，并在十日以内通知申诉人。

经复查向上一级人民检察院提请抗诉的，应当在上一级人民检察院作出是否抗诉的决定后制作刑事申诉复查通知书。

第五百九十七条　最高人民检察院发现各级人民法院已经发生法律效力的判决或者裁定，上级人民检察院发现下级人民法院已经发生法律效力的判决或者裁定确有错误时，可以直接向同级人民法院提出抗诉，或者指令作出生效判决、裁定人民法院的上一级人民检察院向同级人民法院提出抗诉。

第五百九十八条　人民检察院按照审判监督程序向人民法院提出抗诉的，应当将抗诉书副本报送上一级人民检察院。

第五百九十九条　对按照审判监督程序提出抗诉的案件，人民检察院认为人民法院作出的判决、裁定仍然确有错误的，如果案件是依照第一审程序审判的，同级人民检察院应当向上一级人民法院提出抗诉；如果案件是依照第二审程序审判的，上一级人民检察院应当按照审判监督程序向同级人民法院提出抗诉。

对按照审判监督程序提出抗诉的申诉案件,人民检察院认为人民法院作出的判决、裁定仍然确有错误的,由派员出席法庭的人民检察院刑事申诉检察部门适用本条第一款的规定办理。

第六百条　人民检察院公诉部门、刑事申诉检察部门办理按照审判监督程序抗诉案件,认为需要对被告人采取逮捕措施的,应当提出意见,参照本规则第十章的规定移送侦查监督部门办理;认为需要对被告人采取取保候审、监视居住措施的,由办案人员提出意见,部门负责人审核后,报检察长决定。

第六百零一条　人民检察院对自诉案件的判决、裁定的监督,适用本节的规定。

第五节　死刑复核法律监督

第六百零二条　最高人民检察院依法对最高人民法院的死刑复核活动实行法律监督。

第六百零三条　最高人民检察院死刑复核检察部门负责承办死刑复核法律监督工作。

第六百零四条　最高人民检察院发现在死刑复核期间的案件具有下列情形之一,经审查认为确有必要的,应当向最高人民法院提出意见:

(一)认为死刑二审裁判确有错误,依法不应当核准死刑的;

(二)发现新情况、新证据,可能影响被告人定罪量刑的;

(三)严重违反法律规定的诉讼程序,可能影响公正审判的;

(四)司法工作人员在办理案件时,有贪污受贿,徇私舞弊,枉法裁判等行为的;

(五)其他需要提出意见的。

第六百零五条　最高人民检察院对于最高人民法院通报的死刑复核案件,认为确有必要的,应当在最高人民法院裁判文书下发前提出意见。

第六百零六条　省级人民检察院对于进入最高人民法院死刑复核程序的下列案件,应当制作提请监督报告并连同案件有关材料及时报送最高人民检察院:

(一)案件事实不清、证据不足,依法应当发回重新审判,高级人民法院二审裁定维持死刑立即执行确有错误的;

(二)被告人具有从轻、减轻处罚情节,依法不应当判处死刑,高级人民法院二审裁定维持死刑立即执行确有错误的;

(三)严重违反法律规定的诉讼程序,可能影响公正审判的;

(四)最高人民法院受理案件后一年以内未能审结的;

(五)最高人民法院不核准死刑发回重审不当的;

(六)其他需要监督的情形。

第六百零七条　省级人民检察院发现死刑复核案件被告人自首、立功、达成赔偿协议取得被害方谅解等新的证据材料和有关情况,可能影响死刑适用的,应当及时向最高人民检察院报告。

第六百零八条　死刑复核期间当事人及其近亲属或者受委托的律师向最高人民检察院

提出的不服死刑裁判的申诉,由最高人民检察院死刑复核检察部门审查。

第六百零九条　最高人民检察院死刑复核检察部门对死刑复核监督案件的审查可以采取下列方式进行:

(一)书面审查最高人民法院移送的材料、省级人民检察院报送的相关案件材料、当事人及其近亲属或者受委托的律师提交的申诉材料;

(二)听取原承办案件的省级人民检察院的意见,也可以要求省级人民检察院报送相关案件材料;

(三)必要时可以审阅案卷、讯问被告人、复核主要证据。

第六百一十条　最高人民检察院对于受理的死刑复核监督案件,应当在一个月以内作出决定;因案件重大、疑难、复杂,需要延长审查期限的,应当报请检察长批准,适当延长办理期限。

第六百一十一条　最高人民检察院死刑复核检察部门拟就死刑复核案件提出检察意见的,应当报请检察长或者检察委员会决定。

检察委员会讨论死刑复核案件,可以通知原承办案件的省级人民检察院有关检察人员列席。

第六百一十二条　最高人民检察院对于死刑复核监督案件,经审查认为确有必要向最高人民法院提出意见的,应当以死刑复核案件意见书的形式提出。死刑复核案件意见书应当提出明确的意见或者建议,并说明理由和法律依据。

第六百一十三条　对于最高人民检察院提出应当核准死刑意见的案件,最高人民法院经审查仍拟不核准死刑,决定将案件提交审判委员会会议讨论并通知最高人民检察院派员列席的,最高人民检察院检察长或者受检察长委托的副检察长应当列席审判委员会会议。

第六节　羁押和办案期限监督

第六百一十四条　人民检察院依法对羁押期限和办案期限是否合法实行监督。

第六百一十五条　对公安机关、人民法院办理案件的羁押期限和办案期限的监督,犯罪嫌疑人、被告人被羁押的,由人民检察院监所检察部门负责;犯罪嫌疑人、被告人未被羁押的,由人民检察院侦查监督部门或者公诉部门负责。对人民检察院办理案件的羁押期限和办案期限的监督,由本院案件管理部门负责。

第六百一十六条　犯罪嫌疑人、被告人被逮捕后,人民检察院仍应当对羁押的必要性进行审查。

人民检察院发现或者根据犯罪嫌疑人、被告人及其法定代理人、近亲属或者辩护人的申请,经审查认为不需要继续羁押的,应当建议有关机关予以释放或者变更强制措施。

第六百一十七条　侦查阶段的羁押必要性审查由侦查监督部门负责;审判阶段的羁押必要性审查由公诉部门负责。监所检察部门在监所检察工作中发现不需要继续羁押的,可以提出释放犯罪嫌疑人、被告人或者变更强制措施的建议。

第六百一十八条 犯罪嫌疑人、被告人及其法定代理人、近亲属或者辩护人可以申请人民检察院进行羁押必要性审查,申请时应当说明不需要继续羁押的理由,有相关证据或者其他材料的,应当提供。

第六百一十九条 人民检察院发现有下列情形之一的,可以向有关机关提出予以释放或者变更强制措施的书面建议:

(一)案件证据发生重大变化,不足以证明有犯罪事实或者犯罪行为系犯罪嫌疑人、被告人所为的;

(二)案件事实或者情节发生变化,犯罪嫌疑人、被告人可能被判处管制、拘役、独立适用附加刑、免予刑事处罚或者判决无罪的;

(三)犯罪嫌疑人、被告人实施新的犯罪,毁灭、伪造证据,干扰证人作证,串供,对被害人、举报人、控告人实施打击报复,自杀或者逃跑等的可能性已被排除的;

(四)案件事实基本查清,证据已经收集固定,符合取保候审或者监视居住条件的;

(五)继续羁押犯罪嫌疑人、被告人,羁押期限将超过依法可能判处的刑期的;

(六)羁押期限届满的;

(七)因为案件的特殊情况或者办理案件的需要,变更强制措施更为适宜的;

(八)其他不需要继续羁押犯罪嫌疑人、被告人的情形。

释放或者变更强制措施的建议书应当说明不需要继续羁押犯罪嫌疑人、被告人的理由及法律依据。

第六百二十条 人民检察院可以采取以下方式进行羁押必要性审查:

(一)对犯罪嫌疑人、被告人进行羁押必要性评估;

(二)向侦查机关了解侦查取证的进展情况;

(三)听取有关办案机关、办案人员的意见;

(四)听取犯罪嫌疑人、被告人及其法定代理人、近亲属、辩护人,被害人及其诉讼代理人或者其他有关人员的意见;

(五)调查核实犯罪嫌疑人、被告人的身体健康状况;

(六)查阅有关案卷材料,审查有关人员提供的证明不需要继续羁押犯罪嫌疑人、被告人的有关证明材料;

(七)其他方式。

第六百二十一条 人民检察院向有关办案机关提出对犯罪嫌疑人、被告人予以释放或者变更强制措施的建议的,应当要求有关办案机关在十日以内将处理情况通知本院。有关办案机关没有采纳人民检察院建议的,应当要求其说明理由和依据。

对人民检察院办理的案件,经审查认为不需要继续羁押犯罪嫌疑人的,应当建议办案部门予以释放或者变更强制措施。具体程序按照前款规定办理。

第六百二十二条 人民检察院侦查部门、侦查监督部门、公诉部门在办理案件过程中,犯罪嫌疑人、被告人被羁押的,具有下列情形之一的,应当在作出决定或者收到决定书、裁定书后十日以内通知负有监督职责的人民检察院监所检察部门或者案件管理部门以及看守所：

（一）批准或者决定延长侦查羁押期限的；

（二）对于人民检察院直接受理立案侦查的案件，决定重新计算侦查羁押期限、变更或者解除强制措施的；

（三）对犯罪嫌疑人、被告人进行精神病鉴定的；

（四）审查起诉期间改变管辖、延长审查起诉期限的；

（五）案件退回补充侦查，或者补充侦查完毕移送审查起诉后重新计算审查起诉期限的；

（六）人民法院决定适用简易程序审理第一审案件，或者将案件由简易程序转为普通程序重新审理的；

（七）人民法院改变管辖，决定延期审理、中止审理，或者同意人民检察院撤回起诉的。

第六百二十三条 人民检察院发现看守所的羁押期限管理活动有下列情形之一的，应当依法提出纠正意见：

（一）未及时督促办案机关办理换押手续的；

（二）未在犯罪嫌疑人、被告人羁押期限届满前七日以内向办案机关发出羁押期限即将届满通知书的；

（三）犯罪嫌疑人、被告人被超期羁押后，没有立即书面报告人民检察院并通知办案机关的；

（四）收到犯罪嫌疑人、被告人及其法定代理人、近亲属或者辩护人提出的变更强制措施、羁押必要性审查、羁押期限届满要求释放或者变更强制措施的申请、申诉、控告后，没有及时转送有关办案机关或者人民检察院的；

（五）其他违法情形。

第六百二十四条 人民检察院发现公安机关的侦查羁押期限执行情况有下列情形之一的，应当依法提出纠正意见：

（一）未按规定办理换押手续的；

（二）决定重新计算侦查羁押期限、经批准延长侦查羁押期限，未书面通知人民检察院和看守所的；

（三）对犯罪嫌疑人进行精神病鉴定，没有书面通知人民检察院和看守所的；

（四）其他违法情形。

第六百二十五条 人民检察院发现人民法院的审理期限执行情况有下列情形之一的，应当依法提出纠正意见：

（一）在一审、二审和死刑复核阶段未按规定办理换押手续的；

（二）违反刑事诉讼法的规定重新计算审理期限、批准延长审理期限、改变管辖、延期审理、中止审理或者发回重审的；

（三）决定重新计算审理期限、批准延长审理期限、改变管辖、延期审理、中止审理、对被告人进行精神病鉴定，没有书面通知人民检察院和看守所的；

（四）其他违法情形。

第六百二十六条 人民检察院发现同级或者下级公安机关、人民法院超期羁押的，应当报经本院检察长批准，向该办案机关发出纠正违法通知书。

发现上级公安机关、人民法院超期羁押的，应当及时层报该办案机关的同级人民检察院，由同级人民检察院向该办案机关发出纠正违法通知书。

对异地羁押的案件，发现办案机关超期羁押的，应当通报该办案机关的同级人民检察院，由其依法向办案机关发出纠正违法通知书。

第六百二十七条 人民检察院发出纠正违法通知书后，有关办案机关未回复意见或者继续超期羁押的，应当及时报告上一级人民检察院处理。

对于造成超期羁押的直接责任人员，可以书面建议其所在单位或者有关主管机关依照法律或者有关规定予以行政或者纪律处分；对于造成超期羁押情节严重，涉嫌犯罪的，应当依法追究其刑事责任。

第六百二十八条 对人民检察院办理的直接受理立案侦查案件或者审查逮捕、审查起诉案件，在犯罪嫌疑人侦查羁押期限、办案期限届满前，案件管理部门应当依照有关规定向本院侦查部门、侦查监督部门或者公诉部门进行期限届满提示。发现办案部门办理案件超过规定期限的，应当依照有关规定提出纠正意见。

第七节 看守所执法活动监督

第六百二十九条 人民检察院依法对看守所收押、监管、释放犯罪嫌疑人、被告人以及对留所服刑罪犯执行刑罚等执法活动实行监督。

对看守所执法活动的监督由人民检察院监所检察部门负责。

第六百三十条 人民检察院发现看守所有下列违法情形之一的，应当提出纠正意见：

（一）监管人员殴打、体罚、虐待或者变相体罚、虐待在押人员的；

（二）监管人员为在押人员通风报信，私自传递信件、物品，帮助伪造、毁灭、隐匿证据或者干扰证人作证、串供的；

（三）违法对在押人员使用械具或者禁闭的；

（四）没有将未成年人与成年人分别关押、分别管理、分别教育的；

（五）违反规定同意侦查人员将犯罪嫌疑人提出看守所讯问的；

（六）收到在押犯罪嫌疑人、被告人及其法定代理人、近亲属或者辩护人的变更强制措施申请或者其他申请、申诉、控告、举报，不及时转交、转告人民检察院或者有关办案机关的；

（七）应当安排辩护律师依法会见在押的犯罪嫌疑人、被告人而没有安排的；

（八）违法安排辩护律师或者其他人员会见在押的犯罪嫌疑人、被告人的；

（九）辩护律师会见犯罪嫌疑人、被告人时予以监听的；

（十）其他违法情形。

第六百三十一条 人民检察院发现看守所代为执行刑罚的活动有下列情形之一的，应当依法提出纠正意见：

（一）将被判处有期徒刑剩余刑期在三个月以上的罪犯留所服刑的；

（二）将未成年罪犯留所执行刑罚的；

（三）将留所服刑罪犯与犯罪嫌疑人、被告人混押、混管、混教的；

（四）其他违法情形。

第六百三十二条 对于看守所违法行为情节轻微的，检察人员可以口头提出纠正意见；发现严重违法行为，或者提出口头纠正意见后看守所在七日以内未予以纠正的，应当报经检察长批准，向看守所发出纠正违法通知书，同时将纠正违法通知书副本抄报上一级人民检察院并抄送看守所所属公安机关的上一级公安机关。

人民检察院发出纠正违法通知书十五日后，看守所仍未纠正或者回复意见的，应当及时向上一级人民检察院报告。上一级人民检察院应当通报同级公安机关并建议其督促看守所予以纠正。

第八节 刑事判决、裁定执行监督

第六百三十三条 人民检察院依法对执行刑事判决、裁定的活动实行监督。

对刑事判决、裁定执行活动的监督由人民检察院监所检察部门负责。

第六百三十四条 人民法院判决被告人无罪，免予刑事处罚，判处管制，宣告缓刑，单处罚金或者剥夺政治权利，被告人被羁押的，人民检察院应当监督被告人是否被立即释放。发现被告人没有被立即释放的，应当立即向人民法院或者看守所提出纠正意见。

第六百三十五条 被判处死刑的罪犯在被执行死刑时，人民检察院应当派员临场监督。

死刑执行临场监督由人民检察院监所检察部门负责；必要时，监所检察部门应当在执行前向公诉部门了解案件有关情况，公诉部门应当提供有关情况。

执行死刑临场监督，由检察人员担任，并配备书记员担任记录。

第六百三十六条 人民检察院收到同级人民法院执行死刑临场监督通知后，应当查明同级人民法院是否收到最高人民法院核准死刑的裁定或者作出的死刑判决、裁定和执行死刑的命令。

第六百三十七条 临场监督执行死刑的检察人员应当依法监督执行死刑的场所、方法和执行死刑的活动是否合法。在执行死刑前，发现有下列情形之一的，应当建议人民法院立即停止执行：

（一）被执行人并非应当执行死刑的罪犯的；

（二）罪犯犯罪时不满十八周岁，或者审判的时候已满七十五周岁，依法不应当适用死刑的；

（三）判决可能有错误的；

（四）在执行前罪犯有检举揭发他人重大犯罪行为等重大立功表现，可能需要改判的；

（五）罪犯正在怀孕的。

第六百三十八条 在执行死刑过程中，人民检察院临场监督人员根据需要可以进行拍照、录像；执行死刑后，人民检察院临场监督人员应当检查罪犯是否确已死亡，并填写死刑执行临场监督笔录，签名后入卷归档。

人民检察院发现人民法院在执行死刑活动中有侵犯被执行死刑罪犯的人身权、财产权或者其近亲属、继承人合法权利等违法情形的，应当依法向人民法院提出纠正意见。

第六百三十九条 判处被告人死刑缓期二年执行的判决、裁定在执行过程中，人民检察院监督的内容主要包括：

（一）死刑缓期执行期满，符合法律规定应当减为无期徒刑、有期徒刑条件的，监狱是否及时提出减刑建议提请人民法院裁定，人民法院是否依法裁定；

（二）罪犯在缓期执行期间故意犯罪，监狱是否依法侦查和移送起诉；罪犯确系故意犯罪的，人民法院是否依法核准或者裁定执行死刑。

被判处死刑缓期二年执行的罪犯在死刑缓期执行期间故意犯罪，执行机关移送人民检察院受理的，由罪犯服刑所在地的分、州、市人民检察院审查决定是否提起公诉。

人民检察院发现人民法院对被判处死刑缓期二年执行的罪犯减刑不当的，应当依照本规则第六百五十三条、第六百五十四条的规定，向人民法院提出纠正意见。罪犯在死刑缓期执行期间又故意犯罪，经人民检察院起诉后，人民法院仍然予以减刑的，人民检察院应当依照本规则第十四章第四节的规定，向人民法院提出抗诉。

第六百四十条 人民检察院发现人民法院、公安机关、看守所的交付执行活动有下列违法情形之一的，应当依法提出纠正意见：

（一）交付执行的第一审人民法院没有在判决、裁定生效十日以内将判决书、裁定书、人民检察院的起诉书副本、自诉状复印件、执行通知书、结案登记表等法律文书送达公安机关、监狱或者其他执行机关的；

（二）对被判处死刑缓期二年执行、无期徒刑或者有期徒刑余刑在三个月以上的罪犯，公安机关、看守所自接到人民法院执行通知书等法律文书后三十日以内，没有将成年罪犯送交监狱执行刑罚，或者没有将未成年罪犯送交未成年犯管教所执行刑罚的；

（三）对需要收押执行刑罚而判决、裁定生效前未被羁押的罪犯，第一审人民法院没有及时将罪犯收押送交公安机关，并将判决书、裁定书、执行通知书等法律文书送达公安机关的；

（四）公安机关对需要收押执行刑罚但下落不明的罪犯，在收到人民法院的判决书、裁定书、执行通知书等法律文书后，没有及时抓捕、通缉的；

（五）对被判处管制、宣告缓刑或者人民法院决定暂予监外执行的罪犯，在判决、裁定生效后或者收到人民法院暂予监外执行决定后，未依法交付罪犯居住地社区矫正机构执行，或者对被单处剥夺政治权利的罪犯，在判决、裁定生效后，未依法交付罪犯居住地公安机关执行的；

（六）其他违法情形。

第六百四十一条 人民检察院发现监狱在收押罪犯活动中有下列情形之一的,应当依法提出纠正意见:

(一)对公安机关、看守所依照刑事诉讼法第二百五十三条的规定送交监狱执行刑罚的罪犯,应当收押而拒绝收押的;

(二)没有已经发生法律效力的刑事判决书或者裁定书、执行通知书等有关法律文书而收押的;

(三)收押罪犯与收押凭证不符的;

(四)收押依法不应当关押的罪犯的;

(五)其他违反收押规定的情形。

对监狱依法应当收监执行而拒绝收押罪犯的,送交执行的公安机关、看守所所在地的人民检察院应当及时建议承担监督该监狱职责的人民检察院向监狱提出书面纠正意见。

第六百四十二条 人民检察院发现监狱、看守所等执行机关在管理、教育改造罪犯等活动中有违法行为的,应当依法提出纠正意见。

第六百四十三条 人民检察院发现监狱、看守所、公安机关暂予监外执行的执法活动有下列情形之一的,应当依法提出纠正意见:

(一)将不符合法定条件的罪犯提请暂予监外执行的;

(二)提请暂予监外执行的程序违反法律规定或者没有完备的合法手续,或者对于需要保外就医的罪犯没有省级人民政府指定医院的诊断证明和开具的证明文件的;

(三)监狱、看守所提出暂予监外执行书面意见,没有同时将书面意见副本抄送人民检察院的;

(四)罪犯被决定或者批准暂予监外执行后,未依法交付罪犯居住地社区矫正机构实行社区矫正的;

(五)对符合暂予监外执行条件的罪犯没有依法提请暂予监外执行的;

(六)发现罪犯不符合暂予监外执行条件,或者在暂予监外执行期间严重违反暂予监外执行监督管理规定,或者暂予监外执行的条件消失且刑期未满,应当收监执行而未及时收监执行或者未提出收监执行建议的;

(七)人民法院决定将暂予监外执行的罪犯收监执行,并将有关法律文书送达公安机关、监狱、看守所后,监狱、看守所未及时收监执行的;

(八)对不符合暂予监外执行条件的罪犯通过贿赂等非法手段被暂予监外执行以及在暂予监外执行期间脱逃的罪犯,监狱、看守所未建议人民法院将其监外执行期间、脱逃期间不计入执行刑期或者对罪犯执行刑期计算的建议违法、不当的;

(九)暂予监外执行的罪犯刑期届满,未及时办理释放手续的;

(十)其他违法情形。

第六百四十四条 人民检察院收到监狱、看守所抄送的暂予监外执行书面意见副本后,应当逐案进行审查,发现罪犯不符合暂予监外执行法定条件或者提请暂予监外执行违反法定程序的，应当在十日以内向决定或者批准机关提出书面检察意见，同时也可以向监狱、看守所提出书面纠正意见。

第六百四十五条　人民检察院接到决定或者批准机关抄送的暂予监外执行决定书后，应当进行审查。审查的内容包括：

（一）是否属于被判处有期徒刑或者拘役的罪犯；

（二）是否属于有严重疾病需要保外就医的罪犯；

（三）是否属于怀孕或者正在哺乳自己婴儿的妇女；

（四）是否属于生活不能自理，适用暂予监外执行不致危害社会的罪犯；

（五）是否属于适用保外就医可能有社会危险性的罪犯，或者自伤自残的罪犯；

（六）决定或者批准机关是否符合刑事诉讼法第二百五十四条第五款的规定；

（七）办理暂予监外执行是否符合法定程序。

检察人员审查暂予监外执行决定，可以向罪犯所在单位和有关人员调查、向有关机关调阅有关材料。

第六百四十六条　人民检察院经审查认为暂予监外执行不当的，应当自接到通知之日起一个月以内，报经检察长批准，向决定或者批准暂予监外执行的机关提出书面纠正意见。下级人民检察院认为暂予监外执行不当的，应当立即层报决定或者批准暂予监外执行的机关的同级人民检察院，由其决定是否向决定或者批准暂予监外执行的机关提出书面纠正意见。

第六百四十七条　人民检察院向决定或者批准暂予监外执行的机关提出不同意暂予监外执行的书面意见后，应当监督其对决定或者批准暂予监外执行的结果进行重新核查，并监督重新核查的结果是否符合法律规定。对核查不符合法律规定的，应当依法提出纠正意见，并向上一级人民检察院报告。

第六百四十八条　对于暂予监外执行的罪犯，人民检察院发现罪犯不符合暂予监外执行条件、严重违反有关暂予监外执行的监督管理规定或者暂予监外执行的情形消失而罪犯刑期未满的，应当通知执行机关收监执行，或者建议决定或者批准暂予监外执行的机关作出收监执行决定。

第六百四十九条　人民检察院收到执行机关抄送的减刑、假释建议书副本后，应当逐案进行审查，发现减刑、假释建议不当或者提请减刑、假释违反法定程序的，应当在十日以内向审理减刑、假释案件的人民法院提出书面检察意见，同时也可以向执行机关提出书面纠正意见。

第六百五十条　人民检察院发现监狱等执行机关提请人民法院裁定减刑、假释的活动有下列情形之一的，应当依法提出纠正意见：

（一）将不符合减刑、假释法定条件的罪犯，提请人民法院裁定减刑、假释的；

（二）对依法应当减刑、假释的罪犯，不提请人民法院裁定减刑、假释的；

（三）提请对罪犯减刑、假释违反法定程序，或者没有完备的合法手续的；

（四）提请对罪犯减刑的减刑幅度、起始时间、间隔时间或者减刑后又假释的间隔时间不符合有关规定的；

（五）被提请减刑、假释的罪犯被减刑后实际执行的刑期或者假释考验期不符合有关法律规定的；

（六）其他违法情形。

第六百五十一条　人民法院开庭审理减刑、假释案件，人民检察院应当指派检察人员出席法庭，发表意见。

第六百五十二条　人民检察院收到人民法院减刑、假释的裁定书副本后，应当及时进行审查。审查的内容包括：

（一）被减刑、假释的罪犯是否符合法定条件，对罪犯减刑的减刑幅度、起始时间、间隔时间或者减刑后又假释的间隔时间、罪犯被减刑后实际执行的刑期或者假释考验期是否符合有关规定；

（二）执行机关提请减刑、假释的程序是否合法；

（三）人民法院审理、裁定减刑、假释的程序是否合法；

（四）按照有关规定应当开庭审理的减刑、假释案件，人民法院是否开庭审理。

检察人员审查人民法院减刑、假释裁定，可以向罪犯所在单位和有关人员进行调查，可以向有关机关调阅有关材料。

第六百五十三条　人民检察院经审查认为人民法院减刑、假释的裁定不当，应当在收到裁定书副本后二十日以内，报经检察长批准，向作出减刑、假释裁定的人民法院提出书面纠正意见。

第六百五十四条　对人民法院减刑、假释裁定的纠正意见，由作出减刑、假释裁定的人民法院的同级人民检察院书面提出。

下级人民检察院发现人民法院减刑、假释裁定不当的，应当向作出减刑、假释裁定的人民法院的同级人民检察院报告。

第六百五十五条　人民检察院对人民法院减刑、假释的裁定提出纠正意见后，应当监督人民法院是否在收到纠正意见后一个月以内重新组成合议庭进行审理，并监督重新作出的裁定是否符合法律规定。对最终裁定不符合法律规定的，应当向同级人民法院提出纠正意见。

第六百五十六条　人民检察院发现监狱、看守所对服刑期满或者依法应当予以释放的人员没有按期释放，对被裁定假释的罪犯依法应当交付罪犯居住地社区矫正机构实行社区矫正而不交付，对主刑执行完毕仍然需要执行附加剥夺政治权利的罪犯依法应当交付罪犯居住地公安机关执行而不交付，或者对服刑期未满又无合法释放根据的罪犯予以释放等违法行为的，应当依法提出纠正意见。

第六百五十七条　人民检察院依法对公安机关执行剥夺政治权利的活动实行监督，发现公安机关未依法执行或者剥夺政治权利执行期满未书面通知本人及其所在单位、居住地基层组织等违法情形的,应当依法提出纠正意见。

第六百五十八条 人民检察院依法对人民法院执行罚金刑、没收财产刑以及执行生效判决、裁定中没收违法所得及其他涉案财产的活动实行监督,发现人民法院有依法应当执行而不执行,执行不当,罚没的财物未及时上缴国库,或者执行活动中其他违法情形的,应当依法提出纠正意见。

第六百五十九条 人民检察院依法对社区矫正执法活动进行监督,发现有下列情形之一的,应当依法向社区矫正机构提出纠正意见:

(一)没有依法接收交付执行的社区矫正人员的;

(二)违反法律规定批准社区矫正人员离开所居住的市、县,或者违反人民法院禁止令的内容批准社区矫正人员进入特定区域或者场所的;

(三)没有依法监督管理而导致社区矫正人员脱管的;

(四)社区矫正人员违反监督管理规定或者人民法院的禁止令,依法应予治安管理处罚,没有及时提请公安机关依法给予处罚的;

(五)缓刑、假释罪犯在考验期内违反法律、行政法规或者有关缓刑、假释的监督管理规定,或者违反人民法院的禁止令,依法应当撤销缓刑、假释,没有及时向人民法院提出撤销缓刑、假释建议的;

(六)对具有刑事诉讼法第二百五十七条第一款规定情形之一的暂予监外执行的罪犯,没有及时向决定或者批准暂予监外执行的机关提出收监执行建议的;

(七)对符合法定减刑条件的社区矫正人员,没有依法及时向人民法院提出减刑建议的;

(八)对社区矫正人员有殴打、体罚、虐待、侮辱人格、强迫其参加超时间或者超体力社区服务等侵犯其合法权利行为的;

(九)其他违法情形。

人民检察院发现人民法院对依法应当撤销缓刑、假释的罪犯没有依法、及时作出撤销缓刑、假释裁定,对不符合暂予监外执行条件的罪犯通过贿赂等非法手段被暂予监外执行以及在暂予监外执行期间脱逃的罪犯的执行刑期计算错误,或者有权决定、批准暂予监外执行的机关对依法应当收监执行的罪犯没有及时依法作出收监执行决定的,应当依法提出纠正意见。

第六百六十条 对人民法院、公安机关、看守所、监狱、社区矫正机构等的交付执行活动、刑罚执行活动以及其他有关执行刑事判决、裁定活动中违法行为的监督,参照本规则第六百三十二条的规定办理。

第九节 强制医疗执行监督

第六百六十一条 人民检察院对强制医疗执行活动是否合法实行监督。

强制医疗执行监督由人民检察院监所检察部门负责。

第六百六十二条 人民检察院对强制医疗的交付执行活动实行监督。发现交付执行机关未及时交付执行等违法情形的,应当依法提出纠正意见。

第六百六十三条　人民检察院在强制医疗执行监督中发现被强制医疗的人不符合强制医疗条件或者需要依法追究刑事责任,人民法院作出的强制医疗决定可能错误的,应当在五日以内报经检察长批准,将有关材料转交作出强制医疗决定的人民法院的同级人民检察院。收到材料的人民检察院公诉部门应当在二十日以内进行审查,并将审查情况和处理意见反馈负责强制医疗执行监督的人民检察院。

第六百六十四条　人民检察院发现强制医疗机构有下列情形之一的,应当依法提出纠正意见:

(一)对被决定强制医疗的人应当收治而拒绝收治的;

(二)收治的法律文书及其他手续不完备的;

(三)没有依照法律、行政法规等规定对被决定强制医疗的人实施必要的医疗的;

(四)殴打、体罚、虐待或者变相体罚、虐待被强制医疗的人,违反规定对被强制医疗的人使用械具、约束措施,以及其他侵犯被强制医疗的人合法权利的;

(五)没有依照规定定期对被强制医疗的人进行诊断评估的;

(六)对于被强制医疗的人不需要继续强制医疗的,没有及时提出解除意见报请决定强制医疗的人民法院批准的;

(七)对被强制医疗的人及其近亲属、法定代理人提出的解除强制医疗的申请没有及时进行审查处理,或者没有及时转送决定强制医疗的人民法院的;

(八)人民法院作出解除强制医疗决定后,不立即办理解除手续的;

(九)其他违法情形。

对强制医疗机构违法行为的监督,参照本规则第六百三十二条的规定办理。

第六百六十五条　人民检察院应当受理被强制医疗的人及其近亲属、法定代理人的控告、举报和申诉,并及时审查处理。对控告人、举报人、申诉人要求回复处理结果的,人民检察院监所检察部门应当在十五日以内将调查处理情况书面反馈控告人、举报人、申诉人。

人民检察院监所检察部门审查不服强制医疗决定的申诉,认为原决定正确、申诉理由不成立的,可以直接将审查结果答复申诉人;认为原决定可能错误,需要复查的,应当移送作出强制医疗决定的人民法院的同级人民检察院公诉部门办理。

第六百六十六条　人民检察院监所检察部门收到被强制医疗的人及其近亲属、法定代理人解除强制医疗决定的申请后,应当及时转交强制医疗机构审查,并监督强制医疗机构是否及时审查、审查处理活动是否合法。

第六百六十七条　人民检察院对于人民法院批准解除强制医疗的决定实行监督,发现人民法院解除强制医疗的决定不当的,应当依法向人民法院提出纠正意见。

第十五章　案件管理

第六百六十八条　人民检察院案件管理部门对检察机关办理的案件实行统一受理、流程监控、案后评查、统计分析、信息查询、综合考评等，对办案期限、办案程序、办案质量等进行管理、监督、预警。

第六百六十九条 人民检察院案件管理部门发现本院办案部门或者办案人员有下列情形之一的，应当及时提出纠正意见：

（一）查封、扣押、冻结、保管、处理涉案财物不符合有关法律和规定的；

（二）法律文书使用不当或者有明显错漏的；

（三）超过法定的办案期限仍未办结案件的；

（四）侵害当事人、辩护人、诉讼代理人的诉讼权利的；

（五）未依法对立案、侦查、审查逮捕、公诉、审判等诉讼活动以及执行活动中的违法行为履行法律监督职责的；

（六）其他违法办理案件的情形。

对于情节轻微的，可以向办案部门或者办案人员进行口头提示；对于情节较重的，应当向办案部门发送案件流程监控通知书，提示办案部门及时查明情况并予以纠正；情节严重的，应当向办案部门发送案件流程监控通知书，并向检察长报告。

办案部门收到案件流程监控通知书后，应当在十日以内将核查情况书面回复案件管理部门。

第六百七十条 人民检察院案件管理部门对以本院名义制发的法律文书实施监督管理。

第六百七十一条 人民检察院办理的案件，办结后需要向其他单位移送案卷材料的，统一由案件管理部门审核移送材料是否规范、齐备。案件管理部门认为材料规范、齐备，符合移送条件的，应当立即由有关部门按照相关规定移送；认为材料不符合要求的，应当及时通知办案部门补送、更正。

第六百七十二条 公安机关等侦查机关移送审查起诉时随案移送涉案财物及其孳息的，人民检察院案件管理部门应当在受理案件时进行审查，并及时办理入库保管手续。

第六百七十三条 人民检察院办案部门查封、扣押、冻结涉案财物及其孳息后，应当立即将扣押的款项存入专门账户，将扣押的物品送案件管理部门办理入库保管手续，并将查封、扣押、冻结涉案财物的清单送案件管理部门登记，至迟不得超过三日。法律和有关规定另有规定的除外。

第六百七十四条 人民检察院案件管理部门负责对扣押的涉案财物进行保管，并对查封、扣押、冻结、处理涉案财物工作进行监督管理，对违反规定的行为提出纠正意见；对构成违法或者严重违纪的行为，移送纪检监察部门处理。

第六百七十五条 人民检察院办案部门需要调用、移送、处理查封、扣押、冻结的涉案财物的，应当按照规定办理审批手续。案件管理部门对于审批手续齐全的，应当办理出库手续。

第十六章 刑事司法协助

第一节 一 般 规 定

第六百七十六条 人民检察院进行司法协助,有我国参加或者缔结的国际条约规定的,适用该条约规定,但是我国声明保留的条款除外;无相应条约规定的,按照互惠原则通过外交途径办理。

第六百七十七条 人民检察院应当在相互尊重国家主权和平等互利的基础上,与有关国家的主管机关相互提供司法协助。

第六百七十八条 享有外交特权和豁免权的外国人的刑事责任问题,通过外交途径解决。

第六百七十九条 人民检察院司法协助的范围主要包括刑事方面的调查取证,送达刑事诉讼文书,通报刑事诉讼结果,移交物证、书证和视听资料,扣押、移交赃款、赃物以及法律和国际条约规定的其他司法协助事宜。

第六百八十条 办理引渡案件,按照国家关于引渡的法律和规定执行。

第六百八十一条 人民检察院对外进行司法协助,应当根据我国有关法律规定的程序向外国提供司法协助和办理司法协助事务。依照国际条约规定,在不违背我国法律规定的前提下,也可以按照请求方的要求适用请求书中所示的程序。

第六百八十二条 外国有关机关请求的事项有损中华人民共和国的主权、安全或者社会公共利益以及违反中国法律的,应当不予协助;不属于人民检察院职权范围的,应当予以退回或者移送有关机关,并说明理由。

第六百八十三条 最高人民检察院是检察机关办理司法协助事务的最高主管机关,依照国际条约规定是人民检察院司法协助的中方中央机关。

地方各级人民检察院是执行司法协助的主管机关,依照职责分工办理司法协助事务。

第六百八十四条 人民检察院与有关国家相互提供司法协助,应当按照我国与有关国家缔结的司法协助条约规定的联系途径或者外交途径进行。

第六百八十五条 有关司法协助条约规定最高人民检察院为司法协助的中方中央机关的,由最高人民检察院直接与有关国家对应的中央机关联系和转递司法协助文件及其他材料。

有关司法协助条约规定其他机关为中方中央机关的,地方各级人民检察院通过最高人民检察院与中方中央机关联系和转递司法协助文件。

第六百八十六条 其他机关需要通过最高人民检察院对外办理司法协助的,应当通过其最高主管机关与最高人民检察院联系。

第六百八十七条 对尚未与我国缔结司法协助条约的国家,相互之间需要提供司法协助的,应当根据互惠原则,通过外交途径办理,也可以按照惯例进行。

具体程序参照本章规定。

第六百八十八条 人民检察院需要通过国际刑事警察组织缉捕人犯、查询资料的,由有关人民检察院提出申请,层报最高人民检察院审查后与有关部门联系办理。

第六百八十九条　我国边境地区人民检察院与相邻国家的司法机关相互进行司法合作,在不违背有关条约、协议和我国法律的前提下,可以按惯例或者遵照有关规定进行,但应当报最高人民检察院备案。

第六百九十条　我国边境地区人民检察院与相邻国家的司法机关相互进行司法合作,可以视情况就双方之间办案过程中的具体事务作出安排,开展友好往来活动。

第二节　人民检察院提供司法协助

第六百九十一条　最高人民检察院通过有关国际条约规定的联系途径或外交途径,接收外国提出的司法协助请求。

第六百九十二条　外国有关机关请求人民检察院提供司法协助的请求书及所附文件,应当附有中文译本或者国际条约规定的其他文字文本。

第六百九十三条　最高人民检察院收到缔约的外国一方提出的司法协助请求后,应当依据我国法律和有关司法协助条约进行审查。对符合条约规定并且所附材料齐全的,交由有关省、自治区、直辖市人民检察院办理或者指定有关人民检察院办理,或者交由其他有关最高主管机关指定有关机关办理。对不符合条约或者有关法律规定的,应当通过接收请求的途径退回请求方不予执行;对所附材料不齐全的,应当要求请求方予以补充。

第六百九十四条　有关省、自治区、直辖市人民检察院收到最高人民检察院转交的司法协助请求书和所附材料后,可以直接办理,也可以指定有关的人民检察院办理。

第六百九十五条　负责执行司法协助请求的人民检察院收到司法协助请求书和所附材料后,应即安排执行,并按条约规定的格式和语言文字将执行结果及有关材料报经省、自治区、直辖市人民检察院审查后,报送最高人民检察院。

对于不能执行的,应当将司法协助请求书和所附材料,连同不能执行的理由通过省、自治区、直辖市人民检察院报送最高人民检察院。

人民检察院因请求书提供的地址不详或材料不齐全难以执行该项请求的,应当立即通过最高人民检察院要求请求方补充提供材料。

第六百九十六条　最高人民检察院应当对执行结果进行审查。对于符合请求要求和有关规定的,由最高人民检察院转递请求协助的缔约外国一方。

第六百九十七条　缔约的外国一方通过其他中方中央机关请求检察机关提供司法协助的,由其他中方中央机关将请求书及所附文件转递最高人民检察院,按本节规定办理。

第三节　人民检察院向外国提出司法协助请求

第六百九十八条　地方各级人民检察院需要向缔约的外国一方请求提供司法协助,应当按有关条约的规定提出司法协助请求书、调查提纲及所附文件和相应的译文,经省级人民检察院审核后,报送最高人民检察院。

请求书及其附件应当提供具体、准确的线索、证据和其他材料。我国与被请求国有条约的，请求书及所附材料按条约规定的语言译制文本；我国与被请求国没有签订条约的，按被请求国官方语言或者可以接受的语言译制文本。

第六百九十九条 最高人民检察院收到地方各级人民检察院请求缔约的外国一方提供司法协助的材料后，应当依照有关条约进行审查。对符合条约有关规定、所附材料齐全的，应当连同上述材料一并转递缔约另一方的中央机关，或者交由其他中方中央机关办理。对不符合条约规定或者材料不齐全的，应当退回提出请求的人民检察院补充或者修正。

第七百条 需要派员赴国外调查取证的，承办案件的人民检察院应当查明在国外证人、犯罪嫌疑人的具体居住地点或者地址、通讯方式等基本情况，制作调查提纲，层报省级人民检察院审核后报送最高人民检察院，通过司法协助或者外交途径向被请求国发出请求书，在被请求国同意后按照有关程序办理赴国外取证事宜。

第四节　期限和费用

第七百零一条 人民检察院提供司法协助，请求书中附有办理期限的，应当按期完成。未附办理期限的，调查取证一般应当在三个月以内完成；送达刑事诉讼文书一般应当在三十日以内完成。

不能按期完成的，应当说明情况和理由，层报最高人民检察院，以便转告请求方。

第七百零二条 人民检察院提供刑事司法协助，根据有关条约规定需要向请求方收取费用的，应当将费用和账单连同执行司法协助的结果一并报送最高人民检察院转递请求方。最高人民检察院收到上述费用后应当立即转交有关人民检察院。

第七百零三条 人民检察院请求外国提供司法协助，根据条约规定应当支付费用的，最高人民检察院收到被请求方开具的收费账单后，应当立即转交有关人民检察院支付。

第十七章　附　　则

第七百零四条 人民检察院办理国家安全机关、走私犯罪侦查机关、监狱移送的刑事案件以及对国家安全机关、走私犯罪侦查机关、监狱立案、侦查活动的监督，适用本规则的有关规定。

第七百零五条 军事检察院等专门人民检察院办理刑事案件，适用本规则和其他有关规定。

第七百零六条 人民检察院办理直接立案侦查的案件接受人民监督员的监督，具体程序依照有关规定办理。

第七百零七条 本规则具有司法解释效力，由最高人民检察院负责解释。

第七百零八条 本规则自 2013 年 1 月 1 日起施行。最高人民检察院 1999 年 1 月 18 日发布的《人民检察院刑事诉讼规则》同时废止；最高人民检察院以前发布的司法解释和规范性文件与本规则不一致的，以本规则为准。

公安机关办理刑事案件程序规定

(2012 年 12 月 13 日公安部令第 127 号发布　自 2013 年 1 月 1 日起施行)

第一章　任务和基本原则

第一条　为了保障《中华人民共和国刑事诉讼法》的贯彻实施,保证公安机关在刑事诉讼中正确履行职权,规范办案程序,确保办案质量,提高办案效率,制定本规定。

第二条　公安机关在刑事诉讼中的任务,是保证准确、及时地查明犯罪事实,正确应用法律,惩罚犯罪分子,保障无罪的人不受刑事追究,教育公民自觉遵守法律,积极同犯罪行为作斗争,维护社会主义法制,尊重和保障人权,保护公民的人身权利、财产权利、民主权利和其他权利,保障社会主义建设事业的顺利进行。

第三条　公安机关在刑事诉讼中的基本职权,是依照法律对刑事案件立案、侦查、预审;决定、执行强制措施;对依法不追究刑事责任的不予立案,已经追究的撤销案件;对侦查终结应当起诉的案件,移送人民检察院审查决定;对不够刑事处罚的犯罪嫌疑人需要行政处理的,依法予以处理或者移送有关部门;对被判处有期徒刑的罪犯,在被交付执行刑罚前,剩余刑期在三个月以下的,代为执行刑罚;执行拘役、剥夺政治权利、驱逐出境。

第四条　公安机关进行刑事诉讼,必须依靠群众,以事实为根据,以法律为准绳。对于一切公民,在适用法律上一律平等,在法律面前,不允许有任何特权。

第五条　公安机关进行刑事诉讼,同人民法院、人民检察院分工负责,互相配合,互相制约,以保证准确有效地执行法律。

第六条　公安机关进行刑事诉讼,依法接受人民检察院的法律监督。

第七条　公安机关进行刑事诉讼,应当建立、完善和严格执行办案责任制度、执法过错责任追究制度等内部执法监督制度。

在刑事诉讼中,上级公安机关发现下级公安机关作出的决定或者办理的案件有错误的,有权予以撤销或者变更,也可以指令下级公安机关予以纠正。

下级公安机关对上级公安机关的决定必须执行,如果认为有错误,可以在执行的同时向上级公安机关报告。

第八条　公安机关办理刑事案件,应当重证据,重调查研究,不轻信口供。严禁刑讯逼供和以威胁、引诱、欺骗以及其他非法方法收集证据,不得强迫任何人证实自己有罪。

第九条　公安机关在刑事诉讼中,应当保障犯罪嫌疑人、被告人和其他诉讼参与人依法享有的辩护权和其他诉讼权利。

第十条　公安机关办理刑事案件，应当向同级人民检察院提请批准逮捕、移送审查起诉。

第十一条　公安机关办理刑事案件，对不通晓当地通用的语言文字的诉讼参与人，应当为他们翻译。

在少数民族聚居或者多民族杂居的地区，应当使用当地通用的语言进行讯问。对外公布的诉讼文书，应当使用当地通用的文字。

第十二条　公安机关办理刑事案件，各地区、各部门之间应当加强协作和配合，依法履行协查、协办职责。

上级公安机关应当加强监督、协调和指导。

第十三条　根据中华人民共和国缔结或者参加的国际条约和公安部签订的双边、多边合作协议，或者按照互惠原则，我国公安机关可以和外国警察机关开展刑事司法协助和警务合作。

第二章　管　　辖

第十四条　根据刑事诉讼法的规定，刑事案件由公安机关管辖，但下列刑事案件除外：

（一）贪污贿赂犯罪，国家工作人员的渎职犯罪，国家机关工作人员利用职权实施的非法拘禁、刑讯逼供、报复陷害、非法搜查的侵犯公民人身权利的犯罪以及侵犯公民民主权利的犯罪案件，经省级以上人民检察院决定立案侦查的国家机关工作人员利用职权实施的其他重大的犯罪案件；

（二）自诉案件，但对人民法院直接受理的被害人有证据证明的轻微刑事案件，因证据不足驳回起诉，人民法院移送公安机关或者被害人向公安机关控告的，公安机关应当受理；被害人直接向公安机关控告的，公安机关应当受理；

（三）军人违反职责的犯罪和军队内部发生的刑事案件；

（四）罪犯在监狱内犯罪的刑事案件；

（五）其他依照法律和规定应当由其他机关管辖的刑事案件。

第十五条　刑事案件由犯罪地的公安机关管辖。如果由犯罪嫌疑人居住地的公安机关管辖更为适宜的，可以由犯罪嫌疑人居住地的公安机关管辖。

犯罪地包括犯罪行为发生地和犯罪结果发生地。犯罪行为发生地，包括犯罪行为的实施地以及预备地、开始地、途经地、结束地等与犯罪行为有关的地点；犯罪行为有连续、持续或者继续状态的，犯罪行为连续、持续或者继续实施的地方都属于犯罪行为发生地。犯罪结果发生地，包括犯罪对象被侵害地、犯罪所得的实际取得地、藏匿地、转移地、使用地、销售地。

居住地包括户籍所在地、经常居住地。经常居住地是指公民离开户籍所在地最后连续居住一年以上的地方。

法律、司法解释或者其他规范性文件对有关犯罪案件的管辖作出特别规定的，从其规定。

第十六条　针对或者利用计算机网络实施的犯罪，用于实施犯罪行为的网站服务器所在地、网络接入地以及网站建立者或者管理者所在地，被侵害的计算机信息系统及其管理者所在地，以及犯罪过程中犯罪分子、被害人使用的计算机信息系统所在地公安机关可以管辖。

第十七条　行驶中的交通工具上发生的刑事案件，由交通工具最初停靠地公安机关管辖；必要时，交通工具始发地、途经地、到达地公安机关也可以管辖。

第十八条　几个公安机关都有权管辖的刑事案件，由最初受理的公安机关管辖。必要时，可以由主要犯罪地的公安机关管辖。

具有下列情形之一的，公安机关可以在职责范围内并案侦查：

（一）一人犯数罪的；

（二）共同犯罪的；

（三）共同犯罪的犯罪嫌疑人还实施其他犯罪的；

（四）多个犯罪嫌疑人实施的犯罪存在关联，并案处理有利于查明犯罪事实的。

第十九条　对管辖不明确或者有争议的刑事案件，可以由有关公安机关协商。协商不成的，由共同的上级公安机关指定管辖。

对情况特殊的刑事案件，可以由共同的上级公安机关指定管辖。

第二十条　上级公安机关指定管辖的，应当将指定管辖决定书分别送达被指定管辖的公安机关和其他有关的公安机关。

原受理案件的公安机关，在收到上级公安机关指定其他公安机关管辖的决定书后，不再行使管辖权，同时应当将案卷材料移送被指定管辖的公安机关。

对指定管辖的案件，需要逮捕犯罪嫌疑人的，由被指定管辖的公安机关提请同级人民检察院审查批准；需要提起公诉的，由该公安机关移送同级人民检察院审查决定。

第二十一条　县级公安机关负责侦查发生在本辖区内的刑事案件。

设区的市一级以上公安机关负责重大的危害国家安全犯罪、恐怖活动犯罪、涉外犯罪、经济犯罪、集团犯罪案件的侦查。

上级公安机关认为有必要的，可以侦查下级公安机关管辖的刑事案件；下级公安机关认为案情重大需要上级公安机关侦查的刑事案件，可以请求上一级公安机关管辖。

第二十二条　公安机关内部对刑事案件的管辖，按照刑事侦查机构的设置及其职责分工确定。

第二十三条　铁路公安机关管辖铁路系统的机关、厂、段、院、校、所、队、工区等单位发生的刑事案件，车站工作区域内、列车内发生的刑事案件，铁路沿线发生的盗窃或者破坏铁路、通信、电力线路和其他重要设施的刑事案件，以及内部职工在铁路线上工作时发生的刑事案件。

铁路系统的计算机信息系统延伸到地方涉及铁路业务的网点，其计算机信息系统发生的刑事案件由铁路公安机关管辖。

对倒卖、伪造、变造火车票的案件，由最初受理案件的铁路公安机关或者地方公安机关管辖。必要时，可以移送主要犯罪地的铁路公安机关或者地方公安机关管辖。

铁路建设施工工地发生的刑事案件由地方公安机关管辖。

第二十四条　交通公安机关管辖交通系统的机关、厂、段、院、校、所、队、工区等单位发生的刑事案件，港口、码头工作区域内、轮船内发生的刑事案件，水运航线发生的盗窃或者破坏水运、通信、电力线路和其他重要设施的刑事案件，以及内部职工在交通线上工作时发生的刑事案件。

第二十五条　民航公安机关管辖民航系统的机关、厂、段、院、校、所、队、工区等单位、机场工作区域内、民航飞机内发生的刑事案件。

重大飞行事故刑事案件由犯罪结果发生地机场公安机关管辖。犯罪结果发生地未设机场公安机关或者不在机场公安机关管辖范围内的，由地方公安机关管辖，有关机场公安机关予以协助。

第二十六条　森林公安机关管辖破坏森林和野生动植物资源等刑事案件，大面积林区的森林公安机关还负责辖区内其他刑事案件的侦查。未建立专门森林公安机关的，由所在地公安机关管辖。

第二十七条　海关走私犯罪侦查机构管辖中华人民共和国海关关境内发生的涉税走私犯罪案件和发生在海关监管区内的非涉税走私犯罪案件。

第二十八条　公安机关侦查的刑事案件涉及人民检察院管辖的案件时，应当将属于人民检察院管辖的刑事案件移送人民检察院。涉嫌主罪属于公安机关管辖的，由公安机关为主侦查；涉嫌主罪属于人民检察院管辖的，公安机关予以配合。

公安机关侦查的刑事案件涉及其他侦查机关管辖的案件时，参照前款规定办理。

第二十九条　公安机关和军队互涉刑事案件的管辖分工按照有关规定办理。

公安机关和武装警察部队互涉刑事案件的管辖分工依照公安机关和军队互涉刑事案件的管辖分工的原则办理。列入武装警察部队序列的公安边防、消防、警卫部门人员的犯罪案件，由公安机关管辖。

第三章　回　　避

第三十条　公安机关负责人、侦查人员有下列情形之一的，应当自行提出回避申请，没有自行提出回避申请的，应当责令其回避，当事人及其法定代理人也有权要求他们回避：

（一）是本案的当事人或者是当事人的近亲属的；

（二）本人或者他的近亲属和本案有利害关系的；

（三）担任过本案的证人、鉴定人、辩护人、诉讼代理人的；

（四）与本案当事人有其他关系，可能影响公正处理案件的。

第三十一条 公安机关负责人、侦查人员不得有下列行为:

(一)违反规定会见本案当事人及其委托人;

(二)索取、接受本案当事人及其委托人的财物或者其他利益;

(三)接受本案当事人及其委托人的宴请,或者参加由其支付费用的活动;

(四)有其他不正当行为,可能影响案件公正办理。

违反前款规定的,应当责令其回避并依法追究法律责任。当事人及其法定代理人有权要求其回避。

第三十二条 公安机关负责人、侦查人员自行提出回避申请的,应当说明回避的理由;口头提出申请的,公安机关应当记录在案。

当事人及其法定代理人要求公安机关负责人、侦查人员回避,应当提出申请,并说明理由;口头提出申请的,公安机关应当记录在案。

第三十三条 侦查人员的回避,由县级以上公安机关负责人决定;县级以上公安机关负责人的回避,由同级人民检察院检察委员会决定。

第三十四条 当事人及其法定代理人对侦查人员提出回避申请的,公安机关应当在收到回避申请后二日以内作出决定并通知申请人;情况复杂的,经县级以上公安机关负责人批准,可以在收到回避申请后五日以内作出决定。

第三十五条 当事人及其法定代理人对驳回申请回避的决定不服的,可以在收到驳回申请回避决定书后五日以内向作出决定的公安机关申请复议。

公安机关应当在收到复议申请后五日以内作出复议决定并书面通知申请人。

第三十六条 在作出回避决定前,申请或者被申请回避的公安机关负责人、侦查人员不得停止对案件的侦查。

作出回避决定后,申请或者被申请回避的公安机关负责人、侦查人员不得再参与本案的侦查工作。

第三十七条 被决定回避的公安机关负责人、侦查人员在回避决定作出以前所进行的诉讼活动是否有效,由作出决定的机关根据案件情况决定。

第三十八条 本章关于回避的规定适用于记录人、翻译人员和鉴定人。

记录人、翻译人员和鉴定人需要回避的,由县级以上公安机关负责人决定。

第三十九条 辩护人、诉讼代理人可以依照本章的规定要求回避、申请复议。

第四章 律师参与刑事诉讼

第四十条 公安机关应当保障辩护律师在侦查阶段依法从事下列执业活动:

(一)向公安机关了解犯罪嫌疑人涉嫌的罪名和案件有关情况,提出意见;

(二)与犯罪嫌疑人会见和通信,向犯罪嫌疑人了解案件有关情况;

(三)为犯罪嫌疑人提供法律帮助、代理申诉、控告;

(四)为犯罪嫌疑人申请变更强制措施。

第四十一条 公安机关在第一次讯问犯罪嫌疑人或者对犯罪嫌疑人采取强制措施的时候,应当告知犯罪嫌疑人有权委托律师作为辩护人,并告知其如果因经济困难或者其他原因没有委托辩护律师的,可以向法律援助机构申请法律援助。告知的情形应当记录在案。

对于同案的犯罪嫌疑人委托同一名辩护律师的,或者两名以上未同案处理但实施的犯罪存在关联的犯罪嫌疑人委托同一名辩护律师的,公安机关应当要求其更换辩护律师。

第四十二条 犯罪嫌疑人可以自己委托辩护律师。犯罪嫌疑人在押的,也可以由其监护人、近亲属代为委托辩护律师。

犯罪嫌疑人委托辩护律师的请求可以书面提出,也可以口头提出。口头提出的,公安机关应当制作笔录,由犯罪嫌疑人签名、捺指印。

第四十三条 在押的犯罪嫌疑人向看守所提出委托辩护律师要求的,看守所应当及时将其请求转达给办案部门,办案部门应当及时向犯罪嫌疑人委托的辩护律师或者律师事务所转达该项请求。

在押的犯罪嫌疑人仅提出委托辩护律师的要求,但提不出具体对象的,办案部门应当及时通知犯罪嫌疑人的监护人、近亲属代为委托辩护律师。犯罪嫌疑人无监护人或者近亲属的,办案部门应当及时通知当地律师协会或者司法行政机关为其推荐辩护律师。

第四十四条 符合下列情形之一,犯罪嫌疑人没有委托辩护人的,公安机关应当及时通知法律援助机构为犯罪嫌疑人指派辩护律师:

(一)犯罪嫌疑人是盲、聋、哑人,或者是尚未完全丧失辨认或者控制自己行为能力的精神病人;

(二)犯罪嫌疑人可能被判处无期徒刑、死刑。

第四十五条 公安机关收到在押的犯罪嫌疑人提出的法律援助申请后,应当在二十四小时以内将其申请转交所在地的法律援助机构,并通知申请人的监护人、近亲属或者其委托的其他人员协助提供有关证件、证明等相关材料。犯罪嫌疑人的监护人、近亲属或者其委托的其他人员地址不详无法通知的,应当在转交申请时一并告知法律援助机构。

犯罪嫌疑人拒绝法律援助机构指派的律师作为辩护人或者自行委托辩护人的,公安机关应当在三日以内通知法律援助机构。

第四十六条 辩护律师接受犯罪嫌疑人委托或者法律援助机构的指派后,应当及时告知公安机关并出示律师执业证书、律师事务所证明和委托书或者法律援助公函。

第四十七条 辩护律师向公安机关了解案件有关情况的,公安机关应当依法将犯罪嫌疑人涉嫌的罪名以及当时已查明的该罪的主要事实,犯罪嫌疑人被采取、变更、解除强制措施,延长侦查羁押期限等案件有关情况,告知接受委托或者指派的辩护律师,并记录在案。

第四十八条 辩护律师可以同在押或者被监视居住的犯罪嫌疑人会见、通信。

第四十九条 对危害国家安全犯罪案件、恐怖活动犯罪案件,办案部门应当在将犯罪嫌疑人送看守所羁押时书面通知看守所;犯罪嫌疑人被监视居住的,应当在送交执行时书面通知执行机关。

辩护律师在侦查期间要求会见前款规定案件的在押或者被监视居住的犯罪嫌疑人，应当提出申请。

对辩护律师提出的会见申请，应当在收到申请后四十八小时以内，报经县级以上公安机关负责人批准，作出许可或者不许可的决定。除有碍侦查或者可能泄露国家秘密的情形外，应当作出许可的决定。

公安机关不许可会见的，应当书面通知辩护律师，并说明理由。有碍侦查或者可能泄露国家秘密的情形消失后，公安机关应当许可会见。

有下列情形之一的，属于本条规定的“有碍侦查”：

（一）可能毁灭、伪造证据，干扰证人作证或者串供的；

（二）可能引起犯罪嫌疑人自残、自杀或者逃跑的；

（三）可能引起同案犯逃避、妨碍侦查的；

（四）犯罪嫌疑人的家属与犯罪有牵连的。

第五十条 辩护律师要求会见在押的犯罪嫌疑人，看守所应当在查验其律师执业证书、律师事务所证明和委托书或者法律援助公函后，在四十八小时以内安排律师会见到犯罪嫌疑人，同时通知办案部门。

侦查期间，辩护律师会见危害国家安全犯罪案件、恐怖活动犯罪案件、特别重大贿赂犯罪案件在押或者被监视居住的犯罪嫌疑人时，看守所或者监视居住执行机关还应当查验侦查机关的许可决定文书。

第五十一条 辩护律师会见在押或者被监视居住的犯罪嫌疑人需要聘请翻译人员的，应当经公安机关审查。对于符合相关规定的，应当许可；对于不符合规定的，及时通知其更换。

翻译人员参与会见的，看守所或者监视居住执行机关应当查验公安机关的许可决定文书。

第五十二条 辩护律师会见在押或者被监视居住的犯罪嫌疑人时，看守所或者监视居住执行机关应当采取必要的管理措施，保障会见顺利进行，并告知其遵守会见的有关规定。辩护律师会见犯罪嫌疑人时，公安机关不得监听，不得派员在场。

辩护律师会见在押或者被监视居住的犯罪嫌疑人时，违反法律规定或者会见的规定的，看守所或者监视居住执行机关应当制止。对于严重违反规定或者不听劝阻的，可以决定停止本次会见，并及时通报其所在的律师事务所或者所属的律师协会。

第五十三条 辩护人或者其他任何人在刑事诉讼中，违反法律规定，实施干扰诉讼活动行为的，应当依法追究法律责任。

辩护人实施干扰诉讼活动行为，涉嫌犯罪，属于公安机关管辖的，应当由办理辩护人所承办案件的公安机关报请上一级公安机关指定其他公安机关立案侦查，或者由上一级公安机关立案侦查。不得指定原承办案件公安机关的下级公安机关立案侦查。辩护人是律师的，立案侦查的公安机关应当及时通知其所在的律师事务所或者所属的律师协会。

第五十四条　辩护律师对在执业活动中知悉的委托人的有关情况和信息，有权予以保密。但是，辩护律师在执业活动中知悉委托人或者其他人，准备或者正在实施危害国家安全、公共安全以及严重危害他人人身安全的犯罪的，应当及时告知司法机关。

第五十五条　案件侦查终结前，辩护律师提出要求的，公安机关应当听取辩护律师的意见，根据情况进行核实，并记录在案。辩护律师提出书面意见的，应当附卷。

对辩护律师收集的犯罪嫌疑人不在犯罪现场、未达到刑事责任年龄、属于依法不负刑事责任的精神病人的证据，公安机关应当进行核实并将有关情况记录在案，有关证据应当附卷。

第五章　证　　据

第五十六条　可以用于证明案件事实的材料，都是证据。

证据包括：

（一）物证；

（二）书证；

（三）证人证言；

（四）被害人陈述；

（五）犯罪嫌疑人供述和辩解；

（六）鉴定意见；

（七）勘验、检查、侦查实验、搜查、查封、扣押、提取、辨认等笔录；

（八）视听资料、电子数据。

证据必须经过查证属实，才能作为认定案件事实的根据。

第五十七条　公安机关必须依照法定程序，收集能够证实犯罪嫌疑人有罪或者无罪、犯罪情节轻重的各种证据。必须保证一切与案件有关或者了解案情的公民，有客观地充分地提供证据的条件，除特殊情况外，可以吸收他们协助调查。

第五十八条　公安机关向有关单位和个人收集、调取证据时，应当告知其必须如实提供证据。

对涉及国家秘密、商业秘密、个人隐私的证据，应当保密。

对于伪造证据、隐匿证据或者毁灭证据的，应当追究其法律责任。

第五十九条　公安机关向有关单位和个人调取证据，应当经办案部门负责人批准，开具调取证据通知书。被调取单位、个人应当在通知书上盖章或者签名，拒绝盖章或者签名的，公安机关应当注明。必要时，应当采用录音或者录像等方式固定证据内容及取证过程。

第六十条　公安机关接受或者依法调取的行政机关在行政执法和查办案件过程中收集的物证、书证、视听资料、电子数据、检验报告、鉴定意见、勘验笔录、检查笔录等证据材料，可以作为证据使用。

第六十一条　收集、调取的物证应当是原物。只有在原物不便搬运、不易保存或者依法应当由有关部门保管、处理或者依法应当返还时，才可以拍摄或者制作足以反映原物外形或者内容的照片、录像或者复制品。

物证的照片、录像或者复制品经与原物核实无误或者经鉴定证明为真实的，或者以其他方式确能证明其真实的，可以作为证据使用。原物的照片、录像或者复制品，不能反映原物的外形和特征的，不能作为证据使用。

第六十二条 收集、调取的书证应当是原件。只有在取得原件确有困难时，才可以使用副本或者复制件。

书证的副本、复制件，经与原件核实无误或者经鉴定证明为真实的，或者以其他方式确能证明其真实的，可以作为证据使用。书证有更改或者更改迹象不能作出合理解释的，或者书证的副本、复制件不能反映书证原件及其内容的，不能作为证据使用。

第六十三条 物证的照片、录像或者复制品，书证的副本、复制件，视听资料、电子数据的复制件，应当附有关制作过程及原件、原物存放处的文字说明，并由制作人和物品持有人或者物品持有单位有关人员签名。

第六十四条 公安机关提请批准逮捕书、起诉意见书必须忠实于事实真象。故意隐瞒事实真象的，应当依法追究责任。

第六十五条 需要查明的案件事实包括：

（一）犯罪行为是否存在；

（二）实施犯罪行为的时间、地点、手段、后果以及其他情节；

（三）犯罪行为是否为犯罪嫌疑人实施；

（四）犯罪嫌疑人的身份；

（五）犯罪嫌疑人实施犯罪行为的动机、目的；

（六）犯罪嫌疑人的责任以及与其他同案人的关系；

（七）犯罪嫌疑人有无法定从重、从轻、减轻处罚以及免除处罚的情节；

（八）其他与案件有关的事实。

第六十六条 公安机关移送审查起诉的案件，应当做到犯罪事实清楚，证据确实、充分。

证据确实、充分，应当符合以下条件：

（一）认定的案件事实都有证据证明；

（二）认定案件事实的证据均经法定程序查证属实；

（三）综合全案证据，对所认定事实已排除合理怀疑。

对证据的审查，应当结合案件的具体情况，从各证据与待证事实的关联程度、各证据之间的联系等方面进行审查判断。

只有犯罪嫌疑人供述，没有其他证据的，不能认定案件事实；没有犯罪嫌疑人供述，证据确实、充分的，可以认定案件事实。

第六十七条 采用刑讯逼供等非法方法收集的犯罪嫌疑人供述和采用暴力、威胁等非法方法收集的证人证言、被害人陈述，应当予以排除。

收集物证、书证违反法定程序，可能严重影响司法公正的，应当予以补正或者作出合理解释；不能补正或者作出合理解释的，对该证据应当予以排除。

在侦查阶段发现有应当排除的证据的，经县级以上公安机关负责人批准，应当依法予以排除，不得作为提请批准逮捕、移送审查起诉的依据。

人民检察院认为可能存在以非法方法收集证据情形，要求公安机关进行说明的，公安机关应当及时进行调查，并向人民检察院作出书面说明。

第六十八条 人民法院认为现有证据材料不能证明证据收集的合法性，通知有关侦查人员或者其他人员出庭说明情况的，有关侦查人员或者其他人员应当出庭。必要时，有关侦查人员或者其他人员也可以要求出庭说明情况。

经人民法院通知，人民警察应当就其执行职务时目击的犯罪情况出庭作证。

第六十九条 凡是知道案件情况的人，都有作证的义务。

生理上、精神上有缺陷或者年幼，不能辨别是非，不能正确表达的人，不能作证人。

对于证人能否辨别是非，能否正确表达，必要时可以进行审查或者鉴别。

第七十条 公安机关应当保障证人及其近亲属的安全。

对证人及其近亲属进行威胁、侮辱、殴打或者打击报复，构成犯罪的，依法追究刑事责任；尚不够刑事处罚的，依法给予治安管理处罚。

第七十一条 对危害国家安全犯罪、恐怖活动犯罪、黑社会性质的组织犯罪、毒品犯罪等案件，证人、鉴定人、被害人因在侦查过程中作证，本人或者其近亲属的人身安全面临危险的，公安机关应当采取以下一项或者多项保护措施：

（一）不公开真实姓名、住址和工作单位等个人信息；

（二）禁止特定的人员接触证人、鉴定人、被害人及其近亲属；

（三）对人身和住宅采取专门性保护措施；

（四）其他必要的保护措施。

证人、鉴定人、被害人认为因在侦查过程中作证，本人或者其近亲属的人身安全面临危险，向公安机关请求予以保护，公安机关经审查认为符合前款规定的条件，确有必要采取保护措施的，应当采取上述一项或者多项保护措施。

公安机关依法采取保护措施，可以要求有关单位和个人配合。

案件移送审查起诉时，应当将采取保护措施的相关情况一并移交人民检察院。

第七十二条 公安机关依法决定不公开证人、鉴定人、被害人的真实姓名、住址和工作单位等个人信息的，可以在起诉意见书、询问笔录等法律文书、证据材料中使用化名等代替证人、鉴定人、被害人的个人信息。但是，应当另行书面说明使用化名的情况并标明密级，单独成卷。

第七十三条 证人保护工作所必需的人员、经费、装备等，应当予以保障。

证人因履行作证义务而支出的交通、住宿、就餐等费用，应当给予补助。证人作证的补助列入公安机关业务经费。

第六章 强制措施

第一节 拘 传

第七十四条 公安机关根据案件情况对需要拘传的犯罪嫌疑人，或者经过传唤没有正当理由不到案的犯罪嫌疑人，可以拘传到其所在市、县内的指定地点进行讯问。

需要拘传的，应当填写呈请拘传报告书，并附有关材料，报县级以上公安机关负责人批准。

第七十五条 公安机关拘传犯罪嫌疑人应当出示拘传证，并责令其在拘传证上签名、捺指印。

犯罪嫌疑人到案后，应当责令其在拘传证上填写到案时间；拘传结束后，应当由其在拘传证上填写拘传结束时间。犯罪嫌疑人拒绝填写的，侦查人员应当在拘传证上注明。

第七十六条 拘传持续的时间不得超过十二小时；案情特别重大、复杂，需要采取拘留、逮捕措施的，经县级以上公安机关负责人批准，拘传持续的时间不得超过二十四小时。不得以连续拘传的形式变相拘禁犯罪嫌疑人。

拘传期限届满，未作出采取其他强制措施决定的，应当立即结束拘传。

第二节 取保候审

第七十七条 公安机关对具有下列情形之一的犯罪嫌疑人，可以取保候审：

（一）可能判处管制、拘役或者独立适用附加刑的；

（二）可能判处有期徒刑以上刑罚，采取取保候审不致发生社会危险性的；

（三）患有严重疾病、生活不能自理，怀孕或者正在哺乳自己婴儿的妇女，采取取保候审不致发生社会危险性的；

（四）羁押期限届满，案件尚未办结，需要继续侦查的。

对拘留的犯罪嫌疑人，证据不符合逮捕条件，以及提请逮捕后，人民检察院不批准逮捕，需要继续侦查，并且符合取保候审条件的，可以依法取保候审。

第七十八条 对累犯，犯罪集团的主犯，以自伤、自残办法逃避侦查的犯罪嫌疑人，严重暴力犯罪以及其他严重犯罪的犯罪嫌疑人不得取保候审，但犯罪嫌疑人具有本规定第七十七条第一款第三项、第四项规定情形的除外。

第七十九条 需要对犯罪嫌疑人取保候审的，应当制作呈请取保候审报告书，说明取保候审的理由、采取的保证方式以及应当遵守的规定，经县级以上公安机关负责人批准，制作取保候审决定书。取保候审决定书应当向犯罪嫌疑人宣读，由犯罪嫌疑人签名、捺指印。

第八十条 公安机关决定对犯罪嫌疑人取保候审的，应当责令犯罪嫌疑人提出保证人或者交纳保证金。

对同一犯罪嫌疑人，不得同时责令其提出保证人和交纳保证金。

第八十一条 采取保证人保证的，保证人必须符合以下条件，并经公安机关审查同意：

（一）与本案无牵连；

（二）有能力履行保证义务；

（三）享有政治权利，人身自由未受到限制；

（四）有固定的住处和收入。

第八十二条　保证人应当履行以下义务：

（一）监督被保证人遵守本规定第八十五条、第八十六条的规定；

（二）发现被保证人可能发生或者已经发生违反本规定第八十五条、第八十六条规定的行为的，应当及时向执行机关报告。

保证人应当填写保证书，并在保证书上签名、捺指印。

第八十三条　犯罪嫌疑人的保证金起点数额为人民币一千元。具体数额应当综合考虑保证诉讼活动正常进行的需要、犯罪嫌疑人的社会危险性、案件的性质、情节、可能判处刑罚的轻重以及犯罪嫌疑人的经济状况等情况确定。

第八十四条　县级以上公安机关应当在其指定的银行设立取保候审保证金专门账户，委托银行代为收取和保管保证金。

提供保证金的人，应当一次性将保证金存入取保候审保证金专门账户。保证金应当以人民币交纳。

保证金应当由办案部门以外的部门管理。严禁截留、坐支、挪用或者以其他任何形式侵吞保证金。

第八十五条　公安机关在宣布取保候审决定时，应当告知被取保候审人遵守以下规定：

（一）未经执行机关批准不得离开所居住的市、县；

（二）住址、工作单位和联系方式发生变动的，在二十四小时以内向执行机关报告；

（三）在传讯的时候及时到案；

（四）不得以任何形式干扰证人作证；

（五）不得毁灭、伪造证据或者串供。

第八十六条　公安机关在决定取保候审时，还可以根据案件情况，责令被取保候审人遵守以下一项或者多项规定：

（一）不得进入与其犯罪活动等相关联的特定场所；

（二）不得与证人、被害人及其近亲属、同案犯以及与案件有关联的其他特定人员会见或者以任何方式通信；

（三）不得从事与其犯罪行为等相关联的特定活动；

（四）将护照等出入境证件、驾驶证件交执行机关保存。

公安机关应当综合考虑案件的性质、情节、社会影响、犯罪嫌疑人的社会关系等因素，确定特定场所、特定人员和特定活动的范围。

第八十七条　公安机关决定取保候审的，应当及时通知被取保候审人居住地的派出所执行。必要时，办案部门可以协助执行。

采取保证人担保形式的，应当同时送交有关法律文书、被取保候审人基本情况、保证人基本情况等材料。采取保证金担保形式的，应当同时送交有关法律文书、被取保候审人基本情况和保证金交纳情况等材料。

第八十八条 人民法院、人民检察院决定取保候审的，负责执行的县级公安机关应当在收到法律文书和有关材料后二十四小时以内，指定被取保候审人居住地派出所核实情况后执行。

第八十九条 执行取保候审的派出所应当履行下列职责：

（一）告知被取保候审人必须遵守的规定，及其违反规定或者在取保候审期间重新犯罪应当承担的法律后果；

（二）监督、考察被取保候审人遵守有关规定，及时掌握其活动、住址、工作单位、联系方式及变动情况；

（三）监督保证人履行保证义务；

（四）被取保候审人违反应当遵守的规定以及保证人未履行保证义务的，应当及时制止、采取紧急措施，同时告知决定机关。

第九十条 执行取保候审的派出所可以责令被取保候审人定期报告有关情况并制作笔录。

第九十一条 被取保候审人无正当理由不得离开所居住的市、县。有正当理由需要离开所居住的市、县的，应当经负责执行的派出所负责人批准。

人民法院、人民检察院决定取保候审的，负责执行的派出所在批准被取保候审人离开所居住的市、县前，应当征得决定机关同意。

第九十二条 被取保候审人在取保候审期间违反本规定第八十五条、第八十六条规定，已交纳保证金的，公安机关应当根据其违反规定的情节，决定没收部分或者全部保证金，并且区别情形，责令其具结悔过、重新交纳保证金、提出保证人，变更强制措施或者给予治安管理处罚；需要予以逮捕的，可以对其先行拘留。

人民法院、人民检察院决定取保候审的，被取保候审人违反应当遵守的规定，执行取保候审的县级公安机关应当及时告知决定机关。

第九十三条 需要没收保证金的，应当经过严格审核后，报县级以上公安机关负责人批准，制作没收保证金决定书。

决定没收五万元以上保证金的，应当经设区的市一级以上公安机关负责人批准。

第九十四条 没收保证金的决定，公安机关应当在三日以内向被取保候审人宣读，并责令其在没收保证金决定书上签名、捺指印；被取保候审人在逃或者具有其他情形不能到场的，应当向其成年家属、法定代理人、辩护人或者单位、居住地的居民委员会、村民委员会宣布，由其成年家属、法定代理人、辩护人或者单位、居住地的居民委员会或者村民委员会的负责人在没收保证金决定书上签名。

被取保候审人或者其成年家属、法定代理人、辩护人、单位、居民委员会、村民委员会负责人拒绝签名的,公安机关应当在没收保证金决定书上注明。

第九十五条 公安机关在宣读没收保证金决定书时,应当告知如果对没收保证金的决定不服,被取保候审人或者其法定代理人可以在五日以内向作出决定的公安机关申请复议。公安机关应当在收到复议申请后七日以内作出决定。

被取保候审人或者其法定代理人对复议决定不服的,可以在收到复议决定书后五日以内向上一级公安机关申请复核一次。上一级公安机关应当在收到复核申请后七日以内作出决定。对上级公安机关撤销或者变更没收保证金决定的,下级公安机关应当执行。

第九十六条 没收保证金的决定已过复议期限,或者经上级公安机关复核后维持原决定的,公安机关应当及时通知指定的银行将没收的保证金按照国家的有关规定上缴国库,并在三日以内通知决定取保候审的机关。

第九十七条 被取保候审人在取保候审期间,没有违反本规定第八十五条、第八十六条有关规定,也没有重新故意犯罪的,或者具有本规定第一百八十三条规定的情形之一的,在解除取保候审、变更强制措施的同时,公安机关应当制作退还保证金决定书,通知银行如数退还保证金。

被取保候审人或者其法定代理人可以凭退还保证金决定书到银行领取退还的保证金。

第九十八条 被取保候审人没有违反本规定第八十五条、第八十六条规定,但在取保候审期间涉嫌重新故意犯罪被立案侦查的,负责执行的公安机关应当暂扣其交纳的保证金,待人民法院判决生效后,根据有关判决作出处理。

第九十九条 被保证人违反应当遵守的规定,保证人未履行保证义务的,查证属实后,经县级以上公安机关负责人批准,对保证人处一千元以上二万元以下罚款;构成犯罪的,依法追究刑事责任。

第一百条 决定对保证人罚款的,应当报经县级以上公安机关负责人批准,制作对保证人罚款决定书,在三日以内向保证人宣布,告知其如果对罚款决定不服,可以在五日以内向作出决定的公安机关申请复议。公安机关应当在收到复议申请后七日以内作出决定。

保证人对复议决定不服的,可以在收到复议决定书后五日以内向上一级公安机关申请复核一次。上一级公安机关应当在收到复核申请后七日以内作出决定。对上级公安机关撤销或者变更罚款决定的,下级公安机关应当执行。

第一百零一条 对于保证人罚款的决定已过复议期限,或者经上级公安机关复核后维持原决定的,公安机关应当及时通知指定的银行将保证人罚款按照国家的有关规定上缴国库,并在三日以内通知决定取保候审的机关。

第一百零二条 对于犯罪嫌疑人采取保证人保证的,如果保证人在取保候审期间情况发生变化,不愿继续担保或者丧失担保条件,应当责令被取保候审人重新提出保证人或者交纳保证金,或者作出变更强制措施的决定。

负责执行的公安机关应当自发现保证人不愿继续担保或者丧失担保条件之日起三日以内通知决定取保候审的机关。

第一百零三条 公安机关在取保候审期间不得中断对案件的侦查，对取保候审的犯罪嫌疑人，根据案情变化，应当及时变更强制措施或者解除取保候审。

取保候审最长不得超过十二个月。

第一百零四条 需要解除取保候审的，由决定取保候审的机关制作解除取保候审决定书、通知书，送达负责执行的公安机关。负责执行的公安机关应当根据决定书及时解除取保候审，并通知被取保候审人、保证人和有关单位。

第三节 监 视 居 住

第一百零五条 公安机关对符合逮捕条件，有下列情形之一的犯罪嫌疑人，可以监视居住：

（一）患有严重疾病、生活不能自理的；

（二）怀孕或者正在哺乳自己婴儿的妇女；

（三）系生活不能自理的人的唯一扶养人；

（四）因案件的特殊情况或者办理案件的需要，采取监视居住措施更为适宜的；

（五）羁押期限届满，案件尚未办结，需要采取监视居住措施的。

对人民检察院决定不批准逮捕的犯罪嫌疑人，需要继续侦查，并且符合监视居住条件的，可以监视居住。

对于符合取保候审条件，但犯罪嫌疑人不能提出保证人，也不交纳保证金的，可以监视居住。

对于被取保候审人违反本规定第八十五条、第八十六条规定的，可以监视居住。

第一百零六条 对犯罪嫌疑人监视居住，应当制作呈请监视居住报告书，说明监视居住的理由、采取监视居住的方式以及应当遵守的规定，经县级以上公安机关负责人批准，制作监视居住决定书。监视居住决定书应当向犯罪嫌疑人宣读，由犯罪嫌疑人签名、捺指印。

第一百零七条 监视居住应当在犯罪嫌疑人、被告人住处执行；无固定住处的，可以在指定的居所执行。对于涉嫌危害国家安全犯罪、恐怖活动犯罪，在住处执行可能有碍侦查的，经上一级公安机关批准，也可以在指定的居所执行。

有下列情形之一的，属于本条规定的“有碍侦查”：

（一）可能毁灭、伪造证据，干扰证人作证或者串供的；

（二）可能引起犯罪嫌疑人自残、自杀或者逃跑的；

（三）可能引起同案犯逃避、妨碍侦查的；

（四）犯罪嫌疑人、被告人在住处执行监视居住有人身危险的；

（五）犯罪嫌疑人、被告人的家属或者所在单位人员与犯罪有牵连的。

指定居所监视居住的，不得要求被监视居住人支付费用。

第一百零八条 固定住处，是指被监视居住人在办案机关所在的市、县内生活的合法住处；指定的居所，是指公安机关根据案件情况，在办案机关所在的市、县内为被监视居住人指定的生活居所。

指定的居所应当符合下列条件：

（一）具备正常的生活、休息条件；

（二）便于监视、管理；

（三）保证安全。

公安机关不得在羁押场所、专门的办案场所或者办公场所执行监视居住。

第一百零九条　指定居所监视居住的，除无法通知的以外，应当制作监视居住通知书，在执行监视居住后二十四小时以内，由决定机关通知被监视居住人的家属。

有下列情形之一的，属于本条规定的“无法通知”：

（一）不讲真实姓名、住址、身份不明的；

（二）没有家属的；

（三）提供的家属联系方式无法取得联系的；

（四）因自然灾害等不可抗力导致无法通知的。

无法通知的情形消失以后，应当立即通知被监视居住人的家属。

无法通知家属的，应当在监视居住通知书中注明原因。

第一百一十条　被监视居住人委托辩护律师，适用本规定第四十一条、第四十二条、第四十三条规定。

第一百一十一条　公安机关在宣布监视居住决定时，应当告知被监视居住人必须遵守以下规定：

（一）未经执行机关批准不得离开执行监视居住的处所；

（二）未经执行机关批准不得会见他人或者以任何方式通信；

（三）在传讯的时候及时到案；

（四）不得以任何形式干扰证人作证；

（五）不得毁灭、伪造证据或者串供；

（六）将护照等出入境证件、身份证件、驾驶证件交执行机关保存。

第一百一十二条　公安机关对被监视居住人，可以采取电子监控、不定期检查等监视方法对其遵守监视居住规定的情况进行监督；在侦查期间，可以对被监视居住的犯罪嫌疑人的电话、传真、信函、邮件、网络等通信进行监控。

第一百一十三条　公安机关决定监视居住的，由被监视居住人住处或者指定居所所在地的派出所执行，办案部门可以协助执行。必要时，也可以由办案部门负责执行，派出所或者其他部门协助执行。

第一百一十四条　人民法院、人民检察院决定监视居住的，负责执行的县级公安机关应当在收到法律文书和有关材料后二十四小时以内，通知被监视居住人住处或者指定居所所在地的派出所，核实被监视居住人身份、住处或者居所等情况后执行。必要时，可以由人民法院、人民检察院协助执行。

第一百一十五条 负责执行监视居住的派出所或者办案部门应当严格对被监视居住人进行监督考察,确保安全。

对于人民法院、人民检察院决定监视居住的,应当及时将监视居住的执行情况报告决定机关。

第一百一十六条 被监视居住人有正当理由要求离开住处或者指定的居所以及要求会见他人或者通信的,应当经负责执行的派出所或者办案部门负责人批准。

人民法院、人民检察院决定监视居住的,负责执行的派出所在批准被监视居住人离开住处或者指定的居所以及与他人会见或者通信前,应当征得决定机关同意。

第一百一十七条 被监视居住人违反应当遵守的规定,公安机关应当区分情形责令被监视居住人具结悔过或者给予治安管理处罚。情节严重的,可以予以逮捕;需要予以逮捕的,可以对其先行拘留。

人民法院、人民检察院决定监视居住的,被监视居住人违反应当遵守的规定,执行监视居住的县级公安机关应当及时告知决定机关。

第一百一十八条 在监视居住期间,公安机关不得中断案件的侦查,对被监视居住的犯罪嫌疑人,应当根据案情变化,及时解除监视居住或者变更强制措施。

监视居住最长不得超过六个月。

第一百一十九条 公安机关决定解除监视居住,应当经县级以上公安机关负责人批准,制作解除监视居住决定书,并及时通知执行的派出所或者办案部门、被监视居住人和有关单位。

人民法院、人民检察院作出解除、变更监视居住决定的,公安机关应当及时解除并通知被监视居住人和有关单位。

第四节 拘 留

第一百二十条 公安机关对于现行犯或者重大嫌疑分子,有下列情形之一的,可以先行拘留:

(一)正在预备犯罪、实行犯罪或者在犯罪后即时被发觉的;

(二)被害人或者在场亲眼看见的人指认他犯罪的;

(三)在身边或者住处发现有犯罪证据的;

(四)犯罪后企图自杀、逃跑或者在逃的;

(五)有毁灭、伪造证据或者串供可能的;

(六)不讲真实姓名、住址,身份不明的;

(七)有流窜作案、多次作案、结伙作案重大嫌疑的。

第一百二十一条 拘留犯罪嫌疑人,应当填写呈请拘留报告书,经县级以上公安机关负责人批准,制作拘留证。执行拘留时,必须出示拘留证,并责令被拘留人在拘留证上签名、捺指印,拒绝签名、捺指印的,侦查人员应当注明。

紧急情况下，对于符合本规定第一百二十条所列情形之一的，应当将犯罪嫌疑人带至公安机关后立即审查，办理法律手续。

第一百二十二条　拘留后，应当立即将被拘留人送看守所羁押，至迟不得超过二十四小时。

异地执行拘留的，应当在到达管辖地后二十四小时以内将犯罪嫌疑人送看守所羁押。

第一百二十三条　除无法通知或者涉嫌危害国家安全犯罪、恐怖活动犯罪通知可能有碍侦查的情形以外，应当在拘留后二十四小时以内制作拘留通知书，通知被拘留人的家属。拘留通知书应当写明拘留原因和羁押处所。

本条规定的“无法通知”的情形适用本规定第一百零九条第二款的规定。

有下列情形之一的，属于本条规定的“有碍侦查”：

（一）可能毁灭、伪造证据，干扰证人作证或者串供的；

（二）可能引起同案犯逃避、妨碍侦查的；

（三）犯罪嫌疑人的家属与犯罪有牵连的。

无法通知、有碍侦查的情形消失以后，应当立即通知被拘留人的家属。

对于没有在二十四小时以内通知家属的，应当在拘留通知书中注明原因。

第一百二十四条　对被拘留的人，应当在拘留后二十四小时以内进行讯问。发现不应当拘留的，应当经县级以上公安机关负责人批准，制作释放通知书，看守所凭释放通知书发给被拘留人释放证明书，将其立即释放。

第一百二十五条　对被拘留的犯罪嫌疑人，经过审查认为需要逮捕的，应当在拘留后的三日以内，提请人民检察院审查批准。在特殊情况下，经县级以上公安机关负责人批准，提请审查批准逮捕的时间可以延长一日至四日。

对流窜作案、多次作案、结伙作案的重大嫌疑分子，经县级以上公安机关负责人批准，提请审查批准逮捕的时间可以延长至三十日。

本条规定的“流窜作案”，是指跨市、县管辖范围连续作案，或者在居住地作案后逃跑到外市、县继续作案；“多次作案”，是指三次以上作案；“结伙作案”，是指二人以上共同作案。

第一百二十六条　犯罪嫌疑人不讲真实姓名、住址，身份不明的，应当对其身份进行调查。经县级以上公安机关负责人批准，拘留期限自查清其身份之日起计算，但不得停止对其犯罪行为的侦查取证。

对符合逮捕条件的犯罪嫌疑人，也可以按其自报的姓名提请批准逮捕。

第一百二十七条　对被拘留的犯罪嫌疑人审查后，根据案件情况报经县级以上公安机关负责人批准，分别作出如下处理：

（一）需要逮捕的，在拘留期限内，依法办理提请批准逮捕手续；

（二）应当追究刑事责任，但不需要逮捕的，依法直接向人民检察院移送审查起诉，或者依法办理取保候审或者监视居住手续后，向人民检察院移送审查起诉；

（三）拘留期限届满，案件尚未办结，需要继续侦查的，依法办理取保候审或者监视居住手续；

（四）具有本规定第一百八十三条规定情形之一的，释放被拘留人，发给释放证明书；需要行政处理的，依法予以处理或者移送有关部门。

第一百二十八条 人民检察院决定拘留犯罪嫌疑人的，由县级以上公安机关凭人民检察院送达的决定拘留的法律文书制作拘留证并立即执行。必要时，可以请人民检察院协助。拘留后，应当及时通知人民检察院。

公安机关未能抓获犯罪嫌疑人的，应当将执行情况和未能抓获犯罪嫌疑人的原因通知作出拘留决定的人民检察院。对于犯罪嫌疑人在逃的，在人民检察院撤销拘留决定之前，公安机关应当组织力量继续执行。

第五节 逮 捕

第一百二十九条 对有证据证明有犯罪事实，可能判处徒刑以上刑罚的犯罪嫌疑人，采取取保候审尚不足以防止发生下列社会危险性的，应当提请批准逮捕：

（一）可能实施新的犯罪的；

（二）有危害国家安全、公共安全或者社会秩序的现实危险的；

（三）可能毁灭、伪造证据，干扰证人作证或者串供的；

（四）可能对被害人、举报人、控告人实施打击报复的；

（五）企图自杀或者逃跑的。

对于有证据证明有犯罪事实，可能判处十年有期徒刑以上刑罚的，或者有证据证明有犯罪事实，可能判处徒刑以上刑罚，曾经故意犯罪或者身份不明的，应当提请批准逮捕。

公安机关在根据第一款的规定提请人民检察院审查批准逮捕时，应当对犯罪嫌疑人具有社会危险性说明理由。

第一百三十条 有证据证明有犯罪事实，是指同时具备下列情形：

（一）有证据证明发生了犯罪事实；

（二）有证据证明该犯罪事实是犯罪嫌疑人实施的；

（三）证明犯罪嫌疑人实施犯罪行为的证据已有查证属实的。

前款规定的"犯罪事实"既可以是单一犯罪行为的事实，也可以是数个犯罪行为中任何一个犯罪行为的事实。

第一百三十一条 被取保候审人违反取保候审规定，具有下列情形之一的，可以提请批准逮捕：

（一）涉嫌故意实施新的犯罪行为的；

（二）有危害国家安全、公共安全或者社会秩序的现实危险的；

（三）实施毁灭、伪造证据或者干扰证人作证、串供行为，足以影响侦查工作正常进行的；

（四）对被害人、举报人、控告人实施打击报复的；

（五）企图自杀、逃跑，逃避侦查的；

（六）未经批准，擅自离开所居住的市、县，情节严重的，或者两次以上未经批准，擅自离开所居住的市、县的；

（七）经传讯无正当理由不到案，情节严重的，或者经两次以上传讯不到案的；

（八）违反规定进入特定场所、从事特定活动或者与特定人员会见、通信两次以上的。

第一百三十二条 被监视居住人违反监视居住规定，具有下列情形之一的，可以提请批准逮捕：

（一）涉嫌故意实施新的犯罪行为的；

（二）实施毁灭、伪造证据或者干扰证人作证、串供行为，足以影响侦查工作正常进行的；

（三）对被害人、举报人、控告人实施打击报复的；

（四）企图自杀、逃跑，逃避侦查的；

（五）未经批准，擅自离开执行监视居住的处所，情节严重的，或者两次以上未经批准，擅自离开执行监视居住的处所的；

（六）未经批准，擅自会见他人或者通信，情节严重的，或者两次以上未经批准，擅自会见他人或者通信的；

（七）经传讯无正当理由不到案，情节严重的，或者经两次以上传讯不到案的。

第一百三十三条 需要提请批准逮捕犯罪嫌疑人的，应当经县级以上公安机关负责人批准，制作提请批准逮捕书，连同案卷材料、证据，一并移送同级人民检察院审查批准。

第一百三十四条 对于人民检察院不批准逮捕并通知补充侦查的，公安机关应当按照人民检察院的补充侦查提纲补充侦查。

公安机关补充侦查完毕，认为符合逮捕条件的，应当重新提请批准逮捕。

第一百三十五条 对于人民检察院不批准逮捕而未说明理由的，公安机关可以要求人民检察院说明理由。

第一百三十六条 对于人民检察院决定不批准逮捕的，公安机关在收到不批准逮捕决定书后，如果犯罪嫌疑人已被拘留的，应当立即释放，发给释放证明书，并将执行回执送达作出不批准逮捕决定的人民检察院。

第一百三十七条 对人民检察院不批准逮捕的决定，认为有错误需要复议的，应当在收到不批准逮捕决定书后五日以内制作要求复议意见书，报经县级以上公安机关负责人批准后，送交同级人民检察院复议。

如果意见不被接受，认为需要复核的，应当在收到人民检察院的复议决定书后五日以内制作提请复核意见书，报经县级以上公安机关负责人批准后，连同人民检察院的复议决定书，一并提请上一级人民检察院复核。

第一百三十八条 接到人民检察院批准逮捕决定书后，应当由县级以上公安机关负责人签发逮捕证，立即执行，并将执行回执送达作出批准逮捕决定的人民检察院。如果未能执行，也应当将回执送达人民检察院，并写明未能执行的原因。

第一百三十九条 执行逮捕时，必须出示逮捕证，并责令被逮捕人在逮捕证上签名、捺指印,拒绝签名、捺指印的,侦查人员应当注明。逮捕后,应当立即将被逮捕人送看守所羁押。

执行逮捕的侦查人员不得少于二人。

第一百四十条 对被逮捕的人,必须在逮捕后的二十四小时以内进行讯问。发现不应当逮捕的,经县级以上公安机关负责人批准,制作释放通知书,送看守所和原批准逮捕的人民检察院。看守所凭释放通知书立即释放被逮捕人,并发给释放证明书。

第一百四十一条 对犯罪嫌疑人执行逮捕后,除无法通知的情形以外,应当在逮捕后二十四小时以内,制作逮捕通知书,通知被逮捕人的家属。逮捕通知书应当写明逮捕原因和羁押处所。

本条规定的“无法通知”的情形适用本规定第一百零九条第二款的规定。

无法通知的情形消除后,应当立即通知被逮捕人的家属。

对于没有在二十四小时以内通知家属的,应当在逮捕通知书中注明原因。

第一百四十二条 人民法院、人民检察院决定逮捕犯罪嫌疑人、被告人的,由县级以上公安机关凭人民法院、人民检察院决定逮捕的法律文书制作逮捕证并立即执行。必要时,可以请人民法院、人民检察院协助执行。执行逮捕后,应当及时通知决定机关。

公安机关未能抓获犯罪嫌疑人、被告人的,应当将执行情况和未能抓获的原因通知决定逮捕的人民检察院、人民法院。对于犯罪嫌疑人、被告人在逃的,在人民检察院、人民法院撤销逮捕决定之前,公安机关应当组织力量继续执行。

第一百四十三条 人民检察院在审查批准逮捕工作中发现公安机关的侦查活动存在违法情况,通知公安机关予以纠正的,公安机关应当调查核实,对于发现的违法情况应当及时纠正,并将纠正情况书面通知人民检察院。

第六节 羁　押

第一百四十四条 对犯罪嫌疑人逮捕后的侦查羁押期限不得超过二个月。案情复杂、期限届满不能侦查终结的案件,应当制作提请批准延长侦查羁押期限意见书,经县级以上公安机关负责人批准后,在期限届满七日前送请同级人民检察院转报上一级人民检察院批准延长一个月。

第一百四十五条 下列案件在本规定第一百四十四条规定的期限届满不能侦查终结的,应当制作提请批准延长侦查羁押期限意见书,经县级以上公安机关负责人批准,在期限届满七日前送请同级人民检察院层报省、自治区、直辖市人民检察院批准,延长二个月:

(一)交通十分不便的边远地区的重大复杂案件;

(二)重大的犯罪集团案件;

(三)流窜作案的重大复杂案件;

(四)犯罪涉及面广,取证困难的重大复杂案件。

第一百四十六条 对犯罪嫌疑人可能判处十年有期徒刑以上刑罚,依照本规定第一百四十五条规定的延长期限届满,仍不能侦查终结的,应当制作提请批准延长侦查羁押期限意见书,经县级以上公安机关负责人批准,在期限届满七日前送请同级人民检察院层报省、自治区、直辖市人民检察院批准,再延长二个月。

第一百四十七条 在侦查期间,发现犯罪嫌疑人另有重要罪行的,应当自发现之日起五日以内报县级以上公安机关负责人批准后,重新计算侦查羁押期限,制作重新计算侦查羁押期限通知书,送达看守所,并报批准逮捕的人民检察院备案。

前款规定的"另有重要罪行",是指与逮捕时的罪行不同种的重大犯罪以及同种犯罪并将影响罪名认定、量刑档次的重大犯罪。

第一百四十八条 犯罪嫌疑人不讲真实姓名、住址,身份不明的,应当对其身份进行调查。经县级以上公安机关负责人批准,侦查羁押期限自查清其身份之日起计算,但不得停止对其犯罪行为的侦查取证。

对于犯罪事实清楚,证据确实、充分,确实无法查明其身份的,按其自报的姓名移送人民检察院审查起诉。

第一百四十九条 看守所应当凭公安机关签发的拘留证、逮捕证收押被拘留、逮捕的犯罪嫌疑人、被告人。犯罪嫌疑人、被告人被送至看守所羁押时,看守所应当在拘留证、逮捕证上注明犯罪嫌疑人、被告人到达看守所的时间。

查获被通缉、脱逃的犯罪嫌疑人以及执行追捕、押解任务需要临时寄押的,应当持通缉令或者其他有关法律文书并经寄押地县级以上公安机关负责人批准,送看守所寄押。

临时寄押的犯罪嫌疑人出所时,看守所应当出具羁押该犯罪嫌疑人的证明,载明该犯罪嫌疑人基本情况、羁押原因、入所和出所时间。

第一百五十条 看守所收押犯罪嫌疑人、被告人和罪犯,应当进行健康和体表检查,并予以记录。

第一百五十一条 看守所收押犯罪嫌疑人、被告人和罪犯,应当对其人身和携带的物品进行安全检查。发现违禁物品、犯罪证据和可疑物品,应当制作笔录,由被羁押人签名、捺指印后,送办案机关处理。

对女性的人身检查,应当由女工作人员进行。

第一百五十二条 犯罪嫌疑人被送交看守所羁押以后,侦查人员对其进行讯问,应当在看守所讯问室内进行。

第七节　其 他 规 定

第一百五十三条 继续盘问期间发现犯罪嫌疑人需要拘留、逮捕、取保候审或者监视居住的,应当立即办理法律手续。

第一百五十四条 对犯罪嫌疑人执行拘传、拘留、逮捕、押解过程中,应当依法使用约束性警械。遇有暴力性对抗或者暴力犯罪行为,可以依法使用制服性警械或者武器。

第一百五十五条 公安机关发现对犯罪嫌疑人采取强制措施不当的，应当及时撤销或者变更。犯罪嫌疑人在押的，应当及时释放。公安机关释放被逮捕的人或者变更逮捕措施的，应当通知批准逮捕的人民检察院。

第一百五十六条 犯罪嫌疑人被逮捕后，人民检察院经审查认为不需要继续羁押提出检察建议的，公安机关应当予以调查核实，认为不需要继续羁押的，应当予以释放或者变更强制措施；认为需要继续羁押的，应当说明理由。

公安机关应当在十日以内将处理情况通知人民检察院。

第一百五十七条 犯罪嫌疑人及其法定代理人、近亲属或者辩护人有权申请变更强制措施。公安机关应当在收到申请后三日以内作出决定；不同意变更强制措施的，应当告知申请人，并说明理由。

第一百五十八条 公安机关对被采取强制措施法定期限届满的犯罪嫌疑人，应当予以释放，解除取保候审、监视居住或者依法变更强制措施。

犯罪嫌疑人及其法定代理人、近亲属或者辩护人对于公安机关采取强制措施法定期限届满的，有权要求公安机关解除强制措施。公安机关应当进行审查，对于情况属实的，应当立即解除或者变更强制措施。

对于犯罪嫌疑人、被告人羁押期限即将届满的，看守所应当立即通知办案机关。

第一百五十九条 取保候审变更为监视居住的，取保候审、监视居住变更为拘留、逮捕的，对原强制措施不再办理解除法律手续。

第一百六十条 案件在取保候审、监视居住期间移送审查起诉后，人民检察院决定重新取保候审、监视居住或者变更强制措施的，对原强制措施不再办理解除法律手续。

第一百六十一条 公安机关依法对县级以上各级人民代表大会代表拘传、取保候审、监视居住、拘留或者提请批准逮捕的，应当书面报请该代表所属的人民代表大会主席团或者常务委员会许可。

第一百六十二条 公安机关对现行犯拘留的时候，发现其是县级以上人民代表大会代表的，应当立即向其所属的人民代表大会主席团或者常务委员会报告。

公安机关在依法执行拘传、取保候审、监视居住、拘留或者逮捕中，发现被执行人是县级以上人民代表大会代表的，应当暂缓执行，并报告决定或者批准机关。如果在执行后发现被执行人是县级以上人民代表大会代表的，应当立即解除，并报告决定或者批准机关。

第一百六十三条 公安机关依法对乡、民族乡、镇的人民代表大会代表拘传、取保候审、监视居住、拘留或者执行逮捕的，应当在执行后立即报告其所属的人民代表大会。

第一百六十四条 公安机关依法对政治协商委员会委员拘传、取保候审、监视居住的，应当将有关情况通报给该委员所属的政协组织。

第一百六十五条 公安机关依法对政治协商委员会委员执行拘留、逮捕前，应当向该委员所属的政协组织通报情况；情况紧急的，可在执行的同时或者执行以后及时通报。

第七章 立案、撤案

第一节 受 案

第一百六十六条 公安机关对于公民扭送、报案、控告、举报或者犯罪嫌疑人自动投案的,都应当立即接受,问明情况,并制作笔录,经核对无误后,由扭送人、报案人、控告人、举报人、自动投案人签名、捺指印。必要时,应当录音或者录像。

第一百六十七条 公安机关对扭送人、报案人、控告人、举报人、自动投案人提供的有关证据材料等应当登记,制作接受证据材料清单,并由扭送人、报案人、控告人、举报人、自动投案人签名。必要时,应当拍照或者录音、录像,并妥善保管。

第一百六十八条 公安机关接受案件时,应当制作受案登记表,并出具回执。

第一百六十九条 公安机关接受控告、举报的工作人员,应当向控告人、举报人说明诬告应负的法律责任。但是,只要不是捏造事实、伪造证据,即使控告、举报的事实有出入,甚至是错告的,也要和诬告严格加以区别。

第一百七十条 公安机关应当保障扭送人、报案人、控告人、举报人及其近亲属的安全。

扭送人、报案人、控告人、举报人如果不愿意公开自己的身份,应当为其保守秘密,并在材料中注明。

第一百七十一条 对接受的案件,或者发现的犯罪线索,公安机关应当迅速进行审查。

对于在审查中发现案件事实或者线索不明的,必要时,经办案部门负责人批准,可以进行初查。

初查过程中,公安机关可以依照有关法律和规定采取询问、查询、勘验、鉴定和调取证据材料等不限制被调查对象人身、财产权利的措施。

第一百七十二条 经过审查,认为有犯罪事实,但不属于自己管辖的案件,应当立即报经县级以上公安机关负责人批准,制作移送案件通知书,移送有管辖权的机关处理。

对于不属于自己管辖又必须采取紧急措施的,应当先采取紧急措施,然后办理手续,移送主管机关。

第一百七十三条 经过审查,对告诉才处理的案件,公安机关应当告知当事人向人民法院起诉。

对被害人有证据证明的轻微刑事案件,公安机关应当告知被害人可以向人民法院起诉;被害人要求公安机关处理的,公安机关应当依法受理。

人民法院审理自诉案件,依法调取公安机关已经收集的案件材料和有关证据的,公安机关应当及时移交。

第一百七十四条 经过审查,对于不够刑事处罚需要给予行政处理的,依法予以处理或者移送有关部门。

第二节 立 案

第一百七十五条 公安机关接受案件后,经审查,认为有犯罪事实需要追究刑事责任,且属于自己管辖的，经县级以上公安机关负责人批准，予以立案；认为没有犯罪事实，或者犯罪事实显著轻微不需要追究刑事责任，或者具有其他依法不追究刑事责任情形的，经县级以上公安机关负责人批准，不予立案。

对有控告人的案件，决定不予立案的，公安机关应当制作不予立案通知书，并在三日以内送达控告人。

第一百七十六条 控告人对不予立案决定不服的，可以在收到不予立案通知书后七日以内向作出决定的公安机关申请复议；公安机关应当在收到复议申请后七日以内作出决定，并书面通知控告人。

控告人对不予立案的复议决定不服的，可以在收到复议决定书后七日以内向上一级公安机关申请复核；上一级公安机关应当在收到复核申请后七日以内作出决定。对上级公安机关撤销不予立案决定的，下级公安机关应当执行。

第一百七十七条 对行政执法机关移送的案件，公安机关应当自接受案件之日起三日以内进行审查，认为有犯罪事实，需要追究刑事责任，依法决定立案的，应当书面通知移送案件的行政执法机关；认为没有犯罪事实，或者犯罪事实显著轻微，不需要追究刑事责任，依法不予立案的，应当说明理由，并将不予立案通知书送达移送案件的行政执法机关，相应退回案件材料。

第一百七十八条 移送案件的行政执法机关对不予立案决定不服的，可以在收到不予立案通知书后三日以内向作出决定的公安机关申请复议；公安机关应当在收到行政执法机关的复议申请后三日以内作出决定，并书面通知移送案件的行政执法机关。

第一百七十九条 对人民检察院要求说明不立案理由的案件，公安机关应当在收到通知书后七日以内，对不立案的情况、依据和理由作出书面说明，回复人民检察院。公安机关作出立案决定的，应当将立案决定书复印件送达人民检察院。

人民检察院通知公安机关立案的，公安机关应当在收到通知书后十五日以内立案，并将立案决定书复印件送达人民检察院。

第一百八十条 人民检察院认为公安机关不应当立案而立案，提出纠正意见的，公安机关应当进行调查核实，并将有关情况回复人民检察院。

第一百八十一条 经立案侦查，认为有犯罪事实需要追究刑事责任，但不属于自己管辖或者需要由其他公安机关并案侦查的案件，经县级以上公安机关负责人批准，制作移送案件通知书，移送有管辖权的机关或者并案侦查的公安机关，并在移送案件后三日以内书面通知犯罪嫌疑人家属。

第一百八十二条 案件变更管辖或者移送其他公安机关并案侦查时，与案件有关的财物及其孳息、文件应当随案移交。

移交时，由接收人、移交人当面查点清楚，并在交接单据上共同签名。

第三节 撤 案

第一百八十三条 经过侦查，发现具有下列情形之一的，应当撤销案件：

（一）没有犯罪事实的；

（二）情节显著轻微、危害不大，不认为是犯罪的；

（三）犯罪已过追诉时效期限的；

（四）经特赦令免除刑罚的；

（五）犯罪嫌疑人死亡的；

（六）其他依法不追究刑事责任的。

对于经过侦查，发现有犯罪事实需要追究刑事责任，但不是被立案侦查的犯罪嫌疑人实施的，或者共同犯罪案件中部分犯罪嫌疑人不够刑事处罚的，应当对有关犯罪嫌疑人终止侦查，并对该案件继续侦查。

第一百八十四条 需要撤销案件或者对犯罪嫌疑人终止侦查的，办案部门应当制作撤销案件或者对犯罪嫌疑人终止侦查报告书，报县级以上公安机关负责人批准。

公安机关决定撤销案件或者对犯罪嫌疑人终止侦查时，原犯罪嫌疑人在押的，应当立即释放，发给释放证明书。原犯罪嫌疑人被逮捕的，应当通知原批准逮捕的人民检察院。对原犯罪嫌疑人采取其他强制措施的，应当立即解除强制措施；需要行政处理的，依法予以处理或者移交有关部门。

对查封、扣押的财物及其孳息、文件，或者冻结的财产，除按照法律和有关规定另行处理的以外，应当解除查封、扣押、冻结。

第一百八十五条 公安机关作出撤销案件决定后，应当在三日以内告知原犯罪嫌疑人、被害人或者其近亲属、法定代理人以及案件移送机关。

公安机关作出终止侦查决定后，应当在三日以内告知原犯罪嫌疑人。

第一百八十六条 公安机关撤销案件以后又发现新的事实或者证据，认为有犯罪事实需要追究刑事责任的，应当重新立案侦查。

对于犯罪嫌疑人终止侦查后又发现新的事实或者证据，认为有犯罪事实需要追究刑事责任的，应当继续侦查。

第八章 侦 查

第一节 一般规定

第一百八十七条 公安机关对已经立案的刑事案件，应当及时进行侦查，全面、客观地收集、调取犯罪嫌疑人有罪或者无罪、罪轻或者罪重的证据材料。

第一百八十八条 公安机关经过侦查，对有证据证明有犯罪事实的案件，应当进行预审，对收集、调取的证据材料的真实性、合法性及证明力予以审查、核实。

第一百八十九条 公安机关侦查犯罪，应当严格依照法律规定的条件和程序采取强制措施和侦查措施，严禁在没有证据的情况下，仅凭怀疑就对犯罪嫌疑人采取强制措施和侦查措施。

第一百九十条 公安机关侦查犯罪，涉及国家秘密、商业秘密、个人隐私的，应当保密。

第一百九十一条 当事人和辩护人、诉讼代理人、利害关系人对于公安机关及其侦查人员有下列行为之一的，有权向该机关申诉或者控告：

(一)采取强制措施法定期限届满，不予以释放、解除或者变更的；

(二)应当退还取保候审保证金不退还的；

(三)对与案件无关的财物采取查封、扣押、冻结措施的；

(四)应当解除查封、扣押、冻结不解除的；

(五)贪污、挪用、私分、调换、违反规定使用查封、扣押、冻结的财物的。

受理申诉或者控告的公安机关应当及时进行调查核实，并在收到申诉、控告之日起三十日以内作出处理决定，书面回复申诉人、控告人。发现公安机关及其侦查人员有上述行为之一的，应当立即纠正。

第一百九十二条 上级公安机关发现下级公安机关存在本规定第一百九十一条第一款规定的违法行为或者对申诉、控告事项不按照规定处理的，应当责令下级公安机关限期纠正，下级公安机关应当立即执行。必要时，上级公安机关可以就申诉、控告事项直接作出处理决定。

第二节 讯问犯罪嫌疑人

第一百九十三条 公安机关对于不需要拘留、逮捕的犯罪嫌疑人，经办案部门负责人批准，可以传唤到犯罪嫌疑人所在市、县内的指定地点或者到他的住处进行讯问。

第一百九十四条 传唤犯罪嫌疑人时，应当出示传唤证和侦查人员的工作证件，并责令其在传唤证上签名、捺指印。

犯罪嫌疑人到案后，应当由其在传唤证上填写到案时间。传唤结束时，应当由其在传唤证上填写传唤结束时间。犯罪嫌疑人拒绝填写的，侦查人员应当在传唤证上注明。

对在现场发现的犯罪嫌疑人，侦查人员经出示工作证件，可以口头传唤，并将传唤的原因和依据告知被传唤人。在讯问笔录中应当注明犯罪嫌疑人到案方式，并由犯罪嫌疑人注明到案时间和传唤结束时间。

对自动投案或者群众扭送到公安机关的犯罪嫌疑人，可以依法传唤。

第一百九十五条 传唤持续的时间不得超过十二小时。案情特别重大、复杂，需要采取拘留、逮捕措施的，经办案部门负责人批准，传唤持续的时间不得超过二十四小时。不得以连续传唤的形式变相拘禁犯罪嫌疑人。

传唤期限届满，未作出采取其他强制措施决定的，应当立即结束传唤。

第一百九十六条 传唤、拘传、讯问犯罪嫌疑人，应当保证犯罪嫌疑人的饮食和必要的休息时间，并记录在案。

第一百九十七条 讯问犯罪嫌疑人，必须由侦查人员进行。讯问的时候，侦查人员不得少于二人。

讯问同案的犯罪嫌疑人，应当个别进行。

第一百九十八条　侦查人员讯问犯罪嫌疑人时,应当首先讯问犯罪嫌疑人是否有犯罪行为,并告知犯罪嫌疑人如实供述自己罪行可以从轻或者减轻处罚的法律规定,让他陈述有罪的情节或者无罪的辩解,然后向他提出问题。

犯罪嫌疑人对侦查人员的提问,应当如实回答。但是对与本案无关的问题,有拒绝回答的权利。

第一次讯问,应当问明犯罪嫌疑人的姓名、别名、曾用名、出生年月日、户籍所在地、现住地、籍贯、出生地、民族、职业、文化程度、家庭情况、社会经历、是否属于人大代表、政协委员、是否受过刑事处罚或者行政处理等情况。

第一百九十九条　讯问聋、哑的犯罪嫌疑人,应当有通晓聋、哑手势的人参加,并在讯问笔录上注明犯罪嫌疑人的聋、哑情况,以及翻译人员的姓名、工作单位和职业。

讯问不通晓当地语言文字的犯罪嫌疑人,应当配备翻译人员。

第二百条　侦查人员应当将问话和犯罪嫌疑人的供述或者辩解如实地记录清楚。制作讯问笔录应当使用能够长期保持字迹的材料。

第二百零一条　讯问笔录应当交犯罪嫌疑人核对或者向他宣读。如果记录有遗漏或者差错,应当允许犯罪嫌疑人补充或者更正,并捺指印。笔录经犯罪嫌疑人核对无误后,应当由其在笔录上逐页签名、捺指印,并在末页写明"以上笔录我看过(或向我宣读过),和我说的相符"。拒绝签名、捺指印的,侦查人员应当在笔录上注明。

讯问笔录上所列项目,应当按照规定填写齐全。侦查人员、翻译人员应当在讯问笔录上签名。

第二百零二条　犯罪嫌疑人请求自行书写供述的,应当准许;必要时,侦查人员也可以要求犯罪嫌疑人亲笔书写供词。犯罪嫌疑人应当在亲笔供词上逐页签名、捺指印。侦查人员收到后,应当在首页右上方写明"于某年某月某日收到",并签名。

第二百零三条　讯问犯罪嫌疑人,在文字记录的同时,可以对讯问过程进行录音或者录像。对于可能判处无期徒刑、死刑的案件或者其他重大犯罪案件,应当对讯问过程进行录音或者录像。

前款规定的"可能判处无期徒刑、死刑的案件",是指应当适用的法定刑或者量刑档次包含无期徒刑、死刑的案件。"其他重大犯罪案件",是指致人重伤、死亡的严重危害公共安全犯罪、严重侵犯公民人身权利犯罪,以及黑社会性质组织犯罪、严重毒品犯罪等重大故意犯罪案件。

对讯问过程录音或者录像的,应当对每一次讯问全程不间断进行,保持完整性。不得选择性地录制,不得剪接、删改。

第二百零四条　对犯罪嫌疑人供述的犯罪事实、无罪或者罪轻的事实、申辩和反证,以及犯罪嫌疑人提供的证明自己无罪、罪轻的证据,公安机关应当认真核查;对有关证据,无论是否采信,都应当如实记录、妥善保管,并连同核查情况附卷。

第三节 询问证人、被害人

第二百零五条 询问证人、被害人,可以在现场进行,也可以到证人、被害人所在单位、住处或者证人、被害人提出的地点进行。在必要的时候,可以通知证人、被害人到公安机关提供证言。

询问证人、被害人应当个别进行。

在现场询问证人、被害人,侦查人员应当出示工作证件。到证人、被害人所在单位、住处或者证人、被害人提出的地点询问证人、被害人,应当经办案部门负责人批准,制作询问通知书。询问前,侦查人员应当出示询问通知书和工作证件。

第二百零六条 询问前,应当了解证人、被害人的身份,证人、犯罪嫌疑人、被害人之间的关系。询问时,应当告知证人、被害人必须如实地提供证据、证言和有意作伪证或者隐匿罪证应负的法律责任。

侦查人员不得向证人、被害人泄露案情或者表示对案件的看法,严禁采用暴力、威胁等非法方法询问证人、被害人。

第二百零七条 本规定第二百零一条、第二百零二条的规定,也适用于询问证人、被害人。

第四节 勘验、检查

第二百零八条 侦查人员对于与犯罪有关的场所、物品、人身、尸体应当进行勘验或者检查,及时提取、采集与案件有关的痕迹、物证、生物样本等。在必要的时候,可以指派或者聘请具有专门知识的人,在侦查人员的主持下进行勘验、检查。

第二百零九条 发案地派出所、巡警等部门应当妥善保护犯罪现场和证据,控制犯罪嫌疑人,并立即报告公安机关主管部门。

执行勘查的侦查人员接到通知后,应当立即赶赴现场;勘查现场,应当持有刑事犯罪现场勘查证。

第二百一十条 公安机关对案件现场进行勘查不得少于二人。勘查现场时,应当邀请与案件无关的公民作为见证人。

第二百一十一条 勘查现场,应当拍摄现场照片、绘制现场图,制作笔录,由参加勘查的人和见证人签名。对重大案件的现场,应当录像。

第二百一十二条 为了确定被害人、犯罪嫌疑人的某些特征、伤害情况或者生理状态,可以对人身进行检查,提取指纹信息,采集血液、尿液等生物样本。被害人死亡的,应当通过被害人近亲属辨认、提取生物样本鉴定等方式确定被害人身份。

犯罪嫌疑人如果拒绝检查、提取、采集的,侦查人员认为必要的时候,经办案部门负责人批准,可以强制检查、提取、采集。

检查妇女的身体,应当由女工作人员或者医师进行。

检查的情况应当制作笔录，由参加检查的侦查人员、检查人员、被检查人员和见证人签名。被检查人员拒绝签名的，侦查人员应当在笔录中注明。

第二百一十三条　为了确定死因，经县级以上公安机关负责人批准，可以解剖尸体，并且通知死者家属到场，让其在解剖尸体通知书上签名。

死者家属无正当理由拒不到场或者拒绝签名的，侦查人员应当在解剖尸体通知书上注明。对身份不明的尸体，无法通知死者家属的，应当在笔录中注明。

第二百一十四条　对已查明死因，没有继续保存必要的尸体，应当通知家属领回处理，对于无法通知或者通知后家属拒绝领回的，经县级以上公安机关负责人批准，可以及时处理。

第二百一十五条　公安机关进行勘验、检查后，人民检察院要求复验、复查的，公安机关应当进行复验、复查，并可以通知人民检察院派员参加。

第二百一十六条　为了查明案情，在必要的时候，经县级以上公安机关负责人批准，可以进行侦查实验。

对侦查实验的经过和结果，应当制作侦查实验笔录，由参加实验的人签名。必要时，应当对侦查实验过程进行录音或者录像。

进行侦查实验，禁止一切足以造成危险、侮辱人格或者有伤风化的行为。

第五节　搜　　查

第二百一十七条　为了收集犯罪证据、查获犯罪人，经县级以上公安机关负责人批准，侦查人员可以对犯罪嫌疑人以及可能隐藏罪犯或者犯罪证据的人的身体、物品、住处和其他有关的地方进行搜查。

第二百一十八条　进行搜查，必须向被搜查人出示搜查证，执行搜查的侦查人员不得少于二人。

第二百一十九条　执行拘留、逮捕的时候，遇有下列紧急情况之一的，不用搜查证也可以进行搜查：

（一）可能随身携带凶器的；

（二）可能隐藏爆炸、剧毒等危险物品的；

（三）可能隐匿、毁弃、转移犯罪证据的；

（四）可能隐匿其他犯罪嫌疑人的；

（五）其他突然发生的紧急情况。

第二百二十条　进行搜查时，应当有被搜查人或者他的家属、邻居或者其他见证人在场。

公安机关可以要求有关单位和个人交出可以证明犯罪嫌疑人有罪或者无罪的物证、书证、视听资料等证据。遇到阻碍搜查的，侦查人员可以强制搜查。

搜查妇女的身体，应当由女工作人员进行。

第二百二十一条 搜查的情况应当制作笔录,由侦查人员和被搜查人或者他的家属,邻居或者其他见证人签名。

如果被搜查人拒绝签名,或者被搜查人在逃,他的家属拒绝签名或者不在场的,侦查人员应当在笔录中注明。

第六节 查封、扣押

第二百二十二条 在侦查活动中发现的可用以证明犯罪嫌疑人有罪或者无罪的各种财物、文件,应当查封、扣押;但与案件无关的财物、文件,不得查封、扣押。

持有人拒绝交出应当查封、扣押的财物、文件的,公安机关可以强制查封、扣押。

第二百二十三条 在侦查过程中需要扣押财物、文件的,应当经办案部门负责人批准,制作扣押决定书;在现场勘查或者搜查中需要扣押财物、文件的,由现场指挥人员决定;但扣押财物、文件价值较高或者可能严重影响正常生产经营的,应当经县级以上公安机关负责人批准,制作扣押决定书。

在侦查过程中需要查封土地、房屋等不动产,或者船舶、航空器以及其他不宜移动的大型机器、设备等特定动产的,应当经县级以上公安机关负责人批准并制作查封决定书。

第二百二十四条 执行查封、扣押的侦查人员不得少于二人,并出示本规定第二百二十三条规定的有关法律文书。

查封、扣押的情况应当制作笔录,由侦查人员、持有人和见证人签名。对于无法确定持有人或者持有人拒绝签名的,侦查人员应当在笔录中注明。

第二百二十五条 对查封、扣押的财物和文件,应当会同在场见证人和被查封、扣押财物、文件的持有人查点清楚,当场开列查封、扣押清单一式三份,写明财物或者文件的名称、编号、数量、特征及其来源等,由侦查人员、持有人和见证人签名,一份交给持有人,一份交给公安机关保管人员,一份附卷备查。

对于无法确定持有人的财物、文件或者持有人拒绝签名的,侦查人员应当在清单中注明。

依法扣押文物、金银、珠宝、名贵字画等贵重财物的,应当拍照或者录像,并及时鉴定、估价。

第二百二十六条 对作为犯罪证据但不便提取的财物、文件,经登记、拍照或者录像、估价后,可以交财物、文件持有人保管或者封存,并且开具登记保存清单一式两份,由侦查人员、持有人和见证人签名,一份交给财物、文件持有人,另一份连同照片或者录像资料附卷备查。财物、文件持有人应当妥善保管,不得转移、变卖、毁损。

第二百二十七条 扣押犯罪嫌疑人的邮件、电子邮件、电报,应当经县级以上公安机关负责人批准,制作扣押邮件、电报通知书,通知邮电部门或者网络服务单位检交扣押。

不需要继续扣押的时候,应当经县级以上公安机关负责人批准,制作解除扣押邮件、电报通知书,立即通知邮电部门或者网络服务单位。

第二百二十八条 对查封、扣押的财物、文件、邮件、电子邮件、电报,经查明确实与案件无关的,应当在三日以内解除查封、扣押,退还原主或者原邮电部门、网络服务单位;原主不明确的,应当采取公告方式告知原主认领。在通知原主或者公告后六个月以内,无人认领的,按照无主财物处理,登记后上缴国库。

第二百二十九条 对被害人的合法财产及其孳息权属明确无争议,并且涉嫌犯罪事实已经查证属实的,应当在登记、拍照或者录像、估价后及时返还,并在案卷中注明返还的理由,将原物照片、清单和被害人的领取手续存卷备查。

查找不到被害人,或者通知被害人后,无人领取的,应当将有关财产及其孳息随案移送。

第二百三十条 对查封、扣押的财物及其孳息、文件,公安机关应当妥善保管,以供核查。任何单位和个人不得使用、调换、损毁或者自行处理。

对容易腐烂变质及其他不易保管的财物,可以根据具体情况,经县级以上公安机关负责人批准,在拍照或者录像后委托有关部门变卖、拍卖,变卖、拍卖的价款暂予保存,待诉讼终结后一并处理。

对违禁品,应当依照国家有关规定处理;对于需要作为证据使用的,应当在诉讼终结后处理。

第七节 查询、冻结

第二百三十一条 公安机关根据侦查犯罪的需要,可以依照规定查询、冻结犯罪嫌疑人的存款、汇款、债券、股票、基金份额等财产,并可以要求有关单位和个人配合。

第二百三十二条 向金融机构等单位查询犯罪嫌疑人的存款、汇款、债券、股票、基金份额等财产,应当经县级以上公安机关负责人批准,制作协助查询财产通知书,通知金融机构等单位执行。

第二百三十三条 需要冻结犯罪嫌疑人在金融机构等单位的存款、汇款、债券、股票、基金份额等财产的,应当经县级以上公安机关负责人批准,制作协助冻结财产通知书,通知金融机构等单位执行。

第二百三十四条 不需要继续冻结犯罪嫌疑人存款、汇款、债券、股票、基金份额等财产时,应当经县级以上公安机关负责人批准,制作协助解除冻结财产通知书,通知金融机构等单位执行。

第二百三十五条 犯罪嫌疑人的存款、汇款、债券、股票、基金份额等财产已被冻结的,不得重复冻结,但可以轮候冻结。

第二百三十六条 冻结存款、汇款等财产的期限为六个月。冻结债券、股票、基金份额等证券的期限为二年。有特殊原因需要延长期限的,公安机关应当在冻结期限届满前办理继续冻结手续。每次续冻存款、汇款等财产的期限最长不得超过六个月;每次续冻债券、股票、基金份额等证券的期限最长不得超过二年。继续冻结的,应当按照本规定第二百三十三条的规定重新办理冻结手续。逾期不办理继续冻结手续的,视为自动解除冻结。

第二百三十七条 对冻结的债券、股票、基金份额等财产,应当告知当事人或者其法定代理人、委托代理人有权申请出售。

权利人书面申请出售被冻结的债券、股票、基金份额等财产,不损害国家利益、被害人、其他权利人利益,不影响诉讼正常进行的,以及冻结的汇票、本票、支票的有效期即将届满的,经县级以上公安机关负责人批准,可以依法出售或者变现,所得价款应当继续冻结在其对应的银行账户中;没有对应的银行账户的,所得价款由公安机关在银行指定专门账户保管,并及时告知当事人或者其近亲属。

第二百三十八条 对冻结的存款、汇款、债券、股票、基金份额等财产,经查明确实与案件无关的,应当在三日以内通知金融机构等单位解除冻结,并通知被冻结存款、汇款、债券、股票、基金份额等财产的所有人。

第八节 鉴 定

第二百三十九条 为了查明案情,解决案件中某些专门性问题,应当指派、聘请有专门知识的人进行鉴定。

需要聘请有专门知识的人进行鉴定,应当经县级以上公安机关负责人批准后,制作鉴定聘请书。

第二百四十条 公安机关应当为鉴定人进行鉴定提供必要的条件,及时向鉴定人送交有关检材和对比样本等原始材料,介绍与鉴定有关的情况,并且明确提出要求鉴定解决的问题。

禁止暗示或者强迫鉴定人作出某种鉴定意见。

第二百四十一条 侦查人员应当做好检材的保管和送检工作,并注明检材送检环节的责任人,确保检材在流转环节中的同一性和不被污染。

第二百四十二条 鉴定人应当按照鉴定规则,运用科学方法独立进行鉴定。鉴定后,应当出具鉴定意见,并在鉴定意见书上签名,同时附上鉴定机构和鉴定人的资质证明或者其他证明文件。

多人参加鉴定,鉴定人有不同意见的,应当注明。

第二百四十三条 对鉴定意见,侦查人员应当进行审查。

对经审查作为证据使用的鉴定意见,公安机关应当及时告知犯罪嫌疑人、被害人或者其法定代理人。

第二百四十四条 犯罪嫌疑人、被害人对鉴定意见有异议提出申请,以及办案部门或者侦查人员对鉴定意见有疑义的,可以将鉴定意见送交其他有专门知识的人员提出意见。必要时,询问鉴定人并制作笔录附卷。

第二百四十五条 经审查,发现有下列情形之一的,经县级以上公安机关负责人批准,应当补充鉴定:

(一)鉴定内容有明显遗漏的;

（二）发现新的有鉴定意义的证物的；

（三）对鉴定证物有新的鉴定要求的；

（四）鉴定意见不完整，委托事项无法确定的；

（五）其他需要补充鉴定的情形。

经审查，不符合上述情形的，经县级以上公安机关负责人批准，作出不准予补充鉴定的决定，并在作出决定后三日以内书面通知申请人。

第二百四十六条　经审查，发现有下列情形之一的，经县级以上公安机关负责人批准，应当重新鉴定：

（一）鉴定程序违法或者违反相关专业技术要求的；

（二）鉴定机构、鉴定人不具备鉴定资质和条件的；

（三）鉴定人故意作虚假鉴定或者违反回避规定的；

（四）鉴定意见依据明显不足的；

（五）检材虚假或者被损坏的；

（六）其他应当重新鉴定的情形。

重新鉴定，应当另行指派或者聘请鉴定人。

经审查，不符合上述情形的，经县级以上公安机关负责人批准，作出不准予重新鉴定的决定，并在作出决定后三日以内书面通知申请人。

第二百四十七条　公诉人、当事人或者辩护人、诉讼代理人对鉴定意见有异议，经人民法院依法通知的，公安机关鉴定人应当出庭作证。

鉴定人故意作虚假鉴定的，应当依法追究其法律责任。

第二百四十八条　对犯罪嫌疑人作精神病鉴定的时间不计入办案期限，其他鉴定时间都应当计入办案期限。

第九节　辨　　认

第二百四十九条　为了查明案情，在必要的时候，侦查人员可以让被害人、证人或者犯罪嫌疑人对与犯罪有关的物品、文件、尸体、场所或者犯罪嫌疑人进行辨认。

第二百五十条　辨认应当在侦查人员的主持下进行。主持辨认的侦查人员不得少于二人。

几名辨认人对同一辨认对象进行辨认时，应当由辨认人个别进行。

第二百五十一条　辨认时，应当将辨认对象混杂在特征相类似的其他对象中，不得给辨认人任何暗示。辨认犯罪嫌疑人时，被辨认的人数不得少于七人；对犯罪嫌疑人照片进行辨认的，不得少于十人的照片；辨认物品时，混杂的同类物品不得少于五件。

对场所、尸体等特定辨认对象进行辨认，或者辨认人能够准确描述物品独有特征的，陪衬物不受数量的限制。

第二百五十二条　对犯罪嫌疑人的辨认，辨认人不愿意公开进行时，可以在不暴露辨认人的情况下进行，并应当为其保守秘密。

第二百五十三条 对辨认经过和结果，应当制作辨认笔录，由侦查人员、辨认人、见证人签名。必要时，应当对辨认过程进行录音或者录像。

第十节 技术侦查

第二百五十四条 公安机关在立案后，根据侦查犯罪的需要，可以对下列严重危害社会的犯罪案件采取技术侦查措施：

（一）危害国家安全犯罪、恐怖活动犯罪、黑社会性质的组织犯罪、重大毒品犯罪案件；

（二）故意杀人、故意伤害致人重伤或者死亡、强奸、抢劫、绑架、放火、爆炸、投放危险物质等严重暴力犯罪案件；

（三）集团性、系列性、跨区域性重大犯罪案件；

（四）利用电信、计算机网络、寄递渠道等实施的重大犯罪案件，以及针对计算机网络实施的重大犯罪案件；

（五）其他严重危害社会的犯罪案件，依法可能判处七年以上有期徒刑的。

公安机关追捕被通缉或者批准、决定逮捕的在逃的犯罪嫌疑人、被告人，可以采取追捕所必需的技术侦查措施。

第二百五十五条 技术侦查措施是指由设区的市一级以上公安机关负责技术侦查的部门实施的记录监控、行踪监控、通信监控、场所监控等措施。

技术侦查措施的适用对象是犯罪嫌疑人、被告人以及与犯罪活动直接关联的人员。

第二百五十六条 需要采取技术侦查措施的，应当制作呈请采取技术侦查措施报告书，报设区的市一级以上公安机关负责人批准，制作采取技术侦查措施决定书。

人民检察院等部门决定采取技术侦查措施，交公安机关执行的，由设区的市一级以上公安机关按照规定办理相关手续后，交负责技术侦查的部门执行，并将执行情况通知人民检察院等部门。

第二百五十七条 批准采取技术侦查措施的决定自签发之日起三个月以内有效。

在有效期限内，对不需要继续采取技术侦查措施的，办案部门应当立即书面通知负责技术侦查的部门解除技术侦查措施；负责技术侦查的部门认为需要解除技术侦查措施的，报批准机关负责人批准，制作解除技术侦查措施决定书，并及时通知办案部门。

对复杂、疑难案件，采取技术侦查措施的有效期限届满仍需要继续采取技术侦查措施的，经负责技术侦查的部门审核后，报批准机关负责人批准，制作延长技术侦查措施期限决定书。批准延长期限，每次不得超过三个月。

有效期限届满，负责技术侦查的部门应当立即解除技术侦查措施。

第二百五十八条 采取技术侦查措施，必须严格按照批准的措施种类、适用对象和期限执行。

在有效期限内，需要变更技术侦查措施种类或者适用对象的，应当按照本规定第二百五十六条规定重新办理批准手续。

第二百五十九条　采取技术侦查措施收集的材料在刑事诉讼中可以作为证据使用。使用技术侦查措施收集的材料作为证据时，可能危及有关人员的人身安全，或者可能产生其他严重后果的，应当采取不暴露有关人员身份和使用的技术设备、侦查方法等保护措施。

采取技术侦查措施收集的材料作为证据使用的，采取技术侦查措施决定书应当附卷。

第二百六十条　采取技术侦查措施收集的材料，应当严格依照有关规定存放，只能用于对犯罪的侦查、起诉和审判，不得用于其他用途。

采取技术侦查措施收集的与案件无关的材料，必须及时销毁，并制作销毁记录。

第二百六十一条　侦查人员对采取技术侦查措施过程中知悉的国家秘密、商业秘密和个人隐私，应当保密。

公安机关依法采取技术侦查措施，有关单位和个人应当配合，并对有关情况予以保密。

第二百六十二条　为了查明案情，在必要的时候，经县级以上公安机关负责人决定，可以由侦查人员或者公安机关指定的其他人员隐匿身份实施侦查。

隐匿身份实施侦查时，不得使用促使他人产生犯罪意图的方法诱使他人犯罪，不得采用可能危害公共安全或者发生重大人身危险的方法。

第二百六十三条　对涉及给付毒品等违禁品或者财物的犯罪活动，为查明参与该项犯罪的人员和犯罪事实，根据侦查需要，经县级以上公安机关负责人决定，可以实施控制下交付。

第二百六十四条　公安机关依照本节规定实施隐匿身份侦查和控制下交付收集的材料在刑事诉讼中可以作为证据使用。

使用隐匿身份侦查和控制下交付收集的材料作为证据时，可能危及隐匿身份人员的人身安全，或者可能产生其他严重后果的，应当采取不暴露有关人员身份等保护措施。

第十一节　通　　缉

第二百六十五条　应当逮捕的犯罪嫌疑人如果在逃，公安机关可以发布通缉令，采取有效措施，追捕归案。

县级以上公安机关在自己管辖的地区内，可以直接发布通缉令；超出自己管辖的地区，应当报请有权决定的上级公安机关发布。

通缉令的发送范围，由签发通缉令的公安机关负责人决定。

第二百六十六条　通缉令中应当尽可能写明被通缉人的姓名、别名、曾用名、绰号、性别、年龄、民族、籍贯、出生地、户籍所在地、居住地、职业、身份证号码、衣着和体貌特征、口音、行为习惯，并附被通缉人近期照片，可以附指纹及其他物证的照片。除了必须保密的事项以外，应当写明发案的时间、地点和简要案情。

第二百六十七条　通缉令发出后，如果发现新的重要情况可以补发通报。通报必须注明原通缉令的编号和日期。

第二百六十八条 公安机关接到通缉令后，应当及时布置查缉。抓获犯罪嫌疑人后，报经县级以上公安机关负责人批准，凭通缉令或者相关法律文书羁押，并通知通缉令发布机关进行核实，办理交接手续。

第二百六十九条 需要对犯罪嫌疑人在口岸采取边控措施的，应当按照有关规定制作边控对象通知书，经县级以上公安机关负责人审核后，层报省级公安机关批准，办理全国范围内的边控措施。需要限制犯罪嫌疑人人身自由的，应当附有关法律文书。

紧急情况下，需要采取边控措施的，县级以上公安机关可以出具公函，先向当地边防检查站交控，但应当在七日以内按照规定程序办理全国范围内的边控措施。

第二百七十条 为发现重大犯罪线索，追缴涉案财物、证据，查获犯罪嫌疑人，必要时，经县级以上公安机关负责人批准，可以发布悬赏通告。

悬赏通告应当写明悬赏对象的基本情况和赏金的具体数额。

第二百七十一条 通缉令、悬赏通告应当广泛张贴，并可以通过广播、电视、报刊、计算机网络等方式发布。

第二百七十二条 经核实，犯罪嫌疑人已经自动投案、被击毙或者被抓获，以及发现有其他不需要采取通缉、边控、悬赏通告的情形的，发布机关应当在原通缉、通知、通告范围内，撤销通缉令、边控通知、悬赏通告。

第二百七十三条 通缉越狱逃跑的犯罪嫌疑人、被告人或者罪犯，适用本节的有关规定。

第十二节 侦查终结

第二百七十四条 侦查终结的案件，应当同时符合以下条件：

（一）案件事实清楚；

（二）证据确实、充分；

（三）犯罪性质和罪名认定正确；

（四）法律手续完备；

（五）依法应当追究刑事责任。

第二百七十五条 侦查终结的案件，侦查人员应当制作结案报告。

结案报告应当包括以下内容：

（一）犯罪嫌疑人的基本情况；

（二）是否采取了强制措施及其理由；

（三）案件的事实和证据；

（四）法律依据和处理意见。

第二百七十六条 侦查终结案件的处理，由县级以上公安机关负责人批准；重大、复杂、疑难的案件应当经过集体讨论。

第二百七十七条 侦查终结后，应当将全部案卷材料按照要求装订立卷。

向人民检察院移送案件时，只移送诉讼卷，侦查卷由公安机关存档备查。

第二百七十八条 对查封、扣押的犯罪嫌疑人的财物及其孳息、文件或者冻结的财产，作为证据使用的，应当随案移送，并制作随案移送清单一式两份，一份留存，一份交人民检察院。

对于实物不宜移送的，应当将其清单、照片或者其他证明文件随案移送。待人民法院作出生效判决后，按照人民法院的通知，上缴国库或者依法予以返还，并向人民法院送交回执。人民法院未作出处理的，应当征求人民法院意见，并根据人民法院的决定依法作出处理。

第二百七十九条 对侦查终结的案件，应当制作起诉意见书，经县级以上公安机关负责人批准后，连同全部案卷材料、证据，以及辩护律师提出的意见，一并移送同级人民检察院审查决定；同时将案件移送情况告知犯罪嫌疑人及其辩护律师。

第二百八十条 共同犯罪案件的起诉意见书，应当写明每个犯罪嫌疑人在共同犯罪中的地位、作用、具体罪责和认罪态度，并分别提出处理意见。

第二百八十一条 被害人提出附带民事诉讼的，应当记录在案；移送审查起诉时，应当在起诉意见书末页注明。

第二百八十二条 人民检察院作出不起诉决定的，如果犯罪嫌疑人在押，公安机关应当立即办理释放手续，并根据人民检察院解除查封、扣押、冻结财物的书面通知，及时解除查封、扣押、冻结。

对人民检察院提出对被不起诉人给予行政处罚、行政处分或者没收其违法所得的检察意见，移送公安机关处理的，公安机关应当将处理结果及时通知人民检察院。

第二百八十三条 认为人民检察院作出的不起诉决定有错误的，应当在收到不起诉决定书后七日以内制作要求复议意见书，经县级以上公安机关负责人批准后，移送同级人民检察院复议。

要求复议的意见不被接受的，可以在收到人民检察院的复议决定书后七日以内制作提请复核意见书，经县级以上公安机关负责人批准后，连同人民检察院的复议决定书，一并提请上一级人民检察院复核。

第十三节 补 充 侦 查

第二百八十四条 侦查终结，移送人民检察院审查起诉的案件，人民检察院退回公安机关补充侦查的，公安机关接到人民检察院退回补充侦查的法律文书后，应当按照补充侦查提纲在一个月以内补充侦查完毕。

补充侦查以二次为限。

第二百八十五条 对人民检察院退回补充侦查的案件，根据不同情况，报县级以上公安机关负责人批准，分别作如下处理：

（一）原认定犯罪事实清楚，证据不够充分的，应当在补充证据后，制作补充侦查报告书，移送人民检察院审查；对无法补充的证据，应当作出说明；

（二）在补充侦查过程中，发现新的同案犯或者新的罪行，需要追究刑事责任的，应当重新制作起诉意见书，移送人民检察院审查；

（三）发现原认定的犯罪事实有重大变化，不应当追究刑事责任的，应当重新提出处理意见，并将处理结果通知退查的人民检察院；

（四）原认定犯罪事实清楚，证据确实、充分，人民检察院退回补充侦查不当的，应当说明理由，移送人民检察院审查。

第二百八十六条 对于人民检察院在审查起诉过程中以及在人民法院作出生效判决前，要求公安机关提供法庭审判所必需的证据材料的，应当及时收集和提供。

第九章 执行刑罚

第一节 罪犯的交付

第二百八十七条 对被依法判处刑罚的罪犯，如果罪犯已被采取强制措施的，公安机关应当依据人民法院生效的判决书、裁定书以及执行通知书，将罪犯交付执行。

对人民法院作出无罪或者免除刑事处罚的判决，如果被告人在押，公安机关在收到相应的法律文书后应当立即办理释放手续；对人民法院建议给予行政处理的，应当依照有关规定处理或者移送有关部门。

第二百八十八条 对被判处死刑的罪犯，公安机关应当依据人民法院执行死刑的命令，将罪犯交由人民法院执行。

第二百八十九条 公安机关接到人民法院生效的判处死刑缓期二年执行、无期徒刑、有期徒刑的判决书、裁定书以及执行通知书后，应当在一个月以内将罪犯送交监狱执行。

对未成年犯应当送交未成年犯管教所执行刑罚。

第二百九十条 对被判处有期徒刑的罪犯，在被交付执行刑罚前，剩余刑期在三个月以下的，由看守所根据人民法院的判决代为执行。

对被判处拘役的罪犯，由看守所执行。

第二百九十一条 对被判处管制、宣告缓刑、假释或者暂予监外执行的罪犯，已被羁押的，由看守所将其交付社区矫正机构执行。

对被判处剥夺政治权利的罪犯，由罪犯居住地的派出所负责执行。

第二百九十二条 对被判处有期徒刑由看守所代为执行和被判处拘役的罪犯，执行期间如果没有再犯新罪，执行期满，看守所应当发给刑满释放证明书。

第二百九十三条 公安机关在执行刑罚中，如果认为判决有错误或者罪犯提出申诉，应当转请人民检察院或者原判人民法院处理。

第二节 减刑、假释、暂予监外执行

第二百九十四条 对依法留看守所执行刑罚的罪犯，符合减刑条件的，由看守所制作减刑建议书，经设区的市一级以上公安机关审查同意后，报请所在地中级以上人民法院审核

裁定。

第二百九十五条 对依法留看守所执行刑罚的罪犯,符合假释条件的,由看守所制作假释建议书,经设区的市一级以上公安机关审查同意后,报请所在地中级以上人民法院审核裁定。

第二百九十六条 对依法留所执行刑罚的罪犯,有下列情形之一的,可以暂予监外执行:

(一)有严重疾病需要保外就医的;

(二)怀孕或者正在哺乳自己婴儿的妇女;

(三)生活不能自理,适用暂予监外执行不致危害社会的。

对罪犯暂予监外执行的,看守所应当提出书面意见,报设区的市一级以上公安机关批准,同时将书面意见抄送同级人民检察院。

对适用保外就医可能有社会危险性的罪犯,或者自伤自残的罪犯,不得保外就医。

对罪犯确有严重疾病,必须保外就医的,由省级人民政府指定的医院诊断并开具证明文件。

第二百九十七条 公安机关决定对罪犯暂予监外执行的,应当将暂予监外执行决定书交被暂予监外执行的罪犯和负责监外执行的社区矫正机构,同时抄送同级人民检察院。

第二百九十八条 批准暂予监外执行的公安机关接到人民检察院认为暂予监外执行不当的意见后,应当立即对暂予监外执行的决定进行重新核查。

第二百九十九条 对暂予监外执行的罪犯,有下列情形之一的,批准暂予监外执行的公安机关应当作出收监执行决定:

(一)发现不符合暂予监外执行条件的;

(二)严重违反有关暂予监外执行监督管理规定的;

(三)暂予监外执行的情形消失后,罪犯刑期未满的。

对暂予监外执行的罪犯决定收监执行的,由暂予监外执行地看守所将罪犯收监执行。

不符合暂予监外执行条件的罪犯通过贿赂等非法手段被暂予监外执行的,或者罪犯在暂予监外执行期间脱逃的,罪犯被收监执行后,所在看守所应当提出不计入执行刑期的建议,经设区的市一级以上公安机关审查同意后,报请所在地中级以上人民法院审核裁定。

第三节 剥夺政治权利

第三百条 负责执行剥夺政治权利的派出所应当按照人民法院的判决,向罪犯及其所在单位、居住地基层组织宣布其犯罪事实、被剥夺政治权利的期限,以及罪犯在执行期间应当遵守的规定。

第三百零一条 被剥夺政治权利的罪犯在执行期间应当遵守下列规定:

(一)遵守国家法律、行政法规和公安部制定的有关规定,服从监督管理;

(二)不得享有选举权和被选举权;

（三）不得组织或者参加集会、游行、示威、结社活动；

（四）不得出版、制作、发行书籍、音像制品；

（五）不得接受采访，发表演说；

（六）不得在境内外发表有损国家荣誉、利益或者其他具有社会危害性的言论；

（七）不得担任国家机关职务；

（八）不得担任国有公司、企业、事业单位和人民团体的领导职务。

第三百零二条　被剥夺政治权利的罪犯违反本规定第三百零一条的规定，尚未构成新的犯罪的，公安机关依法可以给予治安管理处罚。

第三百零三条　被剥夺政治权利的罪犯，执行期满，公安机关应当书面通知本人及其所在单位、居住地基层组织。

第四节　对又犯新罪罪犯的处理

第三百零四条　对留看守所执行刑罚的罪犯，在暂予监外执行期间又犯新罪的，由犯罪地公安机关立案侦查，并通知批准机关。批准机关作出收监执行决定后，应当根据侦查、审判需要，由犯罪地看守所或者暂予监外执行地看守所收监执行。

第三百零五条　被剥夺政治权利、管制、宣告缓刑和假释的罪犯在执行期间又犯新罪的，由犯罪地公安机关立案侦查。

对留看守所执行刑罚的罪犯，因犯新罪被撤销假释的，应当根据侦查、审判需要，由犯罪地看守所或者原执行看守所收监执行。

第十章　特别程序

第一节　未成年人刑事案件诉讼程序

第三百零六条　公安机关办理未成年人刑事案件，实行教育、感化、挽救的方针，坚持教育为主、惩罚为辅的原则。

第三百零七条　公安机关办理未成年人刑事案件，应当保障未成年人行使其诉讼权利并得到法律帮助，依法保护未成年人的名誉和隐私，尊重其人格尊严。

第三百零八条　公安机关应当设置专门机构或者配备专职人员办理未成年人刑事案件。

未成年人刑事案件应当由熟悉未成年人身心特点，善于做未成年人思想教育工作，具有一定办案经验的人员办理。

第三百零九条　未成年犯罪嫌疑人没有委托辩护人的，公安机关应当通知法律援助机构指派律师为其提供辩护。

第三百一十条　公安机关办理未成年人刑事案件时，应当重点查清未成年犯罪嫌疑人实施犯罪行为时是否已满十四周岁、十六周岁、十八周岁的临界年龄。

第三百一十一条　公安机关办理未成年人刑事案件，根据情况可以对未成年犯罪嫌疑人的成长经历、犯罪原因、监护教育等情况进行调查并制作调查报告。

作出调查报告的，在提请批准逮捕、移送审查起诉时，应当结合案情综合考虑，并将调查报告与案卷材料一并移送人民检察院。

第三百一十二条 讯问未成年犯罪嫌疑人，应当通知未成年犯罪嫌疑人的法定代理人到场。无法通知、法定代理人不能到场或者法定代理人是共犯的，也可以通知未成年犯罪嫌疑人的其他成年亲属，所在学校、单位、居住地基层组织或者未成年人保护组织的代表到场，并将有关情况记录在案。到场的法定代理人可以代为行使未成年犯罪嫌疑人的诉讼权利。

到场的法定代理人或者其他人员提出办案人员在讯问中侵犯未成年人合法权益的，公安机关应当认真核查，依法处理。

第三百一十三条 讯问未成年犯罪嫌疑人应当采取适合未成年人的方式，耐心细致地听取其供述或者辩解，认真审核、查证与案件有关的证据和线索，并针对其思想顾虑、恐惧心理、抵触情绪进行疏导和教育。

讯问女性未成年犯罪嫌疑人，应当有女工作人员在场。

第三百一十四条 讯问笔录应当交未成年犯罪嫌疑人、到场的法定代理人或者其他人员阅读或者向其宣读；对笔录内容有异议的，应当核实清楚，准予更正或者补充。

第三百一十五条 询问未成年被害人、证人，适用本规定第三百一十二条、第三百一十三条、第三百一十四条的规定。

第三百一十六条 对未成年犯罪嫌疑人应当严格限制和尽量减少使用逮捕措施。

未成年犯罪嫌疑人被拘留、逮捕后服从管理、依法变更强制措施不致发生社会危险性，能够保证诉讼正常进行的，公安机关应当依法及时变更强制措施；人民检察院批准逮捕的案件，公安机关应当将变更强制措施情况及时通知人民检察院。

第三百一十七条 对被羁押的未成年人应当与成年人分别关押、分别管理、分别教育，并根据其生理和心理特点在生活和学习方面给予照顾。

第三百一十八条 人民检察院在对未成年人作出附条件不起诉的决定前，听取公安机关意见时，公安机关应当提出书面意见，经县级以上公安机关负责人批准，移送同级人民检察院。

第三百一十九条 认为人民检察院作出的附条件不起诉决定有错误的，应当在收到不起诉决定书后七日以内制作要求复议意见书，经县级以上公安机关负责人批准，移送同级人民检察院复议。

要求复议的意见不被接受的，可以在收到人民检察院的复议决定书后七日以内制作提请复核意见书，经县级以上公安机关负责人批准后，连同人民检察院的复议决定书，一并提请上一级人民检察院复核。

第三百二十条 未成年人犯罪的时候不满十八周岁，被判处五年有期徒刑以下刑罚的，公安机关应当依据人民法院已经生效的判决书，将该未成年人的犯罪记录予以封存。

犯罪记录被封存的，除司法机关为办案需要或者有关单位根据国家规定进行查询外，公安机关不得向其他任何单位和个人提供。

被封存犯罪记录的未成年人，如果发现漏罪，合并被判处五年有期徒刑以上刑罚的，应当对其犯罪记录解除封存。

第三百二十一条　办理未成年人刑事案件，除本节已有规定的以外，按照本规定的其他规定进行。

第二节　当事人和解的公诉案件诉讼程序

第三百二十二条　下列公诉案件，犯罪嫌疑人真诚悔罪，通过向被害人赔偿损失、赔礼道歉等方式获得被害人谅解，被害人自愿和解的，经县级以上公安机关负责人批准，可以依法作为当事人和解的公诉案件办理：

（一）因民间纠纷引起，涉嫌刑法分则第四章、第五章规定的犯罪案件，可能判处三年有期徒刑以下刑罚的；

（二）除渎职犯罪以外的可能判处七年有期徒刑以下刑罚的过失犯罪案件。

犯罪嫌疑人在五年以内曾经故意犯罪的，不得作为当事人和解的公诉案件办理。

第三百二十三条　有下列情形之一的，不属于因民间纠纷引起的犯罪案件：

（一）雇凶伤害他人的；

（二）涉及黑社会性质组织犯罪的；

（三）涉及寻衅滋事的；

（四）涉及聚众斗殴的；

（五）多次故意伤害他人身体的；

（六）其他不宜和解的。

第三百二十四条　双方当事人和解的，公安机关应当审查案件事实是否清楚，被害人是否自愿和解，是否符合规定的条件。

公安机关审查时，应当听取双方当事人的意见，并记录在案；必要时，可以听取双方当事人亲属、当地居民委员会或者村民委员会人员以及其他了解案件情况的相关人员的意见。

第三百二十五条　达成和解的，公安机关应当主持制作和解协议书，并由双方当事人及其他参加人员签名。

当事人中有未成年人的，未成年当事人的法定代理人或者其他成年亲属应当在场。

第三百二十六条　和解协议书应当包括以下内容：

（一）案件的基本事实和主要证据；

（二）犯罪嫌疑人承认自己所犯罪行，对指控的犯罪事实没有异议，真诚悔罪；

（三）犯罪嫌疑人通过向被害人赔礼道歉、赔偿损失等方式获得被害人谅解；涉及赔偿损失的，应当写明赔偿的数额、方式等；提起附带民事诉讼的，由附带民事诉讼原告人撤回附带民事诉讼；

（四）被害人自愿和解，请求或者同意对犯罪嫌疑人依法从宽处罚。

和解协议应当及时履行。

第三百二十七条　对达成和解协议的案件，经县级以上公安机关负责人批准，公安机关将案件移送人民检察院审查起诉时，可以提出从宽处理的建议。

第三节　犯罪嫌疑人逃匿、死亡案件违法所得的没收程序

第三百二十八条　有下列情形之一，依照刑法规定应当追缴其违法所得及其他涉案财产的，经县级以上公安机关负责人批准，公安机关应当写出没收违法所得意见书，连同相关证据材料一并移送同级人民检察院：

（一）恐怖活动犯罪等重大犯罪案件，犯罪嫌疑人逃匿，在通缉一年后不能到案的；

（二）犯罪嫌疑人死亡的。

犯罪嫌疑人死亡，现有证据证明其存在违法所得及其他涉案财产应当予以没收的，公安机关可以进行调查。公安机关进行调查，可以依法进行查封、扣押、查询、冻结。

第三百二十九条　没收违法所得意见书应当包括以下内容：

（一）犯罪嫌疑人的基本情况；

（二）犯罪事实和相关的证据材料；

（三）犯罪嫌疑人逃匿、被通缉或者死亡的情况；

（四）犯罪嫌疑人的违法所得及其他涉案财产的种类、数量、所在地；

（五）查封、扣押、冻结的情况等。

第三百三十条　公安机关将没收违法所得意见书移送人民检察院后，在逃的犯罪嫌疑人自动投案或者被抓获的，公安机关应当及时通知同级人民检察院。

第四节　依法不负刑事责任的精神病人的强制医疗程序

第三百三十一条　公安机关发现实施暴力行为，危害公共安全或者严重危害公民人身安全的犯罪嫌疑人，可能属于依法不负刑事责任的精神病人的，应当对其进行精神病鉴定。

第三百三十二条　对经法定程序鉴定依法不负刑事责任的精神病人，有继续危害社会可能，符合强制医疗条件的，公安机关应当在七日以内写出强制医疗意见书，经县级以上公安机关负责人批准，连同相关证据材料和鉴定意见一并移送同级人民检察院。

第三百三十三条　对实施暴力行为的精神病人，在人民法院决定强制医疗前，经县级以上公安机关负责人批准，公安机关可以采取临时的保护性约束措施。必要时，可以将其送精神病医院接受治疗。

第三百三十四条　采取临时的保护性约束措施时，应当对精神病人严加看管，并注意约束的方式、方法和力度，以避免和防止危害他人和精神病人的自身安全为限度。

对于精神病人已没有继续危害社会可能，解除约束后不致发生社会危险性的，公安机关

应当及时解除保护性约束措施。

第十一章 办 案 协 作

第三百三十五条 对异地公安机关提出协助调查、执行强制措施等协作请求，只要法律手续完备，协作地公安机关就应当及时无条件予以配合，不得收取任何形式的费用。

第三百三十六条 县级以上公安机关办理刑事案件需要异地公安机关协作的，应当制作办案协作函件。

负责协作的县级以上公安机关接到异地公安机关请求协作的函件后，应当指定主管业务部门办理。

第三百三十七条 对获取的犯罪线索，不属于自己管辖的，应当及时移交有管辖权的公安机关或者其他有关部门。

第三百三十八条 异地执行传唤、拘传，执行人员应当持传唤证、拘传证、办案协作函件和工作证件，与协作地县级以上公安机关联系，协作地公安机关应当协助将犯罪嫌疑人传唤、拘传到本市、县内的指定地点或者到犯罪嫌疑人的住处进行讯问。

第三百三十九条 异地执行拘留、逮捕的，执行人员应当持拘留证、逮捕证、办案协作函件和工作证件，与协作地县级以上公安机关联系，协作地公安机关应当派员协助执行。

第三百四十条 委托异地公安机关代为执行拘留、逮捕的，应当将拘留证、逮捕证、办案协作函件送达协作地公安机关。

已被决定拘留、逮捕的犯罪嫌疑人在逃的，可以通过网上工作平台发布犯罪嫌疑人相关信息、拘留证或者逮捕证。各地公安机关发现网上逃犯的，应当立即组织抓捕。

协作地公安机关抓获犯罪嫌疑人后，应当立即通知委托地公安机关。委托地公安机关应当立即携带法律文书及时提解，提解的侦查人员不得少于二人。

第三百四十一条 异地公安机关请求协查犯罪嫌疑人的身份、年龄、违法犯罪经历等情况的，协查地公安机关接到通知后应当在七日以内将协查结果通知请求协查的公安机关；交通十分不便的边远地区，应当在十五日以内将协查结果通知请求协查的公安机关。

异地公安机关请求协助调查取证或者查询犯罪信息、资料的，协作地公安机关应当及时协查并反馈。

第三百四十二条 需要异地办理查询、查封、扣押或者冻结与犯罪有关的财物、文件的，执行人员应当持相关的法律文书、办案协作函件和工作证件，与协作地县级以上公安机关联系，协作地公安机关应当协助执行。

在紧急情况下，可以将办案协作函件和相关的法律文书电传至协作地县级以上公安机关，协作地公安机关应当及时采取措施。委托地公安机关应当立即派员前往协作地办理。

第三百四十三条 对不履行办案协作职责造成严重后果的，对直接负责的主管人员和其他直接责任人员，应当给予行政处分；构成犯罪的，依法追究刑事责任。

第三百四十四条 协作地公安机关依照请求协作的公安机关的要求，履行办案协作职责所产生的法律责任，由请求协作的公安机关承担。

第十二章　外国人犯罪案件的办理

第三百四十五条　办理外国人犯罪案件，应当严格依照我国法律、法规、规章，维护国家主权和利益，并在对等互惠原则的基础上，履行我国所承担的国际条约义务。

第三百四十六条　外国籍犯罪嫌疑人在刑事诉讼中，享有我国法律规定的诉讼权利，并承担相应的义务。

第三百四十七条　外国籍犯罪嫌疑人的国籍，以其在入境时持用的有效证件予以确认；国籍不明的，由出入境管理部门协助予以查明。国籍确实无法查明的，以无国籍人对待。

第三百四十八条　确认外国籍犯罪嫌疑人身份，可以依照有关国际条约或者通过国际刑事警察组织、警务合作渠道办理。确实无法查明的，可以按其自报的姓名移送人民检察院审查起诉。

第三百四十九条　犯罪嫌疑人为享有外交或者领事特权和豁免权的外国人的，应当层报公安部，同时通报同级人民政府外事办公室，由公安部商请外交部通过外交途径办理。

第三百五十条　公安机关办理外国人犯罪案件使用中华人民共和国通用的语言文字。犯罪嫌疑人不通晓中国语言文字的，公安机关应当为他翻译。

第三百五十一条　外国人犯罪案件，由犯罪地的县级以上公安机关立案侦查。

第三百五十二条　外国人犯中华人民共和国缔结或者参加的国际条约规定的罪行后进入我国领域内的，由该外国人被抓获地的设区的市一级以上公安机关立案侦查。

第三百五十三条　外国人在中华人民共和国领域外的中国船舶或者航空器内犯罪的，由犯罪发生后该船舶或者航空器最初停泊或者降落地、目的地的中国港口的县级以上交通或民航公安机关或者该外国人居住地的县级以上公安机关立案侦查；未设交通或者民航公安机关的，由地方公安机关管辖。

第三百五十四条　外国人在国际列车上犯罪的，由犯罪发生后列车最初停靠的中国车站所在地、目的地的县级以上铁路公安机关或者该外国人居住地的县级以上公安机关立案侦查。

第三百五十五条　外国人在中华人民共和国领域外对中华人民共和国国家或者公民犯罪，应当受刑罚处罚的，由该外国人入境地或者入境后居住地的县级以上公安机关立案侦查；该外国人未入境的，由被害人居住地的县级以上公安机关立案侦查；没有被害人或者是对中华人民共和国国家犯罪的，由公安部指定管辖。

第三百五十六条　发生重大或者可能引起外交交涉的外国人犯罪案件的，有关省级公安机关应当及时将案件办理情况报告公安部，同时通报同级人民政府外事办公室。必要时，由公安部商外交部将案件情况通知我国驻外使馆、领事馆。

第三百五十七条　对外国籍犯罪嫌疑人依法作出取保候审、监视居住决定或者执行拘留、逮捕后，应当在四十八小时以内层报省级公安机关，同时通报同级人民政府外事办公室。

重大涉外案件应当在四十八小时以内层报公安部,同时通报同级人民政府外事办公室。

第三百五十八条 对外国籍犯罪嫌疑人依法作出取保候审、监视居住决定或者执行拘留、逮捕后,由省级公安机关根据有关规定,将其姓名、性别、入境时间、护照或者证件号码、案件发生的时间、地点,涉嫌犯罪的主要事实,已采取的强制措施及其法律依据等,通知该外国人所属国家的驻华使馆、领事馆,同时报告公安部。经省级公安机关批准,领事通报任务较重的副省级城市公安局可以直接行使领事通报职能。

外国人在公安机关侦查或者执行刑罚期间死亡的,有关省级公安机关应当通知该外国人国籍国的驻华使馆、领事馆,同时报告公安部。

未在华设立使馆、领事馆的国家,可以通知其代管国家的驻华使馆、领事馆;无代管国家或者代管国家不明的,可以不予通知。

第三百五十九条 外国籍犯罪嫌疑人委托辩护人的,应当委托在中华人民共和国的律师事务所执业的律师。

第三百六十条 公安机关侦查终结前,外国驻华外交、领事官员要求探视被监视居住、拘留、逮捕或者正在看守所服刑的本国公民的,应当及时安排有关探视事宜。犯罪嫌疑人拒绝其国籍国驻华外交、领事官员探视的,公安机关可以不予安排,但应当由其本人提出书面声明。

在公安机关侦查羁押期间,经公安机关批准,外国籍犯罪嫌疑人可以与其近亲属、监护人会见、与外界通信。

第三百六十一条 对判处独立适用驱逐出境刑罚的外国人,省级公安机关在收到人民法院的刑事判决书、执行通知书的副本后,应当指定该外国人所在地的设区的市一级公安机关执行。

被判处徒刑的外国人,主刑执行期满后应当执行驱逐出境附加刑的,省级公安机关在收到执行监狱的上级主管部门转交的刑事判决书、执行通知书副本或者复印件后,应当指定该外国人所在地的设区的市一级公安机关执行。

我国政府已按照国际条约或者《中华人民共和国外交特权与豁免条例》的规定,对实施犯罪,但享有外交或者领事特权和豁免权的外国人宣布为不受欢迎的人,或者不可接受并拒绝承认其外交或者领事人员身份,责令限期出境的人,无正当理由逾期不自动出境的,由公安部凭外交部公文指定该外国人所在地的省级公安机关负责执行或者监督执行。

第三百六十二条 办理外国人犯罪案件,本章未规定的,适用本规定其他各章的有关规定。

第三百六十三条 办理无国籍人犯罪案件,适用本章的规定。

第十三章 刑事司法协助和警务合作

第三百六十四条 公安部是公安机关进行刑事司法协助和警务合作的中央主管机关,通过有关国际条约、协议规定的联系途径、外交途径或者国际刑事警察组织渠道,接收或者向外国提出刑事司法协助或者警务合作请求。

地方各级公安机关依照职责分工办理刑事司法协助事务和警务合作事务。

其他司法机关在办理刑事案件中,需要外国警方协助的,由其中央主管机关与公安部联系办理。

第三百六十五条　公安机关进行刑事司法协助和警务合作的范围,主要包括犯罪情报信息的交流与合作,调查取证,送达刑事诉讼文书,移交物证、书证、视听资料或者电子数据等证据材料,引渡、缉捕和递解犯罪嫌疑人、被告人或者罪犯以及国际条约、协议规定的其他刑事司法协助和警务合作事宜。

第三百六十六条　在不违背有关国际条约、协议和我国法律的前提下,我国边境地区设区的市一级公安机关和县级公安机关与相邻国家的警察机关,可以按照惯例相互开展执法会晤、人员往来、边境管控、情报信息交流等警务合作,但应当报省级公安机关批准,并报公安部备案。

第三百六十七条　公安部收到外国的刑事司法协助或者警务合作请求后,应当依据我国法律和国际条约、协议的规定进行审查。对于符合规定的,交有关省级公安机关办理,或者移交其他有关中央主管机关;对于不符合条约或者协议规定的,通过接收请求的途径退回请求方。

第三百六十八条　负责执行刑事司法协助或者警务合作的公安机关收到请求书和所附材料后,应当按照我国法律和有关国际条约、协议的规定安排执行,并将执行结果及其有关材料报经省级公安机关审核后报送公安部。

在执行过程中,需要采取查询、查封、扣押、冻结等措施的,可以根据公安部的执行通知办理有关法律手续。

请求书提供的信息不准确或者材料不齐全难以执行的,应当立即通过省级公安机关报请公安部要求请求方补充材料;因其他原因无法执行或者具有应当拒绝协助、合作的情形等不能执行的,应当将请求书和所附材料,连同不能执行的理由通过省级公安机关报送公安部。

第三百六十九条　执行刑事司法协助和警务合作,请求书中附有办理期限的,应当按期完成。未附办理期限的,调查取证应当在三个月以内完成;送达刑事诉讼文书,应当在十日以内完成。不能按期完成的,应当说明情况和理由,层报公安部。

第三百七十条　需要请求外国警方提供刑事司法协助或者警务合作的,应当按照有关国际条约、协议的规定提出刑事司法协助或者警务合作请求书,所附文件及相应译文,经省级公安机关审核后报送公安部。

第三百七十一条　需要通过国际刑事警察组织缉捕犯罪嫌疑人、被告人或者罪犯、查询资料、调查取证的,应当提出申请层报国际刑事警察组织中国国家中心局。

第三百七十二条　公安机关提供或者请求外国提供刑事司法协助或者警务合作,应当收取或者支付费用的,根据有关国际条约、协议的规定,或者按照对等互惠的原则协商办理。

第三百七十三条 办理引渡案件,依照法律规定和有关条约执行。

第十四章 附 则

第三百七十四条 本规定所称“危害国家安全犯罪”,包括刑法分则第一章规定的危害国家安全罪以及危害国家安全的其他犯罪;“恐怖活动犯罪”,包括以制造社会恐慌、危害公共安全或者胁迫国家机关、国际组织为目的,采取暴力、破坏、恐吓等手段,造成或者意图造成人员伤亡、重大财产损失、公共设施损坏、社会秩序混乱等严重社会危害的犯罪,以及煽动、资助或者以其他方式协助实施上述活动的犯罪。

第三百七十五条 当事人及其法定代理人、诉讼代理人、辩护律师提出的复议复核请求,由公安机关法制部门办理。

第三百七十六条 本规定自2013年1月1日起施行。1998年5月14日发布的《公安机关办理刑事案件程序规定》(公安部令第35号)和2007年10月25日发布的《公安机关办理刑事案件程序规定修正案》(公安部令第95号)同时废止。

《刑事诉讼法》新旧条文序号对照表

1996年修正文本	2012年修正文本	2018年修正文本
第一条	第一条	第一条
第二条	第二条	第二条
第三条	第三条	第三条
第四条	第四条	第四条
第五条	第五条	第五条
第六条	第六条	第六条
第七条	第七条	第七条
第八条	第八条	第八条
第九条	第九条	第九条
第十条	第十条	第十条
第十一条	第十一条	第十一条
第十二条	第十二条	第十二条

续表

1996 年修正文本	2012 年修正文本	2018 年修正文本
第十三条	第十三条	第十三条
第十四条	第十四条	第十四条
		第十五条
第十五条	第十五条	第十六条
第十六条	第十六条	第十七条
第十七条	第十七条	第十八条
第十八条	第十八条	第十九条
第十九条	第十九条	第二十条
第二十条	第二十条	第二十一条
第二十一条	第二十一条	第二十二条
第二十二条	第二十二条	第二十三条
第二十三条	第二十三条	第二十四条
第二十四条	第二十四条	第二十五条
第二十五条	第二十五条	第二十六条
第二十六条	第二十六条	第二十七条
第二十七条	第二十七条	第二十八条
第二十八条	第二十八条	第二十九条
第二十九条	第二十九条	第三十条
第三十条	第三十条	第三十一条
第三十一条	第三十一条	第三十二条
第三十二条	第三十二条	第三十三条
第三十三条	第三十三条	第三十四条
第三十四条	第三十四条	第三十五条
		第三十六条
第三十五条	第三十五条	第三十七条

续表

1996 年修正文本	2012 年修正文本	2018 年修正文本
	第三十六条	第三十八条
第三十六条第一款	第三十七条	第三十九条
第三十六条第二款	第三十八条	第四十条
	第三十九条	第四十一条
	第四十条	第四十二条
第三十七条	第四十一条	第四十三条
第三十八条	第四十二条	第四十四条
第三十九条	第四十三条	第四十五条
第四十条	第四十四条	第四十六条
第四十一条	第四十五条	第四十七条
	第四十六条	第四十八条
	第四十七条	第四十九条
第四十二条	第四十八条	第五十条
	第四十九条	第五十一条
第四十三条	第五十条	第五十二条
第四十四条	第五十一条	第五十三条
第四十五条	第五十二条	第五十四条
第四十六条	第五十三条	第五十五条
	第五十四条	第五十六条
	第五十五条	第五十七条
	第五十六条	第五十八条
	第五十七条	第五十九条
	第五十八条	第六十条
第四十七条	第五十九条	第六十一条
第四十八条	第六十条	第六十二条

续表

1996 年修正文本	2012 年修正文本	2018 年修正文本
第四十九条	第六十一条	第六十三条
	第六十二条	第六十四条
	第六十三条	第六十五条
第五十条	第六十四条	第六十六条
第五十一条	第六十五条	第六十七条
第五十二条	（第九十五条）	
第五十三条	第六十六条	第六十八条
第五十四条	第六十七条	第六十九条
第五十五条	第六十八条	第七十条
第五十六条第一款	第六十九条	第七十一条
	第七十条	第七十二条
第五十六条第二款	第七十一条	第七十三条
	第七十二条	第七十四条
	第七十三条	第七十五条
	第七十四条	第七十六条
第五十七条	第七十五条	第七十七条
	第七十六条	第七十八条
第五十八条	第七十七条	第七十九条
第五十九条	第七十八条	第八十条
第六十条	第七十九条	第八十一条
第六十一条	第八十条	第八十二条
第六十二条	第八十一条	第八十三条
第六十三条	第八十二条	第八十四条
第六十四条	第八十三条	第八十五条
第六十五条	第八十四条	第八十六条

续表

1996 年修正文本	2012 年修正文本	2018 年修正文本
第六十六条	第八十五条	第八十七条
	第八十六条	第八十八条
第六十七条	第八十七条	第八十九条
第六十八条	第八十八条	第九十条
第六十九条	第八十九条	第九十一条
第七十条	第九十条	第九十二条
第七十一条	第九十一条	第九十三条
第七十二条	第九十二条	第九十四条
	第九十三条	第九十五条
第七十三条	第九十四条	第九十六条
（第五十二条）	第九十五条	第九十七条
第七十四条	第九十六条	第九十八条
第七十五条	第九十七条	第九十九条
第七十六条	第九十八条	第一百条
第七十七条第一款	第九十九条	第一百零一条
第七十七条第二款	第一百条	第一百零二条
	第一百零一条	第一百零三条
第七十八条	第一百零二条	第一百零四条
第七十九条	第一百零三条	第一百零五条
第八十条	第一百零四条	第一百零六条
第八十一条	第一百零五条	第一百零七条
第八十二条	第一百零六条	第一百零八条
第八十三条	第一百零七条	第一百零九条
第八十四条	第一百零八条	第一百一十条
第八十五条	第一百零九条	第一百一十一条

续表

1996 年修正文本	2012 年修正文本	2018 年修正文本
第八十六条	第一百一十条	第一百一十二条
第八十七条	第一百一十一条	第一百一十三条
第八十八条	第一百一十二条	第一百一十四条
第八十九条	第一百一十三条	第一百一十五条
第九十条	第一百一十四条	第一百一十六条
	第一百一十五条	第一百一十七条
第九十一条	第一百一十六条	第一百一十八条
第九十二条	第一百一十七条	第一百一十九条
第九十三条	第一百一十八条	第一百二十条
第九十四条	第一百一十九条	第一百二十一条
第九十五条	第一百二十条	第一百二十二条
第九十六条	第一百二十一条	第一百二十三条
第九十七条	第一百二十二条	第一百二十四条
第九十八条	第一百二十三条	第一百二十五条
第九十九条	第一百二十四条	第一百二十六条
第一百条	第一百二十五条	第一百二十七条
第一百零一条	第一百二十六条	第一百二十八条
第一百零二条	第一百二十七条	第一百二十九条
第一百零三条	第一百二十八条	第一百三十条
第一百零四条	第一百二十九条	第一百三十一条
第一百零五条	第一百三十条	第一百三十二条
第一百零六条	第一百三十一条	第一百三十三条
第一百零七条	第一百三十二条	第一百三十四条
第一百零八条	第一百三十三条	第一百三十五条
第一百零九条	第一百三十四条	第一百三十六条

续表

1996 年修正文本	2012 年修正文本	2018 年修正文本
第一百一十条	第一百三十五条	第一百三十七条
第一百一十一条	第一百三十六条	第一百三十八条
第一百一十二条	第一百三十七条	第一百三十九条
第一百一十三条	第一百三十八条	第一百四十条
第一百一十四条	第一百三十九条	第一百四十一条
第一百一十五条	第一百四十条	第一百四十二条
第一百一十六条	第一百四十一条	第一百四十三条
第一百一十七条	第一百四十二条	第一百四十四条
第一百一十八条	第一百四十三条	第一百四十五条
第一百一十九条	第一百四十四条	第一百四十六条
第一百二十条	第一百四十五条	第一百四十七条
第一百二十一条	第一百四十六条	第一百四十八条
第一百二十二条	第一百四十七条	第一百四十九条
	第一百四十八条	第一百五十条
	第一百四十九条	第一百五十一条
	第一百五十条	第一百五十二条
	第一百五十一条	第一百五十三条
	第一百五十二条	第一百五十四条
第一百二十三条	第一百五十三条	第一百五十五条
第一百二十四条	第一百五十四条	第一百五十六条
第一百二十五条	第一百五十五条	第一百五十七条
第一百二十六条	第一百五十六条	第一百五十八条
第一百二十七条	第一百五十七条	第一百五十九条
第一百二十八条	第一百五十八条	第一百六十条
	第一百五十九条	第一百六十一条

续表

1996 年修正文本	2012 年修正文本	2018 年修正文本
第一百二十九条	第一百六十条	第一百六十二条
第一百三十条	第一百六十一条	第一百六十三条
第一百三十一条	第一百六十二条	第一百六十四条
第一百三十二条	第一百六十三条	第一百六十五条
第一百三十三条	第一百六十四条	第一百六十六条
第一百三十四条	第一百六十五条	第一百六十七条
第一百三十五条	第一百六十六条	第一百六十八条
第一百三十六条	第一百六十七条	第一百六十九条
		第一百七十条
第一百三十七条	第一百六十八条	第一百七十一条
第一百三十八条	第一百六十九条	第一百七十二条
第一百三十九条	第一百七十条	第一百七十三条
		第一百七十四条
第一百四十条	第一百七十一条	第一百七十五条
第一百四十一条	第一百七十二条	第一百七十六条
第一百四十二条	第一百七十三条	第一百七十七条
第一百四十三条	第一百七十四条	第一百七十八条
第一百四十四条	第一百七十五条	第一百七十九条
第一百四十五条	第一百七十六条	第一百八十条
第一百四十六条	第一百七十七条	第一百八十一条
		第一百八十二条
第一百四十七条	第一百七十八条	第一百八十三条
第一百四十八条	第一百七十九条	第一百八十四条
第一百四十九条	第一百八十条	第一百八十五条
第一百五十条	第一百八十一条	第一百八十六条

续表

1996 年修正文本	2012 年修正文本	2018 年修正文本
第一百五十一条	第一百八十二条	第一百八十七条
第一百五十二条	第一百八十三条	第一百八十八条
第一百五十三条	第一百八十四条	第一百八十九条
第一百五十四条	第一百八十五条	第一百九十条
第一百五十五条	第一百八十六条	第一百九十一条
	第一百八十七条	第一百九十二条
	第一百八十八条	第一百九十三条
第一百五十六条	第一百八十九条	第一百九十四条
第一百五十七条	第一百九十条	第一百九十五条
第一百五十八条	第一百九十一条	第一百九十六条
第一百五十九条	第一百九十二条	第一百九十七条
第一百六十条	第一百九十三条	第一百九十八条
第一百六十一条	第一百九十四条	第一百九十九条
第一百六十二条	第一百九十五条	第二百条
		第二百零一条
第一百六十三条	第一百九十六条	第二百零二条
第一百六十四条	第一百九十七条	第二百零三条
第一百六十五条	第一百九十八条	第二百零四条
第一百六十六条	第一百九十九条	第二百零五条
	第二百条	第二百零六条
第一百六十七条	第二百零一条	第二百零七条
第一百六十八条	第二百零二条	第二百零八条
第一百六十九条	第二百零三条	第二百零九条
第一百七十条	第二百零四条	第二百一十条
第一百七十一条	第二百零五条	第二百一十一条

续表

1996年修正文本	2012年修正文本	2018年修正文本
第一百七十二条	第二百零六条	第二百一十二条
第一百七十三条	第二百零七条	第二百一十三条
第一百七十四条	第二百零八条	第二百一十四条
	第二百零九条	第二百一十五条
第一百七十五条	第二百一十条	第二百一十六条
	第二百一十一条	第二百一十七条
第一百七十六条	第二百一十二条	第二百一十八条
第一百七十七条	第二百一十三条	第二百一十九条
第一百七十八条	第二百一十四条	第二百二十条
第一百七十九条	第二百一十五条	第二百二十一条
		第二百二十二条至 第二百二十六条
第一百八十条	第二百一十六条	第二百二十七条
第一百八十一条	第二百一十七条	第二百二十八条
第一百八十二条	第二百一十八条	第二百二十九条
第一百八十三条	第二百一十九条	第二百二十条
第一百八十四条	第二百二十条	第二百三十一条
第一百八十五条	第二百二十一条	第二百三十二条
第一百八十六条	第二百二十二条	第二百三十三条
第一百八十七条	第二百二十三条	第二百三十四条
第一百八十八条	第二百二十四条	第二百三十五条
第一百八十九条	第二百二十五条	第二百三十六条
第一百九十条	第二百二十六条	第二百三十七条
第一百九十一条	第二百二十七条	第二百三十八条
第一百九十二条	第二百二十八条	第二百三十九条
第一百九十三条	第二百二十九条	第二百四十条

续表

1996 年修正文本	2012 年修正文本	2018 年修正文本
第一百九十四条	第二百三十条	第二百四十一条
第一百九十五条	第二百三十一条	第二百四十二条
第一百九十六条	第二百三十二条	第二百四十三条
第一百九十七条	第二百三十三条	第二百四十四条
第一百九十八条	第二百三十四条	第二百四十五条
第一百九十九条	第二百三十五条	第二百四十六条
第二百条	第二百三十六条	第二百四十七条
第二百零一条	第二百三十七条	第二百四十八条
第二百零二条	第二百三十八条	第二百四十九条
	第二百三十九条	第二百五十条
	第二百四十条	第二百五十一条
第二百零三条	第二百四十一条	第二百五十二条
第二百零四条	第二百四十二条	第二百五十三条
第二百零五条	第二百四十三条	第二百五十四条
	第二百四十四条	第二百五十五条
第二百零六条	第二百四十五条	第二百五十六条
	第二百四十六条	第二百五十七条
第二百零七条	第二百四十七条	第二百五十八条
第二百零八条	第二百四十八条	第二百五十九条
第二百零九条	第二百四十九条	第二百六十条
第二百一十条	第二百五十条	第二百六十一条
第二百一十一条	第二百五十一条	第二百六十二条
第二百一十二条	第二百五十二条	第二百六十三条
第二百一十三条	第二百五十三条	第二百六十四条
第二百一十四条	第二百五十四条	第二百六十五条

续表

1996 年修正文本	2012 年修正文本	2018 年修正文本
	第二百五十五条	第二百六十六条
第二百一十五条	第二百五十六条	第二百六十七条
第二百一十六条	第二百五十七条	第二百六十八条
第二百一十七条	第二百五十八条	第二百六十九条
第二百一十八条	第二百五十九条	第二百七十条
第二百一十九条	第二百六十条	第二百七十一条
第二百二十条	第二百六十一条	第二百七十二条
第二百二十一条	第二百六十二条	第二百七十三条
第二百二十二条	第二百六十三条	第二百七十四条
第二百二十三条	第二百六十四条	第二百七十五条
第二百二十四条	第二百六十五条	第二百七十六条
	第二百六十六条	第二百七十七条
	第二百六十七条	第二百七十八条
	第二百六十八条	第二百七十九条
	第二百六十九条	第二百八十条
	第二百七十条	第二百八十一条
	第二百七十一条	第二百八十二条
	第二百七十二条	第二百八十三条
	第二百七十三条	第二百八十四条
	第二百七十四条	第二百八十五条
	第二百七十五条	第二百八十六条
	第二百七十六条	第二百八十七条
	第二百七十七条	第二百八十八条
	第二百七十八条	第二百八十九条
	第二百七十九条	第二百九十条

续表

1996 年修正文本	2012 年修正文本	2018 年修正文本
		第二百九十一条至 第二百九十七条
	第二百八十条	第二百九十八条
	第二百八十一条	第二百九十九条
	第二百八十二条	第三百条
	第二百八十三条	第三百零一条
	第二百八十四条	第三百零二条
	第二百八十五条	第三百零三条
	第二百八十六条	第三百零四条
	第二百八十七条	第三百零五条
	第二百八十八条	第三百零六条
	第二百八十九条	第三百零七条
第二百二十五条	第二百九十条	第三百零八条